RÉVOLUTIONNAIRES SANS RÉVOLUTION

DU MÊME AUTEUR

Le Grand Ordinaire, roman, éditions Losfeld.
Éloge de l'indocilité, éditions Robert Laffont (épuisé).
Béatrice, roman, éditions Robert Laffont (épuisé).
Défense de... (Théâtre), éditions du Sagittaire.
La Bataille de la Meurthe, société d'Archéologie et d'Histoire de Baccarat.
Révisions déchirantes, éditions du Pré aux Clercs.
L'Ange et les Homards, comédie dramatique, éditions Fixot.

ANDRÉ THIRION

RÉVOLUTIONNAIRES SANS RÉVOLUTION

Le Pré aux Clercs

Si vous souhaitez recevoir notre catalogue
et être tenu au courant de nos publications,
envoyez vos nom et adresse, en citant ce livre,
aux Éditions Pierre Belfond,
216, Bd Saint-Germain, 75007 Paris.
Et pour le Canada à
Edipresse (1983) Inc., 5198, rue Saint-Hubert,
Montréal, Québec H2J 2Y3, Canada.

ISBN 2.7144.2129.6

Copyright © Belfond — Pré aux Clercs 1988

A Georges Bernier

AVANT-PROPOS
À LA RÉÉDITION

Le livre publié en 1972 recelait quelques erreurs de date assez mineures ; la position sociale des Ristić et des Vučo, mes amis de Belgrade, leurs relations familiales y étaient mal exposées ; le récit des débats surréalistes de 1931 sur les projets d'activité antireligieuse était sommaire, confus et ne prenait pas en compte les réserves formulées par Breton. Tout a été corrigé, avec adjonction de détails, ce qui m'a conduit à des remaniements en vue d'améliorer la forme et de rendre plus clair l'enchaînement des faits. J'ai introduit au chapitre II des souvenirs d'enfance supprimés en 1972 pour gagner quelques pages mais publiés en 1973 dans L'Eloge de l'indocilité. J'ai donné pour les combats de 1914 des précisions retrouvées en travaillant sur La Bataille de la Meurthe. J'ai mieux éclairé le personnage de Victor Bauer, l'initiateur de l'Association fondée en 1930, grâce à la monographie publiée à Cologne en 1975 sur ce peintre. J'ai analysé les Vases communicants, *d'André Breton, pour mettre en relief des passages du livre ayant pesé d'un grand poids en 1931.*

Le succès de Révolutionnaires sans Révolution *fut d'abord celui du scandale, le couple Elsa Triolet Aragon ayant été replacé dans son contexte utilitaire. La surprise passée, les fabricants d'histoire sainte ont réagi pour réduire la portée des témoignages. Ils ont en partie réussi. Le maître d'œuvre fut Aragon, par comparses et fidèles interposés. D'abord Aragon nia tout, et, comme il était beaucoup plus mondain que moi, ses propos de dîner eurent de l'impact dans le Tout-Paris. Il réussit presque à convaincre Gaston Palewski qui n'était pas de son bord.*

Malheureusement étaient encore en vie des amies anglaises de Nancy Cunard[1], lesquelles s'empressèrent de dire partout que la vérité était plus triste encore que ce que j'avais écrit sur le couple Elsa-Aragon. Un certain Begbeider, plumitif stalinisant préposé aux opérations difficiles (il est l'auteur d'un article étonnant sur Jacques Monod), essaya de présenter Elsa Triolet comme une révolutionnaire sans ambition ! Le minable Maxime Alexandre prétendit que j'avais tout inventé le concernant. Marcel Duhamel, si fantaisiste, refusa d'admettre l'existence de manuscrits de Prévert trouvés rue du Château. En Lorraine, des enseignants soucieux d'être bien

---

1. Notamment Janet Flanner.

en cour, vers Nice et Cannes, de savants discoureurs, sans aucune preuve à l'appui, jurèrent que je n'étais pas fiable, afin de couvrir quelques mensonges de Sadoul, les faiblesses d'Eluard ou pour défendre la vertu de Nusch — que je n'ai jamais menacée —, car la morale « prolétarienne » est plus sourcilleuse encore que celle des prêtres. Des universitaires qualifièrent de sophismes mon refus de considérer la classe ouvrière comme l'espoir du monde et mes attaques contre Marx ; ils étaient, paraît-il, de sympathies trotskistes, mais aussi sectaires et bornés que leurs collègues staliniens. L'opération la plus perfide et la mieux montée fut la publication par Georges Hugnet de Pleins et déliés, dont la seule partie digne d'intérêt se rapporte aux années 1934-1939. Certains critiques ont essayé de l'opposer à mon livre pour la décennie 1924-1934. La mauvaise foi était trop évidente. J'ai réagi par une brochure qui fait aujourd'hui la joie des bibliophiles et par un petit éclat.

Les plus grands m'ont approuvé, Picasso notamment. Je n'ai pas cherché d'éloges littéraires, sachant que tous ceux que le contenu du livre gênait étaient mal disposés. Au surplus, tant de critiques ont absorbé Lacan et Beauvoir que l'on a quelque honte à se refuser d'écrire en jargon ou dans le style du bavardage téléphonique matinal. Je ne tiens qu'à la reconnaissance de mon objectivité et de la liberté de ma pensée. Donc je n'ai pas changé l'éclairage. Je persiste. Je maintiens. J'ai même aggravé mon cas. L'article publié par Sadoul après la mort d'Eluard n'est guère qu'un tissu de mensonges. Péret en avait relevé d'assez gros. J'ai emboîté le pas. J'ai donné dans la revue Commentaires *une description complète d'Aragon. J'ai fait de cette étude un chapitre des* Révisions déchirantes *afin que nul n'en ignore.*

Révisions déchirantes, *écrit quinze ans après* Révolutionnaires sans Révolution *sur un ton plus glacé, malgré quelques redites difficiles à éviter, est un livre de complément. Il me fallait revenir sur la guerre d'Espagne, pour mieux situer cette tragédie dans la pensée des Européens qui allaient se battre contre les nazis. Il me paraissait nécessaire de revenir sur le pacifisme et son véritable impact, sur Marx, sur la fin du trotskisme, sur le phénomène de Gaulle, afin de sortir l'Histoire des années 30-60 du brouillard entretenu par les partisans et les idéologues. Je tenais à détacher la défense et l'illustration du surréalisme de toutes les adhérences politiques ayant établi des rapports bâtards entre cette mise en cause immense et quelques slogans. Les hommes qui avaient admis si vite, en 1930, la défense de l'URSS où presque rien ne valait la peine d'être conservé eurent souvent beaucoup de peine à convenir que la démocratie dite bourgeoise, dont ils avaient tant besoin, devait être préservée contre les mauvaises intentions de Hitler et de Staline. Tel était l'effet de la persistance de quelques mirages.*

AVANT-PROPOS

Les mirages sont consolants, le communisme et le salut éternel, par exemple. Je les place sur le même tas de fleurs fanées dans un cimetière.

Peut-être me suis-je moins trompé que d'autres parce que, dans quelques circonstances majeures, j'ai fait le bon choix. Néanmoins, j'ai flotté, moi aussi. Je me suis contredit, j'ai suivi de fausses pistes. Mais j'ai refusé d'être un croyant. J'ai toujours abjuré dès que l'erreur, à mes yeux, a été manifeste. Aujourd'hui, je ne condamne que ceux qui ont approuvé le mal par lâcheté ou par esprit d'obéissance. J'ai voulu comprendre bien des égarements car les hommes ne font pas toujours ce qu'ils ont envie de faire. Ainsi la quête de la liberté par André Breton me paraît à la réflexion non entachée par tant de pas perdus. Les écarts les plus singuliers ne deviennent bouffons que sous la plume des exégètes. Peut-on chercher le vrai sans être séduit par le merveilleux? De quoi s'agit-il? Il existe une incontestable solidarité entre tous ceux qui se jettent à l'eau pour entreprendre une traversée au-dessus de leurs forces, même s'ils regagnent, fatigués, déçus, le rivage. Tout me séparait de Raymond Abellio. Une relation commune le rencontre vers 1975. « Comment va Thirion? lui demande Abellio. C'est Georges Soulès qui pose la question. » Je n'ai donné aucune suite. A quoi bon? Mais j'étais ému. Quelques années auparavant, Abellio parlait tard, à la radio. Je l'avais souvent écouté.

Les interrogations posées dans Révolutionnaires sans Révolution *trouvent en partie leurs réponses dans* Révisions déchirantes. *Celles-ci éclairent autrement les grèves de 1936, la guerre civile espagnole, le comportement des Anglais, des Français et même des Russes à l'égard des ambitions hitlériennes, la défaite française de 1940, certaines émigrations. Je ne révèle rien: je ne crois pas aux secrets de l'Histoire, si savamment exploités par quelques charlatans. Tout est connu, dans l'essentiel, au moment même. Mais qui veut comprendre? Là est la seule question à poser. Les hommes s'accommodent, leur idéologie aidant, et attendent la suite. A partir de 1935, les événements ont dépassé Bataille, Trotski, Eluard. Eluard a recollé comme il a pu, sur une mauvaise planche. A la fin de 1937, Benjamin Péret a définitivement perdu pied. Je l'ai noté à la consternation des néophytes voulant à tout prix canoniser. Or, il est assez vain d'exiger des grands poètes un comportement exemplaire dans la politique puisque par nature ils voient plus loin. Eluard fut plus lucide et plus efficace que Péret de 1941 à 1944, il ne l'était guère plus en 1939-1940. Sauver l'honneur? Char fut exceptionnel. Si Péret fut très effacé de 1941 à 1945, mais du bon côté néanmoins, au rebours d'Eluard il n'approuva jamais de crimes, avantage immense sur l'auteur de* Médieuses, *après 1945.*

Ces épisodes sont décrits dans Révisions déchirantes, *non sans une* certaine mélancolie. La lucidité, l'efficacité et la moralité sont rarement du même bord. La peur des compromissions, souvent paralysante, n'a servi de rien. La politique exige des rapprochements, des alliances, des abandons. Si on les refuse par principe, mieux vaut ne pas s'en mêler. L'Ecart absolu que préconise Charles Fourier n'a ni gauche ni droite. Fourier avait lu Quesnay et Adam Smith, il n'eût montré aucune complaisance envers Marx et Lénine. Je crains que l'Ecart absolu ne soit qu'une expression de plus dans le langage surréaliste des années 60, comme Révolution. Mais l'idée était digne des plus grandes propositions faites depuis 1924.

Grâce à Daniel Rondeau, j'ai pu reproduire la fiche de police établie sur moi en 1927 par un commissaire spécial. Elle est objective et drôle. J'aurais voulu la compléter par les rapports de la Gestapo, mais je ne connais de ceux-ci que des fragments concernant 1942 et 1944. J'ai assisté plus tard à la fabrication plutôt loufoques des notices établies après 1945 par les renseignements généraux. Si j'en ai le temps, j'en expliquerai la genèse et la mise en forme, avec les correctifs nécessaires car ces racontars ignorent les tenants, les aboutissants et les détails les plus cocasses, comme ma fausse nomination au vrai grade de sous-lieutenant par le faux colonel Rosenfeld, alors directeur des F.F.I. de la Ire armée. Je n'avais rien demandé mais Rosenfeld, qui voulait devenir un vrai colonel, faisait flèche de tout bois et je passais pour avoir de l'entregent ! Je ne m'aperçus de la supercherie qu'en 1948 et je la trouvai fort drôle. Je n'ai demandé aucune homologation de grade, bien que j'aie exercé des commandements divers jusqu'en février 1945. Ceux qui écriront ma propre vie de saint se demanderont comment j'ai pu acquérir pas mal de connaissances militaires alors que je n'étais que deuxième sapeur. Dans un temps où la guerre n'a jamais cessé d'être le principal moyen de la politique, c'était affaire d'étude et de bon sens. Peut-être devrait-on licencier toutes les armées, mais tant qu'on les conservera il sera raisonnable de n'avoir à son service que d'excellents instruments.

André Thirion

Chapitre premier

Baccarat

Baccarat est une petite ville industrielle bâtie au bord d'un plateau peu engageant, dans une agréable situation, au point où la nature, près de la Meurthe, devient vosgienne. La rivière coule dans une vallée qui se resserre, entre des collines plus marquées. Depuis les hauteurs boisées qui dominent la ville et la vallée, à l'ouest, la vue embrasse à la fois le plateau et les Vosges. Au nord on voit les villages du plateau : Glonville, Azerailles, Gelacourt, on devine Merviller ; la ligne d'horizon va de Hablainville à Montigny. De l'est au sud d'immenses forêts, plantées sur des croupes de plus en plus élevées, dominent la Meurthe entre Baccarat et Raon-l'Étape. Droit devant soi, on aperçoit les deux bosses bleues du Donon, au-dessus des forêts, à vingt-cinq kilomètres. Vers le sud, de part et d'autre de Raon-l'Étape, les collines atteignent six cents mètres ; elles sont couvertes de sapins d'un bleu presque noir. La plus belle est la côte de Répy qui sépare Raon-l'Étape du col de la Chipote. Dans cette direction, par temps clair, on distingue toute la chaîne des Vosges, du Champ du Feu au Hohneck et au ballon de Guebwiller. Mon regard ne se portait avec satisfaction que vers les montagnes, mais j'étais content de savoir qu'après avoir traversé la Meurthe j'aurais pu marcher pendant deux jours sans quitter la forêt avant d'atteindre Saverne. Il restait quelque chose de la sauvagerie de la nature dans cette idée de promenade solitaire.

A l'époque de ma naissance, en amont de Baccarat, la Meurthe se divisait en deux bras qui se rejoignaient en aval. Le plus petit des bras, récemment comblé, coulait au pied de l'arête rocheuse sur laquelle est construit le village de Deneuvre. Cette arête domine la vallée de quelque cinquante mètres ; elle est abrupte de tous côtés. Vers le sud elle se raccorde à la colline trouée de grottes où la tradition a logé des ermites. Deneuvre est un ancien oppidum gaulois que les Romains ont fortifié au point de raccordement. Le castrum, dont les ruines ont encore aujourd'hui de l'importance, fut bâti au IIIe ou au IVe siècle. Une partie du mur d'enceinte est intacte et le fossé est encore bien marqué. Les restes d'une sorte de donjon ont l'aspect d'un ours dressé sur ses pattes de derrière. C'est le plus ancien établissement de toute la région. Au pied du castrum, dans le vallon humide qui sépare Deneuvre des bois de la Rappe et de Glonville, une chapelle du XIIIe siècle, toute verte de moisissure, témoigne de l'existence d'un couvent détruit.

Deneuvre fut entourée de solides murailles dès le haut Moyen Age, ce qui ne l'empêcha pas d'être souvent mise à sac. A l'autre extrémité de l'arête, à l'opposé du castrum romain, on bâtit un château fort. Baccarat n'était à l'époque qu'un faubourg de Deneuvre menant au pont qui franchissait la Meurthe. A la fin du XIIIe siècle, Baccarat fut séparé de Deneuvre et les comtes de Blamont y construisirent une petite forteresse sur un rocher moins élevé que celui de Deneuvre, à une portée d'arbalète, pour y loger leurs hommes. Il en reste de beaux murs, très hauts, une échauguette qui ressemble à une coquille marine et la grosse tour des Voués, en belles pierres jaunes et roses. Ma grand-mère a vu cette tour intacte, couverte de son toit, s'élevant à plus de trente mètres au-dessus de la ville. Elle fut incendiée par la foudre et les édiles inquiets firent démolir un étage de maçonnerie. Les vicissitudes du droit et des conquêtes attribuèrent Baccarat aux évêques de Metz, qui bâtirent un château à côté de la forteresse; ville et château devinrent donc français en 1552, tandis que Deneuvre restait lorraine. Ces subtilités n'arrêtèrent pas les soudards de la guerre de Trente Ans. En 1636, les Suédois, alliés de Louis XIII, prirent Deneuvre d'assaut, tuèrent tout ce qui leur tomba sous la main et incendièrent la ville et son château. Pour faire bonne mesure, ils firent subir le même sort aux châteaux de Blamont et de Baccarat. La peste suivit les armées. Lorsque la guerre cessa, presque tous les habitants étaient morts. Deneuvre était ruinée pour toujours. Sur les débris des murs d'enceinte, les survivants construisirent les fermes et les maisons que l'on voit aujourd'hui ou qui ont été brûlées en 1914. Un noble édifice porte la date de 1660; il reste encore, ici et là, un trumeau gothique et des fenêtres en arc brisé. Au milieu du XVIIIe siècle, la bonne administration du roi Stanislas et l'éloignement des théâtres de guerre ramenèrent la prospérité. Une église fut élevée sur les ruines du château de Deneuvre; on lui mit un clocher à bulbe qui lui donne un air étrange. Un évêque de Metz fonda la célèbre cristallerie de Baccarat, laquelle, pour commencer, devait surtout fabriquer du verre. A la fin du siècle, avec le beau sable de la Meurthe, les cendres de fougère et de sapin, le plomb des hautes vallées vosgiennes, elle se mit au cristal. Quelques années avant la Révolution, on construisit sur le grand bras de la Meurthe un pont de pierre de sept arches.

En 1914, Baccarat avait sept mille habitants, hébergeait une garnison de près de trois mille hommes : les 17e et 20e bataillons de chasseurs à pied et un escadron du 4e de chasseurs à cheval, troupes d'élites, dites de couverture, constamment sur pied de guerre, puisque la frontière était à moins de vingt kilomètres.

Les cristalleries employaient deux mille ouvriers et couvraient sur la rive droite de la Meurthe des dizaines d'hectares. Une brasserie et une usine de poteaux métalliques occupaient deux cents personnes. Il y avait deux entrepreneurs de maçonnerie, un fabricant de limonade, deux scieries, une imprimerie, trois ou quatre petites affaires de broderie, exploitant surtout la main-d'œuvre à domicile dans les villages, des artisans dans toutes les spécialités, deux médecins, une église, une chapelle, une synagogue, un hôpital, un bordel, les notaires et huissiers nécessaires aux mouvements des propriétés du canton plus une banque privée, la banque Crépin. Baccarat n'avait jamais été un centre d'agriculteurs, au rebours de Deneuvre, on y comptait néanmoins une dizaine de familles de paysans logées soit dans la ville, soit sur les collines comme les Suisse (des anabaptistes) ou les Steff. Les plus riches de tous étaient les Steff qui habitaient, au-dessus de Humbepaire, du côté des Bingottes, une imitation de petit château fort avec des créneaux et des mâchicoulis.

Un bon tiers des ouvriers des cristalleries et toute la maîtrise, à l'exception de l'ingénieur en chef, habitaient dans l'enceinte de l'usine dont on fermait les portes tous les soirs. Ceux qui n'étaient pas logés par le patron se répandaient à pas pressés, deux fois par jour, dans les rues principales qui retentissaient du bruit des sabots et du tintement des gamelles. Après la soupe, les rues appartenaient aux militaires dont les casernes avaient été construites aussi sur la rive droite, contre les forêts, derrière le chemin de fer de Nancy à Saint-Dié. Les chasseurs à pied portaient un uniforme bleu foncé à passepoils jaunes avec l'écusson au cor de chasse, des épaulettes vertes, des guêtres blanches et un képi à pompon. Aujourd'hui les couleurs sont les mêmes, seule la coupe a changé. Les chasseurs à cheval avaient un dolman bleu ciel, des culottes rouges à bandes bleues, de grandes bottes noires; ils étaient coiffés d'un shako bleu surmonté d'une touffe de plumes bleues et vertes dans le style du casoar des saint-cyriens. Le commandement n'était pas avare des défilés et des prises d'armes. Chaque bataillon de chasseurs avait une clique, avec tambours, grosse caisse, clairons et trompes de chasse. Celle du 20e jouait bien, grâce à un certain capitaine Médard, assez bon musicien, qui faisait affecter à son bataillon des instrumentistes de qualité. Médard avait beaucoup d'admiration pour mon père qui lui donnait des leçons d'harmonie. Sa clique jouait tous les dimanches des pas redoublés sous le kiosque de la promenade du Patis qui borde la Meurthe sur la rive gauche, en face des cristalleries. Quand elle passait par la rue des Ponts, si Médard savait que mon père était à la maison, il arrêtait ses musiciens sous nos fenêtres et, durant deux ou trois minutes, il donnait une sorte d'aubade au professeur. Les cavaliers avaient des trompettes, les mêmes que sous le Premier Empire. Leur sonorité acide était assez gaie.

Sur la rive droite de la Meurthe, Baccarat est construit autour d'une rue longue de près de deux kilomètres, parallèle à la rivière, se confondant avec la route de Lunéville à Saint-Dié depuis la route de Merviller jusqu'au faubourg de Humbepaire. Cette rue est commerçante dans son milieu, populaire au sud et bourgeoise au nord. Le centre de la ville, en 1914, c'était la rue des Ponts sur la rive gauche, perpendiculaire aux deux bras de la Meurthe qui en formaient les extrémités. Alors plus basse d'un bon mètre, elle avait plus de charme que la rue Adrien-Michaut d'aujourd'hui. Elle avait pour décor, à l'ouest, la façade harmonieuse et sévère du pensionnat de Gondrecourt, avec son fronton triangulaire et, plus haut encore, l'église de Deneuvre, perchée sur une terrasse de l'ancien château. A l'est, la rue s'ouvrait largement sur la Meurthe, qu'on ne distinguait pas puisque pour construire le pont et l'église on avait élevé sur la rive une sorte de butte où l'on trouverait sans doute des débris romains. L'église de 1914 était une construction de style gothique due à un contemporain de Viollet-le-Duc. Elle n'a pas résisté à la Seconde Guerre mondiale. De l'autre côté de la rue, en contrebas, presque au niveau de la Meurthe, se carrait un petit château, d'aspect modeste et classique qui appartenait aux propriétaires des cristalleries. Sa façade avait la distinction des maisons construites sous l'inspiration du XVIIIe siècle par des architectes formés avant la Révolution. Les vues sur la rive droite étaient ce qu'elles sont encore aujourd'hui ; la terrasse des cristalleries avec ses beaux arbres et, à moins d'un kilomètre, les hautes futaies des bois de Grammont répondaient, dans l'axe du grand pont, au décor formé par Gondrecourt sur l'autre rive.

La plupart des maisons de la rue des Ponts avaient été édifiées entre 1780 et 1850, dans le style simple et noble qui s'imposa en Lorraine dès la fin du XVIIe siècle. Les fenêtres du bel étage sont à anses de panier avec encadrement de pierre de taille ; celles du second étage sont plus petites, mais leur forme est la même. Parfois, il n'y a pas de second étage, mais une rangée de lucarnes en rectangle ou en œil-de-bœuf, pour éclairer le grenier. Les toits, recouverts de tuiles rouges, sont plus plats que les toits alsaciens ou bourguignons, ce qui est sans doute l'effet d'une tradition romaine. La rue s'ornait de deux fontaines de bronze comme en possède encore Raon-l'Étape. La plus grande fontaine, qui avait une vasque circulaire, ennoblissait notre trottoir, en face de la maison de nos cousins Guébourg. La plus petite, surmontée d'un lion, agrémentait l'autre côté de la rue, à la hauteur de la banque Crépin.

Je suis né au numéro 20 de la rue des Ponts, dans la maison que mon père avait achetée pour son mariage. A en juger par la configuration des caves et le souvenir que j'ai de la façade et des jardins, c'était la majeure partie d'un bâtiment à deux étages, de cinq fenêtres sur rue, avec deux ailes en retour, construite vers 1800. Le reste était habité par les Moÿse. Notre entrée ouvrait sur un escalier extérieur de sept ou huit marches, à côté du bureau de tabac tenu par un personnage très digne, à barbe blanche, laïque, républicain et chef de la franc-maçonnerie locale.

L'escalier qui conduisait du rez-de-chaussée au premier étage était large et d'une seule volée ; il débouchait sur une antichambre qui servait de salle d'attente aux élèves de mon père. A l'exception de l'appartement de ma grand-mère, au second étage, où régnait le Louis-Philippe, la maison était vouée au modern style dans les moindres détails. Sur les dessins de Tony Selmersheim[1] — à qui l'on doit la porte monumentale en fer forgé du Petit Palais — et avec l'aide d'un menuisier de Deneuvre, intelligent et habile, Ackermann, converti à l'art de son temps, la maison avait été décorée dans le

---

1. Tony Selmersheim est mort à cent ans, en 1971 ; il eut la gentillesse de m'envoyer avant sa mort les calques des dessins faits en 1902 pour le meuble de mon père, et les photographies de la table et du buffet de la salle à manger (à la Bibliothèque nationale).

style 1900 : portes, fenêtres, boiseries, poutres apparentes, plafonds à caissons, tout avait été embelli des moulures aiguës et contournées alors à la mode. Au premier étage, sur la rue, se trouvaient le salon rose et la bibliothèque de mon père. Les meubles du salon rose, en acajou clair et bois de rose, étaient de Tony Selmersheim, et les rideaux de Tiffany, comme l'habillage des fauteuils et du canapé. Le fond de la pièce était occupé par un piano à queue Steinway drapé d'une indienne. Sur le piano, une reproduction — réduite — de *La Victoire de Samothrace*. Le salon rose m'était généralement interdit, soit que mon père composât, soit que ma mère y jouât au bridge. A côté du salon rose, la bibliothèque de mon père, dont Majorelle avait fait les meubles, occupait une pièce en longueur, tapissée de milliers de volumes. On se tenait parfois, en hiver, dans la bibliothèque, sur un divan, près du calorifère à feu continu. Cette pièce ouvrait sur le salon vert, moins sophistiqué, meublé de gros fauteuils capitonnés et confortables, d'une bibliothèque modern style à banquettes consacrée à la musique et aux périodiques, et de deux pianos ; l'un d'eux se compliquait d'un pédalier, comme un orgue. Les leçons de musique avaient lieu dans le salon vert.

De l'autre côté du palier, une sorte d'office conduisait à la cuisine et à l'extraordinaire salle à manger que j'appelais la salle à manger de Mélisande, une œuvre fort réussie de Tony Selmersheim. Les murs étaient recouverts d'un papier peint représentant des perspectives d'arbres aux feuillages d'automne ; les arbres du premier plan occupaient toute la hauteur de la pièce ; ils bordaient des allées jonchées de feuilles mortes ; le tapis était lui aussi jonché de feuilles mortes. Un gigantesque buffet, assez compliqué, présentait sur son corps supérieur trois portes à vitraux où l'on voyait les allées d'une forêt. La chambre des enfants était incluse dans l'appartement de ma grand-mère, c'était la seule pièce de la maison qui n'eût aucun intérêt artistique !

Les moyens d'éclairage étaient le gaz de ville et les lampes à pétrole. L'électricité n'atteignit Baccarat qu'en 1920. La cristallerie avait aménagé une chute naturelle de la Meurthe, en amont. Elle en tira le courant dont elle avait besoin pour sa mécanique peu évoluée. Dans la jeunesse de mon père, la chute était encore à l'état sauvage. La Meurthe y apportait des trains de bois coupés dans les forêts des Vosges ; des montagnards armés de longues gaffes les dirigeaient le plus loin possible vers Nancy ; les difficultés majeures étaient le franchissement de médiocres rapides.

Peu à peu, le cours de la rivière se peupla de barrages ; on cessa d'utiliser le flottage des bois comme moyen de transport. Le gaz donnait une lumière blanche et chaude qui avait tous les caractères du luxe et de l'abondance. Mais on utilisait davantage, dans les maisons, les lampes à pétrole qui laissaient de grandes zones d'ombre et de mystères. Celles de mes parents étaient en cristal ou en bronze contorsionné de naïades, de fleurs et de lianes. Le luminaire le plus répandu était la lampe Pigeon que l'on vend aujourd'hui au marché aux puces et chez les antiquaires. C'est un réservoir cylindrique, en métal blanc ou jaune, contenant au plus un quart de litre d'essence minérale, muni d'une anse, surmonté d'un globe sphérique en verre transparent, abritant une mèche qui fumait souvent. « La lampe file », disait-on. On réglait la hauteur de la mèche avec un bouton molleté. Pendant la guerre la lampe Pigeon fut, en Lorraine, l'appareil d'éclairage le plus employé. Je fis une partie de mes devoirs d'écolier à la lumière d'une lampe Pigeon, moins vive que celle d'une bougie.

Les routes étaient blanches et la moindre voiture y soulevait par temps sec un nuage de poussière. La ville résonnait des cris des rémouleurs de couteaux, des colporteurs, des vitriers et des fabricants de paniers tressés qui cannaient aussi les chaises. Ceux-là étaient généralement des gitans, des « romanichels » qui faisaient peur. Toute la traction, ou presque, était animale ; les rues étaient nettoyées par de petits ramasseurs de crottin, armés d'une grosse pelle en bois et d'un balai. Ils guettaient le passage des pelotons de chasseurs. Les mariages, les décès, les ventes publiques, les dates des marchés étaient annoncés par le tambour de ville ; les roulements de sa caisse s'entendaient de loin.

Avant 1914, le marché avait lieu dans notre rue le vendredi. Des paysannes nous apportaient du beurre, de grosses mottes d'une livre, décorées de dessins géométriques faits à la fourchette ou de fleurs naïves obtenues par l'empreinte d'un moule. Les mottes de beurre, enveloppées dans des feuilles de chou ou de salade, étaient rangées dans de jolis paniers d'osier noir à couvercles que les paysannes portaient à leur bras. Ces paniers feraient aujourd'hui un effet considérable à Saint-Tropez. Je rencontrais parfois le vendredi, à la cuisine, un vieil homme efflanqué qui vendait du sel et des allumettes de contrebande empaquetés dans un gros papier bleu. Mes grand-mères n'achetaient que du sel de contrebande. Elles estimaient que ce n'est pas voler que de voler l'État, propos qui scandalisaient leurs fils.

Mon père empruntait quelquefois, le dimanche en été, le break de mon oncle Albert, et Mignon, le paisible cheval blanc. Ce break aurait pu figurer dans une peinture du Douanier Rousseau. On ne s'éloignait guère de plus de quatre kilomètres. Mon père conduisait, coiffé d'un canotier ou d'un panama ; ma mère portait de grands chapeaux, des corsages blancs de lingerie avec des guipures et des broderies ; ma sœur et moi avions beaucoup de peine à rester tranquilles. Nous allions le plus souvent dans une ferme du côté de Thiaville où l'on accédait par un chemin ombragé le long de la Meurthe. La ferme se cache à l'entrée d'un vallon où court le ruisseau de Saint-Pierre. Nous y trouvions une collation de tartines de crème faites avec du pain de ménage et l'excellente limonade Sainte-Laudy, servie dans des bouteilles noires bouchées comme le champagne, ornées d'une grande étiquette jaune reproduisant fièrement les médailles gagnées dans les concours et les expositions. Au cours de la dernière année d'avant-guerre, pendant la maladie de mon père, le médecin de la famille, le Dr Schmitt, emmenait parfois dans ses tournées sa fille et ma mère. Le Dr Schmitt avait une automobile découverte. On me prenait en supplément, les jours de congé. Je n'aimais pas du tout ces randonnées ennuyeuses dans les horribles villages du plateau, entrecoupées d'arrêts qui n'en finissaient plus durant lesquels je devais subir le papotage des deux jeunes femmes sans jamais pouvoir les quitter.

Les cristalleries appartenaient aux Michaut, vieille famille catholique qui s'alliait à l'aristocratie française et à ses ouvriers, grâce à d'anciennes dispositions fouriéristes. Le chef de famille, Adrien Michaut, était en 1912 un homme d'âge mûr, de manières polies et distantes, habitué au commandement, autoritaire, protecteur, bourreau de travail, maire de la ville, conseiller d'arrondissement. Il représentait bien les notables venus au pouvoir avec le duc de Broglie et les maîtres de l'industrie.

La cristallerie était un royaume de l'ordre moral et par osmose toute la ville était austère et bien-pensante. Le libéralisme était le partage d'hommes indépendants de la cristallerie comme les fonctionnaires d'État, ou le brasseur Rauch, ou mon oncle Albert, encore qu'il soit très osé de parler de libéralisme pour caractériser les opinions de ces républicains-là.

Jamais on n'avait parlé de grève ou de syndicat, ou de socialisme à la cristallerie. Le brasseur et le fabricant de poteaux métalliques n'auraient pas été, en l'espèce, plus tolérants qu'Adrien Michaut. Ce qui les séparait du châtelain, c'étaient les manières, les origines sociales, le genre de vie, des mœurs plus familières et surtout une pointe d'anticléricalisme. Les opposants n'allaient pas à la messe et reprochaient à Adrien Michaut de faire régner une sorte d'inquisition dans son usine avec l'aide du clergé mais ils n'eussent pas toléré que leurs femmes manquassent un office, ou que leurs filles ne fussent pas mises au pensionnat de Gondrecourt. Mon père avait en l'espèce une situation particulière. Il votait pour les républicains, il était libre penseur, mais il allait à la messe tous les dimanches parce qu'il était l'organiste titulaire de l'église et qu'il se servait du grand orgue de trente-deux jeux pour travailler ses interprétations. Tout le clergé du diocèse le consultait sur les questions de musique et les aristocrates de la région lui envoyaient leurs enfants pour apprendre le piano.

Les principes d'Adrien Michaut étaient ceux d'un paternalisme chrétien quasi féodal. Toute sa famille et lui-même donnaient l'exemple de la simplicité et des vertus. Pour les Michaut, la population de Baccarat se divisait en castes et les individus n'étaient égaux entre eux que devant Dieu et devant la loi; pour le reste, il importait de maintenir des hiérarchies dont Adrien Michaut était le sommet. Mais si elle se fondait sur l'inégalité des moyens et des positions, si elle supposait que la déférence envers les rangs supérieurs fût la règle absolue de conduite, une telle organisation sociale créait pour les supérieurs des devoirs auxquels ils ne pouvaient pas se soustraire. Il fallait d'abord vivre sans ostentation et bannir toute dépense d'apparat. Les Michaut, qui habitaient des châteaux, qui par profession étaient en contact permanent avec le luxe absolu, traitant avec les cours, recevant à table les grands de ce monde, avaient réussi ce tour de force de ne donner à cet aspect de leur existence qu'un caractère épisodique et professionnel. Les femmes et les filles faisaient faire leurs chapeaux et s'habillaient chez les modistes et les couturières de la petite ville. Elles ne se distinguaient pas par leur élégance ou la richesse de leurs vêtements. L'épouse du grand patron s'astreignait à recevoir chaque semaine, à son jour, les femmes des notables, et rendait des visites. Elle présidait un ouvroir où, sous sa direction, les petites-bourgeoises locales tricotaient pour les pauvres. Elle était d'ailleurs dans les bonnes œuvres jusqu'au cou. Accompagnée des épouses des collaborateurs de son mari et de quelques jeunes femmes de l'extérieur — ma mère par exemple —, elle visitait chez eux les pauvres et les malades, leur apportant de la viande, des viatiques, s'entremettant pour rendre les naissances ou les décès plus faciles à supporter, moyennant quoi chacun devait rester à sa place et bien penser.

Le clergé et les moniales diverses jouaient un grand rôle dans la vie sociale. Des associations confessionnelles de gymnastes, de jeunes filles, de femmes, d'hommes, de vieillards rassemblaient une partie de la population et les occupaient à de sains exercices. Le petit peuple en était néanmoins à peu près exclu. L'Église rythmait l'existence de la cité avec les baptêmes, les mariages, les enterrements, les premières communions, les messes, les vêpres, les complies et les processions, précédées par de longues sonneries de cloches, et comme à Deneuvre on ne voulait pas être en reste, la ville était assez carillonnante. La nourriture spirituelle était dispensée par les prêches, les visites à domicile des abbés, la diffusion de La Bonne Presse. En dépit de ses succès politiques, Adrien Michaut avait voulu faire de la cristallerie une ville dans la ville au sein de laquelle il pourrait pousser le plus loin possible la mise en condition des individus. On s'inquiétait des vies privées, on ne tolérait pas les mauvaises mœurs, on disait son mot sur les mariages : il fallait épouser quelqu'un de sa condition. Ainsi on n'admettait pas que le fils d'un employé, ou l'employé lui-même (ce titre modeste était appliqué aux chefs de service) épousât la fille d'un cafetier ou la fille d'un simple ouvrier. Cette sollicitude s'étendait aux maîtres verriers et aux maîtres de la taille ou de la gravure. En revanche, on n'abandonnait personne. Tant qu'ils pouvaient tenir debout, les vieux travaillaient pour la cristallerie. On payait par charité des dizaines de bonshommes pratiquement inutiles, qu'on occupait à des emplois inventés pour faire naître l'illusion d'une activité et pour donner prétexte à un salaire. Pour les vieillards trop mal en point il y avait l'hospice tenu, bien sûr, par les religieuses. Depuis sa réorganisation au début du XIXe siècle, la cristallerie de Baccarat n'avait connu ni grève ni chômage. Quand la grande crise de 1930 gagna la France, Adrien Michaut voulut d'abord faire front. Il s'entêta à fabriquer des cristaux qui ne se vendaient pas, ensuite il paya une partie de son personnel à ne rien faire. Mais les réserves s'épuisèrent, il fallut réduire les temps de travail, licencier une centaine d'ouvriers. Il y eut des chômeurs à Baccarat. Les syndicats s'en mêlèrent. Adrien Michaut était un vieillard. Il ne survécut pas à la mise en cause de tout son système. Pour la première fois, les ouvriers des cristalleries fondèrent un syndicat qui s'affilia à la C.G.T.

Durant la vie d'Adrien Michaut, le cristal de Baccarat étendit encore sa réputation dans le monde. Celle-ci était fondée sur la qualité de la matière et la perfection technique. Mais l'inspiration n'avait pas suivi. L'esprit conservateur du grand patron, aussi bien que le goût de la clientèle des cours et celui des gens solidement établis, éloignèrent de Baccarat l'originalité et la fantaisie que l'on rencontre parfois dans d'autres cristalleries françaises de moindre célébrité. L'entreprise était gérée avec parcimonie ; les dépenses de recherche technique ou artistique étaient réduites au strict minimum. Aux alentours de 1900, le voisinage de Gallé et de Daum n'empêcha pas la direction des cristalleries de Baccarat de dormir du sommeil du juste. On ne se livra au modern style qu'avec prudence et modération. Le travail des ouvriers verriers était pénible. En 1914, les procédés étaient ceux de 1830, à peu de chose près. Les souffleurs de verre ne vivaient pas vieux. La beauté des résultats obtenus était due pour une bonne part à la qualité de la main-d'œuvre où l'on comptait déjà plusieurs générations de verriers, de spécialistes de la taille et de la gravure. Il y eut en 1919 un exode sensible d'ouvriers et d'ouvrières vers Nancy et la région parisienne. Ils furent débauchés à très haut prix par de nouvelles cristalleries.

Chapitre II

Histoires de famille

La famille, c'était les Thirion, les Geyer, les Sainte-Laudy et accessoirement les Guébourg. Seuls les Thirion étaient lorrains de souche. Venaient-ils du Harreberg, village haut perché voisin de Dabo où ils auraient été forestiers, partant à la Révolution pour la région des étangs, aux environs de Vic, à Vergaville notamment où ils auraient acheté des terres ? Mon arrière-grand-père était musicien et paysan. Un fils s'établit à Baccarat avant 1870 parce qu'il boitait après une mauvaise chute et qu'on le jugeait impropre à l'agriculture. Chef de la musique des cristalleries, il tenait l'harmonium de l'église et composait des valses dans le goût du Second Empire. J'en ai retrouvé, vers 1925, un exemplaire dans une maison de Baccarat ; l'œuvre avait été gravée à Lunéville. Ma grand-mère ni mon père n'y attachaient la moindre importance. Mon grand-père épousa une Geyer dont la famille venait d'Alsace et s'était installée à Baccarat quelque trente ans plus tôt. Ma grand-mère avait été belle. C'est elle qui m'éleva. Veuve à cinquante ans elle mourut très vieille. Je n'ai jamais pu savoir si elle était stupide ou indifférente. Elle jouait mal du piano, adorait Beethoven et les opéras de son temps : Meyerbeer, Ambroise Thomas, Gounod. Elle se lamentait sur la musique de son fils dans laquelle elle ne retrouvait pas de mélodie, mais elle avait pris son parti d'une évolution où il lui avait été infligé d'entendre Fauré, Debussy, Ravel et Stravinski. Elle lisait beaucoup, n'aimait pas Anatole France, mais se plongeait avec ravissement dans Balzac qu'elle reprenait sans cesse : « Il a tout vu, disait-elle, et tout compris, et j'y trouve toujours du nouveau. » Elle était très pieuse, ne savait à peu près rien faire de ses dix doigts, sauf de la broderie et du raccommodage. Elle cuisinait des plats de plus en plus immangeables. Elle ignorait la médisance et la méchanceté.

Les Geyer ne manquaient pas de pittoresque. L'aïeul, un cousin germain de ma grand-mère, était un original qui avait monté un commerce de nouveautés après avoir dilapidé une partie de sa fortune ancienne et bourgeoise, croyait-on. Dans la colossale argenterie que les Geyer possédaient et dont les Allemands se sont emparés dans notre cave en 1914, il y avait un grand nombre de pièces venant d'un évêque de Strasbourg, mort dans les premières années de la Restauration. La maison des Geyer était la combinaison extravagante d'un magasin à galeries, d'un atelier de confection et de pièces vastes et humides, mal entretenues, pleines de fauteuils anciens, de saints en bois polychromes et de précieux petits meubles en marqueterie ou en vernis martin. Les mannequins des vitrines, aux bustes recouverts de filoselle noire, voisinaient avec les bergères et les coiffeuses Louis XV. L'épouse du grand-père Geyer, née Didio, se prenait, disait la famille, pour une impératrice. Elle était morphinomane ce qui ne l'empêchait pas d'être très amoureuse. En 1912 ou 1913, son mari, qui avait plus de soixante-quinze ans, fut attaqué par un essaim d'abeilles ; on le ramena mourant chez lui. La veuve contempla longuement le corps de son mari, avec une douleur très contenue. Entre deux larmes polies elle fit en soupirant cet aveu : « Et dire que ce matin encore ! » Le fils avait hérité du tempérament du père. Il passa le plus clair de sa vie à faire l'amour à sa femme (la sœur de ma mère) et parfois, quand ils avaient l'un et l'autre des invités, un déjeuner de famille, par exemple, il fallait les attendre parce que, au dernier moment, mon oncle n'avait pu résister à l'envie de sauter son épouse. Dans la jeunesse de mon père la maison Geyer était très gaie ; on s'y costumait sous n'importe quel prétexte, on jouait la comédie ou on faisait des dîners de têtes. Venaient en vacances des cousins lointains qui n'étaient pas sans intérêt : Pecatte, un peintre vosgien de talent qui suivait les impressionnistes, les Selmersheim (Tony et Pierre) et les Didio. Le frère de mon oncle Émile Geyer était un jeune médecin psychiatre de grand avenir. Sa thèse avait pour sujet le théâtre d'Ibsen. Il se suicida aux environs de 1905. Le geste eut pour effet de détourner définitivement mon oncle de tout travail suivi.

Les Didio ont joué un grand rôle dans mon enfance. L'oncle Léon, comme disaient les Geyer, était général d'infanterie. Sa carrière avait été arrêtée par un duel qu'il avait eu à Nancy avec un délicieux bohème, redoutable épéiste, vénérable de loges, Gouthière-Vergnolle, qui m'aida beaucoup vers 1925 dans mes entreprises artistiques. L'« oncle Léon » avait accusé Gouthière-Vergnolle d'être l'auteur de certaines des fameuses fiches que l'on reprochait alors au ministre de la Guerre, le général André.

C'était un bel homme, à grandes moustaches, de la taille de mon père. Il avait le don de l'anecdote et racontait sa vie pendant des heures avec un terrible accent alsacien. Il avait dû avoir un faible pour ma grand-mère ; tous les ans, à Noël, quand il venait à Baccarat, il l'embrassait très longuement. Il avait alors près de quatre-vingts ans. Jeune officier en 1870, il avait été blessé à Sedan et laissé pour mort sur le terrain. Des rôdeurs, qui essayaient de le dépouiller, l'avaient fait revenir à lui. Son air terrible les avait fait fuir. Prisonnier en Allemagne, près de Cologne, il fut guéri par un ferblantier qui faisait couler pendant des heures de l'eau glacée sur sa blessure. Il s'évada, en prenant tout bêtement un train qui le conduisit à Bruxelles ; il raconta, pour passer la frontière, je ne sais quelle histoire de commis-voyageur que sa parfaite connaissance de l'allemand rendit plausible. Il reprit du service dans les armées de Gambetta. Son frère Oscar construisait des chemins de fer dans la Pologne russe. Grâce à lui toute la famille possédait des montagnes d'obligations des chemins de fer russes.

« Ne prêtez rien aux tsars, disait-il ; ils feront banqueroute. Mais avec les chemins de fer, vous serez tranquilles. » Il n'avait pas prévu les nationalisations et ne connaissait pas la théorie de l'impérialisme. A l'annonce de la guerre de 1870, Oscar revint en France par le premier train pour défendre la patrie, avant Sedan. Le jour de son arrivée à Paris, son frère Léon était de garde. Il dépêcha un camarade à la gare pour accueillir le volontaire. « Mais je ne connais pas ton frère. Te ressemble-t-il ? — Non ; mais tu ne peux pas le manquer ! » A l'arrivée du train, on vit descendre d'un compartiment de première classe un jeune homme enveloppé dans un gigantesque drapeau tricolore. C'était Oscar ! A Paris il se conduisit d'abord comme un nabab et fit une grande noce patriotique. Puis il acheta une compagnie de zouaves pontificaux et se battit sur la Loire avec d'Aurelle de Paladines. Le général m'aimait bien : à chaque visite il savait que je lui demanderais une fois de plus de raconter ses chasses chez la duchesse d'Uzès et surtout les excentricités commises par les jeunes Didio, dans les environs de Munster, vers 1860.

Les Sainte-Laudy non plus n'étaient pas lorrains. Ils étaient béarnais. La famille éclata au début du Second Empire pour s'expatrier. Un garçon partit en Amérique du Sud ; mon grand-père vint à Baccarat. Il épousa une petite paysanne vosgienne qui avait un peu de biens, monta une fabrique de limonade et un commerce de spiritueux qui acquit une grande réputation à cent kilomètres à la ronde. « C'était un monsieur, le grand-père Sainte-Laudy », me dit souvent mon père. Il gagna beaucoup d'argent. Il fit onze enfants à sa femme ; sept survécurent, élevés dans des conditions d'hygiène médiévales. Mes oncles et tantes, quand ils étaient enfants, dormaient dans des alcôves sans fenêtre, version aggravée des lits clos. (Dans ma jeunesse, elles servaient de débarras ou de cachettes.) Les Sainte-Laudy étaient de vrais Gascons, fiers, individualistes ; certains d'entre eux avaient un penchant pour le mysticisme et l'aventure. Les plus remarquables étaient l'oncle Victor et sa sœur Jeanne, ma mère, qu'une grande tendresse unissait. Victor entra dans l'ordre de saint Dominique et fut missionnaire à Van, en Arménie. Quand les dominicains furent chassés de France et se rassemblèrent en Belgique dans leur maison du Saulchoir, mon oncle Victor y accueillit mon père pendant plusieurs semaines pour essayer de rétablir l'entente dans un ménage qui se défaisait. Mais le Sainte-Laudy le plus pittoresque, celui que j'aimais le plus, c'était mon oncle Albert, le père de mes cousines Simone et Marguerite. Le verbe haut, bouillant comme un mousquetaire, sans peur et sans reproche, droit, autoritaire, désintéressé et brouillon, ne pouvant jamais tenir en place, il animait tout par sa seule présence. Ses trois neveux de Lunéville, les fils de l'aîné, lui ressemblaient à des degrés divers. Deux d'entre eux ont été déportés pendant la dernière guerre.

Les Guébourg étaient des parents plus éloignés, du côté Geyer, semble-t-il. Nous les voyions souvent parce qu'ils tenaient une grande place dans la petite ville. Plus âgés que mon père, mais plus jeunes que ma grand-mère, ils constituaient à Baccarat une des colonnes de la religion catholique. La famille se composait du frère René, de la sœur Marie et de la vieille mère Adeline. Mon cousin René Guébourg, ancien séminariste, dignitaire du tiers ordre, était un boiteux à barbiche, de belle prestance, ascétique, sévère et dur. Il avait entraîné sa sœur Marie dans le célibat, alors que celle-ci, belle fille distinguée, un peu précieuse, aurait volontiers sauté le pas. Leur père avait été boucher, pour leur grande honte, car il fallait oublier cette ascendance grossière... Ils possédaient assez de fortune pour ne pas travailler et financer toutes les bonnes œuvres. Ils donnaient deux ou trois fois par an de grands déjeuners familiaux où trônaient quelques archiprêtres et curés-doyens. On m'y traîna dès que j'eus atteint l'âge de dix ans; je m'y ennuyais et je commettais régulièrement une ou deux incongruités que ma mère redoutait mais que ma tante Louise attendait avec joie car je disais toujours ce qu'il n'aurait pas fallu dire. J'aimais bien la cousine Marie. La maison qu'elle habitait avant 1914 me plaisait parce qu'elle était pleine d'objets que je ne voyais pas chez mon père: des tapisseries anciennes, des boules de cristal, une harpe. Mon cousin René m'était antipathique. Il m'apprit les rudiments du latin et ces leçons furent des heures de supplice. Ma grande joie, c'était les rapports de René Guébourg avec les Crouzier. Désiré Crouzier était son parent le plus proche mais aussi l'ivrogne de la ville: il ne dessoulait jamais. La rencontre des deux hommes était un spectacle sous la condition que Désiré fût à point. Que l'ivrogne fût affalé contre un perron, à demi conscient, ou qu'il titubât dans la rue en chantant à tue-tête, il sentait toujours venir son cousin; celui-ci, honteux et mortifié, essayait d'éviter le scandaleux personnage. Peine perdue! Du plus loin qu'il voyait René Guébourg, Désiré Crouzier ramassait ses dernières forces et hélait l'austère barbu, il allait à sa rencontre aussi vite qu'il le pouvait en hurlant: « Bonjour René, alors, dis-moi bonjour, sois gentil, René. »

Tous les témoins de la scène la trouvaient drôle. Mais leur attention, si amusée qu'elle fût, était discrète parce que René Guébourg faisait partie des autorités de la ville et qu'il n'était pas commode. Moi je riais aux éclats, je me retournais pour jouir de l'embarras de mon vieux cousin et cela me valut quelques claques. L'ivrogne ne m'intéressait pas tellement parce qu'il plaçait mon cousin dans une position ridicule, mais surtout parce qu'il était le petit-fils du Balafré. La vieille mère Crouzier était la doyenne de Baccarat. Elle avait plus de quatre-vingt-quinze ans en 1912 et trottinait encore pour aller à la messe le dimanche. Elle avait des yeux rouges et brûlés et n'y voyait plus beaucoup, mais elle jouissait de la considération due à son grand âge et aux exploits de son père. Ma cousine Marie et ma grand-mère racontaient souvent cette histoire que j'aurais volontiers fait répéter vingt fois parce que j'eusse voulu être entouré de héros. Le père de la petite vieille s'était engagé à quinze ans dans les armées du Consulat. Pour avoir l'air plus grand et plus vieux il avait placé un jeu de cartes dans ses bottes. Il fit dix-sept campagnes et reçut quatorze blessures, ou le contraire. Un coup de sabre à travers la gueule l'avait balafré pour toujours, d'où son surnom. En 1815, il était redevenu civil et l'arrivée des cosaques ne lui avait pas plu. Pour ne pas payer de contribution de guerre, il avait caché sous un tas de fumier tout ce qu'il avait de précieux, quelques bijoux, la croix, de l'argent et une paire de pistolets. Les cosaques découvrirent tout et le Balafré, que l'on soupçonnait aussi d'être de connivence avec les partisans, fut condamné à la schlague. Il subit ce supplice devant sa maison et sans l'intervention d'un officier chevaleresque, ému par les cicatrices de ce brave, il eût été schlagué à mort. Chaque fois que je rencontrais la vieille sorcière aux yeux rouges, je saluais respectueusement la fille d'un soldat de Napoléon.

Mon père n'était pas du tout un soldat, mais c'était un très bel homme, avec une barbe en pointe, poivre et sel comme ses cheveux ; dans la famille on blanchissait à partir de l'âge de vingt ans. Il était vêtu en toutes circonstances avec une grande correction dans un style qui devint universitaire. Il riait rarement ; il était peu familier, avare de confidences et n'aimait pas à être contredit. Je ne l'ai vu s'humaniser un peu que dans les sociétés où il y avait quelques jeunes femmes. Mais il émanait de sa personne une certitude qui rassurait et sa seule présence donnait chaud. Avant 1914, il allait à Nancy trois fois par semaine faire ses cours et donner des leçons au conservatoire. Il passait une journée entière à Lunéville où il avait des élèves dans la garnison et où il faisait un peu de musique de chambre. La maison était tout entière vouée à la musique. Il était entendu que mon père était quelqu'un de très important dans cet art, ce qui nous imposait des heures de silence et, périodiquement, nous interdisait l'accès du premier étage. Louis Thirion avait montré très jeune des dons exceptionnels qui lui avaient assuré le respect de son propre père et de tout ce qui touchait un instrument à quinze lieues à la ronde. Entré tout gamin au conservatoire de Nancy, il jouait avec talent du violon et du piano et devint un excellent organiste. Il travailla d'abord avec un musicien régional très accompli : Hesse. Guy Ropartz lui enseigna l'harmonie et le contrepoint. Il acquit une remarquable technique ; on loue généralement la richesse, la sûreté, la science et l'originalité de son écriture musicale. Ses études ayant été faites dans le sillage de la Schola Cantorum, c'est dans le milieu de Vincent d'Indy qu'il se lia d'amitié avec Gustave Samazeuilh et qu'il connut Albert Roussel ; celle de Roussel exceptée, il n'aimait guère la musique des Scholistes. Son ami le plus proche était Florent Schmitt, lorrain comme lui, né à Blamont, son aîné de dix ans. Tous deux firent des pèlerinages à Bayreuth mais c'est à la musique des Cinq Russes, à Rimski-Korsakov et à Borodine surtout qu'ils sont redevables, l'un et l'autre, de l'éclosion de leur personnalité. Dans sa jeunesse, mon père eut un culte fervent pour Paul Dukas auquel il dédia sa première symphonie ; il considérait Dukas comme son vrai maître. Il aimait la rigueur et la modestie de l'auteur de *La Péri*. Mais il était davantage attiré par Debussy et par Ravel. Il plaçait au-dessus de tout l'écriture pianistique et l'inspiration des *Préludes*, l'harmonie et l'orchestration de Ravel et, comme tous les musiciens de son temps, il tenait l'exécution de *Petrouchka* et celle du *Sacre du Printemps*, en 1912 et 1913, pour des événements considérables. Dans les maîtres anciens, ses préférences allaient à Bach et à Schumann.

Il s'astreignait à jouer chaque jour du piano pendant deux heures et mon adolescence s'est accomplie dans les *Fugues* de Bach, le *Carnaval* de Schumann, les *Barcarolles* de Fauré, les deux Cahiers des *Préludes et Children's Corner*, *Gaspard de la Nuit*, les *Valses nobles et sentimentales*, *Iberia*, les *Goyescas* et *Petrouchka*. De 1902 à 1913, mon père consacra tous ses étés à la composition musicale ; il fit jouer plusieurs sonates, un trio, un quatuor à cordes, deux symphonies qui lui acquirent une certaine notoriété en France et en Allemagne. Il ne parlait jamais de sa musique et ne faisait aucun effort particulier pour en provoquer l'exécution.

Il avait épousé ma mère à vingt-trois ans. Jeanne Sainte-Laudy était un flirt de son adolescence. Il semble qu'il ait hésité à en faire sa femme et que ma mère, une Béarnaise aux cheveux noirs, plus riche, plus ambitieuse et plus décidée que lui, l'ait quelque peu forcé au mariage.

Le bonheur conjugal ne fut pas de longue durée. Mon père, auréolé de succès à Paris, plaisait aux femmes et n'y était pas insensible. Ma mère, assez vite trompée, se réfugia dans la piété et le devoir. Dès que son frère le dominicain fut en Arménie, elle organisa un véritable comité pour le soutien de la mission de Van et le bonheur des petits Arméniens. Elle se mit en relation avec des dizaines d'âmes charitables afin de vendre partout de la dentelle d'Arménie au profit des écoles et des dispensaires de l'oncle Victor. Avant Noël, la maison se remplissait de jouets, de livres, d'outils que l'on envoyait en Turquie ; on recevait en échange des récits d'atrocités et de massacres que l'on s'empressait de faire connaître partout où on le pouvait. Ainsi j'entendis prononcer en 1913 ou 1914 le nom de Viviani, qui allait être le chef du gouvernement à la déclaration de guerre. C'était un lointain cousin des Geyer. On tenait en très médiocre estime ce politicien anticlérical qui avait parlé d'éteindre les étoiles. Malgré cette répugnance, n'était-il pas utile de communiquer à cet important personnage d'authentiques récits des atrocités turques, un relevé comptable du nombre des Arméniens massacrés ? Il est possible qu'Émile Geyer, malgré le scepticisme qu'il affichait, ait transmis au ministre quelques lettres de l'oncle Victor afin d'apaiser l'ardeur militante de sa belle-sœur Jeanne.

Les choses se gâtèrent vers 1910, un peu après la naissance de ma sœur ; le médecin de la famille avait déconseillé à ma mère une nouvelle grossesse. Mon père tomba éperdument amoureux de la jolie et élégante épouse d'un garde général. C'est ainsi qu'on appelait les officiers des Eaux et Forêts. Bientôt cette passion fut la fable et presque le scandale de la petite ville. Mme R. était elle aussi très amoureuse. Quand ils ne pouvaient pas se rencontrer, ce qui était pourtant assez facile puisque les familles étaient en bonnes relations, les amants imaginaient de longues et inutiles promenades du côté de leurs maisons respectives avec des airs de flânerie qui ne trompaient personne. Ma mère affectait de ne pas voir Mme R. qui, sous les prétextes les plus futiles, arpentait la rue des Ponts, tandis que mon père, interrompant son travail, se mettait ostensiblement à la fenêtre de son bureau. S'il faisait beau, mon père m'emmenait faire une promenade derrière la gare, dans les bois de Grammont — ou du Fouy — qu'il affectionnait. Il écourtait la promenade, me renvoyait seul à la maison et allait vers la demeure de Mme R. Je n'étais pas du tout content parce que Mme R. avait une petite fille, à peine plus jeune que moi, que j'aimais bien. Et quand je rentrais chez moi et que je disais à ma grand-mère : « Mon père est allé rue de Frouard » elle m'enjoignait, en haussant les épaules, de ne pas en parler à ma mère. Bien que je fusse fier de connaître un secret dont je ne savais pas la portée, avec la méchanceté subtile et inconsciente des enfants, je m'empressais d'oublier la recommandation de ma grand-mère sans mesurer, puisque je ne me doutais de rien, l'étendue du mal que l'indiscrétion de son fils faisait à la pauvre femme, sans apprécier, comme je le fis plus tard, l'indifférence et la maîtrise de soi par lesquelles elle accueillait une information aussi blessante : je trahissais mon père et rapportais à ma mère qu'il était allé rue de Frouard.

Mais cet amour s'empara de mon père et de sa maîtresse avec une telle force que la présence à leurs côtés et dans la même ville de M. R. et de ma mère devint impossible... Il fut question de donner au garde général un autre poste, peut-être quitta-t-il Baccarat en y laissant, pour un temps, sa femme et sa fille. Il semble que de part et d'autre on se fût orienté vers la séparation, ou même vers le divorce. Après avoir écrit une très belle sonate pour piano et violoncelle où il est difficile de ne pas sentir l'expression de sentiments très vifs et néanmoins mélancoliques, mon père entreprit la composition d'une seconde symphonie. Il voulait l'achever avant l'automne de 1913. Il ne put en venir à bout ; il tomba gravement malade alors qu'il ne lui restait plus qu'à en orchestrer l'andante et le finale, victime d'une dépression nerveuse à l'origine de laquelle, le surmenage aidant, il faut voir la perspective du départ des R. et la mise en cause de la qualité de l'inspiration musicale par un esprit troublé. Mon père cessa toute activité pendant plusieurs mois. Il ne fut tout à fait remis qu'au milieu du beau printemps de 1914. Un jour de soleil, ma mère m'emmena seul sur la promenade du Patis. Elle m'annonça que nous passerions ensemble l'été en Suisse, et que mon père ne nous accompagnerait pas et que peut-être je ne le reverrais pas à la rentrée parce que j'irais à l'école à Lausanne. « Nous laisserons ici ta sœur, ta grand-mère et ton père. J'ai un grand besoin de repos. Ma santé s'altérerait très vite si je restais à Baccarat. » Je ne comprenais pas grand-chose sinon que je me séparerais de ma sœur que j'aimais beaucoup, mais que je verrais des lacs et des glaciers. L'idée d'être seul avec ma mère dans un pays étranger me grandissait, me vieillissait et me donnait de l'importance. Ma mère avait rendez-vous avec une amie. Elle me laissa quelques instants. Je me souviens que je rencontrai sur la promenade Charles Crépin, le fils du banquier, un gommeux de vingt-cinq ans. Je le saluai comme un homme. Je lui tins une conversation d'homme, donnant les nouvelles de la santé de mon père comme s'il avait été question d'un ami commun. Cette gravité solennelle fut rapportée à la maison par Charles Crépin, estomaqué et amusé de mon assurance et du ton que j'avais pris dans la conversation.

La guerre bouleversa tous ces projets, M. R. fut tué dans une des premières batailles. Près de quarante ans plus tard je racontai cette histoire à Lady Mendl, un jour que nous évoquions l'un et l'autre nos parents. « Que c'est drôle, me dit Yvonne. Sais-tu que j'ai bien connu Mme R. et sa fille ?

« Nous habitions alors à Saint-Quay-Portrieux, dans cet incroyable palais pour drame de Maeterlinck que mon père avait fait agrandir et que je t'ai montré il y a quelques semaines. Mme R., sa fille et la femme de chambre s'installèrent tout près. Ma sœur et moi nous devînmes très copines avec la gosse. Mme R. était une belle femme qui semblait être ailleurs : à la maison l'on mettait cette tristesse et cette mélancolie sur le compte de son récent veuvage, encore que cette explication ne parût pas évidente. Nous sûmes la vérité par les domestiques, qui elles aussi copinaient. Hé non, dit la femme de chambre de Mme R., ce n'est pas la mort de Monsieur qui la rend triste, Madame a de l'inconduite ! » J'étais très amoureux d'Yvonne Mendl ; je lui dis que j'enviais mon père et que je ne souhaitais rien d'autre, si nous devions nous séparer un jour, qu'un pareil hommage rendu à notre passion par sa femme de chambre.

Nous recevions à la maison, pendant les vacances, les parents qui vivaient en Lorraine alors allemande, dans la région de Dieuze. Ils occupaient pendant quelques jours l'appartement de ma grand-mère. Ensuite mon père, ma mère et les Geyer allaient passer deux ou trois jours de l'autre côté de la frontière. J'ai gardé le souvenir de vieilles filles d'allure assez paysanne, affublées de prénoms touchants et ridicules du Second Empire, Irma ou Emma, et du neveu de ma grand-mère, Auguste, un gaillard robuste et déluré qui avait l'âge du plus jeune de mes oncles. Tout le monde parlait français car l'allemand n'a jamais été la langue des populations de la région des étangs. Leurs visites et les séjours à Dieuze donnaient lieu à des conversations qui m'intriguaient beaucoup parce que ce qui en ressortait n'était pas absolument conforme aux propos que tenaient les instituteurs, à l'école, sur l'Alsace-Lorraine. La famille de Baccarat constatait que la germanisation des provinces annexées faisait de grands progrès. Certes, la génération de ma grand-mère était encore sentimentalement très attachée à la France, mais chez les plus jeunes — chez les hommes surtout — les ralliements à la Prusse n'étaient pas rares, en dépit des propos très anti-allemands que l'on tenait encore au foyer. Ma grand-tante Maria, la mère d'Auguste, recevait à sa table les officiers allemands de la garnison de Dieuze. Il arriva que mon père ou mon oncle Geyer fussent à cette même table leurs convives. Quand les officiers ne comprenaient pas le français ma tante s'en moquait ouvertement ; son « regardez-les bâfrer, ces cochons » était célèbre dans la famille. Or, quand ils parlaient d'Auguste, le fils de la tante Maria, mes oncles disaient : « Celui-là, c'est un Prussien et si cela continue encore longtemps, ils deviendront tous comme lui. »

Les grands plaisirs physiques de ma petite enfance, c'était d'être porté par ma grand-mère ou par la bonne, de m'endormir en écoutant des chansons et pour m'endormir de sucer goulûment la base charnue de mon index gauche en accompagnant cette succion d'un léger frottement du nez, de rester très longtemps sur mon pot de chambre en lisant et de me déplacer, en cet appareil, d'une pièce à l'autre, d'embrasser et de mordre les petites filles. En 1910, notre bonne s'appelait Henriette ; elle avait la beauté du diable, mais elle était trop plate à mon gré. Je l'aimais bien parce qu'elle était vive, gaie, gentille et qu'elle me chantait les chansons de midinettes que j'entendais dans la rue et dans les cuisines et qu'autour de moi on trouvait vulgaires. Je la suivais dans sa chambre à laquelle on accédait par un escalier clos ouvrant sur un palier mansardé assez spacieux. Henriette m'embrassait, me chatouillait, me jetait sur son lit ou dans de grands paniers de linge et, là, je m'imaginais être dans une barque. Il y avait beaucoup plus de soleil dans la chambre d'Henriette que dans la mienne et, de sa fenêtre, on découvrait tous les jardins des maisons voisines et pas seulement la cour des Moÿse. Henriette me fit voir la fée Carabosse. C'était une petite vieille, guère plus haute que moi, courbée et rabougrie, au visage anguleux et ridé qui sortit en trottinant d'une porte très basse, mystérieuse, toujours fermée, donnant sur le palier d'Henriette. « La fée Carabosse », s'écria Henriette, et aussitôt nous glissâmes ensemble à toute vitesse sur les marches de l'escalier du grenier, assis sur une planche à linge. C'était grisant, de même que la fuite en courant jusqu'à la cuisine. Plus tard, j'ai eu des doutes: n'avions-nous pas vu une vieille femme de journée, venue pour la lessive? Ou bien j'avais rêvé. Mais aujourd'hui encore je préfère l'explication d'Henriette. C'est Henriette qui m'apprit que j'allais avoir une petite sœur mais je fus très déçu par la chose fragile, rougeâtre et vagissante que je vis dans la chambre de mes parents.

A partir de quatre ans, j'étais trop lourd et trop grand pour être porté par ma grand-mère. J'aimais à me réfugier sur les genoux de ma mère, mais je la trouvais, elle aussi, trop plate. Il fallait chanter longtemps pour m'endormir. A ma grand-mère, je demandais surtout *Janot*, une sorte de complainte tirée d'un opéra-comique oublié. Ma grand-mère l'avait apprise de sa propre grand-mère. Quand elle avait terminé, il fallait qu'elle recommençât et je réussissais, paraît-il, à entendre *Janot* cinq ou six fois de suite. Je luttais contre le sommeil pour écouter des vers que je connaissais par cœur. L'effet comique de la chanson est produit par le rejet systématique, à la fin de chaque phrase, des compléments de nom. Il n'en résultait pour moi aucune drôlerie mais la représentation de scènes étranges et agréables. Je m'identifiais sans doute avec le *Janot* maladroit mais utile: la mère de *Janot* tombée subitement malade d'indigestion guérissait dès le deuxième couplet et tout finissait par une fête. Cet optimisme devait me plaire puisque la santé de ma mère donnait déjà des inquiétudes. Un des derniers couplets me remplissait d'extase. En voici le texte:

Je fis des taches sur ma veste de graisse
Sur mon habit et ma jambe de drap
Sur les beaux bas que mon grand-père de laine
M'avait donnés avant d'mourir violet
Le pauv' cher homme est mort d'une migraine
Tenant une cuisse dans sa bouche de poulet...

Le répertoire de ma mère était plus sophistiqué et plus riche. Je refusais obstinément deux ou trois chansons qui me faisaient pleurer et notamment

Le Pont du Nord, mais ma mère m'imposait *Le Bel Agneau d'argent*, une romance triste et sentimentale de Chaminade, dont elle nourrissait sa mélancolie d'épouse trompée. Ma mère me chantait aussi *Les Deux Grenadiers*, de Schumann. J'en aimais la conclusion héroïque sur les notes de *La Marseillaise*. J'ai aussi le souvenir d'avoir souvent entendu *Nell*, une mélodie de Fauré à laquelle je ne comprenais rien, sinon que la tremblante Nell pouvait être pleine de séduction. Parfois ma mère interrompait ses chansons pour me raconter l'histoire de Geneviève de Brabant ou celle d'Abeille, le joli conte d'Anatole France. L'histoire d'Abeille est liée pour moi à la guérison d'une maladie d'enfance, la rougeole, peut-être. Après des cauchemars affreux où des volumes analogues à ceux que Vasarely devait peindre beaucoup plus tard se précipitaient sans cesse sur des géométries étroites qu'ils ne pouvaient pas forcer, l'histoire d'Abeille chassa les phantasmes en leur substituant des métamorphoses agréables.

De grandes boucles noires encadraient mon visage et descendaient sur mes épaules. J'en étais très fier parce que cette chevelure était très admirée, notamment par les petites filles. J'étais le seul enfant de mon âge à porter d'aussi longs cheveux. Ma mère qui avait aussi des cheveux noirs excessivement longs ne se résignait pas à me priver de mes boucles. Cela agaçait mon père qui, un matin, armé de grands ciseaux, transforma le jeune Louis XIV en un enfant d'Édouard.

Je connus ainsi mon premier grand chagrin. Ma mère me calma en me disant qu'on pourrait tout recoller. Je n'étais pas dupe mais c'était un motif pour cesser de pleurer. Le coiffeur compléta l'œuvre de mon père et je m'habituai à des cheveux courts ; ils étaient raides et ne se remirent à friser que vers treize ans, à mon grand désespoir d'ailleurs, car la mode était aux cheveux plats. Mes boucles m'avaient valu beaucoup de succès dans les goûters d'enfants. On jouait à s'embrasser et j'avais un appétit prononcé pour les joues d'une petite fille que je voyais souvent, Jenny Cagnac. Son père devait être quelque chose dans les Eaux et Forêts. Les Cagnac habitaient une maison ventrue avec une grille et un grand jardin plein d'arbres en face du pensionnat de Gondrecourt et du château des comtes de Blamont, devenu Gendarmerie nationale. Dans une réunion d'enfants, j'embrassai tellement Jenny Cagnac que j'eus envie de la mordre et je lui mordis assez cruellement la joue. Larmes, scandale ; la joue de Jenny était maculée de sang et de chocolat. Ma mère ne m'emmena jamais plus chez les Cagnac et je n'ai pas encore compris pourquoi Jenny, qui aimait mes baisers, me poussa à la mordre, et pourquoi je la mordis aussi fort, et pourquoi elle fondit en larmes puisqu'elle aimait à être mordue.

Dans les dernières années d'avant-guerre, des jeux s'organisèrent avec mes cousins et mes cousines, le dimanche surtout, quand on nous réunissait, ce qui était plutôt rare. Le meneur de jeux était mon cousin René Thirion, de quatre ans mon aîné, qui montrait de grandes dispositions pour organiser les parties de plaisir. Nous avions deux domaines : le salon vert ou, au second étage, la chambre des enfants. Les deux grands succès de mon cousin étaient le chocolat aux poux et la catastrophe du *Titanic*. Pour le chocolat aux poux, le goûter commençait très conventionnellement par la distribution à chacun, sur une table, d'une tasse de chocolat et de brioches ; le jeu consistait à mettre des mies de brioche dans le chocolat et à s'écrier « le chocolat a des poux ». Alors il n'était plus question de le boire : il fallait emporter la tasse à l'office, se débarrasser du contenu et revenir pour recommencer ; les invités, ou les plus petits préféraient parfois boire le chocolat, ou du moins ils essayaient cette opération difficile à cause des cris, des bourrades et de l'avalanche des mies de brioche. A force d'aller, de venir, de s'agiter et de crier, on aboutissait à une confusion générale et au gâchis, d'autant plus que le chocolat aux poux étant susceptible de posséder des propriétés maléfiques, il fallait aller vider les tasses en courant, revenir plus vite encore en poussant des cris variés ; cela se terminant par l'arrivée d'une ou plusieurs mères, une distribution de taloches et l'expulsion des plus grands.

La catastrophe du *Titanic* avait lieu dans la chambre des enfants. René dessinait à la craie de couleur un paquebot sur le tableau souple. Derrière le tableau, contre le mur, nous placions un rang de chaises et tout autour, tout ce que nous pouvions trouver de coussins et d'oreillers. Nous grimpions sur les chaises ; les têtes des plus grands dépassaient le tableau noir. René décrivait alors le paysage marin ; les autres auraient bien voulu voir mais ils étaient trop petits ; ils ajoutaient à la description en posant des questions qui contenaient les réponses. L'arrivée soudaine d'un iceberg mettait en transe les passagers qui se trémoussaient sur les chaises. Le choc était épouvantable. « On coule, on coule », criait René en agitant le tableau noir. Il fallait faire tomber les chaises, se jeter sur les coussins, faire mine de nager en hurlant au secours, gagner un canot de sauvetage, repêcher les poupées des petites filles qui représentaient les enfants à la mer. L'imagination de René suscitait des monstres marins qui attrapaient les jambes des nageurs. A ce stade, les hurlements étaient tels qu'une délégation de parents faisait irruption dans la pièce dont le désordre était grandiose. Cela mettait fin aux opérations de sauvetage ; comme les vêtements résistaient mal au naufrage, la catastrophe du *Titanic* fut interdite par les autorités.

Mais le plus souvent, à la maison je jouais seul, je me racontais des histoires. Je jouais toujours à la guerre. Il fallait bien jouer seul puisque, dès la rentrée de l'école, je n'avais plus le droit de sortir. S'il faisait beau j'allais dans le jardin, armé de fusils et de pistolets, je tentais une reconnaissance vers la buanderie ou dans les remises, qui donnaient sur la rue du Presbytère. Au mur des remises étaient accrochés deux objets fascinants, des périssoires effilées, qui me paraissaient immenses, sur lesquelles mon oncle et mon père avaient canoté sur la Meurthe vers 1900. La plupart du temps je restais à la maison et je faisais manœuvrer mes soldats de plomb. C'étaient mes jouets préférés. J'en avais beaucoup, moins toutefois que mon cousin René ou que ma cousine Denise Kronberg qui en possédaient des armées. Mes préférés étaient les dragons et les chasseurs à pied. Les trompettes des dragons avaient des casques à crinière rouge ; chaque dragon avait une lance, sauf les officiers. Ce qui m'intéressait particulièrement c'était de transporter mes troupes dans le salon rose dont l'entrée m'était souvent interdite. J'allais aussi me dissimuler sous le piano à queue où j'avais découvert une cache extraordinaire, une petite cavité sous la table d'harmonie dans laquelle je pouvais placer un soldat de plomb que personne n'aurait été capable de trouver. La sentinelle, qui me représentait quand je n'avais pas accès au salon rose, était généralement un petit lignard à pantalons rouges, d'un format plus petit que celui de mes autres soldats. Ce vaillant militaire fondit à son poste de combat, dans l'incendie d'août 1914, pendant que le piano flambait.

Une fois par semaine mon père donnait des leçons de piano aux trois filles du propriétaire de la cristallerie. Élisabeth, Marthe et Adrienne venaient ensemble à la maison ; celles qui ne jouaient pas attendaient leur tour.

Élisabeth avait quinze ou seize ans. Je la trouvais distante et revêche, elle ne me portait d'ailleurs aucune attention. Adrienne avait à peu près mon âge, mais son visage était trop pointu à mon gré. En revanche, Marthe, qui devait avoir treize ou quatorze ans, incarnait pour moi la beauté. J'aurais voulu que son tour de leçon ne vînt jamais et que nous puissions jouer ensemble pendant des heures. Marthe m'aimait bien, elle aussi, et dès son arrivée elle m'entraînait dans le jardin, où il y avait une balançoire, ou dans le salon rose, puisque les leçons avaient lieu dans le salon vert. Dans le salon rose, elle faisait le cheval et moi le cavalier. Elle se mettait à quatre pattes et je l'enfourchais. Son abondante chevelure châtain coulait sur ses épaules, autour de son visage ; avec sa poitrine naissante, elle était superbe. Je lui tirais les cheveux et je bandais tant que je pouvais contre ses reins. Je crois qu'elle ne détestait pas la pression de mes genoux sur ses flancs. C'est à cause d'elle, sans doute, que j'ai été si souvent séduit par la beauté grave de grandes filles au visage encadré d'une épaisse et longue tombée de cheveux.

Les officiers de la garnison de Baccarat et leurs familles formaient le noyau d'une petite société qui donnait à la ville une existence mondaine aujourd'hui totalement disparue. Les goûters d'enfants n'étaient pas rares, ainsi que les thés et les bridges. Ils occupaient la journée des jeunes femmes menacées de périr d'ennui. En 1913, le commandant du 20e B.C.P. s'appelait Clair, il avait un fils un peu plus jeune que moi, que je détestais. Je l'accusais de stupidité et je lui reprochais de venir à la maison quand je n'avais pas envie qu'il fût là et plus précisément d'avoir écrasé quelques-uns de mes précieux dragons un jour qu'ils défilaient sans autorisation sur le parquet du salon rose. Il semble que ma mère et la sienne aient été assez liées, ce qui eut pour résultat de multiplier les visites qu'elles se rendaient et d'introduire mon souffre-douleur à la maison au-delà des limites du supportable. Un soir d'hiver l'arrivée de ce jeune crétin, en surplus d'une séance de papotage, mit le comble à mon exaspération. Il devait être cinq heures. A ce moment-là il n'y avait personne à l'office. Les deux mères étaient dans le salon rose, avec défense d'entrer. Je décidai de me débarrasser définitivement du jeune emmerdeur et j'eus l'idée géniale de le faire cuire. Surmontant ma répulsion, je mis en œuvre toutes les ressources de la gentillesse et de l'hypocrisie afin de le séduire par un projet de bataille navale dont la cuisine devait être le théâtre obligé à cause du matériel que nous y trouverions. Mais à la cuisine les difficultés commencèrent. Je réussis à placer sur le fourneau le plus grand récipient que je pus saisir, un fait-tout que je baptisai tourelle de cuirassé. A force de palabres et de flatteries, je fis grimper le jeune Clair dans le fait-tout. Je retirai aussitôt la chaise qui lui avait servi d'escabeau et je me mis en devoir d'allumer le feu de la cuisinière. Comprenant vaguement que je ne lui voulais pas de bien (peut-être même lui avouai-je que je voulais le faire cuire), le gamin se mit à pousser des cris inhumains. Il était d'autant plus terrifié qu'il ne pouvait plus sortir tout seul du fait-tout où je l'avais aidé à s'installer. Les hurlements ameutèrent les dames du salon rose. Je reçus une solide paire de taloches et je fus privé de je ne sais quoi, mais depuis ce jour-là le petit Clair ne revint plus jamais à la maison.

On me mit à l'école primaire en octobre 1912. Il y avait à Baccarat quatre écoles, deux pour les garçons et deux pour les filles. Chaque sexe avait son école publique et son école privée. Pour les garçons, l'école privée était celle de la cristallerie. Mon père, par conviction, m'envoya à l'école publique dont l'enseignement était d'ailleurs plus solide. L'extérieur de cette école n'a pas changé depuis 1912. La cour borde l'extrémité d'une rue qui s'appelait rue du Presbytère où la maison de mon père avait une sortie charretière. Je n'avais pas cent mètres à marcher ou à courir pour gagner l'école. Le directeur, M. Juliac, n'était pas lorrain. Fort civil, le cheveu d'ébène, il se tenait très droit, avait en toute circonstance une mine sévère et digne. Il incarnait avec un certain éclat la rigueur morale des républicains et de l'Instruction publique, très conscient de représenter l'ordre spirituel et temporel dont le régime tirait une grande partie de sa force. L'enseignement était excellent. A douze ans, le certificat d'études sanctionnait pour presque tous les gosses l'acquisition des connaissances fondamentales du bon citoyen : savoir lire, écrire, compter suivant les quatre règles, connaître la géographie de la France, et la merveilleuse suite de batailles et d'exploits allant de Vercingétorix au général Chanzy, la source même du patriotisme et de la fierté nationale. Il y avait aussi un cours d'instruction civique auquel le « père » Juliac tenait beaucoup. On y apprenait à aimer la tolérance, la liberté, à respecter le suffrage universel, à chérir la Patrie et à considérer les principes essentiels de la morale chrétienne : tu ne tueras point, tu ne voleras point, tu ne mentiras point, comme les fondements de toute société. Les vitupérations de quelques prêtres et des cléricaux contre l'école sans Dieu plongeaient les gamins qui réfléchissaient un peu dans une grande perplexité puisque l'école et le catéchisme disaient la même chose. La comparaison tournait d'ailleurs à l'avantage des laïques qui, eux, n'attaquaient pas la religion ni les prêtres. A onze heures, après la fin des classes du matin, la plupart des écoliers allaient au catéchisme qui s'enseignait dans la sacristie collée au chevet de l'église, tout au bout de la rue du Presbytère. Bien qu'il ne fréquentât pas l'église et qu'il mît le principe de laïcité à l'empyrée du citoyen à côté de l'amour de la Patrie et de la défense de la République, le « père » Juliac s'installait sur le pas de la petite porte de la cour d'école, comme s'il voulait s'assurer que tous les gamins de religion catholique se rendaient sans musarder au catéchisme ainsi qu'ils y étaient tenus par la confession de leurs parents. Le curé doyen de Baccarat, l'abbé Duvic, avait, dit-on, l'étoffe d'un évêque. Comme M. Juliac, c'était un Méridional. Il avait un visage de tribun, un peu rouge, un noble port de tête, le verbe haut mais châtié. Le curé Duvic n'était pas sectaire. Il avait des rapports distants mais courtois avec l'école laïque, en revanche certains de ses vicaires ne demandaient qu'à pourfendre la gueuse et prêchaient la révolte contre les lois. L'abbé Duvic calmait leur zèle. Les premiers mois de 1914 apaisèrent toutes les passions en faisant une hécatombe d'abbés et d'instituteurs.

Le curé Duvic était un assez bon musicien. Il cultivait sa voix. Dans les messes chantées ou à la messe de onze heures, il ne détestait pas de faire un solo ; son *pane Angelicus* comblait d'aise l'élite des paroissiennes et notamment ma cousine Marie Guébourg.

Les collaborateurs du père Juliac, comme ceux du curé Duvic, n'étaient pas de l'étoffe de leurs supérieurs. A l'exception du maître de la petite classe, M. Gérard, lui aussi un exemple, qui habitait Deneuvre et recevait à sa table, chaque jeudi, le meilleur élève de la semaine, les autres instituteurs étaient des rustres ou de joyeux lurons. Celui de quatrième offrait du tabac à priser à ses élèves, celui de troisième terrorisait les bonniches. Tous étaient dans la réserve sous-officiers de chasseurs à pied ; ils faisaient de fréquentes périodes, ce qui désorganisait un peu l'enseignement. Comme un ou deux vicaires de l'abbé Duvic, ils devaient mourir au champ d'honneur.

En entrant à l'école, je savais déjà lire et écrire. Je n'eus pas de peine à devenir le meilleur élève, place que je partageais avec le fils du garde-barrière, qui était mon copain. Mieux nourri que la plupart des autres, vivant dans une meilleure hygiène, j'étais aussi le plus fort, ou l'un des plus forts ; quand je me battais, j'avais toujours le dessus, et au dire de ma grand-mère maternelle, je n'y allais pas de main morte, puisqu'elle me rappela pendant dix ans que le petit Freytag portait des lunettes à la suite d'une correction un peu trop sévère que je lui avais administrée ; et pourtant, on me tenait très serré. Sauf dans la cour de l'école j'avais peu de temps à consacrer aux bagarres. Après quatre heures, il fallait rentrer à la maison, en traînant un peu bien sûr, mais la porte refermée, il m'était interdit de sortir. Pas de parties de billes avec les copains, pas de participation aux batailles rangées qui opposaient les gars de la communale à ceux des cristalleries ou aux gars de Deneuvre. Ma grand-mère avait très peur que j'attrapasse un mauvais coup, comme elle disait. Les gamins de l'école jouaient au couteau. Le jeu se jouait le plus souvent à quatre, autour d'un petit tas de sable sur lequel il fallait lancer un couteau. Le couteau en se fichant, lame en avant, dans le tas de sable donnait le droit de continuer ; s'il tombait à plat c'était le tour du joueur suivant. Il fallait lancer le couteau de vingt manières différentes, le faire tourner en l'air plusieurs fois sur lui-même, le lancer par-dessus l'épaule, etc., suivant un rite immuable, allant des coups faciles aux coups les plus spectaculaires. On y jouait pendant les récréations. Le jeu était interdit par le père Juliac, mais toléré par certains instituteurs. Tout de même on prenait quelques précautions comme celle de recruter des camarades spectateurs qui faisaient écran, debout. Quand le père Juliac soupçonnait quelque chose, il surgissait la baguette en avant, distribuait quelques coups au hasard et constituait sur-le-champ un piquet de gosses qui devaient tourner en rond, les mains derrière le dos, pendant le reste de la récréation. Le plus difficile était de faire disparaître le couteau. Dans la maison voisine de celle de mon père, les trois fils Moÿse faisaient dans la cour d'interminables parties de couteau. Ils m'appelaient quand ils me voyaient à la fenêtre de ma chambre, mais il fallut le trouble de la mobilisation et de la guerre pour que je pusse acquérir le droit de rejoindre les trois Moÿse et de jouer, avec eux, au couteau. Deux incidents marquèrent pour moi les années scolaires 1913 et 1914. Ils sont très révélateurs de mon caractère d'enfant et des efforts que déployait ma mère pour le modifier. Dans la classe de cinquième, celle de M. Gérard, il y avait deux divisions : ceux qui savaient déjà lire et ceux qui ne savaient pas. Ces derniers étaient en règle générale les plus pauvres et les plus jeunes. Comme cela représentait beaucoup de monde pour un seul instituteur, celui-ci se faisait aider par un grand de quatrième, prêté pour la circonstance. On appelait ces aides les moniteurs, et comme de bien entendu, ne devenaient moniteurs, pour un jour, que les meilleurs élèves de quatrième. La première fois que ce rôle me fut donné je distribuai aux récalcitrants punitions et coups de règle, et au déjeuner je racontai très fier à ma mère avec quelle rigueur j'avais fait ma « classe ». A ma grande surprise la désapprobation fut totale. Avec la douceur et la persuasion qu'elle savait employer, ma mère m'expliqua qu'il ne servait à rien de rudoyer les malheureux bambins à qui je devais apprendre à lire : « Tu les rebuteras, me dit-elle ; ils se fermeront un peu plus ; ils ne t'écouteront pas ; ils te détesteront et détesteront ce que tu dois leur apprendre. Essaie d'être bon et patient. Prouve-leur qu'un petit effort sera largement récompensé. Voici ce que tu leur distribueras, ajouta-t-elle en me montrant le compotier de noix et de noisettes qui était sur la table. Tu annonceras d'abord que ceux qui auront bien répondu auront une noix ou deux noisettes et puis, à la fin, tu en donneras aussi à ceux qui n'auront rien compris. »

J'étais un peu contrarié ; il fallait donc abandonner la manière forte qui me paraissait si naturelle et si conforme au prestige du moniteur et qui consacrait si bien les différences d'âge et de savoir. Et puis, il était agréable de punir. Mais l'insistance de ma mère avait le caractère d'un ordre. De plus ses recommandations prenaient toujours figure d'obligations morales, fondées sur les principes chrétiens de charité, d'amour du prochain et de respect des faibles auxquels elle m'avait rendu très attentif. Je me comportai donc, au cours de la classe de l'après-midi, comme me l'avait demandé ma mère. Les résultats furent prodigieux : les gosses cessèrent de bavarder et de se faire des niches ; ils se corrigèrent eux-mêmes, parfois méchamment. Ce fut un vrai concours d'efforts et à la fin, après que j'eus bouleversé toutes les règles formelles de l'équité et de la hiérarchie en faisant une distribution générale, je m'étais fait vingt petits esclaves.

Dans la classe de quatrième, en 1913, il y avait sur les contrôles un malheureux gamin, sale, mal nourri, sournois, pas mauvais bougre peut-être, mais tellement battu, sans doute, qu'il n'avait pas conscience qu'il pût y avoir, dans la vie, d'autres rapports humains que ceux de la force, de la brutalité et de la malice. Il s'appelait Claudon. Son père était un maraudeur de jardins, un voleur de poules, un spécialiste des petits délits. Il vivait hors de la ville avec une nombreuse marmaille, des femmes plus ou moins légitimes, aux cheveux filasse, qui tressaient des paniers, et plusieurs chiens dans le genre galeux et féroce. Claudon était, somme toute, un être assez repoussant, mais je pense maintenant qu'il avait besoin d'un peu de sympathie, d'un cœur susceptible de comprendre que dans la cabane familiale il n'y avait à prendre que des coups et de mauvais exemples, que dans tous les cas nul n'aurait pu y faire un devoir ni étudier une leçon.

Un jour, Claudon vola quelque chose à un camarade ou à l'école. Ce quelque chose, cela devait être très proche de rien du tout : des billes, un canif, un peigne, que sais-je ! L'instituteur le prit en flagrant délit et décida de faire un exemple.

Le malheureux Claudon fut collé le dos au mur de la cour de récréation, et toute la classe défila devant lui, à la file indienne, avec permission de l'insulter et de le battre. Je vois encore ce malheureux, recroquevillé contre le mur, des larmes dans ses yeux d'albinos, protégeant comme il pouvait son visage chafouin, accusant les coups avec l'habitude comédienne des êtres souvent battus, entraînés à pousser des cris dès qu'on les effleure, afin de jouer le jeu et d'éviter le pire. Beaucoup de mes camarades lui décochaient au passage des coups de pied ou des coups de poing habiles, sournois, réfléchis, qui prenaient en défaut la parade de Claudon et lui faisaient vraiment mal. J'y allai comme les autres, plus fort que les autres, peut-être, ce qui ne laissa pas de surprendre Claudon qui me montrait plutôt une certaine sympathie. Le soir je racontai à ma mère la juste punition du voleur et je fus, en retour, puni de quelques prières supplémentaires. « Claudon a une âme comme la tienne, me dit ma mère ; et il ne t'appartient pas de la juger, ni de la punir, d'autant plus qu'il n'a pas demandé de naître là où il est venu au monde. »

Faut-il y voir un penchant fondamental, ou l'œuvre insidieuse de la morale maternelle, toujours est-il que j'épousai à l'école presque naturellement la cause des opprimés : les Gaulois, la révolte des communes médiévales, les protestants pourchassés après la révocation de l'édit de Nantes, le Tiers État, les Grecs de Missolonghi, etc. Je rêvais de devenir redresseur de torts et pour commencer je soutenais mes cousines dans les conflits d'enfants qui les opposaient à leurs pères et mères. « Je brûlerai ta maison », dis-je un jour à mon oncle Émile parce que sa fille Madeleine, une enfant gâtée qui était à peu près exactement ma contemporaine, pleurait de rage. Ainsi très tôt, inconsciemment et de bonne foi, je découvris les excès auxquels sont naturellement portés la justice et les justiciers.

En 1913, Florent Schmitt loua pour les vacances une maison à la Petite Fosse, près de Saint-Dié. Mes parents allèrent lui rendre visite et comme les Schmitt avaient un garçon de mon âge, on m'emmena. Je fus longuement chapitré avant de partir. « Mme Schmitt ne prononce pas les *r*, comme au temps du Directoire ; par exemple, elle dit "A Pa-is, les baets usses", pour Paris, les Ballets Russes. Surtout n'aie pas l'air de t'en apercevoir. » « Quant à Florent, ajouta mon père, il peut avoir de brusques et violents accès de colère au cours d'une conversation anodine à propos d'un chef d'orchestre ou d'un journaliste. Si l'on est à table, il prend à partie sa femme qui n'en pouvant mais demeure impavide, et il jette par la fenêtre les assiettes et les plats. Il ne faut pas faire attention et surtout ne pas avoir peur. Ne pas rire. Personne ne s'émeut. Mme Schmitt demandera à la bonne de desservir ; on remplacera les assiettes et tout s'apaisera. » Cela se passa exactement comme mon père l'avait annoncé. Le gentil Florent Schmitt eut à cœur de ne pas me décevoir. On parlait, je crois, des Ballets Russes — c'est la première fois que j'entendis prononcer le nom de Stravinski pour lequel mon père et Schmitt avaient une très grande admiration — Schmitt entra dans une violente colère, une ou deux assiettes, des verres et les couverts prirent le chemin de la fenêtre. Celle-ci donnait sur un petit jardin qui était de plain-pied avec la salle à manger. « Viens André », me dit Raton Schmitt et nous allâmes ramasser dans l'herbe le produit de la colère.

Les Schmitt habitèrent ensuite pendant quelques jours notre maison. La frénésie patriotique était à son comble parce qu'il y avait de grandes manœuvres dans la région. Baccarat était rempli de pantalons rouges qui venaient on ne sait d'où, d'artilleurs et d'éblouissants cavaliers. Le clou des opérations devait être la reprise du pont de Baccarat et comme cet assaut aurait lieu pratiquement sous nos fenêtres, personne ne voulait manquer le spectacle. Malheureusement pour moi, il était donné à une heure très matinale et mes parents ne jugèrent pas à propos d'éveiller les enfants. Tout de même, j'entendis la fusillade dans un demi-sommeil ; je retrouvai l'année suivante, pour de bon cette fois, les mêmes impressions. La pluie gâta, paraît-il, toute l'affaire. A la fin de la matinée, mon père m'emmena voir une autre scène guerrière qui attirait des curieux. A l'extrémité de la ville, au sud, sur la route de Rambervillers, à quelques centaines de mètres de la lisière des bois de la Rappe, les artilleurs avaient mis un canon de 75 en batterie et ils tiraient à blanc un coup toutes les minutes. Je suis allé récemment sur cette route et j'ai retrouvé à quelques mètres près l'emplacement de la pièce d'artillerie. Sur quelle cible s'acharnait-elle ? Sur la route de Merviller ou sur le clocher de l'église ? A l'époque on ne pratiquait guère que le tir à trajectoire tendue. L'apothéose devait être une prise d'armes sur le petit terrain d'exercices de la garnison où deux biplans du type cage à poules avaient réussi à se poser, mais d'où ils ne pouvaient plus repartir à cause de la pluie. Sous les trombes d'eau qui firent annuler la charge de cavalerie et la prise d'armes que le public attendait en pataugeant dans la boue, je pus admirer la belle prestance et les uniformes verts et gris de quelques généraux russes. Il y avait même, disait-on, un grand-duc dans ce groupe chamarré et stoïque.

En juillet 1914, la tension devint vite intolérable pour tout le monde. J'ai retrouvé la même angoisse en 1938 et 1939. On finissait par souhaiter la guerre. Les opérations à venir étaient évoquées avec un réalisme étonnant, du moins le croyait-on parce que l'on connaissait les numéros des unités qui étaient en face et qui ne manqueraient pas d'être opposées aux vaillants chasseurs à pied. On savait même les noms de beaucoup d'officiers allemands ; les lieutenants de chasseurs en parlaient comme d'adversaires de duels, alors que la suite allait prouver qu'ils ne seraient jamais face à face. On tint à la maison un conseil de guerre sur les mesures à prendre en cas de rappel de tous les réservistes. Il fut entendu que si les choses tournaient mal, la famille se réfugierait dans nos caves qui étaient solidement voûtées et à l'épreuve, pensait-on, de l'artillerie. Toute la famille confia à mon père, le moins exposé de tous, les biens auxquels elle tenait le plus ; on vit arriver l'argenterie des Geyer, entassée dans des paniers à champagne, que l'on mit à l'abri dans la cave à vin qui donnait sur la rue. Il ne fut plus question de divorce, ni de voyage en Suisse. La mobilisation fit partir tous les hommes. Mon père, affecté au service auxiliaire, demeura dans la ville. Comme aucun uniforme de chasseur à pied n'était à sa taille, il dut se contenter provisoirement d'un brassard à croix rouge et d'un képi, ce qui n'était pas très martial. Edmond Crépin, le banquier, vint chercher le manuscrit de la 2e symphonie qu'il déposa dans le coffre de la banque, avec les valeurs et les titres de propriété. Du jour au lendemain toutes les hiérarchies se renversèrent et les échelles sociales se déplacèrent. Les professeurs et les chefs d'entreprise, simples soldats ou sous-officiers s'effacèrent devant les galons. J'eusse alors aimé que mon père fût capitaine de dragons ou de hussards ; je me consolai un peu en constatant que, durant les premiers jours de la guerre, il se retrouvait souvent avec les officiers de la garnison ou d'autres officiers qui, passant à Baccarat, venaient saluer ma mère, et qu'il avait encore conservé du prestige. Je m'installai assez joyeusement dans la guerre. Rien ne m'aurait déplu davantage que la perspective de passer toute mon existence dans une période de paix et de tranquillité. J'étais assez fier de vivre, à mon tour, l'Histoire de France.

Chapitre III
Le baptême du feu

Les premiers succès en Alsace déchaînèrent l'enthousiasme mais un matin nous entendîmes le canon ; le 20e B.C.P. avait accroché à Badonviller un régiment bavarois. A l'étonnement général, car le 20e avait la réputation d'être invincible, on apprit dans la soirée que l'affaire n'avait pas bien tourné. Les chasseurs à pied s'étaient battus avec courage, mais leurs adversaires étaient plus nombreux. J'accompagnai ma tante Louise et ma mère à la gare où l'on débarquait les premiers blessés. On les transportait en carrioles depuis la gare jusqu'à l'hôpital de campagne installé dans l'école des cristalleries, quelque deux cents mètres plus bas. Ce fut mon premier contact avec le sang. D'abord arrivèrent des blessés légers ; on les connaissait tous ; ils nommèrent les morts ; des femmes sanglotèrent. Ensuite les brancardiers déchargèrent les grands blessés couverts de pansements rouges de sang frais, les figures blanches comme des draps. Le petit Lorenceau avait une jambe déchiquetée. Jeune, beau, les cheveux très noirs plus longs que la coupe réglementaire, il fit, sur son brancard, une entrée théâtrale dans l'école. Sa beauté et la gravité de sa blessure mirent un comble à l'horreur. Nous rebroussâmes chemin. Ce garçon perdit une jambe et pendant toute la guerre il fut à Baccarat le seul homme jeune ; les autres représentants de son sexe étaient des vieillards ou des enfants.

On oublia très vite cette échauffourée parce que toute l'armée française traversait Baccarat. Badonviller fut repris, la frontière de 1871 fut franchie. Cette armée était superbe, comme mes soldats de plomb. C'était un flot ininterrompu de pantalons rouges ; il y avait des hussards éblouissants, des dragons avec la lance et le casque à crinière ; la crinière était rouge pour les trompettes comme dans mes boîtes de soldats ; le défilé atteignit le sublime avec un régiment de cuirassiers.

Ils portaient l'uniforme de Reischoffen presque identique à celui du Mont-Saint-Jean ; toutefois les cuirasses et les casques étaient pudiquement recouverts d'une housse bleue. Passèrent aussi des artilleurs de Valence avec leur curieux casque jaune. Le défilé dura cinq jours. Parfois un aéroplane à croix noire venait survoler la masse des uniformes brillants, à deux cents ou trois cents mètres ; on disait que les gendarmes déchargeaient leurs gros revolvers à barillet dans la direction des Tauben ; on s'en moquait beaucoup !

Vers le 18 août la santé de ma mère s'aggrava brusquement. Le Dr Schmitt diagnostiqua une otite ; il fallait opérer d'urgence. Mon père obtint une mission pour un hôpital militaire de Nancy, emmena ma mère dans une clinique. Il ne restait à la maison que ma grand-mère paternelle, la bonne alsacienne, ma sœur et moi. Ma grand-mère Sainte-Laudy vint nous rejoindre en renfort.

On entendit quelques coups de canon et l'on aperçut à l'horizon des fumées d'incendies. Il y eut une suite de communiqués triomphants. Les Français avançaient partout, libérant peu à peu la Lorraine annexée. La victoire éloignait la guerre de notre petite ville. Soudain, le 21 août, les convois militaires se mirent à rouler en sens inverse avec la même continuité que lorsqu'ils allaient vers l'ennemi. Aux convois se mêlèrent des cortèges pitoyables de réfugiés, les paysans de Sainte-Pôle, de Montigny, de Domèvre, de Blamont avec tous les véhicules de la création. Le bruit se répandit que les armées avaient été battues devant Sarrebourg et qu'elles reculaient. Nous devinâmes très vite l'ampleur de cette défaite en voyant des chapelets de voitures lorraines à fourrage remplies de blessés. Dans les intervalles passaient les troupeaux évacués par les paysans de la frontière, c'est-à-dire par de vieux hommes ou des femmes sans âge vêtues de noir, qui conduisaient des charrettes pleines de meubles, de matelas pisseux, d'édredons rouges pas très nets, d'enfants et d'éclopés. On entendit à nouveau le canon. Pour les optimistes, c'était les pièces lourdes du fort de Manonviller, mais ce bruit sourd, d'abord étouffé, intermittent, tenace, devint peu à peu plus distinct et plus sonore, ne permettant aucune incertitude sur l'évolution des combats.

Le 22 août, la petite ville commença de se vider. Le receveur buraliste partit ; les Möyse aussi, mes tantes firent leurs bagages comme la plupart des voisins. Il faut avouer que l'aspect de la retraite était de plus en plus déprimant.

Tout le 13e corps refluait à pied comme il était venu. Ce n'était plus le bel ordre de la semaine précédente.

Les régiments traversaient la ville par rangs de huit en se hâtant, la discipline était plus lâche, les uniformes étaient sales, déchirés, les hommes mouraient de soif; adolescents et enfants, nous puisions sans cesse de l'eau dans les fontaines de bronze et nous tendions nos brocs et nos seaux aux soldats qui buvaient parfois sans s'arrêter. Ma grand-mère avait décidé de donner un verre de vin aux officiers et les voisins faisaient comme nous.

La 25e division, qui passait sous nos fenêtres, était en loques : blessés dans les rangs, chevaux parfois couverts de sang, compagnies squelettiques, presque dépourvues d'officiers, artilleurs sans canons. Nous apprîmes que les pertes avaient été très lourdes, que beaucoup de commandants, de capitaines, de lieutenants avaient été tués. Mais ces soldats émus, recrus de fatigue, marchaient. Leurs unités gardaient un semblant de cohérence. Pour les civils habitués aux pas cadencés, aux défilés en fanfare, c'était néanmoins l'image de la déroute. Lorsque arrivait une troupe plus fraîche, de meilleur aloi, on reprenait espoir, mais l'heure suivante apportait une nouvelle cohue de fantassins mornes, d'autres files de charrettes pleines de blessés, des paysans terrorisés par la bataille.

RÉVOLUTIONNAIRES SANS RÉVOLUTION

A la maison, l'on s'interrogeait sur ce qu'il fallait faire. Ma grand-mère recevait des visites d'amis et de parents décidés à quitter la ville. On parlait beaucoup des atrocités allemandes. Les journaux relataient les atrocités commises en Belgique, mais point n'était besoin d'aller aussi loin ; après le premier combat, à Badonviller, les Allemands vainqueurs avaient fusillé une douzaine de civils, hommes et femmes ; nous en connaissions plusieurs.

Au soir du 22 août, aucun train ne circulait sur la ligne de Lunéville ; la gare pleine de blessés n'était ouverte qu'aux militaires. Le 23 août, la canonnade était aux portes et la fumée des incendies montait de partout à l'horizon. Un des commis de mon oncle Albert, trop vieux pour être mobilisé, vint annoncer à ma grand-mère qu'il allait lui aussi quitter Baccarat avec le break et le cheval Mignon. Il suggérait de nous emmener tous jusqu'à Rambervillers. Les gens avaient pris peur car on parlait de défendre la ville. Le génie avait miné une arche du Grand Pont et les soldats préparaient des retranchements le long de la Meurthe. J'entrai dans une violente colère d'enfant à l'idée de fuir comme les autres. Ma grand-mère refusa tout net avec beaucoup de hauteur : elle avait la garde de la maison de son fils, de ses manuscrits, de ses tableaux, de ses livres, des argenteries, que sais-je encore. Ma grand-mère Sainte-Laudy avait elle aussi connu l'occupation allemande en 1870 ; elle se souvenait de la défaite des Français à Nompatelize, elle opina. On renvoya le break, l'on attendit le pire en aménageant l'une des caves avec des matelas et des provisions.

Les soldats en retraite disaient que les Allemands approchaient. On commençait à entendre la fusillade entre les coups de canon. Le reflux des troupes françaises était un cortège ininterrompu et régulier ; après un énorme embouteillage qui dura la plus grande partie de la journée, il y eut de longs moments pendant lesquels notre rue était vide de troupes et de convois. La soirée fut calme ; la canonnade avait cessé ; je vis même passer, marchant vers l'ennemi, deux ou trois escadrons de chasseurs bien rangés dont les chevaux trottaient comme à l'exercice ; les uniformes n'étaient pas couverts de poussière, ils paraissaient sortir d'une boîte. « La retraite est finie », dis-je à mon vieux cousin René Guébourg qui était venu tenir conseil avec mes grand-mères. Il m'expliqua que ce n'était qu'une reconnaissance et qu'il ne fallait pas espérer que ces deux cents cavaliers pussent arrêter l'armée allemande ; au contraire, la montée en ligne de ces pelotons laissait supposer que l'ennemi n'était pas loin.

Toutes les conversations roulaient sur l'éventualité d'un départ, de plus en plus improbable au fur et à mesure que la bataille se rapprochait. Il n'y avait plus d'autorités à Baccarat. Le maire républicain, un certain Tisserand, était parti, le curé aussi, et le « père » Juliac, le directeur de l'école publique. Mon cousin Guébourg, qui était du bord clérical et réactionnaire, commentait ces départs avec mépris, même celui du curé Duvic que chacun aimait et respectait. Bien sûr, les Allemands avaient la fâcheuse habitude de fusiller le maire et le curé, mais le danger n'excluait pas le devoir ! Tout naturellement, non sans une certaine satisfaction d'amour-propre, l'ancien conseiller muni-

LE BAPTÊME DU FEU

cipal René Guébourg se préparait à prendre la relève, de même que l'ancien maire, Michaut, directeur propriétaire des cristalleries qui, lui, restait à son poste. C'est avec ces gens-là que les chefs des unités qui cantonnaient en ville prenaient contact. Mais si les Français défendaient Baccarat comme ils en avaient paraît-il reçu l'ordre, ils feraient sauter le Grand Pont et la ligne de feu passerait à cent mètres de la maison. Fallait-il courir le risque de se trouver au milieu des combats, même dans une bonne cave ?

La matinée du 24 août était ensoleillée et chaude — la veille, il avait plu quelque peu — les nouvelles étaient encore plus mauvaises. Le canon avait repris très tôt et très près. La fusillade avait gagné toutes les collines de la rive droite. La bataille était devenue trop proche pour qu'il fût raisonnablement question de partir. D'ailleurs mon cousin Guébourg vint annoncer que les soldats qui devaient défendre le Pont, eux aussi, s'en allaient. Pour ma grand-mère, c'était une défaite générale, la répétition de 1870. Comme en 1870, on ne se battait pas à Baccarat. Les Allemands avaient alors occupé la ville avec une exemplaire correction. Ils avaient été un peu inquiétés par un engagement du côté de Rozelieures, mais là aussi les Français avaient été promptement refoulés et chacun avait retrouvé les habitudes de la vie quotidienne. Mes grands-parents avaient reçu des officiers prussiens qui aimaient la musique : « Ils jouent très bien Beethoven », aimait à répéter ma grand-mère. Il ne restait donc plus qu'à attendre le départ des derniers Français. Mais cela n'allait pas exactement comme en 1870, parce que les Français de 1914 n'avaient pas l'air de vouloir céder aussi facilement que leurs grands-pères. Au nord et à l'est de la ville, on tirait et on canonnait beaucoup. Quand il ne passait pas de soldats en retraite, Baccarat était désert. Tous les commerçants avaient fermé boutique ; personne dans les rues ; beaucoup de maisons étaient désertes.

Nous recueillîmes un couple en panique, les Lhote. L'homme était gravement malade et réformé. Son épouse, une grande Lorraine blonde, très bigote, était née porteuse de mauvaises nouvelles, démoralisée et démoralisante. Elle n'avait pas d'autre intérêt dans la vie que la prière et le malheur, sauf peut-être aussi, sans se l'avouer, les hommes. Les Lhote habitaient la rive droite, au bout de la ville, dans la direction du nord. Le tir de canons français installés sous leurs fenêtres les avait décidés à nous demander asile. L'approche de la bataille avait arrêté l'intarissable bavardage de cette sotte que je devais subir bien trop souvent pendant toute la durée de la guerre, durant que je faisais mes devoirs d'écolier. Comme on entendait le canon de partout et que des obus sifflaient au-dessus de la ville, la conversation se bornait à de furtifs échanges d'impressions banales.

Les mouvements de troupe, plus précipités que la veille et moins fréquents, paraissaient quelque peu contradictoires. Nous vîmes passer des ambulances et de l'artillerie, allant et revenant. Le dénouement semblait proche. Après un bref déjeuner sans appétit, nous retournâmes dans le salon rose, écoutant le tir sec et brutal de 75 très proches. Des obus éclataient à quelques centaines de mètres mais la fusillade peu à peu s'éteignait. Une grosse formation de pantalons rouges, appartenant au 38ᵉ régiment qui avait longtemps stationné la veille devant chez nous, retraita, grossie de deux canons dont les servants marchaient avec les lignards.

Nous étions collés aux fenêtres entrebâillées : les persiennes avaient été rabattues sur le mur ; rien ne gênait la vision — ma grand-mère disait qu'il devait en être ainsi pour l'arrivée des Allemands qui se méfiaient des traîtrises. Le silence de la rue où plus rien ni personne ne passait était solennel, inquiétant et précaire. Il faisait très chaud. Vers 3 heures, alors que nous nous attendions à voir des Allemands et que nous croyions qu'il n'y avait plus de troupes françaises sur la rive droite, survinrent quelques sections d'un régiment d'infanterie coloniale dans le désordre et la confusion. J'avais des soldats de plomb tout pareils, avec képis, vareuses et pantalons bleu foncé à passepoils rouges et capotes grises. On les appelait autrefois l'infanterie de marine. Ils ressemblaient aux mobiles de 1871 d'après les images en couleurs des cahiers scolaires. On y incorporait, disait-on, les mauvais garçons et les têtes brûlées. Ils étaient beaucoup plus fatigués et plus sales que tous ceux qui les avaient précédés ; ils étaient littéralement blancs de poussière. Sept ou huit d'entre eux quittèrent les rangs et s'allongèrent à l'ombre, le long des maisons, ou s'assirent sur les marches du petit escalier extérieur de la pharmacie Klein, juste en face de chez nous. Des gradés firent arrêter la colonne et parlementèrent avec les traînards pour qu'ils rejoignissent les rangs ; ils refusèrent avec des gestes las. Les gradés n'insistèrent pas et la troupe repartit. Les traînards se débarrassèrent de leurs sacs et de leurs fusils ; ils voulaient dormir, semble-t-il. Quelques instants plus tard, une automobile stoppa devant les coloniaux affalés. En descendit un général qui leur parla avec beaucoup de douceur : « Allons les enfants, encore un effort ; les Allemands vont arriver et vous serez tous pris. » Les soldats répondirent par une bordée d'injures. Le général fit monter avec lui deux ou trois hommes et la voiture démarra. Ce spectacle m'avait bouleversé. J'avais eu sous les yeux le témoignage le plus accablant de la défaite : des soldats à bout de forces qui ne veulent pas se battre et n'obéissent plus. Quelle devait être la puissance de cet ennemi qui avait réduit si vite à l'état de scories la belle armée marchant allégrement au combat la semaine passée ? Je me demandais ce qu'il adviendrait de ces fantassins couchés sur le trottoir si, brusquement, surgissait dans la rue un parti d'Allemands lorsque sur le toit de la pharmacie, dans un fracas de tonnerre, une éclatante et brève lueur orangée produisit une épaisse et soudaine fumée blanche. J'eus le temps de voir se lever les coloniaux qui ramassèrent leurs équipements pour s'enfuir. C'était le premier obus qui tombait sur la ville, d'autres suivaient.

Tout le monde courut vers la cave ; je n'ai jamais trouvé aussi glissant que ce jour-là le parquet de la bibliothèque de mon père.

La cave où nous étions installés donnait sur la cour de la maison, en bas de l'escalier intérieur. Elle était séparée par une allée de la cave à vin située en bordure de la rue, où toute l'argenterie de la famille, serrée dans des paniers à champagne, avait été mise à l'abri. Une grande allée perpendiculaire à la précédente conduisait d'un côté à la rue et de l'autre à la cour. Elle desservait aussi les caves des Moÿse. Sitôt assises sur les matelas, la Lhote et les grand-mères se mirent à dire le chapelet à haute voix. La ville subissait un bombardement d'artillerie légère. On entendait arriver les obus; les coups étaient relativement espacés. Quand elle eut bien dans la tête le rythme du tir, ma grand-mère Thirion n'y tint plus: elle voulait voir. Après chaque explosion, elle grimpait au premier étage, dans le salon rose, entraînant avec elle l'autre grand-mère. Les deux vieilles dames revenaient avec une moisson de renseignements burlesques: « C'est tombé chez les Untel... Un coup en plein dans le salon des Machin. Eh bien, leurs cristaux, dont ils étaient si fiers doivent être dans un bel état!... Cette fois, c'est la chambre de bonne des Crépin... Il y a un incendie du côté de l'école des cristalleries », etc. Cette chronique locale des destructions alimentait une conversation de médisances entre les *Pater* et les *Ave*. Les époux Lhote, qui tremblaient de peur, essayaient de retenir les grand-mères, mais celles-ci étaient intrépides. Quelquefois, elles avaient mal calculé leur coup: elles s'étaient trompées sur un sifflement; une explosion toute proche les surprenait alors qu'elles allaient franchir la porte de la cave. Elles redescendaient quelques marches, attentives au prochain obus, et on entendait la grand-mère Thirion dire à sa commère: « Cette fois, allons-y. » Vers 6 heures, le bombardement des environs immédiats cessa. Les grand-mères n'ayant plus rien à voir décidèrent de faire remonter tout le monde. Nous restâmes assez longtemps au rez-de-chaussée, dans le vestibule ouvrant sur la cour et la cave, à écouter un tir qui s'allongeait, le claquement des départs et les sifflements bien différents suivant les calibres. Certains obus passaient comme des locomotives. Les projectiles explosaient assez loin. Le tir s'apaisa. Mes cousins Guébourg, dont la maison était à quelque cent mètres de la nôtre, dans la même rue, vinrent aux nouvelles. Chez nous, rien n'avait été touché. Mon vieux cousin et moi nous allâmes jusqu'au Grand Pont en revenant par la rue du Presbytère et ce qui ressemblait à une petite place, devant la mairie. C'était un vrai décor de guerre: plusieurs maisons avaient été touchées et montraient des trous béants dans les façades ou dans les toits. Les fils télégraphiques, coupés, traînaient sur les trottoirs. Les chaussées étaient jonchées de morceaux de tuiles, de pièces d'équipement et de gros éclats d'obus. Mais les destructions n'étaient pas à l'échelle du vacarme que nous avions entendu. Le Pont était obstrué par une énorme barricade faite de charrettes de paysans, remplies de foin. L'école des cristalleries brûlait. Pas un militaire, ni français, ni allemand. Le bruit de la bataille avait cessé. Je m'étonnai qu'aucun mort, qu'aucun blessé ne fût étendu dans la rue alors que mes grand-mères avaient aperçu des corps allongés devant la mairie. On les avait déjà brancardés vers l'hôpital. Venait de passer au trot, disait-on, un cavalier allemand.

Alors que nous terminions notre tour de ville, rejoignant les grand-mères qui nous attendaient sur le pas de la porte, deux ou trois femmes qui s'étaient hasardées vers le Pont revinrent en courant. « Les voici! » criaient-elles.

Nous regagnâmes les fenêtres du salon rose. Il faisait déjà moins clair. Des femmes du peuple, en fichu et en caraco, formaient un petit groupe à l'entrée de la rue du Bréchon presque en face de chez nous. Elles regardaient vers le Pont en prenant soin de rester dans la petite rue qui leur procurait une sorte d'abri et une bonne ligne de retraite. Nous comprenions à leur mimique qu'elles voyaient les Allemands sur le Pont, qui s'employaient sans doute à démanteler la barricade. L'appariteur municipal, le tambour de ville, un vieil homme qui avait la médaille de 1870, sortit de l'épicerie *Aux jardins d'Espagne*, un fusil de chasse à la main. Il avait l'air terrible, ce vieillard. Les femmes en caraco se précipitèrent sur lui et voulurent le désarmer. Le vieux tambour se laissa convaincre, jeta le fusil de chasse dans le caniveau et disparut, honteux, dans la petite rue. Tout le monde, d'ailleurs, s'éclipsa. Venant de la direction opposée au Grand Pont entraient lentement dans notre rue deux cavaliers allemands, des chevau-légers; ils encadraient un prisonnier à pantalons rouges. Leur arrivée au Pont déclencha le mouvement en avant des fantassins. S'avançant avec précaution, le long des maisons, un doigt sur la détente du fusil, s'arrêtant parfois pour épauler dans la direction d'une fenêtre mais sans tirer (l'un d'entre eux braqua son arme sur nos fenêtres et nous eûmes le bon esprit de ne pas bouger), quelques soldats allemands prirent possession de notre rue. Ils étaient comme sur les images, habillés de gris-vert, avec un casque à pointe et des bottes fauves. Au rebours des Français ils ne paraissaient pas fatigués. Ils appartenaient au 2e bavarois.

C'était un soulagement. La bataille était finie. Nous étions allemands et l'idée d'un retournement du sort en faveur des Français nous paraissait impensable après ce que nous avions vu.

La nuit était tombée et tout le monde avait très faim. Nous allions nous mettre à table dans la salle à manger de Mélisande pour manger une énorme omelette au lard, dont je sens toujours le fumet, lorsqu'on sonna. La bonne vint chercher ma grand-mère; « Ce sont les Allemands », dit-elle. Ma grand-mère descendit aussitôt et nous la suivîmes pour voir. J'entends encore cette extraordinaire conversation: plus tard, ma grand-mère l'a racontée vingt fois, aussi puis-je en garantir l'authenticité même dans le détail.

Dans le couloir d'entrée se tenaient un officier, quelques soldats allemands et un prisonnier français du 17e bataillon de chasseurs à pied. L'officier se présenta en claquant les talons, ce qui ne surprit pas ma grand-mère qui se voyait ainsi rajeunir de quarante-quatre ans.

— Major Kuhlmann, je commande le bataillon qui occupe Baccarat. Madame, j'ai besoin de tabac pour mes hommes.

— Mais le dépôt, monsieur, ne m'appartient pas. Il est la propriété de notre locataire qui est parti depuis plusieurs jours; il ne m'en a pas laissé les clefs.

— Je le regrette, madame; avec votre permission je vais faire enfoncer cette porte.

— Monsieur, je ne vois pas où cela pourra vous conduire car je n'ai pas qualité pour vous vendre le tabac de mon locataire. D'ailleurs, en France, le tabac appartient à l'État et mon locataire doit rendre des comptes à la Régie.

LE BAPTÊME DU FEU

Le major était visiblement amusé.

— Madame, n'oubliez pas que nous sommes en guerre ; nous sommes en guerre contre l'État français ; mes hommes ont besoin de tabac, ils en sont privés depuis quatre jours, je les autorise à prendre ce qu'ils trouveront dans ce bureau ; mais je veillerai à ce qu'ils fassent peu de dégâts à ce qui vous appartient.

— Monsieur, vous me mettez dans une situation désagréable car la maison elle-même appartient à mon fils qui est mobilisé et je sens que ma responsabilité est engagée.

Le major mit fin à cette conversation intemporelle en rédigeant un petit ordre de réquisition qu'il remit à ma grand-mère. Un soldat força la porte du buraliste et releva le rideau de fer qui protégeait la vitrine. Ceux qui l'accompagnaient déménagèrent les paquets de tabac. Le major surveilla toute l'opération.

— Y a-t-il encore des Français dans la ville ? demanda-t-il à ma grand-mère.

— Je pense que non ; nous avons vu passer les derniers à la fin de l'après-midi ; mais je n'ai pas quitté la maison qui abrite aussi la mère de ma belle-fille et mes deux petits-enfants et je ne sais que ce que j'ai vu.

— S'il en est ainsi, répondit le major, vous pouvez dormir sans crainte. Les Français sont battus et j'espère que la guerre va s'éloigner de vous.

Il salua, claqua les talons et fit refermer soigneusement la porte extérieure du magasin.

Ma grand-mère était plutôt rassurée. Elle déplorait le pillage du tabac, mais elle avait retrouvé les Prussiens tels qu'elle les avait connus : vainqueurs, déférents, polis, avec une petite tendance toutefois à s'emparer du bien d'autrui. Mais la comparaison avec 1870 s'avérait quelque peu boiteuse. Rompant d'une manière dérisoire le silence absolu des rues obscures, on entendit le roulement du tambour de ville ridiculement pacifique après tant de vacarme. Flanqué de la bonne du curé qui l'éclairait d'une lanterne, l'appariteur, moins faraud que lorsqu'il avait brandi son fusil de chasse, lut une proclamation menaçante signée Fabricius, où il était question de prises d'otages, d'incendies et d'exécutions pour le cas où la population ne filerait pas doux. Les incendies qui rougeoyaient l'horizon ne présageaient rien de bon. Aussi prit-on de nouvelles précautions. On descendit à la cave des boîtes de conserve, du chocolat et du sucre ; on coucha les enfants sans les déshabiller. Nous n'avons enlevé que nos souliers, ma sœur et moi. J'ai eu du mal à m'endormir. J'étais atterré par la défaite française et je ne voulais pas y croire. En tout cas, si le bombardement recommençait, je descendrais à la cave avec mes soldats de plomb, à commencer par la belle boîte de la prise de Madagascar, cadeau de la Saint-Nicolas 1913, à laquelle on m'avait interdit de toucher et que j'avais dressée sur la table devant mon lit. Je pouvais voir les trois compartiments superposés où des soldats coloniaux coiffés d'un casque blanc poursuivaient les Malgaches.

Dans un demi-sommeil, j'entendais les bruits familiers du dimanche. Ce jour-là, vers 8 heures, à la sortie de la messe du matin, les gamins des cristalleries s'amusaient à racler, de haut en bas, avec des cannes, les rideaux de fer ondulé qui protégeaient la vitrine des « Modes et Deuil » à côté de la pharmacie Klein. Cela faisait tac tac tac tac. Les riverains avaient beau se plaindre, les gamins recommençaient tous les dimanches. J'entendis le galop d'un cheval puis tac tac de plus en plus fort, comme s'il y avait en face une foule de gamins. Je m'éveillai tout à fait et je compris que c'était autre chose. Ma grand-mère entra d'ailleurs en coup de vent dans la chambre: « Debout les enfants, descendez à la cave, voici les Français. » Pendant qu'elle levait ma sœur, j'allai jeter un coup d'œil par la fenêtre de sa chambre. Des dizaines de soldats français trottaient le long des maisons en criant. Vers le Pont, la fusillade grandissait. Il n'était pas 4 heures du matin.

Les Guébourg rejoignirent notre cave par la rue du presbytère et les jardins. A pas précipités, une troupe nombreuse se déplaçait le long de la maison, en direction du Pont. Les soldats criaient, s'interpellaient, s'arrêtaient, repartaient, tiraient. S'y mêlaient aussi des bruits étranges faisant penser à la chute sur le sol de gros objets mous auxquels on aurait accroché des casseroles. Le battement régulier de mitrailleuses allemandes, très proches, s'imposa. On entendit sonner la charge. Cette fois, il ne pouvait être question pour ma grand-mère d'aller voir, car des essaims de balles sifflaient dans la rue, s'aplatissaient contre les murs des maisons, brisaient les vitres. Il n'y avait plus qu'à réciter les *Pater* et les *Ave* et à tendre l'oreille pour essayer de suivre les péripéties de la bataille. Nous percevions des ordres. Parfois la fusillade mollissait. Les mitrailleuses allemandes cessaient de tirer. Nous croyions alors que le Pont avait été pris, mais tout repartait de plus belle ; il fallait en convenir : les Français ne réussissaient pas à passer. « Les mitrailleuses sont sur la terrasse du Château », dit mon vieux cousin Guébourg. Le canon s'en mêla. Notre rue, cette fois, fut directement visée. Les explosions devinrent nombreuses, tout autour de nous, faisant très peur, lors d'un ultime assaut.

Tout cela dura trois heures. Puis nous entendîmes à nouveau les petits pas pressés d'une troupe nombreuse. Nous ne pouvions nous y tromper : les Français s'en allaient... La fusillade s'arrêta pour reprendre plus loin, vers Deneuvre, d'une façon plus désordonnée. Le tir de l'artillerie s'allongea et se ralentit. Il y eut un moment de silence relatif, un coup de fusil très proche, du côté des jardins, et de nouveau des pas sur le trottoir. Cette fois, les commandements étaient en allemand. Des obus de 75 éclatèrent assez près. L'issue de la bataille ne faisait plus de doute. Ma grand-mère s'enhardit, grimpa au premier étage. Elle en redescendit grave, inquiète. « La bataille est finie par ici, annonça-t-elle, il y a beaucoup de morts et tout le fond de la rue est en flammes. La mairie brûle. » Elle remonta plusieurs fois pour suivre les progrès de l'incendie. Mon cousin René Guébourg voulut regagner sa maison, toute proche, pour savoir. Il revint très vite. « Chez nous, rapporta-t-il, le rez-de-chaussée est en miettes : un Français a été tué sur notre perron. Les Allemands ont chassé les pompiers qui voulaient s'attaquer au feu de la mairie et la maison de nos voisins va brûler. L'incendie ne s'arrêtera pas. » Personne ne savait quel parti prendre. Nous étions encore tous dans la cave, on se battait vers Deneuvre. Les grand-mères allaient surveiller de temps à autre l'irrémédiable avancement des flammes. Épouvantable fracas de glaces brisées, au-dessus de nos têtes : des soldats allemands cassaient, à coups de crosse, la vitrine du bureau de tabac. Nous entendîmes des appels. Nous remontâmes au rez-de-chaussée et dans le couloir je me trouvai en face de fantassins allemands, baïonnette au canon. Deux d'entre eux montaient l'escalier qui conduisait au premier étage. Dans la rue, un officier allemand nous attendait. C'était le major de la veille.

— Madame, dit-il à ma grand-mère dès qu'il l'aperçut, il faut immédiatement quitter votre maison. Mes hommes ont repoussé l'attaque de vos soldats, mais (et il montrait les fantassins à baïonnette) ceux-ci ne sont pas sous mes ordres. Je ne puis répondre d'eux. Ils vont brûler votre maison. Le sous-officier que voici vous accompagnera jusqu'à la gare pour votre sauvegarde.

Ce major commandait le bataillon du 113e qui avait défendu le Pont. Nous quittâmes aussitôt la maison, comme des automates, sans même avoir l'idée d'aller prendre un mouchoir ou une chemise de rechange. Je marchais à côté du grand Feldwebel ; venaient ensuite les grand-mères, la petite bonne Thérèse qui poussait la voiture de ma sœur, les époux Lhote, mon vieux cousin claudiquant, René Guébourg, sa vieille mère qui lui donnait le bras et ma cousine Marie qui, en toutes circonstances, avait grande allure. Les Guébourg ne nous accompagnèrent pas jusqu'à la gare et se rendirent, je crois, au presbytère. Le feu dévorait leur maison. Ce que je voyais était infernalement beau. Tout le fond de la rue, la mairie, les maisons de la petite place et bien d'autres brûlaient avec un ronflement de forge. Une énorme fumée noire recouvrait ce brasier et s'amassait en paquet au débouché des rues transversales. Des soldats allemands, baïonnette au canon, fouillaient les maisons : ils incendiaient aussi, a-t-on dit, ce qui ne brûlait pas encore. Sur la chaussée et sur les trottoirs, des cadavres en pantalons rouges, de plus en plus nombreux au fur et à mesure que l'on s'approchait du Pont. Le clocher de l'église était déchiqueté par les obus. Des civils commençaient à ramasser des blessés, devant le Petit Château. Le Pont était littéralement couvert de soldats du 86e. Beaucoup avaient été tués sur le coup, des officiers notamment, d'autres agonisaient. Je me demandais comment la voiture de ma sœur pourrait trouver un passage. Des blessés se soulevaient sur les coudes et demandaient à boire. « A boire, petit ! » entendis-je plusieurs fois. Au milieu de la rivière, peu profonde, l'eau passait sur un corps en pantalons rouges. Pas de cadavres allemands ; au carrefour, quelques chevaux morts ayant appartenu à des dragons badois.

J'étais un peu en avance sur le reste de la troupe. Je m'arrêtai. De toute l'étendue du Pont montait un concert très doux de plaintes et de faibles appels. J'étais surpris d'entendre des hommes gémir comme des enfants. J'en avais honte. Je ne savais pas qu'ils étaient tombés dans une action d'un héroïsme dément. Je pensais seulement qu'ils avaient maladroitement perdu. L'incendie de la rue était terrible comme une punition de Dieu. La bataille continuait vers le sud où l'on voyait des fumées blanches d'explosions. Des soldats allemands dépouillaient les Français morts alors que plusieurs grands blessés imploraient une aide. J'étais révolté par cette fouille, qui n'était peut-être qu'une routine militaire.

L'école des cristalleries achevait de brûler.

Sur les terrasses du Château, quelques Allemands occupaient encore leurs positions de combat, les uns couchés sur les murs, le fusil braqué vers le Pont. Un canon de 77 menaçait, mais les mitrailleuses avaient disparu. Un gros paquet de Français prisonniers s'amassait devant l'Hôtel du Pont. Un chef de bataillon du 86e, escorté d'officiers badois, les rejoignit. Un mort en pantalons rouges était allongé devant l'Hôtel de la Gare. Ma grand-mère voulait aller à Merviller mais, à la hauteur des 77 en batterie derrière les voies ferrées, on nous donna l'ordre de rebrousser chemin. On entendait une fusillade nourrie vers Thiaville, on se battait à la Rappe. Ma grand-mère entra dans les salles d'attente de la gare une lampe de cristal rose au poing. La batterie devant laquelle nous étions passés à la fin de l'attaque avait incendié des maisons dans notre rue. Elle tira quelques obus sur les bois de Glonville et se tut, faute d'objectifs, sans doute.

Au milieu de l'après-midi, on attela les pièces qui partirent vers le sud. Des compagnies montèrent en ligne en chantant. Des soldats de la Croix-Rouge fracturaient les distributeurs automatiques et donnaient aux enfants des tablettes de chocolat Ménier.

La bataille qui s'enfonçait peu à peu dans le sud se manifestait par une canonnade irrégulière avec des crescendos et des temps de silence. Elle s'étendait parfois brusquement à tout l'horizon. Ma grand-mère Thirion était au moment des grandes décisions. Elle en expliqua les motifs à un auditoire de malheureux dont les maisons brûlaient : « Je ne veux plus voir de bataille, dit-elle, surtout avec mes petits-enfants. Toute la ville sera détruite. Et les Français voudront peut-être une nouvelle fois reprendre ce maudit Pont ! Rester ici, c'est attendre la mort. Il faut aller à l'intérieur des lignes allemandes. Nous, nous irons à Dieuze où habite ma belle-sœur et nous aurons la paix. » C'était une idée folle puisque nous n'avions aucun moyen de transport et que Dieuze est à soixante-dix kilomètres de Baccarat. Mais pour l'auditoire de ma grand-mère, le raisonnement était lumineux et sauveur. Nous quittâmes la gare vers 6 heures du soir. La première étape serait Merviller ; nous coucherions au presbytère. Notre groupe d'errants symbolisait tous les exodes. Aux deux grand-mères avec leur bonne, la voiture d'enfant et un gamin se joignirent une demi-douzaine de sans-logis ; une vieille femme qui radotait, une jeune et jolie couturière qui poussait une tapissière sur laquelle était étendu son père paralysé, d'autres encore. La route de Merviller portait les traces des combats de la veille. Dans les fossés gisaient des cadavres de soldats de l'infanterie coloniale, énormes, tout noirs, si noirs que je les pris d'abord pour des nègres. Des arbres étaient déchiquetés par les obus ; dans les champs on distinguait ici et là des hommes et des chevaux morts ; ceux-ci éléphantesques, les pattes raides dressées vers le ciel, puaient déjà.

Après le hameau de Criviller, on grimpe une côte au sommet de laquelle on aperçoit Merviller : Merviller brûlait. « Nous tombons de Charybde en Scylla », dit ma grand-mère. C'était une expression qui m'était alors inconnue, mais j'en devinai le sens. Nous fîmes halte et les hommes eurent l'idée raisonnable de retourner jusqu'au hameau de Criviller, encore intact, pour y passer la nuit. Les habitants avaient fui. La porte du débit de boissons était grande ouverte. On alla chercher des matelas dans les chambres et on les étendit sur le sol du café. Il y avait des poules dans les poulaillers et des provisions dans les cuisines. Nous pûmes confortablement dîner. Depuis que nous avions quitté la gare j'admirais beaucoup la jeune couturière. Je la trouvais fraîche, jolie avec un corsage bien garni, propre et bien repassé. Je la connaissais sans lui avoir jamais parlé. Elle était la coqueluche des sous-officiers de chasseurs. Elle passait souvent devant notre maison, très entourée. Elle n'avait pas bonne réputation. Je voulais dormir à son côté et je m'imaginais que je pourrais enfouir ma tête dans son corsage. J'avais déjà tout arrangé pour que cela fût ainsi, elle était d'accord avec moi. Mais ma vieille et laide grand-mère Sainte-Laudy m'intima l'ordre d'avoir à dormir auprès d'elle, pour me protéger de tout, peut-être aussi des rêves impurs !

Le lendemain matin il y eut une explication difficile avec un officier allemand qui nous demanda ce que nous faisions là, mais n'ayant pas considéré que nous étions des espions, il nous laissa partir. Les idées de ma grand-mère ne séduisaient plus personne. Chacun regagna Baccarat, nous fûmes les seuls à continuer vers Merviller où l'incendie n'avait touché que quelques maisons. Le curé avait fui mais sa bonne nous recueillit. Ma grand-mère chercha vainement une voiture pour Dieuze, elle dut se rendre à l'évidence : seuls les Allemands auraient pu fournir ce transport et il était hors de question qu'ils se chargeassent de conduire des Français sur une terre d'Empire, sous le prétexte d'une visite de famille ! Une pluie diluvienne s'abattit sur la région. Le deuxième jour, j'eus dans la nuit une forte fièvre, je me dressais sur mon lit et, dit ma grand-mère, je battais la générale, je montais à l'assaut de toute l'Allemagne en chantant *La Marseillaise*. Il n'y avait pas de médecin à Merviller. On me mit dans un landau d'osier et la vieille femme, la petite bonne et les deux voitures d'enfant refirent la route de Baccarat. Nous savions que seul le centre de la ville avait été incendié ; les autres maisons de la famille restaient intactes. Nous irions chez mon oncle Albert.

Ma fièvre était tombée. Sur le chemin du retour, je retrouvai, aux mêmes endroits, les cadavres des coloniaux que j'avais vus trois jours auparavant. Notre arrivée dans la rue des Ponts fut éprouvante. Ce n'était plus qu'une succession de façades noircies, de murs écroulés, de décombres qui fumaient encore ; la façade de notre maison restait debout ; on devait l'abattre plus tard ; la porte de la cave était grande ouverte et des soldats allemands se partageaient l'argenterie familiale et les trois mille bouteilles de la réserve de mon père.

Ma grand-mère, pour la première fois, manqua de courage. C'en était trop : elle passa sans mot dire. Elle abdiquait. Dès qu'elle fut Grande-Rue, dans la chambre à coucher de mon oncle Albert qui devenait pour un temps la nôtre, elle s'assit sur le lit et, bien qu'elle fût d'un naturel peu expansif, elle pleura silencieusement, toute droite, quelques larmes, en me caressant le front.

La photographie du pillage de notre cave figure dans l'historique 1914-1918 du 16ᵉ R.R. bavarois, alors cantonné à Deneuvre.

Chapitre IV
Le froid, le sexe et le printemps

L'occupation allemande ramena le calme dans la petite ville. Le centre était en ruine. Les cloches ne sonnaient plus, sauf celles de Deneuvre. Le clocher de Baccarat était debout, avec quelques morceaux en moins. Les habitants s'occupaient avant tout de chercher de la nourriture. On manquait d'eau : des canalisations avaient été rompues et on craignait que les cadavres qui traînaient un peu partout eussent contaminé les sources. Mon cousin René Guébourg s'affaira. Adrien Michaut obtint des corvées allemandes pour rétablir une alimentation en eau potable qui intéressait plus encore les vainqueurs que les occupés, fit abattre les chevaux blessés et enterrer les morts. Le conseiller général Voirin prit la place du maire. On déporta trois otages.

Les Allemands n'avançaient plus. Ils avaient même été refoulés çà et là. La ligne de feu était presque stable, à huit ou dix kilomètres au sud. La limonaderie, ses annexes et une partie de la maison où nous étions réfugiés furent réquisitionnées pour une compagnie du 113e d'infanterie, quelques-uns des Badois qui avaient repoussé l'assaut du 86e. Leur bataillon, engagé jusqu'au 26 août, était au repos. Les soldats badois étaient de bonne humeur et peu bruyants. J'héritai d'un joli tambour plat, décoré de triangles rouges, dont la peau était crevée. Les cinq officiers étaient gentils et bien élevés ; ils s'excusaient presque d'être là. L'un d'entre eux s'intéressa beaucoup à Thérèse, notre bonne, une Alsacienne de Châtenois pour qui les vainqueurs étaient irrésistibles. Elle nous abandonna très vite pour retourner chez elle, ma grand-mère n'osait plus lui donner d'ordres. Presque tous les officiers savaient un peu le français. Le capitaine le parlait sans accent. Sa mère avait été élevée au Sacré-Cœur à Nancy. Il était originaire de Fribourg-en-Brisgau, ravissante ville détruite en 1945 par l'aviation française. Ces officiers s'ingéniaient à rendre moins pénible la vie des deux vieilles dames et des deux enfants. Le capitaine envoyait chaque jour une corvée à la brasserie Rauch pour ramener de la bière pour ses lieutenants et du lait pour les enfants. On entendait encore la canonnade vers l'ouest et le sud. De temps à autre elle devenait plus forte et plus nourrie ; cela commençait très tôt le matin pour gronder souvent durant toute la nuit. Dans la journée passaient des convois d'artillerie. Les artilleurs badois avaient un casque à boule au lieu du casque à pointe des fantassins.

Je guettais les cavaliers. Je voulais voir des uhlans. Les cavaliers badois étaient des dragons ou des chasseurs dénués de tout pittoresque. Je vis tout de même des uhlans bavarois. L'après-midi, les convois revenaient de la ligne de feu par la route de Rambervillers qui passe devant la maison de mon oncle. Les charrettes remplies d'équipements et d'armes, dans lesquelles on distinguait les équipements français, portaient parfois les traces de la bataille. Il y avait des files d'ambulances pleines de blessés, des éclopés, avec des bandages sanglants, qui marchaient à côté des ambulances et des prisonniers français qui ressemblaient à des condamnés de droit commun. Un matin je traversais la rue alors que trois ou quatre tapissières s'arrêtaient. Les conducteurs cherchaient leur chemin. Une épouvantable odeur se dégageait des voitures. Je distinguai dans une des tapissières, derrière des rideaux mal tirés, un amoncellement de corps humains. Les Allemands n'enterraient pas toujours leurs morts sur place. Ils les brûlaient, disait-on.

Nous n'avions pas de nouvelles de la guerre. Nous savions seulement que toute la Belgique avait été prise et qu'on se battait devant Paris. Les officiers lurent aux soldats des communiqués de victoire accueillis par les Hoch traditionnels, particulièrement nourris au Sedantag. Mais rien de tout cela n'était convaincant car le front ne cédait pas devant Rambervillers et les Allemands piétinaient devant Nancy. Par un après-midi très ensoleillé une automobile s'arrêta devant le perron de la maison. En descendit un sous-lieutenant qui monta quatre à quatre l'escalier en appelant sa tante. C'était mon cousin Auguste. Il se jeta dans les bras de ma grand-mère très émue, encore qu'elle eût préféré que son neveu fût vêtu d'un autre uniforme. S'ensuivit une longue conversation dans le salon de mon oncle Albert. Je n'en écoutai qu'une partie, d'abord parce que cela m'ennuyait, ensuite parce qu'il me déplaisait que Auguste fût officier allemand. Il était enthousiaste : « Nous sommes beaucoup plus forts que je ne le pensais, disait-il. Nous avons des canons énormes, des 420 auxquels rien ne résiste. Ils ont démoli les casemates de Manonvillers, que je croyais indestructibles. La guerre va bientôt finir. Vous serez allemands comme nous et vous verrez que tout marchera mieux ! »

Ma grand-mère n'était pas tellement ravie à l'idée de devenir allemande. Elle avait sur le cœur sa maison brûlée et surtout le pillage des caves. Elle raconta tout cela à son neveu. « Mais ma tante, répliqua Auguste, pourquoi ne vous êtes-vous pas plainte à un officier ? Il aurait aussitôt arrêté le pillage et tout vous aurait été rendu. Nos régiments sont très disciplinés. Ils ne sont pas comme les Français. Les Thirion de Vergaville ont vu à l'œuvre le 15e corps : les soldats n'obéissaient pas. » Mon cousin appartenait à un service d'état-major ; il avait obtenu une permission pour une visite de famille. Il était alors fiancé à une Berlinoise. Après la Marne, il se fit muter sur le front russe. En 1920, il épousa une Parisienne.

Ma grand-mère redoutait une surprise comme celle du 25 août. Elle nous faisait coucher tout habillés, l'un au pied, l'autre à la tête du lit. La canonnade se rapprochait quelquefois dangereusement. Nous étions sales à faire peur. Vers le 3 ou 4 septembre la compagnie fut rassemblée et quitta son cantonnement avec tout le 113ᵉ. Ce fut un départ mélancolique. Le régiment attaqua vers Sainte-Barbe. Les soldats revinrent la nuit suivante. Ce n'était plus les mêmes hommes. Ils étaient recrus de fatigue. Le capitaine prit à part ma grand-mère : « Le régiment a perdu huit cents hommes dans la journée, dit-il. Heureusement ma compagnie n'était pas au premier rang ; nous n'avons pas avancé d'un kilomètre ; encore deux assauts comme celui-ci et il ne restera rien du 113ᵉ. Vos soldats se battent bien, ajouta-t-il ; nous n'avons pu qu'entamer leurs positions. » Le 113ᵉ repartit à l'attaque le lendemain ; il subit des pertes sévères ; un des lieutenants vint chercher les effets personnels qu'avaient laissés ses camarades ; il était le seul intact de nos officiers pensionnaires ; les autres avaient été tués ou blessés ; le capitaine Petri comptait au nombre des blessés graves.

Ces nouvelles furent très commentées ; elles recoupaient ce qu'avaient entendu les voisins. « Toutes les attaques allemandes ont échoué, disait-on, et les Français avancent. » Les Badois avaient été relevés par des Bavarois ; j'ai gardé un souvenir incertain du numéro de leur régiment, bien que celui-ci pût se lire en gros chiffres sur les casques. Je pense qu'il s'agissait du 2ᵉ R.I. Ils étaient moins agréables que les Badois. Leurs sous-officiers et leurs officiers étaient les vraies brutes des récits patriotiques. Nous avions hérité d'un major arrogant et coléreux qui avait une sale gueule. Il parlait à ses hommes comme à des chiens. Il vint au cantonnement dans l'après-midi, lança des ordres, puis des contrordres, mit tout le monde en armes, et donna repos pour revenir un peu plus tard, nerveux et agité. « Faites-moi un potage, commanda-t-il à ma grand-mère. — Mais avec quoi ? » lui répondit-elle. Il dénicha quelques cubes de concentré et pendant que l'eau chauffait il confia à la vieille dame que son régiment allait quitter Baccarat : « Vous reverrez bientôt les Français », ajouta-t-il. Il y avait en effet des mouvements de troupe de plus en plus importants vers l'est, et cela ressemblait à une retraite. L'état-major retirait de Lorraine deux divisions bavaroises et les envoyait vers l'Yser, où Hitler, recrue du 16ᵉ, allait recevoir le baptême du feu. Sitôt son potage avalé, le major se campa tout en haut de l'escalier qui conduit à la cour de la limonaderie et hurla des ordres comme s'il représentait à lui seul toute la colère du ciel. Les Feldwebels couraient dans tous les sens et hurlaient à leur tour. Les soldats quittèrent les granges, la limonaderie, la synagogue voisine et se rassemblèrent dans la Grande-Rue. Ils se dirigèrent vers le Pont dans une formation irréprochable. Mais tous les Allemands ne marchaient pas aussi bien. Le canon se rapprochait ; nous entendîmes même distinctement le bruit de la mousqueterie et le tir des mitrailleuses. Nous avions tous gardé le souvenir des journées d'août : la bataille revenait vers nous. Le temps était maussade. Il se mit à la pluie ; des convois allemands, des canons, des fantassins couverts de boue, fatigués, à l'air morne, nous montrèrent une nouvelle image de la défaite.

Les grand-mères étaient inquiètes. On disait que les Allemands se retranchaient sur les collines de la rive droite, qu'ils pointaient des canons sur Baccarat, qu'ils feraient sauter deux arches du Grand Pont, celle que les

Français avaient minée au mois d'août et une seconde pour faire mieux. Les caves des Sainte-Laudy n'étaient pas sûres. De l'autre côté de la rue, une maison qui avait de bons abris offrit son asile. La pluie tombait à seaux. Passaient encore des Allemands en petites formations. On nous coucha dans un grand lit puis on nous fit descendre à la cave. Un orage avait éclaté; on distinguait mal le tonnerre du canon. Il y avait dans la cave une vingtaine de personnes, des femmes pour la plupart. La dysenterie nous tenait tous depuis plusieurs jours. On avait aménagé deux tonneaux dans lesquels chacun se soulageait comme il pouvait. On s'attendait à de nouveaux combats de rue. Le Pont sauta peu avant l'aube. Il y eut des piétinements d'arrière-gardes pressées. Celles-ci s'arrêtaient devant la maison où stationnaient quelques cavaliers qui dirigeaient les retardataires vers le bois de la Côte; le génie allemand avait établi par là un pont provisoire sur la Meurthe. Puis le silence conquit le 13 septembre 1914.

Dans la matinée nous regagnâmes la maison de mon oncle; il n'y avait plus d'Allemands dans la ville. Le ciel s'éclaircit, montrant un soleil timide entre des nuages effilochés. Ma grand-mère vit que nous étions très sales et que nous portions encore nos costumes d'été. Elle décida de nous acheter des bas et des manteaux. Il n'était pas midi. Nous allâmes dans un magasin de confection assez bien pourvu, à côté du pensionnat de Gondrecourt, en face des restes du château des comtes de Blamont, au bord d'une rue en pente par où on peut aller à Deneuvre et qui rejoint, un peu plus haut, la route de Rambervillers. C'est par là qu'étaient arrivés, le 25 août, la plupart des soldats du 86e. Un énorme cri « Voici les Français » nous fit sortir du magasin. Deux chasseurs à cheval, sabre au clair, étaient arrêtés au milieu de la rue, un peu interloqués par la clameur qu'ils avaient suscitée. « Ça va recommencer, dit ma grand-mère. Vite, rentrons! » Et plantant là ses achats et la vendeuse, elle nous prit par la main et nous fit courir jusqu'à la maison de mon oncle. Là elle fut un peu honteuse de sa panique parce que l'arrivée des cavaliers français n'avait attiré aucune réaction des Allemands. Ceux-ci avaient au moins cinq heures d'avance sur leurs adversaires. D'autres chasseurs à cheval traversèrent la ville, interrogèrent des habitants, ramassèrent quelques traînards. Ils passèrent la Meurthe à gué. Je vis venir des chasseurs à pied; ils appartenaient au 41e bataillon; ils allaient lentement, fusil au poing, le long des maisons. L'officier qui les commandait fit arrêter son détachement, une cinquantaine d'hommes, devant chez nous pour une pause. « Où sont les Allemands? » me demanda l'officier, un très jeune lieutenant[1]. Je dis tout ce que je savais, que le Grand Pont avait sauté, qu'il existait peut-être encore un pont de bateaux du côté du Bois de la Côte, qu'il y avait des canons braqués sur la ville autour de la maison Steff, enfin tout ce que j'avais entendu depuis le matin. J'ajoutai que les Allemands qui logeaient chez mon oncle avaient quitté Baccarat la veille. « Tu es bien sûr qu'il n'en reste plus? Nous allons voir; montre-nous le chemin. » L'officier dégaina

---

1. Sans doute le lieutenant Darde de la 4e compagnie.

LE FROID, LE SEXE ET LE PRINTEMPS

son revolver et me poussa devant lui ; une dizaine de chasseurs le suivirent, baïonnettes en avant. Je les conduisis à la limonaderie. Les soldats fouillèrent la paille avec leurs baïonnettes, montèrent dans les granges. « Et ça, qu'est-ce que c'est ? me dit un des chasseurs, en voyant mon tambour. — C'est à moi ; c'est un Allemand qui me l'a donné. — Tu n'en as pas besoin, gamin. Tu es trop jeune. » Et il emporta mon tambour comme trophée. J'étais révolté par ces manières. Je savais que je ne risquais rien en conduisant les chasseurs dans les granges puisque les Allemands n'étaient plus là, mais les Français, eux, l'ignoraient. Que mes compatriotes aient fait marcher devant leurs baïonnettes un gosse de mon âge cela me parut indigne.

La reprise de Baccarat permit à des centaines de civils de rentrer. Ils revinrent dans l'euphorie de la victoire. Tout défaitisme avait disparu. Les fuyards du 24 août, les plus nombreux, n'avaient pas été bien loin et ils avaient couru les pires dangers. Ils s'étaient généralement retrouvés au milieu de la bataille, entre Bazien, Doncières et Rozelieures. Ils avaient attendu dans les fossés que le sort des armes leur permît de gagner les arrières d'un des deux camps où on leur avait alors enjoint de ne plus bouger. Ils racontaient des histoires horribles sur les centaines de cadavres qui jonchaient la Grande Pucelle et la fameuse trouée de Charmes. Encore que les combats de l'Est aient joué leur rôle dans la stratégie générale et qu'en Lorraine l'armée allemande ait souvent été battue sur le terrain, tout le monde savait que la décision avait été emportée sur la Marne et non devant Rozelieures ou Rambervillers et que ça avait coûté très cher. Il n'y avait aucun chauvinisme dans les récits. Au contraire, on avait vu s'enfuir des soldats français. Les 17e et 20e bataillons n'avaient pas été irrésistibles et chacun en était déçu. On s'étonnait d'une guerre qui ressemblait si peu aux épopées des livres d'histoire. On mettait les succès sur le compte de la technique en décrivant la puissance dévastatrice d'explosifs mystérieux tirés par les canons de 75.

Après quelques jours les services publics fonctionnèrent comme avant, la nourriture de chacun fut assurée et la dysenterie s'apaisa. Dès que la route de Nancy fut praticable, mon père vint à Baccarat qu'il savait en partie détruit. Je le vis arriver pâle, courant comme un fou, à travers la rue parce qu'une idiote lui avait dit que sa mère et ses enfants avaient péri dans l'incendie de sa maison. Il était encore en civil. Je retrouvai aussitôt l'amour et l'admiration que j'éprouvais pour lui parce que notre vie fut aussitôt changée. On nous lava, on nous habilla de neuf et tout reprit un cours organisé. La situation de mon père dans les armées n'était pas encore très claire. On le mit à la gestion d'un hôpital n'abritant guère que des blessés du 25 août car on se battait peu sur l'incertaine ligne de feu qui s'organisait à l'est de la ville. Crépin, le banquier, revint à son tour. La banque avait été réduite en cendres, comme toute la rue des Ponts, mais le grand coffre-fort était intact, à demi couvert par des pierrailles. J'accompagnais mon père quand Edmond Crépin en fit jouer le secret. Tout ce que contenait le coffre avait résisté au feu, seul le bord des liasses de papiers avait été noirci par la chaleur. Le manuscrit de la

2ᵉ symphonie était sauf. C'était un gros dossier rouge que, durant toute la guerre, nous transportâmes avec nous à chaque alerte.

Le front s'établit à dix kilomètres de Baccarat. De part et d'autre les tranchées étaient occupées par des troupes de réserve ou des relèves, après les attaques d'Artois ou de Champagne. Le secteur était calme. On n'entendait pas le canon tous les jours. Il n'y avait un peu d'agitation que du côté de la Chapelote, près de Badonviller, ou dans la forêt de Parroy, à l'est de Lunéville. A partir de la bataille de Verdun, les relèves furent plus fréquentes. Nous vîmes passer des divisions célèbres : les Coloniaux, les « Joyeux » (on appelait ainsi les bataillons disciplinaires), plus tard des Polonais, une ambulance britannique et des Américains sur lesquels je reviendrai. Chaque relève donnait lieu, de la part de l'ennemi, à des reconnaissances aériennes. Jusqu'à la fin de 1917, ces alertes furent des reconnaissances de routine s'accompagnant quelquefois du lâcher de quelques petites bombes qui ne faisaient pas de dégâts. L'alerte était sonnée par un clairon qui était de permanence à côté d'une mitrailleuse servie par des territoriaux, sur une terrasse dominant la ville, au pied de l'église de Deneuvre.

Par beau temps, la ligne de feu, vers le nord, était jalonnée de ballons d'observation, des « saucisses ». Les deux adversaires les laissaient en place plusieurs semaines durant et puis, un jour, ils se fâchaient. Ils se descendaient alors mutuellement leurs ballons. La tâche en était généralement confiée à un aviateur habile qui les tirait comme à la foire. Cela se passait quelquefois à notre vue parce qu'une des promenades favorites était la lisière des bois de Glonville et de la Rappe, d'où on voyait bien la ligne des ballons. On distinguait aussi les routes sur lesquelles tirait l'artillerie allemande. Les fumées des explosions étaient très distinctes, mais le bruit de l'éclatement se perdait souvent avant de nous atteindre.

Le climat de Baccarat, en hiver, est rude : le froid s'installe en décembre et dure longtemps. Les hivers de la Première Guerre mondiale furent exceptionnellement rigoureux. En février 1916, le vent soufflait du nord, les nuits étaient glacées. Nous fûmes avertis de la bataille de Verdun par un roulement ininterrompu qui faisait vibrer les vitres des fenêtres. Cela ne s'arrêtait pas ; on l'entendait même pendant la journée. Les nuits de grand gel, ce roulement dramatique, qui faisait peur à tout le monde, pouvait devenir assez intense pour éveiller les dormeurs. On savait que le 20ᵉ corps était en ligne, là-bas. Les vieilles femmes qui ne pouvaient pas retrouver le sommeil priaient pendant le reste de la nuit. Les premiers récits de la bataille confirmèrent les habitants dans la peur. A la fin de mars, nous vîmes arriver des divisions qui revenaient de cet enfer. Les régiments prenaient souvent la route de Rambervillers et passaient devant notre maison. Les hommes semblaient être vêtus de boue séchée ; ils ne parlaient pas. On les regardait avec effroi et pitié.

Les cartes de rationnement apparurent. Elles concernaient le pain, le sucre et le charbon. Les boucheries étaient fermées deux jours par semaine. Le

LE FROID, LE SEXE ET LE PRINTEMPS

prix des denrées renchérissait. A la fin de 1917, la banqueroute russe mit brusquement dans la gêne des familles qui se croyaient à l'abri du besoin. Les gens du peuple s'en tiraient avec les allocations versées aux familles des mobilisés et grâce à la hausse des salaires. Ma mère qui, par orgueil, ne voulait rien demander à la mairie, mangeait son capital et ne savait pas comment joindre les deux bouts.

L'hiver 1917-1918 fut exceptionnellement long et dur. On enregistra 15° au-dessous de zéro pendant plusieurs semaines avec des pointes de température plus basses. La Meurthe gela et la glace qui recouvrit entièrement la rivière devint assez solide pour supporter le passage de canons de 75 avec leurs attelages et leurs caissons pleins d'obus. Les canalisations d'eau éclatèrent, les égouts furent scellés par le gel. Seules quelques fontaines de la ville distribuaient de l'eau potable. Des tas d'immondices s'accumulèrent devant les maisons. Mais ces souffrances n'étaient rien à côté du massacre des hommes qui continuait sans désemparer. On apprenait sans cesse de nouvelles morts. L'angoisse montait pendant les offensives. Les familles qui restaient longtemps sans nouvelles de leurs soldats interrogeaient tout le monde ; on voulait savoir quels régiments avaient été engagés, si les pertes avaient été lourdes, les unités qui étaient encore en ligne. Je préparais ma première communion et, à ce titre, j'étais de toutes les messes. Enfant de chœur, j'étais requis pour les absoutes et les requiems. L'église était remplie de femmes en noir, celles dont le deuil était le plus récent étaient voilées de crêpe. Lorsque le prêtre entonnait le *Dies Irae* ou, dans les messes basses, le *Libera*, les sanglots de toute une foule, brusquement déchaînés, accompagnaient les chants funèbres et parfois même les couvraient parce que la voix de l'officiant s'étranglait d'émotion.

Cet hiver semblait ne devoir jamais finir. Tout de même, le froid céda ; on put nettoyer les appartements et les rues. On vida les casernes et les cantonnements. Des Américains relevaient les Français. A la fin de mars, des voitures Ford, hautes sur roues, amenèrent quelques soldats en kaki coiffés d'un large chapeau de boy-scout. Ils s'installèrent à tous les carrefours, avec des estafettes en moto et réglèrent une nouvelle invasion. Il en arriva de partout des soldats tout neufs, luxueusement équipés: par la petite gare, en camions et même à pied. Sous nos fenêtres, dans la rue étroite qui avait déjà vu passer tant de militaires, s'engagèrent de gros tracteurs à chenilles qui tiraient des canons lourds, la 42ᵉ division U.S., la *Rainbow Division*, où servait un jeune officier de grand avenir, nommé Mac-Arthur.

En deux jours, Baccarat devint une autre ville dans un autre monde. Partout cantonnaient des hommes jeunes, solides, bien vêtus, optimistes, qui ne savaient pas où loger le matériel énorme qu'ils possédaient et qui semblait sans cesse augmenter: camions, voitures, mitrailleuses, canons, munitions, vivres de toutes sortes. Ils jouaient au base-ball sur le Patis, montaient un peu partout des baraquements et des tentes. Surgit un hôpital de campagne dans le parc des cristalleries avec de jolies et fraîches infirmières et des files d'ambulances automobiles bien différentes des fourgons à traction animale de 1914. Du coup, toutes les difficultés d'approvisionnement prirent fin. On vit apparaître de grosses boîtes de lard, du beurre salé, du pain blanc, des monceaux de sucre. Les cartes de rationnement étaient presque sans objet.

Nous héritâmes d'une « popote » de chirurgiens. Nous en logions trois : les capitaines Moore et Mac-Kim, citoyens de Philadelphie, et le lieutenant Deckey, de Pittsburgh. Moore couchait à notre étage dans une chambre aux meubles de pitchpin, glacée en hiver. Ces officiers apportaient avec leur tabac blond, leurs voitures et leurs ordonnances un sentiment de sécurité et de confiance dont nous avions besoin. Les attaques de Ludendorff ébranlaient alors le front allié ; de nouveaux noms allongeaient sans cesse la liste des morts au champ d'honneur, mais cela n'avait plus tellement d'importance. La santé, la richesse et la vitalité américaines effaçaient les mauvaises nouvelles. Avec ce renfort impressionnant, la France était certaine de gagner la guerre. On en verrait bientôt la fin ! La population épousait littéralement la 42ᵉ division. Les jeunes gars de la Pennsylvanie ou de l'Ohio comblaient les vides, étanchaient les douleurs de l'absence, ramenaient la joie. Ils faisaient oublier l'armée française. La ville était secouée par de nouveaux rythmes, ceux des ragtime. Le plus célèbre, *Alexander Ragtime Parade,* était joué partout à longueur de journée dans les cafés, dans les maisons, avec *Roses of Picardy* et sur tous les instruments. On fut noyé de surplus, de treillis, de sacs, de tricots, sans compter les ceintures tressées d'ordonnance à boucles de cuivre aussitôt adoptées par tous les gamins. Ceux-ci chantaient à tue-tête des refrains déformés par l'accent lorrain et la prononciation française. Les insultes et jurons habituels furent remplacés à l'école par *son of a bitch*, employé à tout bout de champ par les gosses de cinq ans comme par les grands. J'appris que cela voulait dire *enfant de putain,* ce qui ne me renseignait pas beaucoup. Cela ne signifiait d'ailleurs rien pour personne car en Lorraine les injures ressortissent généralement au vocabulaire scatologique au rebours des pays méditerranéens où elles concernent plutôt les pratiques sexuelles.

Le secteur s'agita. Il fallait aguerrir la 42ᵉ division. Elle était d'ailleurs là pour cela. Les coups de main se multiplièrent ; la canonnade devint plus fréquente. Les Américains payèrent tout de suite le prix de leur bravoure et de leur inexpérience. Une médiocre affaire de patrouilles devant Badonviller leur coûta près de vingt morts, les premiers de la division. On leur fit fête. Ils furent ramenés à Baccarat et enterrés en grande pompe dans un nouveau cimetière qu'on ouvrit à cette occasion. En tête venait à pas lents toute la fanfare d'un régiment d'infanterie, qui jouait la *Marche funèbre* de Chopin. Je l'entendais pour la première fois. Ensuite passèrent les cercueils, couverts de drapeaux étoilés, sur des prolonges d'artillerie. De chaque côté marchaient des fantassins casqués, le fusil sous le bras, canon dirigé vers le sol. Quand tous les cercueils eurent été descendus dans la fosse commune, on hissa la bannière étoilée à un grand mât blanc et un peloton de fantassins tira trois salves en l'air. Le même cérémonial se répéta pour chaque nouveau mort enterré à Baccarat, mais comme les pertes se multipliaient, on créa des cimetières à proximité du front pour les soldats tués sur le coup. Au *Thanksgiving day*, on confia à quelques gamins dont j'étais d'énormes gerbes de fleurs que nous déposâmes sur les tombes sous le feu des caméras de toutes les actualités. Un général nous embrassa tous avant les trois salves réglementaires.

Je devais faire ma première communion à la fin d'avril. Je fus soumis par ma mère à une véritable mise en condition de sainteté. Je reçus un carnet sur lequel je devais noter, chaque jour, non pas les bonnes actions que j'avais faites (c'eût été trop simple), mais les privations et les mortifications que je m'étais imposées. Ma mère examinait tous les soirs cette comptabilité démente. Les prières furent allongées à l'intention de la patrie, pour obtenir le retour de mon père à la foi catholique, etc. ; tous les prétextes étaient bons. Mon camarade de première communion, le fils du garde-barrière, était aussi bon chrétien que moi. On lui confiait même la direction de tous les enfants de chœur et il avait la permission de s'amuser. Après le grand jour je mis le petit carnet au rancart, mais cet excès de sainteté et les interdictions variées m'avaient séparé de mes copains. Nous restions bons amis. Comme j'étais le premier de la classe, je gardais un certain prestige mais j'étais à côté. Ainsi tous les gosses rôdaient autour des cantonnements américains, glanant des biscuits, des bonbons, du chocolat, du chewing-gum, des cartouches de colt et mille autres trésors auxquels je n'avais pas accès. Je ne participai qu'à une seule de leurs mirobolantes expéditions du jeudi, dans la direction du front, pour rapporter des plaquettes de poudre jaune que nous enfermions dans des boîtes à cigares, et des fusées éclairantes. On me croyait chez le garde-barrière et à mon retour je fus sévèrement puni. Tous se préparaient à passer le certificat d'études. Sous le prétexte que j'irais au lycée l'année suivante et que je subirais, un peu plus tard, l'examen des bourses pour l'entrée en cinquième, on ne me présenta pas au certificat. Les autres savaient qu'ils apprendraient sous peu un métier, tandis que moi je continuerais mes études. Et puis, surtout, j'étais en retard du côté des filles à cause de l'austérité familiale et du manque de liberté. Tous mes copains avaient des bonnes amies ; ils commençaient à les embrasser ; ils parlaient de choses que je ne comprenais pas. Moi je ne fréquentais que mes cousines ; j'aimais bien Simone, l'aînée, mais elle me traitait plutôt avec hauteur. L'idée d'un rendez-vous avec Simone ne m'effleurait même pas ; d'ailleurs elle était aussi surveillée que moi tandis que mes camarades d'école rencontraient les filles de la communale qui se retournaient sur le passage de leurs préférés.

J'allai en classe le jour de l'Armistice. Le « père Juliac » n'ayant pas reçu d'instruction académique ouvrit les portes de l'école. Ma mère avait refusé de me donner congé. Presque tous les gamins étaient dehors ; ils n'avaient pas jugé utile de venir ce jour-là. Après une matinée brumeuse, l'après-midi fut tiède, avec un peu de soleil. Je savais où étaient mes copains. Ils étaient partis en direction de Montigny où se trouvaient quelques-unes des batteries de tir du secteur, où l'armée avait multiplié, depuis quelque temps, des dépôts à peine gardés contenant toutes sortes d'objets de guerre. Ils en rapportèrent des fusées éclairantes, des fusées de signalisation et de la poudre. Ils en firent un beau feu d'artifice. Les soldats de la garnison ne voulurent pas être en reste mais leur stock, paraît-il, ne valait pas ce qu'avaient rapporté les gamins avec la complicité des convois militaires.

Baccarat, qui avait été peuplé de bataillons prêts à la revanche, qui avait été dévasté par la bataille et avait hébergé des militaires de tous les continents s'endormit d'un sommeil tranquille dont il ne se réveillera plus jamais. Les plus actifs et les plus ambitieux de ses habitants le sentaient et se préparaient à partir vers des horizons moins bornés.

Notre installation à Nancy fut grisante. Nous avions un grand appartement en face de l'École forestière. Richard Mique avait habité le bel hôtel voisin, mais ce nom, en 1919, ne me disait rien. Notre maison était la seule de la rue qui n'eût pas été construite pendant le règne de Louis XV. La beauté de ce quartier a toujours représenté pour moi un extraordinaire confort intellectuel. Toute la famille nous prêta des meubles en attendant que mon père ait pu rassembler le mobilier dont il avait envie. Mon père demanda mon avis avant de faire son choix, ce qui me remplit d'orgueil et d'importance. Il m'emmena dans les magasins de Majorelle et dans les ateliers de Gauthier Poinsignon qui avait adopté un modern style assagi et sec. Guy Ropartz avait été nommé à la direction du conservatoire de Strasbourg. Mon père lui succéda à Nancy mais il ne fut pas titularisé à ce poste, ce qui fut une grosse déception. Sa candidature était soutenue par la droite. La gauche lui reprochait l'amitié de Ropartz et ses bons rapports avec l'évêché. La gauche l'emporta. En 1920, Alfred Bachelet, un bon musicien de théâtre qui venait de l'Opéra, obtint la direction convoitée. Bachelet et mon père avaient des amis communs, Gustave Samazeuilh entre autres, et leur commerce devint d'autant meilleur que Bachelet tenait en grande estime la musique symphonique de son collaborateur.

J'avais souffert pendant la guerre de l'abaissement de notre situation. Je retrouvai, à Nancy, la vanité et la commodité d'être le fils d'un homme considéré et connu. Tout à Nancy était beaucoup plus grand et me convenait à cause de cette dimension nouvelle. Notre paroisse était celle de la cathédrale. Mon père y donna un concert sur l'orgue ancien et monumental. Je repris avec ma mère mes habitudes de piété dans un cadre autrement exaltant que celui du néo-gothique de Baccarat. Des dominicains entouraient ma mère de prévenances car mon oncle[1] avait laissé un grand souvenir dans son ordre. Ma mère décida de me présenter à l'aumônier du lycée afin que je puisse renouveler ma première communion dans sa chapelle. Celle-ci est un morceau de l'ancien couvent de la Visitation absorbé par le lycée. Elle a été construite vers 1780 dans un style proche de celui de Ledoux. L'aumônier, l'abbé Constantin, était un grand vieillard ascétique et maigre, fort érudit, qui habitait la vieille partie du lycée, à côté de la chapelle. Son appartement

---

1. Tué en 1915.

LE FROID, LE SEXE ET LE PRINTEMPS

était fait d'une suite de petites pièces de niveaux différents. L'idée de cette présentation me plaisait. N'étais-je pas un bon catholique? La parenté de ma mère lui assurait, d'avance, le meilleur accueil. La conversation fut banale. Je dis quelque chose. Quoi? Je n'en ai pas gardé le souvenir; rien que de très convenable et de naturel, pensais-je. L'abbé Constantin se leva, recula de quelques pas, monta les deux marches qui séparaient d'une sorte de cabinet de travail la pièce où nous étions assis, pointa un index d'anathème sur moi et avec emphase prophétisa : « Madame, cet enfant vous fera beaucoup de mal! » Ma mère n'insista pas. Elle non plus n'avait pas compris. Il ne restait plus qu'à prendre congé. Je gardai à l'abbé Constantin un chien de ma chienne. Au cours de la retraite qui précéda la cérémonie, je montrai davantage d'intérêt pour les beaux cheveux blonds de la fille de l'intendant, seule de son sexe au milieu des garçons, que pour les homélies de l'aumônier. Dans les compositions d'instruction religieuse, je copiai effrontément le cours de l'abbé Constantin, ce qui ne m'empêcha pas d'être le dix-huitième ou le vingt-troisième au classement et deux ans plus tard c'est avec joie que j'inscrivis sur la fiche signalétique d'octobre, en face de la question « A quelle religion appartenez-vous? » le mot *Sans*.

Le lycée Henri-Poincaré ne me déçut pas. Il avait été un peu endommagé par les bombes et bien que les heures de cours fussent encore annoncées par un roulement de tambour comme sous Napoléon Ier, la discipline se ressentait des relâchements dus à la guerre. En plus, les classes préparatoires aux grandes écoles étaient en grande partie peuplées par des jeunes gens qui étaient militaires. Quelques-uns revenaient du front, ils introduisaient dans le lycée des manières beaucoup plus libres que celles des professeurs à redingote. Mes camarades me plaisaient. J'acquis assez vite un certain ascendant. J'organisai un club et comme il n'y avait pas de place à l'époque pour les foyers socioculturels, je réunissais mes adhérents en face du lycée, autour de la statue de Mathieu de Dombasle, agronome célèbre. Un des buts du club était d'organiser une résistance collective au professeur d'anglais, une jeune femme dont la tête ne nous revenait pas.

Je commençais de m'interroger sur la manière dont on fait les enfants. La vue de l'accouplement des chiens était d'autant moins probante que les deux partenaires étaient parfois du même sexe. Mes camarades ne paraissaient pas mieux renseignés que moi. Je passai quelques jours de vacances à Dieuze pour fêter le retour de toute la famille dans la mère patrie. La sœur de ma grand-mère possédait une quincaillerie avec des dépendances propices à toutes sortes de jeux. Elle avait un commis de treize ou quatorze ans qui en savait plus long que moi. J'avais l'avantage d'habiter une grande ville et d'être le neveu de la propriétaire. La conversation vint très naturellement sur le sujet qui me tenait le plus à cœur. Je posai une question au commis. « Comment fait-on un enfant? — Pardi, me répondit-il, par les derrières. » J'étais encore plus perplexe. « Viens dans le hangar, me dit-il, on ira chercher l'Angèle et je te montrerai. » Il y avait un bon prétexte d'aller dans ce hangar : des ferrailles à ranger. L'Angèle travaillait dans un appentis voisin, à préparer une lessive sans doute. Elle pouvait avoir treize ans. C'était une grande bringue aux cheveux filasse, rougeaude, à la poitrine naissante assez pointue, l'air pas très futé, mais un peu vicieux. « Viens là, Angèle, montre-nous ton cul, il n'en a jamais vu. — Si je veux », dit la fille. Le commis lui tira les nattes : « Montre ton cul, que j' te dis. » Elle leva sa robe en me regardant. Elle n'avait pas de pantalon, elle était à peine pubère. « Approche, me dit le commis. Regarde. C'est par là. T'as qu'à y mettre le doigt. Allez, fais comme j' te dis. » Je touchai avec hésitation le sexe de l'Angèle, c'était agréable, cela s'écartait mais il n'y avait pas de trou. J'allais sans doute trop haut. Je m'enhardis jusqu'à toucher aussi un des seins de l'Angèle. Elle rigolait : « Y sait pas », dit-elle. « Ah bah, fit le commis, j' vas te montrer. L'Angèle elle veut bien qu'on y mette le doigt mais pas l' reste. On s'amuse bien tout de même. » Il sortit son sexe, l'Angèle relevait toujours sa robe, il se colla contre elle et ils se masturbèrent réciproquement. « Zieute un peu par là, me dit le commis, pour voir s'y vient personne. » Je prêtai l'oreille, je jetais des coups d'œil sur la porte du hangar, mais j'essayais de ne rien perdre de ce spectacle nouveau et intéressant. Je ne voyais pas bien où ils voulaient en venir. Le commis éjacula. Je crois que l'Angèle poussa un soupir, en tout cas elle embrassa très fort le garçon. Celui-ci était heureux de me montrer son sperme : « Tu vois, c'est la semence, c'est avec ça qu'on fait un enfant. Mais faut lui mettre le membre dans le trou. Vas-y maintenant si tu veux. » Je m'approchai de l'Angèle qui m'embrassa et mit sa main sur ma culotte. Mais on entendit appeler : « Angèle ! Angèle ! » « Merde, dit Angèle, faut que j'y aille. » Nous attendîmes un peu. Elle revint en courant. « J' peux pas, me dit-elle, faut que j'aide. » Je n'avais pas encore tout compris, mais je savais enfin où commençait le fameux trou. « Bah, c'est par là qu'elles pissent », m'avait dit le commis. L'éjaculation m'avait expliqué l'émotion délicieuse que j'avais ressentie quelques mois auparavant en grimpant à un arbre. J'avais alors mouillé ma culotte. Ce n'était pas très difficile.

J'allai rôder autour de la maison. J'aperçus l'Angèle qui devait avoir un emploi dans une épicerie vosine. Elle me sourit. J'aurais aimé prendre une leçon avec elle, mais le commis était plus évasif et je quittai Dieuze. Je décidai de faire l'expérience le plus tôt possible, sur ma cousine Madeleine qui avait tendance à montrer ses cuisses avec beaucoup de naturel. Je fis cet essai au cours d'une partie de cachette, mais Madeleine ne comprit pas où je voulais en venir. Elle prit peur et s'enfuit. Elle me reprocha plaisamment, quelques années plus tard, de ne pas avoir insisté.

Chapitre V
Nancy en 1920

L'Ecole de Nancy avait épuisé toutes ses facultés créatrices avant 1914, mais les Nancéiens ne le savaient pas. En 1909, au moment même où — toutes forces réunies, moins celles de Gallé mort en 1904 — triomphait cette association d'artistes à l'Exposition régionale de l'Est, la mode était en train de changer et l'Art nouveau commençait à être tourné en ridicule par la jeunesse. Or, la plupart des membres de l'école étaient d'habiles artisans, plutôt casaniers, que l'esthétique des Ballets Russes ne pouvait pas troubler pour la bonne raison qu'aucun d'eux n'avait vu ces spectacles et qu'ils ne pouvaient pas changer de main. L'Exposition de Munich, en 1911, les avait renforcés dans le sentiment qu'ils détenaient la vérité et qu'ils représentaient le goût français, gracieux et poétique, menacé par la lourdeur germanique et la pauvreté barbare des matières brutes et des contours simples.

En 1920, c'était le goût munichois et l'orientalisme de Schéhérazade qui triomphaient. S'y ajoutaient, empruntant son alphabet au cubisme, les prémices d'un art abstrait. Les chefs de file de l'Ecole de Nancy, hommes déjà mûrs en 1910, avaient échappé aux tueries. Ils étaient presque tous en place. Leur président, Victor Prouvé, venait d'être nommé directeur de l'Ecole des beaux-arts de Nancy mais tout cela n'avait plus de raison d'être. Les créations de Nancy étaient démodées et provinciales ; même à Nancy on perdait le goût de se faire faire des meubles ou d'acheter un objet « 1900 ». Majorelle était devenu un industriel et ses collaborateurs tâtonnaient en cherchant une inspiration nouvelle dans les styles de la Restauration. Daum n'avait pas encore trouvé son second souffle. Les continuateurs de Gallé répétaient le genre du Maître en l'appauvrissant chaque jour davantage. Victor Prouvé lui-même, très conscient du cours nouveau de l'esthétique, renonçait aux arabesques folles, aux racines, aux lianes, aux naïades contorsionnées qui nous éblouissent encore. Il se bornait à peindre dans sa manière rubénienne et académique. Comme ils n'osaient pas revenir aux divines extravagances d'autrefois dont la clientèle ne voulait plus, les ébénistes, architectes, verriers, typographes, relieurs et fabricants de papier peint s'appliquaient à simplifier leur décor en conservant néanmoins toutes les inflexions caractéristiques du style nouille et ils ne réussissaient que de très pauvres productions laides et encore plus démodées à cause de leur laideur. En ce temps-là, tout était modern style, à Nancy, jusqu'à la nausée: les enseignes des magasins, la typographie, les vases à fleurs, les cendriers.

RÉVOLUTIONNAIRES SANS RÉVOLUTION

Le principal mécène de l'avant-guerre, Eugène Corbin, auquel Nancy doit son extraordinaire musée 1900, était rentré dans la vie civile avec des idées nouvelles dues à la fréquentation des peintres qu'il avait connus aux armées : Charles Dufresne, Dunoyer de Segonzac, Laprade pour ne citer que les plus notoires. Il s'orientait aussi à regret vers la lourde décoration 1925, si contraire à son propre tempérament. Propriétaire des Magasins Réunis, il était le plus gros acheteur d'objets et de meubles et en assurait une grande diffusion. Son évolution porta le coup mortel à la production de l'Ecole que rien ne remplaça. Cinq ans après la guerre, les métiers d'art en Lorraine avaient perdu toute originalité. Majorelle était voué à la disparition. Il ne restait que les cristalleries assurées d'une clientèle à cause de la qualité de leurs fabrications, de leur célébrité mondiale et d'une prudente adaptation au goût du public.

Mon père même avait pris en grippe l'art dans lequel il avait meublé la maison de Baccarat. Il admirait le Théâtre des Champs-Elysées, les meubles de Francis Jourdain et l'architecture de Frank Lloyd Wright. Il était très conscient de la désagrégation de l'Ecole de Nancy mais en bon Lorrain il ne voulait pas rompre d'un coup avec la tradition. Il acheta d'abord, en 1919, à des ébénistes de Nancy, deux chambres à coucher d'un modern style assagi, avec des tentures anglaises dessinées vers 1910. Ensuite il meubla deux autres pièces par des meubles de Majorelle conçus dans un goût très proche de celui qui allait triompher en 1925 à l'Exposition des Arts décoratifs, mais où l'on sent malgré tout le souvenir de 1900. Enfin la salle à manger fut commandée à Francis Jourdain. Comme il fallait reconstruire la maison brûlée en 1914, mon père acheta de la terre dans l'ancien domaine de la Commanderie de Saint-Jean-de-Jérusalem, qui dominait l'étang, sur les bords duquel on avait retrouvé le corps du Téméraire. Il y fit bâtir en 1923 par des architectes parisiens. En creusant les fondations on déterra une dizaine de squelettes d'hommes morts sans doute en défendant ou en attaquant le duc de Bourgogne. La maison est dans le style mou et orné de l'époque. On y reconnaît l'influence de Poiret et des Munichois. Les grilles de la porte et les balcons des fenêtres ont été forgés par Edgar Brandt, ferronnier et fabricant de canons, auteur de la porte alors très admirée du monument qui recouvre la Tranchée des Baïonnettes. L'Ecole de Nancy, qui avait exposé en 1904 des broderies imaginées par ma mère, était bien morte.

Les discussions familiales si amusantes à propos du choix des meubles, des papiers peints, de l'architecture de la maison, des boiseries, du fer forgé, que sais-je encore, m'avaient fait sentir à quel point Nancy était devenue une ville sans ressource artistique et sans esprit créateur. En sortant de Baccarat où il n'y avait rien, j'avais été ébloui par la capitale de la Lorraine, aussi bien par les maisons 1900 que par la place Stanislas. Mais j'avais très vite compris qu'il ne se passait pas grand-chose au milieu de ces architectures sublimes et que toute cette population ne vivait pas dans son temps. Rien ne paraissait moderne dans cette ville ; les relents de l'Ecole de Nancy m'indisposaient. L'admiration de plus en plus vive que j'éprouvais pour les grandes créations du XVIIIᵉ siècle lorrain me portait à mépriser tout ce qui avait été construit au XIXᵉ et au XXᵉ siècle à Nancy, à l'exception de deux ou trois façades 1900 dues à Vallin. Je les associais, ces façades, aux pays du Nord, aux drames d'Ibsen, à la poésie mystérieuse d'énormes paysages industriels baignés dans une brume bleue. J'avais pris en aversion les dix ou vingt constructions florales, touchantes, avec des fenêtres en forme de harpes et des cheminées tulipes, que l'on voit encore heureusement dans les quartiers bâtis en 1900. Je compris la valeur et le charme de ces maisons de rêve quelques années plus tard par contrecoup au malaise éprouvé en regardant les projets indigents de Le Corbusier et de André Lurçat.

Je ne pouvais alors confier mes réflexions qu'à mon père car aucun de mes camarades de lycée ne manifestait le moindre intérêt pour les arts. Poussé par le besoin de remuer les autres qui m'aura tenu la vie entière, j'avais fondé en cinquième un club, devenu en quatrième le *Stanislas Club*, littéraire, artistique, philatélique et sportif. Ce club avait un périodique que j'avais appelé *En Avant* où je publiais des romans, poèmes, critiques et dessins que nous commettions à quelques-uns et que nous signions de pseudonymes. Ce périodique était manuscrit; il n'en existait que deux ou trois copies, qui circulaient de la main à la main. Un certain Schmitt lui avait donné un concurrent, fabriqué à l'aide de coupures de journaux. La liberté de la presse ne me paraissait pas devoir concerner les lycées, j'entrepris de mettre fin par la force à cette concurrence. Le goût de la bagarre aidant, les quatre collaborateurs et supporters du *Stanislas Club* concilièrent leurs admirations littéraires et leur besoin d'agitation en réincarnant les Trois Mousquetaires. A la sortie du lycée nous nous poursuivions dans les rues en courant à toute vitesse pour aboutir suivant nos conventions sous les arcades de l'Arc de Triomphe de Héré. Là, posant nos serviettes ou cartons à dessins, nous nous battions deux à deux, le gagnant devant faire toucher des deux épaules le sol à son adversaire. Ces exercices compromirent la régularité de la publication de *En Avant* qui survécut néanmoins à la période des Mousquetaires. Le dernier numéro, paru au cours de l'année de troisième, me rapprocha de Jean Ferry[1] qui y publia un poème et une Danse macabre inspirée par Saint-Saëns. Avec Jean Ferry je pouvais parler de la littérature et de la musique. Mon nouveau camarade était un gros garçon aux cheveux très crépus, portant lunettes, au type oriental accusé, avec une curieuse tête cubique. Nous avions un professeur de français-latin que je considérais comme un cuistre et qui me détestait. J'étais alors féru de poésie symboliste et admirateur de Mallarmé et de Verlaine. Jean Ferry, lui, ne connaissait guère que les auteurs classiques et, dans les modernes, Anatole France. Mais il avait déjà de larges ouvertures sur la littérature anglaise du XIXᵉ siècle. Il était plein de vénération pour *Trois Hommes dans un Bateau*, de Jérome K. Jérome. Il enlevait régulièrement la

---

1. Jean Ferry s'appelait en 1920 Jean Lévy. Il est mort à l'hôpital en 1975, dans des circonstances absurdes, assez voisines de celles d'un conte d'Edgar Poe. Il était le neveu du libraire José Corti.

place de premier dans les compositions de dissertation française, alors que j'avais à peine la moyenne. Je trouvais que ce classement était injuste, que mes devoirs avaient plus d'originalité que ceux de Ferry et j'en voulais au cuistre professeur. Il est probable que les dissertations de Ferry étaient mieux construites et mieux rédigées que les miennes.

Pour le dernier trimestre nous avions à traiter un sujet bucolique qui me plaisait. J'avais pris le parti de suggérer le contraste entre la chaleur et la fraîcheur en décrivant successivement, dans une sorte de prose rythmée, des paysages désertiques ou caniculaires, des sous-bois et des lacs. J'y avais introduit un refrain commençant par « le bruit glauque des flots » dont j'étais très fier. Notre professeur, après avoir couvert de louanges le devoir de Ferry et l'avoir lu in extenso à la classe, en vint à mon texte. « Que faut-il en penser, dit-il en substance, sinon que ce devoir est le bon exemple de ce qu'il ne faut pas écrire. Le sujet a été traité d'une manière saugrenue. Le style est prétentieux et approximatif : *Le bruit glauque des flots* ; je suppose que Thirion a voulu écrire le bruit des flots glauques, mais peut-être a-t-il cru bon d'imiter les poètes décadents et notamment Mallarmé qui associe parfois les sons à des couleurs, association toute gratuite comme de bien entendu. » Le succès de Ferry m'avait rendu un peu jaloux et je retrouvai ce sentiment mesquin beaucoup plus tard, en relisant *Le Tigre mondain*. La louange qu'en avait faite Breton me gênait et j'étais tout prêt à porter un jugement défavorable sur ce texte, dans lequel je voyais un pastiche de Kafka, lorsque l'affaire de la dissertation de la classe de troisième me revint en mémoire et mit à nu tout le mécanisme de mon irritation. J'éprouvai alors une grande honte et j'en ris beaucoup en pensant qu'après tout le *Tigre* était de nature à terroriser le cuistre de troisième.

Le père de Jean Ferry était banquier. Sa banque occupait tout le bel étage d'un des hôtels de la place Stanislas. Il était aussi bibliophile et son fils était fier des tirages limités, des livres illustrés et des reliures de la bibliothèque paternelle. Au mur de l'appartement du banquier, rien n'était accroché qui ne fût laid ou stupide. La littérature qu'aimait le père de Ferry me paraissait sans intérêt, au moins sous la forme des ouvrages de grand luxe. En revanche, la petite bonne des Ferry, un peu sèche, garce, aguichante, me semblait très consommable. J'essayai de mettre Ferry dans le coup en lui expliquant qu'il pourrait y avoir part à deux. Ferry plutôt timide hésitait. L'opération n'était pas facile à mener parce qu'il fallait se trouver seul avec la séduisante qui ne se montrait pas hostile à mon idée. Mais la belle-mère de Jean Ferry, la seconde femme de son père, avait un bébé en bas âge avec les servitudes que cela comporte et l'opportunité d'un assaut décisif de la bonne ne se produisit pas. Cette année-là je commençais à être intéressé par les filles. Cet intérêt s'appliquait à des personnes très diverses... J'avais remarqué, entre autres, deux élèves du lycée Jeanne-d'Arc, deux sœurs très brunes habillées de bleu ciel que j'assassinais d'œillades à chaque rencontre. J'obligeais Jean Ferry à me suivre dans un stratagème compliqué et épuisant composé de filatures, de cavalcades, de chemins coupés, tout cela pour croiser plusieurs fois de suite les deux sœurs qui rentraient tranquillement chez leurs parents et ne se doutaient de rien. Ferry m'apprit qu'il y avait en France des antisémites et que la condition juive n'était pas enviable dans la plupart des pays de l'Est. Je ne voulais pas le croire. Pour moi les juifs étaient les fidèles d'une religion particulière, comme les catholiques, ou les protestants. Ferry me fit lire un roman d'Israël Zangwill ; je ne fus pas convaincu : après tout la Valachie comme l'Arménie n'étaient pas encore sorties de l'ère des querelles tribales et des massacres. Tout de même, l'horrible pastiche de Gyp dans A la manière de me gênait. L'affaire Dreyfus était encore proche. Je dus en convenir peu à peu : les craintes de Ferry n'étaient pas aussi vaines que je l'eusse voulu. Cette découverte me fut très désagréable et au fond de moi-même je reprochai à Ferry d'attacher trop d'importance à ce que j'eusse préféré ne jamais connaître.

Jean Ferry était plus réfléchi, plus prudent, plus studieux que moi. Les mathématiques l'ennuyaient et les sciences ne l'intéressaient pas. J'allais entrer en seconde et nous choisîmes lui et moi des options différentes. Il se préparait à la section B considérée par les littéraires ou les matheux comme un dépotoir. J'étais passionné de discussions métaphysiques ou politiques. Ferry était assez conformiste et son peu d'empressement à mettre en cause Dieu, le libre arbitre et Poincaré m'agaçait. J'avais envie de danser, d'être amoureux, de comprendre les phénomènes naturels, d'être élégant, d'avoir des discussions interminables sur les grands problèmes de l'origine des mondes, de la causalité, des fins dernières, du devenir social. Je cessai de voir Jean Ferry et de publier une revue littéraire ; j'eus des copains traditionnels, férus de mécanique, se préparant aux grandes écoles, aimant les devoirs de mathématiques et les idées générales. Je devais retrouver Ferry trois ans plus tard ; il avait fait la connaissance de Sadoul qui le fit entrer au comité Nancy-Paris.

Mes préoccupations étaient alors assez différentes de celles de l'année 1921, mes aspirations et mes goûts avaient pris des contours plus nets qui m'éloignaient encore un peu plus, pensais-je, de Ferry.

Sadoul était militaire au Mont Valérien. En permission à Nancy il avait apporté le numéro 1 de *La Révolution surréaliste*. Cela représentait pour Sadoul et pour moi un très grand événement. Assis dans une brasserie de la rue Saint-Jean, je regardais longuement la couverture de papier glacé rouge violemment anti-moderne, faite dans le style des brochures médicales, alors que s'approchèrent Ferry et son ami Sayer.

Ferry feuilleta la revue et m'apprit que Sadoul la lui avait déjà montrée. « N'y as-tu rien remarqué ? me dit-il. Je pense d'ailleurs que tu seras de mon avis. » Je ne comprenais pas le sens de la question qui avait l'air d'être une colle. « De quoi veux-tu parler ? répondis-je. Il y a tant de choses dans ce numéro ! » Je pensais surtout à l'hommage adressé par les surréalistes à Germaine Berton, l'anarchiste qui avait tué l'un des dirigeants des Camelots du Roy. Pour moi c'était l'essentiel de la revue : enfin des intellectuels dont je pouvais admirer le talent et l'originalité crachaient sur Barrès, Péguy, le

Soldat inconnu, Montherlant, l'Action française, etc. J'en dis quelques mots à Ferry. « Non, il ne s'agit pas de cela, il s'agit des textes, que penses-tu des textes ? » Je les avais tous lus, celui de Desnos me plaisait particulièrement. *L'Etoile du Nord à l'Etoile du Sud envoie ce télégramme: décapite à l'instant ta comète rouge et ta comète violette qui te trahissent.* J'en fis part à Ferry, ma réponse lui parut vague. Il insista: « Mais ces textes, tu es bien de mon avis, ce sont des rêves, des récits de rêves ? — Ce n'est pas seulement évident, répondis-je, c'est écrit en toutes lettres. » Je ne comprenais pas l'étonnement de Ferry, ou plutôt j'en créditais le respect que je lui avais connu, quand nous étions en troisième, pour les formes les plus traditionnelles de la littérature. Je n'attachai aucune importance à cet incident et les quelques conversations que j'eus par la suite avec Ferry, dans le cadre des manifestations du comité Nancy-Paris me renforcèrent dans ma conviction qu'il n'était pas dans le coup, que Mac Orlan ou Joseph Conrad l'intéressaient plus que le surréalisme. Ferry, qui devait être un adolescent malheureux, quitta brusquement Nancy et s'engagea comme matelot ou radiotélégraphiste sur un cargo à bord duquel il fit le tour du monde. Je le revis en 1930 ou 1931, je crois, après ce périple, lors d'un séjour que je faisais à Nancy chez mon père. J'étais au plus fort de mon intransigeance révolutionnaire et de ma foi communiste. Nous parcourûmes ensemble, en marchant très vite, le plateau de Malzéville et plusieurs villages. La vie de marin, Ferry l'avait trouvée exaltante. Il avait aimé la mer, les pays exotiques, les ports, tout ce qui constituait pour moi le bric-à-brac pittoresque d'une littérature prétendue moderne que je vomissais. Je lui parlai d'engagement politique, j'essayai de lui prouver que l'aventure, les voyages n'importaient pas, mais que les grèves, la destruction de la bourgeoisie, la violence, la révolution et la terreur étaient les seuls paysages à susciter, ou les havres délicieux qu'il fallait atteindre à tout prix. Je ruinai la plupart de ses admirations. La littérature contemporaine c'était Breton, Aragon, quelques-uns de leurs amis et rien d'autre, les lettres anciennes se réduisaient à un petit nombre de voyants ou de précurseurs. Jean Ferry essayait maladroitement de sauver quelques noms de l'hécatombe. Je me faisais l'effet d'une tornade, encore aujourd'hui j'ai l'impression d'avoir été ce jour-là une tornade. Ferry me parla de Lewis Carroll, qu'il connaissait mieux que les surréalistes, Aragon peut-être excepté. « Mais Alice au Pays des Merveilles, c'est aussi un phénomène dialectique », expliquai-je. Je ne laissais rien en dehors du système, à l'exception de ce que j'abattais à grands coups. Nous nous quittâmes sur des anathèmes et j'eus le sentiment que je ne verrais plus jamais ce garçon que je jugeai irrécupérable.

Deux ou trois ans s'écoulèrent avant que je le rencontrasse à nouveau. Soit qu'il eût fait la connaissance de Breton par le truchement de son oncle José Corti qui éditait les surréalistes, soit qu'il vînt au café *Cyrano* avec des gens de *La Revue du cinéma*, Chavance et Brunhius, il apparut un soir de 1933, à ma grande surprise, à l'apéritif quotidien de la place Blanche. Son arrivée coïncidait d'ailleurs avec une extension de l'audience des surréalistes, avec un renouvellement des fidèles. De mon côté je me préparais à prendre du champ. Ferry fut assidu jusqu'à la guerre ; il devint l'exégète ému de Raymond Roussel, il a guidé avec tendresse parmi cette œuvre monumentale, belle et délirante, les lecteurs désorientés. Peut-être n'était-il pas nécessaire, à tout prendre, d'expliquer et d'orienter. Il écrivit les scénarios et les dialogues de films insipides, même pendant la guerre. Il épousa une femme intelligente, vêtue et fardée comme un carnaval, qui avait vécu avec Georges Hugnet et André Breton. Il continua de marquer un certain conformisme à l'égard des régimes et des dirigeants, comme si tout cela ne le concernait pas, mais surtout il écrivit un petit nombre de textes assez courts d'une grande force de persuasion, chefs-d'œuvre d'une sorte d'humour gris où il ne se départ jamais d'un pessimisme serein mais irréductible. En les relisant, j'ai compris la lente, grave et prudente évolution de mon ancien condisciple. Jean Ferry témoigne en faveur des contradictions du surréalisme, de l'ambiguïté de ses positions successives à la fois hors du temps et dans le temps. Il n'y est pas entré, lui, par la porte de la fureur et de la révolution, mais par celle de la création. Cette porte, Dieu merci, a toujours été ouverte ; c'était le chemin des porteurs de combustibles neufs.

Artaud et Soupault ont été, en principe, bannis du groupe pour excès de confiance dans la valeur d'exemple de leur littérature, mais Francis Ponge, Georges Hugnet, Pieyre de Mandiargues, Julien Gracq et Joyce Mansour, entre autres, sont venus au surréalisme parce qu'ils portaient en eux-mêmes une littérature exemplaire.

Par rapport à cette nouvelle vague, Artaud et Soupault ont été, eux, des révolutionnaires. Les textes de Ponge et de Ferry expriment assez bien le sentiment de leurs auteurs sur le caractère illusoire de l'action, la fréquence des déraillements et l'extravagance des résultats obtenus par le mouvement. Le cuistre de troisième avait raison : Jean Ferry était né pour écrire et ce qu'il a écrit mérite d'être lu en classe par le professeur.

Chapitre VI

Georges Sadoul et Nancy-Paris

Charles Sadoul était un petit homme noiraud, vif et remuant, qui avait consacré sa jeunesse à la Lorraine et à la revanche. Après la victoire, loin de désarmer et de chercher comment sortir du cycle infernal des guerres franco-allemandes, il s'était laissé aller, comme beaucoup d'autres, à une hostilité militante à l'égard du germanisme. Directeur-fondateur du mensuel régionaliste *Le Pays lorrain*, il avait été élu conseiller général des Vosges par le canton de Raon-l'Etape. Il devint conservateur de l'admirable Musée lorrain.

Possédant une fortune personnelle, titulaire d'un portefeuille d'assurances dont la gestion ne posait aucun problème, Charles Sadoul employait à peu près tout son temps à son plaisir de collectionneur et à sa vocation de Lorrain patriote. Il jouissait à Nancy d'un incontestable prestige, étayé par celui de son frère, président du tribunal. Il habitait une maison simple et sévère de la rue des Carmes, bâtie au XVIIIe siècle, pleine d'objets et de meubles lorrains, riche d'une bibliothèque considérable bien fournie en ouvrages sur la sorcellerie. Il passait l'été à Raon-l'Etape, dans une propriété remplie elle aussi de meubles lorrains et de livres. Il était l'ami de Maurice Barrès et de l'historien Louis Madelin qu'il recevait à chacun de leurs voyages dans l'Est.

Au début du siècle, Charles Sadoul avait voulu recueillir tout ce que l'on pouvait encore savoir de la chanson populaire lorraine. Il entraîna mon père dans les villages et dans les bourgs à la recherche des berceuses, des complaintes et des airs à danser. Les vieilles femmes chantaient pour les deux hommes qui notaient les paroles et la musique. Il ne reste aujourd'hui plus rien de ce travail méritoire à l'exception de ce qui a été publié, épisodiquement, dans la presse locale. Les notes prises sur le vif ont disparu dans l'incendie de Baccarat en 1914 ; les textes et le manuscrit définitif ont été brûlés avec la maison des Sadoul, en 1944, à Raon-l'Etape. Ainsi se vengeait, parfois, le germanisme.

Georges, l'aîné des quatre enfants Sadoul, était, en 1922, étudiant de première année à la Faculté de Droit, alors que je suivais, au lycée, la classe de seconde C. Je le connaissais peu. Je le trouvais renfermé, distant, exagérément caustique, prétentieux. J'avais acquis à l'époque une certaine notoriété au lycée Henri-Poincaré pour un succès en dissertation française qui honorait surtout, à vrai dire, mon professeur. Au rebours du cuistre pédant de la classe de troisième, le professeur de seconde était un homme intelligent et moderne. Son comportement à l'égard des programmes désuets et ennuyeux imposés aux jeunes lycéens, sous couleur de leur apprendre leur langue maternelle et de leur faire connaître la littérature de leur pays, était celui d'une ironique déférence. Il laissait entendre qu'il y avait intérêt à lire autre chose. Le sujet de dissertation qu'il nous avait donné proposait : « Quelle maxime ou quelle devise adopteriez-vous le cas échéant pour régler votre vie ? » Je choisis *ne pas s'en faire*, moins par conviction que par défi. C'était aussi un hommage rendu à la mode, à l'un des airs de l'opérette *Dédé* qui triomphait aux Bouffes Parisiens et peut-être à la philosophie de l'époque. Mon devoir eut la meilleure note. Le professeur en fit la lecture à toute la classe. Mes camarades ne s'étonnèrent pas tellement que j'eusse pris un parti non conformiste ; en revanche, que cette audace pût être louée et primée surprit les Lorrains prudents et routiniers. L'histoire courut tout le lycée ; elle alla jusqu'en ville ; elle plut à Georges Sadoul.

Un peu avant les vacances de cette année 1922, mon père me demanda si je connaissais Georges Sadoul et ce que j'en pensais. Je n'en pensais rien. « Charles Sadoul, continua mon père, estime que son fils et toi avez des ambitions et des goûts communs. La famille Sadoul passe ses vacances à neuf kilomètres de Baccarat. Nous sommes convenus que vous pourrez aller l'un chez l'autre quand vous voudrez. En attendant que tu aies une bicyclette à toi, tu pourras emprunter celle de ton oncle Albert ou celle du locataire de ta grand-mère Sainte-Laudy. » Ainsi naquit une camaraderie très étroite qui devint une complicité et qui ne devait cesser qu'en 1932, lors de la rupture du groupe surréaliste.

Massif, trapu, Georges Sadoul avait une extraordinaire résistance physique qui lui permettait en toute occasion de braver la fatigue. A vingt ans il pouvait couvrir cinquante kilomètres à pied dans sa journée et recommencer le lendemain. Blond, les yeux bleus, les lèvres minces, le menton en galoche, il avait des mains d'étrangleur, prétendait en 1929 avec ravissement Cora, son amie allemande, mais ces mains avaient une adresse d'ouvrier. Il marchait comme un canard avec un roulis caractéristique qui permettait de le reconnaître à trois cents pas. Assez désordonné, peu soigneux, il avait de grandes dispositions pour le dessin. Il illustrait volontiers ses lettres de personnages nus et d'animaux tracés d'un trait habile et personnel. Il lisait beaucoup et avait de la mémoire. Il inspirait la sympathie et se montrait bon camarade. Econome, prudent en matière d'argent, comme nombre de Lorrains, il était hospitalier et généreux. Volontaire, tenace, constant et appliqué dans ses entreprises, scrupuleux, il manquait toutefois de caractère. Il n'aimait pas attaquer de front, une offensive brutale le désemparait. Il avait besoin de se mouvoir dans un milieu organisé, respectable et considéré dont il pouvait tirer lui-même respect et considération, où l'indulgence et l'estime sont assurées aux membres du clan qui en suivent le rituel avec l'exactitude et la déférence requises, où la bonne conscience résulte du fait qu'on s'en est remis, une fois pour toutes, à une autorité morale supérieure qui définit les convenances, où néanmoins une certaine liberté d'action résulte de la somme des hypocrisies acceptées et des règles observées. Tels furent, pour Georges Sadoul, successivement, le milieu familial, le groupe surréaliste et le parti communiste. En 1922, il ne se sentait pas à l'aise dans sa province où rien ne lui paraissait respectable ou digne de considération à l'exception des mœurs bourgeoises. Il avait envie de voyages, de belles étrangères, de costumes et de cravates dans le goût anglo-saxon et d'interlocuteurs moins bornés que les intellectuels de province. Il voulait être de son temps, s'intéressait à l'art avec un peu de snobisme et comme il avait le sens de la qualité et celui du ridicule, il n'éprouvait dans le milieu des artistes lorrains que des sentiments de pitié, de mépris ou d'agacement. Il connaissait les derniers livres parus et notamment ceux qui donnaient le ton de l'époque avec plus d'harmonies que *L'Atlantide* ou *La Madone des sleepings*. Ces auteurs et ces titres, je ne savais que les nommer : Gide, Paul Morand, Valéry, Giraudoux, Cocteau, Max Jacob, Martin du Gard, Larbaud. Mon père ne me donnait pas d'argent de poche sous le prétexte qu'à la maison j'avais tout ce qu'il me fallait. Il était abonné au *Mercure de France*, à la *Revue musicale*, à *Art et Décoration*, à *Comœdia*. Il y avait plus de deux mille volumes dans sa bibliothèque, mais tous les ouvrages, et tous les auteurs, à deux ou trois exceptions près, se trouvaient déjà dans la bibliothèque brûlée en 1914. Or, le monde littéraire, en huit ans, s'était renouvelé de fond en comble. J'étais intrigué et séduit par les publications à typographie nouvelle que je pouvais feuilleter à la librairie Victor Berger où toute la ville achetait ses livres : *La Nouvelle Revue française*, *L'Esprit nouveau*, les revues éphémères des jeunes poètes. Là j'avais découvert les textes Dada dont la presse parisienne se moquait et j'en avais fait quelques imitations. Georges Sadoul, lui, avait de l'argent de poche et comme il savait compter, qu'il ne fumait pas, ne buvait pas et ne courait pas les filles, il achetait les livres et les jeunes revues. Il connaissait et aimait Proust qu'il me fit découvrir. La lecture d'un *Amour de Swann* fut d'autant plus exaltante que j'étais amoureux d'une fille qui se prénommait Odette. Sadoul avait acheté les premières traductions de Freud. Il me les prêta et il s'ensuivit des discussions passionnées parce qu'il me fallait insérer la psychanalyse dans mon marxisme naissant. Je n'apportais, quant à moi, que le symbolisme, très fané, Rimbaud, Verlaine, Charles Cros, Tristan Corbière qui ne rencontraient, sauf Rimbaud, qu'un succès d'estime, et enfin Guillaume Apollinaire. Ce dernier figurait aussi dans la bibliothèque paternelle et je lui vouais une admiration inconditionnelle qu'il s'agît d'*Alcools*, de *Calligrammes*, de *L'Enchanteur pourrissant* ou de *La Femme assise*. Ces échanges de textes et d'idées renforcèrent chez l'un et chez l'autre l'impression de confinement que nous éprouvions à Nancy. Nos promenades à pied dans les Vosges, qui duraient parfois plusieurs jours, avaient le sens d'une évasion. Nous aimions, certes, les sombres et romantiques forêts de sapins, mais nous préférions à tout l'escalade facile des sommets ronds, dénudés à partir de onze cents mètres, les Hautes Vosges, d'où l'on embrasse des vues considérables : la plaine d'Alsace, la chaîne de la Forêt-Noire et, par temps clair, le Jura, toutes les Alpes suisses et le massif du Mont-Blanc. Nos regards se portaient sur d'énormes espaces habités et sur une nature immense. Nos enthousiasmes qui s'ébréchaient dans les rues étroites de notre ville de province déferlaient alors avec violence sur des étendues sans fin, et s'ils s'y perdaient parfois, ils nous laissaient le champ libre : le monde était devant nous.

Mes préventions tombèrent très vite. D'abord Sadoul occupait le terrain. Nous nous voyions à peu près tous les jours et nous pouvions parler de tout : des filles, de l'art, de la nature, de la philosophie, de la religion, et même de la politique. Sadoul n'était porté ni vers la philosophie, ni vers la métaphysique, ni vers la politique. Le nationalisme de son père le fatiguait mais ne l'incommodait pas. Mon antimilitarisme et la sympathie que j'éprouvais pour les mouvements révolutionnaires lui paraissaient se situer à un niveau intellectuel plus élevé que la vitupération de l'Allemagne. Il se croyait — ou se voulait — catholique. Nous étions d'ailleurs à l'époque des conversions : celle de Cocteau, entre autres, qui faisait du bruit. Mauriac, Maritain occupaient la presse littéraire et défendaient le christianisme avec moins de sottise que Henry Bordeaux ou René Bazin. Tout cela me retournait les ongles mais Sadoul, lui, n'était pas insensible à l'influence que prenait à Nancy une association d'étudiants catholiques animée par un jésuite subtil et actif. Je l'accompagnais le dimanche à la cathédrale de Nancy où nous arrivions tard à la messe de 11 heures. J'aimais cet édifice majestueux dont la façade est un exemple de réussite dans des proportions choquantes. Je cherchais, parmi les fidèles, les visages ou les silhouettes de jeunes filles connues. Sadoul ne faisait même pas mine de prier mais il prenait à l'élévation une attitude d'humble respect dont je me moquais, moi qui, avec affectation, ne me courbais pas.

Nos conversations portaient moins sur la qualité des œuvres littéraires que sur le pittoresque des situations. Sadoul était d'ailleurs peu sensible à la forme mais son humour naturel le portait à prendre un très grand plaisir au bouleversement de la réalité banale par les créations saugrenues ou grandioses de l'imagination. Il les résumait à merveille dans des raccourcis où il accentuait la drôlerie ou l'extravagance du sujet en prenant au besoin quelques licences avec l'objectivité. Ce don du récit était un des agréments de sa conversation. Bien que les problèmes du style et de la composition eussent toujours pris une grande place dans l'attention que j'accordais aux œuvres littéraires, l'intérêt porté par Georges Sadoul aux situations me paraissait des plus valables et je me convertis à cette manière de voir. Sadoul avait trouvé, dans la maison de Raon-l'Etape, tout *Fantômas*, avec les merveilleuses couvertures illustrées de l'époque, *Roland Furieux* et *La Jérusalem délivrée*. J'attache la plus grande importance à ces lectures que nous fîmes entre 1922 et 1924 parce qu'elles contribuèrent à ruiner définitivement dans notre esprit toute la littérature « moderne » et nous préparèrent, par l'éclat de leur merveilleux, à trouver notre bien dans *Le Manifeste du Surréalisme*.

Sadoul avait un bon goût inné pour les arts plastiques. La peinture l'intéressait plus que les lettres alors que la musique le laissait indifférent. Il disait avec satisfaction qu'il s'ennuyait au concert. Nancy possède un musée de peinture assez riche où nous allions souvent. Nous y regardions surtout les peintres qu'on appelait « primitifs » et les œuvres de la Renaissance italienne. C'est au cours de ces visites que j'ai pris goût à la peinture baroque, à Simon Vouet notamment, alors méprisé et décrié. Sadoul ne partageait pas mes vues sur ce point. Il me trouvait éclectique, critiquait mon faible pour le maniérisme et le gothique flamboyant, ne comprenait pas que je pusse aimer aussi les églises romanes qu'il admirait, lui, exclusivement. Il devait changer plus tard. Lorsqu'on découvrit Bellange, il lui consacra, dans la revue de son père, un article d'une grande lucidité, et il termina sa vie en écrivant un gros livre sur Jacques Callot. En dépit du parti pris historique et social, c'est le dur trait maniériste de l'auteur des *Malheurs de la Guerre* qui est la vraie cause de cet ouvrage, autant, pour le moins, que le retour aux sources d'un homme que la mort guettait.

Dans ses relations avec les peintres, la province est très loin de Paris. Le marché est à Paris et l'on voit mal qu'il en soit autrement. La compétition est, elle aussi, à Paris où le succès, même le plus éclatant, remporté en province n'est jamais pris au sérieux. Les décentralisateurs ne pourront rien là contre, sauf à reconstituer le mécénat princier de la cour de Bourgogne. Déjà, au XVIIe siècle, les grands peintres lorrains Callot, Bellange, Georges de la Tour, Claude Gelée ont dû chercher ailleurs, à Paris ou à Rome, les conseils, l'inspiration et les commandes en dépit de la générosité relative des ducs de Lorraine. En 1922, les Lorrains, qui se retiraient de leur temps, avaient même oublié l'impressionnisme — si tant est qu'ils l'aient jamais vraiment connu — au point que personne n'avait envie de montrer les peintures délicates et sensibles exécutées au temps de l'Ecole de Nancy par Charles de Meixmoron, et que le néo-impressionniste local le plus doué, Michel Colle, renonçait devant des paysages bretons à dissoudre les formes dans la lumière alors qu'il avait entrevu, vers 1900, certaines recettes de la magie que Bonnard allait employer un peu plus tard. Il y avait pourtant des galeries et un cercle artistique : on y montrait les productions minables d'un académisme attardé. Toutefois, l'enseignement libéral et enthousiaste de Victor Prouvé avait suscité des vocations de jeunes peintres qui reflétaient plus ou moins maladroitement certains aspects de l'Ecole de Paris. Le mieux considéré était Paul Colin, peintre de chevalet très médiocre appelé à devenir un affichiste célèbre. Ce joyeux personnage vivait à Paris, ce qui lui donnait du prestige et des commandes. Il revenait parfois dans sa province pour y éblouir ses anciens camarades par ses manières libres, sa faconde et son entregent : il buvait, baisait des filles en présence de quelques bohèmes locaux muets d'admiration et laissait à Nancy quelques dessins et projets. Les séjours de Jean Lurçat étaient plus discrets. Lurçat était un homme jeune, réservé, d'une correction anglaise, qu'une avenante nonchalance naturelle distinguait de la foule. Il n'apportait pas avec lui les mœurs des années folles, mais une odeur de tabac blond, de whisky, une sorte d'esprit nouveau. Ses peintures étaient alors très proches du cubisme. Elles s'apparentaient à celles de Survage avec la même élégance un peu molle. Toutes les influences s'y lisaient comme dans un miroir mais les couleurs étaient vives, fraîches, jeunes. Sadoul éprouvait de la sympathie pour Lurçat qui avait déjà un nom à Paris. Les vieux Nancéiens le considéraient comme un fumiste en dépit de ses origines bourgeoises et du témoignage de Victor Prouvé disant bien haut que Lurçat avait été le plus doué de ses élèves. Les expositions de Paul Colin, de Lurçat et des Nancéiens un peu conscients de vivre l'âge d'or de la peinture française étaient malheureusement rares: reflets assez pauvres de la prodigieuse efflorescence parisienne, elles témoignaient en faveur de ce que Paris avait montré dix ans auparavant, mais elles n'annonçaient rien.

Or, aussi bien pour Sadoul que pour moi, ce qui avait été peint nous intéressait moins que ce qui allait être peint. Nous cherchions dans les œuvres anciennes les sources d'un art à venir. La fréquentation quotidienne de Signac, de Bonnard, de Matisse, de Ravel et Debussy m'incitait à admirer plus que de raison les grosses baigneuses et les portraits académiques que Picasso peignait alors et d'en tirer de hâtives conclusions sur la naissance d'un art néo-classique. Sadoul, lui, n'avait pas à changer de décor parce que les meubles et objets lorrains d'avant 1830 qui remplissaient la maison de ses parents étaient assez neutres pour s'accommoder de tout, sauf de l'impressionnisme. Sadoul détestait d'ailleurs les cathédrales de Monet et les *Nymphéas*: il souhaitait que la peinture évoluât vers une plus grande rigueur dans les formes, chemin qu'elle paraissait avoir pris depuis quelques années déjà. Georges Seurat, dont j'avais vu à Wiesbaden en 1921, avec émerveillement, la Grande Jatte, lui paraissait être avec Cézanne le seul peintre français à citer avant les cubistes. Le voyage qu'il fit en Italie en 1923 avec Gaston Goor fixa son goût pour quelque temps. Il revint conquis par Florence, la cathédrale d'Assise, les tours de San Gimignano et par les fresques de Piero Della Francesca et de Paolo Ucello. Il en conçut une théorie discriminatoire de la peinture selon que la surface de la chose peinte est lisse avec des contours nets ou que le souci de la matière et des effets de lumière l'emporte. Il jetait au feu Rubens, Rembrandt, Fragonard et Delacroix, même Dürer, faisait toutes réserves sur les Allemands de la fin du xve siècle (Grünewald par exemple). La vérité, selon lui, appartenait sans partage aux peintres du Quattrocento.

En dépit de ces exclusives bizarres, les idées de Sadoul sur la peinture rejoignaient en grande partie mes propres conclusions. Je partageai son admiration pour les fresques d'Arezzo dès qu'il m'en montra des photographies. Je connaissais et j'aimais Ucello. Mais je n'abandonnais ni la peinture allemande du xvie siècle, ni Delacroix, ni *Jupiter et Thetis*, ni le *Bain turc* de Dominique Ingres. Nos discussions étaient parfois très âpres. Elles portaient sur des détails ou des nuances, mais nous eussions cherché vainement ailleurs une meilleure pédagogie. En 1924, je compris que l'absolu cherché en désespoir de cause dans un retour aux règles classiques avait été atteint plus de treize ans auparavant par Braque et Picasso avec *Ma Jolie*, les papiers collés et les sublimes camaïeux cubistes bruns et beiges, où la lumière et le mystère ont été capturés avec les armes qu'employait Poussin. En se libérant de l'imitation servile des objets et de l'idée de perspective, Braque et Picasso ont découvert au spectateur un nouveau monde de formes, comme si les limites du visible et du sensible étaient reculées. J'étais obligé de m'avouer que le recul des limites du visible m'attirait autant, sinon plus, que l'absolu plastique. Mais tout en admirant Braque et Poussin, je n'étais pas insensible au monde différent de Grünewald, de Cranach ou de l'Ecole de Fontainebleau. La découverte du surréalisme, quelques mois plus tard, devait me permettre de m'orienter dans cette diversité, irritante seulement pour les prisonniers d'un système. Sadoul avait la même opinion que moi sur les Braque et les Picasso en 1912, mais son dogmatisme devait durer plus longtemps que mon néo-classicisme, soit qu'il fût plus docile aux dogmes que moi, soit qu'il eût constaté que ce n'était pas toujours une mauvaise référence. Ainsi il n'aimait pas la nouvelle manière de Braque (les *Canéphores*). Ce jugement était trop sévère, à coup sûr, mais il devenait cruellement sensé à partir du moment où l'on comparait ces *Canéphores* aux fermes et lourdes jeunes femmes des fresques d'Arezzo.

L'accord s'était établi entre Sadoul et moi sur la plupart des idées simplistes mais claires exprimées par Ozenfant et Jeanneret (Le Corbusier) dans les livres qui faisaient alors grand bruit : *Vers une Architecture, L'Esprit nouveau*. Ne fût-ce que par réaction contre l'esthétique de l'Ecole de Nancy, nous étions assez portés à souscrire à la célébration des beautés industrielles. Il eût fallu refuser de voir pour ne pas être touchés par la grandeur des usines Solvay, à Dombasle, que nous traversions plusieurs fois par an pour nous rendre dans nos maisons de vacances, ou par l'infernale puissance des hauts fourneaux de Pompey dont les coulées embrasaient tout le ciel de Nancy, en hiver, du côté du nord. Aujourd'hui, ces usines de 1920 hérissées de poutrelles, de ponts roulants, avec leurs hautes cheminées de brique, sont aussi désuètes et touchantes que les bronzes de Barbedienne et les catalogues des grands magasins dont se moquait si fort Le Corbusier. La beauté « fonctionnelle » des automobiles Voisin ou des biplans Farman de la ligne Paris-Londres, tant vantée par Ozenfant et son compère, ressortit de toute évidence à l'idée du beau qui fit naître dans les mêmes années les robes de Lanvin ou les chapeaux de Molyneux, de même que les hautes cheminées des locomotives et les wagons calèches des années 1860 s'apparentent aux gibus et aux crinolines. Nous mîmes trois ans à nous rendre compte de ce que valait le cours d'esthétique pour écoles primaires de *L'Esprit nouveau* où militent, pêle-mêle, en faveur d'un ordre préétabli, des divagations sur le nombre d'or, la réduction des cathédrales en triangles isocèles et en demi-cercles et la lutte contre les taudis. Mais ces livres ont eu de l'influence sur leurs contemporains à qui ils garantissaient les joies artistiques et le confort domestique moyennant la soumission à quelques règles simples. Nous aussi nous dûmes en passer par là. Je résistai un peu aux cubes de Le Corbusier. En revanche Sadoul avait été convaincu, ce qui devait avoir pour résultat paradoxal de précipiter notre entrée dans le groupe surréaliste.

GEORGES SADOUL ET NANCY-PARIS

Sadoul multipliait les voyages à Paris. Il y constatait combien la province était mal informée: les échanges intellectuels ne s'établissaient guère qu'entre les esprits conservateurs ou rétrogrades. Ainsi naquit l'idée d'animer Nancy par des visites de Parisiens à l'esprit moderne. Au départ, il y avait sans doute le désir qu'éprouvaient quelques jeunes Lorrains de faire du théâtre, l'éternel démon des provinces. *Nancy-Paris,* comité d'action littéraire et artistique, fut fondé et Victor Guillaume eut le bon esprit d'en confier la direction à Georges Sadoul. Victor Guillaume ressemblait à un petit apôtre. Il en avait le front dégarni, l'auréole capillaire, les yeux sérieux et brillants, le geste lent et le collier de barbe. D'abord sculpteur de meubles 1900, il était venu tard à la peinture, cherchant laborieusement sa voie à travers Cézanne, la trouvant petit à petit dans une combinaison de petites surfaces lumineuses qui absorbaient au fur et à mesure de la maturation de son œuvre les contours des objets et des individus. Obstinément fidèle à sa province, modeste jusqu'à la sainteté, Victor Guillaume n'eut aucune audience à Paris et finit ses jours au pied des ruines du château de Vaudémont, pauvre comme il avait vécu.

Le comité *Nancy-Paris* se composait d'un peintre, d'un antiquaire, de trois journalistes, d'un rédacteur à la préfecture qui voulait écrire et d'un étudiant en droit. Il s'adjoignit, en ma personne, un lycéen, quelques jours avant la première conférence d'un programme culturel mis au point par Georges Sadoul sous l'égide de *La Nouvelle Revue française.* Cette conférence avait pour objet le cinéma auquel Sadoul ignorait encore qu'il allait consacrer la majeure partie de sa vie. Elle avait été demandée à Jean Epstein qui passait pour un metteur en scène « nouvelle vague ». Elle attira plusieurs centaines d'auditeurs et ce succès lança d'emblée *Nancy-Paris.* La conférence suivante fut faite par Henry Prunières, directeur de *La Revue musicale,* mensuel de réputation mondiale dont les chroniques donnaient une grande place à la musique la plus moderne. J'entendis pour la première fois des œuvres caractéristiques du groupe des Six. J'étais impatient de les connaître.

Mon père avait assisté à la première du *Bœuf sur le Toit,* il m'avait beaucoup parlé du spectacle qui l'avait amusé mais la musique qu'on y jouait lui avait paru manquer d'assise. La conférence de Prunières et l'enthousiasme qu'elle suscita chez moi le firent sortir d'une léthargie où l'avaient plongé des déceptions et des ennuis de santé. Du jour au lendemain, les partitions des jeunes musiciens entrèrent dans la bibliothèque et s'accumulèrent sur les pianos. La simplicité d'écriture, la fraîcheur d'inspiration, l'humour, la sobriété des développements de ces compositions contrastaient avec la gravité pesante des franckistes et les raffinements un peu compassés des fauréens et des debussystes. L'harmonisation était neuve, parfois acide. Elle échappait aux systèmes antérieurs qui finissaient par ressembler à des prisons. Je me mis à déchiffrer tout ce que je pus de cette musique-là.

Georges Sadoul prépara la deuxième saison de *Nancy-Paris* (1924-1925) et quitta Nancy pour accomplir son service militaire. Les bonnes relations de son père avec l'état-major lui valurent d'être affecté dans la région parisienne à une unité d'oisifs. Je pris en charge les activités musicales du comité et organisai des concerts où je faisais jouer la musique que j'avais envie d'entendre. Faire des programmes, engager des interprètes me passionnaient. Les compositeurs, les cantatrices et les virtuoses s'amusaient de traiter avec un gamin de dix-sept ans qui préparait l'Ecole Polytechnique. Je reçus Henri Sauguet, considéré comme un espoir de la musique française. Il fut brillant comme il sait l'être, illustra ses propos de musiques qu'il aimait ; Suzanne Peignot, l'interprète favorite des jeunes compositeurs, les chanta de sa voix gracieusement intelligente.

Sauguet me fit partager son admiration pour les *Gymnopédies* et pour *Idylle*, mais je rangeai aussitôt ces musiques étranges, oniriques, à côté de la manière habituelle de leurs auteurs, Satie et Chabrier, et je n'ai jamais changé d'avis sur ce point.

J'échangeai avec Sauguet, pendant quelques mois, une correspondance assez régulière qui cessa lorsque nous eûmes constaté que nous n'étions d'accord sur rien. La grande honnêteté intellectuelle de Sauguet et la fermeté de ses convictions l'ont entraîné vers des œuvres austères dont la mélancolie des premiers ballets laissait prévoir la venue. Il n'est pas certain que la vague dodécaphonique des années 60 en ait érodé l'intérêt.

Le concert de Sauguet fut un des derniers que donna *Nancy-Paris*, ce comité n'ayant pas survécu à mon départ pour la capitale. Cette année-là, je fis entendre aux Nancéiens des œuvres de Stravinski, Béla Bartok et Anton Webern, musiciens dont ils n'avaient jamais entendu parler. Auparavant, j'avais fait venir à Nancy Darius Milhaud et Francis Poulenc. En 1926, Poulenc tint lui-même la partie de piano dans son *trio* pour hautbois, piano et basson. Les répétitions eurent lieu rue Girardet, chez mon père. J'y découvris ce que pouvait être la rigueur dans l'exécution d'une œuvre musicale, ce dont les concerts nancéiens étaient, en fin de compte, assez loin. Stravinski avait mis à la mode un retour sophistiqué à la musique baroque comme source d'inspiration et comme modèle de structure. Cette manière d'écrire a été exploitée en France pendant une douzaine d'années par presque tous les musiciens. Le *trio* de Poulenc est une des plus heureuses productions de cette veine. Je lui trouvais alors le mystère d'une réunion de masques et je la comparais, assez gratuitement, aux Chirico de la grande époque métaphysique. J'écrivis là-dessus à Poulenc plusieurs lettres parfaitement sottes où je le sommais, afin qu'il fût enfin fidèle à son génie, de rompre avec Cocteau, l'un de ses meilleurs amis !

J'éprouvais pour Darius Milhaud une immense admiration. Je ne connaissais alors que sa musique de chambre et les réductions pour piano de ce qu'il avait écrit pour le théâtre. Le personnage ne me déçut pas. Il vint en 1925 à Nancy avec sa femme, par un jour de grand gel, mais comme il avait fait un voyage en Russie peu de temps auparavant, le climat lorrain lui parut presque clément. La veille du concert il eut la gentillesse de m'accompagner à une audition privée du Cercle artistique de l'Est où l'on jouait, fort mal d'ailleurs, la sonate pour piano et violoncelle de mon père. « Je connais la musique de votre père, me dit Milhaud. Avant la guerre, jeune élève du Conservatoire, j'ai entendu sa 1re symphonie. Je ne sais pas ce que j'en penserais aujourd'hui, mais à l'époque, elle m'avait plu. J'y trouvais enfin autre chose que les préciosités alanguies des impressionnistes. » Milhaud m'interrogea sur mes préférences : « Ah ! vous aimez Schumann ! Je déteste cela presque autant que Wagner, c'est de la musique en chapeau melon. Je comprendrais davantage que vous eussiez du goût pour les quatuors ou les lieders de Schubert. » J'avais entendu avec plaisir, aux concerts symphoniques de Nancy, le poème symphonique d'Ernest Bloch, *Schelomo*. Comme je faisais part à Milhaud de cette découverte et que je l'interrogeais sur ce musicien, je m'attirai cette boutade : « Heu, vous savez, nos personnalités sont étrangères l'une à l'autre. Nous sommes juifs, tous les deux. La diaspora a séparé les juifs en sépharadites et en askhenazis qui sont aussi dissemblables par leur aspect physique que par leur caractère. Moi je suis provençal et sépharadite. Bloch est askhenazi ; il vient de pays où on ne connaît guère que le brouillard. »

Plus encore que l'homme et le musicien, c'est le voyageur retour d'U.R.S.S. qui me passionnait alors chez Milhaud. Il avait été l'invité du gouvernement soviétique. Je l'accablai de questions : A quoi cela ressemble-t-il ? Comment sont les gens ? Milhaud décrivit d'abord le touchant arc de triomphe de banderoles et de charpentes qui accueillait le voyageur à la gare frontière. Mais il me laissa sur ma faim, car bien qu'il me parlât longuement de ce voyage et de la sympathie qu'il éprouvait pour les bolcheviques, rien de ce qu'il me disait ne correspondait à l'idée que je me faisais d'une terre nouvelle. En ce temps-là, grâce à la N.E.P., il restait en Russie des traces de libéralisme. Les membres du parti avaient encore entre eux de vraies discussions politiques, au sein desquelles se manifestaient des oppositions que Staline se préparait à réduire par la déportation, la torture et la mort. Trotski était mis en cause, ce qui ne laissait pas de surprendre les étrangers qui associaient son nom à celui de Lénine mais paradoxalement les attaques dont étaient l'objet les grands rôles de la Révolution et de la Guerre civile étaient interprétées comme l'indice de mœurs démocratiques plutôt que comme des querelles dynastiques. Trotski pouvait encore se faire entendre et publier. Les Français, nourris de l'histoire de 1789, ne s'étonnaient pas outre mesure que les dirigeants russes se disputassent. Comme ils ne s'entretuaient pas, leurs méthodes de discussion semblaient constituer un progrès sensible sur celles de la Convention. Les efforts pour pallier la disette et lutter contre la misère étaient sympathiques, les buts restaient grandioses, que demander de plus ? Milhaud ne s'intéressait guère à la lutte pour le pouvoir qui faisait rage à l'intérieur du parti communiste russe ; il n'en était pas informé ; il avait seulement constaté qu'elle ne troublait pas la vie quotidienne. « La ville révolutionnaire, me dit Milhaud, c'est Leningrad. Moscou est conservateur et n'a joué qu'un rôle secondaire dans les événements d'octobre 1917. A Leningrad on sent que le brasier n'est pas éteint. Tout ce que la Russie compte de novateurs vit à Leningrad où, par parenthèse, on peut voir à l'Ermitage une collection de peinture moderne française comme il n'y en a pas à Paris. On fait à Leningrad des expériences étonnantes : j'ai entendu des orchestres sans chef et leur entente m'a surpris.

« Ne croyez pas, d'ailleurs, que le modernisme en art, là-bas, ait partie gagnée, car beaucoup de structures anciennes sont en place avec les hommes d'autrefois. Ainsi le vieux Glazounov est toujours directeur du Conservatoire de Leningrad. Il représente l'Académie, défend ses idées et jouit d'une grande considération, mais il veille à ce que son établissement dispense un enseignement libéral. J'ai vu des jeunes étonnamment doués : vous entendrez parler de Kabalewsky et de Chostakovitch. »

A Nancy, Milhaud voulait tout voir. La petite place d'Alliance le remplit de joie : « N'est-ce pas très proche d'Aix-en-Provence ? dit-il à sa femme. Connaissez-vous cette ville adorable ? Si vous aimez la place d'Alliance, vous devez vous sentir à votre aise à Aix. Nous sommes aixois tous les deux. Mon vrai nom est Marius. Au Conservatoire, mes camarades m'ont persuadé que Marius Milhaud, ça ne ferait jamais sérieux, alors j'ai remplacé le M par le D. Cela sonne bien, n'est-ce pas ? » C'était une galéjade.

Nous eûmes une discussion à propos de Claudel. Je concédai à Milhaud *Tête d'Or*, mais pas le reste et je critiquai, dans tous les cas, le langage compliqué. Le conformisme de Claudel, son catholicisme militant me révoltaient. « La langue de Claudel est rocailleuse comme son accent bourguignon, dit Milhaud. Vous êtes injuste pour le poète et l'homme de théâtre. Je lui dois beaucoup. Savez-vous que je n'aurais jamais écrit *Les Saudados do Brazil*, que vous aimez, si je n'étais pas devenu l'ami de Claudel ? »

Ma qualité d'organisateur de concerts, jointe à celle de critique musical dans le *Pays lorrain*, m'obligeait à assister à toutes les auditions qui se donnaient à Nancy. Ainsi je rencontrai Ravel et Enesco : j'en voulus à mon père, qui les connaissait tous les deux de longue date (Enesco avait joué sa sonate pour violon et piano, mon père tenait Ravel pour le plus grand musicien français vivant), de ne pas les avoir invités à la maison.

Autant je trouvai qu'il allait de soi que l'on me présentât à Ravel ou à Enesco — que je prenais alors pour un virtuose qui s'était laissé aller à la composition musicale car j'ignorais la richesse et la nouveauté de son œuvre — autant je fus bouleversé par l'invitation à déjeuner que je reçus d'Eugène Isaye. L'illustre violoniste, alors septuagénaire, se tenait aussi droit qu'un homme de quarante ans. Son masque romantique, sa stature gigantesque et son air noble, tranquille et assuré de vieille idole étaient admirables. En face de lui, j'avais l'impression de défier le Temps. L'homme qui me parlait était le virtuose à qui César Franck avait dédié sa célèbre sonate. « J'ai aussi connu Franz Liszt ! » me dit-il, amusé de ma stupéfaction.

L'année 1925 fut décisive pour mon évolution et pour celle de Georges Sadoul. J'avais opté pour la Révolution et après avoir longuement réfléchi j'avais adhéré au parti communiste. Avec le penchant au monisme de tous les êtres jeunes, je cherchais à grouper toutes mes admirations dans un faisceau cohérent afin d'aboutir à une définition nouvelle, mais claire, du Bien et du

Mal. En 1925, la Russie soviétique avait encore sa place dans l'art moderne : on traduisait en français Babel, Essénine, Pilniak ; les critiques spécialisés tenaient Alexandre Blok et Maïakovski pour de grands poètes ; l'influence attribuée à Blok sur la Révolution, la part militante prise par Maïakovski dans les événements de la guerre civile les situaient à d'autres altitudes que Péguy ou Claudel. Les théâtres de Meyerhold et de Stanislavsky passaient pour être à l'avant-garde de tout. Les constructivistes avaient imaginé une architecture et un art décoratif nouveaux dans la lancée du cubisme ; ils semblaient être à l'honneur en Russie. Le pavillon soviétique de l'Exposition des Arts décoratifs ne surclassait-il pas tous les autres, celui de Le Corbusier compris, par son modernisme ?

Un nouveau libraire d'esprit moderne considérait avec sympathie l'activité de *Nancy-Paris*. Mon père ouvrit dans sa boutique un compte et m'autorisa à acheter des livres. Cela tombait à point. Je dévorai les récits et les romans des jeunes écrivains soviétiques. Je n'y trouvai que l'intérêt d'un certain dépaysement, sans plus. Après tout, c'était une littérature conventionnelle plus vraie que *La Cavalière Elsa* mais coulée dans le même moule. Il en était tout autrement de *Poisson soluble* ou des *Pas perdus*. Je ne saisissais pas toute la portée de ce dernier livre parce qu'il faisait allusion à des événements que j'ignorais. Mais j'avais été pris à la gorge par une force de pensée, une rigueur et une détermination dont je ne connaissais pas d'autres exemples. Le ton et le style me paraissaient appartenir à la plus grande tradition des prosateurs français, celle des années 1700 et néanmoins totalement modernes. N'était-ce pas le beau absolu ?

Dois-je rappeler l'effet qu'avait produit sur moi la lecture des premiers numéros de *La Révolution surréaliste* ? Les poèmes d'Eluard, les textes de Artaud, ou de Desnos atteignaient, à mon sens, les sommets de l'expression poétique, dépassant en originalité tout ce que j'avais lu jusque-là. Contrairement à tous les autres écrivains français, les surréalistes se déclaraient pour la Révolution. Dans *La Dernière grève*, Breton se solidarisait avec les luttes ouvrières ; il proposait même d'aller plus loin. Si Aragon hésitait encore sur l'importance qu'il convenait d'attribuer à la Révolution russe, plusieurs de ses amis jugeaient déjà en 1924 les événements comme des communistes. Les uns me paraissaient d'ailleurs aller vers les autres par la force même de l'Histoire. Lorsque en octobre 1925 les surréalistes se rallièrent avec éclat au Komintern, je n'avais plus aucun motif de brider le penchant que j'avais pour ce qu'ils écrivaient ou peignaient et je fus heureux et rassuré de sentir que tout ce que j'admirais appartenait au même bord.

Les démarches de Sadoul furent assez différentes. Les problèmes politiques ne l'intéressaient pas encore — si tant est qu'ils l'aient jamais intéressé — la Révolution non plus, sauf pour le pittoresque. Il avait beaucoup lu Max Jacob, il savait par cœur *La Chanson du mal aimé*. Au premier contact il mesura exactement la qualité et la nouveauté des textes surréalistes. La mise en question des réputations établies, Barrès, Gide, France, emportait sa conviction parce qu'elle était conforme à ce qu'il était enclin à penser des œuvres en cause. Enfin l'importance donnée par les surréalistes au rêve et à l'inconscient rejoignait sa propre expérience.

La fréquentation de *La Nouvelle Revue française* lui apprit combien les dirigeants de cette maison admiraient et redoutaient Aragon et Breton, Aragon surtout qui commençait à passer pour « génial ». Sadoul lut *Anicet* puis *Les Aventures de Télémaque* avec transport et fit partager son enthousiasme à ses amis vosgiens, Maurice Blech et Baldensperger, qui poursuivaient leurs études à Paris.

Pour ma part, je fus ébloui par les récits du *Libertinage*. La désinvolture, l'aisance, l'efficacité et l'humour m'y apparaissaient sans exemple et sans précédent. Ces qualificatifs ne décrivent pas toute la richesse du livre. Drieu La Rochelle, au cours de la seule et très longue conversation que j'ai eue avec lui, en 1926 je crois, me dit cette phrase que j'ai retenue parce qu'elle me choqua (sur le moment j'y trouvai de la médisance) : « Je préfère *La Femme française* à tout ce qu'a écrit Aragon — et croyez bien que j'aime tout ce qu'a écrit Aragon. Je tiens ces quinze pages pour un des textes majeurs de notre littérature et elles annoncent des romans qui assureront la réputation de leur auteur ! »

La lecture des *Chants de Maldoror* n'avait pas précipité la marche de Sadoul ni la mienne vers le surréalisme. Ce sont les œuvres d'Aragon et de Breton qui nous ont fait comprendre l'importance de Lautréamont. J'avais lu *Maldoror* à l'âge de quatorze ans et je l'avais alors classé dans la catégorie du romantisme échevelé, entre *La Fin de Satan* et *Gaspard de la Nuit*. En revanche certains films avaient achevé de nous brouiller avec la réalité quotidienne, qui nous dégoûtait : tous les Charlot, tous les Mack Sennett, en 1923, *Le Cabinet du docteur Caligari*, un peu plus tard, pour ce qui me concerne, deux autres films allemands, *Les Trois Lumières* et surtout *Nosferatu le Vampire*. La vision du *Cuirassé Potemkine*, en 1926, emporta sans doute chez Sadoul les dernières objections qu'il élevait contre le communisme russe.

Ainsi à la fin de 1925 notre parti, à Sadoul et à moi, était pris : les surréalistes apportaient tout ce que nous demandions à l'expression littéraire et bien au-delà. Il fallait au plus tôt prendre contact avec eux. Je pressai Sadoul de le faire. Lui temporisait, par timidité, semble-t-il. Il ne voyait pas très bien comment s'y prendre, d'autant plus que tout ce qu'il apprenait de l'exigence d'Aragon et de Breton était redoutable. Pourquoi ne pas leur demander de venir faire des conférences à Nancy ? J'étais prêt à assumer les risques du scandale, mais Sadoul doutait que nos idoles acceptassent nos propositions.

Le comité *Nancy-Paris* avait alors pour secrétaire général Maurice Boissais, un fonctionnaire protestant, sentimental et bon vivant qui avait envie d'écrire. Ses modèles étaient plutôt Lacretelle et Jules Romains que Max Jacob et Pierre Reverdy. Il restait fidèle à ses admirations des années 20, pour la peinture comme pour la littérature, tandis que Sadoul, lui, n'en était plus à Paul Morand ou à Dunoyer de Segonzac. Pour toutes ces raisons, les rapports de Sadoul avec Boissais s'étaient tendus. Je maintenais tant bien que mal une certaine unité au sein du comité en déployant des moyens de conciliation et de ruse que j'ai parfois maniés avec succès. Sadoul voulut frapper un grand coup en 1926 en montrant aux Nancéiens toute la peinture et toute l'architecture de notre temps. Il était en bons termes avec les Lurçat, le peintre et l'architecte. Son ralliement aux idées de Le Corbusier l'avait incité à donner dans son projet une grande place à l'architecture. Il invita Theo van Doesburg et le groupe de Stijl, Walter Gropius, Mies van der Rohe et le Bauhaus, des Américains et les architectes français les plus modernes. Ozenfant accepta de faire une conférence dans la salle même de l'exposition pour laquelle Sadoul rassembla des œuvres des peintres et sculpteurs les plus célèbres de l'Ecole de Paris, Braque, Picasso, Léger, Matisse, Chagall, Derain, Marcoussis, Lurçat, Zadkine, Lipchitz, Laurens. L'exposition aurait lieu dans la plus grande galerie d'exposition de Nancy, la plus officielle aussi et toute la publicité se ferait sur la valeur marchande des œuvres exposées : un million, ce qui nous paraissait à tous considérable.

L'affaire n'allait pas sans tirage du côté de Boissais parce que Sadoul se refusait obstinément à ajouter à sa liste les peintres du Salon d'Automne. La seule concession admise, laquelle devait se révéler très profitable, fut d'inviter quatre ou cinq peintres lorrains de tendances modernes et d'y ajouter le vétéran Victor Prouvé, l'ancien président de l'Ecole de Nancy. Par chance, toute l'organisation matérielle à Nancy reposait sur moi, en partie à cause de la flemme de Boissais, si bien qu'en dépit des disputes tout marchait bon train.

La galerie Pierre, alors rue Bonaparte, prêtait une partie des tableaux parisiens. A cette occasion, Sadoul y fut présenté à Aragon, ami de longue date du propriétaire de la galerie. Le contact tant cherché avec les surréalistes était enfin trouvé. Avec son sens très vif de l'opportunité, Aragon suggéra d'exposer aussi des peintres surréalistes. Une lettre de Sadoul m'apprit deux ou trois jours plus tard qu'il fallait ajouter les noms de Arp, de Max Ernst, de Chirico, de Masson et de Miró à la liste des exposants. Toutes ces peintures devront être ensemble et à part, m'écrivait Sadoul, Nancy aura ainsi le privilège d'être le théâtre de la deuxième exposition surréaliste « In The World ».

J'étais transporté de joie mais les difficultés allaient commencer. La France faisait alors la guerre dans le Rif. Les surréalistes avaient pris fait et cause pour les mots d'ordre lancés par le parti communiste : fraternisation avec les insurgés, désobéissance aux ordres des chefs militaires. La presse l'avait rapporté avec indignation. Le scandale du banquet Saint-Pol Roux où Desnos avait crié *Vive l'Allemagne* en distribuant à la ronde des coups de pied aux convives, cramponné au lustre comme dans les comédies de Mack Sennett, pendant que Breton et les autres faisaient le coup de poing, quelques manifestations violentes d'anti-patriotisme avaient amené des réactions brutales. Des journaux préconisaient le boycott des publications et des manifestations surréalistes.

Je fis imprimer un supplément au catalogue et j'avertis Boissais de la venue des nouveaux invités. Sadoul apporta les toiles. Alors que nous en commencions l'accrochage, Boissais fit irruption dans la galerie et déclara que son honneur de fonctionnaire ne lui permettait pas de cautionner la présence, dans cette exposition, de tableaux peints par des apologistes de la désobéissance militaire. C'était plutôt comique mais le ton monta très vite. Sadoul était perplexe. A son avis l'affaire était ratée ; il fallait tout annuler. « Les toiles seront accrochées, dis-je à Boissais, et l'exposition ouvrira comme prévu. — Alors je démissionnerai, je ne serai pas seul, j'expliquerai pourquoi, vous aurez toute la presse et tout Nancy contre vous. — Tant pis ! » Effectivement, Boissais démissionna et avec lui les journalistes et l'antiquaire. Il y eut dans la ville un peu de remue-ménage. *L'Est républicain*, où travaillaient les journalistes en question, expliqua les démissions d'une manière confuse : la participation des surréalistes était reléguée au rang des accessoires parce qu'il s'agissait de personnages encore obscurs et d'incidents que la province ignorait. On s'indigna avant tout de la présence à Nancy, en position honorable, huit ans après l'armistice, de photographies, de dessins et de projets d'architectes allemands. Sadoul n'était pas décidé à se battre. Il repartit immédiatement pour Paris, laissant tout en l'état, me donnant carte blanche. La reculade n'ayant jamais été mon fort, j'essayai d'agir avec adresse pour ouvrir, malgré tout, l'exposition au jour fixé. Je remplaçai les quatre défaillants par cinq jeunes hommes sympathisants à notre action et jouissant à Nancy d'audience et de prestige en raison de leurs talents et des familles auxquelles ils appartenaient. Je me fis élire secrétaire général du comité, et palliai par d'autres moyens : affiches plus nombreuses, tracts, invitations personnelles, la carence de *L'Est républicain*. Ainsi Jean Prouvé, alors ferronnier d'art, le gentil peintre Boursier-Mougenot, l'excellent graveur Etienne Cournault, Jacques André, un copain, futur architecte et fils d'un des meilleurs architectes de l'Ecole de Nancy et Michaux, un notable qui possédait des Dufy et des Marie Laurencin, donnèrent au comité un relief et une caution bourgeoise que les dissidents n'avaient pas. Victor Prouvé, le très officiel directeur de l'Ecole des beaux-arts, inaugura l'exposition avec sa bonhomie coutumière. Ce fut un grand succès[1].

---

1. La substitution de Darius à Marius était une galéjade de Milhaud. J'ai raconté toute ma vie cette histoire (p. 80). J'y ai cru dur comme fer. En réalité Milhaud porte le prénom de son grand-père maternel. Aux environs de 1840, un Méridional avisé décida de se référer à la Perse plutôt qu'à Rome.

Chapitre VII

Le mirage de la Révolution

Tout commença en 1920 aux environs du 1er mai. Il y avait alors des grèves et du chômage. Des centaines d'ouvriers défilèrent dans les rues de Nancy avec des pancartes et des drapeaux rouges. Sévères, résolus, un peu tristes, ils n'avaient pas l'air méchant et pourtant ils faisaient peur. La victoire n'avait donc rien réglé. Je terminais la rédaction du premier numéro de *En Avant*, le petit journal du club que j'avais fondé. J'y inclus une sorte d'éditorial favorable aux cortèges d'ouvriers et à la célébration, le 1er mai, d'une fête du Travail. Ma mère, qui devait mourir quelques semaines plus tard, ne voulut pas que *En Avant* circulât au lycée avant de l'avoir lu en entier. Elle désapprouva ce que j'avais écrit sur le 1er mai. « Tu vas gêner ton père, me dit-elle ; tu nous feras prendre pour des socialistes ; tu es d'ailleurs trop jeune pour comprendre de quoi il s'agit. » Je collai une page blanche sur l'article incriminé et je le remplaçai par n'importe quoi.

J'avais obéi, mais je n'étais pas convaincu. Cette condamnation des ouvriers et des chômeurs n'avait été motivée que par la peur du qu'en dira-t-on. Elle me paraissait contredire gravement tout l'enseignement chrétien : égalité, charité, amour du prochain et les grands principes des Droits de l'Homme, fondements moraux de l'école laïque. Les adultes seraient-ils hypocrites et menteurs ? En 1920 j'étais très pieux, très patriote et très républicain. Durant toute la guerre, je n'avais jamais douté de la victoire finale parce que la cause de la France était celle du Droit et que Dieu ne pouvait être que du côté du Droit.

D'ailleurs les Allemands, coupables d'atrocités, avaient été punis et le méchant Guillaume II avait perdu sa place d'empereur. Cette punition était conforme aux lois du progrès puisque la république était la meilleure forme possible de gouvernement. Entre autres vertus, la république protégeait les citoyens de l'arbitraire, donnait à chacun sa chance, etc. L'interdit jeté par ma mère sur mon article, les pancartes des ouvriers, tout cela établissait qu'il y avait des failles dans les vérités sublimes que j'avais apprises ou dans la société qui prétendait les chérir.

La mort de ma mère, quelque chagrin que j'en éprouvasse, ne justifiait pas cet interdit. Au contraire, ma mère n'était plus là pour exercer l'oppression intellectuelle qui aurait pu écraser mes doutes et déplacer le point d'application de ma pensée. Je m'inquiétais de relever tant de contradictions entre les enseignements des éducateurs, les dogmes, les principes et la réalité quotidienne. Celle-ci, débarrassée de l'éclairage héroïque de la guerre, me dévoilait peu à peu ses tares, ses mensonges mais aussi des structures et des lois que le catéchisme et l'école ignoraient ou déformaient. Aussi voulais-je m'informer et comprendre. J'avais avec mes camarades des discussions sans fin sur la Bible, les Evangiles et l'existence de Dieu. L'Univers est-il Dieu ou procède-t-il de Dieu ? Comment un Dieu tout-puissant infiniment bon peut-il tolérer et même encourager les misères humaines ? Comment croire à la révélation, à des miracles dont il n'y a curieusement plus d'exemple depuis que de tels phénomènes sont susceptibles d'être soumis à un contrôle scientifique même sommaire ? Si la vérité est dans la révélation, comment peut-on reconnaître le vrai Dieu des faux Dieux, la vérité de l'imposture ? N'est-il pas plus raisonnable d'admettre que Dieu est un concept humain ? L'hypothèse d'une force initiale, surnaturelle, toute-puissante, créatrice et incréée me paraissait déplacer sans la résoudre l'énigme de la Vie et des Mondes. J'en tirai argument en faveur de l'athéisme et je cessai d'aller à la messe. Mais si le dogme avait été ruiné, il me restait des marques très profondes de la philosophie et de la morale chrétiennes. L'égalité absolue des hommes devant Dieu, l'annihilation totale des talents, des privilèges, de la chance, du succès au moment de la pesée des âmes sont, pour chaque Occidental, la source de l'idée de justice même s'il ne croit plus à l'immortalité de l'âme ou au Jugement dernier. Ainsi a-t-on imaginé, en Occident, que les hommes naissent libres et égaux. Ainsi naquirent tous les systèmes socialistes, à la seule exception de celui de Fourier. Peut-être même n'est-il pas interdit de penser que les corrections apportées par des réformateurs et des théologiens à la distribution égalitaire de la grâce, l'idée de la prédestination, le concept d'un peuple élu ont fourni leurs premières armes aux zélateurs du racisme ou de la mission salvatrice d'une classe sociale.

J'avais toujours été du côté des redresseurs de torts. J'avais souffert d'apprendre que Don Quichotte est un personnage dont on se moque. J'étais donc une recrue toute prête pour le socialisme. Mais je n'étais pas conduit vers cette nouvelle Eglise par les sentiments apitoyés et charitables qui naissent dans les âmes sensibles lors de la traversée des quartiers pauvres.

Le lycéen petit-bourgeois que j'étais ne subissait pas l'exploitation d'un patron ; mes proches non plus. Il n'y avait pas de misère voyante à Baccarat, non plus qu'à Pompey ou à Neuves-Maisons. Les patrons étaient paternalistes, hostiles par principe et par calcul aux syndicats ouvriers, mais assez humains. Presque partout, les ouvriers étaient décemment logés. Les bonnes œuvres et les patronages concouraient à régler, dans l'ordre, les problèmes sociaux les plus graves. Une sévérité sans appel faisait le reste. On se contentait de peu et on vivait décemment : les salaires étaient bas, chacun cultivait son jardin, en comptant bien on joignait les deux bouts et on mettait de l'argent à la Caisse d'épargne. Personne n'avait d'ailleurs envie de changer de place ou d'état, ce qui aurait été toute une affaire. Le sort des employés de magasins ou celui des servantes de restaurant, à Nancy, n'était guère plus enviable que celui des métallurgistes de Frouard ou des bobineuses des entreprises d'électricité. Il y avait encore assez de militaires pour entretenir une honnête prostitution. Je n'étais pas apitoyé. Mais les conditions générales de ces vies prolétariennes me causaient le même malaise que les paysages étroits ou les villages sans horizon. Tout n'y était-il pas déterminé, une fois pour toutes, jusqu'à la mort, dans la pauvreté et la monotonie? Il était assez facile de comprendre que cet immobilisme figeait la société tout entière, à l'exception d'une petite frange riche, brillante et dépensière que l'on rencontrait à Paris, à Deauville ou à Monte-Carlo. Le luxe, les voyages, le plaisir et le pouvoir donnaient à l'existence de ces privilégiés des dimensions inconnues ailleurs.

Le sort des catégories sociales lorraines que je pouvais connaître, les intellectuels, les commerçants, les industriels ne me paraissait pas enviable. La médiocrité l'emportait partout; elle s'assortissait de sottise et de laideur. L'ordre moral qui avait succédé à la volonté de ne pas céder aux armes allemandes et de gagner la guerre m'écœurait chaque jour davantage. Nancy avait préparé pendant quarante ans la revanche et la reconquête de Metz et de Strasbourg. Quand ce fut chose faite, il fallut en payer le prix qui n'était pas soldé par la disparition d'un quart des hommes jeunes. La frontière n'était plus la ligne bleue des Vosges mais le cours du Rhin. Le symbole de la patrie ce n'était plus Nancy, mais Strasbourg. Strasbourg était d'ailleurs une ville plus importante que Nancy, plus active aussi. Les mines et la métallurgie messines dépassaient de loin en richesse et en grandeur celles du bassin de Nancy.

Tout avait donc changé: on se mit à vivre avec mélancolie et résignation, en sachant bien que Nancy avait perdu la position privilégiée que lui avaient donnée les défaites de 1870. On ne voulait ni comprendre ni s'adapter. Ceux qui avaient été tués dans les combats (les meilleurs sans doute) auraient peut-être vu autrement le présent et l'avenir. Les survivants s'engagèrent dans une dégoûtante célébration des massacres qui signifiait davantage le regret des années d'exaltation guerrière que des hommages aux disparus. Ils se réfugièrent dans le culte des morts avec création de monuments grotesques et participation massive d'invalides pitoyables et amers. C'était le retour de tout un peuple sur son passé. Quelle curieuse régression de l'ambition nationale par rapport aux défilés en pantalons rouges et aux charges de cavalerie!

Le clergé était à son affaire dans cette exploitation des cimetières et cherchait à reprendre sur les populations et la jeunesse une influence que l'Ecole laïque avait battue en brèche. Il avait généralement l'appui de l'industrie qui voyait dans les prêtres et dans les œuvres cléricales un rempart solide à l'expansion des rouges. Les petits abbés profitaient de toutes les dévotions alsaciennes et lorraines, sainte Odile, Jeanne d'Arc et autres héroïnes médiévales, peu préparées à patronner des enfants de Marie mais transformées depuis longtemps en chastes dindes avec l'approbation du pape, pour organiser des voyages bruyants avec saucissonnades, banderoles, messes champêtres, pèlerinages aux reliques et gerbes sur les monuments aux morts. Ce tourisme très particulier était placé sous l'égide d'un petit général cévenol, Castelnau, qui avait exercé d'importants commandements pendant la guerre. Chaque année, ces manifestations cocardières devenaient un peu plus hors saison, mais Castelnau, avec l'obstination et l'aveuglement d'un moine ligueur, s'acharnait à leur donner une allure de croisade, ce qui était aussi déplaisant que sot et inopportun.

Les recherches historiques, les plaidoyers, les mémoires et les apologies remettaient en cause les origines de la guerre et le prestige des grands chefs. Les gouvernements avaient tellement menti que les thèses officielles sur les causes du conflit et l'histoire des batailles ne rencontraient presque plus de crédit. La thèse communiste d'une guerre impérialiste fomentée par le capital financier pour régler, par les armes, des conflits d'intérêts bancaires ou industriels, apportait de nouvelles explications séduisantes par leur simplicité et leur apparente rigueur.

Tous les pacifistes les véhiculaient en les déformant plus ou moins. La théorie des marchands de canons fauteurs de guerre acquit une popularité considérable. Ce canular immense inspire encore aujourd'hui la politique. Il avait une résonance particulière en Lorraine, terre d'industrie lourde où la famille de Wendel possédait en 1914 des usines des deux côtés de la frontière.

Ainsi tout se liguait pour déconsidérer, pêle-mêle, le patriotisme, la société et la religion. Je n'apercevais pas de règle morale qui ne fût tournée par l'hypocrisie ou par l'argent, par la force ou par le mensonge. En m'éveillant à la vie sexuelle je constatais que les mœurs austères des bourgeois lorrains et l'interdit que prononçait l'Église à l'encontre du sexe n'étaient que des formes particulières d'oppression, les moins justifiables d'ailleurs. A cet égard la liberté de mœurs qui régnait dans la classe ouvrière me paraissait être une manière de vivre plus en rapport avec le temps que la pudibonderie de mon milieu social.

Tout m'incitait à penser que la vraie liberté était à conquérir. Or, l'histoire enseignée au lycée apprend que la liberté se conquiert par la force. La période que j'aimais le plus, dans l'Histoire de France, était celle de la Révolution de 1789. Qui, d'ailleurs, n'a pas été passionné par Mirabeau, Danton, Saint-Just et Robespierre? En ce temps-là, les événements allaient vite, la société se transformait à vue d'œil, devenait plus juste, disaient les livres d'histoire. J'éprouvais une attirance particulière pour les attitudes ou les discours qui renversent les situations, pour les actions violentes et libératrices, le courage des représentants en mission à Fleurus et à Jemmapes, l'héroïsme des bleus. Or, la Révolution et les coups d'Etat grondaient à nos portes, en Italie, en Allemagne, en Europe Centrale, dans les Pays baltes. Dans d'autres circonstances, j'aurais sans doute été séduit par le métier des armes, mais la défense de la patrie était, en 1923, une expression dénuée de sens. L'occupation de la Ruhr ressemblait à un brigandage, les opérations coloniales de Syrie, d'Indochine ou du Maroc ruinaient l'image d'une France apportant la paix, la civilisation et la liberté aux indigènes. Le repoussoir le plus violent au nationalisme traditionnel, c'était *L'Action française*, dont l'influence sur les jeunes gens de la petite et moyenne bourgeoisie, royalistes ou non, et sur les futurs officiers, croissait en proportion de la confusion mentale des dirigeants politiques français et de leur impuissance à gouverner autrement qu'au jour le jour. Je jugeais haineux et stupides les articles de Maurras. Que ce personnage bête et borné ait pu donner à des milliers de jeunes Français l'illusion d'une idéologie et d'une morale me paraît encore aujourd'hui témoigner contre la compréhension d'un texte par la lecture. Léon Daudet parfois drôle, souvent ignoble, avait le style d'un autre âge.

L'essor industriel des années de reconstruction profitait à une partie des adultes, mais il ne faisait que rendre plus sensible à la jeunesse intellectuelle l'écart existant entre l'énergie potentielle d'une nation comme la France, l'esprit conservateur de ses élites et l'incohérence croissante de sa direction politique. En dépit de mes sympathies pour les idées socialistes et de l'attrait grandissant qu'exerçait sur moi l'action révolutionnaire, je ne réagissais pas autrement que mes condisciples de droite devant la médiocrité des ambitions et des résultats. Nous avions les uns et les autres envie d'être fiers de notre pays comme nous l'avions été en 1918; or, on ne nous proposait que des crises ministérielles. Les lycéens de droite peuplaient les classes de préparation à Saint-Cyr qui recevaient surtout les garçons que nous jugions les plus bêtes, ceux qui ne pouvaient réussir ni dans les lettres ni dans les sciences. S'y ajoutaient les fils de familles produisant des officiers par tradition. Pour tous, entrer à Saint-Cyr, c'était se donner à l'obéissance, à la discipline, au devoir, mais ce n'était pas apprendre à faire la guerre pour la gagner. Aucune conversation n'était possible avec les cyrards ou les futurs cyrards sur la tactique ou la stratégie: on leur enseignerait tout cela plus tard, peut-être même ne sauraient-ils jamais comment on dirige une bataille. Leur affaire à eux, c'était de se battre. Mais avec qui, mon Dieu? Où était l'ennemi, en 1923? Qui menaçait la France? Le destin de l'armée française était-il d'aller faire le gendarme en Cilicie, de se livrer sur le Rhin à des démonstrations maladroites et sans doute inutiles, d'employer des canons et des mitrailleuses contre des Syriens ou des Marocains armés de fusils de rebut par des trafiquants?

La dégradation du franc, les lois sur les loyers frappaient les petits possédants. Ceux-ci en rendirent responsables les gauches à partir de 1925, lorsque radicaux et socialistes se montrèrent incapables d'avoir une politique financière réaliste. En 1922 et 1923 c'est la droite qui faisait preuve, en cette matière, d'incapacité et de maladresse. La France était sur le Rhin. L'Allemagne semblait être au bord de la révolution. Rien donc n'était de nature à renforcer l'influence du nationalisme agressif ou des adversaires de la démocratie. *L'Action française* était en perte de vitesse. Le succès de la marche sur Rome et l'arrivée au pouvoir de Mussolini ne firent d'abord aucun effet sur mes camarades. Mais deux ou trois ans plus tard, la reprise en main de l'Italie par les fascistes, l'affirmation nouvelle d'une ambition italienne et la publicité faite à des succès secondaires, tels que le respect des horaires par les chemins de fer italiens, trouvèrent un écho de plus en plus sonore chez les lycéens et les étudiants. Cet effet atteignit un maximum lors des incidents universitaires de 1925, qui montraient l'incapacité administrative du cartel des gauches. *L'Action française* y puisait une nouvelle jeunesse en prenant ouvertement des positions profascistes. Je ne pense pas que ceux de mes camarades qui se montrèrent sensibles aux arguments de Maurras et au prestige de Mussolini adoptèrent, en connaissance de cause, un parti réactionnaire. Je ne le pensais pas non plus en 1925. Ils voulaient un Etat autoritaire, actif, qui ferait de grandes choses. Quand j'essayais de leur montrer que la droite ne valait pas mieux que la gauche et que l'ordre créateur qu'ils souhaitaient instaurer ne pourrait s'établir que sur les ruines des constructions sociales et politiques désuètes qu'il faudrait détruire (ce que Mussolini n'avait pas fait), ils me répondaient que si les socialistes accédaient au pouvoir, ce serait le règne des bavards et des rêveurs. L'extrême gauche n'avait pas d'hommes à qui faire confiance: Lénine et Trotski étaient sans doute de sanglants terroristes mais des hommes à poigne. La France, elle, n'avait pas de révolutionnaires, mais des politiciens malhonnêtes. J'étais frappé du peu de cas que faisaient mes interlocuteurs du maintien ou de la suppression des libertés fondamentales: celles de la presse, de réunion et d'association. Ils n'en avaient pas besoin et, le cas échant, les échangeraient volontiers contre l'autorité. Bien qu'en 1925, devenu communiste, je fusse partisan de la dictature du prolétariat et de la suppression des libertés pour mes adversaires, cette facilité avec laquelle des étudiants étaient prêts à renoncer à toutes les conquêtes de la démocratie me gênait. Le mussolinisme déclaré de *L'Action française* me troublait tout autant. L'expansion italienne ne pouvait se faire qu'au détriment de la France, en Afrique ou ailleurs. Le jeu du fascisme était, en 1925, moins clair qu'il ne le fut dix ans plus tard lorsque les fascistes revendiquèrent publiquement Nice, la Savoie et la Tunisie, mais personne ne pouvait s'y méprendre. Or, au sein du nationalisme intégral, se dessinait le vieux défaitisme des émigrés de 1792. En somme Maurras et ses amis voulaient moins assurer la grandeur et la prospérité de la France que changer son aspect politique même au prix de son amoindrissement! Ce n'était donc pas le nationalisme qui menait l'idéologie maurrassienne mais la défense de l'ordre social. Cette conclusion renforça mes convictions marxistes: la lutte des classes, qui engendre la solidarité internationale des amis ou des ennemis, était bien, de toute évidence, le moteur de l'histoire!

C'est en découvrant la lutte des classes que j'étais devenu marxiste. Je cherchais à fonder mon socialisme intuitif et ma volonté révolutionnaire sur une doctrine qui expliquât celle-ci par celui-là. J'avais lu, pêle-mêle et vite, Saint-Simon, Victor Considérant, Fourier et Proud'hon. Les uns et les autres voulaient une répartition différente des richesses et des droits, mais aucun n'était à mon idée vraiment révolutionnaire. Saint-Simon m'ennuyait; je trouvais Fourier drôle mais délirant; Proud'hon était le plus proche de ce que je cherchais. En 1923, feuilletant *L'Histoire de France* de Mallet-Isaac, classe de mathématiques élémentaires, je tombai sur la petite notice consacrée à Marx. Marx, écrivent les auteurs, explique toute l'histoire de l'humanité par la lutte des classes. Mais c'était évident ! Enfin toutes ces guerres dont les professeurs m'avaient fatigué les oreilles prenaient un sens, devenaient des entreprises rationnelles dans un monde pourvu d'une structure logique. Je me précipitai à la bibliothèque de la ville où je trouvais les premiers tomes du *Capital* dans la traduction Deville. Le concept de la plus-value et de son appropriation par les capitalistes me parut aussi lumineux que celui de la lutte des classes. Le socialisme scientifique méritait bien son nom. La lecture du *Manifeste communiste*, celle des pages les plus significatives de l'*Anti-Dühring* de Frédéric Engels, publiées dans la brochure célèbre *Socialisme utopique et socialisme scientifique*, achevèrent ma conversion.

Ainsi la révolution sociale s'inscrivait inéluctablement dans le devenir du monde moderne. Une sorte de déterminisme annexait toutes mes tendances et les ordonnait dans un système cohérent représentant de surcroît la conscience la plus haute que l'homme pût avoir de son destin. Depuis quelque temps déjà, j'achetais régulièrement *L'Humanité*. Tous les marchands de journaux ne la vendaient pas. J'en fis retenir pour moi, chaque jour, un exemplaire chez un buraliste de la rue des Carmes, près du lycée. Je passais le prendre à midi. La receveuse buraliste était, ce qui ne gâtait rien, jolie femme. En 1924, la mort de Lénine m'avait bouleversé. Au moment des élections je pris une carte de sympathisant au parti communiste. En 1926, j'organisai ma première manifestation politique. Les étudiants de *L'Action française* avaient fait des monômes dans les rues en conspuant le cartel des gauches alors au pouvoir et le malheureux professeur à la Sorbonne qui n'était pas des leurs : Georges Scelle. Ici et là des ouvriers sifflaient les manifestants. Je convainquis un petit groupe d'ouvriers de me suivre et je pris la tête du cortège qui grossit peu à peu. Je parcourus les principales rues de Nancy. Quelques étudiants nous avaient rejoints. De temps à autre j'arrêtais le cortège et je prononçais une harangue dans laquelle j'avais soin de paraître soutenir les efforts du gouvernement du cartel afin d'obliger la police à me laisser faire. Nous essayâmes en vain d'intercepter les Camelots du Roy. La manifestation prit fin devant le commissariat central de police où je réclamai, il me semble, la libération d'un ouvrier qui avait été arrêté pendant la manifestation de droite. J'en étais à ma dernière harangue, appuyé au grand vantail du poste des pompiers, lorsqu'un petit homme écarta mes auditeurs et fonça littéralement sur moi, en proie à la plus grande fureur. C'était Charles Sadoul, le père de Georges. « Ah ! vous êtes satisfait de ce que vous faites, me dit-il, blême de colère. Vous excitez des Français contre d'autres Français sans penser que les Allemands vous regardent. » Il tendait sa main vers l'est : « Les Allemands, vous entendez bien, les Allemands, mais ils vous applaudissent et ils se moquent de vous. Je vous interdis désormais de mettre les pieds chez moi. » Mes auditeurs et moi-même nous étions interloqués par cette sortie démente (nous étions en 1926 !). Je pris garde à ce que Charles Sadoul ne fût pas maltraité par les manifestants qui avaient peu goûté cette diatribe. A partir de ce jour-là, la porte de la maison des Sadoul me fut interdite. Puis, sur les insistances de Georges, on autorisa la vieille bonne à m'ouvrir, mais il était défendu de me faire entrer ailleurs que dans la chambre de Georges, au premier étage, après un dédale d'escaliers et de couloirs. Si d'aventure je rencontrais quelqu'un de la maison, on me tournait le dos avec affectation, sans préjudice des exclamations désagréables. A Raon-l'Etape c'était pis. On me faisait attendre dans le jardin et il me fallait combiner ma venue avec la sieste du conseiller général des Vosges de peur qu'il ne me vît !

Beaucoup plus tard, la famille Sadoul admit que son fils Georges fît carrière dans le parti communiste. La bourgeoisie française était devenue tolérante.

Le succès de la contre-manifestation que j'avais organisée m'incita à fonder une *Alliance des étudiants antifascistes*. Je rédigeai un tract que je fis imprimer à la Maison des syndicats, je le distribuai avec un ou deux copains dans toutes les facultés ; il n'y avait pas dix étudiants dans mon *Alliance* et nous eûmes du mal à payer l'impression du tract. J'eus une altercation dans la rue avec un Camelot du Roy, qui me frappa de sa canne, mollement d'ailleurs. Les lycéens de droite trouvèrent que j'avais joué le jeu et que je ne m'en étais pas mal tiré. Les syndicalistes de la Maison du Peuple me tinrent pour un des leurs. Jeune adhérent au parti communiste, je devins secrétaire de ma cellule : des ouvriers communistes avaient participé à la manifestation et ils disaient que j'avais fait ce que les organisations du parti avaient manqué.

La meilleure illustration de ce qui précède sera le texte du rapport de police n° 249 me concernant établi pour l'information du préfet de Meurthe-et-Moselle et du ministre de l'Intérieur, le 8 avril 1927, par le commissaire spécial Daru. Je le reproduis in extenso :

N° 249
A/S du Né.

THIRION André, dit
« MARTIN Raymond »
militant communiste

J'ai l'honneur de vous faire connaître qu'au cours de la surveillance exercée sur les groupements extrémistes l'attention de mon service a été appelée sur le nommé MARTIN (Raymond), nom pris par le sieur THIRION André, propagandiste communiste, de nationalité française, né le 18.4.1907, à Baccarat (Meurthe-et-Moselle), fils de Louis, Marie, Joseph, professeur au conservatoire de musique de Nancy et de feue Jeanne, Marie, SAINTE-LAUDY.

Il est domicilié chez son père, 5, rue Girardot, à Nancy et il a une sœur, prénommée Andrée, Françoise, née le 7.4.1910, à Baccarat, élève au Conservatoire de musique.

THIRION André a fait ses études primaires à Baccarat jusqu'en mai 1919, époque à laquelle sa famille vint habiter Nancy. C'est alors qu'il entra au lycée

LE MIRAGE DE LA RÉVOLUTION

Henri-Poincaré, où il fit ses humanités et passa avec succès la première partie du baccalauréat en 1923, puis la deuxième partie en 1924.

Il fit en outre deux années de mathématiques spéciales et se présenta à l'Ecole des mines et à Polytechnique, mais il échoua aux concours.

Il quitta le lycée en juillet 1926 après avoir fourni un travail médiocre pendant les dernières années, s'occupant de tout autre chose que de ses études.

THIRION André se fit inscrire comme étudiant pour l'année scolaire 1926-1927, à la faculté des sciences (mathématiques générales) mais, depuis quelque temps, il semble se désintéresser des cours.

Le susnommé s'occuperait en effet plutôt de politique révolutionnaire et il est secrétaire du Rayon communiste de Nancy, qu'il dirige avec beaucoup d'activité, sous le pseudonyme de « MARTIN Raymond », réunissant, en comité privé, les militants dans les agglomérations ouvrières pour leur donner des directives, en vue de la création de cellules dans les établissements industriels.

Sous ce pseudonyme également, il écrit des articles subversifs dans le journal La Lorraine ouvrière et paysanne, *organe communiste de la région, et a pris la parole dans les réunions organisées par ce parti, notamment à Neuves-Maisons, le 20 mars dernier, au sujet de l'appel des réservistes de la classe 1920, où il se fit remarquer par son discours antimilitariste.*
(V. Rapp. n° 197 du 21.3.1927).

De la classe 1927, il a été ajourné pour faiblesse générale par le Conseil de révision de Nancy.

Intelligent, propagandiste ardent, THIRION André, dit « MARTIN Raymond », doit être considéré comme particulièrement dangereux pour l'ordre intérieur.

Ci-joint, sa notice individuelle.

Le Commissaire spécial

G. Daru

Transmis à:
PREFET Nancy
INTERIEUR C..

Il est assez piquant de rapprocher ce texte, très objectif, des phrases suivantes extraites de *Mémoires* publiés après la mort de Charles Sadoul, le père de Georges:

« *L'odieux Thirion, son ami intime, a fini par dominer la nature faible de Georges. Mon seul espoir est qu'il délaisse les doctrines communistes comme il a délaissé les autres. Elles ne peuvent séduire que les imbéciles et les ambitieux. Or il n'est ni l'un ni l'autre et c'est un rude coup pour moi...* »

En fait, la conversion de Georges Sadoul aux doctrines communistes devait plus à l'emprise intellectuelle d'Aragon et de Breton qu'à mon exemple. L'influence d'Aragon fut la plus forte à partir de 1930 et s'exerça jusqu'à la mort de Sadoul.

Chapitre VIII

La rue du Château en 1927

L'année scolaire 1927 s'achevait mal, du moins pour moi. Les deux précédentes, dans la classe de mathématiques spéciales, avaient été déplorables. Louis Longchambon, alors professeur à la Faculté des Sciences de Nancy, m'avait persuadé aisément que je n'étais pas fait pour l'Ecole Polytechnique mais en ajoutant que l'Ecole Normale Supérieure m'attendait, il m'avait quelque peu surpris. A son avis je devais me présenter au concours dans la section de sciences naturelles, peu demandée. A cet effet, je m'étais inscrit au S.P.C.N. et à mathématiques générales. Le premier trimestre avait été honorable ; ensuite j'avais déserté les cours. Des échecs en juillet et en octobre avaient sanctionné mon outrecuidance.

Les causes étaient multiples. Certes, la rencontre de l'éblouissante Katia — la passion de mes vingt ans — sur les bancs du fatidique S.P.C.N. pouvait expliquer que beaucoup d'heures destinées aux études avaient été prises par l'amour. Katia habitait dans une maison du XVIIe siècle, rue Saint-Nicolas, et ses logeurs s'appelaient M. et Mme de Merveilleux. Elle apportait le mystère et le charme de l'Est à un garçon prêt à les recevoir comme un message puisque j'étais membre du parti communiste depuis deux ans et secrétaire du rayon de Nancy. Ces responsabilités constituaient à elles seules une motivation puissante de ma désertion scolaire car elles s'accompagnaient d'une grande soif de marxisme et de léninisme. Mais il y avait encore une autre sollicitation, très puissante, le surréalisme et mes activités « d'animateur culturel » au comité *Nancy-Paris*. Rien de tout cela n'était compatible avec l'étude des mathématiques et des sciences naturelles.

D'ailleurs, mon parti était pris. Je quitterais Nancy en novembre 1927, définitivement, pour Paris. J'emmènerais avec moi la jolie Katia. Je m'inscrirais à la Sorbonne, mais aucune étude ne m'intéressait car je voulais devenir un révolutionnaire professionnel. Le mythe de la révolution m'avait pris tout entier ; j'entendais être en place pour porter les derniers coups au capitalisme pourri, décadent, bientôt submergé par l'insurrection ouvrière.

Mon père, solitaire et libéral, étranger à toute préoccupation politique, vivait au milieu de ses livres, de ses tableaux et de ses partitions musicales. Il ne quittait son appartement de la rue Girardet que pour aller faire ses cours au Conservatoire ou entendre un concert. Je n'avais eu aucun mal à prendre contact avec la littérature de mon temps : Apollinaire, Rimbaud, Lautréamont, tous les symbolistes, étaient dans la bibliothèque paternelle les voisins de Stendhal, de Balzac, d'Edgar Poe et de Shakespeare. Ce qui était accroché aux murs était signé de Bonnard, Vuillard, K.X. Roussel, Matisse, Odilon Redon, Picasso et Signac. Que pensait mon père de ce fils indiscipliné, turbulent et violent ? Je devais faire peur. Il accepta sans discussion l'idée de mon départ. Il m'accorda une pension mensuelle de cinq cents francs qu'il allait bientôt réduire et même supprimer. Mais mon affaire avait été combinée avec Georges Sadoul à l'époque employé chez Gallimard. Sadoul m'avait trouvé une place de lecteur chez Mme Jeanne Tachard, directrice propriétaire de la maison de modes Suzanne Talbot. Je succédais dans cette fonction à Aragon, à Breton, à quelques autres. J'en devais recevoir quatre cents francs par mois pour une séance hebdomadaire de lecture et éventuellement quelques sorties culturelles. Katia disposait pour elle-même de quoi vivre ; il n'y avait plus qu'à prendre le train.

En novembre 1927, Sadoul, Katia et moi nous habitions Vanves, au Studio Hôtel. Mes inscriptions prises à la Sorbonne où je n'allais pratiquement jamais, je m'étais entièrement consacré au parti. J'étais alors un des dirigeants du 5e Rayon qui englobait la moitié de la banlieue sud ; l'autre moitié, le 4e Rayon, était le fief de Maurice Thorez. Georges Sadoul avait rejoint le groupe surréaliste ; nous avions d'ailleurs décidé ensemble, vers 1925, qu'il fallait qu'il en fût ainsi. Pour ma part j'étais devenu moins empressé, parce que j'avais décidé de vouer ma vie à l'action politique.

En 1926 j'étais rédacteur à l'hebdomadaire communiste de Nancy, *La Lorraine ouvrière et paysanne* sous plusieurs pseudonymes. J'y publiai un roman, en feuilleton, dont le titre est très évocateur du contenu : *La Messe noire*. J'y sacrifiais à tous les rites : l'amour, la violence, la révolte, l'anticléricalisme, le sacrilège, les destinées malheureuses, les enlèvements, les apparitions, les coïncidences, etc. Mais un an plus tard je m'étais éloigné de la création artistique comme de toute inquiétude intellectuelle. Je ne vivais que pour l'action. Je voulais m'intégrer à la vie de la classe ouvrière. Les problèmes de tactique immédiate, d'organisation du parti ou des syndicats me paraissaient être les seuls sujets dignes de mon application, avec l'approfondissement de la doctrine marxiste léniniste. Aussi étrange que cela puisse paraître, tout cela me séparait chaque jour un peu plus de Sadoul qui, lui, n'était pas loin d'être trotskiste. N'étaient-ce notre vieille amitié, la découverte de Paris, une curiosité maintenue pour tout ce qui touchait les surréalistes, une volonté évidente d'apostolat, les servitudes de la cohabitation, nous eussions été brouillés avant les vacances de 1928. Je m'étais toutefois présenté au café dès mon arrivée à Paris. Deux fois par jour, autour d'André Breton, le surréalisme tenait ses assises au *Cyrano*, puis au *Radio*, place Blanche, devant une quantité d'apéritifs. J'y retournai quatre ou cinq fois. Je fis plusieurs visites à la *Galerie surréaliste*, rue Jacques Callot, à l'occasion notamment de l'extraordinaire exposition Chirico de mars 1928. J'y nouai avec Péret une amitié très solide.

Sadoul dînait souvent à Montmartre avec Breton et quelques autres après le *Cyrano* quotidien. Sur le chemin de Vanves, la rue du Château était une étape naturelle. Sadoul parlait avec enthousiasme de cet endroit étrange où l'on vivait la nuit et qui prenait figure d'une sorte de deuxième centre surréaliste, où l'on rencontrait aussi des gens qui ne fréquentaient guère *Cyrano*.

Vers 1900, un petit pavillon chétif avait été construit au 54 de la rue du Château, en face de la rue Bourgeois, un peu en retrait du trottoir dont il était séparé par une murette et une grille de fer. Le rez-de-chaussée était vitré sur la rue à la manière des ateliers de serrurerie que l'on rencontre encore dans les faubourgs. Il se composait d'une pièce principale, assez profonde, et d'une petite cour butant sur un grand mur d'usine. La construction avait un étage, à façade de brique, avec un effet d'enduit inspiré des chaînages Louis XIII. Devenue maison de chiffonniers, elle avait été laissée à l'abandon peu après la fin de la Première Guerre mondiale.

Le quartier était triste, prolétarien et peu salubre ; il renfermait quelques vestiges de campagne plus inquiétants qu'agrestes. Edifié à la limite des anciens villages de Montrouge et de Vaugirard il avait pris, par dérision sans doute, le nom de Plaisance, car ses rues étaient obscures et resserrées, et il recelait pas mal d'impasses, de ruelles sales et d'hôtels borgnes. A quelques pas de la maison, la rue du Château enjambait le chemin de fer de l'Ouest à l'aide d'un pont sinistre débouchant par une rampe sur le boulevard Pasteur, dans un décor de crime.

Au bout de la rue Bourgeois, la rue du Moulin-de-Beurre, bordée de pavillons décrépis entourés de jardins minables, joignait en oblique l'affligeante rue Vercingétorix à la désolante rue Vandamme. La rue du Château était le point de passage obligé, en caravane, de voitures de laitiers, à traction animale, bringuebalant d'énormes pots vides sur les pavés très inégaux. Les caravanes venaient de l'avenue du Maine et allaient à la gare des marchandises de l'Ouest, de l'autre côté du pont. Leur tintamarre indiquait l'approche de l'aube ou le passage du premier métro.

En 1924, la rue du Château séduisit quelques jeunes hommes qui pensaient surtout au cinéma ; Marcel Duhamel, Jacques Prévert, Yves Tanguy. Marcel Duhamel avait un peu d'argent. Il loua pour quatre mille francs par an le pavillon abandonné. La maison fut reprise de fond en comble. La cour fut ouverte et transformée en pièce d'habitation prenant jour par deux vasistas percés dans le toit. L'eau courante fut distribuée partout et on mit en place une installation électrique prodigieuse.

La porte de la rue ouvrait sur la pièce principale. A droite de l'entrée, un petit édicule pris sur la courette abritait les W.-C. ; la lucarne, à hauteur d'homme, était très commode lorsqu'on avait oublié la clef de la maison.

Tanguy avait décoré le pavillon avec le dessein de surprendre et de troubler. Il avait donné à la porte d'entrée le caractère ambigu que ces ouvertures prennent souvent dans les rêves où le dehors et le dedans s'embrouillent. Après avoir franchi le seuil de la maison, le visiteur se trouvait nez à nez avec un escalier de sept marches conduisant à une autre maison, et s'il faisait un pas de plus, une glace en trapèze, inspirée par les décors du film *Le Cabinet du docteur Caligari*, à huit mètres, lui renvoyait sa propre image. Il se voyait alors dans une sorte de cour de théâtre meublée comme un jardinet. A sa droite, le long du mur latéral, une maisonnette, la loggia, construite sur pilotis, ouvrait très au-dessus de sa tête deux fenêtres à petits carreaux. Benjamin Péret vécut plusieurs mois dans la loggia. Sadoul y aménagea son bureau.

Le mobilier de cette cour de fantaisie se composait de deux coffres, sur lesquels on pouvait s'asseoir, d'une table de bois rectangulaire et massive, à pieds carrés, pour les repas (on rangeait sous la table les deux bancs étroits affectés aux convives), de fauteuils en rotin (un droit, un autre à bascule), d'une table pliante en fer et d'une desserte à roulettes, pour les boissons. Tout ce mobilier était peint en vert, de la couleur des bancs publics. Une étagère haute et de peu de largeur contenant des livres, des objets et un aquarium, se dressait contre le mur, en face de la loggia, entre la table et l'un des coffres, sur une sorte de bahut. On rangeait dans ce bahut la collection des disques. Sa tablette supportait le plateau d'un phonographe abominable mais ingénieux où les disques étaient entraînés par le frottement d'une roulette en caoutchouc actionnée par un moteur d'essuie-glaces.

Le sol était recouvert d'un linoléum chiné, presque noir. Les murs étaient tendus de toile d'emballage bis, bordée par des baguettes de bois peint en vert; cette bordure suivait un tracé anguleux rappelant celui de la grande glace du fond. Le dessous de la loggia, entre les pilotis, formait un réduit dans lequel on ne pouvait pas se tenir debout, mais qui prolongeait agréablement la pièce. Il était entièrement tapissé d'un beau collage d'affiches de cinéma. Quatre matelas de cuir noir, posés à même le sol, y attendaient les visiteurs fatigués ou les jolies filles. On pensait aussi à une fumerie d'opium, mais la graine de pavot n'avait brûlé que très occasionnellement rue du Château, si tant est qu'elle y eût jamais pénétré. Un immense rideau vert et bis, à dessins cubistes, pouvait masquer la verrière. Au fond de cette grande pièce, un escalier raide, à rampe de bois, menait à l'étage ; en face de l'escalier une cuisine placard recelait le réchaud à gaz, l'évier, le garde-manger et la vaisselle.

Les trois chambres à coucher donnaient une impression de confort et d'intimité non ressentie dans la pièce à la fois banale, factice et insolite que je viens de décrire. Une épaisse moquette beige recouvrait les planches, étouffant les bruits et suggérant un déshabillé confortable. Chacune des chambres possédait un lit très large, un lavabo avec l'eau courante, un paravent, une armoire et de petites tables en sapin passé au brou de noix. Les murs avaient été enduits d'un mortier, à gros grains, de couleur crème, qui encadrait des papiers peints de Jean Lurçat collés suivant une large bande oblique d'un tracé irrégulier. Ces tentures étaient très gaies et faisaient un grand effet, de même que les paravents aux feuilles couvertes d'un assemblage sophistiqué de lettres, de portraits et de phrases découpées dans des affiches de cinéma. Les trois chambres s'éclairaient par des appliques et des lampes de chevet en albâtre, fort belles, dues à Pierre Charreau. La chambre du rez-de-chaussée, l'ancienne cour, plus simple que les deux autres, était tapissée de toile d'emballage bis. Une figure d'ancêtre à revêtement de cuivre, en provenance du Gabon, constituait son unique décor.

Toutes les portes étaient ornées de plaques indicatrices: *Société Minière des Iles Féroé* sur la porte du placard de la cuisine, *Présidence du Conseil, Secrétariat Général, Direction Générale* sur les portes des chambres à coucher. Enfin un grand calicot, premier trophée d'expéditions qui devaient se multiplier, annonçait: *Tous les samedis, poule au gibier.*

L'objet le plus extraordinaire était une sorte de tabernacle habillé de fourrure rayée, piquetée d'une ligne verticale d'yeux en verre ; ce tabernacle supportait une tête en fourrure, de la grosseur d'une tête humaine qui avait des yeux de verre, un nez de cuir et de vraies dents, peut-être une vraie tête d'homme momifiée et recouverte de fourrure. De chaque côté du tabernacle s'accrochait un bras de lumière en bronze doré, de style Louis XV. Ce meuble inquiétant venait, je crois, du Marché aux puces. La page de couverture du numéro de *Variétés: Le Surréalisme en 1929* en reproduit l'image. Sadoul le mit à une place d'honneur, sous la loggia.

Dans la grande pièce, très haute de plafond, une maîtresse poutre médiane portait une herse électrique dont la consommation devait par la suite nous inquiéter au point de la faire commander par un interrupteur partiel. La nuit, quand on avait tiré le rideau cubiste, on était à cent lieues du quartier de Plaisance.

En décembre 1927 la rue du Château était habitée par Jacques Prévert et Simone, Yves Tanguy et Jeannette, à un degré moindre par Marcel Duhamel et la ravissante Gazelle, et par des hôtes de passage. On y rencontrait Roland Tual, Raymond Queneau, Max Morise, André Masson, Michel Leiris, Marcel Noll, Malkine, Jacques Baron, Pierre Unik, Pierre Prévert, Péret et Desnos. Ma première visite fit une impression profonde sur le provincial que j'étais.

On frappait à la porte, on entrait, on buvait, on sortait avec des mines mystérieuses et graves. On avait l'air d'aller vers des rendez-vous secrets, de quitter d'étranges et inquiétants personnages. On était porteur de nouvelles qui arrêtaient la conversation, provoquaient le rire caverneux et sarcastique de Queneau, suscitaient des jugements péremptoires. Il y avait aussi un peu de tout cela au *Cyrano*; mais hors de la présence de Breton, tout en conservant certains tics dans la manière de parler et l'habitude d'être constamment en garde, chacun était plus vrai, plus personnel, moins tendu. Ce monde, un peu plus âgé que moi, me paraissait élégant, désinvolte, sûr de soi. Les tissus anglais, le choix des cravates, l'aisance des jeunes femmes contrastaient avec la tristesse des vêtements portés en province et la gaucherie de mes petites camarades. La familiarité n'excluait pas une certaine réserve. Les propos étaient crus mais jamais grossiers ni équivoques. L'ivresse n'était pas rigolarde, larmoyante ou exhibitionniste mais violente ou tragique. Marcel Duhamel, auquel je trouvais un air de ressemblance avec le prince de Galles, incarnait à mes yeux, dans les vêtements et le maintien, un idéal anglo-saxon d'élégance que j'avais souvent évoqué comme exorcisme au spectacle lorrain des adolescents en jambières, des curés à béret basque et des artistes à lavallière. Max Morise, Roland Tual et Michel Leiris semblaient eux aussi venir tout droit du séduisant monde international suscité dans mon imagination par la lecture de Paul Morand et de Valéry Larbaud. Mais la personnalité la plus extraordinaire du groupe était celle de Jacques Prévert dont l'aspect extérieur était sensiblement plus parisien que celui de la plupart de ses amis.

Je ne sais pas ce que l'avenir fera de l'œuvre écrite de Prévert. Ses livres ont connu un succès prodigieux au lendemain de la Seconde Guerre mondiale. La jeunesse le lit-elle encore aujourd'hui? Je l'espère, en tout cas. En rédigeant ce texte j'ouvre au hasard un exemplaire de *Paroles*, la 177e édition, chiffre réservé d'ordinaire à des productions du type Françoise Sagan. Je lis avec le même plaisir qu'il y a vingt-cinq ans: *Un vieillard en or et une montre en deuil — Une reine de peine et un homme d'Angleterre*, etc. Je ne puis douter que ce *Cortège*, en mesure de déplacer pour moi, dès qu'il s'ébranle, les limites du décor, d'en changer la matière et les proportions, ne conserve longtemps son pouvoir de métamorphose, aux dépens de la rue voisine, du contenu du journal du soir ou de la télévision. Cette faculté de transfigurer la réalité la plus banale à l'aide des moyens les plus simples, servie par un regard très aigu sous des paupières lourdes, un à-propos irrésistible, une vivacité confondante, faisait de la conversation de Jacques Prévert, ou plutôt de ses monologues, rue du Château ou à la terrasse d'un café, un spectacle étourdissant dont je ne retrouverai jamais, sans doute, même un équivalent approché. Peut-être était-ce un phénomène nouveau. On a cité abondamment des mots plus ou moins drôles des boulevardiers, ceux de Tristan Bernard, etc. En l'occurrence, il s'agissait d'esprit plutôt que d'humour, et puis on respectait alors presque tout. Pour définir Prévert, il faudrait faire un collage d'Alphonse Allais et de certains aspects de Swift, y introduire un lyrisme parisien dont il se défendait, comme on le pense, en 1927. A un certain degré d'alcoolisation, il devenait encore plus drôle, créant avec un sérieux inimitable — il ne riait jamais — les situations les plus inattendues aux dépens de tout et de tout le monde.

Paraissant vêtu d'un éternel trench-coat — même quand il l'avait quitté — d'un maintien modeste mais assuré, Yves Tanguy était taciturne. Il ne parlait jamais de sa peinture au rebours des contemporains tellement soucieux de nous mettre au courant de leurs « recherches » ou de leurs « expériences ». Il s'excusait presque de peindre et ne prétendait alors à aucun succès. Il ne vendait à peu près rien et distribuait facilement ses dessins et ses toiles aux malins qui les lui demandaient. Il était pauvre, buvait horriblement de la bière et quand il était ivre devenait méchant, en proie à une sorte de volonté d'autodestruction. Prévert prétendait qu'il en avait particulièrement contre les boîtes aux lettres, et qu'à la douzième bouteille de bière il fonçait tête baissée sur ce mobilier postal pour le réduire en miettes.

Pour un observateur superficiel, Yves avait l'air de se mouvoir dans un univers simplifié au sein duquel il distinguait le bien et le mal, les amis et les salauds à l'aide de petits tests enfantins et touchants. Mais cette simplification n'était que le reflet de sa modestie et de son goût pour ce qui était clair. Il fallait y voir l'effet d'un grand discernement, l'horreur du mensonge et des compromis boiteux. Tanguy lisait plus que les autres, s'intéressait à tout et son jugement était très fin. Il décelait vite les comédies et les déguisements employés pour faire figure ou maintenir des quiproquos bénéfiques. Son amitié était fidèle, discrète, bouleversante. Au bout du compte il finit par comprendre que ce qu'il créait était beaucoup plus important que les professions de foi ou les anathèmes et il agit en conséquence.

Des historiographes ont voulu opposer le groupe de la rue du Château, en 1926-1927 à tout ce qui se disait ou se tramait chez Breton, rue Fontaine, ou au café *Cyrano*. Le regrettable pamphlet, *Un cadavre*, signé en 1929 par la plupart des familiers de la rue du Château du temps de Prévert pourrait donner corps à cette idée d'opposition. En réalité il faudrait moins parler de différence de nature que de degrés dans l'évolution des esprits et d'angles de vision particuliers. La prise de conscience, par certains, de leur propre personnalité les conduisit à une sorte de révolte émancipatrice. On a joué, rue du Château, à tous les jeux surréalistes et peut-être y a-t-on fait plus de *Cadavres exquis* qu'ailleurs ; mais l'intérêt véritable se déplaçait vers des moyens d'expression plus populaires. Ainsi naquirent, un peu plus tard, la Série noire, les films des Prévert, *Paroles*, les romans de Queneau. La rue Fontaine était un laboratoire où des apports divers, souvent renouvelés, quand ils ne se volatilisaient pas très vite sans laisser de traces, produisaient des éclairs aveuglants, des orages, des cristallisations étranges et l'un des aspects du génie de Breton était de maintenir autour de soi presque constamment une température de révélation, de ménager épreuves et collisions pour le meilleur et pour le pire. Toutefois la personnalité dominatrice de Breton, son intransigeance, son goût pour les éclats, son penchant pour les rapports humains faits d'allégeance et de fidélité, une orgueilleuse délectation dans les ruptures — traits de caractère dont nous avons eu depuis d'autres exemples illustres — étaient peu favorables au développement autonome des forces dont il suscitait ou favorisait l'éclosion. Dans le milieu de la rue du Château, plus libre, plus ouvert, plus complaisant, les semences jetées par la rue Fontaine levaient et mûrissaient. Ce qui croissait avait besoin de nourritures nouvelles car la maturité et la révolte sont peu compatibles avec l'ensemencement permanent.

La rue du Château et la rue Fontaine avaient la même horreur pour les débordements de la bohème artistique qui les environnait l'une et l'autre. L'usage de la drogue, l'homosexualité étaient l'objet de réprobation et les deux ou trois exceptions tolérées (Malkine et Crevel par exemple) s'expliquaient par l'honnêteté foncière et les qualités humaines des intéressés. Le libertinage était mal vu, la grivoiserie proscrite. La règle d'or, c'était l'amour-passion, et de préférence fatal, entre deux individus de sexe opposé. Dans la mesure où l'amour-passion était exalté comme le bien suprême, l'amour unique s'imposait comme idéal car pouvait-on aimer deux fois ? Le contraire n'ouvrait-il pas la porte au libertinage avec les complaisances que de tels exercices entraînent pour soi et pour les autres ? Ce manque total de réalisme avait des conséquences implacables ; il était scandaleux de convoiter la femme du voisin si cette femme était aimée. La femme aimée devenait un objet de vénération. On pouvait se suicider par amour et peut-être même trahir par amour la Révolution. L'état d'amour produisait un élan de solidarité et d'affection envers celui qui en était la proie. Les aventures, toujours suspectes, ne pouvaient être considérées que si elles s'entouraient de circonstances singulières, parfois inventées de toutes pièces par ceux qui voulaient faire excuser leurs passades. Toutefois la prostitution des femmes n'était pas condamnée et les bordels avaient des défenseurs avoués : Aragon, Eluard et même Breton. Ces règles étroites et quelque peu contradictoires ont été souvent brisées par la force de la vie, mais à tout prendre, la plupart des surréalistes devaient, en gros, leur rester fidèles.

La rigueur morale de la rue Fontaine, qui allait se durcissant, tendait à préserver la disponibilité de chacun et la pureté de l'ensemble. Presque tous les supports matériels étaient condamnés : le travail était méprisé et les activités journalistiques ou para-artistiques étaient assimilées à la trahison. Les fréquentations des uns et des autres étaient épluchées : on ne voyait partout que provocateurs, policiers ou salauds. On avait insulté Max Ernst et Miró parce qu'ils avaient accepté la commande de décors pour des ballets. On reprochait à Artaud d'être acteur, à Vitrac d'écrire des pièces de théâtre et de les faire jouer, privilège qui n'était reconnu qu'à Raymond Roussel, absolument inaccessible. Le surréalisme s'enfermait dans un monde de pauvreté où n'étaient permises que des opérations commerciales épisodiques sur des œuvres d'art admirées et le produit de l'édition de ses propres œuvres, sous la condition qu'acheteurs et éditeurs offrissent des garanties de moralité, et que l'éditeur, par exemple, ne s'avisât pas de publier les œuvres d'auteurs jugés scandaleux ou pour le moins n'en fît pas de réclame au verso d'un livre surréaliste. Cette susceptibilité quelque peu enfantine condamnait à l'avance tout ce que se proposaient de faire des hommes comme Duhamel, Prévert et Queneau.

Rue du Château on était moins sévère, plus objectif, plus éclectique aussi. Il n'est pas certain que l'intransigeance des uns et l'accommodation des autres les aient toujours servis comme ils le méritaient.

Au rebours de la rue Fontaine, la rue du Château n'accordait dans son commerce intellectuel qu'une place restreinte aux arts plastiques encore qu'on y eût contribué plus qu'ailleurs à définir les canons modernes de la Beauté. Pourtant y peignait Yves Tanguy, dont personne à vrai dire ne mesurait alors toute l'importance. Sa présence de barbouilleur (comme il disait) avait peu d'influence sur les propos des familiers de la maison, bien que certains d'entre eux fussent déjà des collectionneurs, parce que Tanguy était surréaliste avant que d'être peintre Les visites de Masson, dont les dessins et les tableaux étaient très admirés, s'expliquaient surtout par la proximité de son atelier. Masson parlait davantage de ses mythes que de sa technique picturale. Man Ray venait aussi en voisin, plus comme photographe, comme cinéaste, comme auteur d'objets étonnants et comme introducteur dans la colonie des Américains à Paris que comme peintre. Les hommes de la rue du Château étaient à bien des égards plus *dans leur temps* que ceux de la rue Fontaine. Le jazz et le cinéma américain, les films d'épouvante, les faits divers et les crimes, la vie quotidienne imbécile, l'insoumission, la poésie mélancolique des machines à sous et l'ennui mortel des faubourgs y ont été assimilés à l'usage des deux générations qui ont suivi. Les films *Quai des brumes* et *Un oiseau rare*, le roman *Loin de Rueil* sont de bons témoignages d'une partie au moins de ce transfert.

Rue Fontaine, la collection personnelle d'André Breton, les Chirico, les Picasso, les Max Ernst, les Duchamp, les Picabia, entre autres, et les objets sauvages d'Océanie, faisaient d'abord penser à un grand musée. Certes, chaque tableau, chaque objet possédait un pouvoir exceptionnel de représentation, voire d'hallucination, qui lui était attaché comme une ombre où qu'il fût placé. Les visiteurs, pour peu qu'ils s'attardassent, ne restaient jamais indemnes. Mais il y avait quelque chose d'intemporel, mieux encore une sorte de *vide* naturel dans cet atelier où l'on entrait par une porte où figuraient en lettres de cuivre la date 1713, le paraphe du Maître de maison. La présence d'êtres humains n'y allait pas de soi. Eventuellement, la rencontre de personnages d'un autre temps n'y eût pas provoqué de surprise. La rue du Château était un décor pour une pièce à jouer sur-le-champ, avec des acteurs qui entraient porteurs de la dernière édition de *Paris-Soir*. L'action se situait obligatoirement aux environs de 1927.

La rue du Château n'était pas non plus tourmentée par les préoccupations métaphysiques et politiques de la rue Fontaine. Pourtant on y était très ouvert à l'influence d'un personnage de grande stature, un vrai solitaire, dont l'œuvre est modelée par une philosophie cohérente: Georges Bataille. Je suis tenté de croire que la place éminente accordée par Bataille à l'érotisme dans la recherche de la connaissance du monde et de soi et dans l'accomplissement d'un destin a exercé sur les moins de trente-cinq ans une influence considérable, mal mesurée par la vente en librairie. En 1927, Georges Bataille publierait avant peu un admirable texte à vendre sous le manteau, *L'Histoire de l'œil*, et c'est surtout sous cet aspect qu'il apparaissait aux jeunes touristes de mon espèce. L'érotisme était hautement considéré rue du Château et rue Fontaine, mais uniquement comme une catégorie intellectuelle et un sujet d'inspiration artistique. Toutefois le ton du divin Marquis eût été déplacé rue du Château alors qu'il résonnait rue Fontaine avec l'ampleur qu'il avait à coup sûr dans les bastilles médiévales. En revanche l'activité du sergent Bertrand, le profanateur des jeunes filles mortes ensevelies au cimetière Montparnasse, ou celle du berger masturbateur de l'Aveyron était l'objet rue du Château d'évocations prodigieuses. Je soupçonne Bataille d'avoir exercé une critique très dure sur l'aspect superficiel des discussions philosophiques de la rue Fontaine et sur les interférences de la magie, de Freud et de Marx.

LA RUE DU CHÂTEAU EN 1927

Ces critiques ont probablement donné une meilleure conscience aux rédacteurs du pamplhet *Un cadavre* en leur fournissant ce que dans le jargon d'extrême gauche on nomme une base idéologique. Mais à part une référence implicite à la pensée et au jugement de Bataille comme antidote à la politisation de la rue Fontaine, c'était l'humour avec lequel on maltraitait le plus gravement rue du Château les bouffées de philosophie qui descendaient de la rue Fontaine. « Que pensez-vous d'Origène ? » me demanda une nuit, à brûle-pourpoint, Pierre Unik. A première vue il s'agissait beaucoup plus de citer un beau nom peu connu que d'engager une discussion sur une curieuse esquisse ancienne du matérialisme. La conversation générale prit d'ailleurs un tour extravagant sous l'impulsion de Prévert. Berkeley exerçait alors une grande fascination sur Breton. L'immatérialisme vu par Prévert et appliqué aux boîtes aux lettres et à la Foire de Paris devint une grandiose histoire de fous dont mon orthodoxie marxiste s'accommodait fort.

La rue du Château avait néanmoins une vocation politique. En 1926, les discussions avec Pierre Naville, après la publication de la brochure *La Révolution et les Intellectuels*, se sont déroulées rue du Château. Ce serait donner une explication amusante que d'écrire que Tanguy, Prévert et Duhamel s'y sentirent pour cela mal à l'aise, et qu'ils furent ainsi conduits à trouver qu'ils étaient à l'étroit. Ils se séparèrent. Dans les premières semaines de 1928, Georges Sadoul reprit le bail de Duhamel et nous nous installâmes aussitôt, Sadoul, Katia et moi, dans les meubles des premiers occupants. Tout était resté en l'état. Marcel Duhamel nous laissait aussi sa merveilleuse collection de disques de jazz rapportée d'Amérique, que les spécialistes s'arracheraient aujourd'hui à prix d'or. J'allais l'augmenter de tous les Armstrong, Trumbauer, Duke Ellington et Sophie Tucker à paraître. Sadoul s'installa dans la chambre du midi, au premier étage, Katia et moi dans la chambre contiguë occupée auparavant par Tanguy et dont la porte s'ornait d'une des premières compositions du peintre : un horizon plein de fumerolles. Sous la moquette de sa chambre, Sadoul découvrit plusieurs cahiers d'écrits prévertiens. Ce fut pour nous une grande surprise. Nous ignorions que Prévert écrivît et nous fûmes peut-être ses premiers lecteurs. Il y avait entre autres une esquisse de roman dont le personnage principal, un oiseau à plumes rentrantes, s'appelait Onoto.

Chapitre IX

Devenir un révolutionnaire professionnel

A Nancy, en 1926, le parti communiste avait élu domicile rue Saint-Nicolas dans une maison étroite et vétuste. L'entrée était une poussiéreuse boutique de libraire où l'on pouvait acheter les premières œuvres de Lénine traduites en français. Derrière la librairie se cachait une mauvaise salle de réunion, aveugle et humide. Au premier étage, après avoir traversé une antichambre à peine éclairée par une fenêtre ouvrant sur une sorte de cheminée, on trouvait le bureau relativement spacieux des permanents. La Gestetner à tirer les tracts et la machine à écrire étaient dans le bureau des permanents. Le secrétaire régional logeait à l'étage supérieur, mais sa cuisine, ou une sorte de laverie, touchait à l'antichambre du premier. En été, la forte épouse de ce fonctionnaire y lavait et repassait, en bavardant avec une copine, médisant beaucoup sur son mari qui la négligeait de plus en plus.

L'appareil de la Région[1] venait d'être accru et renouvelé. Le numéro un était Vuillemin, un ouvrier métallurgiste promu secrétaire régional après un court passage dans une école du parti. Le numéro deux, Perrouault, souffre-douleur de Vuillemin, dirigeait l'Union des Syndicats unitaires. Vuillemin siégeait au Comité central du parti. Un peu plus tard survint un troisième personnage, Fougerolles, un ouvrier du bâtiment, de haute taille, à moustache et pantalon de velours, au verbe sonore, d'origine méridionale, qui parlait italien. On l'avait envoyé à Longwy pour révolutionner et organiser la main-d'œuvre étrangère. Il devait bientôt se vendre au patronat et à la police et je le retrouvai, en décembre 1940, dans d'inquiétantes conditions. Ces trois hommes étaient appointés par le parti avec le salaire d'un ouvrier qualifié.

La « Région de l'Est », produit de la bolchevisation de 1924, avait repris les anciennes fédérations des trois départements lorrains. Ce regroupement administratif matérialisait une idée de technocrates ; l'expérience ne fut pas couronnée de succès et l'on revint, quelques années plus tard, à la structure départementale. En 1926, le département des Vosges avait une certaine autonomie ; le parti y était dirigé par un professeur au lycée d'Epinal, Pierre Laurent, dit Darnar, aujourd'hui directeur du *Dauphiné libéré*. Darnar fut

---

1. On appelait *Région de l'Est* l'organisation communiste des départements lorrains. En argot communiste, la *Région* était synonyme de direction politique de cette circonscription.

révoqué par le gouvernement car, en ce temps-là, la république ne tolérait pas que les membres de l'enseignement prissent une attitude politique trop voyante dans l'exercice de leurs fonctions, surtout quand la propagande ainsi faite était révolutionnaire. Darnar quitta Epinal pour Nancy et prit de plus en plus d'importance au secrétariat régional. Il dirigeait l'hebdomadaire du parti, *La Lorraine ouvrière et paysanne*. Intelligent, actif, ambitieux, il fut condamné à une peine de prison durant la grande répression de 1929-1930. Incarcéré à la maison d'arrêt de Nancy, il y retrouva Maurice Thorez; les deux prisonniers sympathisèrent et Thorez, après sa libération, favorisa l'ascension de Darnar dans l'appareil.

Tous ces hommes étaient jeunes et convaincus, ils prenaient très vite, les ouvriers surtout, des habitudes de bureaucrates. Vuillemin ne manquait pas d'autorité, mais il tenait surtout à sa place. A l'exception de Darnar, les uns et les autres étaient autodidactes, et ils ne savaient pas grand-chose de la doctrine sauf ce qu'en disait *L'Humanité* ou *Les Cahiers du bolchevisme*, le mensuel théorique du parti. Darnar, lui-même, à cette époque plus sensible aux problèmes politiques concrets qu'à l'analyse patiente des causes et à la réflexion sur les textes, n'était pas très versé dans le marxisme.

L'influence du parti sur les « masses » n'était pas grande. Les hasards de la scission de Tours avaient laissé deux mairies aux communistes : Plainfaing dans les Vosges et Chaligny dans le bassin minier de Nancy. Les deux maires affectaient une certaine indépendance à l'égard du secrétariat régional; mais dans l'intérêt du parti, il valait mieux ne pas les brusquer.

Perrouault imposait à ses syndicats la politique sectaire de l'époque. La C.G.T. voisine avait beaucoup plus d'audience que les « unitaires » chez les ouvriers. Les dirigeants de l'Union départementale « réformiste » étaient assez à gauche. Ils étaient très conscients du rôle qu'ils avaient à jouer pour empêcher le prolétariat d'être toujours perdant, alors que les « unitaires » se conduisaient comme des excités irresponsables. Ils n'étaient pas anticommunistes et, dans cette Lorraine massivement conservatrice, l'unité d'action de tous les partisans du progrès leur paraissait relever du simple bon sens, mais les « unitaires » leur cassaient les pieds avec leurs insultes, leurs surenchères systématiques, leur démagogie imposée par Paris. Tout cela n'apportait aux ouvriers que des échecs retentissants, des grèves qui se terminaient mal, une répression patronale plus forte; il va sans dire que tous les avantages obtenus pour les ouvriers par les « réformistes » étaient accueillis par les sarcasmes des « unitaires ». Au fur et à mesure que l'on se rapprochait de la base, la tension entre les deux familles s'amoindrissait parce que l'une et l'autre se confrontaient, à chaque instant, avec le fait brutal de l'usine, mais derrière un bureau, rue Saint-Nicolas, à Nancy, le fait brutal avait l'aspect des consignes du parti.

Une des tâches du secrétariat régional de l'Est était l'action dans l'armée, la création et la conservation des cellules de régiments dans les garnisons métropolitaines et en Rhénanie. Le Komintern suivait de près cette action parce qu'elle constituait un des moyens de mise en place du réseau d'espionnage russe. Le « travail anti[1] » était organisé suivant les méthodes de la lutte clandestine ; la police française et le 2ᵉ Bureau s'attachaient à le connaître et à en démanteler les structures. Les responsables se recrutaient généralement parmi les dirigeants de la Jeunesse communiste ; les qualités déployées pour ce travail valaient un prompt avancement. A cette activité de taupe se liait la propagande plus ouverte menée auprès des réservistes à l'occasion de l'appel pour les périodes. Cette propagande donnait de temps à autre des résultats spectaculaires.

La Région de l'Est comprenait un certain nombre de rayons, dont la compétence administrative pouvait couvrir l'étendue d'un arrondissement. Les réunions de cellules étaient mornes, on y commentait les décisions du parti et les articles de *L'Humanité*, ou la vie quotidienne de l'usine en cause ; elles ne s'animaient que lorsqu'on passait aux tâches pratiques : collage d'affiches, distributions de tracts, petites réunions de sympathisants. A ce moment-là, les auditeurs essayaient de se défiler, sous des prétextes divers. C'étaient toujours les mêmes qui se collaient au boulot. Dans tout le rayon de Nancy je n'avais pas plus de trois ou quatre cellules, avec une trentaine d'adhérents, pour la plupart des ouvriers travaillant dans de petites entreprises.

Les problèmes syndicaux se traitaient d'abord dans les fractions syndicales, réunions de tous les communistes syndiqués au même syndicat, ou même dans les cellules. La plupart des syndiqués « unitaires » étaient communistes ou sympathisants, les fractions étaient la répétition des assemblées générales du syndicat ; les mêmes orateurs traitaient deux fois le même sujet devant les mêmes auditeurs. On employait ainsi beaucoup de temps en parlotes, au détriment de toute action. Comme le parti avait toujours raison, que tout s'expliquait par la trahison des « réformistes » ou la répression patronale, que les analyses ou « autocritiques » ne concernaient que la forme ou les moyens, puisqu'on écartait, de propos délibéré, tous les faits en contradiction avec ce qu'on croyait être la doctrine ou la ligne du parti, que cette outrecuidance permettait d'accepter, d'un cœur léger, tous les échecs, les dirigeants maintenaient un petit nombre d'assidus dans une complaisante euphorie morale. Au fur et à mesure que la ligne politique générale se durcissait, le parti subissait de plus en plus l'événement. Par orgueil ou par aveuglement, il restait généralement passif devant les incidents de l'extérieur, chaque responsable attendant des ordres qui souvent ne venaient pas. En revanche, le parti ne ménageait pas les insultes à tort et à travers, les appels à une action curieusement indéfinie : ces appels ne dépassaient guère le stade de l'encre d'imprimerie ou de l'envolée oratoire dans les réunions politiques.

Le gouvernement était alors excédé des mauvais procédés russes à son égard, de la campagne soviétique contre l'impérialisme français et de l'action communiste dans les casernes et les colonies. Il préparait les élections

---

1. Antimilitariste.

législatives de 1928; le but à atteindre était de casser définitivement le cartel des gauches en séparant l'électorat communiste du parti socialiste et en réduisant l'importance parlementaire des amis de Léon Blum. Les radicaux du Sud-Ouest avaient aussi un intérêt personnel à ne pas laisser grignoter leurs positions par des socialistes qui pourraient être les candidats de gauche les mieux placés au premier tour de scrutin et recevoir au second tour l'appoint des voix communistes. Le ministre de l'Intérieur, Albert Sarraut, paraphrasant une célèbre apostrophe de Gambetta, déclara dans un discours retentissant : « Le communisme, voilà l'ennemi. » Les communistes furent pris au dépourvu et ne réagirent pas. Sous l'influence de leurs leaders parlementaires ils prirent le parti d'en rire et continuèrent leur petite cuisine léniniste à usage domestique comme si rien ne s'était passé. Cette volonté délibérée de mépriser les desseins de l'adversaire, ce refus de tout examen politique sérieux, ce choix conscient de la passivité me troublèrent profondément. Pour commencer je perdis la confiance aveugle que j'avais mise jusque-là dans la direction du parti.

Vuillemin et les autres avaient peu de chose à m'enseigner à l'exception de quelques trucs de comités ou de réunions publiques. En revanche, j'appris beaucoup du communiste le plus singulier de toute la Lorraine, Charles Hainchelin, professeur de français dans un collège technique. Hainchelin ne se mêlait pas à l'appareil régional. C'était un grand garçon maigre, de santé délicate, avec un nez en gouvernail, époux d'une femme minuscule. Il n'avait pas trente ans quand je l'ai rencontré. Travailleur infatigable, il lisait avec acharnement, échangeait avec quarante personnes une correspondance rédigée comme des notes de cours, écrite souvent sur des feuilles de cahier d'écolier. Intuitif, cultivé, l'esprit clair, modeste mais soupçonneux, dénué d'ambition, il s'efforçait en toute occasion de rester à l'écart et de ne porter que des jugements objectifs et sensés. Il avait pris Marx et surtout Lénine comme systèmes de référence, mais au rebours de la plupart des théoriciens communistes, il se plaisait à remonter aux sources afin de saisir la pensée des grands modèles dans toute sa richesse et sa complexité. Il n'éludait pas les contradictions dont fourmille cette pensée. Il tranchait en faveur d'une orthodoxie représentant une sorte de ligne moyenne, en invoquant l'autorité des travaux de l'Institut Marx Engels, alors dirigé par le vieux Riazanov. Il savait assez de russe pour lire dans cette langue et s'exerçait à traduire, pour des amis, les textes qui lui paraissaient essentiels.

Originaire du Nord, il avait assisté à la naissance du parti communiste dans les centres miniers et textiles. Il avait milité à la Jeunesse communiste à côté d'un certain nombre de personnages appelés à diriger le parti dans les vingt années à venir. Sa finesse politique, ses connaissances doctrinales, son honnêteté scrupuleuse et son désintéressement absolu, autant que sa fidélité inconditionnelle à l'U.R.S.S. lui valaient de solides amitiés au Komintern. Mais à l'exception sans doute de quelques tâches discrètes, il s'était détaché de toutes les responsabilités qui lui avaient été confiées dans l'appareil, parce qu'il était écœuré par la sottise, l'ambition incongrue et la suffisance qu'il avait rencontrées dans toutes les instances du parti. Il craignait que le système en soi et les principes d'organisation choisis n'aient pas d'autre résultat que de mettre en place un personnel médiocre, incapable par vocation d'être au niveau de l'événement. En dépit de ces réserves, il n'avait rejoint aucune des oppositions à la ligne générale, parce qu'il avait la conviction que les groupes ainsi formés se condamnaient à une inefficacité révolutionnaire absolue et définitive. Sa méfiance envers les communistes français l'incitait à voir en l'U.R.S.S. la garantie et l'espoir de la révolution mondiale.

Ayant peu de goût pour les assemblées et les discussions publiques, il était naturellement porté vers le secret et la conspiration, mais je me demande aujourd'hui si à force de vouloir jouer les éminences grises, de ne croire qu'en la valeur des pressions discrètes et personnelles, Hainchelin ne se plaçait pas lui-même, de plus en plus, en marge. Pourtant ce n'était pas un rêveur, ni un intellectuel hostile à toute action par crainte de défigurer la pure doctrine ou de contrarier les principes. Capitaine F.T.P., il mourut les armes à la main dans des combats menés pour la libération de la petite ville de Thiers.

Hainchelin, matérialiste convaincu, pensait que Marx avait tourné la page de la philosophie, ainsi qu'Engels en avait donné la preuve dans *L'Anti-Dühring*. La méthode dialectique, remise sur pied, donnerait réponse à tout. Il tenait le laborieux ouvrage de Lénine *Matérialisme et empiriocriticisme* comme le témoignage capital d'une pensée philosophique, à laquelle il n'y avait rien à reprendre. Les hésitations et les recherches du groupe *Philosophie*, si imprégnées de marxisme fussent-elles, lui paraissaient sans objet, à juste titre d'ailleurs. Cette rigueur orthodoxe m'impressionnait et j'essayais de lui être fidèle, mais comme je n'ai jamais été un croyant, j'ai accusé tous les coups portés contre le dogme par les faits et les lectures, tandis que Hainchelin, lui, résista avec une opiniâtreté méritoire aux doutes et aux nouveautés, au moins jusqu'au moment où nous nous perdîmes de vue.

En 1926, il ne mettait pas les pieds rue Saint-Nicolas mais on le renseignait, on venait le voir, on lui demandait conseil. Il semblait être placé sur le cheminement de réseaux secrets, passant par Manouilsky et quelques kominterniens majeurs comme le Suisse Humbert-Droz ou l'Italien Rossi. Pour le néophyte que j'étais, ce voisinage de la clandestinité soupçonnée, cette proximité mystérieuse des tenants de la vérité suprême donnaient à Hainchelin un prestige immense qui s'ajoutait à la sympathie que nous éprouvions l'un pour l'autre. En parlant avec lui, j'avais l'impression de frôler les arcanes de la révolution et je croyais discerner, dans ses propos, la sagesse, la lucidité, la détermination prudente et la force irrésistible du Komintern. Le premier livre qu'il me donna à lire fut à bon escient *La Maladie infantile du communisme*, de Lénine.

En novembre 1927, j'arrivai à Paris avec le prestige des grades conquis à Nancy auquel s'ajoutait le lustre obtenu par la publication, dans *Les Cahiers du bolchevisme*, de quelques pages traitant des problèmes d'organisation du parti. De telles préoccupations plaisaient aux Russes et aux Allemands et à tous ceux qui sortaient des écoles de Moscou. Je devins aussitôt le numéro 2 du 5ᵉ Rayon et je consacrai à peu près tout mon temps au parti. Le secrétaire de rayon était un personnage extraordinaire, un Allemand qu'on appelait Barmotte et dont je n'ai jamais connu la véritable identité. Il aurait été livré aux nazis, vers 1940, par Vichy.

Barmotte, ancien ouvrier du bâtiment, petit, robuste, blond avec une courte moustache taillée comme celle de Hitler, possédait, à mon avis, les qualités majeures du révolutionnaire professionnel. Prudent, patient, courageux, parfaitement maître de soi, sachant que tous les problèmes doivent se résoudre par l'analyse et par l'action, ennemi du découragement et de la passivité, soucieux de vérité parce qu'il savait que la complaisance et la forfanterie conduisent toujours à l'échec, il dirigeait son rayon comme on dirige un navire. Il était partout, il savait tout, il vérifiait l'exécution des ordres qu'il avait donnés, il modifiait, quand il le fallait, les méthodes, comme on change un cap pour tenir compte de l'état de la mer ou du vent, ou de la fatigue de l'équipage. Il ne tolérait pas qu'on le manquât mais il savait suggérer, au besoin, des excuses ou des explications de nature à éviter les blessures d'amour-propre et à permettre une autocritique facile et fertile. Il changeait souvent de domicile ; ses collaborateurs les plus proches ne savaient pas comment le joindre en dehors des rendez-vous qu'il donnait. Il n'avait ni trêve, ni repos, ni vie personnelle.

Barmotte avait été l'un des dirigeants communistes de la Westphalie. Excellent organisateur, il joua un rôle important dans la préparation des soulèvements de 1923 dont l'échec le contraignit à se réfugier en France. Condamné par défaut à une lourde peine de prison, il avait d'abord continué son travail politique dans la clandestinité. Puis on lui expliqua que sa propre sécurité et celle des autres exigeaient qu'il quittât l'Allemagne. J'ai toujours pensé qu'on avait voulu se débarrasser de lui, encore qu'il eût été neutre dans les conflits qui agitèrent le parti communiste allemand en 1924 et 1925. Ce n'était pas un ami de Brandler ni de Talheimer, accusés de déviation de droite. Il n'avait aucune sympathie pour Trotski. Mais sa sincérité excluait la docilité. J'incline à croire que les deux excités de la gauche triomphante de 1924, Ruth Fischer et Maslow, lui ont préféré un bureaucrate au verbiage révolutionnaire et l'ont expédié en France comme on se débarrasse d'un témoin gênant. Barmotte parlait sans aigreur, mais sans aménité, de Ruth Fischer, la virago boulotte qui avait dirigé pendant deux ou trois ans la plus importante section de l'Internationale. A l'époque où se situent ces conversations, Ruth Fischer était vouée aux gémonies comme gauchiste ainsi que son homologue française Suzanne Girault et un autre ex-dirigeant français, Albert Treint. Celui-ci troublait, dans notre rayon, les cellules d'Issy-les-Moulineaux qu'il abreuvait de discours trotskistes. Nous avions beaucoup de mal à l'isoler afin de préparer son exclusion du parti. L'élimination de tous ces gauchistes n'était d'ailleurs qu'un des aspects de la lutte menée par Staline pour s'assurer le pouvoir absolu ; elle faisait partie de l'offensive déclenchée contre Zinoviev pour lequel la plupart des « gauchistes » prenaient fait et cause. A la fin de 1927, une solution administrative mettra fin à cette querelle: Zinoviev sera exclu du parti puis exilé.

L'arrivée des Français et des Belges dans la Ruhr en 1922 avait plongé l'Allemagne dans un désordre indescriptible. En s'emparant des mines de charbon, Poincaré avait galvanisé le nationalisme allemand. La classe ouvrière s'en mêla. Elle répondit par des grèves de masse à l'appel patriotique en faveur de la résistance passive aux Français. Le résultat le plus immédiat fut un accroissement brutal du chômage et de la misère dans un pays qui n'avait plus ni réserves ni vivres. La lassitude, la colère, le désespoir de la population profitèrent davantage à l'extrême droite qu'aux communistes. Ceux-ci en voulaient au capitalisme, monstre qui de toute évidence n'en pouvait mais, tandis que les accusations portées par les extrémistes de droite contre les rouges, contre les démocrates, rendus responsables de la capitulation de 1918 et contre les Alliés qui ruinaient l'Allemagne étaient convaincantes.

L'U.R.S.S. était en pleine lune de miel avec les généraux allemands; Radek avait même conseillé aux communistes de se rapprocher des nationalistes. Il reconnaissait, par un biais bizarre, que tout le schéma de Lénine sur les conflits « inter-impérialistes » et le rôle du prolétariat dans ledit schéma étaient irréels. Personne au Komintern n'avait envie de laisser courir une chance aux communistes allemands qui voulaient s'emparer d'un pouvoir chancelant mais la catastrophe qui s'abattait sur l'Allemagne prenait de telles proportions, atteignant toutes les couches sociales, que les désordres dans la rue naissaient spontanément. Chacun parlait de coup d'Etat. La droite militariste et anti-républicaine agissait de plus en plus en marge de la légalité. Elle avait acquis une influence énorme chez les anciens combattants et manipulait les corps francs.

Ceux-ci groupaient de jeunes officiers ou sous-officiers nationalistes démobilisés en 1918, auxquels s'ajoutaient les désespérados d'une société en voie de décomposition. Après l'échec des putschs et la stabilisation de 1925, bon nombre de ces jeunes hommes, qui ne pouvaient être que des soldats de métier, s'engagèrent dans la Légion étrangère où ils constituèrent, pendant quelque temps, la majeure partie du 1er bataillon du 3e Etranger, apportant avec eux leurs traditions et leurs chansons de marche, dont la célèbre *Anne Marie*. De 1918 à 1925, les corps francs jouirent de complicités multiples mais ils avaient à faire continuellement la preuve de leur efficacité. Ils n'avaient rien à gagner hormis leur vie dangereuse et une gloire secrète. Leurs chefs savaient que s'ils devenaient trop encombrants la Reichswehr ne leur ferait pas de cadeaux. Ils accusaient les « rouges » d'avoir livré l'Allemagne aux Alliés. Les membres des corps francs étaient souvent de petite condition. Ils se seraient peut-être tournés vers les communistes si le comportement incohérent des spartakistes en 1919, les excès démentiels des révolutionnaires, en Bavière notamment, les hésitations de l'extrême gauche, ne les avaient convaincus que tous ces gens n'arriveraient jamais à rien. Il faut aussi faire la part d'un antisémitisme qui se développait ouvertement en

Allemagne; Paul Lévi, Rosa Luxemburg, Radek et bien d'autres étaient juifs. Les hommes des corps francs rêvaient d'une restauration monarchiste ou mieux encore d'un coup d'Etat militaire qui les récupérerait et les réintégrerait dans la nation allemande avec une carrière et dans l'honneur. L'année 1923 devait être celle de la défaite politique des révolutionnaires et des réactionnaires au profit d'un troisième larron, le national-socialisme, mais personne alors ne s'en doutait.

La Reichswehr avait fourni des cadres et des armes aux corps francs. Elle aida et provoqua la constitution de dépôts d'armes clandestins. Les Alliés avaient laissé faire, lorsque dans les Pays baltes les « irréguliers » luttaient avec succès contre les communistes. Cet armement en cachette ne faisait courir aucun danger aux Français ou aux Anglais car tous les stocks d'armes de la Reichswehr noire, comme on disait, ne représentaient rien de sérieux en face des milliers de tanks, de canons et de mitrailleuses qui étaient sur le Rhin. Ils n'alimentaient que la propagande stupide de la droite française, laquelle cria au loup quand il n'y avait pas de loup, fatigua le monde entier par son hystérie, pour ne rien comprendre au vrai réarmement allemand, douze ans plus tard. Beaucoup plus équivoques étaient les liens qui s'établissaient entre l'Armée rouge et les généraux allemands. Les corps francs étaient encouragés dans la lutte qu'ils menaient contre les communistes par le sentiment qu'ils avaient de l'isolement de leurs adversaires. Ceux-ci ne pouvaient pas compter, selon toute apparence, sur une aide substantielle des Russes, le gouvernement soviétique s'intéressant beaucoup plus aux officiers et aux techniciens du Reich qui s'entraînaient en U.R.S.S. qu'aux péripéties de la bataille des communistes allemands.

Dans une société industrielle certains aspects de la lutte ouvrière se retournent automatiquement contre le prolétariat : les grèves prolongées, la paralysie des services publics, l'interruption totale ou partielle de la fourniture de l'eau, du gaz, de l'électricité, les grèves de transports. La classe ouvrière ne peut pas se passer de ces actions désordonnées, déclenchées au profit de revendications étroitement contingentes, généralement dénuées de toute considération stratégique. Elles indisposent la population contre qui elles sont en fait dirigées. Les corps francs répondaient à ces grèves par des raids brutaux au cours desquels l'entraînement et la discipline de leurs formations de combat prenaient l'avantage sur les cohues. S'ils n'en retiraient pas toujours le bénéfice politique que sauront obtenir plus tard, avec la même tactique, les Chemises brunes, ils affaiblissaient le prestige des organisations ouvrières déjà compromis par le désordre qu'elles avaient délibérément suscité.

Pour se protéger contre les corps francs, les ouvriers organisèrent spontanément des groupes de défense ; les communistes en prirent presque partout la tête et des centuries ouvrières se formèrent dans les quartiers et dans les usines, encadrées par des anciens combattants de 1918. Ici et là les centuries acquirent le caractère de formations militaires, disposant d'un embryon d'armement, dotées de cadres qualifiés, entraînées au combat de rue par des exercices réguliers. Chaque semaine, se livraient de véritables batailles rangées entre les communistes et la droite pour la protection ou le sabotage d'une manifestation ou d'une réunion publique.

En Saxe et en Thuringe, les élections de 1923 donnèrent le pouvoir aux sociaux-démocrates, qui demandèrent aux communistes d'entrer dans leur gouvernement. Après quelques tergiversations les communistes acceptèrent. En revanche la Bavière ne s'était pas remise des exactions et des folies commises quatre ans plus tôt par le gouvernement excentrique de Kurt Eisner et de ses successeurs. Elle se raidissait contre les rouges, Hitler y préparait le putsch qui devait le rendre célèbre.

Le gouvernement central du Reich s'effondrait dans l'impuissance et le mépris. Il était difficile d'admettre, au début de l'été 1923, que l'Allemagne n'était pas mûre pour la révolution bien que les chances de succès d'une insurrection ouvrière fussent assez incertaines : c'est la droite qui avait les armes et les meilleurs cadres. Si les communistes prenaient, malgré tout, le dessus, les Français et les Anglais ne se réconcilieraient-ils pas pour intervenir et casser tout ? Au bout du compte, Zinoviev et surtout Trotski se décidèrent à permettre au parti communiste allemand de préparer l'insurrection. Staline, indécis et prudent, laissa faire. Les Russes fournirent quelques spécialistes militaires[1].

Il fallait armer les ouvriers ; les communistes essayèrent, en particulier, de s'emparer des dépôts d'armes clandestins de la Reichswehr noire. Barmotte dirigea plusieurs opérations de ce genre. Il m'en exposa la conduite en détail. C'était exaltant. Je me souviens notamment de l'épisode du couvent. Un dépôt d'armes avait été repéré dans une maison de religieuses, près de Münster. Les hommes de Barmotte encerclèrent les bâtiments, rassemblèrent toute la population dans la chapelle, sous la menace des armes, et fouillèrent longuement les cellules, la crypte, les communs. Ils savaient où aller mais ils ne voulaient pas découvrir leur indicateur. Ils s'emparèrent d'un arsenal important, à la stupéfaction des nonnes, et chargèrent cartouches, grenades, fusils et mitrailleuses sur plusieurs camions. Il y eut aussi l'opération manquée de livraison d'armes à Hambourg. Le convoi que commandait Barmotte fut intercepté par les schupos, en pleine nuit, dans une des grandes plaines de l'Allemagne du Nord. Les hommes se dispersèrent dans les champs. Les projecteurs des voitures de police fouillaient le terrain. Barmotte et une partie de ses hommes durent leur salut à de providentielles nappes de brouillard, mais toutes les armes furent perdues.

Barmotte parlait sans passion de ces extraordinaires aventures ; il essayait

---

1. En septembre 1923, le parti communiste allemand demanda au grand parti frère bolchevique de lui envoyer Léon Trotski pour diriger l'insurrection jugée imminente. Zinoviev, Kamenev et Staline avaient alors engagé une polémique visant à écarter Trotski du pouvoir. On imagine la déconvenue de Zinoviev au reçu de la demande des Allemands : le Politburo désigna Radek et Piatakov. Lénine était hors d'état d'être consulté, et même informé. La Russie connaissait de nouveau de grosses difficultés ; son aide au D.K.P. fut quasi symbolique et sans effet.

de mettre en évidence les causes des échecs et des succès. Il ne condamnait pas l'insurrection malheureuse de Hambourg. « La tension était trop forte pour qu'il n'y eût nulle part d'explosion, disait-il. On accusa Remmelé de n'avoir pas pu ou pas su faire parvenir à temps l'ordre qui décommandait tout ; à l'heure dite, les groupes de combat attaquèrent leurs objectifs. Ils étaient décidés à agir, quoi qu'il advînt. Les médiocres résultats obtenus donnent à réfléchir sur le degré de préparation des hommes, le niveau atteint par l'organisation du putsch et surtout l'audience des insurgés au sein des masses. La population laissa écraser l'insurrection sans intervenir. »

Barmotte rejetait la responsabilité de l'échec de la révolution sur Brandler et Talheimer, les leaders de la droite du P.C.A. Ils avaient tout subordonné à un vote du Congrès des Comités d'Entreprises. Au jour de l'ouverture du congrès, l'armée avait déjà privé le gouvernement socialiste de Saxe de tout moyen d'action ; la Bavière était aux mains de l'extrême droite et tout le monde savait que les communistes étaient très minoritaires dans l'assemblée où les syndicalistes (près des cinq sixièmes des délégués) n'avaient aucun penchant pour l'insurrection. « Voilà, disait Barmotte, le plus bel exemple de ce que Lénine a appelé le crétinisme parlementaire. Une situation révolutionnaire, c'est un rapport de forces provisoirement favorable à ceux qui veulent la révolution. La légalité de l'insurrection est obtenue par son propre succès. Elle n'a que faire de couvertures juridiques. Si les bolcheviques, en 1917, avaient attendu un vote favorable de la Constituante, au sein de laquelle ils ne détenaient pas la majorité, ils n'auraient jamais pris le pouvoir. »

Avec le recul du temps, il n'est pas possible d'admettre que l'Allemagne de 1923 ait pu être le théâtre d'une révolution communiste victorieuse. Les chances qu'avait le prolétariat allemand, ou plutôt ses organisations d'extrême gauche, de s'emparer du pouvoir politique étaient grandes en 1919 ; elles ont décru sans cesse, depuis l'assassinat de Liebknecht et de Rosa Luxemburg. Peut-être y eut-il, en 1932, une opportunité fugitive sur laquelle je reviendrai. Mais au fur et à mesure que le virus bolcheviste, qu'il fût trotskiste ou stalinien, s'installait dans les corps des ouvriers allemands, leur combativité et leur sens politique diminuaient. La volonté révolutionnaire du prolétariat allemand était beaucoup plus faible en 1923 qu'en 1919. En 1933 ce n'était plus qu'un souvenir.

En 1927 je ne retenais de l'histoire des luttes ouvrières allemandes que l'image d'une suite d'occasions manquées à cause de la trahison des socialistes ou de l'incompétence des opportunistes. Dans le langage du Komintern, ce qualificatif définissait et condamnait les communistes qui attachaient une importance exagérée aux formes juridiques, à l'action parlementaire, ou qui étaient incapables d'employer, quand il le fallait, tous les moyens extra-légaux pour avancer vers la prise du pouvoir et mettre, dans cette perspective, les masses en condition.

Barmotte voyait un nouvel exemple de la déviation « opportuniste » dans la manière dont le parti communiste français avait réagi aux attaques d'Albert Sarraut. Je partageais entièrement cette opinion. A l'annonce de l'exécution de Sacco et Vanzetti, les deux anarchistes italiens condamnés à mort par un tribunal américain pour un meurtre qu'ils n'avaient peut-être pas commis, des dizaines de milliers de Parisiens avaient envahi les grands boulevards où s'étaient déroulées des scènes d'émeute. Nous attachions tous deux une importance démesurée à ces désordres sans lendemain, venus à point pour nous convaincre que « la radicalisation des masses », que nous souhaitions, commençait. Une discussion avait été ouverte dans la région parisienne sur la politique du parti. Les cellules étaient autorisées à formuler des critiques et à voter des motions. En réalité, cette bouffée de démocratie intérieure visait à obtenir une condamnation massive des thèses de l'opposition trotskiste. L'entreprise ne présentait pas de difficulté. Les excès de la polémique des trotskistes les assuraient, à l'avance, d'être battus. A les en croire, Thermidor menaçait la révolution russe. Ce genre d'affirmations indisposait « la base » parce qu'il manquait de vraisemblance. Les débats métaphysiques sur le socialisme en un seul pays n'intéressaient pas les ouvriers. Il était pour le moins paradoxal de les engager à se battre pour la conquête d'un pouvoir qui ne les mènerait à rien. Mieux valait, à tout prendre, voter pour les radicaux-socialistes. Les autres problèmes soulevés évoquaient irrésistiblement les hérésies des premiers chrétiens. La volte-face anticommuniste du Kuomingtang avait troublé, pendant quelque temps, les intellectuels du parti. Le point de vue « oppositionnel » sur la politique du Komintern à l'égard de Tchang Kaï-chek avait été exposé avec talent et malice dans la revue *Clarté* que dirigeaient Pierre Naville et Marcel Fourrier. Mais après que l'insurrection communiste de Canton eut été écrasée dans le sang, comment ne pas condamner le « gauchisme » de Trotski en dépit des brillants sarcasmes par lesquels le théoricien de la Révolution permanente avait accueilli cette aventure ? La lecture du roman d'André Malraux, *Les Conquérants*, bien qu'un militant n'y pût rien retrouver du dogme non plus que de l'action politique quotidienne, avait le mérite de restituer la réalité humaine du drame. Elle n'apportait pas d'arguments au trotskisme. Bien au contraire, elle inspirait confiance dans les méthodes de l'appareil. Après tout, ce Borodine, dont Malraux révélait l'existence et les talents, ne signait pas les manifestes de l'opposition.

Les membres du parti s'apprêtaient à accorder leur confiance à Staline dont la modestie apparente et l'effacement rassuraient et qui avait pour lui l'écrasante majorité du parti communiste russe. Seuls, quelques initiés, Boris Souvarine peut-être, en France, savaient que Staline était capable du pire ; mais pour ce qui concerne les horreurs déjà commises par le système, Trotski avait à son actif le massacre des marins de Cronstadt. En parlant de la démocratie ouvrière, il ne convainquait personne de sa sincérité.

Ce qui était en cause en Russie, ce n'était ni la doctrine ni la tactique, mais le pouvoir. Le même phénomène allait se produire dans les partis communistes occidentaux. Le seul succès des trotskistes, obtenu par une sorte d'effet de billard, est d'avoir imposé une tactique de gauche aux hommes qui voulaient assurer leur pouvoir personnel et avant tout à Staline dont la brutalité foncière trouva son épanouissement dans la politique dure réclamée par l'opposition. Avec toute l'énergie dont il était capable, Staline engagea la Russie, dès 1929, dans la collectivisation forcée et l'industrialisation autoritaire qui allaient faire un bagne gigantesque de cet immense pays. Par mimétisme, l'Internationale communiste s'enferra dans la fameuse politique *classe contre classe*. Comme la plupart des dirigeants des partis communistes n'étaient pas prêts à s'inoculer de gaieté de cœur cette folie manifeste, le Komintern poussa en avant l'ambition et l'inconséquence des jeunes adhérents férus de doctrine et d'intransigeance.

Mais il ne faut pas croire, en l'occurrence, au seul effet d'une manipulation des communistes par quelques spécialistes. Beaucoup de militants désiraient faire dans leur propre pays une politique plus dure. Le dossier des oppositions trotskistes était nourri de trop d'échecs récents pour que les membres du parti n'en fussent pas blessés ou gênés. Dans le contexte pseudo-scientifique et totalement fidéiste du monde communiste, les échecs ne pouvaient pas avoir d'autre cause que la méconnaissance ou l'inobservation des principes fondamentaux du dogme. Pour conjurer le sort, il fallait restaurer la vraie foi dans toute sa rigueur. Comme il ne suffisait pas d'avoir lu *La Maladie infantile* pour guérir à jamais d'un gauchisme produit spontanément par la jeunesse et par les néophytes, la dénonciation des erreurs « opportunistes » et le verbalisme révolutionnaire allaient agiter l'Internationale communiste jusqu'à ce que Adolf Hitler y mît bon ordre.

Barmotte, comme pas mal de militants, dont j'étais, voulait mettre à profit la discussion qui s'était ouverte pour obtenir ce que nous appelions un redressement du parti. Il mettait en cause l'influence trop grande de Cachin et de Doriot au Bureau politique. A Nancy, Charles Hainchelin m'avait laissé entendre que l'Internationale n'était pas tellement satisfaite des dirigeants français d'alors : les hommes les plus visés étaient Paul Marion, le secrétaire de la commission d'Agit-Prop (agitation et propagande) et l'un des secrétaires du parti, Bernard, au demeurant intelligent et sympathique. Paul Marion devint, pendant la guerre, ministre de Vichy ; quant à Bernard, après 1930, on ne devait plus entendre parler de lui, du moins sous ce nom.

Je me lançai à corps perdu dans cette querelle. Je rédigeai d'abord un volumineux compendium des erreurs opportunistes commises depuis le dernier congrès du parti, assorti de recommandations visant à développer partout et en toute occasion une sorte d'activisme révolutionnaire. Cela s'appela *La Plate-Forme du 5e Rayon*. Elle avait un contenu politique très orthodoxe. Elle développait la ligne abracadabrante que l'on pouvait dégager des dernières publications officielles du Komintern : le capitalisme aurait été en état de crise générale, dont l'aggravation était manifeste, même observation pour les contradictions impérialistes (!). Or, en 1928, le monde capitaliste atteignit un sommet de prospérité. Depuis quatre ans, l'Allemagne travaillait, produisait, payait ses dettes ; on avait cessé de s'y battre et d'y fomenter des coups d'Etat ; la France n'avait jamais été aussi riche depuis 1913 ; l'économie italienne s'améliorait spectaculairement grâce au fascisme, les U.S.A. connaissaient un « boom » gigantesque. Rien ne laissait prévoir la grande crise de 1929 pour laquelle les spécialistes du Komintern ne furent pas meilleurs prophètes que les économistes bourgeois[1]. Quant aux contradictions impérialistes, elles s'exprimaient par une réduction des budgets militaires !

Notre plate-forme dénonçait aussi l'aggravation du danger de guerre. Les menaces des impérialistes contre l'U.R.S.S. devenaient, affirmions-nous, plus précises ! Dans cette perspective de catastrophe, la « radicalisation » des masses ouvrières, ce qui en jargon voulait dire que le prolétariat exprimait de plus en plus nettement une volonté de changement révolutionnaire, était présentée comme un fait d'expérience majeur commandant pour les partis communistes l'adoption d'une attitude intransigeante et agressive dite *classe contre classe*.

Toutes ces affirmations touchaient au délire. La psychose de la guerre était une des trouvailles de Staline pour épouvanter les Russes et justifier la transformation définitive de la Dictature du Prolétariat en dictature de la police, et les exclusions, déportations, procès et massacres qui devaient s'ensuivre. En réalité, jamais l'U.R.S.S. n'avait été aussi peu menacée. Elle entretenait avec l'Allemagne des rapports de complicité. Bien que le Komintern finançât la subversion partout où il le pouvait, les impérialistes avaient depuis longtemps renoncé à favoriser la moindre tentative d'un changement de régime en U.R.S.S. Quant à la radicalisation des masses, elle se manifestait surtout par les défaites électorales des partis communistes, et le recul de leur influence dans les syndicats.

Après avoir écrit le scénario d'un drame imaginaire, nous essayions de définir comment les communistes pourraient y jouer le rôle principal. Nous préconisions une activité extra-parlementaire accrue, le refus de comparaître devant le moindre tribunal bourgeois — donc la mise en état d'illégalité d'un nombre croissant de camarades — la politisation des grèves, la création de groupes armés de protection, le développement de la propagande antimilitariste, l'agitation en faveur de l'indépendance des peuples coloniaux, un cocktail de bonnes recettes glanées dans les œuvres de Lénine. Nous condamnions les alliances électorales avec les partis bourgeois, nous mettions des conditions inacceptables, mais rassurantes, à tout accord éventuel avec les socialistes : c'était la tactique *classe contre classe*. Si cette plate-forme était un bon exercice de sectarisme et de cécité politique, elle se maintenait néanmoins dans les limites traditionnelles du léninisme. Aussi mal disposés que nous fussions à l'égard du parti socialiste et de ses chefs, il ne nous ne serait pas venu à l'idée de les assimiler aux fascistes, ce que ne manquèrent pas de faire, peu après, les staliniens.

Les idées politiques du 5ᵉ Rayon étaient, en gros, partagées par beaucoup

---

[1]. A l'exception de quelques remarques épisodiques d'Eugène Varga, l'économiste le plus sensé du monde communiste. Personne n'y prêta attention quand elles furent publiées.

de militants, par les cadres qui revenaient des écoles de Moscou et par les Jeunesses communistes. Ce qui rendait la plate-forme originale mais inquiétante c'est que nous y demandions des changements dans la composition du Bureau politique du parti. Pour cette raison, on nous trouvait trop en flèche et pourtant la question était ouvertement posée en haut lieu, mais il eût mieux valu ne pas le savoir et mieux encore ne pas le dire. Notre rayon vota massivement la plate-forme en présence de deux représentants de la direction du parti : Alfred Costes, un des plus honnêtes dignitaires de la Fédération des Métaux, et François Chasseigne, ancien secrétaire des Jeunesses communistes. On avait beaucoup parlé de ce jeune homme trois ans auparavant, après la fusillade de la rue Damrémont au cours de laquelle avaient été tués plusieurs militants d'extrême droite. Il avait pu passer ainsi, aux yeux des communistes peu informés, pour un vrai révolutionnaire. Costes et Chasseigne n'avaient recueilli, au vote, qu'un nombre ridicule de voix. François Chasseigne, ami de Doriot, appartenait au clan des opportunistes que nous attaquions. Barmotte et moi nous crûmes que nous avions des chances d'imposer notre point de vue à la Conférence régionale qui allait se tenir car notre succès était commenté favorablement dans les cellules. Différents indices laissaient supposer que nous aurions l'appui des représentants de l'Internationale.

Comme j'étais assez bon orateur, il m'échut de présenter les thèses du 5e Rayon aux délégués de la « Région parisienne ». Je fus très convaincant. Mes adversaires « opportunistes » accusèrent le coup. Dans les conversations particulières, les délégués nous donnaient partie gagnée. Une séance de nuit avait été prévue pour la clôture des débats et les votes. A 7 heures du soir le secrétariat du parti me donna l'ordre d'aller remplacer, au pied levé, un orateur important annoncé dans une réunion publique de banlieue. Pendant mon absence, Chasseigne, à la tribune de la conférence, m'accusa de comploter contre la direction du parti, et notamment de vouloir pousser André Marty au Bureau politique (où l'intéressé devait accéder quelques années plus tard). Barmotte, pris de court, ne trouva rien à répondre. On en profita pour mettre au rancart les thèses du 5e Rayon et obtenir un vote quasi unanime en faveur des propositions très voisines élaborées par la Fédération des Jeunesses communistes. On semblait condamner toute mise en cause de la direction. Mais avant la fin de 1928, la composition du Bureau politique intouchable devait être profondément modifiée.

La direction que nous attaquions était symbolisée par trois hommes : Jacques Doriot, Pierre Sémard et Gaston Monmousseau. Doriot représentait pour tous les Français le champion de la lutte anti-impérialiste. Au moment de la guerre du Maroc, il avait défendu l'idée saugrenue de fraternisation des soldats français avec les Rifains ; il avait envoyé à Abd El-Krim un télégramme célèbre de félicitations pour les succès remportés par les Rifains sur les Français. Bâti en force, d'un grand courage physique, orateur puissant, Doriot avait beaucoup d'ascendant sur les masses. En 1928, il était perplexe devant les échecs répétés de la politique du Komintern dans tous les continents. Pierre Sémard était un ancien chef de gare qui avait l'allure et les manières d'un président-directeur général. Il aurait aimé, dans tous les cas, diriger le parti comme une grande administration publique, prudemment, en évitant les risques inutiles, avec le souci de conserver une image de marque honorable et respectée. Dans les dernières années d'avant-guerre, Sémard avait perdu toute importance politique ; on chuchotait qu'il appartenait à la police, ce qui était probablement une odieuse calomnie, lancée par ceux-là mêmes qui étaient des indicateurs. Arrêté en 1940, il a été fusillé par les Allemands comme otage. Monmousseau avait les plus belles moustaches de tout le prolétariat français. Anarcho-syndicaliste, il était un des auteurs de la scission syndicale d'où était sortie la C.G.T.U. Il avait du mal à croire que la C.G.T. réformiste n'était qu'un ramassis de traîtres et de vendus. Dans l'aventure de 1928, Doriot et Monmousseau allaient perdre leurs places du premier rang ; Doriot lui-même fut privé d'une partie de sa clientèle.

Très vite, Bernard et François Chasseigne quittèrent la hiérarchie. Paul Marion fut exilé à Moscou. Les premiers rôles furent occupés au début de 1929 par les dirigeants des Jeunesses communistes, qui s'emparèrent de tous les leviers de commandes : Barbé, Billoux, Lozeray, Raymond Guyot et André Ferrat commandaient au Bureau politique, Pierre Célor avait la « Région parisienne ». Seul Maurice Thorez s'était maintenu, en améliorant même son rang.

En 1928, son rayon, le 4e dont le secrétaire était Léon Mauvais, avait été sur le point de rejoindre les positions du 5e. Personne ne classait Thorez parmi les « opportunistes ». En 1929, il fut providentiellement mis en prison, pendant que les jeunes vainqueurs dévastaient le parti.

En 1928 j'avais peu à peu mené la vie d'un ouvrier. Je passais la plupart de mes journées entre Issy-les-Moulineaux et Villejuif, Antony et Malakoff. Le matin, j'étais à la porte des usines, distribuant des tracts, essayant une courte harangue ou prenant des contacts. Les points chauds étaient Issy-les-Moulineaux et Montrouge, la S.E.V. et la Compagnie des compteurs. Le parti y avait peu d'adhérents car, dans les grosses entreprises, les salaires étaient meilleurs, on faisait des heures supplémentaires, et l'attention patronale était plus vigilante. Dans la journée il fallait rédiger les tracts, les affiches, les convocations, distribuer le matériel, faire avec Barmotte et deux ou trois autres le bilan critique des actions menées ici et là, préparer les opérations à venir, rédiger l'hebdomadaire que nous avions en commun avec le 4e Rayon. Le soir, il y avait les réunions des cellules, ou des comités, celles des fractions syndicales, les multiples assemblées de travail convoquées 120, rue La Fayette au siège du parti, les réunions publiques. Nous eûmes à diriger, dans nos deux circonscriptions, la campagne électorale de 1928. J'assurais tous les soirs deux réunions publiques et souvent une contradiction car nos candidats à la députation étaient assez minables. Ce fut un échec mais les résultats n'en furent pas plus mauvais qu'ailleurs.

J'appris ainsi qu'un militant révolutionnaire perd bientôt toute personnalité et tout contact avec la réalité. Une fois pour toutes, il a accepté une idéologie qui est aussi une conception du monde. Il ne la mettra plus jamais en question, d'abord parce qu'il n'en a pas le temps, ensuite parce que les informations qui pourraient le faire changer d'opinion ne lui parviendront jamais, enfin parce qu'il n'en a pas le droit. Son rôle est de répéter ce qu'il a appris, de le rendre assimilable par des tiers. S'il s'y dérobait, il cesserait d'être un militant révolutionnaire, il ne serait plus rien, avec un grand vide au fond de soi. Peu à peu, le monde extérieur devient pour le communiste ce qu'il a lu dans les livres, ce qu'il raconte tous les jours aux autres, sans qu'il vienne à l'idée de cet automate de confronter le verbe et la réalité. Au nom de la discipline, de l'intérêt supérieur du parti ou de la Révolution, le communiste refoule au plus loin de son inconscient tous les doutes, toutes les inquiétudes, quitte à se contredire, sans penser à mal, dans les cas où l'autorité supérieure, seule habilitée à le faire, change les images, autorise à voir pour un temps le monde tel qu'il est. Le communiste lit peu, même les ouvrages du parti. Il se nourrit surtout de résumés et de digests et s'il tombe sur un texte hérétique, il est aussitôt en alerte, non pas parce qu'il a décelé l'hérésie mais parce que le langage n'est pas conforme aux archétypes. Le militant vit dans un monde peuplé d'abstractions et de formules : la bourgeoisie, le capitalisme, l'impérialisme, etc. Il croit à l'existence de la bourgeoisie comme à une entité ou à une personne, qui écoute, enregistre, réfléchit, décide. Ce monde simplifié et simpliste lui plaît parce qu'il est commode ; il ne présente aucun mystère : il est familier et constant. Toute l'activité intellectuelle du militant est occupée par des détails. La qualité de certaines opérations communistes et les résultats obtenus surprennent généralement tous ceux qui n'ont pas connu ce monde singulier. A l'échelle de la stratégie, les communistes prennent leurs décisions sur des données le plus souvent fantasmagoriques ou abracadabrantes, sur l'injonction de la politique extérieure mythomaniaque de l'U.R.S.S. Si les circonstances exceptionnelles ne les servent pas, c'est l'échec : on sauvera comme on pourra les apparences en mentant effrontément, en passant tout de suite à autre chose, pour donner le change. Mais au niveau tactique, toutes les opérations, même absurdes, sont mises au point avec un luxe de détails pour lequel seules les grandes entreprises de marketing et de publicité offrent des points de comparaison valables. Ce qu'on veut obtenir, dans tel endroit et en telles circonstances, d'une population ou d'un groupe donné, est peut-être saugrenu. Quoi qu'il en soit, les militants étudieront avec soin comment ce saugrenu peut être « vendu », qui l'achètera, comment le présenter à la clientèle et chaque résultat, bon ou mauvais, fera l'objet d'analyses minutieuses au cours desquelles les militants dépenseront des trésors d'intelligence, de finesse et de patience. Ils pourront alors tout voir et tout imaginer, mais ils n'auront jamais le droit de penser que le saugrenu ne se vend pas parce qu'il est saugrenu ou qu'il n'y a pas d'acheteurs.

En 1928, mon activité de militant m'avait pratiquement confiné dans le 5ᵉ Rayon, à quelques sorties près. Peut-être eussé-je été définitivement perdu et absorbé dans le petit monde caricatural et artificiel du militantisme, si le succès de la plate-forme du 5e Rayon m'avait porté par exemple, au poste d'agit-prop régional. Dans cette hypothèse, je serais resté à Paris au lieu d'aller en vacances dans ma famille, et je n'aurais pas pu faire le coup d'arrêt auquel je dois sans doute le maintien de ma lucidité. Un événement très grave de ma vie privée m'obligeait à prendre une décision. Depuis six mois j'avais cessé d'aller chez Mme Tachard ; la petite somme d'argent que m'envoyait mon père aurait été insuffisante à me faire vivre si Katia n'avait pas disposé de quelques ressources. Katia avait été mariée en Bulgarie avant de venir en France. Le soir même de ses noces elle s'était enfuie chez ses parents. Elle était ensuite convenue avec son mari d'un arrangement bizarre. Elle irait à Nancy faire ses études de médecine. Son mari en assumerait la dépense et ensuite on verrait. Or, ces études de médecine me gênaient. J'avais obtenu de Katia qu'elle y renonçât. En 1927, au lieu de retourner en Bulgarie pour les vacances, elle s'était installée, avec une amie, à Saint-Dié, dans les Vosges.

En 1928, le mari bulgare perdit patience. Il fit savoir qu'il fallait rentrer. J'allais devoir accomplir dix-huit mois de service militaire ; le parti le plus raisonnable à prendre, pour Katia, était de retourner en Bulgarie chez ses parents et d'engager une procédure de divorce. Cette séparation était cruelle parce que mon avenir matériel n'était pas assuré ; elle prenait toutes les apparences de la dispersion des rêves par un réveil brutal. Trois mois me séparaient de mon incorporation, je démissionnai de toutes mes responsabilités au 5e Rayon. Je passai les consignes à mon successeur. La politique, pour moi, à partir d'octobre, ce serait le travail antimilitariste clandestin. Je prendrais les contacts nécessaires à Nancy, avant de rejoindre la maison de vacances de Baccarat. Je savais déjà à qui m'adresser, je connaissais bien le responsable « anti », j'avais reçu, deux ans auparavant, son adhésion au parti.

Tout ce qui est interruption brutale dans le cours d'une vie conduit à la réflexion et à d'utiles retours en arrière. J'étais un communiste discipliné mais je ne voulais pas être aveugle. J'avais la conviction que la recherche de la vérité ne pouvait pas compromettre mon adhésion au marxisme ni mon attachement au parti. 1928 avait été pour moi une année d'action, ce qui était conforme avec tout un côté de moi-même. Mais je n'avais rien lu qui ne fût de la doctrine : Marx dont les œuvres complètes paraissaient aux Editions Costes, Boukharine, Trotski, Lénine, dont les œuvres complètes étaient publiées avec lenteur par *Les Editions sociales internationales*. Il fallait tout de même en savoir plus long. Ainsi je connaissais mal Hegel. Et puis il y avait le fameux problème des superstructures. Dans ce vocable commode, vague et imagé, les marxistes (les Russes surtout) ont rangé tout ce qui n'est pas la production, l'échange des marchandises et les grandes catégories sociales. L'art, la religion, la philosophie, la guerre, la vie sexuelle dans la mesure où celle-ci n'est pas réduite à la reproduction de l'espèce, tout le psychisme, les phénomènes sociaux plus complexes que le salariat et le patronat, que sais-je encore, font partie des superstructures. Cela fait beaucoup de choses sur le pont du navire capitaliste!

Par exemple, rien dans le marxisme ne permet d'expliquer l'apparition du chapeau haut de forme. Et pourtant Marx et Engels, l'un et l'autre, ont porté de tels chapeaux. C'est dans le fouillis des superstructures qu'allait s'égarer le jeune révolutionnaire professionnel!

Chapitre X

Trotski revient à Montparnasse

L'absence de Katia me faisait assez mal ; je nourrissais complaisamment ma tristesse de regrets et de souvenirs, mais je ne ressentais pas cette absence comme une séparation définitive. C'était un long voyage, chacun était retourné dans sa famille pour des vacances qui n'en finissaient pas. La légèreté de la jeunesse aidant, avec la soif de vivre de la vingtième année, août et septembre furent plutôt gais. J'avais converti mon père à l'usage du gramophone. Nous aimions à entendre des disques joués par le dernier-né des appareils portatifs ; cela nous paraissait étonnamment fidèle et précis. J'avais acheté quelques-uns des disques de jazz qu'on trouvait à l'époque sur le marché français : Jack Hilton, Paul Whiteman, Ted Lewis, les Revellers. En fait, ces formations étaient beaucoup plus proches des concerts classiques que du véritable jazz. Je dansais tous les soirs avec mes cousines, ma sœur et leurs amies, je flirtais aussi, bien sûr : la vraie fidélité n'est-elle pas la fidélité du cœur ? C'est du moins ainsi que je me justifiais. Je découvrais cette force de dédoublement qui permet à l'homme de garder bonne conscience même dans des situations difficiles ou scabreuses. Cette découverte me surprit quelque peu : fidèle à la logique traditionnelle, je m'en tenais au principe du tiers exclu et à la dialectique hégélienne. Les hypothèses de Freud sur le moi, le je, le sur-moi, me paraissaient, à tort, purement cliniques ; dans tous les cas le mécanisme de cette psychologie n'infirmait pas, semblait-il, Descartes ni Hegel. Et voici que j'acceptais de me mouvoir au milieu de contradictions dont j'étais conscient et dont je m'accommodais fort bien. Je m'amusais à penser que le tiers n'est pas toujours exclu, qu'il existe des contraires complaisants ne possédant pas assez d'énergie interne pour que la négation soit niée à son tour, sans pour cela imposer une tension désagréable. Pour dissiper ma surprise et me rassurer tout à fait, j'imaginais une succession de plans ou de niveaux, dotée d'un sens ou d'une hiérarchie. J'expliquais par ce modèle géométrique pourquoi des impulsions apparemment antinomiques, s'excluant par principe l'une l'autre, coexistaient sans troubler la belle ordonnance de l'individu ou le mettre sens dessus dessous. Et comme je ne m'arrêtais guère sur ces épisodes, que je n'avais nullement le dessein d'entreprendre une analyse sérieuse de mes sentiments et de mes envies, considérant que les uns et les autres étaient *donnés*, que j'admettais qu'ils ne fussent pas vraiment contradictoires, et que ces bizarreries pouvaient résulter d'un problème mal posé, je tournais très vite la page. Dans tous les cas, mon modèle spatial permettait de définir une qualité dans le contradictoire et l'identité ; il assouplissait et compliquait la logique. Si fugitive que fût l'attention que je prêtais à ces détails affectifs, elle n'en constitua pas moins un point de repère que je retrouvai plus tard. Ce point permit de déceler la trace d'une première fêlure dans la belle construction doctrinale dont je tirais la force de mes convictions et les règles de ma pensée.

Comme à l'accoutumée, Georges Sadoul prenait ses vacances à Raon-l'Etape. Nous nous fîmes des visites. Nous nous tenions sur nos gardes, en défiance. Les sympathies de Sadoul pour le trotskisme s'étaient affirmées, mais elles n'avaient pas de fondement sérieux. Elles reflétaient surtout les propos tenus par Breton et par le chœur approbatif des habitués du café *Cyrano*. Le parti communiste avait accueilli les surréalistes aussi bien que possible compte tenu de ses habitudes propres, de la composition sociale de ses cadres et du niveau intellectuel moyen de sa hiérarchie. Mais les surréalistes de 1926-1927 avaient tout ce qu'il fallait pour choquer ou blesser le peuple des cellules. Les surréalistes étaient de jeunes bourgeois qui n'avaient eu de rapports avec les ouvriers que dans l'armée, sauf quand ils avaient eu besoin des services du peintre ou du plombier. Sous l'uniforme, les ouvriers comme les intellectuels sont d'abord des soldats s'adaptant plus ou moins facilement à la discipline, à la vie collective, au métier militaire, au danger. Les bourgeois acquièrent plus vite un grade, ou une fonction, qui les sépare de la masse. Dans une cellule, les ouvriers sont chez eux, leur qualité d'ouvrier leur confère un titre que les bourgeois ne pourront jamais acquérir. Ce titre vaut plus cher que la connaissance du dogme ou que la culture générale. Pour les jeunes intellectuels qui allaient à la révolution, le train-train des cellules communistes, avec les discussions confuses sur les tâches pratiques, les commentaires indigents des articles de *L'Humanité*, l'absence de réactions épidermiques aux nouvelles à sensation, pis, aux grands problèmes, ruinait plusieurs mois d'illusion et d'exaltation. Les surréalistes étaient trop bien vêtus, ils étaient trop nerveux et ils parlaient une langue difficile à comprendre. Fallait-il rédiger un tract ? L'intellectuel y introduisait un ton ou des mots qui n'avaient pas cours dans les usines. Et puis c'était quoi, le surréalisme ? Il suffisait de montrer un seul numéro de *La Révolution surréaliste* pour que la méfiance s'installât dans l'esprit de presque tous les militants. Essayer de défendre le surréalisme cela faisait naître de redoutables conflits affectifs : il y avait d'un côté, les représentants de tout ce qui serait admis, admiré, copié quarante ans plus tard, et de l'autre, des individus votant rouge mais attachés aux formes les plus réactionnaires de l'art, défenseurs d'une morale victorienne, choqués par la mise en cause des formes, des représentations, des manières de vivre et de parler. Peut-être que, à leur façon, les surréalistes, s'ils n'appartenaient pas à un monde de fous, pourraient passer pour des révolutionnaires, mais personne ne voulait de cette révolution-là.

L'homme tient d'abord à ses habitudes de voir et d'entendre. Les adhérents du parti communiste, en 1927, collaient des affiches antimilitaristes ; peut-être certains d'entre eux eussent-ils été capables de sacrifier leur vie pour la révolution prolétarienne, mais ils réprouvaient les blasphèmes et l'érotisme. Pour eux, la vie familiale, l'art des billets de banque, le film à épisodes, la pudeur étaient aussi sacrés que les couplets de *L'Internationale*.

Les intellectuels du parti se montraient plus redoutables, à quelques exceptions près. C'étaient souvent des ratés, assez ignorants du marxisme, devenus communistes dans l'enthousiasme de la jeunesse, ou par rancune envers une société au sein de laquelle ils ne savaient pas s'établir, ou gravement blessés par une injustice. Il y avait aussi des enseignants de culture bourgeoise, poussés vers le parti par haine de la guerre ou de l'argent. Les meilleurs des intellectuels communistes après 1927, ceux pour qui Marx et Lénine n'étaient pas seulement des noms, avaient pour la plupart adopté les thèses de l'opposition trotskiste ou se préparaient à y souscrire. Ces hommes-là furent les premiers membres du parti rencontrés par Aragon et Breton. Marcel Fourrier, un des principaux rédacteurs de *Clarté*, était du nombre. Breton avait aussitôt aimé sa modestie, sa gentillesse, son bon sens. Fourrier, très vite conquis par le surréalisme, acheta les œuvres des peintres surréalistes et des objets sauvages. Il devint, dès 1926, un trotskiste modéré, conservant des contacts avec le parti, mais irréductiblement hostile au stalinisme. Il présenta Boris Souvarine à Breton. L'influence de cet esprit brillant, l'un des fondateurs du parti communiste français, qui avait eu des rapports personnels avec tous les grands révolutionnaires d'octobre, exclu dès 1924, rédacteur de l'organe oppositionnel le mieux écrit et le plus lu, *Le Bulletin communiste*[1], a fortement pesé sur tous les surréalistes en faveur des thèses de Trotski. L'intelligence, la culture et le caractère de Souvarine séduisaient Breton. Souvarine le prévint contre le parti et contre *L'Internationale* et Breton dut convenir, lors de son court passage dans l'organisation, que les avertissements de Souvarine étaient fondés. Victor Serge, correspondant russe de *Clarté*, ne témoignait pas, lui non plus, en faveur de Staline. Ancien anarchiste, ami de Bonnot, de Garnier et des autres, il avait été traduit en justice, avec toute la bande, dans le fameux procès. Il tirait de cet épisode un certain prestige aux yeux des surréalistes, d'autant plus que son désintéressement avait reçu la consécration éclatante de la Cour d'assises. Le témoignage de ces opposants pesa plus lourd que les commentaires officiels publiés par *L'Humanité* sur la crise russe. Mais en 1926, les trotskistes étaient encore tous dans le parti alors considéré comme le foyer de la révolution. L'adhésion solennelle d'Aragon, de Breton et de quelques autres au parti communiste à la fin de 1926 s'effectua sous le parrainage de Hegel, de Marx, de Lénine et de Trotski. L'entrée dans les cellules s'accompagna parfois d'incidents burlesques. André Marty avait un frère affligé d'un de ces défauts de prononciation qui soulèvent l'hilarité au

---

1. Avant l'exclusion de Souvarine, *Le Bulletin communiste*, fondé par Souvarine et dirigé par lui, était la seule publication officielle du P.C.F. pour la théorie. Le P.C.F. lui substitua, en 1924 seulement, les *Cahiers du bolchevisme*.

théâtre. En l'occurrence, il s'agissait plus d'une séquelle de maladie nerveuse que d'une malformation congénitale. Borné et coléreux comme son frère, ce personnage jouissait sans vergogne du prestige attaché au nom du mutin de la mer Noire et pérorait à tort et à travers dans toutes les assemblées du parti. Toujours dans la ligne il prétendait représenter les prolos et jouissait, malgré son bégaiement atroce, d'une certaine popularité. Un surréaliste, Unik, je crois, échoua dans la cellule de cet individu. Naquirent alors des discussions désopilantes qui n'étaient pas faites pour être appréciées par le tribunal du café *Cyrano*. L'idiot du village s'en prit à Breton et tout porte à croire qu'il était quelque peu poussé à accomplir cette besogne par plus malin que lui. Quant à Breton, il dut subir les interrogatoires de commissions d'enquête très embarrassées par les responsabilités qu'elles assumaient. Enfin, la disponibilité de la plupart des surréalistes pour la vie militante était médiocre : les filles, le cinéma, les sorties d'un jeune bourgeois dans les années folles concurrençaient dangereusement les réunions politiques. Tout concourait donc à justifier la retraite en bon ordre qui s'opéra au printemps de 1927.

Il me faut revenir sur les événements qui précédèrent immédiatement la demande d'adhésion de Breton au parti car ils déterminèrent pour beaucoup la route que j'allais choisir à la fin de l'année 1928 et que j'allais suivre pendant plus de quatre ans. J'ai dit qu'en dépit des maladresses, des incompréhensions et des incompatibilités, les efforts des communistes pour absorber les surréalistes avaient été réels. Henri Barbusse par hypocrisie, par prudence ou à la demande de conseillers politiques, consacra un ou deux feuilletons de *L'Humanité* au problème du langage, au rôle des mots dans les œuvres littéraires. En lisant ces feuilletons, j'eus le sentiment que ce personnage accomplissait une sorte de bonne action, se contraignait à prêter attention à un monde qui lui avait été jusque-là totalement étranger pour souhaiter, en quelque sorte, la bienvenue à de jeunes camarades. Ce qu'il croyait comprendre au surréalisme, c'était à la fois touchant et stupide. Breton se mit en colère. Ces papiers venaient à point nommé pour lui permettre de faire un éclat, absolument comparable à ceux qu'obtinrent beaucoup plus tard, dans d'autres domaines, certaines des conférences de presse du général de Gaulle. De part et d'autre, il y avait une position doctrinale ou un comportement à justifier dans une situation où le rapport des forces ne pouvait éventuellement devenir favorable qu'en coupant d'abord les amarres et en présentant l'autre sous les traits d'une caricature grotesque. Ainsi fut écrit le pamphlet *Légitime Défense* publié en octobre 1926, où Pierre Naville est assez malmené, où s'accumulent les réserves sur la politique du parti, où Barbusse et le journal *L'Humanité* sont traînés dans la boue, où toutes les différences « idéologiques » qui le séparaient de la doctrine sont mentionnées par Breton comme s'il voulait assurer pour plus tard la source d'éventuels débats en prenant dès l'abord toutes ses responsabilités.

Beaucoup d'observateurs crurent que *Légitime Défense* annonçait la rupture avec le communisme. Les communistes, en effet, n'appréciaient pas du tout que l'on attaquât leur presse, même pour les meilleures raisons, de l'extérieur du parti (bientôt, toute critique deviendra impossible même à l'intérieur) et les termes employés par Breton étaient très offensants.

Or, les choses n'avaient pas pris un tour aussi simple. Benjamin Péret entra comme journaliste à *L'Humanité*, qui publia de ce fait pendant plusieurs mois des entrefilets d'un anticléricalisme forcené. Jacques Doriot, alors très puissant, convint qu'il s'intéressait à la violence de la diatribe surréaliste. Quelques semaines après la publication de *Légitime Défense*, Breton s'inscrivit au parti. Il y eut tout de même quelques remous car Breton ne pouvait être qu'appelé à occuper une position éminente dans les rapports des communistes avec les lettres et les arts, ce qui ne manquerait pas de ruiner quelques situations confortables. La procédure des commissions d'enquête, dont j'ai fait mention, n'avait en soi rien d'absurde ni d'insultant, certains des dirigeants du parti comptaient même sur leur verdict pour imposer les surréalistes. Mais calculs et procédures étaient naïfs et sots. Mettre en branle le lourd appareil des commissions cela conduisait, suivant les règles d'organisation, à déclencher le mécanisme du rejet et à courir le risque de provoquer la colère de l'examiné, conscient, malgré l'humilité inhabituelle à laquelle il s'était contraint, de sa force morale et du burlesque de la situation. Personne, chez les communistes, ne comprit ou ne voulut comprendre que la publication de *Légitime Défense*, avant l'adhésion au parti, engageait implicitement son auteur à accepter la discipline pour tout ce qui n'était pas à prendre ou à laisser dans le pamphlet. N'était-ce pas l'essentiel de ce qu'aurait dû souhaiter, en pareil cas, le parti? Tributaire de toutes les valeurs bourgeoises, l'appareil communiste estimait que Breton et le surréalisme n'étaient pas assez notoires pour mériter les faveurs du tapis rouge et de l'escalier d'honneur. Dans ce cas, les petits rongeurs placés aux différents degrés de la hiérarchie ne pouvaient manquer de se précipiter aussitôt sur ce corps étranger pour le déchirer. C'est dans ce contexte de déceptions et de querelles bureaucratiques que le ferment « oppositionnel » germa chez les surréalistes. Breton admirait Trotski. Le sort fait par Staline à l'opposition, les exclusions et les déportations précipitèrent sans doute le repli des surréalistes sur leur position de départ en justifiant ce repli, puisque le Komintern, si incommode et si peu accueillant, s'amputait, semblait-il, des révolutionnaires les plus purs.

La politique des nations, de 1914 à nos jours, a été la plupart du temps irrationnelle, paranoïaque et violente. On peut se demander ce qu'aurait pu donner, dans ce contexte, la conjoncture d'une des grandes gueules communistes de 1927 (Doriot, par exemple, plutôt que Thorez) et des surréalistes, à la tête d'un parti de masses révolutionnaire dans son principe. Mais le stalinisme devait rejeter Doriot vers le fascisme et confiner les surréalistes en marge des catastrophes. En mai 1968, la plupart des inscriptions lues sur les murs de Paris témoignaient plus pour Breton que pour Lénine.

Il y eut plus tard des réussites temporaires dans les tentatives de mariage entre surréalistes et communistes. La plus durable fut celle des surréalistes tchèques dont l'activité s'exerça pendant quelques années sous l'estampille officielle du parti communiste jusqu'à ce que le stalinisme y mît bon ordre. En Yougoslavie, les surréalistes fournirent des cadres au parti communiste puis au gouvernement de Tito, mais presque tous les intéressés, dès 1933, voulaient être des révolutionnaires professionnels ; ils le devinrent avec éclat sans oublier le surréalisme.

En 1927 le parti communiste français ne savait pas quoi faire des intellectuels qui venaient à lui. Il se réservait l'usage de quelques célébrités sympathisantes, promises au rôle solennel de voix de la conscience universelle. Romain Rolland, dont on critiquait le pacifisme petit-bourgeois, était le recours suprême. Le parti n'avait pas encore compris qu'il pouvait tirer beaucoup d'effets de l'adhésion des comédiens, des cinéastes et des journalistes. A l'époque, il n'avait pas de quoi les séduire puisque tous les moyens d'expression ou presque étaient aux mains des adversaires. L'Etat, aujourd'hui grand dispensateur d'emplois, ne disposait alors que de l'Opéra et de la Comédie-Française, colonisés par les partis au pouvoir. Les communistes avaient besoin de propagandistes ; ils en trouvaient d'excellents dans la classe ouvrière. Confier la propagande à des intellectuels comportait le danger d'imprévisibles déviations et cela risquait de dresser une barrière de langage et de manières entre le parti et les masses. Or, les communistes étaient loin d'être les plus forts au sein du prolétariat. Sauf dans la région parisienne, les ouvriers, quand ils s'intéressaient à la politique, se tournaient en majorité par sentiment et par prudence vers les socialistes et la C.G.T. de Léon Jouhaux, ou vers les radicaux socialistes. Que faire de Max Ernst ou d'André Breton pour disputer les mineurs de Lens aux maires et aux députés S.F.I.O., lesquels avaient à leur disposition, pour ceux qui lisaient, des romanciers sachant décrire avec sentiment la vie accablée des manœuvres ou les malheurs des filles mères embauchées dans la filature ? Les intellectuels, portés à croire qu'ils pourraient être utiles en créant des cercles d'études marxistes, soit à l'usage des ouvriers, soit pour leur propre édification, se berçaient d'une illusion supplémentaire, mais personne, alors, n'en avait conscience. Nous ne vivions pas à l'époque de Lafargue, de Kautsky ou de Lénine. Le dogme était bien établi, l'interprétation en était réservée aux pères de l'Eglise ; sous peu, elle deviendrait le monopole de Staline. L'objet des études, dans les cercles à créer, se bornerait à commenter Staline ou à paraphraser Trotski ; on pouvait aussi s'ingénier à faire entrer de force, dans le matérialisme dialectique, tout ce que les savants découvraient, opération qui ne tentait personne en France parce que les « marxistes » ignoraient tout de la physique de leur temps.

On prétendait que l'histoire du parti communiste français depuis sa fondation pouvait se résumer ainsi : chaque année les anciens ont été exclus par les nouveaux. Il y avait une part de vérité dans cette boutade. Les gens du Komintern encourageaient l'ambition et la naïveté des jeunes pour accélérer la « bolchevisation ». Je n'avais pas échappé à cette loi. Pierre Naville avait, lui, accompli la démarche assez singulière d'adhérer au parti pour devenir oppositionnel. Eliminé par Breton de la direction de *La Révolution surréaliste* où il avait encouragé une sympathie lyrique pour l'Orient et la « Tradition », Pierre Naville avait été communiste avant les autres. Fasciné par le trotskisme, il connaissait mieux le marxisme que Aragon ou Breton. Réfléchi, laborieux, mais de nature sectaire et sans doute fidéiste, comme tous les sectaires, il embrassa comme une croyance l'idéologie communiste, adoptant, du même coup, les interprétations les plus rigides du dogme. J'incline à penser que l'évocation de Thermidor qui revenait si souvent, à l'époque, dans les invectives de Trotski contre Staline et ses soutiens, plus que toute autre considération, détermina Pierre Naville à se ranger dans « l'opposition ». Il devenait ainsi le défenseur de la vraie foi. En 1926, les rédacteurs de la revue *Clarté*, Marcel Fourrier, Victor Crastre, Jean Bernier et les surréalistes avaient essayé de se mettre d'accord sur le contenu d'un périodique nouveau, *La Guerre civile*, qui se serait substitué à *Clarté*. C'eût été une bonne manière de résoudre les problèmes posés par le ralliement de Breton aux principes de la IIIe Internationale, mais c'était chercher la quadrature du cercle, car pour absorber le surréalisme dans toute sa richesse et ne pas limiter son apport à des collaborations littéraires, il fallait admettre un libéralisme philosophique auquel pas un communiste n'était prêt. Naville ne fut pas un des plus accommodants. Il devint le champion d'une discipline de pensée au nom de laquelle il allait être bientôt exclu du parti. Dans la brochure *La Révolution et les Intellectuels, que peuvent faire les surréalistes?* publiée en 1926, il fit avec talent, aux surréalistes, le procès de tendance et d'intentions que les staliniens devaient reprendre plus tard, se montrant plus pointilleux sur la doctrine et plus sévère que les commissaires enquêteurs qui harcelèrent Breton, l'année suivante, au sein du parti communiste. Naville mettait en cause l'acquiescement de Breton au matérialisme historique, accusait les surréalistes de défendre une idée incertaine de la révolution, très éloignée, peut-être de la révolution prolétarienne. Il s'inquiétait de leur individualisme, de l'intérêt qu'ils portaient à l'idéalisme subjectif. Ces critiques très perfides avaient pour elles la rigueur des articles de foi. Elles emportèrent, d'abord, mon adhésion, que la réponse de Breton, *Légitime Défense*, ébranla. Certes, l'orthodoxie était du côté de Naville, la distinction faite par Breton, pour sa défense, entre le matérialisme historique, auquel il souscrivait et le matérialisme « dogmatique », qu'il paraissait condamner en prétendant à tort que le matérialisme historique en est la négation formelle, ne représente pas du tout la pensée d'Engels.

Au contraire, comme cette distinction n'avait pas d'autre but que de préparer le lecteur à admettre une sorte d'équivalence entre l'idéalisme subjectif et le matérialisme historique, elle renforçait la portée des *mises en demeure* présentées par Naville aux surréalistes. Mais il y avait dans l'argumentation de Breton, dans ce qui était protégé par sa dialectique, un monde merveilleux que n'atteignait pas la sèche orthodoxie de Pierre Naville. Sans vouloir aller, pour le moment, au fond des choses, en m'avouant qu'il s'agissait plus d'une intuition que d'une conviction raisonnée, sans approuver non plus tous les détours de *Légitime Défense*, je dus convenir que les critiques de Naville, si fondées qu'elles apparussent à la première lecture, avaient peu de portée. Elles étaient à côté de la question et s'apparentaient plus aux traditionnels procédés de discussion de la littérature marxiste qu'à une vue exhaustive du sujet traité. Après tout, était-il si dangereux, pour la révolution, que les surréalistes fussent troublés par les coïncidences ou des histoires de médium, s'il n'y avait là que matière à création artistique ou prétexte à l'exploration de l'inconscient ? Et même si les écrits surréalistes contenaient quelques « erreurs », étaient-ils de nature à détourner le prolétariat de sa mission historique, n'avaient-ils pas, à cause même de ces « erreurs », un pouvoir d'incitation révolutionnaire ? Leur non-conformisme n'était-il pas plus vrai que celui des saint-sulpiceries officielles ? Après la publication des lettres contenues dans *Au grand jour* qui mettaient fin avec beaucoup de dignité et de pudeur à la pitoyable équipée des cinq signataires (Aragon, Breton, Eluard, Unik, Péret) dans les cellules communistes, Naville fit un pas en arrière. Il admit que Berkeley, Locke, Hegel pouvaient être vus sous un autre éclairage que celui des écoles de cadres du parti. Il bâtit une curieuse théorie du pessimisme militant pour donner crédit à une sorte de complicité organique qui aurait existé entre tous les surréalistes, communistes ou non. Il ne s'agissait plus cette fois d'un accord de principes, ni même d'une entente sur des objectifs, mais d'une référence cherchée au plus profond du comportement de chacun, une manière de voir. Cette proposition si nébuleuse, dont on pouvait inférer qu'elle cachait de profonds désaccords car elle laissait posées les injonctions de la veille, est contenue dans l'article *Mieux et moins bien* écrit en 1927 et publié dans *La Révolution surréaliste*. Une brochure en a été tirée à part.

Tout bien pesé, je retins du texte de Naville que son auteur prenait définitivement ses distances à l'égard du surréalisme, et qu'en dépit de la communauté de nos convictions marxistes, ces distances n'étaient pas les miennes. Cela m'importait beaucoup car je craignais que Naville prît assez d'influence sur les surréalistes pour les annexer tous au trotskisme.

En 1928, Pierre Naville, un peu plus âgé que moi, avait une maturité que je n'avais pas encore. Il savait exactement où il voulait aller. Il n'avait pas une meilleure connaissance du marxisme que moi, mais il avait sûrement une culture philosophique plus étendue et plus précise, due en partie à sa formation. Il disposait de moyens matériels que je n'avais pas et d'une sécurité qui me faisait absolument défaut. Je palliais ce manque par beaucoup d'inconscience, un mépris total de l'avenir. Les différences portaient davantage sur le milieu social où nous évoluions l'un et l'autre. Naville était resté un intellectuel bourgeois. Je m'étais à peu près complètement intégré à la classe ouvrière. Or, les ouvriers n'étaient pas trotskistes. Thermidor, pour eux, avait le sens d'un retour au capitalisme privé : il n'y avait aucun indice perceptible que l'U.R.S.S. s'engageât dans cette voie. Maladroitement, ou sottement, comme on voudra, le communisme russe restait attaché à l'idée de la révolution mondiale. La dictature du prolétariat prenait au-dehors une valeur d'exemple : il y avait un pays, et un seul, au monde, où tous les rapports de propriété avaient été bouleversés, et ce pays c'était l'Union soviétique. Les querelles de l'opposition passaient au-dessus du bon sens populaire et j'imagine qu'il en était un peu de même en Russie. Les variations de l'opposition, et notamment de Trotski, sur Thermidor, avaient une amplitude si déconcertante qu'on ne pouvait pas les prendre au sérieux, sauf à attacher plus d'importance à l'éclat du style, au talent du polémiste, qu'aux faits eux-mêmes. Les intellectuels sont toujours plus sensibles aux raisonnements qu'à la raison ; Naville ne faisait pas exception à cette règle.

Pour Breton, les idées s'imposaient. Le contenu des critiques rapporté aux événements dénoncés l'intéressait moins encore que Naville. La portée philosophique des remarques, les incidences, l'enchaînement des idées, en revanche, portaient de plein fouet sur son intelligence et sa sensibilité. Trotski était admirable. Breton se trompait rarement dans ses jugements de valeur. Staline se différenciait assez peu des dizaines de politiciens en exercice, un peu pourtant. Trotski était un écrivain, un penseur exceptionnel. Le sort injuste fait à Trotski, le génie, l'ange, condamné par des assemblées de médiocres ou de lâches, prévenait en sa faveur le pessimisme de Breton. Tout cela s'ajoutait aux brimades des commissions d'examen pour maintenir Breton dans la conviction qu'il était honorable et sage de quitter le Parti Communiste Français, mais cela ne suffisait pas à Breton pour le décider à rejoindre l'opposition trotskiste. Cette distinction eut pour moi la plus grande importance, dès que j'en eus pleinement conscience.

Comme presque tous les membres du parti, comme tous les électeurs communistes, je pensais que Staline avait raison. Il avait assez à faire à construire le socialisme et à défendre l'U.R.S.S. pour ne pas trop s'encombrer d'inquiétudes révolutionnaires, c'était d'abord la tâche de chaque parti national. Lénine n'avait pas été chercher les Français, en 1917, pour s'emparer du pouvoir. Dans le déluge croissant des invectives qui accablaient Trotski je faisais la part de la polémique, je conservais intacte mon admiration pour l'organisateur de l'Armée rouge, mais l'histoire du bolchevisme ne montrait-elle pas qu'il avait fallu, parfois, se séparer des meilleurs ? Le convoi prend à nouveau de la vitesse, certains de ses passagers, qui en étaient descendus alors qu'il ralentissait, ne peuvent pas regagner leur wagon. Il n'en avait pas été autrement de Kautsky, de Plekhanov et de Rosa Luxemburg.

Lors de la publication de *Que peuvent faire les surréalistes* en 1926-1927, j'avais échangé quelques lettres avec Naville. Je n'avais rien gagné à cette correspondance. Mes lettres étaient probablement confuses et pleines de contradictions, celles de Naville reflétaient l'optimisme serein des croyants : la vérité triompherait, les hommes et les idées prendraient peu à peu la place que leur assigne le déterminisme révolutionnaire. « Il faut laisser les révolutionnaires se révolutionner », me dit un jour Naville alors que j'avais plaidé devant lui la thèse de la prise de conscience progressive d'une ligne juste par l'action politique quotidienne.

TROTSKI REVIENT À MONTPARNASSE

Après une dernière conversation avec Naville, au début de 1928 sans doute, j'eus le sentiment d'avoir rendu visite à un hérétique, soucieux avant tout de la pureté de son hérésie, bien décidé à écarter tout ce qui pourrait troubler la surface sereine de ce beau lac tranquille. Peu lui importait que cette hérésie triomphât ou non. Pierre Naville était devenu marxiste et trotskiste pour lui seul, éventuellement pour la gloire de son maître.

En 1928, staliniens et hérétiques étaient des aveugles. Les uns et les autres habillaient l'Histoire d'oripeaux qu'ils choisissaient suivant des préférences secrètes et inavouées mais ils étaient également incapables de comprendre et d'expliquer ce qui se passait sous leurs yeux. Dans la querelle des trotskistes et de Staline sur l'évolution de l'U.R.S.S. (construisait-on, en U.R.S.S., le socialisme ou le capitalisme) aucune des parties en cause ne savait de quoi il s'agissait en réalité. Il aurait fallu d'abord définir le socialisme, et pour ce faire disposer d'autre chose que de deux ou trois petites phrases, ésotériques ou contradictoires, pieusement recueillies dans les œuvres complètes de Marx. Il eût été souhaitable que les intéressés possédassent, sur les économies capitalistes de leur temps, des connaissances qu'ils n'avaient pas. J'avais emporté en vacances, sur les conseils de Naville qui attachait un très grand prix à cette brochure, l'opuscule de Trotski, écrit en 1925, traduit alors récemment, *Vers le Capitalisme ou vers le Socialisme*. Naville y voyait une comparaison scientifique entre les économies russe et américaine. Il était bien loin du compte. Aujourd'hui, on ne peut qu'être très sévère pour ce texte : le grand homme, comme tous les bolchevistes de son temps, ne savait pas ce qu'était alors l'économie soviétique et vers quoi elle allait. Son ignorance des structures modernes du capitalisme était aussi grande. Les historiens de 1970 présentent cet ouvrage de Trotski comme une politesse assez laborieuse rendue par son auteur aux conceptions de la majorité dont il ne faisait plus partie. De fait, en le lisant, on ne trouvait rien qui y infirmât les thèses staliniennes et la ligne générale que suivait le parti communiste russe. Et pourtant, à la veille de la grande collectivisation, tout ou presque était déjà joué. Aucun espoir n'était permis ; les mécanismes étaient en place qui allaient tourner à plein sous la férule de Staline. Trotski a désigné, beaucoup plus tard, sous le nom de collectivisme bureaucratique, la société en cours d'édification en Russie, vers 1928. Sans tomber dans le fatalisme, n'est-il pas permis de se demander s'il pouvait en être autrement ?

Pour voir clair dans la confusion des querelles doctrinales et dans la réalité russe, il nous eût fallu abandonner, les uns et les autres, notre admiration inconditionnelle pour Lénine et notre foi marxiste. Trotski n'était d'aucun secours, prisonnier, comme Staline, d'un système qui était aussi le sien, il était condamné à user ses prodigieux moyens intellectuels dans la résolution de problèmes de tactique ou de méthode souvent très contingents. Trotski était un pilote de rechange pour l'U.R.S.S. Si les circonstances devenaient très défavorables à Staline, même les bureaucrates rappelleraient Trotski, sachant bien qu'il les maintiendrait en place. Staline ne l'ignorait pas ; il fit assassiner son rival dès que les circonstances donnèrent à l'éventualité d'un rappel de Trotski une probabilité suffisante pour l'inquiéter.

Les hommes politiques et les économistes des pays capitalistes n'y comprenaient rien non plus, incapables qu'ils étaient d'être même des observateurs conscients de leur propre système de production. Quelques théoriciens anglo-saxons devaient se montrer les dignes continuateurs d'Adam Smith, de Ricardo et de Marx, mais ils n'avaient, en 1928, aucune audience. Il fallut attendre cinq ans pour voir certains Etats pallier avec succès les effets d'une anarchie que les marxistes croyaient irrémédiable. Les communistes, eux, ne pouvaient faire aucun progrès en économie politique puisque, par principe, Marx avait tout dit. L'abondance des statistiques fausses produites par les Russes n'aidait personne. Seuls, quelques-uns des fondateurs de la IIIe Internationale pour qui Hilferding, Kautsky ou Rosa Luxemburg n'étaient pas que des traîtres ou des déviationnistes, qui connaissaient bien le léninisme et l'histoire de la révolution russe, qui avaient approché Lénine et Trotski, qui avaient été écartés ou s'étaient écartés du bolchevisme parce qu'ils n'avaient pas pu supporter le mensonge, la vantardise ou les brutalités inutiles, entrevoyaient la vérité. Je pense en particulier à Boris Souvarine en France, à Paul Lévi en Allemagne, mais exclus les uns après les autres, ces hommes étaient condamnés à porter un témoignagne récusé, à l'avance, par tous les croyants.

L'évolution des affaires russes en 1928 et 1929 permettait aux partisans de Staline, dont j'étais, de marquer sans cesse des points contre l'opposition. Au fur et à mesure que Staline accentuait sa politique de gauche, forçant le rythme de l'industrialisation, expropriant les paysans riches, à mesure aussi que se précisait, dans *L'Internationale*, la stratégie dite de *La Troisième Période*, annonciatrice de nouvelles vagues révolutionnaires (qui ne se levèrent pas, comme de bien entendu), les arguments de Trotski perdaient de leur efficacité. Personne n'osait plus considérer Staline comme un traître, un banqueroutier ou un révisionniste. N'était-il pas un inflexible ? C'est du moins l'image que chacun s'en faisait en 1928. Elle était incomplète, beaucoup trop élogieuse, mais pas tellement fausse. Le problème n'était pas de savoir si Staline continuerait l'édification du socialisme ou étranglerait la révolution mais si ce jeu en valait la chandelle. Aucun communiste ne se posait de telles questions. En tout cas, les partisans de Trotski qui avaient crié si haut à Thermidor et à l'abandon n'avaient pas bonne mine. Aussi les oppositionnels capitulaient-ils les uns après les autres, avouant leurs erreurs, reconnaissant le bien-fondé de la ligne générale du parti, approuvant Staline. Je tirais avantage, devant Sadoul, de chacune de ses soumissions ; avec quelques autres motifs, elles devaient précipiter la brouille latente que je souhaitais entre Pierre Naville et André Breton.

A la fin de septembre 1928, mon père quitta la tranquille et austère rue Girardet pour s'installer avenue Foch dans la maison de style 1925 qu'il avait fait construire. Nous nous amusâmes beaucoup tous les deux à choisir les papiers peints et à disposer les meubles. Mon père suivait souvent mes conseils qui lui paraissaient s'inspirer d'une esthétique plus moderne. La maison était fort gaie. Ma sœur Françoise, devenue très belle, y amenait un essaim d'amies de son âge qu'elle dominait par sa personnalité et son assurance. Ces filles étaient assez différentes des échappées de pensionnat que j'avais connues quelques années plus tôt. Elles découvraient les vacances et les voyages et prenaient une indépendance d'allure dont Nancy s'étonnait. Françoise avait fait des progrès stupéfiants au piano. Elle avait toujours été douée. A quatorze ans elle s'était présentée sans prévenir dans la classe de mon père, au Conservatoire. Aussitôt admise, elle avait obtenu, l'année suivante, son Premier Prix. Elle avait commencé à travailler avec Cortot qui lui prédisait une carrière, mais sa santé nous inquiétait tous. Bien qu'elle eût l'aspect d'une jeune fille robuste, elle gardait les séquelles d'un accès de tuberculose que l'on croyait maîtrisé et dont les suites devaient être dramatiques à brève échéance.

Pour me mettre dans le bain, je participai à des réunions de cellules régimentaires et j'allai à Metz distribuer aux soldats de la garnison un numéro de *L'Avant-Garde*, de caractère subversif, disait-on. J'en apportais quelque deux cents exemplaires dans un logement sordide, habité, semble-t-il, par une fille assez peu farouche et j'organisai une diffusion rapide dans les quartiers proches des casernes avec trois ou quatre galopins et deux jeunes ouvriers de Villejuif qui faisaient leur service militaire à Metz.

J'avais en poche une convocation qui me priait de rejoindre, à la fin d'octobre, le 18e génie à Mayence. Mais une loi récemment promulguée avait diminué de six mois la durée du service militaire. Le gouvernement décida d'appliquer immédiatement cette mesure qui allégeait les charges de l'Etat. Les incorporations du deuxième contingent de 1928 furent reportées au mois de mai 1929. Je décidai alors de retourner à Paris.

Les conditions de ce retour n'étaient pas très engageantes. Mon père avait décidé de réduire à deux cents francs la mensualité qu'il m'allouait. Tant pis, j'habiterais rue du Château où je n'avais pas de loyer à payer et j'irais travailler en usine. J'eus toutefois le bon esprit de demander à mon père de me donner un grand poêle à feu continu qui chauffait ses salles de cours, rue Girardet. Comme il n'en avait plus l'emploi, il accepta de l'envoyer rue du Château. Cet efficace appareil allait rendre confortable la vie dans la petite maison, durant les hivers longs et froids de 1928 et 1929 et permettre d'interminables conversations nocturnes avec Aragon.

Personne ne m'attendait à Paris. Je n'avais pas écrit à Sadoul. J'arrivai à la tombée de la nuit. Je trouvai, comme à l'accoutumée, la clef pendue à un clou des cabinets près du vasistas qu'il suffisait de pousser pour l'ouvrir. Je m'attendais à un plus grand désordre dans la grande pièce du rez-de-chaussée. Bien en évidence, dressé sur une des banquettes, un objet insolite révélait une visite inhabituelle ou peut-être une nouvelle présence: la photographie, grandeur nature, en buste, d'une jeune femme que je ne connaissais pas, aux bras enserrés jusqu'aux coudes par d'énormes bracelets d'ivoire. C'était l'agrandissement d'une photographie faite par Man Ray, reproduite plus tard dans le numéro de *Variétés* du 15 août 1929. Je supposai aussitôt que la personne aux bracelets était Nancy Cunard dont la liaison avec Aragon défrayait la chronique, inquiétant pas mal de surréalistes à cause de la fortune de Nancy. Quelqu'un s'était installé dans ma chambre : aux valises de cuir semées d'étiquettes internationales, à la centaine de cravates pendues dans l'armoire, j'identifiai en Aragon le nouvel occupant. Assez amusé par cette surprise, je m'installai dans la troisième chambre à coucher, celle du rez-de-chaussée, qui prenait jour par des vasistas ouverts dans le plafond. J'avais apporté de nouveaux disques, *Ol'Man River* et d'autres airs de *Show-Boat*. Je les essayai sur le phonographe à roulette. Survint Margolies, alors élève architecte à l'Ecole des Beaux-Arts, un des condisciples de Maurice Blech. Les Blech ont des usines de textiles à Saint-Dié et à Sainte-Marie-aux-Mines. La famille fréquentait celle des Sadoul, il y avait trois frères Blech, fort différents les uns des autres, et une sœur très appétissante ! Maurice Blech nous avait précédés à Paris pour terminer ses études. Beau garçon, habillé avec goût, intelligent, bon camarade, il était, je crois, le contemporain exact de Sadoul. Les moyens financiers relativement larges dont disposait à Paris l'étudiant Maurice Blech et la beauté de sa sœur Christiane en imposaient à Sadoul ; mais c'étaient les succès féminins de ce garçon qui comptaient le plus pour son prestige et surtout l'incomparable coup d'audace qui en avait fait le premier amant parisien de Joséphine Baker. L'idylle avait été, je crois, très brève. Deux ans après la rupture, nous étions encore tous remplis d'admiration et de fierté.

Margolies me confirma la présence d'Aragon rue du Château. Mais la grande nouvelle était la passion folle, irrémissible et malheureuse qui s'était emparée de Sadoul.

Deux filles qui n'avaient pas froid aux yeux, belles comme le jour, ambitieuses et sans argent quittèrent Aubervilliers pour Paris. C'est un voyage que pas mal de jeunes personnes font encore à seize ans quand elles en ont tout à fait assez des usines, des Arabes et des motos des petits copains. En 1922, c'était un assez grand voyage. Les deux Suzanne (elles affichaient le même prénom) avaient juré de ne plus mettre les pieds à Aubervilliers et de ne pas se contenter d'aventures médiocres. Pourtant, il fallut en passer par là pour vivre. Suzanne I était petite, avec un visage expressif et parisien, de très beaux yeux, un sourire d'ange gourmand. Suzanne II était grande, mince, élancée, avec des traits réguliers, un peu nordiques, une distinction naturelle, un maintien de star. On la disait d'origine hollandaise. Très coquettes et fort bien faites, elles aimaient l'amour et le luxe. Elles avaient voulu tout connaître ; l'une des deux Suzanne fut même pendant quelque temps pensionnaire dans un bordel où elle avait été embauchée sous l'identité de sa copine. En 1928, elles étaient devenues l'une et l'autre des femmes élégantes, ayant beaucoup appris, mais en dépit de réussites certaines, leur ambition restait entière. Suzanne II, après quelques péripéties, avait été attirée comme il se doit, par le Quartier latin. Elle avait été la maîtresse de Vitrac et se disait l'auteur d'une de ses pièces de théâtre, puis elle vécut avec un jeune Américain qui étudiait en Sorbonne. Le garçon avait un peu plus d'argent que les autres, mais il fallait tout de même compter. Très épris, il avait installé Suzanne dans un hôtel de la gare Montparnasse plus confortable que ceux de la rue Cujas ou de la rue des Ecoles. En 1926, il dut repartir brusquement pour les Etats-Unis. Son absence fut assez longue, mais il avait laissé à Suzanne II de quoi vivre décemment. Il revint plus amoureux que jamais. Son amie l'avait un peu trompé parce qu'elle était inquiète sur l'avenir de cette liaison et qu'elle se demandait s'il n'était pas temps de regarder ailleurs. Elle l'attendait à moitié quand il s'annonça, incertaine sur la conduite à tenir car il avait tenu à la retrouver dans leur chambre d'hôtel. Il avait l'air prospère, affairé et mystérieux. Après les premiers baisers, le jeune Américain dit à Suzanne II : « Jouons au conte de fées. Forme trois souhaits. Chiche ! » Suzanne ne réfléchit même pas, elle répondit avec le sentiment d'être sur la bonne piste, mais avec la certitude d'être contrainte de réduire, après, le volume de se demandes, pour les adapter aux cadeaux qu'elle allait recevoir : « Une voiture, un manteau de vison, une maison sur la Côte d'Azur. » Le jeune Américain éclata de rire, satisfait d'avoir deviné juste : « Eh bien, c'est accordé, dit-il. La voiture est en bas : c'est l'Hispano que tu vois rangée contre le trottoir, sonne la femme de chambre, elle t'apportera le vison qu'on a livré ce matin, pour toi. Prépare tes valises, nous partons sur l'heure pour Cannes : tu pourras chercher là-bas la maison de tes rêves. » Le jeune Américain venait d'être mis en possession d'une grosse fortune. Il était devenu quelque chose comme un roi du caoutchouc. Il épousa Suzanne II et l'emmena avec lui en Amérique.

Ayant un peu le mal du pays, cette grande fille était revenue toute seule, à Montparnasse, ce mois d'octobre 1928, avec de l'argent, des robes, des bijoux et l'intention de bien s'amuser. Maurice Blech la cueillit au passage. Par vanité, ou poussé par je ne sais quel démon, il l'emmena rue du Château où Sadoul se morfondait. La veille, Sadoul s'était fait tirer les cartes par la sœur de Caupenne, qui lui avait annoncé la visite à domicile de l'amour de sa vie. Il n'en fallait pas plus pour que l'entrée de Suzanne dans l'atelier parût aussi naturelle que celle du facteur. Sadoul passa la nuit dans les boîtes avec la ravissante et en sortit à l'aube, fou d'amour.

Ce qui rendit Sadoul encore plus amoureux, ce fut la présence de Suzanne I au côté d'André Breton. Les surréalistes attachaient une importance capitale aux coïncidences. Restée à Paris, l'autre beauté d'Aubervilliers avait fait du chemin dans les milieux de la banque, de l'industrie et des beaux-arts, hésitant entre la sécurité et la quête de l'amour absolu. Elle venait de s'installer temporairement 42, rue Fontaine dont elle modifia l'aspect en dessinant une grande étagère et en déplaçant les objets et les tableaux. Pendant trois ans, entrecoupés de ruptures, de séparations, de retours, et si ma mémoire ne me trahit pas, d'un mariage avec un écrivain médiocre, mais riche et notoire, Suzanne I fit connaître à Breton tour à tour le paradis et l'enfer au gré de sa propre instabilité, au rythme hélas ! des difficultés matérielles de son amant. Dès que Sadoul eut décrit l'objet de sa passion, Susanne I reconnut son ancienne camarade ; celle-ci se prénommait d'ailleurs

Hélène ; elle avait remplacé Hélène par Suzanne par affection et par admiration. Ce que nous pûmes apprendre sur le caractère d'Hélène-Suzanne n'était pas très rassurant. Il fut très vite évident qu'elle était venue à Paris pour profiter de sa liberté, qu'elle s'amusait de la passion qu'elle avait inspirée à Sadoul, mais tout portait à croire qu'elle ferait de son soupirant le plus malheureux des hommes.

Georges Sadoul avait alors peu d'expérience en matière de femme. A Nancy, il avait eu une liaison avec la fille d'un universitaire connu pour ses travaux scientifiques, la plus intelligente, mais la plus folle des filles que nous faisions danser dans les sauteries bourgeoises. Il la traita fort mal parce qu'il ne l'aimait pas. En retour, il était passionnément et aveuglément aimé. Il s'était pris ensuite d'un grand béguin pour une jeune personne plus complexe, plus coquette aussi, qui cherchait un mari ; bien que Georges Sadoul ne lui déplût pas elle lui préféra comme de bien entendu une vie qui paraissait, à l'époque, plus sûre. Elle eut l'occasion de regretter cent fois d'avoir fait un choix aussi convenable, mais en revanche, elle avait préparé son amant d'un jour à trouver une sorte de joie masochiste dans la coquetterie et les caprices du beau sexe. En 1928, Sadoul, lecteur chez Gallimard, allait depuis deux ans, passer chaque jour quelques heures dans la maison d'édition. Il était assidu aux apéritifs du café *Cyrano*, traînait un peu à Montparnasse ou au bal Nègre, en compagnie le plus souvent de Blech, Margolies et Baldensperger, voyait beaucoup de films, mais on ne lui connaissait aucun flirt. L'orage éclata brusquement sur sa tête : il ne pensait plus qu'à Suzanne, il ne parlait plus que de Suzanne ; aussi peu armé que possible pour affronter une personne aussi rouée, il était maladroit, amoureux, têtu et s'enfonçait dans la déception.

Cette funeste passion dissipa les malentendus et les querelles qui nous avaient éloignés l'un de l'autre. Sadoul avait besoin de moi, nous redevînmes amis comme si Trotski n'avait jamais existé. Je m'ingéniai à l'aider et à le distraire, j'imaginai des manœuvres compliquées pour qu'il pût rencontrer Suzanne et fléchir la résistance de la coquette. J'obtins au moins qu'il prît son mal en patience jusqu'à ce qu'il lui trouvât un dérivatif.

Chapitre XI

Entrée d'Aragon

Avec la publication, en 1928, du *Traité du style*, Aragon accrut une notoriété qui sans atteindre encore le « grand public » dépassait déjà le petit monde des lettres et des arts. Le livre scandalisa quelque peu, mais les scandalisés eux-mêmes s'accordèrent à trouver du génie à l'auteur. Le contenu antipatriotique, antimilitariste et antireligieux du *Traité du style* élargit l'audience d'Aragon au sein de la jeunesse et dans les milieux de gauche.

Elégant, dandy, romantique, beau garçon, caustique, fugace, éblouissant, Aragon intriguait les hommes qui craignaient son intelligence, la vivacité et le mordant de ses reparties et séduisait les femmes qui raffolaient de l'aura de mystère dans laquelle il se déplaçait. Pour garder ses distances, il se servait avec maîtrise d'une sorte de politesse glacée, dans le meilleur ton du XVIIIe siècle, ce qui ne l'empêchait pas d'être sensible et fraternel avec ses amis. Il savait provoquer les confidences ; ensuite il parlait très longtemps et parlait comme il écrivait ; retrouver le ton, le style, les phrases de ses livres calmait et remontait son auditoire autant que l'adresse des propos entendus.

Nancy Cunard avait à peu près l'âge d'Aragon. Sa mère, Lady Cunard, reçue à la cour d'Angleterre, était une des grandes dames de la société britannique. Protectrice des arts, voyageuse intrépide, on la disait très liée avec sir Thomas Beecham, le rival anglais de Toscanini. Elle portait un nom célèbre sur les océans. Elle ne passait pas pour une personne accommodante. Nancy avait épousé, à dix-huit ans, un bel officier de cavalerie qui avait disparu très vite, tué dans les Flandres, ou mis à la porte par sa femme, dont la vocation n'était pas dans l'armée. C'était une jolie fille, une fausse maigre, de taille moyenne, mince, au regard de serpent, avec de beaux cheveux couleur de noyer, une peau à taches de rousseur. Aristocrate et britannique comme dans les romans, elle avait la démarche assurée des femmes habituées à être reçues et à recevoir. Elle s'habillait fort bien, avec une note d'excentricité qu'elle accentua petit à petit jusqu'à dépasser la mesure, sur le tard. Elle parlait sans accent un français châtié, avec parfois des anglicismes amusants ou pittoresques, d'une voix mélodieuse de sirène. La photographie de Man Ray, que Aragon avait transportée rue du Château, est très évocatrice de ce qu'était le modèle en 1928-1929. Nancy portait presque toujours d'énormes bracelets qui ressemblaient, pressés autour de ses avant-bras, à un morceau d'armure. Les plus beaux et les plus étranges, de gros anneaux d'ivoire, venaient d'Afrique ou d'Asie. Le goût lui en avait été donné par Aragon qui les lui avait presque tous offerts. Comme beaucoup d'Anglo-Saxonnes de la bonne société, Nancy buvait et s'enivrait souvent. Elle devenait alors mauvaise, agressive et brutale, giflait les hommes d'un revers de l'avant-bras, meurtrissant les visages avec l'ivoire ou le métal qui la serrait des poignets aux coudes. Elle portait quelquefois elle-même les traces d'une de ces scènes violentes qu'elle dissimulait sous d'épaisses voilettes mauves accrochées à l'un des petits chapeaux extravagants de l'époque. Elle était, elle aussi, d'humeur voyageuse, traversant les mers pour un oui, pour un non, donnant à ses amis des adresses bizarres, envoyant à l'improviste des télégrammes souvent sibyllins, écrits dans l'ivresse, fixant des rendez-vous aux Bermudes ou à Naples comme d'autres invitaient à un week-end en Sologne.

A ce moment-là, je connaissais très peu Louis Aragon. En 1927 et 1928, je ne fréquentais guère le café *Cyrano*; Aragon, comme Eluard, était alors presque toujours en voyage. Un soir de printemps, semble-t-il, il apparut à la terrasse d'un café sur la rive gauche, où je buvais en compagnie de jeunes surréalistes comme Pierre Unik, Jacques Baron, Maxime Alexandre. Cette apparition fut étonnante, conforme à l'idée que je me faisais du personnage. Aragon s'enveloppait dans une sorte de cape noire, ce qui accentuait le côté conspirateur pressé qu'il affectait souvent. Il ne s'assit pas, distribuant ici et là quelques saluts assez protecteurs, montra une certaine agitation et disparut dans un remous de mystère. Plus simplement il allait, je crois, rejoindre Nancy Cunard avec laquelle il devait passer quelque temps sur la côte basque, alors très à la mode.

Nancy possédait une maison dans le Périgord, une autre à la Chapelle-Réanville, près de Vernon. La Chapelle-Réanville a été pillée et détruite par les Allemands. C'était une maison de ferme confortable et anglaise. La grange avait été transformée en une sorte de grande salle difficile à chauffer. On pouvait y supporter le froid en se pelotonnant dans des fourrures. Nancy avait la passion de l'imprimerie ; elle l'avait fait partager à Aragon. Il y avait une presse, à Réanville, dans un commun ; il y en avait une autre rue Guénégaud, dans une arrière-boutique. *Hours Press* éditait des plaquettes à tirage limité ; la traduction de *La Chasse au snark*, de Lewis Carroll, est du nombre ; le texte français est d'Aragon.

Nancy, qui savait être gentille, tendre, amoureuse, pleine d'attentions, était une compagne difficile et dévastatrice. Elle aimait avant tout les hommes ; quand elle avait envie de quelqu'un, il lui fallait satisfaire, sur l'heure, son envie ; elle attaquait ; il est difficile d'imaginer les tortures que son inconstance et ses faims subites infligeaient à ses amants. Aragon et Nancy avaient passé la fin de l'été 1928 en Italie. Leur liaison avait déjà atteint la période des orages, avec des réconciliations passionnées, des heures inoubliables et des disputes mortelles.

Ils s'installèrent tous les deux à Venise où se faisait entendre une formation de Noirs américains, « Plantation Jazz », plus ou moins solidaire de la tournée que faisait en Europe la troupe des Black-birds. Nancy tomba amoureuse du pianiste, un Noir sympathique et de bonnes manières, bel homme, qui composait des blues dans le sillage de Gershwin.

Pendant deux ou trois semaines, Aragon fut mis à la torture et ce qu'il dut supporter fut, à coup sûr, atroce. Le *Poème à crier dans les ruines*, publié en 1929 dans le recueil *La Grande Gaieté*, est en quelque sorte l'épilogue de ces souffrances et de cette liaison.

Il fallait rompre, partir. C'est ainsi que Aragon débarqua en octobre rue du Château, littéralement brisé. L'atelier qu'il avait loué, rue Campagne-Première, n'était pas encore habitable et surtout Aragon n'avait pas envie d'être seul. Il n'avait pas cessé toute relation avec Nancy: celle-ci, avec une tendresse et un pouvoir d'ophidien, fascinait longtemps ses victimes, les empêchait de reprendre toute leur liberté. Elle aimait revoir ses anciens amants. En réalité, elle prenait la vie dans toute sa complexité et ne comprenait pas pourquoi elle se forcerait à ne plus être amoureuse d'Aragon parce qu'elle avait envie de coucher avec Henry Crowder.

Chaque semaine ou presque, Aragon allait passer un jour ou deux à la Chapelle-Réanville; il en revenait, comme de bien entendu, en morceaux.

Les crises sentimentales, l'absence étaient des tisons incandescents qui rallumaient sans cesse le foyer de désespoir autour duquel se chauffaient et s'exaltaient, rue du Château, Louis Aragon, Georges Sadoul et l'auteur de ces lignes. Les souffrances du jeune Werther ne conduisent pas toujours au suicide, elles peuvent aussi donner une trempe exceptionnelle à la sensibilité, à l'intelligence, à la conscience de soi. L'automne était noir, l'hiver s'annonçait rude, il faisait chaud dans toutes les pièces de la maison sous condition de laisser les portes ouvertes; cette chaleur physique aidait les désespérés à cultiver leur tristesse en chambre en buvant quelquefois un peu trop, en général juste assez pour animer la conversation. Leurs peines mutuelles les rassuraient; il se développait entre eux une camaraderie de blessés. Tout ce qui pouvait être considéré comme un mieux dans la vie d'un quelconque des trois hommes était aussitôt interprété par les deux autres comme le signe d'une renaissance. Chacun s'ingéniait à rendre service à l'autre, soit pour lui présenter, sous les meilleurs jours, la plus innocente des nouvelles, soit en suggérant des ruses susceptibles de forcer le sort.

Suzanne-Hélène se montrait, hélas! de plus en plus intraitable, Sadoul l'ennuyait; elle acceptait n'importe quel rendez-vous, sous la condition de ne pas rencontrer Sadoul; il y avait une bonne part d'honnêteté dans son comportement: elle répugnait à encourager un sentiment qu'elle voulait ignorer. Le pire arriva sous les traits de Maurice Blech. Je ne sais pas ce qu'il obtint mais on l'aperçut plusieurs fois avec Suzanne qui ne cachait pas que ce garçon lui plaisait. Comme Blech connaissait la passion de Sadoul, Aragon, moi et quelques autres nous jugeâmes très mal l'attitude de cet ami d'enfance qui n'était pas à une jolie fille près.

La quête de Suzanne et la présence d'Aragon, noctambule confirmé, autant que la vogue de ce quartier, firent que le centre géographique de nos allées et venues se situa entre la rue Delambre et le boulevard Raspail très exactement au bar de *La Coupole*. La périphérie, plus ou moins fréquentée, était jalonnée par le bar du *Dôme*, *Le Sélect*, *La Jungle*, boîte très connue qui avait pris la relève du *Jockey*[1], *Dominique*, le restaurant russe, *Les Vikings* et *Music Box*. Je ne connaissais alors de Montparnasse que les terrasses du *Dôme* et de *La Rotonde* où j'avais été chercher les ombres de Lénine et de Trotski. J'éprouvai d'abord une sorte de honte en pénétrant sur les territoires empoisonnés des plaisirs capitalistes. Je me sentais en faute et j'essayais de m'y comporter comme si j'étais en dehors de tout cela, contraint, victime d'obligations transitoires. Mais peu à peu j'y pris goût et y trouvai le charme de l'aventure et mille distractions.

Le bar de *La Coupole* est en 1970 ce qu'il était en 1928, une sorte de réduit étroit et long, aménagé à l'une des extrémités de la grande salle avec laquelle il communique par une porte à deux battants. L'entrée principale, une porte à tambour, donne sur le boulevard. Le bar occupe la presque totalité d'un des côtés les plus longs du rectangle. En face du bar, une banquette s'appuie à la cloison la séparant du café-restaurant ; entre le bar et la banquette, des petites tables et des chaises. Le barman s'appelait Bob ; on le disait de la police ; il se contentait sans doute d'être un bon indicateur. Il était précis, efficace, un peu distant, toujours aux aguets, très maître de soi ; il avait des colères froides pour mettre dehors les individus dont il ne voulait pas. La clientèle se composait d'un fond d'habitués, de curieux et de touristes ; ceux-ci étaient surtout les clients de fin de semaine, quand une partie des habitués était à la campagne. Les figures les plus notoires sont mentionnées dans tous les livres consacrés au Montparnasse des années 20. Voici une énumération de ceux qui venaient à *La Coupole* presque tous les soirs en 1928 : Derain massif, olympien, Madeleine Anspach, son amie, Foujita, la belle Youki son épouse dont Desnos, se remettant peu à peu de la mort d'Yvonne Georges, allait tomber amoureux, Kiki, très en chair, très fardée, très décolletée, très gentille, très bruyante, Fernande Olivier, une des premières amies de Picasso, déjà bien abîmée, Kisling, Zadkine, un groupe d'Américains riches, distingués, oisifs, dont le noyau était les Vail (Clotilde et son frère Laurence), une petite colonie russe autour de Ilya Ehrenbourg, à la chevelure léonine, et de sa femme au profil chevalin, et parfois Brancusi, avec sa belle barbe poivre et sel. Il faut y ajouter quelques play-boys, généralement fortunés, cherchant des femmes, et deux ou trois industriels noceurs. Du côté surréaliste, les assidus étaient Roland Tual, à l'abri du besoin depuis qu'il avait marié Colette, une remarquable femme d'affaires, la première épouse de Drieu La Rochelle, Man Ray, très prospère, Pierre Unik, Robert Desnos, le peintre Malkine vêtu d'un éternel tricot rayé, Maxime Alexandre et Aragon ; Tual lisait ostensiblement *La Croix* ; Sadoul et moi y devînmes pendant une année des figurants parmi quelques autres faméliques.

Il ne faut pas oublier les journalistes et les hommes politiques, peu

---

1. Vers 1928, un nouveau *Jockey* s'ouvrit de l'autre côté du boulevard du Montparnasse.

nombreux à vrai dire: Paul Bringuier, qui travaillait à *Détective*, Gabriel Cudenet, rédacteur en chef du quotidien *L'Ere nouvelle* et parfois Gaston Bergery, alors député radical de gauche; cet homme jeune, d'une grande distinction de manières, était entré dans la politique avec toutes les bénédictions de la IIIe République. Poincaré avait été, je crois, l'un des témoins de son premier mariage. Il venait d'épouser en secondes noces la fille de l'ambassadeur soviétique Léonide Krassine. Ce mariage et les positions politiques audacieuses prises par Bergery faisaient couler beaucoup d'encre. Au lieu de s'installer dans le pouvoir en devenant ministre à perpétuité de tout ou de rien dans chaque nouveau cabinet, Gaston Bergery avait adopté le parti de la contestation, notamment en ce qui concernait la politique étrangère hésitante et conservatrice des gouvernements d'alors. Il prônait le rapprochement franco-allemand et l'amitié franco-soviétique. Aragon le connaissait depuis toujours; il le mettait à contribution chaque fois qu'un surréaliste était emmené dans un poste de police: Bergery, de bonne grâce, s'entremettait aussitôt pour obtenir la libération du délinquant.

Aragon expliquait les options politiques de Bergery en prétendant que le député radical était le fils non avoué d'un général prussien. C'était à peu près le seul parlementaire à se frotter à la bohème de Montparnasse dans ses repaires; en revanche, de l'autre côté du bar, le restaurant de *La Coupole* était chaque soir truffé de députés, de sénateurs et de ministres.

Quelques belles filles venaient à peu près régulièrement au bar de *La Coupole*; je regardais beaucoup deux ou trois professionnelles, norvégiennes ou suédoises, qui payaient leur hôtel en se faisant enlever vers 2 heures du matin par des noctambules fortunés. La plus jolie des habituées était une Eurasienne, qui n'avait pas vingt ans; elle était collée à ce moment-là avec un fabricant de je ne sais quoi, trente-cinq ans, bel homme. Un peu plus tard, après la crise américaine, abandonnée ou brouillée, elle me fit des avances très directes, me priant, par exemple, de m'assurer sur le vif de la fermeté de sa poitrine; j'étais très impressionné et très fier de ce succès: « Ce n'est pas une fille pour vous », me dit le barman du *Dôme*, qui savait que j'étais pauvre; il connaissait aussi ma famille, car, ancien combattant de la 42e division U.S. (la Rainbow division), il avait épousé en 1919 une brodeuse de Baccarat. La plus pittoresque était une danseuse, laide et bien faite, fantasque, intelligente, paresseuse et droguée qui portait un nom extraordinaire: Caridad de Laberdesque. Son père avait été un bretteur célèbre, fort employé en Afrique du Nord par les politiciens influents d'alors, un certain Thomson et ses amis. Laberdesque faisait place nette, mettait hors de course, dans la dignité et l'honneur, les imprudents qui se mêlaient de contester à Thomson son droit inamovible à représenter les Algériens au Parlement. Je dois mentionner aussi le passage d'une jeune Irlandaise qui ne dessoulait pas et qui aimait à se dépoitrailler au milieu du bar, vers 3 heures du matin, pour montrer deux seins admirables, blancs et durs comme du marbre, ce qui d'ailleurs ne devait pas être mal interprété, sous peine de claques ou de griffes.

La Coupole était en 1929 une entreprise florissante et considérable : une pergola sur le toit doublait la capacité du restaurant, un des plus vastes de Paris ; le sous-sol était occupé par un dancing qui ouvrait à l'heure du thé pour les bourgeoises qui cherchaient un amant ; après dîner, deux orchestres, un pour les blues et l'autre pour les tangos, faisaient danser trois cents personnes jusqu'à 4 heures du matin. *La Coupole* avait aussi son prolétariat, les cafés-crémistes, jeunes intellectuels venus de tous les coins du monde, petites filles débarquées de la province, sans domicile et sans argent, attablés pendant des heures devant le même café-crème. Les cafés-crémistes formaient le gros des habitués du *Dôme*, à l'exception du dimanche car ce jour-là tous les commerçants du quartier remplissaient la terrasse. *Le Dôme* ouvrit en 1929 un bar assez vaste, qui se fit bientôt une clientèle à part, plus mélangée que celle de *La Coupole*.

Le barman du *Dôme*, Harry, dont il a été question plus haut, me permit en 1930 de sauver la mise à Caridad que je trouvai sur ses indications dans le sous-sol, bourrée d'héroïne à en crever. Je la transportai à son hôtel, aidé par l'Eurasienne, et j'appris ainsi que le bar du *Dôme* était un des principaux centres de la drogue, à Montparnasse.

Le Sélect avait une réputation assez douteuse ; si quelques-uns de ses clients étaient de très convenables fêtards, amis de l'alcool et d'une cuisine de bar assez réussie, on prétendait qu'il servait surtout de refuge à des homosexuels et à des drogués. Cette image du *Sélect* ne devenait réalité, semble-t-il, qu'à partir d'une certaine heure de la nuit. Nombre de clients de *La Coupole* traversaient le boulevard pour s'asseoir entre deux verres à la terrasse du *Sélect*. On y voyait parfois Jacques Prévert. Quelques peintres l'ont toujours fréquentée. Oscar Dominguez lui a été fidèle jusqu'à la mort. *La Rotonde* ne comptait pas. C'était toujours plein : les étrangers de passage peu au courant de la hiérarchie des cafés, des poules, des étudiants en retard sur la mode, une profusion de peintres au talent incertain, les gens des Beaux-Arts, tout ce qu'il fallait, à vrai dire, pour faire fuir les snobs qui avaient élu domicile au bar de *La Coupole*.

Montparnasse recelait aussi pas mal de personnages plus ou moins épisodiques vivant au milieu de groupes obscurs, se mouvant sur les frontières des grandes tribus. Savitry, Monny de Bouly, Zdanevitch, Adamov, Pierre de Massot appartenaient à cette catégorie d'indépendants. Dans les mêmes eaux naviguaient aussi Rolland de Renéville, les jeunes garçons qui se préparaient à publier la revue *Le Grand Jeu* et Georges Hugnet. Sans pour autant se fréquenter, ni même se connaître, la plupart d'entre eux avaient en commun le goût des philosophies orientales, une inquiétude métaphysique, une attirance vers la magie. Pierre de Massot passait pour un historien. Il s'était éloigné des surréalistes pour des raisons personnelles. Monny de Bouly avait été surréaliste, Breton l'avait chassé du groupe. Georges Hugnet faisait partie de *l'avant-garde* : ami de Cocteau, de Max Jacob, de Pierre Roy, de Virgil Thomson et des musiciens de l'Ecole d'Arcueil, il sortait beaucoup et ne manifestait pas encore l'intention de rejoindre le groupe surréaliste. On pouvait rencontrer Adamov plusieurs fois au cours de la même soirée, entre *La Coupole* et *Le Dôme*. Il était de bon ton d'insulter au passage ce pauvre diable qui ressemblait à un chien battu.

Rolland de Renéville publia *Rimbaud le Voyant*. Si tendancieuse qu'elle soit, cette étude est sans doute l'approche la plus intelligente jamais tentée dans le dessein d'élucider des problèmes qui ne demandent pas à être résolus. Elle contrastait si fort, en 1928, par son non-conformisme et son honnêteté avec les manœuvres d'annexion de l'œuvre dont Rimbaud était l'objet, qu'elle ne pouvait qu'être bien vue par tous les esprits libres. Aragon et Breton en firent grand cas. Ce livre n'étant pas réductible au marxisme — le titre, si rimbaldien, me hérissait — je me tenais sur la défensive. Je multipliais d'hypocrites réserves ; je contraignis Aragon à convenir, au moins devant moi, que Renéville n'avait décrit qu'un côté du personnage.

Le peintre Savitry fit entre deux voyages dans le Pacifique une exposition dont Aragon préfaça le catalogue. Breton se montra plus réservé sur la qualité de ces peintures[1] ; il les rapprochait de celles de Georges Malkine, autre protégé d'Aragon. La cote de Maline avait baissé, rue Fontaine, où il était considéré comme un amateur très sympathique, mais comme un amateur.

Les Américains à Paris manœuvraient sur des territoires plus étendus. Tout ce qui devait atteindre la célébrité dans les vingt années à venir était à Paris ou en passe d'y débarquer. Cole Porter avait acheté un hôtel particulier rue Monsieur. Gershwin trouva dans la capitale tous les succès, mais les séjours les plus longs qu'il fit à Paris sont postérieurs à 1928. Sa *Rhapsody in Blue* conquit la jeunesse et déçut tous les musiciens qui attendaient autre chose de l'auteur de *Tip Toes* et de *The Man in Love* ; Darius Milhaud, qui aimait les negro spirituals, déplorait le langage harmonique de la *Rhapsody*, très voisin de celui de la *Fantaisie* pour piano et orchestre de Claude Debussy écrite en 1890. Milhaud regrettait de ne pas retrouver dans cette musique l'invention mélodique, ni même la variété rythmique des opérettes qui avaient déjà rendu George Gershwin riche et célèbre. Varèse apparaissait parfois au bar de *La Coupole* : il était encore français et parisien. J'ai le souvenir d'un homme solide, sportif, vêtu de belles vestes de tweed. Il avait la réputation d'écrire une musique très neuve. Comme cette musique n'allait pas dans le courant sonore du modernisme à la mode, on ne lui accordait qu'un succès d'estime pour sa personnalité et sa persévérance dans l'insolite.

Georges Antheil avait aussi la réputation d'être un musicien d'avant-garde. Son *Ballet mécanique* fit scandale. Antheil avait plaqué sur une composition plutôt sage des enregistrements phonographiques et quelques sons bruts produits par des machines, assez éloignés de ce qu'on appelle aujourd'hui musique électronique et musique concrète. Elle avait quelques antécédents : les bruiteurs imaginés par Marinetti, une distraction d'esthète, les machines à écrire introduites par Erik Satie dans *Parade*, bref et léger épisode dans le

---

1. Cf. deux reproductions dans le numéro spécial de *Variétés* : « Le Surréalisme en 1929 ».

cours d'un ballet traditionnel. Des amateurs — qui, semble-t-il, ignoraient la musique de Varèse — ont prétendu que *Le Ballet mécanique* était le seul exemple connu d'une musique méritant l'épithète surréaliste. Moins excentriques, Virgil Thomson et Aron Copland étudiaient avec Nadia Boulanger l'harmonie et le contrepoint. Virgil Thomson aimait Montparnasse. C'était un ami de Crevel. Je devais le rencontrer souvent en 1945.

Gertrude Stein et Man Ray étaient les havres où venaient s'ancrer tout ce qui avait traversé l'Atlantique Nord pour une croisière dans les eaux parisiennes. Gertrude Stein tenait l'emploi d'un consul général en modernisme. Mais à partir de Dada elle avait cessé de comprendre les langages nouveaux. Elle détestait Man Ray dont l'humour et les traits de génie la choquaient. Man Ray occupait à Montparnasse une situation éminente due à ses inépuisables facultés d'invention, à sa gentillesse et au parti nouveau qu'il tirait de l'appareil photographique. Il nous éblouissait tous avec ses voitures. Il sortait avec de très belles filles. Kiki fut longtemps sa maîtresse en titre. Le quartier général des écrivains anglo-saxons, américains surtout, se trouvait rue de l'Odéon à la célèbre librairie *Shakespeare and Co*, sur laquelle il existe déjà une abondante littérature. Aragon s'y rendait quelquefois pour garder un contact, je suppose, avec les grands amis de la maison, Gide et Valéry. Il tenait en grande estime la libraire Sylvia Beach et son amie Adrienne Monnier, grâce auxquelles *Ulysses*, de James Joyce, avait pu être publié. Un autre familier de *Shakespeare and Co*, Eugène Jolas, venait souvent au bar de *La Coupole*. Il habitait alors, à Colombey-les-Deux-Eglises, *La Boisserie* que devait rendre célèbre le général de Gaulle. Il avait des rapports très courtois avec Aragon. Eugène Jolas éditait la revue *Transition* qui publia la première, à Paris, des textes de Kafka et de Henry Michaux ; des surréalistes y collaborèrent. Je n'ai rencontré ni Hemingway — que je vis pour la première et unique fois après la Libération de Paris — ni Fitzgerald ni Faulkner, et je n'ai gardé qu'un souvenir très vague de Ford Madox Ford. J'étais trop impécunieux pour me lancer dans des relations littéraires et je n'en avais, de plus, aucune envie. Les Américains fréquentaient aussi les cafés, presque déserts à l'époque, de Saint-Germain-des-Prés : *Le Flore* et *Les Deux Magots*. Ils allaient beaucoup sur la rive droite. Ils avaient plus d'argent que les Français. Les Britanniques avaient à Paris des positions plus anciennes, plus solides et plus mondaines que les Américains. Ils faisaient surtout partie de la bohème dorée. Au *Bœuf sur le toit*, en 1930, Nancy Cunard me fit connaître un homme blond de taille moyenne, effacé, qui s'appelait James Joyce.

Ezra Pound, le barbu, accompagné d'une petite femme plutôt laide mais très excitée, fréquentait assidûment Montparnasse. Aragon m'avait mis en garde contre cet admirateur du fascisme, je fus aussi désagréable que possible à son égard mais je manquai de peu d'être enlevé, pour quelques heures, par la petite femme du barbu. La boîte de nuit de 1925, à Montparnasse, avait été *Le Jockey*, fondé par Hilaire Hiler. La plantureuse Kiki y avait attiré tout Paris et une bonne partie de deux continents pour faire admirer ses seins durs, sa croupe de jument poulinière, sa carnation éblouissante et son

ENTRÉE D'ARAGON

abattage inouï. Elle chantait des chansons drôles et canailles. Sadoul les savait par cœur et quand il les chantait, en permission, à Nancy, il accentuait le provincialisme du décor. *Le Jockey* était tombé vers 1927. La clientèle élégante et folle s'était transportée en face, de l'autre côté du boulevard, à *La Jungle*, boîte dirigée et animée par un moins de trente ans, mari d'une très belle femme brune qui avait une ombre de moustache et dansait tous les soirs avec les meilleurs clients. *La Jungle* faisait fureur en 1928. On s'y écrasait dans un décor sombre, vaguement exotique. L'orchestre était bon (surtout le pianiste). On dansait des blues sur une piste grande comme trois guéridons, absolument collé à sa partenaire. Quelques airs, envoûtants et tristes (parmi lesquels *Crazy Rhythms, Crazy Blues*) souvent joués, fabriquaient un climat sensuel, sentimental et déprimant. Les tensions les plus élevées de l'amour et du désir étaient obtenues par la mélodie *I Can't Give You Anything but Love*. La clientèle de *La Jungle* était plus jeune et plus à la mode que celle de *La Coupole* ou des autres boîtes.

La mode était aussi aux bars avec piano. Elle venait de l'autre rive où *Le Harry's Bar* fréquenté en 1918 par l'as de guerre Navarre et les aviateurs américains, et *Le Bœuf sur le toit*, avaient mis au point la formule. Le pianiste était généralement un jeune Américain plus ou moins ivre, souvent plein de talent. On pouvait y danser.

En octobre 1928, je ne connaissais rien de Montparnasse ni de la vie nocturne de Paris. Sadoul et nos amis architectes étaient déjà des familiers de la rive gauche. Il appartenait à Aragon de nous montrer *Paris by night*. Aragon aimait les bars et les boîtes. Il avait ses adresses, souvent curieuses, couvrant tous les quartiers, conduisant à de petits bars américains de bon ton, souvent insolites, généralement discrets. Pour les jeunes surréalistes et pour ceux de nos amis qui ne devaient jamais rejoindre le groupe, mais à qui Sadoul ou moi présentâmes Aragon, celui-ci fut l'arbitre des convenances. Nous avions l'impression qu'il connaissait tout, les boîtes, les bordels, les maisons de rendez-vous, dont il donnait à bon escient les références. Il triomphait à Montmartre ; je l'y ai rarement accompagné, sauf à *Tabarin* où se produisaient six ou sept superbes filles dans un éblouissant French Cancan. La boîte préférée d'Aragon, à Montmartre, avant 1928, était le *Zelly's*.

L'arrivée d'Aragon chez *Brik Top*, un cabaret de Noirs américains, dans le haut du quartier Pigalle, avait un caractère initiatique et sacré ; Brik était une grosse chanteuse de couleur, qui avait Aragon à la bonne. Je suppose qu'en compagnie de Nancy Cunard l'auteur d'*Anicet* y avait passé pas mal de nuits. Dès que Aragon avait franchi la porte, la patronne allait à lui avec une attitude amicale et déférente et l'orchestre jouait *New Saint Louis Blues*. C'est du moins ce que Aragon racontait, mais comme je fus le témoin de cette scène, j'aurais mauvaise grâce à ne pas croire qu'elle se produisait chaque fois que Aragon était en vue. Le dernier bar que Aragon me fit découvrir, où je n'allai d'ailleurs qu'une seule fois après cette découverte, fut *Le Bateau-Ivre*, éphémère boutique d'alcools installée place de l'Odéon, en étage.

RÉVOLUTIONNAIRES SANS RÉVOLUTION

André Breton venait très rarement à Montparnasse. Lui qui détestait les boîtes à la mode de son propre quartier n'aimait pas l'atmosphère snob, quasi mondaine de Montparnasse. Il n'aimait pas non plus le climat « intellectuel » et « artistique » du carrefour Vavin, pas plus d'ailleurs que celui de la Butte-Montmartre. Dans les deux cas, l'excès d'attention des acteurs autant que leur débrouille savante, l'adresse dont ils faisaient preuve pour tirer parti de leur condition de peintres, de littérateurs ou de badauds, lui paraissaient ruiner à l'avance le hasard et décourager tout mystère. Ceux ou celles qu'il se préparait chaque jour à rencontrer ou à connaître ne pouvaient pas fréquenter les endroits réservés à l'ambition et à l'ostentation de quelques dizaines de suiveurs ou de malins. Au bar de *La Coupole*, Breton avait toutes les chances de trouver des individus qu'il n'avait pas envie de voir, soit qu'il les tînt pour très médiocres, soit qu'il les eût déjà insultés, soit qu'il fût enclin à le faire, soit qu'il les estimât assez peu pour ne pas se mettre en situation de passer deux heures dans leur voisinage immédiat.

Les malheurs de Sadoul et la présence d'Aragon avaient quelque peu troublé mes belles résolutions. J'avais envie d'aider Sadoul à être heureux. Bien qu'il fût mon aîné, j'avais le sentiment que j'en savais plus long que lui sur la tactique amoureuse. Je l'accompagnais à Montparnasse, je me couchais très tard, je me levais très tard aussi, remettant de jour en jour mon projet de travailler en usine. Tout de même, je pris mon courage à deux mains, et j'allai, chez Ernault, à l'embauche un peu avant 7 heures du matin. On me dépêcha au magasinier, pour la manutention des pièces détachées, des cornières, des fontes, dans un atelier sale et glacé, sous l'œil narquois d'un vague copain qui connaissait, lui, toute la nomenclature. Je rentrai dix heures plus tard rue du Château, assez dégoûté, bien décidé à ne pas recommencer de sitôt.

Au parti, j'avais été affecté au 6e Rayon, à une cellule du quartier qui se réunissait à cent mètres de chez moi. J'y trouvai un désordre auquel je n'étais pas habitué. Le Rayon était un de ceux sur lesquels mes critiques du printemps avaient le moins mordu. Il était entre les mains d'ouvriers péroreurs bien décidés à faire carrière dans la bureaucratie politique ou syndicale pour s'évader des contraintes du travail en usine. Je les connaissais bien et nous ne sympathisions pas. Stupides et intolérants, ils vidaient à coups d'exclusives et d'engueulades toutes les organisations idéologiques ou corporatives qui gravitaient autour du parti communiste : syndicats, groupes de locataires, anciens combattants, secours rouge, etc., sous le prétexte d'éliminer les opportunistes et les sociaux-démocrates. Ils renchérissaient sur le sectarisme qui gagnait tout le parti, tenaient entre eux des réunions de purs qui mâchaient ensemble des secrets de polichinelle, sans autre effet que d'écarter du travail quotidien les plus honnêtes, les moins calculateurs, les plus lucides aussi. Ce n'étaient pas des hommes d'action. Tout se passait en paroles et en vitupérations, dans un cercle de plus en plus restreint. On me plaça comme instructeur dans une cellule de cheminots où il n'était question que de la lutte contre les déviationnistes de droite ou de gauche pour finir par exclure ou dégoûter presque tous les cheminots dont le tort était de sympathiser avec des militants de la C.G.T.U., alors très actifs, qui rêvaient de rapprocher les deux centrales syndicales, celle de Jouhaux et celle des communistes. Après quelques semaines de ces exercices aberrants où l'on semblait parfois distinguer une intervention de la police, je n'avais plus personne à instruire. Je fus moins assidu et me contentai d'aider à préparer, d'assez loin, les grandes manifestations qui devaient se multiplier durant toute l'année 1929 en réunissant de moins en moins de participants.

Aragon meublait à lui seul pas mal de soirées. Cela commençait généralement un peu avant minuit, dans la grande pièce du rez-de-chaussée. La petite desserte offrait une bouteille de Noilly-Prat et du vin blanc très ordinaire. Nous avions reçu des visites, Pierre Unik, Jean Caupenne, quelque Belge parfois, et le plus assidu, Maxime Alexandre, qui vénérait Aragon. La conversation portait d'abord sur les nouvelles du jour, les rencontres, les histoires de femmes. Il y avait des tics de langage empruntés presque tous à Louis Aragon. Ainsi l'on nommait rarement les femmes; on disait: j'ai rencontré *cette personne*, etc. Chacun savait de qui il s'agissait puisque nous évoquions toujours les mêmes cinq ou six jeunes beautés qui nous troublaient ou nous occupaient. Très vite, Aragon dirigeait la conversation, racontant, parlant de son enfance et de sa jeunesse ou improvisant des espèces de tirades pour expliquer le comportement de tel ou tel, une motivation, un choix. On peut retrouver, dans ses premiers romans, toutes les histoires qu'il racontait rue du Château. Si achevées que soient leurs versions écrites celles-ci ne m'ont pas fait oublier les récits. Tout ce qui n'était pas épisodes, choses vues, souvenirs, touchait à la politique, à la philosophie, à la morale et cela ressemblait au *Traité du style*. J'intervenais dans les discussions en essayant de défendre, en chaque occasion, le matérialisme, les principes marxistes, les interprétations léninistes et staliniennes, et je constatais que Aragon ne me contredisait pas sur la doctrine, ni sur la ligne générale du Komintern, dont il admettait peu à peu le bien-fondé. S'il nous venait à parler du trotskisme, ou d'un article de Boris Souvarine, Aragon essayait d'expliquer pourquoi l'argumentation ou le ton avaient été susceptibles d'intéresser ou d'émouvoir Breton. Pour employer le jargon d'usage, j'écrirai que j'avais le sentiment que Aragon se plaçait lui-même, chaque jour, d'une façon plus assurée sur les positions du parti. J'en éprouvais une grande satisfaction, qui légitimait à mes yeux le relâchement de mon assiduité dans les organisations du parti et le temps que me prenait de plus en plus le surréalisme.

Mais les débats politiques ou philosophiques n'occupaient qu'une petite fraction des nuits de la rue du Château. Les souvenirs de jeunesse, l'actualité sentimentale, la poésie et la littérature, une sorte d'introspection collective, obtenue par des jeux, des questions et des réponses annexaient la plupart des heures que nous passions ensemble et c'est là que Aragon exerçait au plus haut point son don du verbe, la mobilité et la finesse de son intelligence. Il parlait en marchant, sur toute la longueur de la grande pièce du bas. Il allait jusqu'à la glace caligaresque qui couvrait le mur du fond, regardait longuement dans la glace et revenait. Ce petit travers nous amusait beaucoup. La conversation cédait parfois à la lecture à haute voix. Aragon lisait le plus souvent en marchant, bien sûr, et comme il le faisait en parlant, il se regardait dans la glace. Il lisait les poèmes ou les textes qu'il venait d'écrire, ou un livre qu'il avait retrouvé. Il lisait fort bien, ses poèmes surtout. Ceux-ci prenaient alors un accent et une intensité dramatiques qu'ils n'ont pas toujours à la lecture ordinaire. Aragon pouvait lire à haute voix une nuit durant. Je me souviens d'avoir entendu *Les Onze Mille Verges* et *Trois filles de leur mère*, les romans érotiques d'Apollinaire et de Pierre Louÿs, que nous ne connaissions pas, d'une seule traite. Aragon lisait ces textes comme il aurait lu Bossuet ou Pascal. Les épisodes les plus osés prenaient une dignité qui excluait toute allure grivoise ou libidineuse.

Nous cherchions parfois à savoir qui nous étions ou qui nous voulions être en nous référant à des personnages historiques. Aragon prétendait qu'il avait l'ambition d'être Benjamin Constant ; il visait, ce disant, aussi bien l'auteur d'*Adolphe* que l'homme politique et l'amant. Ce n'était pas si mal vu, encore qu'il aura été un écrivain plus considérable que Benjamin Constant, un amoureux plus fidèle, mais que son rôle politique doit être tenu pour insignifiant, si on le compare à celui qu'a joué le rédacteur libéral de la Constitution des Cent-Jours.

Chapitre XII

Elsa

Les trois jeunes hommes de la rue du Château, si meurtris qu'ils fussent par leurs peines d'amour respectives, ne pouvaient pas se complaire dans leur chagrin. Ce n'était pas dans leur nature et ce n'était pas de leur âge. Les trois cas ne se ressemblaient pas. Pour ce qui me concerne on pouvait penser à un voyage qui se prolongeait ; le courrier apportait un apaisement à la séparation ; celle-ci appelait une solution heureuse, laquelle, pour ne pas être dans la vue d'un très proche avenir, n'appartenait pas au monde des chimères. Pour Sadoul, il fallait croire à la chance, à la force communicative des sentiments : tout concourait à la tristesse et à la mélancolie, rien ne conduisait au désespoir. En revanche, Aragon savait que tout était fini. Retourner à Nancy Cunard, en admettant qu'elle le voulût, c'était aller de plein gré en enfer. Seuls, les sentiments plus ou moins exclusifs qui nous possédaient, Sadoul et moi, nous interdisaient, provisoirement du moins, une aventure, encore que nous n'y fussions pas hostiles. Aragon, lui, pouvait se considérer comme totalement libre. Oublier les caresses par d'autres caresses, exorciser l'étreinte impossible en possédant un corps nouveau sont des remèdes très efficaces conseillés de tout temps aux amants malheureux. La puissance de séduction d'Aragon nous paraissait diabolique et nous l'admirions avec une pointe d'envie. Sadoul prétendait que lorsque Aragon entrait dans un endroit public il lui suffisait de lever un doigt pour qu'une femme répondît aussitôt à cet appel. Il en fut ainsi, semble-t-il, une ou deux fois, pour des passades sans conséquence lorsque Aragon rencontra, au bar de *La Coupole*, Léna Amsel.

C'était une danseuse viennoise, très jeune, qui avait tourné dans un film d'épouvante : *La Femme au masque d'or*. Assez jolie, fort bien faite, avec des seins et des cuisses d'Allemande, d'une élégance sportive qui lui allait bien, elle s'imposa dès son arrivée à Montparnasse par son entrain, sa joie de vivre, sa franchise, son aisance et son désir de plaire. Elle eut tout de suite une petite cour de beaux garçons argentés, avides d'étrangères, qui brûlaient tous de la sortir, de la faire danser, de l'emmener au spectacle, de lui montrer les restaurants gastronomiques des environs de Paris afin de pousser jusqu'au bout, si possible, leurs avantages. Léna était assez sage (elle avait un amant en Amérique) et la plupart des garçons, tous peut-être, devaient se contenter du succès de prestige et de vanité que comporte une soirée passée au restaurant, au théâtre ou dans une boîte avec une jeune et jolie accompagnatrice. Le plus empressé de ses chevaliers servants était une sorte de bellâtre qui, dit-on, a mal fini en 1944 et se prétendait sculpteur. Léna ne cherchait pas d'argent. Elle voulait surtout s'amuser, en attendant d'aller faire du ski et de tourner un nouveau film. Aragon lui plut aussitôt qu'elle l'aperçut. Elle le lui fit dire. Ils couchèrent ensemble sans trop attendre et ils eurent tout de suite l'un pour l'autre un gros béguin. Mais Léna n'était pas une femme qu'on emprisonne ; elle aimait flirter, elle avait envie de sortir tous les soirs, et le sculpteur Lasserre se montrait entreprenant et gênant. Déjà se dessinaient des complications porteuses de jalousie et de souffrances quand survint Elsa Triolet.

Dans le groupe des Ehrenbourg qui s'asseyait tous les soirs au bar de *La Coupole*, à la même table, près de la porte à deux battants, il y avait une petite femme rousse, au corsage plein, à la peau de lait, ni belle ni laide ; son visage avait une expression sérieuse et pas commode. Son maintien simple et distant contrastait avec celui de la plupart des habitués du bar. On remarquait sa voix, une petite voix dont les intonations pouvaient être impérieuses et désagréables. Ses compagnons se montraient empressés et déférents, attentifs à son humeur. Elle allait et venait, souvent accompagnée d'une amie plus jolie, aux traits réguliers et durs, vêtue avec plus de recherche, mais beaucoup moins intéressante. Elle regardait les hommes droit dans les yeux mais n'y prêtait, semble-t-il, aucune attention particulière. Telle m'apparut Elsa Triolet, à l'automne de 1928. Je n'aimais pas Ehrenbourg, dont je méprisais la littérature. Comme il n'était pas membre du parti mais seulement ce qu'on appelait un compagnon de route, je le classais dans une catégorie inférieure de Russes, juste avant les épaves des armées blanches. Il sautait aux yeux que Aragon intéressait beaucoup Elsa dont le manège était celui des filles qui veulent se faire remarquer par un homme ; elle demanda, en désespoir de cause, qu'on le lui présentât. Elle attaqua immédiatement, sans pudeur, avec une volonté de conquête tenace et patiente qu'elle a déployée sa vie durant. Aragon, au début, s'inquiéta. Avec son goût du mystère, l'obsession surréaliste de la police, il crut déceler un piège. « C'est une espionne, sans doute », nous dit-il quand il nous raconta la première entrevue. Elsa s'accrocha, essaya de multiplier les rendez-vous, prit tous les prétextes pour se rapprocher d'Aragon ; quand Sadoul ou moi entrions à *La Coupole*, Elsa — nous l'appelions alors Ella — nous accueillait avec douceur et gentillesse, ne nous cachait pas les sentiments que Aragon lui inspirait, s'asseyait à côté de nous, s'intéressait à notre mélancolie. Mais nous étions sur nos gardes. Nous connaissions l'idylle avec Léna. Aragon nous disait qu'il fuyait Elsa, qu'il n'était pas question pour lui de faire quoi que ce fût avec cette femme qui ne lui plaisait pas et dont il avait peur.

Elsa avait à peu près l'âge d'Aragon. Jeune femme, elle était loin de mes vingt ans. Pour que je l'eusse regardée avec plus d'attention, il eût fallu qu'elle eût dix ans de moins ou dix ans de plus. Je la trouvais d'abord exagérément insinuante, indiscrète, collante ; je n'aimais pas son parfum mais, petit à petit, je lui concédai du charme et du sex-appeal. Comme je restais souvent seul, pendant des heures, au bar de *La Coupole*, parfois sans avoir dîné, buvant lentement un demi de bière, attendant le passage de Sadoul ou d'Aragon pour avoir le courage de rentrer rue du Château et de me coucher, j'avais de longues conversations avec Elsa, que je répétais ensuite à Aragon. J'entrais ainsi dans son jeu. Peu à peu l'image de l'espionne disparut, faisant place à celle d'une femme amoureuse à crever, qui s'était juré d'avoir l'homme qu'elle aimait.

Elle appartenait à une famille juive de l'intelligentsia russe, naturellement hostile à l'aristocratie tsariste en raison du racisme latent de l'entourage des tsars, rêvant d'une démocratie à l'occidentale dont l'image, pour les jeunes bourgeoises, se confondait avec celle de la vie parisienne et des plaisirs de Monte-Carlo. Sa sœur Lili, plus âgée qu'elle, était de cette espèce de femmes russes dont le charme, l'intelligence, le sens de la vie attachent des hommes suscitent des passions, défient toutes les circonstances. Lili s'entoura de jeunes poètes et de membres des partis révolutionnaires. Sa liaison avec Maïakovski est fameuse. Elle épousa Brik, un menchévick qui sut s'adapter à toutes les situations ; il occupa longtemps un poste de ministre. En 1917, Elsa était à peine majeure ; après les premiers enthousiasmes, elle détesta tout de suite la révolution et les bolcheviques. Elle ne se sentait pas faite pour la misère ni pour le gâchis et n'avait qu'une envie, celle de quitter ce qu'elle voyait et ne pas voir ce dont elle devinait l'approche.

André Triolet était un jeune bourgeois, d'une famille de riches propriétaires fonciers, homme de plaisirs, d'excellente éducation, décidé à fuir l'ennui sous quelque forme qu'il apparût, somme toute un produit très achevé de la Belle Epoque. Intelligent, curieux et sceptique, il aimait surtout les femmes et les chevaux. Jeune gradé en 1914, il avait été affecté à l'armée anglaise, comme interprète ; courageux comme l'étaient alors tous les cavaliers mais lucide, il avait vite éprouvé un profond dégoût pour les incommodités et les horreurs de la guerre, un mépris absolu pour la science des généraux alliés. Lorsque le gouvernement français rassembla un corps d'officiers destiné à redonner du courage aux Russes et à les maintenir dans le camp de l'Entente, il fut volontaire. La révolution russe l'intéressait. Il appartint donc à la mission qui allait rendre célèbre le nom de quelques-uns de ses membres en raison de la sympathie agissante qu'ils manifestèrent pour les bolcheviques.

André Triolet avait trop de finesse pour ne pas comprendre que la nouvelle Russie se fabriquait avec les socialistes. Il fréquenta le milieu de Lili Brik ; sans partager les idées du capitaine Sadoul, il éprouva une certaine sympathie pour les révolutionnaires les plus déterminés, pour les bolcheviques notamment ; eux seuls étaient capables de conjurer l'anarchie : il fallait de toute évidence faire la paix et donner la terre aux paysans. Quant à lui, Triolet, il n'avait pas à se mêler d'affaires qui n'étaient pas les siennes.

Il tomba amoureux de la petite Elsa Kagan qui se fit littéralement enlever par ce Français élégant et efficace. Elle le suivit à travers la Sibérie, dans l'aventure des contingents tchécoslovaques. André Triolet, qui n'aimait pas que les épisodes fussent trop longs, tira son épingle du jeu et sut atteindre aussi vite que possible le Japon. De là il gagna San Francisco ; je crois que c'est à San Francisco qu'Elsa devint officiellement Mme André Triolet. Ensuite la démobilisation, un voyage à Tahiti. Mais André Triolet n'était pas l'homme d'une seule femme ; il se lassa du petit corps blanc d'Elsa ; celle-ci, de son côté, avait eu ce qu'elle voulait : loin de la Russie et de sa révolution, elle était devenue française, elle avait passé une lune de miel comme dans les romans anglo-saxons. Il était temps de gagner l'Europe et de réaliser une vie dont son mari n'était que le premier chapitre. Pendant quelques années, ce ne fut pas aussi facile qu'elle l'avait imaginé.

J'aimais bien André Triolet qui avait en retour une affection certaine pour moi. Sa manière de se conduire avec les femmes m'enchantait. Il se sentait responsable ; chaque rupture lui valait des obligations qu'il exécutait avec une ponctualité et une discrétion exemplaires. « On ne peut pas rester plus de trois ans avec la même femme », disait-il. Mais quand il partait, il faisait une rente à la répudiée, rente qu'il servait jusqu'à ce que celle-ci se fût tirée d'affaire par ses propres moyens.

Ainsi Elsa vivait-elle d'une pension mensuelle de trois mille francs servie par le mari avec lequel elle n'habitait plus. Triolet l'invitait souvent. Elle le recevait avec ses nouvelles et ses anciennes amies. Nul n'aurait pu soupçonner qu'il avait pu exister, entre cet homme et cette femme, d'autres liens que ceux de l'amitié, si l'un ou l'autre des intéressés, avec l'assentiment commun, n'avait raconté son histoire.

En 1928, André Triolet avait pour maîtresse une jolie brune, un peu plus âgée que moi, Nicole de F... ; il préparait sa sortie. Il comptait beaucoup sur moi pour l'aider à consommer aussi simplement que possible la rupture qu'il désirait. Pendant qu'il allait courir la gueuse et songeait à la suite, il me confiait Nicole, me donnant un peu d'argent pour l'emmener dîner et traîner ensuite avec elle à Montparnasse. J'étais aveugle parce que j'étais amoureux de Katia, j'étais aussi totalement stupide. Nicole mit un jour un comble à mon embarras en me proposant de l'épouser : « Ce sera un mariage blanc, me dit-elle, mais cela me permettra d'arranger une histoire d'héritage. » C'est pour précipiter les choses que André Triolet m'emmena avec Nicole en 1929, à Saint-Efflam rejoindre Elsa, Aragon et Sadoul, installés dans un petit hôtel au milieu de la Baie des Anges. Mais là je fus aussi bête qu'avant ; toutefois je commençais un peu à comprendre mais je ne me croyais pas capable de me lancer dans une aventure, sauf dans une coucherie sans lendemain.

André Triolet entreprit mon éducation parisienne. Il me fit découvrir les cravates de foulard, m'emmena chez Washington Tremlett, alors le chemisier le plus élégant de Paris, m'expliqua que seuls les Anglais pouvaient porter des cravates clubs avec les couleurs de leur club : les autres ressembleraient à des intrus ou à des imposteurs s'ils portaient des couleurs qui ne les concernaient pas. « On peut coucher avec toutes les femmes, à de rares exceptions près, me disait André Triolet. Savez-vous ce que c'est que la Piste ? C'est un sport que je pratique souvent. Vous vous placez vers 3 heures, devant le compartiment des premières, dans une des stations des

Champs-Elysées: Etoile ou George-V. Et puis vous attendez un peu. C'est l'heure à laquelle elles sortent toutes. Dès que vous avez aperçu un objet intéressant, vous montez à ses côtés dans le wagon. Et vous la suivez. Elles vous conduisent d'ailleurs toujours aux mêmes endroits: rue du Faubourg-Saint-Honoré, rue Royale ou rue de la Paix. Elles regardent les vitrines, elles s'arrêtent devant la boutique d'un joaillier, ou d'un marchand de sacs ou de chaussures; alors il faut aborder la belle et lui demander ce qu'elle vous permettra de lui offrir: il n'y a pas cinq pour cent d'insuccès et l'on consomme, souvent, dans l'heure qui suit, après l'achat bien entendu, car il n'y a guère qu'une femme sur deux qui ait le courage de ne pas profiter sur-le-champ de vos bonnes intentions. »

Le poêle de mon père avait rendu très habitable la rue du Château. La présence d'Aragon y apportait quelques moyens financiers, bien que l'auteur d'*Anicet* fût, à cette époque-là, très désargenté. Elle attirait aussi des visiteurs: Pierre Unik, Maxime Alexandre, Desnos, Tual. J'employais pas mal de temps à passer l'aspirateur dans toutes les pièces, à cirer et à faire briller le linoléum de l'atelier. L'état des lieux incitait à recevoir. La décoration changea quelque peu. Pour continuer dans la lancée des premiers occupants, nous accrochâmes des enseignes ou des pancartes dérobées aux boutiques du quartier. Au-dessus de la glace un superbe panneau annonça: *Les légumes secs sont arrivés*. On suspendit une enseigne de bottier, mais la grande nouveauté fut l'introduction d'objets volés dans les églises. Le dimanche des Rameaux, en 1928, Blech, Baldensperger, Sadoul, Caupenne et moi nous allâmes en Lorraine dans nos familles respectives, transportés dans la B 14 de Baldensperger. Une panne nous immobilisa deux heures dans une petite ville de Champagne. Nous nous rendîmes tous ensemble à l'église, encore déserte. Nous y fîmes diverses incongruités et pour finir nous emportâmes le gros livre des Evangiles, très satisfaits du bon tour joué au curé, quelques instants avant la messe où il devait lire le plus long évangile de l'année. L'objet de notre larcin fut soigneusement placé dans le tabernacle de fourrure à tête d'homme. En novembre 1928, le père de Jean Caupenne eut affaire dans le Gers, où il possédait quelques fermes. C'était un homme très doux et très bourgeois dominé par son fils qui avait décidé de ne pas travailler. Celui-ci couchait quasi officiellement avec une jeune amie de sa mère et son humour glacé et tranquille que nous jugions irrésistible terrorisait tous ceux aux dépens de qui il s'exerçait. Caupenne trouvait dans ce voyage l'occasion de conduire la rapide Delage pendant quinze cents kilomètres, mais la perspective d'être pendant une semaine en tête à tête avec son père et des fermiers gâchait tout. Il me fit donc inviter; l'idée me plaisait. J'avais épuisé tous mes moyens financiers. Je serais nourri correctement pendant quelques jours. Il n'y avait alors pas grand monde sur les routes; mais la mécanique n'était pas très sûre. En Sologne, la Delage, un peu trop poussée peut-être sur les grandes lignes droites d'Orléans à Vierzon, coula une bielle; nous fûmes immobilisés pendant un jour entier à Salbris dans un brouillard glacé. A Périgueux, la seconde étape, nous descendîmes à l'hôtel

Mataguerre, où pour nous occuper nous allâmes frapper à la porte de toutes les chambres en nous donnant pour des contrôleurs de la plomberie. Il y avait heureusement peu de clients. Il nous fallut attendre une demi-journée dans un gros chef-lieu de canton du Gers pendant que Caupenne père voyait son notaire et son banquier. C'en était trop pour notre patience. Nous nous emparâmes d'abord d'un très bel écriteau qui ornait le champ de foire : *Défense aux nomades de stationner ici.* Nous estimions qu'il manquait à l'esthétique de la rue du Château. Et puis, selon un rite surréaliste déjà bien établi, nous entrâmes à l'église. Il n'y avait personne ; nous pissâmes consciencieusement dans les bénitiers, nous remplîmes de cailloux le tronc du denier du culte, et nous fîmes main basse sur tous les ornements de l'autel, crucifix compris. Ouvrant le tabernacle, nous prîmes le ciboire, plein d'hosties consacrées. C'était une belle opération. Nous achetâmes chez la mercière du bourg le papier, le carton et la ficelle propres à faire un solide emballage pour expédier le tout à M. Louis Aragon, poète, 54, rue du Château, Paris, par le bureau de poste local. Notre envoi eut le succès que l'on devine : à notre retour, Aragon nous montra tout le parti qu'il avait tiré de nos larcins pour la décoration des commodités de la maison. Deux photographies ont été publiées dans le numéro spécial de *Variétés : Le Surréalisme en 1929*; le crucifix servait de poignée à la chasse d'eau. Ce petit endroit devint une des grandes attractions de la rue du Château. Les plus beaux succès étaient obtenus lorsque des membres de nos familles venaient nous rendre visite ; nous proposions hypocritement l'usage des lieux sacrilèges, incitant ainsi à satisfaire un besoin auquel on n'avait pas prêté attention. A la sortie, les mines des patients étaient impayables : le surréalisme, c'était donc, comme on l'écrivait, le scandale pour le scandale ! Souvent, nos hôtes prenaient peur et s'en allaient aussitôt. Quant à l'inscription à l'intention des nomades, Sadoul l'avait accrochée au-dessus de la table des repas, au milieu du panneau de toile bise : ton sur ton, c'était le comble du bon goût.

Maïakovski vint à Paris. Aucun autre poète russe n'eût été susceptible d'éveiller l'intérêt des surréalistes. Elsa Triolet comptait beaucoup là-dessus pour briser la politesse hésitante que Aragon continuait de lui manifester. Aragon avait envie de connaître Maïakovski. Il décida de donner en son honneur une grande soirée rue du Château. En plus de ce Slave de haute taille au visage ouvert et franc, mais qui ne parlait pas un mot de français, il y avait tous les Russes de *La Coupole*, les Ehrenbourg, les Simon, quelques surréalistes, deux ou trois jolies filles, la belle Tatiana, dont Maïakovski était très amoureux depuis qu'il était à Paris. Le phonographe jouait les merveilleux blues hérités de Duhamel auxquels s'ajoutaient les Armstrong et Sophie Tucker que je commençais à acheter, plus quelques airs à la mode : *Ol' Man River, Halleluyah.* Je n'avais pas de lettres de Katia depuis plusieurs semaines, je touchais le fond de la tristesse et je me demandais, aussi, ce que je faisais là. Je fuyais toute conversation ; je montai dans la loggia, ouvrant une des fenêtres, regardant boire et danser les uns et les autres. Suzanne II venait d'arriver ; Sadoul rayonnait de joie. L'idylle qu'il poursuivait avec Léna Amsel avait transformé Aragon. Je me sentais abandonné et malheureux. Comme je ne bougeais pas de ma fenêtre, Aragon, qui avait l'œil à tout, vint me rejoindre ; ce genre d'attention lui est particulier. Je lui en savais un gré immense. Elsa aperçut Aragon dans la loggia ; elle grimpa l'escalier ; « Mais vous ne m'aviez pas montré cet endroit, me dit-elle. A quoi sert-il ? » Dans la dernière partie de la loggia, séparée en deux par un rideau, se carrait un grand fauteuil bas, dessiné par Pierre Charreau. Entraînant Aragon par la main derrière le rideau : « Et là, reprit Elsa, que fait-on ? L'amour ? » J'eus le temps de voir qu'elle s'était collée à Aragon et l'embrassait à pleine bouche ; je devinai ce qu'allait être la suite ; il fallait surtout ne pas bouger, faire en sorte que personne ne remarquât rien, interdire sous n'importe quel prétexte l'accès de la loggia. Elsa avait obtenu ce qu'elle voulait.

Aucun des partenaires n'avait été déçu. Ils quittèrent ensemble la loggia, et dansèrent ; ils n'étaient plus l'un avec l'autre comme avant. Pour le témoin involontaire de cette étreinte, la petite Russe potelée, agréable, à la fois collante et effacée, avait fait place à une femme dont la peau appelait les caresses et l'amour, défendant comme elle pouvait, par sa réserve et ses caprices apparents, la faiblesse de ses sens et son appétit de plaisir.

La partie n'était pourtant pas gagnée. Aragon n'était qu'à moitié conquis. Elsa, qui essayait d'occuper le terrain et qui connaissait bien ses atouts, n'était pas toujours adroite. Elle multipliait les occasions de rencontre, la présence de Maïakovski à Paris lui fournissait de bons prétextes mais Elsa savait qu'il fallait qu'elle donnât à Aragon une véritable soif de son corps et tout de même elle ne pouvait pas le violer tous les jours devant vingt-cinq personnes. Aragon se défendait très fort. Il avouait qu'il aimait coucher avec Elsa mais il prétendait qu'elle l'ennuyait, qu'il ne l'aimait pas, qu'ils n'avaient aucun point commun. Ils firent, je crois, un voyage à Londres ensemble. Nous crûmes, Sadoul et moi, que Aragon avait choisi Elsa ; nous le regrettions un peu, car Elsa nous tenait souvent des propos déconcertants ; elle ne comprenait pas le surréalisme, trouvait Breton assommant. Dès son retour à Paris, Aragon nous expliqua très longuement qu'il avait décidé d'en finir avec Mme Triolet. Il aimait Léna Amsel ; il n'avait continué de voir Elsa que parce qu'il souffrait du flirt que Léna avait commencé avec le sculpteur Lasserre. Mais Léna avait tout mis au point. « Je ne veux plus revoir Elsa, nous dit Aragon ; je vous demande à l'un et à l'autre de ne jamais lui dire où je puis être, ajouta-t-il à l'adresse de Sadoul et à la mienne. Je ne réponds plus à ses lettres, je ne veux plus accepter de rendez-vous ; à cause de Maïakovski, des Russes, des intrigues auxquelles se livrerait sans doute une femme aussi habile et retorse, je ne veux pas me brouiller avec elle, mais je lui ai fait comprendre qu'elle ne pouvait rien attendre de moi. » Léna eut envie d'une fête, rue du Château, un réveillon, si j'ai bonne mémoire. Elle nous y invita, Sadoul et moi. Aragon mit en place une énorme décoration de Noël avec des guirlandes et une profusion d'oiseaux, en plumes, en papier et en sucre, parce que l'oiseau était l'emblème de Léna. Le grand jour approchait. Après un *Cyrano*, Aragon, en secret, me pria de lui rendre un service. « Va ce soir à *La Jungle* et prends une table. J'y ai rendez-vous avec Léna à 11 heures. Je risque d'être un peu en retard, tiens-lui compagnie et surtout dis-lui que je suis à l'avance bouleversé à l'idée de mon retard. »

J'étais à *La Jungle* avant l'heure dite, la boîte était presque vide. Arrivaient peu à peu des habitués que je connaissais bien, de grandes filles avec un bandeau dans les cheveux, avec lesquelles j'aurais peut-être tenté ma chance si j'avais eu le moindre sou pour sortir. A 11 heures, vint Elsa qui s'installa d'autorité en face de moi. L'affaire devenait très délicate. Léna apparaîtrait d'un moment à l'autre, elle viendrait elle aussi, d'autorité, à ma table.

Elsa était nerveuse, angoissée : « André, me dit-elle, où est Louis ? Je ne peux pas le joindre ; depuis dix jours il ne m'a donné aucun signe de vie. Il m'a demandé de ne pas venir rue du Château, est-il malade, a-t-il des ennuis ? Viendra-t-il ce soir ? » Je répondais évasivement, hésitant sur la conduite que je devais tenir. « Répondez-moi, André, je sais que vous savez où est Louis ; vous êtes ici sans doute parce qu'il doit venir vous retrouver, je vous en supplie, dites-le-moi ; il doit venir, n'est-ce pas ? Je suis très malheureuse parce que je l'aime. Vous êtes amoureux vous aussi, vous savez ce que sont l'absence et l'attente. Je vous en supplie, dites-moi où est Louis. A propos, savez-vous s'il voit toujours cette Léna Amsel ? » Je décidai alors d'en finir. Après tout je savais — ou je croyais savoir — ce que Aragon voulait. Sans doute Elsa feignait de tout ignorer, ou plutôt Aragon, qui aimait louvoyer, n'avait pas vraiment mis les choses au clair de ce côté-là. « Elsa, lui dis-je, aimez-vous Aragon d'amour ? — Mais je l'adore. — Et croyez-vous qu'il vous aime, lui ? — Mais bien sûr, il me l'a dit. — En êtes-vous sûre ? Ne pensez-vous pas qu'il faut interpréter autrement le fait qu'il ne vous a pas vue depuis plusieurs jours. — Où voulez-vous en venir ? — Vous savez, Elsa, quelle sympathie j'ai pour vous ; je souhaite que vous ne fassiez pas fausse route. Avec Aragon, c'est une passade. Reprenez-vous pendant que vous le pouvez encore. Ne vous précipitez pas dans une impasse. Aragon ne vous aime pas. Il vous trouve belle, intelligente, désirable, mais il ne vous aime pas ; il ne vous a jamais aimée ; vous avez profité de son désarroi ; la rupture avec Nancy Cunard l'a brisé. Il était seul ; il aime l'amour mais ne vous montez pas la tête. Il semble que maintenant il ait repris goût à la vie, qu'il ait trouvé une femme qui lui fera peut-être oublier Nancy Cunard. Oui, Aragon voit souvent Léna Amsel ; il en est même très épris, et, je suis ici pour donner à Léna, que j'attends, un message d'Aragon. » Elsa fondit en larmes. « Mais non, vous vous trompez, ce n'est pas possible. Rien de ce que vous dites n'est vrai. » Léna et Aragon entrèrent ensemble à *La Jungle*. Ce fut très bref, assez affreux. « Donc, c'était vrai, dit Elsa à Aragon ; tu avais rendez-vous avec elle. Thirion m'a tout raconté, il prétend que tu aimes cette femme, mais c'est moi, n'est-ce pas, que tu aimes ? Je suis ta maîtresse. » Léna était abasourdie.

Aragon prit un visage de colère : « C'est insensé », dit-il. Et s'adressant à moi : « Je ne t'ai rien demandé. » Il s'enfuit. Je demeurai sur place avec les deux femmes interloquées, émues, mais sur leurs griffes, échangeant des propos insignifiants. Je ne savais pas très bien, quant à moi, quelle contenance prendre. J'avais imaginé que Aragon, à la vue d'Elsa, aurait quitté *La Jungle* avec Léna ou qu'il aurait adopté, en restant, une attitude désinvolte et mondaine, comme s'il était naturel que tous les personnages fussent réunis. La présence d'Elsa aurait pu fournir l'occasion d'une mise au point définitive avec un minimum d'explications. Au lieu de cela, Aragon avait abandonné Léna, comme s'il était pris en faute. « Que peut faire Louis, dans quel état peut-il être, et s'il se suicidait ? Partez, André, me dit Elsa qui avait envie d'être seule avec Léna ; il est sûrement rue du Château. Empêchez-le de faire des bêtises. »

Aragon avait effectivement regagné la rue du Château. Assis devant la photographie de Nancy Cunard, en proie à une grande agitation, il buvait ; toute sa stratégie était par terre ; il s'était mis dans le cas qu'il détestait le plus ; celui d'avoir à choisir sur l'heure, alors qu'il a toujours, en l'occurrence, préféré laisser agir le temps. Il me reçut avec les reproches les plus violents. « Qui t'a autorisé, me dit-il, à te mêler de ma vie, à parler de moi et des sentiments que tu me prêtes ? Je t'avais prié d'attendre Léna, un point c'est tout ! Et tu t'es permis de faire là-dessus des commentaires déplacés à une personne que tu connais à peine. »

J'entrepris sans trop insister de lui faire entendre raison : les confidences que Aragon m'avait faites m'autorisaient, semble-t-il, à essayer de lui rendre le service d'écarter Elsa de son chemin, au moins pour cette nuit. J'avais cru bien faire. « Mais Elsa est très amoureuse de toi, et ne veut pas lâcher prise. » Aragon se calma quelque peu. Il se leva, marcha suivant son habitude, de long en large, en se regardant de temps à autre dans la glace du fond et partit dans une grande tirade contre les femmes. « Mais après tout, lui dis-je, qu'est-ce que tu veux ? Laquelle veux-tu ? Je les ai laissées ensemble. Dieu sait ce qu'elles ont pu se dire. Veux-tu que je téléphone à *La Jungle*, et si Léna y est encore, que j'aille la chercher ou lui dire que tu la rejoins ? »

On frappa. Entrèrent Elsa et Léna, mondaines, bien à leur aise, comme deux amies, venues à pied de *La Jungle* à la rue du Château. Léna n'était plus qu'une petite fille soumise, prise en faute, qui avait avoué ses mauvais tours et promis de ne plus recommencer. Elsa triomphait, avec la modestie d'une sœur aînée, qui en sait beaucoup plus que sa cadette. « C'est un malentendu, dit-elle à Aragon. Léna a compris que je t'aime et que le sentiment que j'ai pour toi n'a rien à voir avec ce qu'elle cherche et ce qu'elle éprouve. Elle sait aussi que tu m'aimes ; elle l'ignorait. Un flirt avec toi ne la mènerait à rien — elle qui n'a pas envie de s'engager — sinon à t'apporter, de nouveau, trouble et angoisse, ce dont tu n'as pas besoin. Elle me laisse à toi, si tu veux bien ; elle a trop d'honnêteté et de bon sens pour ne pas respecter ce que tu es, elle a aussi la gentillesse de ne pas vouloir me faire de la peine. » Aragon n'avait rien à répondre. Il savait mieux que personne que le silence s'interprète plus tard selon l'évolution des choses.

RÉVOLUTIONNAIRES SANS RÉVOLUTION

Je crois que Léna me demanda de l'accompagner jusqu'à la plus prochaine station de taxis. Ainsi, Elsa Triolet entra-t-elle définitivement dans la vie de Louis Aragon, pour ne plus jamais en sortir.

Maïakovski était une sorte de géant aux cheveux châtains, aux traits taillés à la serpe. Il avait des bras immenses, des mains énormes, des gestes larges et les manières douces des hommes très forts qui peuvent tout casser autour d'eux s'ils n'y prennent garde. Il se mouvait avec la lenteur réfléchie des êtres qui ont besoin d'espace à cause de leur taille et qui n'éprouvent jamais le besoin de s'agiter pour faire du volume ou attirer l'attention. En écoutant sa voix sonore, grave, juste, bien timbrée, on imaginait sans peine l'effet qu'avait pu produire cette force de la nature quand il déclamait ses poèmes, dans la rue, aux plus mauvais jours de la guerre civile. Rien ne sortit de sa rencontre avec les surréalistes sauf la confirmation d'un préjugé favorable. Il y eut deux ou trois entrevues avec Breton. Le problème de la langue, même avec un interprète, réduisit les échanges à des banalités ou à des généralités. Maïakovski ne parlait pas français, s'exprimait mal en anglais et s'il savait l'allemand qu'en aurait-il fait avec Breton ? L'homme était sympathique, mais quel jugement porter sur une œuvre dont on ne pouvait connaître que des bribes à travers la traduction, sur une pensée dont la communication réclamait la présence d'un interprète et qui sans doute hésitait à se livrer en raison des circonstances ? Breton fit confiance à Aragon qui avait Elsa pour témoin et traductrice. Chez Niouta Simon, j'eus une longue et laborieuse conversation avec Maïakovski ; je me servais de mes maigres connaissances d'anglais et Niouta voulut bien venir à notre secours. Maïakovski prétendit que la ligne générale du parti était une aussi bonne source d'inspiration poétique que tous les thèmes du romantisme : les progrès de la culture collective dans les campagnes, l'approvisionnement des villes en blé, l'importance de belles moissons pour la construction du socialisme pouvaient devenir la trame de poèmes, les moyens d'expression restant ceux du poète. Le pensait-il vraiment ? Etait-il si convaincu de l'excellence et même de l'opportunité de la poésie militante ? Le besoin qu'il avait éprouvé d'écrire des poèmes-réclames au profit des fabrications d'Etat ne peut-il être interprété comme une marque de lassitude à l'égard des mots d'ordre versifiés ? Maïakovski affirmait que les travailleurs sont sensibles à la véritable poésie ; ils la portent en eux-mêmes, ils ne sont pas gâtés par l'académisme. L'histoire lui donne acte de cette affirmation puisque ses poèmes ont été acclamés par les foules mais elle témoigne aussi que c'est l'académisme qui eut, en Russie soviétique, le dernier mot. « Qu'allez-vous écrire dès que vous serez rentré en Russie ? demandai-je à Maïakovski. — J'irai où le parti m'enverra, je recevrai mes tâches de l'Union des Ecrivains Prolétariens. » Cette phrase, qui termina notre entretien, avait pour moi la grandeur de la discipline du parti et la beauté terrible de la mission à accomplir. Je ne savais pas encore ce qu'était en réalité l'Union des Ecrivains Prolétariens, la médiocrité, la canaillerie et la bêtise qui recouvraient cette raison sociale. Je ne mesurai que plus tard le désenchantement, l'amertume et la résignation qui transparaissaient dans la réponse qui m'avait été faite.

Le comportement de Maïakovski à Paris était celui d'un touriste devenu amoureux. Le poète était alors très épris d'une jeune fille, longue, élégante, aux traits réguliers, une Russe blanche de l'émigration. Bien que cet amour fût partagé, les choses n'allaient pas du tout comme Maïakovski le souhaitait. Il aurait voulu épouser Tatiana et la ramener en U.R.S.S. La jeune femme faisait la sourde oreille. Elle préférait les robes, le luxe et l'Occident, à la misère qu'elle avait fuie et à la construction incertaine du socialisme. Pour tenter la chance, détourner le cours de ses pensées et sacrifier aux vieux démons de la Sainte Russie, Maïakovski passa quelques jours à Monte-Carlo ; il était attiré par le chemin de fer et le baccara. A son retour, Tatiana hésitait davantage ; elle ne voulut pas aller plus loin que Varsovie.

Cette déception sentimentale ajouta son poids de malheur à celui de l'oppression stalinienne. La position de Maïakovski à Moscou était, chaque jour, plus incommode. Isolé dans une société au sein de laquelle les hommes qui avaient été mis en évidence à l'époque héroïque de la révolution devenaient suspects, mal vus et jalousés par les laborieux et vindicatifs pisseurs de copie du réalisme socialiste, lesquels s'érigeaient en censeurs, prétendaient régenter la littérature, accédaient aux postes de commande et entreprenaient d'acclimater dans les lettres les méthodes policières et tyranniques du régime, Maïakovski savait qu'il devait compter ses jours de liberté. Il était un obstacle vivant à la crétinisation générale mise en route par les autorités suprêmes de toutes les Russies. Non seulement on pouvait lui reprocher de ne pas écrire de cantiques ou de monologues pour les patronages, mais on pouvait gravement mettre en cause son activité pendant la guerre civile, et rappeler les rapports personnels qu'il avait eus avec les héros que Staline commençait à exclure et à déporter, en attendant mieux. Circonstance aggravante : Lénine n'aimait pas Maïakovski, il l'avait dit à plusieurs reprises. Il avait critiqué l'action du poète, qu'il jugeait extravagante et coûteuse, et ces propos avaient été rapportés, recueillis et publiés. Quelle belle matière pour un beau procès! Maïakovski aurait cherché, dit-on, à quitter la Russie en 1930 ; le visa de sortie lui aurait été refusé et ses amis les plus proches, en cette occasion, lui auraient fait défaut. Rien ne prouve que le poète ait pensé à fuir et qu'au cours des dernières semaines de sa vie on lui ait offert la coupe amère de la trahison. En 1930, aucun bolchevique, si menacé qu'il fût, ne pensait à fuir. Tout de même, n'est-il pas significatif qu'Elsa et Aragon aient attendu la déstalinisation pour publier un volume de traductions de Maïakovski?

Après la liquidation de Léna, Aragon et Elsa habitèrent ensemble la rue du Château pendant quelques semaines, chaque jour un peu plus amoureux que la veille. Leur présence donnait de la vie et de la gaieté à une maison où la nourriture quotidienne et le chauffage étaient des problèmes pas toujours résolus. Sadoul finit par se détacher de Suzanne II quand il comprit que cette jeune coquette ferait d'abord le tour de tous ses camarades avant de lui accorder la moindre faveur. Nos amis les jeunes architectes lorrains commençaient à gagner leur vie ; ils se montraient très excités par la décoration du

Théâtre Pigalle où Philippe de Rothschild dépensait une fortune pour répondre à sa vocation de bâtisseur parfait et sacrifier à son penchant élisabéthain. Blech et les autres étaient embarqués dans des charrettes dont le contenu, pour une fois, servait à quelque chose. Blech pouvait sortir une jeune femme, l'amuser, la traîner dans les boîtes et les bistrots, alors que Sadoul n'avait à lui offrir que la passion, des distractions à bon marché pas toujours à la mode, et pour le temps des souvenirs un témoignage de première main sur la besogneuse jeunesse d'artistes qui seraient alors célèbres, riches et comblés d'honneurs. Ce n'est pas là une bonne recette de séduction. La présence de Blech au côté de Suzanne dégrisa Sadoul. A *La Coupole*, il fit la conquête d'une jeune Allemande cynique, lascive et bonne copine qui buvait le café-crème de ses derniers centimes et ne savait pas où aller coucher. Cora s'installa rue du Château. Elle aurait pu devenir très amoureuse de Sadoul, mais comme elle sentait que son amant ne la suivrait pas sur ce terrain, elle accepta avec philosophie le rôle transitoire qui lui était réservé. Elle avait un penchant marqué pour la sodomie ; elle l'affichait et entreprit de dresser la liste de tous les mots français, argotiques et savants, qui désignent cette pratique. Elle découvrit Sade et lut *Justine* et *Juliette* avec avidité. Je n'ai jamais rencontré, depuis, lectrice aussi enthousiaste, avide et appliquée du divin marquis. Puis elle se disputa avec Sadoul et commença à découcher pour aller partager le lit de quelques putains suédoises, familières de *La Coupole*, qui me faisaient envie. Elle me les décrivit en détail, mais cela n'avança pas mes affaires car ces opulentes créatures, bien qu'elles condescendissent à me dire bonjour et bonsoir, étaient avant tout soucieuses de mener à bien leur commerce.

Aragon nous amena Frédéric Mégret, qui n'avait pas dix-huit ans et ne voulait pas rentrer chez sa mère. Il écrivait des poèmes délicats, faisait des dessins assez gracieux et manifestait en toutes occasions une incohérence et une timidité d'enfant. Il était amoureux d'une actrice de *L'Atelier*, de dix ans plus âgée que lui, qui s'amusait beaucoup de cette passion de collégien et le désespérait par sa coquetterie. Mégret couchait tout habillé sous la loggia, enroulé dans une robe de chambre chinoise sale et déchirée.

Après une dispute avec Sadoul, Cora vint au milieu de la nuit s'allonger sur le matelas voisin de celui de Mégret. Elle ne résista pas à la tentation de caresser son voisin. Cela se passait à la porte de ma chambre qui était toujours ouverte. J'en fus scandalisé. Suivant les règles de notre morale, Mégret et Cora s'étaient rendus coupables d'un délit. Le lendemain je fis de violents reproches à Mégret, et je le priai de rentrer chez sa mère. Cet épisode montre combien les surréalistes, en 1929, étaient loin du mariage en groupe ! Ils étaient amoraux, certes, mais puritains.

Elsa trouva d'abord très amusant de vivre rue du Château. Elle voulut partager l'existence de son amant, observer et connaître les règles de la communauté surréaliste et au premier chef les jeunes hommes qui paraissaient être les plus proches d'Aragon. Elle voulait aussi occuper le terrain. Elle se couchait toujours la première. Très décolletée, sûre de son effet, sa belle chevelure rousse tombant sur ses épaules, elle nous recevait Sadoul et moi pendant quelques minutes, déjà couchée, comme une précieuse du grand siècle ; nous papotions. Elle aimait cette cour de garçons pleins de respect, certes, dont les regards involontaires s'attardaient sur sa gorge ou sur les taches de rousseur de ses épaules. Elle savait qu'elle n'avait pas grand-chose à cacher car, dans cette maison, on entendait tout ; elle s'amusait, faussement effarouchée, de l'admiration que son ardeur amoureuse suscitait. Aragon abrégeait comme il pouvait cette innocente cérémonie du coucher.

Le confort de la rue du Château laissait à désirer et ne pouvait pas satisfaire une jeune femme, une fois que tous les charmes du pittoresque avaient été épuisés ; il n'y avait pas de salle de bains, ni d'eau chaude. Elsa pressa l'installation de la rue Campagne-Première où Aragon avait loué un grand atelier, où il avait déjà ses meubles, ses tableaux et ses livres. Mais il fallait qu'une femme l'organisât et le rendît habitable.

Rue du Château, Elsa était encore patiente et prudente. Elle savait néanmoins où elle voulait en venir ; dès qu'elle fut chez elle, tout changea. Je n'avais pas encore vu une femme prendre en main un homme, s'installer dans sa vie, éloigner tout ce qui la gênait, réserver cet homme pour soi seule, s'affirmer comme sa femme et jeter les fondements de la construction commune de toute son existence.

J'étais fasciné comme à la lecture d'un roman et je me rendais parfois rue Campagne-Première comme si j'allais y lire le plus récent épisode. Très réaliste, Elsa fit d'abord la lessive des femmes ; Aragon se laissait entourer par d'anciennes amies qui n'en avaient pas voulu pour mari, mais qui étaient flattées et très fières d'avoir une place dans ce qu'avait écrit ou écrirait ce garçon génial. Seules, des considérations de fortune, de convenances ou d'établissement les avaient retenues sur le chemin d'une passion folle ; de temps à autre elles voulaient encore quelques minutes de trouble. Il y avait l'ombre redoutable de Nancy Cunard, ses invitations, ses téléphones. Elsa savait mieux qu'une autre doser les reproches, les menaces, les exigences et les crises de nerfs. Elle savait aussi que Louis céderait toujours. Dans les premiers temps, ce ne fut pas toujours facile, car Elsa, emportée par son impatience, allait parfois trop vite. Elle brouilla Aragon avec Nancy, peu après qu'elle eut emménagé rue Campagne-Première. Il fut interdit à quiconque voulant demeurer l'ami d'Elsa de s'entremettre entre les anciens amants, fût-ce pour des banalités sans conséquence, des affaires d'édition par exemple. Il va sans dire que Aragon lui mentait un peu, et que Sadoul et moi lui dissimulâmes les commissions que nous pouvions recevoir de la rue Guénégaud ou de la Chapelle-Réanville. Elsa eut gain de cause après deux ou trois scènes. Elle poussa même la tyrannie jusqu'à essayer, sans succès, de nous faire choisir entre elle et Nancy. Aller à la Chapelle-Réanville, accepter une invitation à dîner étaient considérés comme un affront gratuit. Je ne pense pas qu'Elsa ait été dupe. De telles exigences étaient symptomatiques des méthodes qu'elle emploierait pour assurer sa domination sur celui qu'elle s'annexait.

Ensuite elle fit le ménage des hommes. Elle trouvait que les copains d'Aragon étaient encombrants et indiscrets. Elle n'avait pas tout à fait tort. La porte de la rue Campagne-Première ne pouvait plus s'ouvrir comme une porte de célibataire. Or, Aragon était le conseiller et le confesseur de pas mal de jeunes hommes, et même de moins jeunes, qui venaient lui confier leurs peines, leurs ennuis d'argent, leurs défaillances, leurs déroutes, leurs espoirs. Aragon écoutait avec patience et douceur, admettait la confusion dans les esprits et même dans le langage, donnait des recettes, compatissait, réconfortait.

Elsa mit un peu d'ordre dans ce défilé ; elle réduisit la fréquence des visites sans les supprimer car après une brève période d'agacement elle comprit l'importance que cette clientèle pouvait représenter aussi bien dans les discussions surréalistes que pour étayer le prestige d'Aragon à l'extérieur.

La révolution, le surréalisme, le débat latent entre matérialisme et spiritualisme, la guerre, rien de tout cela n'intéressait vraiment Elsa. « Comment pouvez-vous être communiste, cher Thirion, me dit-elle en 1929. La révolution est un phénomène épouvantable. Peut-être changeriez-vous d'avis si vous aviez vécu, comme moi, une révolution. En 1917, je détestais les bolcheviques, maintenant, je ne les aime pas beaucoup plus. » Mais ce qui peu à peu faisait la différence avec 1917 et retenait l'attention d'Elsa, c'est que l'U.R.S.S. était devenue un Etat, une puissance, qu'il pouvait être utile d'y être née et d'y avoir des protections. Elle disait ne rien comprendre au surréalisme ; elle n'aimait pas Breton, qui d'ailleurs s'en méfiait. Elle retenait surtout qu'au sein du surréalisme Aragon n'avait pas la première place et que les contraintes imposées par la règle non écrite du groupe ou les humeurs de Breton étouffaient la personnalité de son amant.

Elsa aimait la vie ; elle était décidée à en profiter, elle en connaissait le prix. Les idéologies et les tracas matériels l'ennuyaient également. Elle n'avait pas la vocation de Louise Michel, ni celle de Jenny l'ouvrière, mais elle était assez réaliste et courageuse pour ne pas refuser, pour un temps, s'il le fallait, un engagement politique ou un travail manuel ; si les circonstances lui imposaient de telles pénalités, elle savait qu'elle ne s'y perdrait pas et s'en dégagerait vite.

Elle visait toujours assez haut car, pensait-elle, on n'atteint que ce sur quoi l'on tire. S'obstiner dans une impasse, se briser la tête contre un mur, tous comportements qu'elle rencontrait chez quelques-uns d'entre nous lui apparaissaient comme le comble de la folie et l'indication fâcheuse d'une sorte de déséquilibre mental ou d'un défaut de caractère. Avec bon sens, elle estimait que l'existence humaine ne compte que quelques dizaines d'années dont un bon tiers de vieillesse : tous les efforts devaient tendre à une répartition intelligente dans ce court périple de ce qu'on était capable d'obtenir. Il fallait d'abord savoir ce qu'on voulait, ensuite le vouloir fortement et agir en conséquence. Elsa aimait le confort capitaliste, elle préférait le succès à l'argent sous la condition de ne jamais manquer d'argent ; dans le succès elle était modeste. Elle tenait surtout à se donner à elle-même de bonnes notes et comme elle n'était pas chimérique et qu'elle essayait de ne jamais se mentir, elle avait besoin de l'opinion des autres pour rendre cette notation objective; une fois l'effet produit, elle ne cherchait pas à provoquer de nouvelles salves d'applaudissements.

Elle combla son ambition. Aragon n'avait connu jusque-là que des femmes qui voulaient coucher ou sortir avec l'homme qu'elles voyaient ou qu'elles entendaient au téléphone, sans se soucier le moins du monde, même si elles étaient très amoureuses, de ce que pouvait devenir cet homme, de ce qu'il devrait être. Ce n'était pas leur affaire! Autant que celles qui l'avaient précédée, plus peut-être, Elsa désirait celui qu'elle allait prendre dans ses bras mais elle n'avait pas l'intention de limiter son rôle à l'amour et à quelques exercices mondains. Elle ne voulait pas abandonner le reste au hasard et à la fantaisie. Elle entendait construire une existence où elle serait bien avec cet homme; elle avait décidé qu'il lui apporterait ce qu'il lui fallait pour être bien: l'amour, les satisfactions de la vanité, l'argent, les remèdes à l'ennui. Dans ce but, elle inventoria avec soin et objectivité le trésor dont elle s'était emparée. Elle le ferait fructifier ce trésor, elle en était sûre, mais en janvier 1929 elle ne savait pas encore comment. Elle ne se pressait pas de décider parce qu'elle comptait sur son sens pratique pour ne laisser passer aucune occasion valable. Il y eut toutefois un démarrage difficile. Dans la scène de *La Jungle*, elle avait découvert la faiblesse d'Aragon: un certain manque de confiance en soi qui pouvait conduire à la panique cet être exceptionnellement avisé et intelligent, le besoin inattendu qu'il avait de se soumettre à une autorité plus forte chaque fois qu'il s'embrouillait dans sa stratégie et ses calculs. Au fur et à mesure qu'elle allait le connaître mieux, elle constaterait qu'il était possible de réduire Aragon en esclavage parce que l'affectivité, chez lui, l'emportait généralement sur la raison. La réussite du couple qui se formait reposait donc sur la lucidité et la détermination d'Elsa qui était assurée d'amener peu à peu son amant à toutes ses vues. Aragon fournirait les armes: il en possédait tout un arsenal. Fallait-il encore qu'il se servît des meilleures et qu'il les employât à bon escient!

Aux approches de la cinquantaine, Elsa devint éblouissante de bon sens et de savoir-faire. Elle remplaça la beauté qui la quittait par le mythe de l'amour éternel et voulut que le monde entier apprît qu'elle était admirée et aimée. Ainsi naquit le culte des *Yeux d'Elsa* qui cachait les ravages de la vieillesse mieux que tous les instituts de beauté. Aucune femme n'avait encore obtenu de son amant une telle exaltation de ses charmes déclinants.

Elsa rêvait depuis longtemps de devenir un écrivain français. Je me souviens d'une scène avec larmes, vers 1931: elle avait osé lire à Aragon je ne sais quel texte de son cru. L'heure de tels exercices n'était pas encore venue. On imagine sans peine, en effet, quelle aurait pu être en 1926, la réaction de l'auteur du *Libertinage* à la lecture de l'*Illustre Cheval blanc*! La plus haute performance d'Elsa aura été d'imposer ses romans à son mari. Non pas que ce qu'elle ait écrit soit pire que les productions de quelques autres femmes couronnées, Françoise Sagan par exemple. Des milliers de lecteurs ont lu ces textes avec un plaisir et un entrain qu'ils n'ont jamais accordés au charme et au mystère enchanteur des récits de Lise Deharme, publiés à la même époque. L'indulgence vient avec l'âge, les goûts changent, pas assez toutefois pour que je ne puisse mettre entièrement au débit de l'esclavage et de l'amour les louanges faites par Aragon de la littérature de sa femme.

Tant d'hommes et de femmes ne savent pas faire leur vie que je suis tenté de citer Elsa Triolet en exemple. Je souhaite à ma petite fille Marianne autant d'adresse, de connaissance de soi et des autres. Pour obtenir ce qu'elle voulait, Elsa n'a rien pris à personne, elle n'a pas marché sur des cadavres, elle n'a jamais fait de tort à quiconque. Au contraire, elle a été généreuse. Elle a permis à Aragon d'accomplir son destin et s'il a manqué de quoi faire le personnage considérable que nous croyions discerner rue du Château, en 1928, cela tient à Aragon et non pas à Elsa.

Chapitre XIII
Triomphe de la paranoïa

Ce qui suit serait inintelligible si je ne décrivais pas au préalable ce que les communistes appelèrent en 1928 la *Troisième Période*. J'ai déjà évoqué cette construction idéologique singulière, bon exemple de paranoïa hélas ! dépourvu de tout humour. A ce point de mon récit, il me faut démonter cet édifice et en présenter toutes les parties.

En novembre 1927, les chefs de l'opposition au sein du parti communiste russe avaient été exclus du parti. En janvier 1928 ils ont été exilés ; quelques milliers de militants plus ou moins obscurs qui les soutenaient ont été emprisonnés, déportés ou réduits au chômage. Ce n'est pas beaucoup par rapport à un million d'adhérents. A vrai dire, cela représentait plus du tiers de ceux qui, en novembre 1927 ou pendant la guerre civile, avaient occupé des postes de responsabilité. Les plus célèbres étaient Trotski, l'un des « auteurs » de la révolution, l'organisateur de l'Armée rouge, et Zinoviev, l'ancien président du Komintern. Ces mesures administratives constituaient l'épilogue provisoire de quatre années de discussions byzantines dont le véritable enjeu était le pouvoir.

Staline, le secrétaire général du parti, s'est imposé en louvoyant, en jouant les uns contre les autres, et surtout en transformant peu à peu le parti bolchevique en une organisation bureaucratique et hiérarchisée dont il est le maître. L'histoire est souvent faite par des hommes qui n'ont pas conscience du rôle véritable qu'ils assument. Tel était le cas des opposants russes de 1927. Pendant que Staline manœuvrait, se créait une clientèle et assurait sa majorité en multipliant les nominations et les mutations, les opposants lui apportaient l'idéologie dont il avait besoin. L'usage qu'il en ferait déconsidérerait définitivement les malheureux qui s'imaginaient vivre encore au temps des disputes doctrinales.

En gros, les opposants reprochaient aux majoritaires d'avoir choisi un rythme d'industrialisation trop lent et de multiplier les concessions à une paysannerie qui accumulait du capital. Ils accusaient les majoritaires d'avoir préféré les accords politiques avec les bourgeoisies étrangères à l'exaltation du rôle dirigeant des partis communistes, aux perspectives révolutionnaires. Enfin ils dénonçaient l'imminence de la guerre dont le danger croissait dans le monde capitaliste, disaient-ils, ce qui ne manquerait pas d'inciter les impérialistes à s'unir contre l'Etat prolétarien.

Comme tous les schémas, celui qui précède a les mérites et les inconvénients de la brièveté. La réalité était plus complexe. Ainsi, tous les communistes russes, vers 1925, s'apprêtaient à faire des concessions à la paysannerie ; Staline et Trotski ont prôné, l'un et l'autre, l'enrichissement des paysans. Le premier avait même esquissé en 1925 un programme de dénationalisation du sol. Si Trotski, Zinoviev et leurs amis dénonçaient avec tant de force, en 1927, les profits des paysans riches, c'est parce que les Soviets n'avaient jamais été capables de nourrir les villes où le rationnement sévissait. Plusieurs millions d'enfants abandonnés, faméliques et dépravés constituaient d'intolérables bas-fonds. En arriver là après dix ans de pouvoir communiste ne manquait pas de soulever quelques cas de conscience. Il est évident que cela ne pouvait pas durer. Il fallait revenir en arrière ou précipiter le mouvement. Boukharine et, croyait-on, Staline, voulaient ménager les paysans pour en obtenir davantage en stimulant l'appât du gain. Les hommes de l'opposition voulaient forcer le rythme de la collectivisation mais ils discouraient dans le vide. Ils ne représentaient plus rien qu'un foisonnement de propositions et de critiques. Staline, en revanche, avait les moyens d'agir. L'appareil du parti lui était dévoué, les adhérents suivraient et les masses fatiguées d'héroïsme se résigneraient. Staline n'avait d'ailleurs pas l'intention de proposer un choix et d'attendre la suite. Il s'appropria les idées de ses adversaires et se prépara à les appliquer par la terreur.

Le théoricien des concessions à la paysannerie était Nicolas Boukharine, dont les œuvres d'exégèse du marxisme étaient très répandues en Russie, et traduites en anglais, en allemand, en italien, en espagnol, en français et en chinois. C'était peut-être le seul des héritiers de Lénine qui n'éprouvât pas une sainte horreur pour la démocratie sans être pour autant fait d'un autre bois que ses collègues. Boukharine devint le président du Komintern quand Zinoviev en eut été démissionné. A ce titre, il devait proposer au 6e Congrès, en juillet 1928, un programme, une analyse et des directives pour tous les partis communistes. Connue sous le nom de *Troisième Période*, cette vision du monde n'est sans doute pas due à Boukharine seul. Elle reprend un certain nombre d'idées trotskistes et a un caractère gauchiste très marqué ; il faut y voir la marque de Staline qui avait choisi de faire la politique de l'opposition sans l'opposition.

La thèse commence par l'inévitable acte de foi dans l'aggravation des contradictions du capitalisme : le monde capitaliste, qui a connu une période de stabilisation relative, est entré dans une crise générale ; le progrès technique met sur le marché une quantité sans cesse accrue de produits que les populations trop pauvres ne pourront pas absorber. Ceci est d'ailleurs un des fondements de l'économie marxiste ; à première vue, nous restons dans le cadre des crises cycliques observées par Marx dans l'économie européenne au cours de la première moitié du XIXe siècle.

Le krach de 1929 allait donner raison, sur ce point, une fois de plus, à Marx, mais pas au 6e Congrès, où Boukharine n'a pas parlé de crise cyclique, mais d'une crise générale. Ici intervient le dogme de la paupérisation croissante de la classe ouvrière, une des affirmations marxistes les plus évidemment controuvées, mais à laquelle les communistes sont restés fidèles jusqu'à une époque très récente. Autre loi marxiste, celle de la baisse tendancielle du taux du profit pousse les pays les plus industrialisés à concentrer les entreprises, à renforcer les trusts, à éliminer les plus faibles, à chercher les débouchés à l'extérieur, dans les colonies, à aiguiser la concurrence, à rendre plus agressifs les impérialismes, créant ainsi les dangers de guerre. Trotski s'était distingué en 1925, dans une analyse de ce genre où il avait vu de monumentales contradictions entre les Etats-Unis et l'Angleterre et décelé une source pour le moins surprenante de conflit entre ces deux nations !

Intervenait alors un fait nouveau : l'industrialisation de la Russie soviétique. Produisant davantage, la Russie tendrait de plus en plus à satisfaire ses propres besoins, estimait Boukharine (ce n'était même plus le socialisme dans un seul pays, mais l'autarcie absolue, les élus enfin séparés des infidèles et des gentils !). L'industrialisation soviétique réduirait encore les débouchés et aggraverait les contradictions capitalistes. Boukharine et ses conseillers ignoraient manifestement que plus une nation est industrialisée, plus grande est sa participation au commerce mondial. Passons.

Une nouvelle phase de la crise capitaliste serait la nationalisation des entreprises déficitaires : électricité, transports, faite sous la pression des trusts. Ainsi naîtrait un capitalisme d'Etat, renforçant encore la subordination des politiciens bourgeois au capital financier. Le système capitaliste étant par définition incapable de s'amender, il chercherait à résoudre la crise par le chômage, la fermeture des usines jusqu'à disparition des stocks. Il organiserait la misère. Contre les masses appauvries, conscientes de leur malheur, ayant compris que la révolution prolétarienne était leur seul recours, les gouvernements bourgeois, les banquiers et les industriels réaliseraient une remarquable unification de toutes les forces réactionnaires, à commencer par les partis socialistes et les syndicats réformistes ; ceux-ci seraient utilisés avec habileté pour persuader aux masses qu'il existe une solution non révolutionnaire à la crise et tromper le prolétariat par l'exercice d'une opposition de façade.

Enfin, en désespoir de cause, la bourgeoisie utiliserait les ressources du fascisme, « dictature terroriste du grand capital ». Le fascisme abuse les masses passives par un vocabulaire anticapitaliste et l'exaltation du nationalisme ; sa tâche principale est la destruction physique de l'avant-garde du prolétariat.

Au fur et à mesure que se développera la crise générale du capitalisme, les masses se radicaliseront ; elles se détourneront des réformistes parce que ceux-ci sont les alliés objectifs des fascistes. Alors se lèvera une ère nouvelle de révolutions en Occident. Pour empêcher ces révolutions, le capitalisme utilisera la dernière arme de sa panoplie : la guerre. Décidés au conflit, les impérialistes de tous les pays se retourneront en bloc contre la Russie soviétique pour rayer le mauvais exemple de la surface de la terre et reconquérir les débouchés perdus.

Un programme de gauche avait de quoi rassurer toutes les inquiétudes militantes et renforcer la confiance des communistes dans le Komintern. Que voulait-on de plus ? Représentants exclusifs du prolétariat, dépositaires de la vérité et de la loi, certains de gagner parce qu'ils incarnaient l'Histoire, les partis communistes affirmeraient leur personnalité et leur indépendance dans toutes les luttes que nous promettait la nouvelle période des révolutions. Foin des alliances saugrenues, des accords politiques interlopes ! Le rôle dirigeant du parti serait affirmé et maintenu, quoi qu'il arrivât, jusqu'au succès final. Toutefois, comme pour le moment le capitalisme se portait bien, la vigilance devait se reporter sur les agissements belliqueux des impérialistes. Ainsi naissait le mythe de la défense inconditionnelle de l'U.R.S.S.

De telles perspectives de catastrophes étaient surtout destinées à la propagande et au maintien du moral. Les militants ne les prenaient au sérieux que dans la mesure où elles étaient conformes au dogme. Chacun y trouvait sa pâture : ceux qui croyaient au socialisme dans un seul pays comme ceux qui souhaitaient que le front capitaliste fût ébranlé par d'autres révolutions. En Russie, l'attention se portait sur les attaques de plus en plus vives que lançait Staline contre l'accumulation du capital dans les campagnes, ce qu'il fallait interpréter comme la mise en accusation prochaine des « droitiers ». Il semble que les circulaires du secrétariat du parti, les consignes données aux organisations de base allaient toutes dans le sens de l'aggravation de la lutte des classes à la campagne. Au moment du 6ᵉ Congrès, la rupture entre Staline et les « droitiers » est déjà connue des initiés. Les opposants, en mal d'obéissance, saluèrent ce coup de barre à gauche comme leur propre victoire. Les uns après les autres, ils se soumettront à Staline, reconnaîtront avoir violé la discipline du parti, imploreront leur réintégration. Ces soumissions s'accéléreront en 1929 quand Staline attaquera de front Boukharine et décidera d'accélérer l'industrialisation en ruinant et en déportant les paysans riches. Elles seront encouragées par Trotski. Aux yeux de tous les bolcheviques, la survie de l'U.R.S.S. passait avant toute autre considération.

Le 6ᵉ Congrès avait reconduit la tactique *classe contre classe*. L'intransigeance des communistes, leur dévouement, la justesse de leurs analyses pousseraient les masses radicalisées à prendre le parti communiste comme guide. Mais où ce guide les conduirait-il ? Rien n'était prévu pour préparer les partis à jouer leur rôle dans l'ère imminente des révolutions. En revanche, on mettait au point de nouvelles campagnes contre la guerre et pour la défense de l'U.R.S.S. Comme personne ne songeait à attaquer l'U.R.S.S. en 1928 ou en 1929, le Komintern allait s'évertuer à créer artificiellement une psychose de guerre en multipliant les manifestations et en accordant un préjugé favorable au pacifisme et aux pacifistes, ce qui n'allait pas dans le sens de la tactique *classe contre classe*. Plus tard, Litvinov multiplierait les appels au désarmement général ; peu à peu on abandonnerait l'idée de la transformation de la guerre impérialiste en guerre civile pour encourager le refus pur et simple de se battre et la condamnation des dépenses militaires ;

on passerait de Lénine à Tolstoï. La propagande de Hitler se préparait à tirer un fort beau parti de ce désarmement moral.

Seul un esprit très fort eût été capable, en 1928, d'opposer au marxisme, au léninisme, au concept de la *Troisième Période* une argumentation décisive. Le schéma économique de Marx était aussi attaquable en 1928 qu'en 1970. La théorie de l'impérialisation formulée par Lénine était aussi superficielle en 1917 que de nos jours, toutefois, le moins que l'on puisse dire est que cela ne sautait alors aux yeux de personne. *Le Capital*, l'*Histoire des doctrines économiques* sont des œuvres considérables dont la critique réclame d'autres arguments que ceux des économistes conservateurs. Pour la dernière fois, la grande crise de 1929-1930 allait donner raison à Marx, au moins sur le moment. Bien que la référence à la prospérité mondiale des années 1880-1914 eût pu mettre en péril la plupart des lois économiques du marxisme, l'esprit critique n'avait rien produit d'autre que le *révisionnisme* de Bernstein, trop vulnérable sur le plan politique pour que les intransigeants n'eussent pas tiré gloire de leur fidélité au dogme. Au moment même où, tout compte fait, le socialisme international s'alignait peu à peu sur des conceptions révisionnistes, la théorie de l'impérialisme et surtout la Grande Guerre étaient intervenues à point pour remettre le débat à plus tard et en obscurcir les données. En 1928, l'économie de guerre allemande pendant le premier conflit mondial, l'expansion américaine et les prodromes de la construction du socialisme en U.R.S.S. avaient été peu étudiés et aucun des travaux sérieux consacrés à ces données essentielles du monde moderne n'avait atteint le public cultivé.

On peut donc imaginer sans peine la certitude de roc qui était la mienne en 1928. J'appartenais à la cohorte de ceux qui étaient appelés à changer le monde suivant des lois aussi inéluctables que celle de la pesanteur. Nous sortions triomphants d'une crise de conscience aux termes de laquelle les contestataires et les inquiets faisaient les uns après les autres amende honorable. J'avais fait mes preuves de militant : je savais préparer une manifestation, diriger une grève, organiser une action violente. Dans le domaine des arts, j'aimais ce qui était le plus neuf et rien de ce que j'aimais ne me paraissait étranger aux principes philosophiques que j'avais adoptés. Certes, je savais qu'il existait des régions floues, les fameuses superstructures et qu'elles avaient une grande étendue. Mais rien ne m'interdisait de penser que tout pouvait s'éclairer et s'organiser suivant des lois compatibles avec mes principes. Comme ces lois restaient apparemment à découvrir, l'entreprise n'en était que plus exaltante. J'avais peut-être du temps à y consacrer puisque le monde entrait dans un nouveau cycle de révolutions dont je ne pouvais manquer d'être acteur. La loi sacrée c'était la fidélité à la classe ouvrière, à son devenir historique et à son parti. En ne composant jamais avec les adversaires, en plaçant au-dessus de tout l'action et le service des intérêts supérieurs du prolétariat, j'accomplirais ma vie. C'était, en fait, une nouvelle version de la conquête du salut éternel, mais si on me l'avait fait alors remarquer, je serais entré dans une violente colère.

Les affirmations péremptoires qui définissaient la *Troisième Période*, l'intransigeance de la tactique *classe contre classe* n'étaient pas susceptibles d'interprétations. Trotski lui-même, qui aura consacré l'essentiel de ses prodigieux moyens intellectuels, pendant les quinze dernières années de sa vie, à raisonner sur des problèmes de tactique souvent mineurs, sera mal à l'aise avec ces schémas rigides et bien-pensants. Quant aux membres des partis communistes, ils ne se poseront aucune question jusqu'en 1933. Imperturbables, avec le sentiment du devoir accompli, les communistes allemands, sous le regard vigilant du Komintern, iront d'un pas très assuré de la *Troisième Période* au *Troisième Reich*.

Comme les surréalistes ne semblaient mettre en cause aucune des « tâches immédiates » des communistes — le lecteur ne m'en voudra pas d'employer le jargon politique du parti — il ne me paraissait pas utile de perdre du temps à passer au crible tous les textes surréalistes afin de dénoncer toutes les propositions contraires aux bases philosophiques du dogme. Que demandait-on aux ouvriers ? Allait-on leur faire grief de porter sur la psychologie ou sur le christianisme les jugements qu'un doctrinaire pointilleux aurait condamnés ? J'ai écrit qu'à la réflexion l'accusation de lèse-matérialisme portée par Naville dans *La Révolution et les Intellectuels* était à mon sens au moins inopportune. Pierre Naville avait été le directeur de *La Révolution surréaliste* lors de la publication de l'adresse au Dalaï-Lama. Il avait préconisé, à cette époque, un rapprochement avec René Guénon. De là, et sous l'impulsion directe de Breton, et malgré *La Lettre aux voyantes*, les surréalistes étaient allés jusqu'au tract *La Révolution d'abord et toujours*, et jusqu'à l'adhésion au parti communiste. Cette marche avait été conduite par une acceptation progressive de tous les mots d'ordre du parti et de sa tactique. Fallait-il demander, tout de suite, d'aller plus loin, surtout après les incidents de parcours des derniers mois ? La contribution la plus importante de Lénine à la « lutte idéologique », autre expression du jargon bolchevique par laquelle on entend la défense et l'illustration du marxisme, est le livre *Matérialisme et empiriocriticisme* dont la première traduction française parut en 1928. Lénine y affirmait des convictions matérialistes assez peu différentes de celles qui étaient professées, cent cinquante ans plus tôt, par le baron d'Holbach. Il exerce toute sa verve polémique contre les scrupules d'un scientifique aussi éminent que Ernest Mach qui avait imaginé la philosophie du « comme si ! ». En 1928, les hommes de sciences, quand ils philosophaient, paraissaient plus proches du solipsisme de Mach que du dogmatisme de Lénine. Ceci, en soi, demandait qu'on y prêtât un peu d'attention. Enclin toutefois à me ranger à l'avis de Lénine, je n'oubliais pas que celui-ci avait admis que la philosophie pouvait être un « terrain neutre, provisoirement écarté » afin que ne fussent pas rompus les accords « bolcheviques » plus importants sur l'action révolutionnaire. Ainsi, tout en polémiquant très fort contre Bogdanov et contre Lounatcharski, Lénine ne considéra jamais les divergences philosophiques, si graves fussent-elles, comme des obstacles à la présence des intéressés dans le parti bolchevique où ils eurent même d'importantes responsabilités. La

TRIOMPHE DE LA PARANOÏA

rupture entre Lénine et Bogdanov se produisit plus tard, sur des questions de tactique politique. Ces grands précédents dicteraient ma conduite.

Le manifeste *La Révolution d'abord et toujours* comporte, dans son préambule, un paragraphe: « *C'est notre rejet de toute loi consentie [...] qui nous fait tourner les yeux vers l'Asie* », assorti d'une note dont voici la partie la plus significative: « *Faisons justice de cette image. L'Orient est partout. Il représente le conflit de la métaphysique et de ses ennemis, lesquels sont les ennemis de la liberté et de la contemplation.* » Ce manifeste ayant été publié sous la signature de cinquante personnes, il est difficile d'imputer cette phrase étonnante à l'un plus qu'à l'autre. Seul Aragon peut-être pourrait en indiquer l'auteur. Cette citation, en tout état de cause, évoque irrésistiblement René Guénon.

Je connaissais très mal, en 1928, l'œuvre de ce philosophe. Léon Daudet en faisait grand cas dans *L'Action française* et le peu que je savais de sa pensée me conduisait à la tenir pour absolument réactionnaire. C'était partiellement vrai. *La Crise du monde moderne*, publiée en 1927, avait fait assez de bruit pour que, sans avoir lu le texte, l'on ne doutât pas de son antinomie avec le marxisme. Guénon publia la partie la plus significative de son œuvre entre 1945 et 1960. A première vue son influence sur le comportement des personnages dont il sera question dans ce livre devrait être considérée comme insignifiante. Peut-être est-ce vrai dans le sens étroit littéral et personnel du mot influence. Toutefois les idées exprimées par Guénon, soit qu'elles eussent été véhiculées par les moyens mystérieux mais efficaces utilisés par les sectes, soit qu'elles fussent la cristallisation des tendances antimodernes si répandues chez nombre d'Occidentaux hostiles au progrès et à l'idée du progrès, représentaient depuis la fin de la Première Guerre mondiale une force latente. Avec le recul du temps, je considère René Guénon comme l'un des auteurs les plus importants à connaître pour comprendre la pensée et l'action des hommes du XXe siècle. Sa doctrine est la manifestation la plus achevée et la plus estimable du spiritualisme qui se soit produite depuis les grandes constructions des premières années du XIXe siècle. J'emploie à dessein le mot spiritualisme dans une acception très générale, vulgaire, sans ignorer que Guénon eût préféré celle de spiritualité. Je commets ainsi, dans une certaine mesure, un contresens mais pour la commodité du discours ce terme s'oppose plus clairement au mot matérialisme pris lui aussi de la même manière. Guénon ne serait pas de son temps s'il n'avait pas succombé à l'attrait de la paranoïa, comme les marxistes et peut-être pour les mêmes raisons. Ayant adopté une métaphysique, il en tire avec la logique de vingt-cinq siècles de culture occidentale un ensemble ordonné, satisfaisant, ayant réponse à tout sous la condition d'éliminer à priori quelques questions gênantes. Ses adversaires ne retiennent au premier abord que l'invraisemblance des prémisses, l'inconsistance apparente de la synthèse contrastant avec la richesse de l'analyse. Cette dernière réclame la plus grande attention. On doit se demander dans quelle mesure un matérialiste moderne traitant Guénon, comme Marx et Engels ont traité Hegel, ne parviendrait pas à remettre sur des pieds une philosophie aussi respectable.

On sait que Guénon croit à des cycles humains, révélés par la doctrine hindoue. Chaque cycle est divisé en quatre âges. Nous en serions présentement à l'Age sombre, terme ultime de l'obscurcissement de la spiritualité primordiale. L'*Age sombre* est caractérisé par la domination de la matière, la destruction des hiérarchies, le triomphe de la quantité sur la qualité, *la dispersion dans une multiplicité qui n'est plus unifiée par la conscience d'aucun principe supérieur*. L'Orient échapperait encore à l'Age sombre parce qu'il aurait conservé la tradition ésotérique de ses principes ! L'Orient serait encore capable de synthèse, de concentration, de contemplation et d'intuition intellectuelle alors que l'Occident, totalement occupé par la connaissance de la réalité matérielle ou sensible, est livré au désordre, au chaos engendrés par la démocratie, les idées d'égalité et de progrès, perdu par l'individualisme et le nationalisme.

Issu d'un milieu conservateur, Guénon vécut toute son enfance dans une province qui n'avait pas changé depuis que Balzac en avait fait le théâtre de plusieurs de ses romans. Elève d'institutions religieuses, très doué pour les mathématiques, il traduit avec une grande hauteur de vues, dans une métaphysique extravagante mais cohérente, le refus de la société industrielle par la bourgeoisie des petites villes des bords de la Loire, qui estimait ne pas avoir besoin d'usines et avait la nostalgie des structures politiques et sociales menacées par le suffrage universel. Marqué par les idées et les découvertes de Leibniz, Guénon était étranger à la dialectique, à Héraclite comme à Hegel. Il n'en avait pas besoin puisque, dans sa pensée, les contradictions se résolvent toutes dans la connaissance donnée par l'intuition intellectuelle dès qu'on s'élève au-dessus du niveau où les oppositions ont leur réalité. Cette dernière phrase, qui est presque une citation, caractérise bien le système guénonien : on n'écarte pas les contradictions rencontrées à un certain niveau, on s'en éloigne par une sorte de survol mental, on cesse ainsi de les percevoir comme contradictions, mais on n'en a pas nié la présence car Guénon admet la réalité du monde extérieur et l'existence objective de la matière. Berkeley, qui n'y croit pas, lui est aussi étranger que les philosophes pour qui tout est matière. Les sciences, selon Guénon, doivent être animées par la métaphysique, sous peine de voir encore s'accentuer leur caractère relatif. Tel est le cas des sciences modernes dont l'objet est parfois le même que celui des « Sciences traditionnelles », mais celles-ci donnent de cet objet une autre connaissance, conséquence indubitable des vérités connues intuitivement dans l'ordre métaphysique. Guénon cite, en exemple des « Sciences traditionnelles », l'astrologie et l'alchimie mais il précise que l'art divinatoire est une déviation de l'astrologie en voie de disparition. Guénon a par ailleurs expressément condamné le spiritisme, la théosophie et la réincarnation comme des fantaisies de l'esprit humain.

C'est à dessein que je me suis laissé aller, dans les paragraphes qui précèdent, à une analyse de type marxiste de l'œuvre de Guénon. J'en aurais fait une semblable en 1928 si j'avais eu à m'occuper de cet écrivain. Loin de moi la pensée qu'un tel exercice soit dépourvu de sens : mais la méthode qui lui est appliquée n'en saisit que des aspects relatifs, suivant la terminologie guénonienne. Au contraire ! Il n'y a rien à dire sauf que le sujet est à peine traité. Mais il y a plus drôle ! En principe, le 6e Congrès du Komintern avait pour fin suprême de contribuer à l'émancipation de l'homme. Ceux qui ont connu Boukharine, qui joua peut-être à ce congrès le rôle le plus important de sa vie révolutionnaire, s'accordent à lui reconnaître un *sens de l'humain* que l'on chercherait en vain chez Staline ou chez Zinoviev, que l'on ne trouverait pas du premier coup chez Trotski. Or, la *Troisième Période* est un concept de robots. *Matérialisme et empiriocriticisme* est une polémique abstraite. En revanche, tous les écrits de l'*humanisme* et de l'*individualisme* ont une résonance humaine. Les écrits des hommes n'ont pas toujours le sens qu'ont voulu y mettre leurs auteurs.

A la fin de l'année 1928, une publication nouvelle de caractère poétique, *Le Grand Jeu*, parut en librairie. Elle était rédigée et illustrée par René Daumal, Roger Gilbert-Lecomte, Arthur Harfaux, Maurice Henry, Joseph Sima, Roger Vailland. Le titre choisi était singulier et dans une certaine mesure assez révélateur du caractère des textes et de l'honnêteté intellectuelle des principaux collaborateurs, car c'était celui du gros recueil de poèmes de Benjamin Péret que *La Nouvelle Revue française* avait mis en vente quelques mois plus tôt. A première vue, la revue *Le Grand Jeu* se présentait comme para-surréaliste. L'influence des aînés était évidente et même gênante. Tout y était de plusieurs tons en dessous et ce n'était pas Sima ni Maurice Henry qui pouvaient faire oublier Masson, Max Ernst, Pierre Roy ou Malkine, pour ne mentionner que les artistes dont les premiers numéros de *La Révolution surréaliste* ont révélé les noms. Toutefois René Daumal et Gilbert-Lecomte ne manquaient pas de talent ni de personnalité. Le contenu manifeste était assez inquiétant : c'était un reflet, la violence en moins, des quatre premiers numéros de *La Révolution surréaliste*. Le parti pris anarchiste y était dépouillé de toute allusion sociale, il prenait même un côté bêta : ainsi on célébrait Landru, criminel de droit commun d'une allure vaudevillesque et d'une espèce assez basse. Les collaborateurs de *La Révolution surréaliste*, eux, quatre ans auparavant, s'étaient solidarisés avec Germaine Berton qui avait descendu le chef des Camelots du Roy. A nouveau on faisait appel à l'Orient, à l'Afrique et en quels termes : *Nous sommes à vous chers nègres* prenait un ton des plus équivoques. L'Orient que l'on sollicitait était celui de la métaphysique, des perceptions dites « ultra-sensorielles », de la drogue, disaient ceux qui connaissaient les habitudes de Daumal, de Gilbert-Lecomte et de Vailland.

Aragon et Breton avaient déjà rencontré la plupart des rédacteurs du *Grand Jeu*. Ils n'étaient pas insensibles aux qualités littéraires montrées par Daumal et Gilbert-Lecomte et à la tendance surréaliste de leurs récits. Ces deux personnages avaient pris le parti des surréalistes dans certaines manifestations publiques. Cela ne suffisait pas toutefois pour emporter l'approbation.

Mes réactions avaient été passablement différentes. *Le Grand Jeu*, en plus des réserves que je pouvais faire sur le manque d'originalité de l'entreprise, me paraissait reprendre inopportunément toutes les scories dont s'était dépouillé le surréalisme. Je ne pouvais que m'inquiéter d'une nouvelle offensive des philosophies orientales, des attitudes anarchistes, du merveilleux des fakirs, des boules de cristal et du hachisch. Il y eut, rue du Château, des discussions passionnées. Breton venait de rompre avec Artaud et Vitrac dont l'importance littéraire valait bien celle de Daumal et de Gilbert-Lecomte. Les procès engagés contre Artaud et Vitrac constituaient jurisprudence pour la condamnation du *Grand Jeu*.

Je participai à ces discussions avec d'autant plus de sérieux que j'avais décidé de faire une sorte de militantisme chez les surréalistes. Mon incorporation au 18e génie n'aurait pas lieu avant la fin d'avril 1929. La désorganisation croissante du 6e Rayon, l'intérêt que je prenais à la vie du groupe surréaliste m'avaient convaincu que j'avais sur ce terrain une partie à jouer et un devoir à accomplir.

Je voulais que le surréalisme, tel qu'il se présentait, avec son dynamisme et sa richesse, passât au service du Komintern que j'identifiais avec le devenir de la classe ouvrière et par conséquent du monde. A l'inverse de ce qui avait été essayé depuis 1926, il fallait se garder d'être tenté de réduire cette immense novation en ne lui offrant qu'un moule politique incapable, quoi qu'on fît, de la contenir en entier. Mais cette entreprise d'adaptation serait vouée à l'échec si le hasard de nouvelles rencontres ramenait les surréalistes aux balbutiements qui leur avaient tenu lieu de langage politique avant qu'ils fissent mouvement vers le parti communiste. Il en serait de même si des adhésions nouvelles étaient de nature à accroître, au-delà du supportable, la complaisance des surréalistes pour la magie, ou même pour l'idéalisme subjectif. Il m'appartenait donc de me montrer constant et intraitable dans la défense du matérialisme historique, voire même du vieux matérialisme français. Parce que je reconnaissais moi-même, sans équivoque, la réalité objective du monde extérieur, les rapports de production et d'échange et la nature des moyens de production comme moteurs du devenir social, et que ces convictions fondamentales ne me paraissaient pas incompatibles avec l'étude scientifique du rêve, celle des mécanismes psychiques, l'existence d'un domaine humain relativement indépendant du contexte économique et social, une approche poétique et irrationnelle des sentiments et des désirs, je me voyais dans l'obligation d'adopter une attitude intransigeante à l'égard de toute aventure fidéiste ou de toute croyance superstitieuse. Ainsi, pensais-je, je pourrais tolérer quelques écarts vers l'idéalisme subjectif et quelques complaisances philosophiques pour le merveilleux.

En cette fin d'année 1928, le monde surréaliste était agité de remous, sollicité par les attraits, les invitations et les vicissitudes de l'extérieur, troublé par la rigueur et la personnalité exigeante d'André Breton. Cette rigueur s'exerçait aussi bien dans le domaine moral que dans celui de la critique des idées et des œuvres. Il n'était pas toujours facile d'en saisir les références et le point d'application parce que l'auteur des *Pas perdus* s'astreignait alors à redistribuer fréquemment les cartes et à changer les règles du jeu afin d'éviter toute cristallisation.

Soupault, Artaud et Vitrac avaient déjà été condamnés. Ils appartenaient tous les trois à l'importante fraction du groupe qui se refusait à tout engagement politique. J'avais participé, au milieu de 1928, à la Sorbonne, au sabotage par Breton d'une conférence d'Artaud. Le conférencier n'était pas la lamentable, hagarde et assez dégoûtante épave qui fit la joie de quelques épigones, dans les dernières années de la vie du poète. C'était alors un assez bel homme au faîte de sa carrière d'acteur. J'avais tendance à ne pas prendre les acteurs au sérieux, pour tout ce qui ne concernait pas leur métier. Je pensais toujours, en pareil cas, au discrédit attaché par les historiens au nom de Collot d'Herbois, parce qu'il avait été comédien avant d'être élu député à la Convention. Je fis chorus avec Breton, bien que le contenu de la conférence ne me parût pas plus attaquable que la plupart des textes écrits par les surréalistes. Artaud, très digne, bouleversé par tant de haine et d'injustice, était au bord des larmes.

Breton était en instance de divorce. Il se séparait de sa première femme, Simone Kahn, dont la participation à l'activité surréaliste avait été vigoureuse. Cela n'allait pas sans heurts, avec les incidences sordides des partages de biens. Les uns prenaient parti pour Breton, les autres approuvaient la conduite de Simone. Les discussions qui naissaient çà et là prenaient la suite de celles dont la rue du Château avait été le théâtre en 1926-1927. Mais du ralliement à la cause de la révolution prolétarienne et de l'adhésion au parti communiste — et sur ce dernier point, l'échec était patent — on en était venu à s'interroger sur l'avenir du surréalisme et des surréalistes. Pareilles questions obtiennent de la part d'hommes de trente ans des réponses qui traduisent les convenances personnelles, la prise de conscience par chacun de ses moyens propres, de ses ambitions, de ce qu'il croit pouvoir demander à la vie.

Avec la publication de *Nadja*, du *Traité du style* et de *Capitale de la douleur*, les noms de Breton, d'Aragon et d'Eluard s'étaient imposés au détriment des autres. Ceux-ci étaient-ils disposés à se maintenir tous dans le sillage des grands ? Et où allaient-ils, ces grands ? L'écriture automatique, le culte du rêve définissaient l'esthétique surréaliste, ou plus exactement la distinguaient du reste. Que pouvait-il sortir de l'acquiescement donné aux mots d'ordre du parti communiste ? Où menait ce refus catégorique de collaborer avec quiconque appartenait aux cadres de la société en place ? Passe encore pour Eluard, qui était à l'abri du besoin et qui écrirait, sa vie durant, d'admirables poèmes lui assurant peu à peu, par un consensus général, le premier rang. Mais *Le Traité de style* n'était pas autre chose qu'un beau feu d'artifice. *Nadja* était, à n'en pas douter, une étape, comme *Les Pas perdus* ou *Le Manifeste* ! Où Aragon et Breton voulaient-ils en venir ? Artaud avait été exclu parce qu'il était acteur dans des films, Vitrac parce qu'il écrivait des pièces de théâtre, Soupault parce qu'il publiait des romans. Et les autres, allaient-ils encore se contenter pendant longtemps d'être des manifestants et des casseurs ?

RÉVOLUTIONNAIRES SANS RÉVOLUTION

Quand un chef de parti, ou de bande, voit qu'il n'est plus en mesure de rassembler tout son monde, où et comme il l'entend, lorsqu'il a le sentiment que l'on commence à murmurer sur les rangs, s'il n'a pas la certitude qu'un événement extérieur, en lui donnant brusquement raison, fera taire les hésitations et les critiques et découragera les intrigues, il se doit de créer, de toutes pièces, l'orage. A défaut de pouvoir proposer de nouvelles conquêtes il lui faut désigner un nouvel ennemi, partir en guerre contre la tiédeur, commencer les procès de tendance. Dans le même temps, il doit gagner de nouvelles adhésions, en se tournant de préférence vers des êtres neufs, inexpérimentés, capables d'enthousiasme et d'admiration. Il trouvera chez eux la confiance absolue qu'on lui marchande d'autre part puisqu'il n'y a pas encore d'erreurs ou d'échecs en commun et qu'il est encore trop tôt pour que chaque recrue entreprenne de courir sa propre chance.

En décembre 1928, *Le Grand Jeu* venait à point nommé dans l'évolution du surréalisme. Les ruptures brutales, les excommunications solennelles majeures ou mineures étaient le propre de Breton. Aragon motivait après coup, mais surtout il recrutait, prenait des contacts, préparait les adhésions nouvelles. Il n'était pas toujours suivi car c'est Breton qui prononçait l'admission définitive, et tous les amis d'Aragon n'étaient pas forcément les siens. Ce sont les textes de René Daumal et de Roger Gilbert-Lecomte qui dans *Le Grand Jeu* avaient reçu les meilleures notes. Gilbert-Lecomte venait souvent au bar de *La Coupole*. Aragon lui manifesta de l'intérêt. Il me semble que Rolland de Renéville joua un rôle dans ce rapprochement. Il y eut d'assez nombreux entretiens entre Aragon, Daumal et Gilbert-Lecomte. Cela ne faisait pas du tout mon affaire.

Quatre-vingt-trois élèves de l'Ecole normale supérieure avaient signé une déclaration contre la préparation militaire. Les autorités civiles et militaires réagirent promptement et, sur leur injonction, avec leur aide, la direction de l'école, par des pressions et des menaces, obtint le retrait de la plupart des signatures. Il y eut, tout de même, dix irréductibles dont Paul Bénichou. Non seulement ceux-ci ne se renièrent pas mais ils rédigèrent un nouveau texte plus long, plus violent et plus précis, attaquant l'armée, la famille et la patrie. Ils l'envoyèrent aux *Nouvelles Littéraires*, en réponse à une vague enquête sur la jeunesse, et comme *Les Nouvelles Littéraires* ne publiaient rien, ils en firent quelques copies pour le Quartier latin. Dans les facultés, un certain nombre d'étudiants approuvèrent ce pamphlet, un très petit nombre à vrai dire, mais nous n'étions qu'en 1929, il y avait alors des risques certains à manifester contre l'armée et la famille. Quelques-uns de ces étudiants étaient collaborateurs du *Grand Jeu*. Martin du Gard, le directeur des *Nouvelles Littéraires*, refusa de publier ce nouveau papier. Gilbert-Lecomte et Vaillant, à la fois fiers et embarrassés, montrèrent le libelle scandaleux à Aragon qui offrit sur-le-champ d'en assurer l'édition. C'était on ne peut plus conforme à la pratique surréaliste. Mais en 1928, l'Université était moins libérale qu'aujourd'hui. Ayant eu vent de cette nouvelle incartade, le directeur de l'E.N.S. interdit toute publication sous l'argument assez incroyable qu'un droit de censure préalable était attaché à sa fonction administrative. Mieux encore, il fit savoir que des sanctions seraient prises et il me semble, en effet, qu'il sévit quelque peu. Les normaliens firent leur soumission. Il n'en fallait pas plus pour décider Aragon et Breton à publier le texte coûte que coûte. Mais personne n'en connaissait l'exacte teneur. Afin d'en avoir communication, Aragon me demanda de faire une démarche auprès de Bénichou, considéré comme le plus déterminé des normaliens. La discussion fut laborieuse. Les normaliens étaient décidés à ne pas permettre aux surréalistes de publier leur écrit. Ils souhaitaient même qu'on en oubliât l'existence. Ils se retranchaient derrière les réticences et la crainte des autres signataires du document. Bénichou lui-même paraissait très isolé. Il commentait avec amertume le lâchage dont il était l'objet. Mais il n'avait aucune envie de laisser Aragon ou Breton se servir d'une déclaration qui commençait à faire peur.

A la fin Bénichou m'avoua que Gilbert-Lecomte en avait une copie et que si le détenteur croyait bon de me la remettre, j'en pourrais faire l'usage que je voudrais. Je retins de cette conversation que les normaliens n'étaient pas prêts à une action commune avec les surréalistes, pas plus d'ailleurs qu'avec le parti communiste. Ils ressemblaient, somme toute, à nos copains des Vosges, Blech et Baldensperger, antimilitaristes certes, et mal disposés envers la plupart des valeurs bourgeoises, mais qui estimaient pour le moins que la révolution prolétarienne ne les concernait pas. Comme de bien entendu, lorsque je le lui réclamai, Gilbert-Lecomte prétendit qu'il avait rendu le fameux texte à Bénichou.

Breton était disposé à faire un éclat. Il voulait mesurer, par un scandale, la disponibilité des uns et des autres en faveur d'une action subversive. La publication d'un écrit considéré comme infâme par les bien-pensants et les tenants du pouvoir mettrait à nu toute l'hypocrisie des dirigeants universitaires. Elle compromettrait gravement les lâches qui avaient renié leur signature et souhaitaient qu'il n'y eût trace de rien; elle obligerait les normaliens les plus constants à reléguer la bonne camaraderie après la défense des principes révolutionnaires et à surmonter, dans l'intérêt d'une cause exigeante, les scrupules de l'amitié.

Cet incident venait à point pour préparer la clarification que Breton souhaitait: Aragon aussi d'ailleurs. Dans leur marche vers le parti communiste, les surréalistes ne s'étaient trouvés que cinq, au moment décisif, et soudain les révolutionnaires se comptaient par dizaines. C'est dans l'esprit d'aboutir à un règlement de comptes que fut rédigée la lettre du 12 février 1929 entièrement de la main d'Aragon et de Breton, envoyée sous le timbre de Raymond Queneau à près de quatre-vingts destinataires. Le texte est un chef-d'œuvre de perfidie: il incitait à choisir entre l'activité individuelle et une activité collective (à définir) sous la condition de désigner nommément ceux avec qui l'on acceptait de mener, le cas échéant, des actions communes. L'accent était mis sur l'importance des questions de personnes en priant les destinataires de porter un jugement sur tel ou tel acte public ou *privé* de ceux dont ils récuseraient la collaboration. Les destinataires de la lettre comprenaient tous les anciens collaborateurs de *La Révolution surréaliste* à l'exception de Delteil et de Soupault, le groupe de *Philosophies*, celui du *Grand Jeu*, des surréalistes belges et yougoslaves et des isolés tels que Georges Bataille et Pascal Pia.

Je décidai de faire porter tous mes efforts sur la rupture et la brouille, préférant la création d'un petit noyau dur et pur à des compromis ou à des alliances prometteuses d'éclatants conflits dont je ne serais pas le maître et dont le déroulement imprévisible pourrait rejeter les personnes qui m'importaient très loin de la ligne sur laquelle je voulais les amener. Les autres auraient toujours la faculté de rejoindre cette ligne par leurs propres moyens. Je répondis très vite à la lettre du 12 février. On peut lire cette réponse dans le numéro de *Variétés* « Le Surréalisme en 1929 » où elle a été publiée in extenso. Cela ressemble surtout à une liste de proscription : Berl, Malraux, Barbusse, Naville, Francis Gérard, tous les collaborateurs de *Clarté* sauf Fourrier, Artaud, Vitrac, tout le groupe *Philosophies* (Guterman, Morhange, Lefèvre, Politzer), *Le Grand Jeu* en entier constituent la longue énumération des personnes avec lesquelles je refusais de collaborer. Avec tous les autres, j'excluais d'un travail en commun tout ce qui concernait les principes et tout ce qui ne relevait que de la discipline du parti communiste : l'étude du matérialisme dialectique d'une part, la tactique révolutionnaire d'autre part. Je suggérais, pour l'immédiat, l'illustration de quelques mots d'ordre choisis dans le catalogue de la *Troisième Période* : contre la répression, contre la guerre, contre l'armée, c'est toute la pâture que je jetais à l'activité collective.

Ma lettre fut bien accueillie du côté de la rue Fontaine. Je l'accompagnai d'une campagne d'explications auprès de ceux que je voyais le plus. Je ne cachai pas à Aragon, dont l'indulgence envers Gilbert-Lecomte m'inquiétait, que la rupture avec *Le Grand Jeu* avait pour moi la valeur d'un préalable à toute poursuite d'une activité avec les surréalistes. Aragon voulait me faire admettre l'idée de casser *Le Grand Jeu*. Je rechignais tant que je pouvais. J'avais l'impression d'occuper une position forte qu'il ne me fallait abandonner à aucun prix. Je réussis à convaincre Mégret, Unik, Caupenne et Sadoul du bien-fondé de mes exclusives. Ils les reprirent presque intégralement dans leurs réponses. Je téléphonai à Fourrier pour lui représenter combien l'arrivée chez les surréalistes de quelques petits apprentis sorciers du genre Daumal risquait de renforcer la tendance aux mystères et de compromettre définitivement une adhésion véritable du groupe au matérialisme historique.

Ceux que je visais eurent-ils vent de mes intentions et de la faveur qu'elles rencontraient ? C'est probable car je ne les cachais pas et je m'agitais beaucoup. Toujours est-il que André Delons, apparaissant soudain comme membre du *Grand Jeu*, suggéra le 25 février, dans une lettre à Breton, de choisir l'étude d'une « *protestation contre les conditions de plus en plus intolérables qui sont faites à Léon Trotski* » comme premier sujet d'une activité commune. C'était une proposition des plus singulières, son auteur n'ayant jamais manifesté jusqu'alors un intérêt spécial pour la politique. Mais la manœuvre était habile. Tout examen du cas de Trotski ne manquerait pas de partager les destinataires de la lettre du 12 février autrement que je ne le désirais : à coup sûr les membres du parti, dont j'étais, seraient isolés, et leur audience réduite pour le reste de la discussion, si tant est que la discussion pût encore se poursuivre après la chute de cet énorme pavé. Aragon me donna connaissance de la proposition Delons avec un certain embarras en m'avouant qu'elle serait mise à l'ordre du jour. « Bien, répondis-je, mais je ne participerai pas à l'examen des conditions faites à Léon Trotski ; cette question est de la compétence du parti communiste, elle concerne la vie intérieure de *l'Internationale*, je me suis déjà prononcé là-dessus dans le parti, ceux qui entendent mettre en cause, à l'extérieur du parti, les décisions prises en toute souveraineté par celui-ci et qui veulent contester le droit absolu qu'ont les communistes et se séparer de leurs anciens chefs font acte d'anticommunisme et je serai obligé de les traiter comme tels. » Aragon et Breton avaient d'ailleurs bien compris la portée de la manœuvre imaginée par Delons. Ils ne pouvaient pas ne pas accepter la suggestion qui était faite, mais ils étaient bien décidés à ne pas ouvrir le débat sur un sujet aussi brûlant. Mis à l'ordre du jour de la réunion du 11 mars, le cas Trotski ne fut même pas mentionné !

L'affaire se présentait mal pour *Le Grand Jeu*. L'attention de Breton venait d'être attirée par sur l'activité journalistique de Roger Vailland alors rédacteur à *Paris-Midi*. Breton n'aimait pas beaucoup les journalistes et les papiers de Vailland passaient la mesure. Nous étions en pleine répression policière. Chaque semaine des vendeurs de *L'Humanité*, de *L'Avant-Garde*, des militants étaient arrêtés et condamnés. La police parisienne, dirigée d'une main ferme par le préfet d'alors, Jean Chiappe, qui ne cachait pas ses opinions de droite et sa complaisance pour tout ce qui était réactionnaire, se distinguait par son zèle anticommuniste. Chiappe savait se rendre populaire et exerçait une véritable fascination sur le Tout-Paris, avec un côté napoléonien très exaspérant. Dans le florilège des articles de Vailland on glanait, à la pelle, les louanges adressées à la police parisienne. Mais le morceau de bravoure était un long papier consacré à un hymne composé par le chef de la Musique des Gardiens de la Paix à la gloire de Jean Chiappe, l'épurateur de la capitale (*sic*). C'était énorme ! La composition d'un hymne au préfet de police est impensable aujourd'hui. Les commentaires de Vailland étaient à la hauteur de cette flagornerie. Ceux qui n'ont pas connu Breton ne peuvent pas imaginer ce que pouvait être sa fureur quand il tombait sur de tels morceaux littéraires.

Lorsque la réunion s'ouvrit, dans l'arrière-salle d'un assez sordide café rue du Château, plusieurs participants, qui avaient lu les papiers de Roger Vailland, s'abstinrent de lui serrer la main. Le vent soufflait dans le sens que je désirais : vingt des destinataires de la lettre du 12 février n'avaient pas été convoqués à la réunion de mars. Dans ce lot il y avait Artaud, Vitrac, tout *Philosophies*, une bonne moitié de l'ex-*Clarté*. Je pris le parti de pousser à fond l'intransigeance et la violence en allant au besoin jusqu'au sabotage. La lecture de l'article de Roger Vailland sur l'hymne à Chiappe fut l'occasion d'un beau charivari. La réunion tournait au procès du *Grand Jeu*. Ribemont-Dessaignes eut la maladresse de mettre en cause Aragon et Breton, en assimilant leur collaboration ancienne à *La Nouvelle Revue française* aux articles publiés par Vailland dans *Paris-Midi*. Il provoqua la colère de Breton, ce que je jugeai très profitable à une bonne orientation des débats. Ceux-ci néanmoins s'éternisaient. Daumal, Gilbert-Lecomte et leurs amis hésitaient à condamner Vailland. J'essayai de précipiter les choses par un esclandre : je me levai et après avoir traité Vailland de flic je déclarai que je ne resterais pas une minute de plus en compagnie d'un apologiste de Chiappe et je quittai la salle. J'attendis pendant une heure l'issue de la réunion, en face, dans notre maison, avec un peu d'inquiétude. N'avais-je pas agi trop vite ? J'avais compté sur une approbation générale, un sursaut d'indignation qui eût expulsé sur-le-champ Roger Vailland de la salle de café. Suivant mes prévisions, tous ses amis l'eussent suivi. Or, j'étais parti tout seul. Mais le procès continuait, mené par Breton. Les jeunes gens du *Grand Jeu*, qui n'avaient pas l'habitude des procès politiques, s'enferraient. Deux ou trois amis, dont Tanguy, vinrent me rejoindre. Aragon et Breton avaient entrepris de déconsidérer Vailland de telle manière qu'il n'en restât rien. Ils obtinrent que le misérable acceptât d'écrire une lettre dans laquelle il désavouerait et condamnerait son article de *Paris-Midi*. Ce texte serait publié dans *Le Grand Jeu*. Tous ses complices s'affirmeraient solidaires de ce désaveu. Quant aux surréalistes, ils pourraient faire du texte en cause l'usage qu'ils voudraient.

Comme de bien entendu, les accusés, une fois sortis du tribunal, reprirent leurs esprits et ne tinrent pas les promesses qui leur avaient été arrachées. Cela ne surprit personne. La rupture était consommée. J'avais gagné. Sous le titre de *A suivre, petite contribution au dossier de certains intellectuels à tendances révolutionnaires*, les résultats de l'enquête et le compte rendu de la soirée du 11 mars 1929 ont été publiés dans le numéro spécial de *Variétés* auquel j'ai déjà fait allusion. Le texte a été rédigé par Aragon.

En 1970, mon opinion sur *Le Grand Jeu* est la même qu'en 1929. Roger Vailland heurta la porte de mon bureau de l'Hôtel-de-Ville, en 1946-1947. Je le mis dehors en lui disant que je n'avais pas changé d'avis sur son compte. Ce très médiocre littérateur devait adhérer au parti communiste, à la Libération, afin de hurler avec les loups comme dans *Paris-Midi* en 1929. La guerre finie il n'était pas plus glorieux de servir Staline et sa terreur que d'avoir approuvé en 1929 le préfet de police fascisant Jean Chiappe.

Les meilleurs textes de Gilbert-Lecomte et de Daumal se situent dans la lancée du surréalisme, avec en plus pas mal d'enfantillages et un côté mystagogue que l'on explique trop bien par l'abus des stupéfiants. Ce qu'ils ont écrit l'un et l'autre sur l'Orient et de prétendues expériences de perceptions extra-sensorielles est du domaine puéril des tables tournantes. Daumal reste très au-dessous de la pensée de René Guénon. Il n'a jamais eu l'honnêteté du témoin et de l'expérimentateur dont a fait preuve Henri Michaux en toutes circonstances. Pendant trente ans, un charlatan lubrique, du nom de Gurdjeff, a sévi sur les lisières de la forêt de Fontainebleau. Il avait affaire, lui aussi, avec la Tradition, mais au rebours de Guénon qui s'est toujours refusé à raconter de pittoresques histoires de brigands, Gurdjeff prétendait avoir reçu, quelque part en Asie centrale, la fameuse initiation. Il enseignait, disait-il, mais aussi, il soignait, conseillait et baisait dans la meilleure tradition des thaumaturges. C'est auprès de Gurdjeff que Daumal est allé apprendre les vérités suprêmes et cela seul suffirait à situer le personnage.

Les surréalistes refusant de collaborer à toute publication littéraire, quelle qu'elle fût, le directeur de la revue belge *Variétés*, bien distribuée en France, proposa de mettre à la disposition de Breton un numéro spécial de ce périodique. Ainsi naquit *Le Surréalisme en 1929* où la rue du Château tient une bonne place. La couverture reproduit le tabernacle de fourrure qui décorait la grande pièce du bas. Je publiai dans ce numéro *A bas le travail*, écrit pour apporter, dans une publication surréaliste, la version marxiste d'un problème souvent posé. Ce texte est très voisin de la brochure de Lafargue *Le Droit à la paresse*. Aussi étrange que cela puisse paraître, je n'avais pas lu *Le Droit à la paresse* quand j'ai écrit *A bas le travail*. C'était peut-être le seul texte de Lafargue que je ne connusse point. J'en avais toujours remis la lecture à plus tard, sans doute parce que j'en jugeais le sujet futile. Longtemps après la parution du numéro spécial de *Variétés*, j'eus la curiosité de lire *Le Droit à la paresse*. J'y trouvai des conclusions identiques aux miennes, ce qui n'était pas extraordinaire puisque l'un et l'autre nous avions traité le même sujet avec la même méthode, mais cela rabattit l'orgueil que je tirais de ma dialectique. « On m'accusera de plagiat, me disais-je, si on ne l'a déjà fait. » Je convins que ma version était plus drôle que celle de Lafargue, plus moderne aussi, mais à tout prendre beaucoup moins bonne.

Rien n'illustre mieux la crise traversée en 1929 par le surréalisme que la laborieuse fantaisie écrite en collaboration par Aragon et Breton sous le titre : *Le Trésor des jésuites*. C'est une suite de sketches qui devaient être joués le 1er décembre 1928, au théâtre *L'Apollo* par Musidora (Mme Jeanne Roques) au cours d'un gala *Judex* organisé à la mémoire de l'acteur René Cresté. Musidora avait été l'actrice du cinéma français la plus remarquée entre 1914 et 1920. Ses apparitions dans le film à épisodes *Les Vampires*, vers 1916, étaient considérées par Aragon et Breton comme une manifestation prémonitoire du surréalisme. Musidora s'habillait d'un collant noir ; elle était belle fille, provocante à souhait et jouait le rôle d'une souris d'hôtel, assez excitant en soi. *Les Vampires* et *Judex* étaient d'assez plates productions de Louis Feuillade, personnage conformiste et vulgaire, sans talent, servi par des acteurs de qualité et la bonne volonté du public de la Première Guerre mondiale. En 1928, Musidora avait cinquante ans, quelques kilos de trop, mais brûlait de remonter en scène vêtue du célèbre collant noir de ses vingt-cinq ans. Aragon et Breton cherchaient aussi, sans doute, leurs vingt ans. Dans le sketch qu'ils ont écrit très vite, on trouve de prudentes évocations de la Première Guerre mondiale (avec une hallucinante reconstitution du style de l'époque) mêlées d'allusions à l'actualité de 1928. Le caissier général des missions catholiques, M. de Peredes, le personnage principal de l'un des sketches, avait été assassiné dans son bureau au début de l'année 1928. Les mobiles du crime et le nom de l'assassin n'ont jamais été découverts. Aragon et Breton font apparaître dans un autre sketch deux articles de la loi des Finances qui étaient alors l'objet de controverses entre la gauche et la droite. Ces textes accordaient quelques facilités à l'enseignement libre et le Sénat « républicain » les avait disjoints de la loi. On voyait dans ce vote un succès de la gauche.

L'ensemble est mauvais. La représentation de ces sketches, sous la signature de Desnos ou de Soupault, eût abouti, à coup sûr, à la mobilisation du groupe par Breton, afin de faire scandale ; on peut partiellement expliquer cet accès de faiblesse par les crises sentimentales dans lesquelles se débattaient les deux hommes, durant le mois de novembre 1928, mais ces motifs ne sont pas suffisants. *Le Trésor des jésuites* est un témoignage très accablant de l'essoufflement du surréalisme à la fin de l'année 1928 et de l'espèce de fading saisissant alors la force créatrice de ses deux plus éminents sectateurs, qui avaient à peine dépassé la trentaine et avaient déjà écrit quelques-unes des œuvres capitales de la littérature du XXe siècle.

Chapitre XIV

André Breton

En 1929, André Breton avait la prestance et la dignité qu'il conserva jusqu'à sa mort. Plutôt grand, robuste, sans empâtement, d'un maintien très droit n'excluant pas une certaine souplesse du corps, le geste rare mais large, un port de tête fait pour régner, il était toujours simplement vêtu, sans concession aux excès de la mode, pas plus à celle de la place Vendôme qu'à celles du Quartier latin ou de Montmartre. Il aimait les chemises de couleur sombre, affectionnait le vert; la cravate éclairait parfois d'une discrète singularité un ensemble sobre mais étudié. Je lui ai connu beaucoup de cravates rouges. Il avait une abondante chevelure presque rousse, un peu ondulée, qu'il portait longue et peignée en arrière alors que la mode était plutôt aux cheveux courts. On croyait d'abord que ces cheveux longs étaient une réminiscence du symbolisme alors qu'ils représentaient plutôt un attribut de puissance, comme au temps des Mérovingiens. Sa démarche avait la noblesse de toute sa personne, avec un pas légèrement glissé qui faisait penser à Versailles au temps du Grand Roi, et quelque chose d'apprêté lorsqu'il s'approchait des êtres ou des choses. Les traits étaient beaux, faits pour tenter un sculpteur, réguliers, avec des déformations du caractère et de l'énergie. La bouche aux lèvres épaisses prenait volontiers une expression sardonique surtout quand Breton fumait la pipe. L'homme regardait posément son interlocuteur bien en face avec des yeux bleu-vert dont l'expression était à la fois flegmatique et impitoyable. Ces yeux ne riaient jamais; comme tout le visage de Breton, ils étaient constamment attentifs, parfois moqueurs, toujours présents, jamais distraits, ce qui ne laissait pas de contrarier l'idée que le vulgaire pouvait se faire d'un surréaliste. Par une sorte de réflexe conditionné ou par l'effet d'une prudence naturelle, où qu'il fût, dans quelque circonstance où il se trouvât, Breton prenait toujours ses distances. Sa colère n'explosait pas d'un seul coup, car ainsi elle aurait pu dépasser l'événement et perdre de sa force. Elle naissait d'une courte progression lui permettant d'atteindre, par une sorte d'élan, un niveau olympien. Breton pouvait alors rugir; le durcissement de ses traits augmentait la violence des propos et le caractère inexorable des jugements prononcés. S'il éprouvait soudain une émotion très intense, il employait une énergie de fer à la maîtriser et à la dissimuler; sa voix devenait seulement un peu plus grave et ses yeux pouvaient s'embuer de larmes, il ne concédait rien d'autre et se reprenait très vite. Breton savait rire, mais son rire était lent, contenu, limité à des interjections graves qui n'exprimaient pas seulement le comique d'une situation ou d'un propos mais aussi une nuance de moquerie à l'égard des personnages en cause ou de l'auteur du texte ayant conduit au rire.

Il n'était pas prisonnier des réactions que suscitaient sa colère ou son acquiescement. Son enthousiasme pour les êtres et pour les choses, comme sa réprobation, avaient besoin de se manifester sans délai car il aimait béatifier et excommunier ; mais son attention jamais en défaut et son esprit critique le portaient à changer d'avis et à remettre en question les œuvres et les hommes. Il avait conscience des corrections qu'il était opportun de faire subir aux opinions trop contingentes quand les positions respectives des antagonistes ou les éclairages ménageaient d'autres vues sur les événements ou autorisaient de nouveaux espoirs sur les individus. Il n'hésitait pas à faire les premiers pas d'une réconciliation, ce que bien d'autres eussent indéfiniment différé par prudence ou par calcul.

Il était très bon camarade ; il admettait qu'on le traitât presque en copain. Toutefois, comme il détestait la familiarité, le sans-gêne et le laisser-aller dans les manières, il établissait naturellement, entre les autres et lui, même dans les moments de détente, des barrières que nul ne pouvait franchir. Il savait maintenir son interlocuteur dans un état de dépendance relative ou d'inconfort, et pourtant il savait écouter. Quand il le fallait, il rendait très évidente l'estime dans laquelle il tenait ou paraissait tenir l'autre partie. Il jouait d'ailleurs sur le bien-être intellectuel que son approbation apportait à celui qui la recevait. Il n'était jamais dupe, savait provoquer les confidences, les aveux et les contradictions. Il disposait d'une gamme très riche d'intonations qu'il dosait dans ses réponses, pour en préciser ou en changer le sens selon le cas. Il obtenait par des procédés de juge et de confesseur que son interlocuteur s'embrouillât, perdît pied, avouât ou prît des engagements insensés.

Il avait l'âme, le comportement, les moyens et les habiletés d'un chef d'école ou de parti. A ce titre il n'est pas excessif de comparer le caractère d'André Breton à celui des hommes de sa génération qui ont exercé sur leurs contemporains une influence personnelle non réductible à l'idéologie qu'ils représentaient ou aux moyens de coercition dont ils disposaient : Hitler, Staline, Trotski et Charles de Gaulle. Il avait des uns et des autres le désintéressement absolu, le goût du pouvoir et la certitude d'avoir à accomplir une mission. Comme Hitler, il avait des colères grandioses, le sens des imprécations, un arrière-fond de mysticisme vague, un côté chef de bande qui le portait à marcher le premier, devant ses disciples, s'il jugeait qu'il le fallait. De Staline il avait le besoin d'ouvrir des procès, de condamner et de déshonorer ses adversaires ; de Trotski il avait l'intolérance et la verve polémique ; aussi orgueilleux que Charles de Gaulle, il avait comme celui-ci le don de l'humour et du style élevé, le respect des formes et des rites qui lui convenaient, le sens de la grandeur et des éclats, le besoin d'allégeance personnelle. Il ne manquait pas d'esprit politique. Il se différenciait des dictateurs et des héros par son absence d'ambition et par sa culture plus étendue, et par l'importance qu'il attachait aux idées, à l'homme et à ses créations. Son aversion pour le passé et les traditions sociales était beaucoup plus radicale que celle de Trotski, le seul auquel on puisse à cet égard le comparer, les trois autres étant, à des titres divers, des conservateurs. Mais surtout, ses préoccupations étaient plus intemporelles que celles des grands personnages : le surréalisme n'est pas une collection de revendications immédiates, ni un programme de réformes. C'est un ensemble touffu, mal délimité, plongeant plus profondément que le nazisme, le communisme ou le nationalisme dans le magma humain puisqu'il ne limite pas son champ d'action à la vie sociale ou nationale. Je pourrais le définir comme une religion sans dogme et sans foi. Les forces émancipatrices et révolutionnaires qu'il convoqua ne seront pas satisfaites par un coup d'État, ni par une insurrection, ni par une constitution nouvelle, ni par de nouvelles structures économiques. A cet égard, Breton venait trop tôt, il appartenait à la génération des conducteurs, il en avait certains appétits, il employait quelques-unes de leurs méthodes mais les mouvements de foule ou d'idées susceptibles de lui être favorables ne pouvaient pas se produire de son vivant. Toutefois l'espèce d'insurrection spontanée que déclencha en 1945 son passage dans les Antilles montre que la rencontre de cet homme et d'une foule pouvait faire jaillir des étincelles et provoquer des incendies.

La vie et l'œuvre d'André Breton seront pendant longtemps d'excellents sujets de thèse et quelqu'un écrira probablement sur Breton et les femmes. Des témoignages, des correspondances nous vaudront des explications aberrantes dans le style de celles qui ont été proposées pour Baudelaire, Nerval, etc. En toutes occasions Breton se montrait déférent à l'égard des femmes et ne se départait jamais envers elles d'une galanterie délicate, un peu surannée. A son exemple, le baisemain devint un rite surréaliste. Breton n'aimait pas le libertinage. Il fit admettre comme une règle d'or, par ses amis, la prééminence de l'amour électif ce qui valut au surréalisme, et lui vaut encore, tant d'adhésions parmi la jeunesse. Comme beaucoup d'hommes, il a rencontré l'amour à trois ou quatre reprises dans sa vie et chacune de ses passions lui a inspiré des textes ou des poèmes qui comptent parmi les plus beaux qui aient été écrits dans de telles circonstances. Toutefois la vie porta des coups très durs à cette quête de l'amour absolu et plaça maintes fois Breton en contradiction avec lui-même. Son caractère difficile, l'indifférence qu'il montrait pour le luxe et la sécurité, les difficultés matérielles qu'il connut souvent assurèrent plus d'une fois la victoire de la vie sordide sur l'amour admirable. Il s'intéressait beaucoup aux descriptions naturalistes de la vie quotidienne des hommes seuls dans lesquelles Huysmans a excellé. Il en goûtait l'humour féroce et désespérant. Comme je lui demandais en 1947, lors de son retour en France, ce que la guerre, l'exil et le temps avaient fait de la femme qui lui avait inspiré *L'Amour fou*, il m'avoua que leur mariage n'y avait pas résisté, que des détails absurdes avaient tout détruit. « Ainsi, ajouta-t-il, elle était incapable de fermer un robinet. Peux-tu imaginer jusqu'où va l'irritation d'un homme dans une chambre d'hôtel ou dans un petit appartement quand *l'autre* ne ferme jamais les robinets ? » L'érotisme qui occupe une place d'honneur dans l'imagerie surréaliste ne représentait, pour Breton, qu'une catégorie intellectuelle. Il en réprouvait plus ou moins explicitement l'intervention dans la vie réelle puisqu'il ne l'admettait que dans le cas de l'amour électif ce qui équivaut presque à une négation. Mais dans ce domaine il n'était pas à une contradiction près ; la vie amoureuse d'un individu n'est-elle pas un tissu de contradictions ? Il fut d'ailleurs, lui aussi, sollicité par des aventures, mais cette constatation n'affaiblit pas la valeur du témoignage qu'il apporte en faveur de l'amour unique. Comme chacun de nous, en vieillissant, il a été fasciné par la jeunesse, ce qui n'est sans doute pas autre chose qu'un des avatars de notre rêve d'immortalité. La dernière fois que je le rencontrai, rue du Bac je crois, entre le boulevard Saint-Germain et la rue de Grenelle, nous échangeâmes quelques banalités sur le trottoir des numéros impairs. De l'autre côté de la rue passait une jeune personne de dix-huit ans au plus, dans un accoutrement noir et rouge assez coquin, jolie, décidée, les cheveux au vent. Breton interrompit la conversation, regarda aussi longtemps qu'il put cette apparition éphémère et me dit : « Joli diablotin, n'est-ce pas ? » De telles distractions manquèrent aux dictateurs et aux héros auxquels je l'ai comparé. Menacés, cloîtrés, ils se crurent obligés de défendre la vertu, de peur que les diablotins ne ruinassent leurs entreprises[1].

André Breton exerça une immense autorité intellectuelle et morale sur un très grand nombre d'hommes de valeur. Cette autorité a été plus profonde et plus contraignante que celle des maîtres à penser ou des patrons si répandus dans le monde intellectuel. La lettre que m'écrivit Georges Sadoul, le 24 octobre 1966, en est un témoignage. La voici :

Cher André,

Comme tu le penses, la mort de Breton a été pour moi un coup terrible. Nous ne nous étions pas rencontrés depuis trente ans. Mais il était resté pour moi un père (spirituel) et je l'ai pleuré comme on pleure un père.

Nous ne nous sommes pas vus depuis vingt ans. Mais tu es resté pour moi un frère. Ne pourrions-nous pas nous rencontrer un de ces jours ? Je n'ai pas eu de tes nouvelles depuis cinq ou six ans où j'ai rencontré Katia, votre fille et son mari. Mais je t'ai retrouvé l'an dernier en relisant et en classant tes vieilles lettres, retrouvées dans un tiroir à Raon et qui sont pour moi des souvenirs et des documents précieux.

En novembre 1970, Marc Jacquet annonça la mort du général de Gaulle aux parlementaires de l'U.D.R. en ces termes : « Mes amis, le père est mort. »

C'est assez confondant, mais significatif de la psychologie des hommes de la génération de 1930. L'odieux pamphlet *Un cadavre* par lequel Bataille,

---

1. Staline faisait venir, dit-on, des diablotins à domicile.

Baron, Desnos, Vitrac et quelques autres crurent répondre au *Second Manifeste du surréalisme* était de la même veine. Témoignage psychanalytique parfait, il exprimait, selon les règles, la classique révolte des fils.

Breton élisait volontiers domicile dans les cafés. L'apéritif symbolisait pour les surréalistes une camaraderie de complicité ; la célébration de ce rite ne s'accomplissait qu'autour de Breton. A Paris, il avait pour théâtre des régions bien définies : la place Blanche et ses environs immédiats, les grands boulevards ou mieux encore les rues adjacentes. J'ai connu, entre autres, le café *Cyrano*, place Blanche et l'étrange *Batifol*, rue du Faubourg-Saint-Martin. Breton se rendait au café comme au bureau, avec la même astreinte. Les réunions de l'apéritif devenaient ainsi une sorte de permanence du surréalisme. On notait l'assiduité. C'était un cérémonial d'allégeance envers Breton. Cette assemblée quotidienne d'une partie du groupe permettait de faire face à l'événement, d'esquisser sans délai des attaques, d'imaginer des parades et de ne pas attendre pour agir. Les réunions servaient aussi d'épreuves aux nouveaux venus ; elles maintenaient l'autorité du chef, permettaient à certains de briller, à d'autres de ne pas se faire oublier et de pallier par une assiduité de bon aloi la médiocrité des services rendus. On allait au café vers midi, on y retournait à 7 heures. Breton aimait à y retrouver son monde ; il saluait d'un mot aimable ceux qui avaient espacé leurs visites et qu'il eût souhaité voir plus souvent. Il y avait une hiérarchie dans les apéritifs. Tous les anis, pernods, etc., formaient l'aristocratie ; on regrettait périodiquement l'interdiction déjà ancienne de l'absinthe. Les amers jouissaient aussi d'une haute considération, notamment le Mandarin-curaçao, breuvage noir qui décapait efficacement les entrailles. Les vermouths étaient admis avec réserve et suscitaient souvent les remarques moqueuses de Breton ou de Péret. Aragon aimait le Noilly-Prat et l'arrivée de cette liqueur pâle devant quelqu'un d'autre était accompagnée de commentaires. On identifiait le Noilly-Prat matin ou soir à toute une partie du personnage d'Aragon que Breton, Eluard et Péret admettaient sans l'approuver, avec des *mais*, des *si*, des haussements d'épaules, des *c'est Aragon*! Toutefois ces réserves légères n'étaient jamais formulées devant l'intéressé. En présence d'Aragon personne ne se serait permis de telles incartades car l'impudent aurait été aussitôt remis à sa place par une réplique en coup de fouet, dite sur le ton inimitable que savait prendre l'auteur du *Paysan à Paris* pour avoir tous les rieurs de son côté. Breton s'adressait toujours à Aragon avec une certaine déférence, même quand leurs avis divergeaient un peu. Il lui reconnaissait une prééminence sur les autres, une sorte de coroyauté non pas seulement à cause d'une grande amitié, d'une fraternité d'armes, du talent, mais aussi parce qu'il en avait besoin. Aragon disposait de moyens que Breton n'avait pas : un sang-froid remarquable (il ne s'emportait jamais), une plus grande perspicacité dans les cas difficiles. Quand l'issue de la discussion devenait incertaine parce que les uns et les autres s'étaient égarés dans des sens divers, souvent opposés, quand, à force de surenchère, les obstacles avaient été amoncelés dans toutes les directions c'est Aragon qui trouvait la position d'équilibre et de ralliement, sans avoir pour autant recours à un compromis comme d'aucuns le disaient après coup, l'orage passé, mais plutôt grâce à une solution de bon sens qui dégageait le groupe des situations inconfortables ou des complications sans issue. Ceci palliait une certaine faiblesse de caractère.

Durant la dégustation des apéritifs, on commentait longuement la presse du jour, on relevait les propos scandaleux des personnages en place, les compromissions des anciens amis, l'extravagance de l'actualité, le comportement honteux de la police ou de la magistrature. Breton ou Aragon lisaient les lettres les plus curieuses de leur courrier. En 1927 et 1928, Gegenbach eut souvent les honneurs d'une lecture publique car le délire de ce personnage était parfois grandiose. Des étrangers, des curieux, invités par Breton, Eluard ou Aragon s'asseyaient à un guéridon pour subir un examen de passage. Breton prononçait l'admission définitive. Il dosait son accueil avec une politesse ironique et quantité de nuances dans la voix. Les condamnations étaient tonnantes mais grâce aux nuances, les nouveaux venus savaient assez vite à quoi s'en tenir, s'ils devaient espacer leurs visites ou si leur présence était souhaitée. Il y avait presque toujours un ou deux néophytes plus ou moins transitoires, muets de peur et d'admiration, pour opiner ou mimer l'inquiétude approbatrice des catéchumènes. Les questions importantes se débattaient rue Fontaine, chez Breton, après le dîner. Les convocations avaient été faites au cours des réunions de l'apéritif ou envoyées par pneumatique. Les surréalistes, et Breton notamment, avaient une sympathie particulière pour le pneumatique. Les intimes du moment préparaient la réunion au cours du dîner. Breton dînait souvent au restaurant ; il aimait les endroits à bon marché ou à prix moyen, sous la condition que la nourriture y fût de bonne qualité, le vin agréable et que le public qui les fréquentait ne fît pas un étalage trop impudent des mœurs et des manières bourgeoises. Breton n'aimait pas dîner seul. Aragon ou Eluard l'accompagnaient quelquefois ; il priait aussi deux ou trois jeunes surréalistes de partager sa table. Chacun payait son écot, mais quand certains convives manquaient notoirement d'argent, l'invitation qui était formulée pouvait s'assortir d'une prise en charge. Plus généralement les pauvres repéraient le riche et le tapaient au cours du dîner. Si l'endroit choisi poussait à la dépense, Breton tentait d'éviter par des prétextes de mettre quiconque dans la position de se sentir écarté par l'argent. Il n'y réussissait pas toujours. Sauf en 1931-1932 et sans doute en 1935 la différence des moyens était très sensible, dans le groupe surréaliste, et l'argent, comme ailleurs, y jouait son rôle de catalyse. Dans le choix des bistrots, Breton tenait compte de la bourse des commensaux éventuels et pas seulement de la sienne propre. Il fréquentait rue Lepic un bistrot honnête et modeste où le bœuf gros sel n'excédait pas mes moyens ; le cas échéant, son prix ne surchargeait pas la note de celui qui m'invitait car je venais quelquefois à pied au *Cyrano* depuis la rue du Château, n'ayant pas toujours en poche de quoi boire un ballon de bière. Parfois Breton proposait à deux ou trois d'entre nous de venir dîner rue Fontaine, sous la condition d'apporter leur repas. Nous achetions — toujours rue Lepic — un peu de charcuterie, des pommes de terre en salade, une bouteille de vin blanc.

ANDRÉ BRETON

Rue Fontaine, quand aucun débat n'était prévu, on jouait aux cartes, aux tarots de préférence, ou à l'un des nombreux jeux surréalistes sollicitant le hasard : le *Cadavre exquis*, les questions et les réponses (on écrivait les réponses en ignorant les questions), les portraits (et si c'était un moyen de locomotion, et si c'était une période de l'histoire, une saison, etc.). Les coïncidences ou l'irrationnel faisaient alors l'objet de remarques étonnées ou admiratives et de développements au cours desquels une partie des joueurs montraient un conformisme pour le moins singulier : ils cherchaient à plaire à Breton, ils allaient jusqu'à copier les phrases ou les jugements de Breton. Le jeu le plus extraordinaire et le plus typique du surréalisme fut celui du *Cadavre exquis*, littéraire ou graphique. Il y a quelque part des collections de personnages étonnants dont Miró a dessiné la tête, Max Ernst le corps et Tanguy les jambes ; d'autres sont le produit de collaborations moins éclatantes mais non moins réussies grâce à l'imagination ou au talent de Max Morise, de Georges Sadoul, de Valentine Hugo, de Georges Hugnet. Le passe-temps collectif le plus redoutable était l'enquête, débat public ouvert dans une sorte d'assemblée générale des surréalistes et des sympathisants. Les enquêtes les plus fameuses ont eu pour objet la sexualité, mais plusieurs autres thèmes ont été traités. Breton utilisait ces enquêtes comme une épreuve à laquelle il soumettait à leur insu les néophytes et les personnages dont il méditait de se débarrasser. A l'instar du jeu de la vérité, les enquêtes ont apporté des brouilles mortelles, séparant ou rapprochant avec brutalité des êtres qui ignoraient jusqu'où cet exercice périlleux pouvait les conduire. On écoutait quelquefois des disques. Breton ne s'intéressait pas à la musique, disait-il, mais il était sensible aux chansons ; en 1929 il aimait Dranem (*Le trou de mon quai*, etc.), Fortugé (*Mes parents sont venus me chercher*, etc.), Yvonne Georges, Damia, *Le Temps des cerises* et des airs de J.-J. Rousseau. Il y avait aussi des séances de lecture, ce qui était très instructif car Breton faisait ainsi découvrir à ses cadets des textes qu'ils ignoraient ou vers lesquels leur curiosité ne les eût sans doute pas portés. Le choix des lectures dépendait de l'humeur de Breton, de ses découvertes, de ses soucis d'homme ou d'écrivain. En 1929, Huysmans fut à l'honneur avec les *Sœurs Vatard* et *En Ménage* ; apparurent aussi d'autres livres naturalistes, *Les Soirées de Médan* et *La Terre*, de Zola. Certaines de ces lectures reflétaient les obstacles, les pièges, les petites trahisons qui encombraient, à l'époque, la vie privée de l'auteur de *Nadja*. L'intérêt porté au naturalisme coïncidait avec les prétentions de la littérature populiste et les bavardages sur la littérature prolétarienne. D'autres fantômes prenaient corps, pendant quelques heures : Forneret, Sade dont Maurice Heine révélait des inédits. En 1930 et 1931, il y eut des lectures publiques des textes de Dali ; il faut aussi ajouter les auteurs eux-mêmes : Breton lut *Le Second Manifeste*, Aragon quelques poèmes de *La Grande Gaieté*, un roman détruit dont je reparlerai, etc. Breton lisait avec solennité et une emphase virile ; sa voix s'enflait pour mettre en relief des trouvailles d'expression, l'étrangeté de la forme ou de la situation ; le ton s'apparentait un peu à celui des acteurs du Théâtre-Français, mais il était plus simple, plus vrai, plus moderne, moins affecté. Ces lectures produisaient toujours un grand effet ; je n'ai retrouvé une diction aussi exaltante que dans les grands discours de Malraux au cours desquels la voix dépassait souvent la pensée, donnant un sens plus mystérieux et plus riche au texte prononcé.

Paul Eluard revint enfin des voyages et des séjours de santé qui l'avaient souvent éloigné de Paris avant 1927. Il jouissait dans le groupe d'un prestige particulier dû à sa notoriété qui était sans cesse plus grande, à son talent et à l'aisance de ses parents. Le nom qu'il porte à l'état civil aurait pu être celui d'un personnage de Balzac : Eugène Grindel. Presque tous les surréalistes étaient au fond d'eux-mêmes reconnaissants envers M. Grindel père du standing social qu'il avait donné à son fils. L'argent et la générosité d'Eluard comptaient beaucoup dans toutes les entreprises surréalistes.

Les photographies d'Eluard sont étonnamment fidèles, plus que celles de Breton ou d'Aragon à cause sans doute de l'hiératisme inné du personnage et de l'immobilité de son visage. Eluard avait peu de choses à dire ; il les disait fort bien ; il bannissait tout ce qui pouvait troubler son sillage. Il était grand, mince, blond, avec un regard noble et lointain de poète, un visage asymétrique mais beau. Il avait des manières pleines de distinction et de sérieux, un peu condescendantes. A trente ans ses mains tremblaient comme celles d'un vieillard, sa voix tremblait aussi quand il lisait mais il savait tirer de tout cela des effets très pathétiques. Quand il disait ses propres vers, sa voix était d'abord blanche, presque neutre, sans accent. Des ralentissements, des renforcements de timbre donnaient au poème le sens d'une déclaration ou d'une mise en garde dont les derniers mots résonnaient très longtemps, dans la même ligne, après que le poète s'était tu. Bien vêtu, portant beau, il avait l'air de *quelqu'un*. Un peu avant la guerre de 1914 il avait découvert une jeune Russe, Gala, qu'il avait épousée en 1917. La photographie de Gala nue ne quittait pas son portefeuille et il la montrait volontiers : on y voyait un corps admirable qu'Eluard n'était pas peu fier d'avoir mis dans son lit. Plus encore que Elsa Triolet, Gala savait ce qu'elle voulait : les plaisirs du cœur et des sens, l'argent et le compagnonnage du génie. Elle aura été, avec plus de sens pratique, une sorte de réincarnation de Bettina von Arnim. Elle ne prit aucun intérêt pour les discussions politiques ou philosophiques, jugea les êtres suivant leur efficacité dans le monde réel, en éliminant les médiocres. Elle sut inspirer des passions et exalter la force créatrice d'hommes aussi divers qu'Eluard, Max Ernst et Savaldor Dali. En 1929, Gala se trouvait sans emploi, libre de tout engagement. Paul, d'humeur assez libertine, lui était encore très attaché, mais d'assez loin. Max Ernst avait séduit Marie-Berthe Aurenche, une jeune beauté très conformiste, la jeune fille dont chacun souhaite la possession pour son propre ravissement, au moins pendant une saison. Gala attendait, sans impatience, le destin.

Prisonnier des femmes, prisonnier de l'amour, prisonnier de ses dons éclatants, de la sympathie et du respect qu'il inspirait à tous, Eluard était en 1929 moins troublé que ses amis par les idéologies et la révolution. Il partageait leurs opinions; il avait été de l'équipée de 1927 vers le parti communiste mais ce qu'il écrivait ne l'engageait pas autant que les autres. Son œuvre n'est ni scandaleuse ni blasphématoire; elle est belle mais n'annonce rien; alors que les collages et les peintures de Max Ernst ont choqué nombre de ceux qui les ont vus, aussi bien par leur contenu manifeste que par leurs sous-entendus, les défis portés ou leur graphisme, rien dans la poésie d'Eluard ne peut gêner l'esprit le plus conformiste, pour peu qu'il ait le goût de la poésie et qu'il n'attache pas d'importance essentielle aux formes classiques.

Ce poète était un collectionneur d'un discernement exceptionnel, un marchand avisé; sa fortune lui a permis d'acheter beaucoup de tableaux et d'objets; il achetait toujours des chefs-d'œuvre. Il maintenait des relations très étroites avec des peintres, des écrivains, des marchands, des musiciens, allant jusqu'à ne pas être en mauvais termes avec des personnages condamnés par Breton et voués à l'exécration du groupe. Les surréalistes aimaient la peinture de Picasso et respectaient l'homme; Eluard était un ami intime du plus grand peintre du xxe siècle. Il se mouvait avec aisance dans les contradictions. Son indépendance financière lui permettait des exercices d'équilibre que seul René Crevel accomplissait aussi et pour les mêmes raisons. Au cours des discussions du groupe, Eluard soutenait successivement les opinions contraires, sans souci de se dédire, passant de l'opportunisme le plus sordide à un extrémisme verbal d'autant plus violent qu'il ne signifiait strictement rien pour l'homme qui en usait d'une façon aussi soudaine. De 1928 à 1935 il freinera autant qu'il le pourra toutes les entreprises politiques et défendra avec continuité le maintien du surréalisme sur des positions traditionnelles de création artistique. Il aimait le libertinage, les bordels, l'amour en groupe plutôt comme spectateur et dilettante que comme acteur. Comme tous les surréalistes, il a placé l'amour électif au-dessus de tout mais la passion qu'il éprouvait pour une femme ne l'écartait pas des aventures; Breton le lui a d'ailleurs reproché, établissant même un parallèle entre les complaisances d'Eluard envers ses propres sentiments et les désaccords qui s'établirent entre les deux hommes. A vrai dire, le jugement porté par Breton n'est pas convaincant. Bien qu'il ait été parfois difficile de dire si Eluard aimait d'un aussi grand amour qu'il le prétendait ou s'il n'avait qu'une préférence marquée ou plus simplement s'il craignait d'être seul, j'estime qu'en acceptant les tentations et en expliquant qu'elles ne mettaient pas en cause un sentiment exclusif, Eluard était plus vrai que Breton refusant d'admettre qu'il était tenté. Toutefois, le comportement des deux hommes envers les femmes était très dissemblable. Il y avait chez Eluard une sensualité totalement inexistante chez Breton.

En 1929, Eluard s'intéressait à une jeune Berlinoise, jolie comme un cœur, faite comme Gala, Mme Apfel, qu'il appelait la Pomme. L'express de Berlin avait déposé à Paris cette femme gourmande, volage, en compagnie de

Rudolf Von Ripper[1], dessinateur et graveur de talent, aventurier prenant la vie à bras-le-corps, étranger à notre groupe. On reprochait à Ripper, avec plus ou moins de bonne foi, des mœurs équivoques, un penchant pour la drogue et sa place dans les vies de Mme Apfel et de Mopse. Ripper était autrichien ; les nazis l'enfermèrent dans un camp de concentration dont Schuschnig le sortit. Il publia à Paris, après cette aventure, une admirable série d'eaux-fortes sur les méthodes hitlériennes ; personne, alors, n'y comprit goutte ou plutôt personne ne voulut comprendre. En bons termes avec André Malraux, Ripper fit partie d'un des équipages de la fameuse escadrille qui tenta d'aider en août 1936 les républicains espagnols. Il fut blessé au-dessus de Madrid. Il devint après la guerre l'un de mes meilleurs amis.

Ripper et la Pomme avaient une existence mondaine à laquelle les surréalistes ne participaient pas, à l'exception de Crevel, de quelques peintres, épisodiquement d'Aragon. La Pomme aimait bien Eluard mais elle s'amusait davantage avec Ripper qui l'accompagnait à Londres, à Berlin, à Saint-Moritz ou à Vienne sans jamais connaître la fatigue. Un jour pluvieux d'automne Eluard rencontra sur un trottoir une grande fille de vingt ans vêtue à la diable, sans logis, sans argent, mourant de faim, prête à faire un client pour avoir chaud et dormir sous un toit. C'était Nusch, fraîchement débarquée de Mulhouse et sur le point de se perdre définitivement. Eluard fut très ému. Son tact et sa gentillesse en la circonstance décuplèrent l'effet de son charme naturel. Nusch tomba sur-le-champ passionnément amoureuse de Paul. Celui-ci n'était pas insensible aux attraits physiques de sa nouvelle conquête ; il éprouvait aussi une immense pitié, sentiment qui lui rendait le cœur chaud et il s'accomplissait totalement en tant qu'homme dans l'adoration que cette jeune Alsacienne de rien du tout lui vouait. Mais Nusch dut se battre avec détermination et entêtement pour garder la petite place qui lui avait été concédée et conquérir « sa Paul » comme elle disait avec son accent de Mulhouse. La Pomme garda longtemps le prestige de sa désinvolture et de son train de vie. Les perturbations de la crise économique aidant, Nusch l'emporta à force d'amour et de tendresse. Elle épousa tout : l'homme, son libertinage, le surréalisme, ses amitiés et ses fâcheries, la poésie et, pour finir, le parti communiste.

En juin 1926, les Editions Kra firent paraître une nouvelle édition du *Manifeste du surréalisme* et de *Poisson soluble* augmentée de *La Lettre aux voyantes*. Ce dernier texte, écrit en 1925, avait été publié dans le numéro 5 de *La Révolution surréaliste*, qui consacre une sorte de cassure. Le même numéro contient l'appel *La Révolution d'abord et toujours* et une très importante et longue note de lecture écrite par Breton sur le livre de Trotski consacré à Lénine. Il faut voir dans la publication simultanée de textes aussi

---

1. La Pomme était une passade dans la vie de Rudolf von Ripper. Celui-ci faisait une cour pressante à la très jeune Mopse (Dorothea von Sternheim) dont Crevel sera très amoureux en 1931. Ripper épousa Mopse, la convertit à la cocaïne et s'en sépara vers 1939.

différents une volonté bien arrêtée d'établir une sorte de balance entre les engagements contradictoires du surréalisme. En 1925, plus encore en 1926 et 1927, *La Lettre aux voyantes* m'avait gêné. Certes, une telle apologie de la voyance s'insère dans un contexte essentiellement poétique et symbolique, mais comment faire admettre cette extrapolation de la métaphore aux instituteurs rationalistes ? La réédition comporte une préface du plus haut intérêt aussi bien pour comprendre la pensée de Breton, son évolution et ses contradictions (si le lecteur a la patience d'atteindre la dernière partie du présent ouvrage, il comprendra que je n'attache à priori aucun sens péjoratif à l'emploi du mot contradiction dans la qualification d'une pensée évolutive). Après avoir expliqué qu'il tenait à la vie et qu'il s'agissait d'une découverte assez récente, Breton écrit : « J'ai compris que la vie était *donnée*, qu'une force indépendante de celle d'exprimer et spirituellement de se faire entendre présidait, en ce qui concerne un homme vivant, à des réactions d'un intérêt inappréciable dont le secret sera emporté avec lui. Ce secret ne m'est pas dévoilé à moi-même et de ma part sa reconnaissance n'infirme en rien mon inaptitude déclarée à la méditation religieuse. » Cette entrée de la métaphysique dans le surréalisme passa presque inaperçue. Un peu plus loin, Breton se défend de vouloir juger ses premiers compagnons qui ont pris peur et tourné bride. Or, quelques mois plus tard, il écrivait *Le Second Manifeste du surréalisme*, au long duquel il règle leur compte à ces premiers compagnons.

La rédaction du *Second Manifeste* s'imposait. La réunion de la rue du Château et surtout le numéro spécial de *Variétés* avaient un caractère de rupture. Daumal et Gilbert-Lecomte, assez traumatisés par le procès qui leur avait été fait, s'étaient séparés de Vailland, mais trop tard. La publication dans *Variétés* de *La Petite Contribution au dossier de certains intellectuels à tendances révolutionnaires*, et le sort favorable fait à plusieurs réponses à l'enquête — dont la mienne — ne mettaient pas seulement en cause Vailland mais tous les collaborateurs du *Grand Jeu*. Aragon estimait qu'on était allé un peu loin. Breton et Aragon par l'entremise de Renéville, je crois, essayèrent de faire savoir à Daumal et à Gilbert-Lecomte que la discussion pourrait reprendre. Alors que Breton s'apprêtait à se séparer de Desnos et que les circonstances laissaient prévoir que Queneau, Prévert, Max Morise, Tual, Leiris feraient partie de la même charrette, même sans avoir été personnellement attaqués, il paraissait opportun de recruter. La réconciliation avec Tzara était décidée ; Tzara était seul ; les motifs de la brouille ne résistaient pas à l'examen. Aragon fit rue du Château des lectures publiques de poèmes de Tzara, Breton en fit autant rue Fontaine pour nous mettre en condition. Chacun savait d'ailleurs que Tzara était un grand poète ; on serait allé jusqu'à Reverdy si celui-ci n'avait pratiqué un catholicisme intransigeant. Tzara n'avait jamais pris de position philosophique ou politique incompatible avec le marxisme-léninisme. Sa bonne volonté était entière.

Daumal et Gilbert-Lecomte hésitaient. Ils voulaient obtenir le retrait des condamnations que Sadoul, Unik et moi-même avions prononcées à leur encontre. Or, Aragon savait que je ne retirerais rien. Je pouvais sans doute admettre qu'une publication surréaliste contînt un article de moi et des textes de Daumal ou Gilbert-Lecomte, mais je ne modifierais pas le jugement que j'avais porté sur *Le Grand Jeu*. L'affaire n'eut pas de suite bien que les énoncés des enquêtes sur *Le Diable* (de Daumal), sur *Les Vrais Fantômes* (de Jean Audard) aient été publiés en bonne place dans le numéro 12 de *La Révolution surréaliste*, bien que la réponse de Rolland de Renéville à l'enquête sur l'amour ait été insérée dans le corps des réponses du groupe, entre celles de Nougé et de Marco Ristić, en dépit des dix lignes élogieuses du *Second Manifeste* sur Daumal, le calcul était mauvais. Daumal, Gilbert-Lecomte et Renéville ajoutèrent leurs petites immondices au paquet d'excréments que les auteurs du libelle *Un cadavre* lancèrent à la figure de Breton.

De toute manière il ne pouvait pas en être autrement car Daumal et Lecomte se dirigeaient de plus en plus vers la théosophie, les paradis artificiels, la croyance aux mondes suprasensibles et aux pratiques divinatoires, ce qui était aux antipodes, non seulement du matérialisme dialectique, mais aussi d'une métaphysique ne comportant ni divinité, ni tradition, ni usage des stupéfiants.

Si l'on peut se faire une idée assez précise de la pensée philosophique de Breton au moment où il entreprenait la rédaction du *Second Manifeste du surréalisme*, il est beaucoup plus difficile de cerner cette pensée chez les autres (Naville excepté). Tous les surréalistes étaient athées et, en dépit du météore Berkeley, tous croyaient à la réalité objective du monde sensible. Ils faisaient profession de ne pas admettre que le rêve et la réalité fussent irréductibles. Dans ce sens, ils exprimaient une vérité scientifique absolue ; mais la plupart des médecins et des psychologues de 1929, qui ignoraient ou rejetaient Freud, étaient encore enclins à ne voir dans le rêve qu'un phénomène pathologique et non l'un des mécanismes fondamentaux de la vie spirituelle de l'homme. Les revendications des surréalistes allaient beaucoup plus loin que la réintégration du rêve dans le moi ; ils souhaitaient que pût exister un mode d'existence au sein duquel l'activité de veille et la vie onirique ne fussent pas obligatoirement opposées ou disjointes par des habitudes ou des contraintes sociales. Le très beau film que l'on pouvait voir vers 1936, *Peter Ibbetson*, exprime dans une certaine mesure un idéal de vie surréaliste puisque les états de veille et de rêve sont complémentaires, à ceci près que le héros est enfermé dans une cellule de prison, donc soustrait à une grande partie des obligations et tracas du quotidien. Un autre exemple, tiré lui aussi du cinéma, peut être pris dans *Nosferatu le Vampire*. Le héros monte dans une carriole et traverse des forêts dans la montagne ; au détour d'un chemin l'annonce extraordinaire *Ici commence le pays des fantômes* ne change ni l'aspect des sapins ni celui de la montagne et pourtant il y a quelque chose en plus de la réalité de veille : le Vampire. Il est difficile d'énumérer ici tous les pièges qui guettent les explorateurs : tentation de la drogue, croyance dans la réalité matérielle des phantasmes, communication avec *l'au-delà*, dialogues avec des Martiens, etc. Le surréalisme a évité ces pièges, même s'il les a côtoyés, les assimilant tous à la tricherie au jeu. L'appel à une liberté totale conduisant par exemple à l'écriture automatique n'excluait ni la lucidité ni l'usage de la raison, je serais tenté d'écrire que l'imagination ou le *fonctionnement de la pensée en l'absence de tout contrôle* et la réflexion logique ou la création délibérée se présentent à nous dans des conditions nous permettant de tenter une comparaison avec ce que l'on sait aujourd'hui des particules fondamentales. La position d'un corpuscule est d'autant mieux connue que la vitesse de ce corpuscule devient imprécise, la limite de cette incertitude étant le quantum de Planck qui est une constante. Tel est le rêve, telle est la création délibérée.

Mais la plupart des surréalistes — au moins dans leurs textes — n'ont pas été au-delà de cette revendication de liberté dans l'écriture. Seuls Breton et Aragon ont poussé plus avant. Dans *Une vague de rêves*, Aragon parle d'une hypothèse formée dans le groupe à l'époque des sommeils : *L'existence d'une matière mentale que la similitude des hallucinations et des sensations nous forçait à envisager différente de la pensée, dont la pensée ne pouvait être... qu'un cas particulier*. Cette hypothèse, très matérialiste, précède dans la même brochure une affirmation d'un nominalisme absolu : *Il n'y a pas de pensée hors des mots*. Il ne semble pas qu'elle ait longtemps séduit Breton qui n'aurait jamais écrit une telle phrase. Pour dire la même chose, il aurait employé le mot esprit ; encore qu'il ait paraphrasé à plusieurs reprises l'aphorisme de Feuerbach « L'homme est ce qu'il mange », l'auteur des *Pas perdus* ne se serait jamais permis d'employer une image aussi concrète pour décrire le rêve et la pensée, tout séduit qu'il a toujours été par l'immatérialisme de Berkeley, tout méfiant qu'il était envers le matérialisme « scientiste ». Il n'est pas inintéressant de souligner cette différence de langage entre deux hommes alors animés de préoccupations identiques.

Aucun surréaliste ne s'intéressait aux découvertes scientifiques. André Breton reprochait à la recherche son côté utilitaire. Participer à la production ou aux échanges paraissait dérisoire à tous les surréalistes et de nature à créer d'insupportables contraintes. Le surréalisme *« tend à ruiner définitivement tous les autres mécanismes psychiques et à se substituer à eux dans la résolution des principaux problèmes de la vie »*. Or, la société de 1929 ne permettait rien de tel ; à moins d'admettre que le surréalisme ne fut qu'une utopie, ou une manière de penser, on était conduit à vouloir détruire cette société pour la remplacer par une société de liberté. Telle avait été la réflexion qui avait mené à *La Révolution d'abord et toujours*. L'exercice de la liberté totale, l'émancipation de l'esprit semblaient passer par l'étape de la destruction du régime capitaliste.

A partir de là, tout devenait plus contingent car ces hommes passionnés par les rêves et l'inconscient, exceptionnellement doués pour la création artistique, s'engageaient dans une voie où l'action l'emporte sur tout autre comportement. Le respect que Breton portait à Hegel, l'audience qu'il lui réservait en tout état de cause avaient rendu facile son ralliement au matérialisme dialectique. Toutefois, Breton persistait à espérer qu'à force de transformations et de négations on pourrait atteindre, au bout du compte, une zone intellectuelle favorisée, une sorte de sublimation de l'esprit assez proche de la connaissance absolue. Cet aboutissement ne serait pas forcément, comme on le verra, un avatar du matérialisme ou pour dire plus vrai du matérialisme classique. Quant au déterminisme historique, il n'allait pas à l'encontre d'une idée surréaliste du temps puisqu'il devait conduire à l'émancipation de l'homme. On pouvait tenir alors cette émancipation pour totale car il est conforme aux principes marxistes de croire que la condition humaine se modifiant, le salariat disparu, l'esprit soit à son tour affranchi de toutes les servitudes qu'il est commode d'imputer au système capitaliste de production et d'échange. Toutefois ce déterminisme rassurant présentait, tout bien vu, quelques solutions de continuité. Si les hommes vivant en régime capitaliste pouvaient imaginer ce que serait le comportement moral et mental des individus après l'abolition du salariat, dans un Etat en voie de disparition, n'apportait-on pas ainsi un démenti formel à la théorie des superstructures modelées par la structure? Si quelques-uns se montraient capables de s'élever dès maintenant au-dessus et au-delà, d'autres ne pourraient-ils pas les imiter et d'autres encore? A quoi donc servirait, pour l'esprit, la destruction du système? La contradiction était apparemment levée en admettant que les prophètes faisaient état de prophétie parce qu'ils appartenaient à un milieu privilégié au sein duquel certaines conditions d'existence de la société sans classe seraient simulées. Les surréalistes ne manquaient pas de marquer un point en citant Lautréamont: *La poésie doit être faite par tous et non par un*[1], en dépouillant cette citation de son contexte d'humour noir. Comme nous n'en étions pas encore au temps de la poésie banalisée, nous ne risquions rien à annoncer cet âge d'or et nous n'affections cette poésie universelle d'aucune hypothèque. Les sociétés russe et chinoise, sur ce point, devaient se révéler décevantes.

Pareille aventure avait déjà été vécue par Marx et Engels. Tous les ouvriers n'ayant pas conscience d'appartenir à une classe sociale promue à un destin messianique, il est pour le moins singulier que le déterminisme historique ait besoin pour se réaliser du concours des artifices de la propagande et de l'explication, et que la voie et les moyens aient été indiqués par des individus appartenant à la bourgeoisie. Mais négligeons cette difficulté! Admettons que des ouvriers ayant atteint une conscience de classe, des bourgeois doués du sens de l'histoire (Marx) ou ayant embrassé la cause du prolétariat malgré leur position personnelle dans le processus de production (Engels) et leurs continuateurs ont pensé la révolution pour les autres. Ces hommes voyant mieux des phénomènes, seuls capables d'en concevoir l'essence et d'en dégager le mouvement, ce sont les communistes. Appelés par destination à comprendre les conditions et le mécanisme de l'émancipation de l'esprit puisqu'ils véhiculent, par leur action quotidienne, les moyens de cette

---

1. La critique moderne des textes, en introduisant une ponctuation différente, donne à cette phrase un autre sens que celui qui lui était attribué en 1929.

émancipation, ils ne se distinguent des surréalistes que par des habitudes de langage et la spécialisation qu'ils ont acquise comme agents de la révolution prolétarienne. Donc...

Je laisse aux historiens le soin d'établir des comparaisons. Peut-être faut-il chercher entre 1820 et 1848 des antécédents à la politisation du surréalisme. Lamartine, George Sand, Victor Hugo, Baudelaire sont devenus républicains, vaguement socialistes. Chenavard a voulu faire de l'art populaire. Delacroix a peint l'insurrection victorieuse, plus tard Courbet a fait jeter bas la colonne Vendôme. Tous ont milité pour une plus grande liberté ou pour l'exercice des libertés conquises. Mais en 1930, pour la première fois dans l'Histoire depuis la Réforme, des poètes, des peintres, des cinéastes ont voulu accrocher leurs espoirs, leur sort personnel au besoin, leur activité de création à la vie quotidienne d'un parti politique, ils ont tout misé sur une prochaine transformation sociale par la violence, la considérant comme une étape nécessaire dans la poursuite des procès intentés à la société, à la pensée et à la raison. Ce ralliement à la cause de la révolution prolétarienne, ce n'était pas seulement, en ce qui concerne les surréalistes, une manière de parler ou une pose. Ils ont déployé de grands efforts pour participer à la préparation de cette révolution, laquelle, pour leur confusion, ne se préparait nulle part. Les surréalistes les plus éminents avaient toujours montré une volonté très caractéristique d'action directe et un goût marqué pour la violence. Le clivage du *Second Manifeste* est à cet égard significatif. Rentre en ligne Tzara, un des principaux casseurs du mouvement Dada. Sortent une pléiade d'hommes dont le talent allait s'affirmer grâce à cette sortie (je pense surtout à Prévert et à Queneau), mais qui tous, à l'exception de Desnos, étaient peu intéressés par l'action et hostiles à tout engagement politique. Là aussi, les historiens établiront des parallèles: la naissance et le développement de Dada en Suisse, en Allemagne et en France coïncident avec le renouveau et l'internationalisme prolétarien et l'éclosion des insurrections communistes. Plusieurs dadaïstes participèrent à ces insurrections (le ralliement de Marinetti au fascisme italien est une démarche du même ordre). Une éphémère Association des Ecrivains Révolutionnaires vit le jour en Allemagne, Dada s'est épuisé en une suite de manifestations dont aucune ne prétendait représenter une esthétique nouvelle, du moins jusqu'à la représentation du *Cœur à gaz*, mais tendaient à un ébranlement.

L'effet de masse fut dans une certaine mesure atteint car les mots dada et dadaïste passèrent dans la langue et se répandirent dans la presse, même dans les journaux de province. En 1923, Breton essaya de coordonner les activités individuelles par une organisation des zélateurs de l'esprit moderne. Ni lui ni Aragon ne voulaient d'une aventure purement littéraire ou artistique. Dès 1924, le surréalisme se fit une réputation par l'usage de la violence physique et les actions de commandos. Il n'y a donc rien qui puisse étonner à la lecture du *Second Manifeste*. Le Komintern déclarait ouverte une nouvelle période de révolutions. Breton répondait « présent » et rameutait autour de lui ceux qui étaient décidés à prendre le même engagement.

RÉVOLUTIONNAIRES SANS RÉVOLUTION

Une autre ligne de clivage recoupe la première : la société française se montrait de plus en plus hostile aux surréalistes depuis leur passage sur des positions anti-impérialistes. Dans le monde des lettres et des arts, les gens en place, pour la plupart très médiocres, aujourd'hui définitivement oubliés, représentants d'esthétiques mort-nées, défendaient leurs rentes avec beaucoup d'énergie et d'esprit de suite. Plus leur suffisance, leur sottise et leur autosatisfaction affaiblissaient la nation et sclérosaient son économie, plus les représentants des classes dirigeantes et surtout leurs intellectuels, se montraient sectaires, égoïstes, mesquins, plus s'étalait un chauvinisme écœurant. L'opposition à l'académisme et à l'art officiel s'incarnait dans une gauche fortunée et de bonne compagnie, aussi effrayée que les vieillards du quai de Conti par le surréalisme, encore gênée en 1930 par le cubisme et toutes les mises en cause des vingt dernières années. Les représentants les plus éminents de cette gauche étaient Gide, Valéry, Alain et Giraudoux, la publication la plus lue du libéralisme était *La Nouvelle Revue française*. Ces personnages considérables ne manquaient pas de talent, Valéry surtout. Mais ils étaient sans nerfs ni muscles et se délectaient d'un mandarinat douillet, d'un intellectualisme intemporel, ne s'entourant même pas de quelques-unes des merveilleuses peintures ou sculptures que prodiguaient leurs contemporains. Lors de *Contre-Attaque*, en 1934, Breton rendit visite à Gide pour essayer d'obtenir une signature qu'il n'obtint pas. La médiocrité esthétique de l'appartement de Gide, aussi bien que la faiblesse des propos tenus avaient étonné Breton. Il me raconta cette visite, quelques jours plus tard, étonné, décrivant la conversation prudente du bonhomme, le mobilier conventionnel curieusement privé de tout ce qui aurait pu être beau, singulier, achetable avec les grands moyens de Gide, dans un domaine esthétique au sein duquel il ne se fût pas senti dépaysé. Les objets et les meubles étaient quelconques, aux murs on ne voyait ni Seurat, ni Renoir, ni Bonnard, ni même Signac mais Laprade, Aman-Jean (ou Lebasque) etc.

Il n'y avait rien à apprendre de ces grandes têtes molles, n'en déplaise aux abondantes citations qu'ont tirées de leurs œuvres des universitaires qui se croyaient encore EN CLASSE. En revanche, elles étaient prêtes à accueillir aussi bien que possible les transfuges et à cautionner l'assagissement des iconoclastes. En 1929, tous les dissidents du surréalisme avaient de l'argent ou se préparaient à pactiser avec l'argent. Que l'on m'entende bien ! Cette phrase n'est pas un jugement, ni même une critique. L'intransigeance de ceux qui restaient autour de Breton avait beaucoup d'éclat, mais peu de sens. Peut-être ne voulaient-ils pas parce qu'ils ne pouvaient pas. Ni Leiris, ni Masson, ni Prévert, ni Baron, ni Bataille, pour ne citer que ceux-là, ne se sont vendus. Il n'empêche que sur le plan matériel, la conjoncture leur était plus favorable dehors que dedans.

Ainsi que je l'ai écrit plus haut, les questions de personne ont joué, à cette époque, un très grand rôle dans les brouilles. En octobre 1929, lorsque Breton terminait *Le Second Manifeste* et commençait à préparer, avec Aragon, le numéro 12 de *La Révolution surréaliste*, il ne mesurait pas l'ampleur des ruptures qui allaient suivre. Les querelles tournaient en partie autour du divorce de Breton, mais des prétextes étaient trouvés pour mettre en évidence des désaccords déjà anciens.

On a cru sur le moment que le surréalisme s'appauvrissait définitivement en se séparant de Desnos, de Masson, de Artaud. Or, Desnos et Artaud avaient déjà donné le meilleur d'eux-mêmes. L'œuvre de Masson ne s'est pas développée au point que l'on puisse dire que ce qu'il a peint de 1930 à 1938 aurait ajouté quoi que ce fût aux manifestations surréalistes auxquelles il n'a pas participé. Restent Queneau et Prévert. En 1929 on ne connaissait rien de Prévert et à peu près rien de Queneau. Pour ceux-ci, il leur fallait *sortir* pour être en mesure de produire. Breton savait que le groupe perdait des hommes de talent. Il s'engageait très fort vers l'action politique et la bolchevisation. Pour faire contrepoids il ouvrit toutes grandes les portes à Tzara et fit un signe d'intelligence à Daumal. Mais la crise était déjà passée. En cet automne 1929, le surréalisme accueillait René Magritte, René Char, Luis Buñuel et Salvador Dali. C'était l'or qui rentrait à pleines charretées. L'événement était capital. Tous les aléas politiques étaient conjurés.

Le Second Manifeste fait la part belle à la tendance que je représentais en condamnant Pierre Naville et en diffamant les collaborateurs de *La Revue marxiste* (ce qui ne me déplaisait pas non plus). Ce n'était pas toutefois un ralliement pur et simple au dogme de la *Troisième Période*. Par prudence, Breton a invoqué Trotski pour s'autoriser du mouvement qu'il a fait vers le Komintern. Il a demandé à Marcel Fourrier un article pour le numéro 12 de *La Révolution surréaliste*. Je me suis inquiété auprès d'Aragon du contenu de cet article. Je n'admettais pas qu'il pût être favorable en rien aux thèses de l'opposition trotskiste. Fourrier était d'ailleurs trop bon camarade et trop perspicace pour écrire quelque chose qui eût pu me gêner. Pour ma part, je rédigeai une sorte de fantaisie marxiste que j'intitulai *Notes sur l'argent*. C'est une apologie de la pauvreté dont le seul intérêt rétrospectif est une fugitive mise en question de la théorie marxiste de la valeur sur laquelle je devais beaucoup réfléchir dix ans plus tard.

La publication du *Second Manifeste* dans ce numéro 12 suscita comme l'on sait les réactions outrancières et ordurières de presque tous les surréalistes mis en cause. J'ai déjà noté le caractère singulier de ces disciples. Je crois savoir que Bataille a pris une grande part à l'élaboration de l'étrange pamphlet *Un cadavre* et j'ai le sentiment que sa propre personnalité et le malaise qu'il a éprouvé chaque fois qu'il a été en présence de Breton ont donné le ton général des insultes. C'est un exorcisme suivant un rite et dans les termes fangeux que seul Bataille pouvait imaginer. Breton s'en affecta. Il crut un moment que tout le monde allait l'abandonner. Des hommes qui n'avaient pas signé le pamphlet s'en déclarèrent solidaires. En ce temps-là, je n'allais pas au *Cyrano*. Mon état de santé m'avait obligé de garder la chambre pendant plusieurs semaines. Aragon venant souvent rue du Château me tenir au courant des dernières défections et s'enquérir de ce que Sadoul et moi pensions de cette situation explosive. Il y eut même un jour de querelle entre

Breton et Aragon, ce qui nous fit craindre le pire. Tout s'arrangea. Aragon me pria de l'accompagner avec Sadoul dans une promenade nocturne. C'était je crois ma première sortie. Aragon était très agité. Il parlait encore plus et encore mieux que d'habitude. Il nous entraîna sur le pont des Arts que nous parcourûmes plusieurs fois, de bout en bout, passé minuit. « Mon amitié pour Breton, dit-il, et mon accord avec ce qu'il pense et ce qu'il veut doivent être considérés comme un phénomène naturel, comme une force nous permettant à l'un et à l'autre d'être ce que nous sommes. Cet accord est très vieux, c'est une part de notre destin. Nous savons, Breton et moi, qu'il y a toujours entre les êtres le risque des malentendus et des événements mal compris. Nous avons prévu de longue date que nous pourrions rencontrer de telles épaves que la vie charrie en abondance. Nous sommes convenus d'un signal de reconnaissance, d'une sorte de mot de passe grâce à quoi toutes les choses sont immédiatement remises en ordre et qui nous rappelle irrésistiblement notre entente absolue et fondamentale. »

Ces propos étranges tenus par un personnage plus romantique encore qu'à l'accoutumée, dans l'obscurité magique d'une nuit d'hiver, entre les galeries de Catherine de Médicis et les berges de la tour de Nesles, avaient la solennité et le caractère fatal d'un secret d'Etat dévoilé. Quelle était la part du délire, quelle était la part de la vérité, quelle était la part de l'inquiétude dans cette confidence ? Je me posais ces questions, sans y trouver de réponse, tout en admirant la qualité du monologue et le choix du décor.

Aragon partit ensuite sur une définition de Breton étonnante d'intelligence et de style. Je crains qu'elle soit trahie et affaiblie par ma mémoire : « Breton n'est pas seulement l'écrivain que vous admirez, nous dit Aragon. Chez lui tout va au-delà de ses propres paroles, de ce qu'il écrit, de ce qu'il fait : c'est aussi un creuset où brûle un feu central. Peut-être est-ce là sa fonction essentielle dans notre temps. Il l'exerce grâce à un don quasi magique et exceptionnel. Lui seul peut réaliser la fusion des matériaux divers que nous lui apportons tous. Il en obtient d'éblouissantes transmutations. Il ne faut pas s'attacher à ses humeurs ni à ses contradictions apparentes afin de se laisser surprendre par le devenir admirable que même ses faiblesses et ses défauts de caractère nous donnent à voir. »

Bien que *Un cadavre* nous inspirât, à Sadoul et à moi, un très grand dégoût, nous ne rompîmes pas tout à fait, pour autant, avec les signataires et leurs amis. Nous étions moins familiers, mais nous parlions encore à Desnos, à Prévert ou à Tual quand nous les rencontrions. Cette crise m'avait appris deux choses : d'abord que l'on pouvait être amené à quitter le groupe surréaliste pour échapper à une sorte d'étouffement, ensuite que l'invention et la décision appartenaient à Breton à peu près sans partage. Aragon accommodait, expliquait, corrigeait, mais la force créatrice c'était la pensée de Breton.

Celui-ci remania quelque peu *Le Second Manifeste* et le publia en juin 1930 chez Kra. Il me pria de rédiger avec Eluard le « prière d'insérer » et d'en faire un texte suffisamment significatif pour exprimer un accord de principe.

Chacun des membres du groupe le signerait. J'ai conservé la première version de ce texte. Elle est écrite de la main d'Eluard et constitue l'ébauche de sa propre collaboration. Après avoir recopié les quelque vingt-cinq lignes que j'avais proposées, Eluard y esquisse le paragraphe de conclusion. La différence entre ce qui a été publié et le projet que je possède concerne cette conclusion, dans laquelle les deux premières phrases sont inversées et dont la fin est mieux venue que celle de la première version. Le passage du *Second Manifeste* dont je n'avais cité que les trois dernières lignes a été reproduit en entier, ce qui rend tout beaucoup plus clair. Il me faut revenir sur ce petit exercice fait à l'époque avec beaucoup d'honnêteté et d'à propos.

La longue partie centrale du « prière d'insérer » est un rappel du dogme marxiste et un acte de foi, écrits aussi bien à l'intention des surréalistes qui devaient le signer que des lecteurs, afin que nul n'en ignore. Le début est en presque totalité une citation de Breton très importante, qui définit ce qu'allait devenir l'activité proprement surréaliste et éclaire la philosophie de l'auteur.

La limite où cessent d'être perçues les contradictions, cette phrase du *Second Manifeste* qui a attiré, entre autres, l'attention de Georges Bataille[1] me plaisait beaucoup à cause de sa valeur poétique et de l'imprécision délibérée contenue dans l'idée de perception. J'en appréciais la modestie et l'ambition. Il ne s'agit pas d'atteindre une sorte d'âge d'or de la société sans classe où la plupart des contradictions seront, dit-on, résolues ou surmontées. Il suffit de ne plus voir ces contradictions. Le jour où j'ai cessé de croire à l'infaillibilité de la méthode dialectique, j'ai remplacé l'énoncé de Breton par celui-ci : le point où les contradictions cessent d'être gênantes, ce qui revient au même pour l'intéressé. Comme il n'entrait pas dans les habitudes de Breton de se faire l'apologiste d'un renoncement quelconque, on peut donner à ce merveilleux souhait la valeur d'une sagesse à acquérir, ou l'annonce de gymnastiques mentales intéressantes et nouvelles. Aujourd'hui, je ne puis m'empêcher de constater combien cette petite phrase est proche de la pensée de Guénon dans ce qu'elle a de plus actuel et de plus raisonnable : l'idée que l'homme doit prendre, par un effort de soi, quelque distance avec les autres, les sentiments, la mécanique, les habitudes, peut-être même avec le destin.

Bataille rendit compte dans *Documents* de la publication du *Second Manifeste*. En dépit de son parti pris de dénigrement il lui reconnut un ton très hégélien, il cita lui aussi la petite phrase sans en tirer de conclusions particulières. On ne peut qu'être frappé par une similitude entre *Le Second Manifeste* et *La Phénoménologie de l'esprit*. Le surréalisme, armé lui aussi de la dialectique, cherche à récupérer la force intrinsèque de l'esprit. Pour ce faire, il provoque une nouvelle approche de l'objet, mais la vie substantielle, les autres, la société, lui cachent l'objet, le lui dévoilent, ou ne lui en offrent que des images truquées, déformées. Alors la pensée surréaliste s'insurge contre

---

1. Bataille ne fut jamais un hégélien ; en 1930 il connaissait mal les œuvres du philosophe de Iéna.

la société, suscite une action révolutionnaire qui modifie de fond en comble les conditions de la vie sociale, émancipe les désirs, instaure la société sans classe et sans Etat. La pensée surréaliste libérée de toute contrainte matérielle, purifiée et enrichie par les exercices dialectiques auxquels elle est soumise, s'épanouit dans une connaissance suprême où les notions de réalité et d'irréalité, de raison et de déraison, etc., perdent leur sens. *La Phénoménologie de l'esprit* décrit un cheminement semblable bien que plus compliqué allant de la perception de l'objet au concept, puis au désespoir, à la révolte, à l'héroïsme, au civisme et à la religion. Chez Breton, l'aboutissement ce n'est ni l'idée absolue ni la pensée souveraine, mais une sorte d'état limite, ce qui peut signifier, du moins en 1930, qu'il n'y a pas d'étape finale mais une zone indéfinie et privilégiée d'accomplissement et de repos après le voyage. Breton ne conçoit pas de pouvoir l'atteindre sans passer par la révolution prolétarienne. Plus tard des raccourcis seront suggérés, la magie en dernière analyse, non pas tant pour obtenir la connaissance absolue que pour « récupérer la force intrinsèque de l'Esprit ». Mais comme chez Hegel, la fin du processus est contenue dans le commencement et tout l'intérêt de cette gymnastique est dans les péripéties. Hegel fait intervenir *in fine* la religion, mais en pose le dogme à partir du moment où il introduit le désespoir dans sa mécanique. Chez Breton, c'est le surréalisme qui est la fin, il est aussi le commencement, mais comme il n'y a ni dogme ni règle, le chemin de la connaissance apparaît comme une sorte de happening. Après la révolution c'est en multipliant la gymnastique surréaliste que l'homme en arrivera à ne plus distinguer « une flamme d'une pierre ». Ce degré d'incertitude dans la connaissance est une des grandes découvertes du surréalisme que Breton oubliera peu à peu sous la férule d'un déterminisme contre lequel il s'est toujours mal défendu.

L'exploration de l'inconscient faisait, en 1930, la part belle au hasard puisque le contenu manifeste des rêves pouvait être n'importe quoi, le symbole étant identifié après coup, des écoles se disputant sur le niveau où s'arrête la cascade des associations d'images, sur la nature des moteurs et celle des résidus. En tout état de cause les interactions inévitables qui ont lieu le long du parcours entre l'analyste et ce qui est analysé introduisent un principe d'incertitude dont Freud s'est tiré à bon compte en prétendant soumettre les transferts à des lois simples. L'écriture automatique ouvrait aussi les portes au hasard. En revanche, le culte de Breton et des surréalistes pour les coïncidences réhabilitait le destin dont, en 1931, Breton estompa soudain les enchaînements en reprenant à Hegel, disait-il à tort, l'éblouissante notion du hasard objectif. La partie la plus faible du *Second Manifeste*, qui attira la foudre de quelques pions marxistes, est la note consacrée à Choisnard et aux horoscopes d'Aragon, d'Eluard et de Breton. Elle a surpris tous ceux qui l'ont lue. Guénon, auquel je me suis volontiers référé pour comparer la volonté « de récupération totale de notre force psychique, par un moyen qui n'est autre que la descente vertigineuse en nous », avec l'exaltation de l'intelligence, de la contemplation et de la connaissance « toute spéculative » aurait condamné cette grossière superstition grâce à laquelle la science traditionnelle de l'astrologie a été ravalée, écrit-il, à la condition de charlatanisme. Il est certes amusant de faire des horoscopes, à partir de n'importe quelle recette. La répartition des caractères humains en douze signes astraux est un des meilleurs sujets de conversation qui soit avec le sexe opposé. Le moins que l'on puisse écrire est que tout cela relève de la plus haute fantaisie, même si les positions des astres et leurs conjonctions ont été calculées à un dixième de seconde près par un ancien élève de l'Ecole polytechnique. Si, à tout prendre, l'explication de l'effet laser et des forces élémentaires mises en jeu dans la constitution d'un faisceau de lumière cohérente eût été de nature à dérouter Claude Bernard et à lui paraître aussi délirante que la « remarquable conjonction » d'Uranus et de Saturne « caractérisant, écrit Breton, le ciel de la naissance d'Aragon, d'Eluard et le mien », rien ne nous permet d'affirmer aujourd'hui que les sciences exactes aient fait quelques pas vers les horoscopes et les astrologues et qu'il nous soit loisible de considérer les affirmations péremptoires de ceux-ci autrement que comme une incantation, et de voir dans les résultats qu'ils brandissent autre chose qu'une application du calcul des probabilités. Les staliniens et les trotskistes ne se sont pas fait faute de relever la note sur la conjonction d'Uranus et de Saturne et de pousser de hauts cris en oubliant de recenser ceux de leurs militants qui croyaient alors aux horoscopes des journaux, sans se demander combien d'assaillants du Palais d'Hiver seraient restés en ligne, en novembre 1917, si l'on avait fait passer préalablement à chacun un examen de superstition avec un dix éliminatoire. La note sur les horoscopes valait d'ailleurs beaucoup mieux qu'une condamnation hâtive. Elle témoignait de la réintroduction dans la pensée de Breton de la croyance à un déterminisme. En dehors du monde communiste, personne ne releva cette curieuse novation.

On pourrait répartir la philosophie personnelle des hommes du XXe siècle en deux familles, celle de la loterie nationale et celle des horoscopes. Les uns mettent leur foi dans le hasard et la chance, les autres croient à l'immanence de leurs destinées, réglées par un tiers surnaturel, la nature ou les astres. Beaucoup achètent des billets de loterie nationale et lisent avec attention les horoscopes sans penser que l'un est exclusif de l'autre : le déterminisme statistique ne permet pas la description de la vie individuelle de la particule. Je n'écris pas ces lignes pour approuver la négation métaphysique de l'influence des astres sur le comportement des êtres humains. Ce que nous savons aujourd'hui de l'attraction exercée par la Lune sur les mers, de la multiplication des champs de force, de l'importance des orientations prises dans l'espace par les éléments les plus ténus m'incite à respecter les astrologues de Chaldée, nos ancêtres lointains. Mais je ne puis accorder qu'une indulgence amusée aux travaux de Choisnard, lequel appartenait à une lignée de polytechniciens maniaques, non encore éteinte. Des découvertes ultérieures concernant l'effet de certains phénomènes naturels sur les manières et les décisions des humains ne sont pas improbables. Elles conduiront peut-être à la connaissance de réactions d'un ordre plus intime que celle qui consiste à ouvrir un parapluie quand il pleut. Les rédacteurs de la revue *Planète* n'y trouveront pas leur compte, mais les membres de *L'Union rationaliste* non plus.

La petite note sur la conjonction de Saturne et d'Uranus n'était pas susceptible de conséquences immédiates, à l'exception du blason qui orne la couverture de la revue *Le Surréalisme au service de la Révolution*. En revanche, l'invitation à descendre vertigineusement *en nous* saluait, avant de connaître l'individu, l'arrivée bouleversante de Salvador Dali dans le surréalisme. Le principe d'indétermination allait triompher pendant plus de dix ans.

Le 1er octobre 1929, le cinéma Studio 28 projetait pour la première fois à Paris *Un chien andalou*, film de Luis Buñuel sur un scénario de Buñuel et Dali. Le surréalisme n'avait jusque-là produit qu'un seul film: *L'Etoile de mer*, imaginé et tourné par Man Ray. C'était la première fois qu'un cinéaste professionnel, qui deviendrait l'un des plus grands de son temps, mettait son savoir et sa technique au service d'une inspiration surréaliste.

Buñuel allait avoir trente ans. Cet Aragonais avait travaillé en 1924 avec Jean Epstein. En dépit de ses longs séjours en France, il n'avait eu aucun contact avec Breton et ses amis. Le Catalan Dali est de quelques années son cadet. L'un et l'autre appartiennent à des familles fortunées, Buñuel surtout. Ce n'était pas plus mal, le surréalisme n'avait alors que faire de quelques va-nu-pieds supplémentaires. Les deux hommes ont reçu une forte éducation catholique dont Buñuel ne se sortira jamais. En 1929, l'auteur du *Chien andalou* était un garçon athlétique, avec des yeux ronds à fleur de tête, peu bavard, très actif, franc comme l'or et bon comme le pain. Dali, en dépit de son passage à l'Ecole des Beaux-Arts, donnait l'impression trompeuse de sortir à peine des jupes de sa mère. Il portait de fines moustaches, à la manière de l'acteur de cinéma Adolphe Menjou. Mince, timide, flegmatique, de bonnes manières, il avait une faconde inépuisable que son humour naturel et son accent espagnol émaillaient d'effets comiques, mais il savait se taire et se taisait longtemps, recroquevillé dans un fauteuil, attentif et sérieux. Prodigieusement intelligent, il se montrait capable de ruiner n'importe quel édifice mental par la mise en évidence d'énormités cocasses dont il était le seul à ne pas rire. Eluard avait passé l'été à Cadaqués. Il avait ramené Dali dans les bagages de Gala avec Goemans et Magritte. Dali apportait une douzaine de toiles que Goemans exposa le 20 novembre 1929 dans l'éphémère Galerie surréaliste qu'il avait ouverte 49, rue de Seine.

A Paris, Dali était comme perdu. Il ne savait pas traverser les rues. Il ne se déplaçait qu'en taxi. Il tombait à terre plusieurs fois par jour, payait avec de grosses coupures et oubliait souvent de prendre la monnaie de sa dépense.

Il était devenu fou de Gala. Celle-ci était disponible; elle s'annexa ce beau garçon sur-le-champ. Elle se donna tout de même un temps de réflexion avant de se jeter à corps perdu dans cette immense aventure dont nul ne prévoyait ce qu'elle allait être. Si Dali n'était pas vierge quand il rencontra

Gala c'était tout comme. Il avait un besoin absolu d'une femme experte, amoureuse, que son penchant pour la masturbation ne rebutât point et qui sût capitaliser un génie et une fantaisie menacés par le gaspillage. Grâce à la tendresse de Gala, Dali prit assez vite une assurance qui lui faisait défaut. Naturellement porté à l'excentricité, il tenait encore en 1929 ce démon en laisse à cause du rigorisme espagnol. Il se débarrassa de ce vêtement gênant pour donner libre cours à sa manie d'exhibitionnisme. Pour que de tels exercices soient assurés d'une totale impunité la drôlerie et le talent ne suffisent pas. Gala sut leur assurer le cadre social qui convenait pour tirer un bon parti des excès les plus choquants.

Dali a éprouvé pour Gala une passion exclusive et dévorante, ce qui était en 1930 dans le ton surréaliste. Gala dut subir une opération sérieuse, en principe sans danger, mais de nature à troubler un homme très épris. Dali peignit alors quelques tableaux qui comptent parmi les témoignages d'amour les plus émouvants et les plus beaux qu'un homme ait jamais donnés à une femme. Je pense notamment à *Gradiva* et à *La Vieillesse de Guillaume Tell*. Je souhaite que toutes les jeunes filles qui verront ces peintures puissent les regarder en connaissance de cause afin d'exiger, le cas échéant, une adoration et une sollicitude égales à celles que Dali avouait ainsi à Gala.

Eluard et Breton furent émerveillés par les tableaux que leur montra Dali. Ils achetèrent aussitôt. Ce sont les peintures reproduites dans le numéro 12 de *La Révolution surréaliste*. Elles sont de petit format. La virtuosité de Dali inquiéta Breton. Cette inquiétude est sensible dans la préface que l'auteur du *Second Manifeste* écrivit pour le catalogue de l'exposition Goemans. Lorsque Breton me montra chez lui quelques-uns des tableaux qu'on allait accrocher rue de Seine, il insista sur leur aspect de miniature. J'abondai dans son sens et nous nous demandâmes si dans un format supérieur la peinture de Dali ne ressemblerait pas à un agrandissement photographique. L'année 1931 nous donna tort. Ce que Dali a apporté au surréalisme fut capital pour la vie du groupe et le développement de son idéologie. Ceux qui ont écrit le contraire ont fait de faux témoignages ou bien n'ont rien compris. Il n'est pas vrai non plus que Dali ait cessé d'être un grand peintre autour des années 1950, bien que l'espèce de conversion qu'il fit vers le catholicisme soit plutôt écœurante. Comme tous les artistes, Dali n'a pas toujours joui des privilèges de l'inspiration. Certaines de ses œuvres commerciales sont médiocres. Elles ne sont pas toutes mauvaises, elles ne sont jamais indifférentes. On y retrouve même, en dépit de tout, un dessin exemplaire, une force d'invention surprenante, le sens du drame et de l'humour.

Le surréalisme doit beaucoup à son imagerie. Après Dada, les trouvailles les plus exaltantes ont été faites par Max Ernst : une inspiration sans frein dans les collages, une nouvelle vision du végétal et des bêtes. Masson, Miró et Tanguy ont peint d'admirables toiles, ne ressemblant à rien de ce qui avait été vu jusqu'alors. Man Ray a inventé sans cesse, mais le langage de ces quatre grands artistes était moins exploitable et moins riche que celui qu'a employé Max Ernst. Les collages pour lesquels Max Ernst s'est servi de vieux illustrés, la plupart des photographies de Man Ray sont anthropomorphes, mais le corps humain, le visage, la vie et la mort étaient étrangers à la peinture surréaliste. Les quelques exceptions à citer concernant toutes Max Ernst, Chirico devant être mis à part, elles confirment cette règle. Dali renouvela l'inspiration surréaliste en réintroduisant des hommes, des femmes, des nus et des animaux dans la peinture. Magritte en fit autant, avec des personnages glacés et intemporels. Il fut suivi par tous les surréalistes du Nord. Dali revint à la technique lisse et au modelé du XVIe siècle. Les amateurs des effets de matière et de l'abstraction ont mené depuis 1945 une habile campagne de dénigrement contre la peinture surréaliste qualifiée de littéraire et même d'académique. L'ennui prodigieux qui se dégage de tant de compositions abstraites ou tachistes, la pauvreté des moyens d'expression mis en œuvre qui contrastent d'une manière significative avec le pathos et le charabia des peintres en mal d'expliquer leurs œuvres, n'ont pas servi les théoriciens de l'abstraction.

Dali dota le surréalisme d'une machine infernale dont les explosions successives couvrirent de déchets variés les perspectives de la *Troisième Période*, le matérialisme historique et la science des horoscopes. A la fin de l'année 1930, il proposa « une activité à tendance morale (qui) pourrait être provoquée par la volonté violemment paranoïaque de systématiser la confusion ». C'était la fameuse méthode paranoïaque critique. Toute discussion était impossible par définition puisque discuter une paranoïa c'est entrer à son corps défendant dans le système imaginé pour obliger le contradicteur à admettre l'obsession du « malade ». De plus, les énoncés de Dali ont de très grandes qualités littéraires ; ils s'imposent par la singularité des comparaisons et par les beautés hallucinatoires que produit leur lecture. Dali donnait déjà du fil à retordre aux psychanalystes en cultivant avec soin les complexes dont il était conscient, en avouant tout et en plaçant son interlocuteur dans une position incommode et grotesque. A partir d'une idée obsédante il excellait à dresser à tout propos et en toutes occasions des constructions variées, délirantes et exemplaires. Ces exercices n'étaient pas de tout repos pour un communiste fanatique. J'admirais beaucoup Dali. J'étais séduit par les inventions de son génie et de son savoir-faire. Il prenait une telle place dans le surréalisme et lui donnait un tel regain de force qu'il n'était pas question de s'en séparer. Il n'était pas marxiste, dieu merci ! Il ridiculisait Boukharine et Plekhanov, ravalait Lénine au rôle de sujet d'ornementation ! Je sentais venir les méfiances : Dali se préparait à choquer tous les petits-bourgeois du parti par sa peinture, à irriter les théoriciens par ses références à la psychanalyse, à scandaliser les militants par le peu d'intérêt qu'il manifestait pour les problèmes sociaux. Encore fallait-il s'estimer heureux qu'il n'appliquât pas à ces problèmes, de propos délibéré, la méthode paranoïaque critique ! Il ne manquera d'ailleurs pas de le faire, un peu plus tard, en introduisant Hitler dans sa démonologie. Sur le moment, Breton et d'autres se sont fâchés. L'hitlérisme vaincu et Hitler revenu à l'état de poussière, avouons que cette gymnastique était drôle et qu'elle était moins génératrice de catastrophes que celle à laquelle se livrèrent alors la plupart des intellectuels et politiciens, en France et en Angleterre!

En 1930 et 1931, je m'évertuais à concilier. Il me paraissait sans intérêt de relever les écarts de doctrine, les pétitions de principes fâcheux, les extravagances susceptibles de recevoir de la part du tribunal du Saint-Office autant de qualificatifs en isme que les épithètes employées à tort et à travers et avec un effet si sûr par Dali. Tout se ramenait à la question si souvent posée. L'activité de Dali est-elle, ou non, révolutionnaire? Je n'hésitais pas à répondre par l'affirmative.

L'automne de 1929 nous apporta René Char. Il venait de son Vaucluse natal où il avait longtemps joué au rugby comme pilier, ou trois-quarts centre ce qui convenait on ne peut mieux à son gabarit. Char avait lui aussi une fortune personnelle propre à assurer son indépendance. Il devint l'ami le plus intime d'Eluard, qu'il admirait beaucoup. Il y avait au départ une parenté certaine dans l'inspiration des deux hommes, une même tendance vers la poésie immobile et transparente. Les objets sont néanmoins beaucoup plus malmenés par René Char que par l'auteur de *La Vie immédiate*. Peu à peu, la violence et même la brutalité ont éloigné les textes de Char de ceux d'Eluard pour les placer sur la ligne dure, cruelle, hérissée de tranchants et de pointes, tracée par l'éclair étincelant de la dague d'Agrippa d'Aubigné. Le goût très vif qu'ils avaient pour les femmes rapprochait aussi Eluard et Char. Bel homme, l'auteur du *Marteau sans maître* n'a pas rencontré beaucoup de cruelles. Il a habité quelque temps rue Becquerel, chez Eluard. La femme de chambre était une jolie brune, fort jeune, de bonnes façons, discrète et bien vêtue. Il n'y avait rien d'équivoque dans la manière dont elle servait. « Toutefois, me dit René Char, elle m'aidait à passer mon pardessus avec une gentillesse que je trouvais un peu appuyée. C'était vraiment une très jolie fille. Un jour, je n'y tins plus, je la pris dans mes bras. Elle se laissa faire avec beaucoup de bonne grâce et se montra très experte. Je racontai tout à Paul qui se fit servir le lendemain matin son petit déjeuner au lit et essaya incontinent sa belle chambrière. Elle nous dit qu'elle attendait tout cela depuis longtemps et qu'elle était sur le point d'y renoncer, en jugeant que nous étions stupides. Elle aurait volontiers osé se découvrir si nous l'avions moins intimidée par notre sérieux et notre politesse. Elle ne savait pas comment s'y prendre pour brusquer l'événement. » Son emploi rue Becquerel n'était qu'une couverture. Presque tous les soirs elle se rendait boulevard de la Madeleine où elle travaillait pour de bon. Elle ne resta pas rue Becquerel. Les deux hommes l'occupaient trop. Ce n'était plus du tout raisonnable.

J'ai habité le quartier des Buttes-Chaumont à cause de René Char. Un soir d'été très étouffant en 1931 ou 1932, Katia et moi allâmes dîner dans un atelier de la rue Manin habité par une Belge très appétissante, maîtresse en titre de Fernand Léger. Elle avait mis Char dans son lit. La nuit tomba, délicieusement fraîche, embaumée par toutes les essences du parc. En 1932 la vie rue du Château était aussi désagréable pour Sadoul que pour moi puisque l'affaire Aragon nous avait brouillés. Katia trouva un appartement rue Manin, sans vue sur le parc malheureusement. Je le quittai l'année suivante pour des fenêtres s'ouvrant toutes grandes sur Paris, de Vincennes à l'Etoile, à cent mètres des Buttes-Chaumont. J'y ai relu récemment *Artine*, la petite plaquette publiée en 1930 par René Char, si caractéristique de sa première manière, sans doute pour remercier *Artine* de m'avoir conduit en haut de Belleville.

Artine gardait en dépit des animaux et des cyclones une intarissable fraîcheur. A la promenade, c'était la transparence absolue.

Ne venait-elle pas, tout droit, de la Fontaine-de-Vaucluse[1]?

---

1. Il est possible que la visite de Breton à Gide relatée à la p. 200 ait eu lieu en 1934 à l'occasion de l'*Appel à la lutte* et non en 1932.

Chapitre XV

L'enquête sur l'amour

Avec Prévert et Tanguy, la rue du Château avait été familiale, alcoolique, irrévérencieuse. Elle avait abrité de grands débats sur la politisation du surréalisme. Avec Sadoul et l'auteur de ces lignes, la petite maison garda son sérieux. Elle fut bohème et quelque peu libertine et le plus souvent idéologique et sévère. On imagine ce que serait devenu un petit pavillon aussi bien placé s'il avait été au pouvoir de jeunes garçons moins soucieux de rigueur morale et de vérité, et mieux pourvus d'argent. Mais les objets et les demeures poursuivent leur destin, en dépit de tout. La rue du Château faillit à plusieurs reprises prendre l'aspect de la fête et se vouer à la volupté. Ce ne furent, toutefois, que de brefs éclairs. La lecture, la réflexion, les discussions, la préparation de projets subversifs occupèrent la majeure partie du temps que j'ai passé rue du Château de 1928 à 1933.

Ses occupants étaient pauvres. Moi-même j'étais très pauvre en 1929 et durant la majeure partie des années 1930 et 1931. Sadoul fut employé chez Gallimard jusqu'à ce qu'un tribunal le condamnât pour avoir écrit une carte postale insultante au major d'une promotion de Saint-Cyr. Il recevait un peu d'argent de sa famille, il obtint quelques travaux d'édition relativement bien payés. Mes rapports avec mon père se détériorèrent en 1929. J'en étais d'ailleurs assez malheureux. Je ne recevais pas plus de deux cents francs par mois : on blanchissait encore mon linge à Nancy et c'était tout. Vingt jours, tous les mois, je vivais aux crochets de mes amis. Sadoul avait appris dans sa famille la prudence financière et la cuisine ; il assurait une certaine permanence des repas où les filets de hareng macérés dans l'huile et la viande hachée de cheval étaient les plats de résistance. Sadoul avait son existence propre, ses rendez-vous et ses sorties avec nos amis architectes, ses promenades dans Paris avec Unik, Breton, Aragon. Il allait souvent au cinéma ; il était plus assidu que moi au *Cyrano* ; il aimait dîner après le *Cyrano* avec ceux des présents qui avaient envie d'un peu de détente. Mes occupations étaient en partie politiques : j'allais à la Maison des syndicats, 111, rue du Château, qui est aujourd'hui un théâtre d'essai, au siège du parti, 120, rue La Fayette, à la C.G.T.U., rue de la Grange-aux-Belles. J'y allais le plus souvent à pied, gardant précieusement en réserve les quelques francs d'une consommation éventuelle dans un café.

Mon père se brouilla avec son frère pour de sordides motifs d'intérêts. Je n'avais aucune raison particulière d'embrasser le parti de mon père et pourtant je cessai d'aller rue César-Frank chez mon oncle où ma tante me préparait, une fois par semaine, un excellent dîner. C'est le sectarisme moral, dans lequel je m'enfermais qui me fit prendre cette décision. Je voulais rompre tout contact avec ce qui n'était pas révolutionnaire.

Je n'aimais pas le milieu que fréquentait mon cousin René Thirion, des fêtards, en majorité pédérastes, dans le ton des « années folles », aux antipodes de mes exigences. Je ne conservai des relations qu'avec Darius Milhaud et les Signac. Darius Milhaud, avec sa merveilleuse gentillesse, faisait mine de s'intéresser à mes histoires politiques ; il m'invitait de temps à autre à déjeuner, boulevard de Clichy. Il me présenta Désormières et Robert Caby (alors critique musical à *L'Humanité*) parce que ces jeunes gens étaient plus ou moins proches du parti. Milhaud était pour moi le plus grand musicien français vivant ; j'apprenais beaucoup à son contact ; j'étais fier de pouvoir le rencontrer pendant qu'il exerçait une force de création musicale que je considérais comme une des premières de mon temps. Je lui demandai de me jouer, au piano, des fragments de *La Création du monde*, l'une de ses compositions que je brûlais le plus de connaître alors que je n'avais pas les moyens d'aller au spectacle et que je n'osais pas demander de billets. Milhaud était un médiocre pianiste mais l'audition qu'il me donna, en m'indiquant comment il avait conçu l'instrumentation, valut pour moi le meilleur orchestre. Je l'interrogeai sur les musiciens qui m'importaient le plus : Bartok, Sczymanovski, Rieti, Schoenberg. L'audition de *Pierrot lunaire* m'avait intrigué. J'avais été déçu par *Les Pièces brèves* de Webern que j'avais fait jouer à Nancy. Mais je voulus les réentendre : les gens du quatuor Pro Arte me permirent d'assister à deux ou trois répétitions de travail et ils eurent la gentillesse d'exécuter pour moi, en privé, au cours d'une de ces répétitions, les fameuses pièces de Webern. Milhaud s'amusait de ma curiosité. En 1927, il m'avait fait découvrir les negro spirituals. En 1929, il me fit connaître la musique chinoise, les fragments d'un opéra dont la représentation dure vingt-quatre heures. J'en ai conservé la plus vive impression. Les Chinois me paraissaient aller plus loin que Schoenberg dans la liberté d'expression. Milhaud m'expliqua que cette musique obéissait à des règles très strictes.

J'aurais voulu concilier toutes mes amitiés. Or, Breton n'avait qu'une considération polie pour Milhaud ; il n'aimait pas la musique et de plus Milhaud était un ami de Cocteau et de Claudel ; cela suffisait pour qu'on le tînt pour suspect. Les goûts de Milhaud en peinture m'étonnaient. Bien sûr il admirait Braque et Picasso, mais il faisait grand cas de peintres médiocres, d'un modernisme de haute couture, comme Jean Hugo et Pruna. En réalité c'était une marque de la fidélité absolue que Milhaud a toujours montrée envers ses amis. Mon intransigeance, mâtinée de provincialisme, devait l'amuser et parfois l'irriter. « Et si je venais un soir avec vous, au café *Cyrano*, me dit-il, que se passerait-il ? » C'était à coup sûr la meilleure question à poser pour me mettre dans l'embarras. J'imaginai aussitôt l'air gêné et sévère de Breton, le vent de glace qui soufflerait sur les tables, les critiques formulées ici et là : « De quoi se mêle-t-il ? Pourquoi a-t-il fait cela ? Qu'il ait de bonnes relations avec un musicien passe encore, mais il devrait savoir que nous ne nous intéressons pas à ce qu'écrit M. Darius Milhaud, qui est de plus un des collaborateurs les plus fidèles de Claudel, ce porc... etc. »

J'expliquai à Milhaud que je me considérais encore, au café *Cyrano*, comme un invité et qu'il me faudrait au préalable demander aux maîtres de céans si cette visite leur convenait. J'ajoutai que je souhaitais vivement que de bonnes relations pussent s'établir entre Milhaud et le surréalisme. Mais j'avais eu chaud !

Je voyais surtout Paul Signac lorsque mon père venait à Paris. Signac habitait alors la rue de l'Abbaye. Mon père connaissait sa seconde femme, Jeanne Selmersheim-Desgranges depuis le premier mariage de celle-ci avec Pierre Selmersheim. Les filles de Jeanne Selmersheim avaient toutes reçu des surnoms. La dernière-née de son premier mariage, Poucette, venait souvent rue de l'Abbaye ; elle avait à peu près mon âge ; je la trouvais très excitante. La fille de Signac et de Jeanne S., Pich, était encore une gamine. Intelligente, volontaire, curieuse de mes relations avec des milieux artistiques très différents de celui de son père, elle m'interrogeait souvent sur tel ou tel ; sachant que j'avais rencontré Honegger trois ou quatre fois je dus lui en faire un portrait. Les Cachin étaient des familiers les plus intimes de la rue de l'Abbaye. Je voyais en Marcel Cachin, le député communiste le plus connu, directeur du quotidien *L'Humanité*, un vieux social-démocrate des plus honorables, mais communiste par sentiment, ne comprenant pas grand-chose au léninisme. Il parlait peu. Carré dans un fauteuil, avec ses grandes moustaches de Gaulois, il avait belle allure mais faisait très avant 1914. Il était d'une fidélité à toute épreuve envers son parti, mais il n'était pas toujours dupe. En 1930 (ou 1931) il avait suivi à Moscou un des premiers grands procès de sorcières du régime stalinien. C'était, je crois, le procès du Parti Industriel : une douzaine d'ingénieurs et de directeurs, quelques spécialistes étrangers étaient poursuivis pour sabotage, destruction de matériel, espionnage industriel, etc., et comme de bien entendu les accusés, qui dirigeaient la veille encore les plus importants trusts de l'industrie soviétique, avouaient tout. Marcel Cachin avait eu un haut-le-corps en entendant l'un des accusés dire qu'il avait rencontré Poincaré et Briand à la terrasse du *Café de la Paix* afin de mettre au point je ne sais quel projet de malfaçons dans les usines soviétiques en vue d'une intervention en Russie. Cachin était un vieux Parisien et un parlementaire auquel *on ne la faisait pas* sur les mœurs et les habitudes. Il savait que Poincaré et Briand ne s'aimaient guère, que la dernière chose qu'ils eussent faite, c'eût été de comploter ensemble contre quiconque, qu'ils n'avaient pas les mêmes idées sur la Russie des Soviets et qu'il était inconcevable qu'un ingénieur russe pût rencontrer au *Café de la Paix* un ancien président de la République et un ancien président du Conseil, assis devant un guéridon comme de vulgaires boutiquiers. Paul Signac était communisant, mais lucide. C'est lui qui me rapporta ces propos, alors que la conversation roulait sur les étrangetés de la vie quotidienne en Russie soviétique et que j'essayais d'expliquer la famine, les pires conditions de logement jamais connues, les enfants abandonnés, etc., par les complots de l'impérialisme.

Marcel Cachin ne m'intéressait pas, sa femme non plus, une grande Américaine venue tout droit de l'école du dimanche. En revanche, les trois enfants étaient follement sympathiques, Marie-Louise surtout, dont j'aimais la voix mélodieuse et lente et la mélancolie passionnée de Bretonne. Je la trouvais des plus appétissantes. La présence, rue de l'Abbaye, de ces deux filles aussi dissemblables et aussi dignes d'intérêt, Poucette et Marie-Louise, transformait pour moi des soirées assez mornes. J'aurais volontiers pris rendez-vous avec l'une ou avec l'autre. Mais quand je me retrouvais devant Saint-Germain-des-Prés je me reprenais très vite. Qu'en aurais-je fait, puisque j'étais démuni de tout? Je n'avais même pas le pouvoir d'aimer puisque Katia était la maîtresse de mon cœur. Je me contentais donc de les regarder beaucoup et de leur faire quelques compliments. Signac était asthmatique. Il était toujours vêtu d'un chandail de marin à col roulé. Il n'aimait pas les cubistes, ni les surréalistes. On ne s'intéressait pas non plus à la musique moderne, chez lui. Jeanne Selmersheim demandait à mon père de jouer *Le Carnaval* de Schumann, ou *Les Novelettes*, mais jamais Debussy, ni Ravel, si proches pourtant de Seurat, de Cross, de Bonnard et de l'inspiration du maître de maison.

Je me nourrissais très mal; je me contentais souvent pour la journée d'un bol de thé, avec deux tartines de beurre. De toute manière, je ne faisais qu'un seul repas par jour. Je gardais le peu d'argent qui me restait pour acheter des tickets de métro. Au *Cyrano* je choisissais généralement la consommation la moins chère, un bock, dont je ne pouvais pas toujours régler le montant; je m'arrangeais pour prendre congé sous un prétexte quelconque, la cérémonie terminée, afin de ne pas avouer qu'il ne m'était pas possible d'aller au restaurant parce que je n'aurais pas été en mesure de payer mon écot. Il n'était pas toujours commode de s'esquiver assez vite: Aragon, Eluard et Crevel, qui devinaient de quoi il retournait, m'invitaient quelquefois; j'étais honteux, mortifié et content.

La pauvreté n'arrangeait pas le problème des filles. Tout de même, j'en avais bougrement envie de temps en temps. J'avais mis au point une tactique de conquête immédiate et brutale pour éviter un rendez-vous ultérieur auquel j'étais à peu près sûr de ne pas pouvoir me rendre faute d'argent. J'essayais de persuader la fille de m'accompagner rue du Château. De Montparnasse il n'y avait pas un quart d'heure à pied. Les rues étaient mal éclairées et propices aux entreprises hardies. La course en taxi ne coûtait que trois francs cinquante et chacun sait que les taxis favorisent les audaces. Mais les filles aiment à être un peu courtisées; si la décision n'était pas obtenue sur-le-champ c'était une affaire foutue, à moins que l'intéressée n'acceptât que la prochaine rencontre eût lieu rue du Château. Ce qu'il fallait éviter à tout prix, c'était l'invitation au restaurant, au cinéma ou au dancing! Tout compte fait, les conquêtes étaient rares; il fallait que le sort me les livrât à domicile. Il y eut des miracles. Le plus charmant fut l'arrivée de Florence. Elle était jolie, toute piquetée de taches de rousseur. Elle n'avait guère plus de vingt ans. Elle vint avec douze autres personnes, pour un dîner impromptu, en proie au désespoir le plus violent. Elle avait rencontré Max Ernst à Megève quelques semaines plus tôt. Ç'avait été aussi beau et aussi vivifiant que les champs de neige brillants de soleil. Elle était tombée follement amoureuse. Mais il avait bientôt fallu déchanter ! A Paris, Max Ernst avait retrouvé l'exigeante et jalouse Marie-Berthe. Je consolai Florence comme je pus. Je ne crus pas à mon succès. Je n'osai pas poursuivre. Florence était, je crois, d'un autre avis. Elle me le fit comprendre, étonnée par ma discrétion, avant de rentrer au domicile conjugal quelque part du côté de Saint-Raphaël. Elle m'écrivit à la fin de 1929 en m'annonçant qu'elle voulait revenir à Paris, et en me laissant entendre qu'elle s'installerait volontiers rue du Château. Je ne m'attendais pas du tout à cette lettre. Elle me flatta ; mieux, elle me plut beaucoup. La perspective de vivre un peu avec Florence éclairait mon retour à Paris d'une lumière douce. Je lui répondis en lui indiquant la date de ma rentrée. Des projets avec Hainchelin me retenaient à Nancy pendant les premiers jours d'octobre. Les dates de Florence correspondaient aux miennes. J'avais à peine défait ma valise, rue du Château, qu'on frappait à la porte. C'était le sculpteur Lasserre. Il me cherchait depuis la veille à Montparnasse et mon adresse venait de lui être donnée par le premier surréaliste qu'il avait pu joindre au téléphone. « Vous connaissez Florence, me dit-il ; elle est allée hier à Barbizon avec Derain et Léna Amsel. Léna avait emmené Florence dans sa Bugatti. Derain possède aussi une Bugatti. Après le déjeuner, Léna voulut semer Derain sur la route du retour, prétendant que sa voiture était la plus rapide. Nous sommes, comme vous le savez, à l'époque des betteraves. La voiture de Léna a dérapé sur les fanes mouillées, elle s'est retournée dans un champ où elle a pris feu. Les deux femmes ont été brûlées vives. De la route on n'apercevait que leurs jambes. J'étais avec Derain. C'était atroce. Je savais que Florence devait vous rencontrer aujourd'hui ou demain. Vous seul connaissez son nom et l'adresse de sa famille. » Tout s'était passé comme s'il fallait que je ne dusse jamais revoir Florence.

Une autre rencontre eut plus de conséquences, comme on le verra plus loin. Au retour d'un voyage à Nancy entrepris pour montrer à mon père des toiles de Tanguy je trouvai Sadoul dans une euphorie inhabituelle. Au *Jockey*, qui venait de rouvrir, il avait rencontré Monique, un mannequin en rupture de ban dont il me décrivit longuement le visage et le profil ; c'était une grande fille, mince comme il convient à sa profession, aux traits délicats, à l'expression pensive presque douloureuse. La première nuit avait été concluante mais Monique avait disparu. Il fallait la retrouver à tout prix. Nous allâmes donc au *Jockey* le soir même. Monique n'était pas là, mais nous y pêchâmes une de ses camarades, une fausse blonde aux grands yeux noisette, à la peau très blanche d'un beau grain, aux traits purs et réguliers, belle fille, bien faite, nue sous une robe de quatre sous. Elle se prénommait

Jackie ; elle avait dix-huit ans ; elle acheva la nuit dans mon lit. Elle avait une poitrine et des fesses à damner le fils de Dieu. Mais elle avait aussi des problèmes d'argent. Nous nous quittâmes en convenant d'un rendez-vous auquel elle ne vint pas. Elle ne nous envoya pas non plus Monique, malgré ses promesses.

Un taxi déposa quelques semaines plus tard Jackie, ivre d'éther. Elle se coucha aussitôt sur un des coussins de cuir, à côté du tabernacle de fourrure. Elle empestait et se sentait mal. Nous avions la visite de Youki Foujita qui avait, plus que Sadoul ou que moi, l'habitude des petites droguées. Jackie cuva son éther pendant de longues heures ; elle repartit comme elle était venue.

J'étais fort mal vêtu, je ressemblais à un petit employé minable. Quand je ne nouais pas de cravate, rien ne me distinguait de mes copains ouvriers, à l'exception de mes mains qui restaient soignées.

A mon arrivée à Paris, je m'étais fait faire un costume élégant chez Zeff. Je le ménageais autant que je pouvais mais il montrait une petite usure fâcheuse, à la saignée du coude. Un stoppage en aurait eu raison si la teinturerie et le stoppage avaient été dans mes moyens. Je portais surtout un complet noir, la transformation du smoking que j'avais eu à seize ans pour le mariage de ma cousine Denise Krug. En hiver j'y ajoutais un vieux pull beige à carreaux et un pardessus noir croisé de plus en plus fatigué. Mes chaussettes étaient reprisées à mort, mes chemises usées au col et aux poignets, mes cravates sans couleur et sans forme, à l'exception d'une cravate rouge et d'un chef-d'œuvre acheté sur le marché à Raon-l'Etape, une femme nue au milieu de cartes à jouer. Je sortais rarement nu-tête en hiver ; je portais une casquette d'ouvrier dont j'étais assez fier. En été, j'usais un costume gris clair, à pantalon large, qui avait fait mon orgueil en 1925 ; l'étoffe en était solide. C'est la veste qui craqua la première. Aragon me fit cadeau, en 1929, d'un pull gris-bleu grâce auquel je fus presque élégant pendant trois mois. Je dormais en hiver dans des chemises militaires, à grosse toile, héritées de mon père. Je n'avais pas de pyjama. J'avais néanmoins d'assez bonnes chaussures, des souliers de sport, à semelles en crêpe. Sadoul avait les mêmes ; nous les aimions parce qu'on ne nous entendait pas marcher.

Je passais deux heures par jour à nettoyer et à cirer la rue du Château. J'aurais pu être un bon valet de chambre. J'ai toujours eu en horreur la poussière et la saleté. C'était une sorte de défi au manque d'argent. La maison avait pris l'aspect engageant des intérieurs nordiques où tout brille. Sur ce point j'étais le contraire de Sadoul qui pouvait vivre au milieu des vaisselles sales, des poubelles remplies jusqu'au bord, de la poussière et des toiles d'araignées. Ces exercices ménagers comprenaient une bonne séance d'astiquage du linoléum à la brosse. Je l'accomplissais à peu près quotidiennement comme une séance de gymnastique. Ce régime, ajouté aux traversées de Paris à pied, à la nourriture incertaine et irrégulière, convenait peu à un adolescent qui ne possédait aucune réserve. Les bonnes âmes insistaient sur une hérédité tuberculeuse et prévoyaient un accident. En

L'ENQUÊTE SUR L'AMOUR

1929, il neigeait en Lorraine pendant la semaine de Pâques. Sadoul et moi décidâmes de faire dans la montagne une promenade de plusieurs jours. Nous n'avions ni skis ni raquettes. Nous atteignîmes la neige fraîche au pied du Champ de Feu. C'était magnifique et grisant. Je me sentais dans une excellente forme. Nous étions plutôt, l'un et l'autre, du genre infatigable. Après deux ou trois heures de marche difficile, nous fîmes du thé avec de la neige sur un feu de bois mort. Nous enfoncions parfois dans la neige jusqu'aux genoux. Nous nous croyions très forts. Nous nous mesurions avec la nature et nous étions fiers de gagner. A quelques dizaines de mètres du sommet, Sadoul avait pris sur moi un peu d'avance ; j'avais fait quelques détours, attiré par des détails du paysage. Je me sentis tout à coup très fatigué. Je peinais. Mes jambes étaient des paquets de chiffons. Je m'arrêtai. Je ne pouvais pas aller plus loin. Je trouvai un chemin où la neige avait été tassée, je m'y allongeai pour reprendre des forces. Sadoul, qui ne me voyait plus, revint en arrière. Je lui dis que j'éprouvais une fatigue subite immense, inconnue, et qu'il faudrait écourter l'étape. Je restai couché sur la neige pendant près d'une heure. L'un de nous avait emporté un peu d'eau-de-vie de quetsche. Une lampée me remit debout et je pus gravir le morceau de pente qui nous séparait du sommet, en suivant un chemin déjà tracé. Une ferme nous donna asile dans sa grange à foin. Nous avions l'habitude de ce genre de gîte. L'étable était sous la grange. Il en montait une bonne chaleur animale et les bruits sympathiques et familiers des vaches. Je savais comment dormir dans une grange à fourrage en me protégeant du froid. Au jour, j'étais reposé, mais je ne me croyais pas capable d'accomplir l'étape que nous avions prévue. Nous abrégeâmes l'excursion. A nouveau la marche dans la neige épuisa mes forces. A Paris, des abcès se déclarèrent sans fièvre ou presque. Le Dr Simon, un ami d'Elsa Triolet, n'aimait pas la tournure que prenait cette infection. Pour la première fois, Elsa Triolet joua le rôle de la Providence, qu'elle devait répéter au cours des deux années qui suivirent. Je n'avais aucun moyen de me soigner, et mon père n'était pas décidé à prêter la moindre attention à ma santé. Il fallait opérer. Grâce à l'entremise d'Elsa, les Simon prirent toute la dépense à leur charge et me placèrent dans une clinique, juste au moment où je devais rejoindre à Mayence le 18e Génie. Un médecin militaire vint reconnaître mon indisponibilité.

Ma convalescence fut longue et studieuse ; je devais éviter la fatigue et je ne me nourrissais pas beaucoup mieux qu'avant. Les visites assez fréquentes de Nicole, l'amie d'André Triolet, m'aidaient à supporter mon isolement. Nicole n'était pas heureuse ; elle se savait trompée, son amant l'habituait peu à peu à l'idée d'une séparation. J'ai décrit le rôle agréable qu'il voulait me faire tenir dans cette éventualité et que je ne sus pas jouer. Dans le petit hôtel de la Baie des Anges où grâce à Triolet je pus rejoindre Aragon, Sadoul et Elsa, je m'évertuai à satisfaire quelques épouses mises au vert qui s'ennuyaient. Elles étaient moins jolies et plus sottes que Nicole mais les nuits qu'elles m'accordaient ne portaient pas à conséquence. André Triolet se lassa. Il partit pour Biarritz avec Nicole. J'achevai l'été à Baccarat entre ma sœur et mes cousines. Mon père acceptait volontiers de m'accorder une hospitalité qui ne lui coûtait pas grand-chose.

Je m'attardai à Nancy pour travailler avec Hainchelin au projet de revue d'études marxistes que nous caressions depuis l'automne de 1928. Voici quelques extraits d'une lettre que m'écrivit Hainchelin dans les premiers mois de l'année 1929, elle définit bien la nature de cette entreprise et en indique le but :

> *Hier matin, reçu une autre lettre de Riazanov. Il me fait envoyer* Les Annales marxistes, *les œuvres de Plekhanoff, les œuvres de Deborine et quelques revues (Bulletin d'Académie, etc.).*
>
> *De plus, et cela est important, il me demande de collaborer aux publications scientifiques marxistes, au moins pour la critique des œuvres sociales et historiques françaises. Il me demande également de lui envoyer copie de tout ce que j'écrirai et il me promet son assistance et le matériel scientifique dont j'aurai besoin.*
>
> *Ce qui est de bon augure pour la revue que nous méditons de lancer. Aussitôt que tu auras des devis, envoie-les-moi de manière que je puisse prévenir quelques amis russes.*
>
> *Au début laisser tomber totalement la littérature dont l'intérêt est secondaire et être résolument* orthodoxe. *J'entends être résolument sur le terrain de l'Institut Marx Engels et des professeurs rouges. Sous aucun prétexte ne donner dans le luxemburgisme ou les boukharinades qui fleurissent parfois en Russie.*
>
> *Publier les inédits de Lafargue (R... en a)... une lettre de Marx sur l'Inde, une étude du même sur Bakounine.*
>
> *Ne pas hésiter à publier du Plekhanoff (certaines études sur Hegel et Spinoza) et du Kautsky (il y a du bon dans ses œuvres jusqu'en 1902). Proscrire totalement le marxisme latin (Croce, Labriola, et Sorel, Berth).*
>
> *Bref une revue sérieuse, de cadres, sans aucune compromission. L'état du P.C. ne nous permet pas d'envisager des à peu près... Mais silence absolu pour éviter certains sabotages... Vois Ariat = Patri.*

Le lancement du *Devenir social* (tel était le titre que j'avais choisi et que Hainchelin avait accepté) dépassait alors mes forces et mes moyens. En octobre 1929, sans grande conviction, nous décidâmes des sommaires des deux premiers numéros. Les finances devaient être soviétiques et allemandes. Elles étaient assez hypothétiques. Enfin le projet que nous avions formé en octobre 1928 aurait dû « sortir », au plus tard, à la fin du printemps 1929. Le retard était dû en partie à mon inexpérience et à ma pauvreté ; en partie aux combinaisons machiavéliques de Hainchelin, lesquelles paralysaient souvent, chez cet homme, le passage à l'action. En octobre 1929, nos intentions étaient à peu près ruinées par l'apparition de *La Revue marxiste*. Les attaques de Breton contre Morhange, Politzer et Lefebvre trouvèrent ainsi chez Hainchelin une audience favorable et contribuèrent à le rendre plus attentif aux résultats de ma croisade chez les surréalistes.

Hainchelin me donna des nouvelles déplorables sur l'état du parti dans la région de l'Est. Les secrétaires de région s'étaient volé leurs épouses respectives et ces affaires de cul avaient dégénéré en conflits politiques. La police avait introduit des mouchards dans la place; de concert avec le patronat elle avait acheté Fougerolles, le responsable de la main-d'œuvre étrangère, à Briey. L'effectif des Syndicats Unitaires allait s'amenuisant; la plupart des cellules ne se réunissaient plus; mon successeur au rayon de Nancy, entièrement absorbé par « le travail antimilitariste », était dépourvu de sens politique et il se réfugiait dans la passivité où le poussaient la phraséologie gauchiste en vogue et la désertion des militants. Hainchelin prévoyait que le beau réseau des cellules régimentaires qui couvrait la Lorraine, l'Alsace et la Rhénanie craquerait bientôt sous les coups de la police grâce à la sottise des dirigeants. Les vieux membres du parti que j'allai voir confirmèrent la description des dégâts que m'avait faite Hainchelin. « Tu devrais revenir à Nancy, mon *vieux* Martin », me dirent-ils tous en m'appelant par le pseudonyme sous lequel ils m'avaient connu.

Ces regrets me firent plaisir, comme on le pense. La « base » m'a toujours été favorable, où que je sois passé. Je savais que Darnar avait été condamné et mis en prison; l'organisation avait accusé le choc; il y avait eu d'autres arrestations, plus discrètes et tout aussi meurtrières : des militants obscurs, mais actifs, avaient passé trois ou quatre jours en prison, ce qui avait suffi pour démanteler leurs cellules, ou leurs sections syndicales; ils avaient souvent perdu leur emploi et leurs anciens camarades d'usine avaient peur. Hainchelin était pessimiste sur l'avenir de la Section française de l'Internationale communiste car ce qui était arrivé dans l'Est s'était produit un peu partout en France. Le seul remède, à ses yeux, ne pouvait être trouvé que dans une intervention plus directe du Komintern.

Un peu après mon retour à Paris se produisit un incident mineur qui prit à mes yeux, quelques années plus tard, une grande signification. Pendant ma deuxième année de mathématiques spéciales, le professeur de philosophie, dont j'étais le meilleur élève, m'avait présenté à Jean Wahl. Ce dernier savait que j'avais abandonné toute idée d'une carrière scientifique pour me lancer à corps perdu dans le communisme. Il vint me voir rue du Château et me demanda pourquoi et comment j'étais devenu marxiste. J'étais alors tout plein du fameux *Matérialisme et empiriocriticisme*. Je me sortis d'une conversation que Jean Wahl eût sans doute souhaitée plus sérieuse et plus profonde en lui demandant de lire d'abord cet ouvrage de Lénine, somme de toute la philosophie révolutionnaire. Je prêtai au philosophe le tome XIII des œuvres complètes de Lénine, récemment paru. Trois ou quatre mois plus tard, Jean Wahl vint me rapporter le livre. « Mais ce n'est pas de la philosophie », me dit-il. Et il prit congé presque aussitôt. Sur-le-champ, je rangeai cette opinion parmi celles qui font les frais des moqueries de Marx dans *La Sainte Famille*. Qu'avions-nous besoin, en 1930, des philosophes pour *interpréter* le monde, puisqu'il s'agissait de le *modifier*? Jean Wahl cherche une interprétation nouvelle et n'a pas conscience de la nécessité de la transformation; il n'a pas compris que Lénine se devait de ruiner les espoirs de ceux qui veulent encore bavarder sur la nature du monde !

C'est ainsi qu'à l'aube de la *Troisième Période* un communiste fanatique devait répondre à Jean Wahl. Le doute ne m'effleura pas sur le moment, mais la phrase du philosophe produisit un effet de surprise. Je n'oubliai pas cette brève condamnation d'un pesant écrit et, bien que je m'en défendisse, la critique de Jean Wahl fit en moi, petit à petit, son chemin destructeur.

L'actualité surréaliste d'octobre 1929, c'était *L'Enquête sur l'amour*. Elle répondait aux incitations passionnelles de ces hommes jeunes (les plus âgés dépassaient à peine trente ans) et aux interrogations propres de Breton qui était à la fois au zénith du bonheur et au comble de l'inquiétude. Rarement le lendemain a dû lui paraître aussi incertain quels que fussent les arguments de raison avec lesquels il essayait de repousser le plus loin possible une crainte vague dont le brouillard glacé l'entourait sournoisement au cours même des instants de joie que lui donnait Suzanne. La présence de cette femme le comblait ; elle lui restituait la confiance dans la vie et dans la force constructive de l'amour. Il redoutait pourtant les démons qu'il avait déjà vus tourner autour de son amie. Il les avait exorcisés à plusieurs reprises, mais il pressentait qu'ils pourraient reprendre forme et vigueur et s'agiter jusqu'à ce que la tentation l'emportât. A mes yeux, ce danger était parfaitement symbolisé par le chien de luxe Melmoth, à longs poils gris, avec lequel Suzanne jouait volontiers à des jeux pervers : il était drôle de penser qu'à force d'invocations sataniques et de flatteries équivoques cet animal pourrait prendre l'aspect d'un vrai démon, dispensateur des plus mauvais conseils.

Le questionnaire de *L'Enquête*, rédigé par Breton, est admirable. Il arrache l'idée d'amour aux convenances du mariage bourgeois, aux chaînes du mariage chrétien, à l'optimisme de l'as de cœur. Quel espoir mettez-vous en l'amour ? Etes-vous prêt à sacrifier votre liberté et vos convictions à l'amour ? L'amour peut-il triompher de tout ? En voici un assez pauvre résumé, tout juste suffisant à permettre au lecteur de s'y retrouver.

Le texte original du questionnaire est imprimé à la page 65 du numéro 12 de *La Révolution surréaliste*. Il est suivi de la publication des réponses les plus caractéristiques ; dans le corps du texte, les photographies de seize surréalistes, les yeux clos, encadrent la reproduction de la peinture de Magritte, *Je ne vois pas la* (femme nue) *cachée dans la forêt*. Le numéro 12 porte en tête sept empreintes de lèvres féminines, en vraie grandeur ; ce sont celles de Suzanne, Elsa, Gala, la Pomme, Jeannette Tanguy, Marie-Berthe Ernst et la femme (ou l'amie) de Goemans[1].

Comme tous les questionnaires bien faits, celui de *L'Enquête sur l'amour*, si insidieux qu'en soient les termes, contient par sa formulation même quelques-unes des réponses attendues par l'auteur des questions. Suzanne ne faillit pas à la tâche qui lui était demandée. Ce qu'elle écrivit porta Breton à un très haut point d'exaltation, il en contresigna le texte pour en faire une

---

1. Il subsiste une incertitude en ce qui concerne ces empreintes de lèvres : Cora imprima elle aussi les siennes sur une feuille de papier, ce qui pourrait éliminer Marie-Berthe ou Jeannette Tanguy.

sorte de déclaration d'amour *urbi et orbi*. Un analyste savant décèlerait peut-être dans les termes employés par Suzanne quelques réticences et un peu d'hésitation, mais rien malheureusement ne prévaut contre la puissance de faux témoignage et de reniement dont est capable le cœur humain : aucune épreuve n'en décèle l'ardeur naissante sous la tendresse d'un baiser.

Dans les mêmes moments où je rédigeais ma réponse à *L'Enquête sur l'amour*, une sorte d'acte de foi totale dans l'amour, en pensant avec violence, sans aucun partage, à Katia, je folâtrais quelque peu à Montparnasse, en compagnie de Sadoul. Nous étions poussés, l'un et l'autre, par l'enivrant démon de la chair. Je retrouvai Jackie, la fille du *Jockey*, attablée à *La Coupole* ou à *La Rotonde*, avec une copine moins jolie, mais agréable à regarder, dodue et prometteuse, Lucette. Les filles nous firent fête : elles ne savaient pas où aller dormir.

Sadoul n'avait pas oublié Monique. Jackie et Lucette pouvaient peut-être la lui rendre. Nous embarquâmes les deux filles pour la rue du Château. Elles montrèrent aussitôt une gaieté et un enthousiasme d'enfants. Elles nous racontèrent tout. Elles étaient mineures. C'était pur hasard que Monique ne les eût pas accompagnées ce soir-là, car elles sortaient généralement ensemble. Toutes trois étaient venues au monde à Cahors chez de très petites gens. Très tôt il avait fallu travailler dans des magasins ou des usines. On avait un peu rigolé avec les garçons mais on s'ennuyait et surtout on manquait de liberté. On avait sur le dos les familles et l'opinion de la petite ville défavorable aux jeunes filles légères. Monique était partie la première avec un Parisien marié qui l'avait laissée tomber presque aussitôt. Mais elle avait trouvé du travail dans la couture ; elle avait été mannequin. Elle manquait d'usage et d'expérience ; elle était devenue amoureuse, et pour prolonger un séjour à Deauville, elle avait perdu sa place. Pendant ce temps Lucette avait commencé à faire la putain à Cahors ; elle pensa qu'elle gagnerait plus à Paris ; elle « monta » à son tour, entraînant Jackie, plus molle et un peu déboussolée, quêtant une aventure entre deux brefs extra chez Lanvin ou chez Madeleine Vionnet. Lucette avait pris la direction des opérations : les trois filles faisaient des passes en changeant fréquemment de quartier pour ne pas tomber sous la coupe des flics ou des macs. Pour le moment on « travaillait » du côté de la Bourse ; on avait lâché un hôtel dont le patron commençait à s'intéresser de trop près à l'activité des trois Cadurciennes. Il fallait être à la Bourse vers 1 heure. A 5 heures, tout était terminé ; on était libre ; on pouvait alors voir des copains, aller danser, traîner dans les cafés, se payer le cinéma. Lucette et Jackie nous proposèrent de s'installer rue du Château, de nous faire la cuisine, le ménage et l'amour et de continuer leurs opérations boursières afin de nous défrayer de tout. C'était drôle et triste à pleurer. Nous leur répondîmes que nous ne pouvions pas les suivre sur leur terrain, à cause des scrupules moraux que nous n'avions pas l'intention de leur décrire, mais qui constituaient pour nous des règles impératives. Nous leur proposâmes un arrangement : elles habiteraient la rue du Château ; elles ne seraient pas la propriété particulière de l'un ou de l'autre. Elles s'engageraient à faire venir Monique qui, elle, appartiendrait exclusivement à Sadoul, du moins pour le moment. Elles feraient les lits, la vaisselle et le ménage ; à 1 heure, elles auraient quartier libre pour vaquer à leurs occupations sérieuses. Ce qu'elles en tireraient leur appartiendrait en toute propriété. Mais elles devraient être rentrées avant 1 heure du matin ; elles prépareraient une soupe et attendraient notre retour dans les déshabillés les plus suggestifs. Il y aurait alors un repas en commun et nous recevrions ensemble nos amis. Ensuite elles partageraient nos couches suivant les arrangements dont nous serions convenus. Pour commencer, Lucette irait avec Sadoul et Jackie avec moi.

Elles exécutèrent ponctuellement ce contrat. Quand elles nous entendaient pester contre l'argent, compter des sous pour savoir si nous devions aller au *Cyrano* à pied ou par le métro, elles s'étonnaient toujours du refus formel que nous opposions à leurs gentilles propositions de venir à notre secours. Elles nous demandaient parfois de passer à notre retour par *La Coupole* où nous étions assurés d'en trouver au moins une. A l'heure dite, nous apercevions Jackie, ou Lucette, ou les deux filles, attablées avec des garçons. Du plus loin qu'elles nous voyaient elles se levaient en disant aux autres, un peu étonnés, « Voici les hommes » et nous rejoignaient. Nous les laissions quelquefois héler un taxi (dont elles réglaient la dépense) afin de ne pas les contraindre à un retour à pied.

La présence de ces filles dans notre maison s'ébruita. Nous ne reçûmes jamais autant de visites nocturnes : Noll, Maxime Alexandre, Mesens, Unik trouvèrent chaque soir de nouveaux prétextes pour frapper à notre porte vers 2 heures du matin. Nous avions alors terminé l'odorante et délicieuse soupe à l'ail que préparait Lucette et nous devisions comme des pachas, tandis que nos amies, seulement vêtues des dessous suggestifs qu'affectionnent les putains, même débutantes, nous versaient le vin blanc péniblement acquis chez le bougnat voisin.

La suite était d'un intérêt inégal. Les nuits de Sadoul étaient bien remplies et satisfaisantes. Les miennes étaient paradoxales. Jackie était sans doute la plus belle et la mieux faite des trois ; elle refusait obstinément de faire l'amour, s'en tenant à des bagatelles, désireuse de dormir, tout en affectant un très grand attachement sentimental pour ma personne. De plus, elle était sale ; je dus me fâcher pour l'obliger à des toilettes moins sommaires et, pour commencer, je la décrassai moi-même.

Un soir je donnai à Jackie le choix entre sa capitulation totale ou l'exil dans la chambre du bas. Jackie pleura : « Moi aussi j'ai envie, dit-elle, mais je ne peux pas. C'est pour toi que je ne veux pas faire l'amour. » Je ne voulus rien comprendre et comme Jackie considérait que l'exil en bas c'était déchoir, elle m'accorda tout ce que je voulus. Elle le fit d'ailleurs avec beaucoup de tendresse.

Nous eûmes la visite d'un policier. Un homme jeune se présenta à la porte d'entrée ; il montra une carte de la préfecture, se tint hors de la maison : « Connaissez-vous une fille blonde, qu'on appelle Jacqueline ? » Je fis l'étonné. « Nous connaissons quelques Jacqueline, répondis-je, mais elles sont brunes et ne font que passer. — C'était à tout hasard, dit le policier. Je cherche une Jacqueline qui a quitté son hôtel sans payer ; on m'a dit qu'elle habitait chez vous. » L'incident nous amusa. Les filles le trouvèrent moins drôle. Quand je lui eus décrit le personnage, Jackie s'écria : « Ah ! oui c'est... le flic avec qui je n'ai pas voulu marcher. »

Après deux ou trois exercices avec Jackie j'eus l'explication de sa prudence et de ses refus. Elle était malade et je constatai qu'elle m'avait gentiment passé sa blennorragie. Busser, le fils du directeur de l'Opéra, officiait alors à l'hôpital Saint-Joseph ; il confirma le diagnostic.

Je priai Jackie d'aller dans un dispensaire et d'émigrer vers la chambre du bas. Trois jours plus tard, Sadoul connut les mêmes ennuis. Lucette fut plus raisonnable que Jackie. Elle se tint pour responsable parce qu'elle avait accepté, dit-elle, qu'un client la possédât sans préservatif, ce qu'elle ne permettait jamais. Lucette et Jackie quittèrent la rue du Château. Nous achetâmes du lait, du permanganate et des bocks à injection (le seul traitement alors connu) et nous nous pliâmes matin et soir au rite du lavage.

Au *Cyrano*, chacun rit de nos mésaventures. Presque tous avaient déjà connu de tels malheurs. Eluard avouait trois ou quatre chaudes-pisses. Tout alla bien jusqu'à ce que je me réveillasse, un matin, avec un testicule douloureux, gros comme une orange. C'était une orchite simple. Busser m'enjoignit de garder le lit et me fit confectionner une planchette sur laquelle devait reposer nuit et jour la glande encombrante, toute barbouillée d'une pommade noirâtre. Averti par le bon Dr Simon des difficultés que de telles prescriptions introduisaient dans ma vie, Busser m'envoya trois ou quatre fois par semaine un infirmier qui me préparait du café et passait le tapis de ma chambre à l'aspirateur. Mais à nouveau la fée secourable fut Elsa Triolet. Sadoul ne rentrait que la nuit, puis il alla passer quelques jours à Nancy. Je serais mort de faim si Elsa ne s'était astreinte à venir tous les soirs rue du Château, souvent après le théâtre. Elle apportait du beurre, du pain d'épice, parfois une tranche de jambon. Elle préparait du thé et faisait avec moi une charmante dînette, assise sur le bord de mon lit, racontant tous les potins, les histoires du café *Cyrano*, tenant une gazette orale de Montparnasse. Elle m'envoya quelques visites. Elle postait mes lettres. Je m'étais alors brouillé avec mon père ; j'avais quelques motifs de lui en vouloir puisqu'il me laissait malade et sans argent. De son côté il avait quelques raisons de penser que j'en prenais à mon aise avec l'existence. Je lui écrivis une lettre d'insultes. Ma sœur s'entremit ; elle comprit de quoi il retournait et dans quelle misère j'étais. Elle me fit parvenir un peu d'argent.

Ce repos forcé fut favorable à la lecture, mais enterra définitivement le *Devenir social*. Mes meilleurs compagnons furent les premiers tomes des œuvres philosophiques de Marx (*La Sainte Famille*), Giordano Bruno et surtout le passionnant volume de Burnet, *L'Aurore de la philosophie grecque*, qui contient tous les fragments connus d'Anaxagore, d'Héraclite et d'Empédocle.

J'ébauchai quelques chapitres de *La Vie de château* qui devint *Le Grand Ordinaire,* douze ans plus tard. J'avais déjà l'idée du livre tel que je l'écrivis en 1941-1942 à l'exception des fragments dont il est question ci-dessus, mais je ne savais pas très bien où je voulais en venir. J'en lus à Aragon les pages auxquelles j'étais parvenu à donner la forme que je cherchais ; il m'encouragea à continuer mais ce ne fut pas suffisant pour me permettre de franchir deux ou trois barrières que je sentais s'élever dangereusement devant moi. Le premier obstacle était l'interrogation posée depuis 1925 et apparemment résolue de 1926 à 1929 : dois-je écrire ou préparer la révolution prolétarienne ? Le second obstacle se raccordait au premier : si j'écris, que dois-je écrire, ai-je quelque chose à dire qui n'ait pas déjà été dit et bien mieux que je ne pourrais le faire ? En me comparant à Breton, à Louis Aragon, je me sentais tellement inférieur ! Je manquais de culture, d'imagination, du don de la poésie. La seule chose que je savais mieux que mes deux aînés, c'était la doctrine communiste, le léninisme. Que conclure sinon qu'il ne fallait pas continuer d'écrire, que ma vocation était ailleurs ? J'étais ébloui par la fermeté et la densité du style de Breton, par la qualité de son inspiration, par la richesse et l'aisance du style d'Aragon. Breton était le témoin de singularités et de hasards extraordinaires qu'il était le seul à reconnaître ; les autres après lui faisaient figure d'aveugles. Aragon décourageait toutes les ambitions que je pouvais nourrir sur la rhétorique, l'emploi des incidentes, l'élégance des phrases, la musique des mots, la finesse de l'observation. Après quelques départs brillants, je m'arrêtais devant un amas de banalités, au pied de murs dans lesquels je ne voyais pas de porte, tout en soupçonnant que je pourrais trouver de l'autre côté quelques merveilles.

Je jugeais plat et impersonnel ce que j'avais écrit. Si je m'écartais des schémas politiques ou moraux choisis depuis plusieurs années et à l'intérieur desquels je me sentais assuré, je ne trouvais qu'une pensée floue, sans contour ; je me refusais à la reconnaître pour autre chose qu'une vapeur d'ambiance. De ces débats avec moi-même, je concluais que je ne savais rien et je devais apprendre à voir car l'éveil, l'à-propos, le coup d'œil d'Aragon me remplissaient d'envie. De toute évidence, à moins d'être illuminé par l'éclair de l'inspiration, il me fallait remettre à plus tard toute ambition littéraire.

Dans les premiers temps de notre rencontre, Aragon m'avait fait lire le célèbre article de Jouffroy : *Comment les dogmes finissent.* C'était, de la part d'Aragon, alors hésitant, une attaque sournoise et polie contre mon orthodoxie communiste. Aragon s'était défendu de vouloir viser le marxisme ou le Komintern ; on sait que le texte de Jouffroy concerne la religion catholique et le parti royaliste ; *mutatis mutandis* ne pouvait-on pas l'appliquer aux discussions qui ravagèrent le bolchevisme de 1923 à 1929, et même au léninisme ?

Le ton de Jouffroy, la qualité du style, la rigueur apportée à la description de phénomènes que l'auteur n'interprète pas — ou si peu ! — ne produisirent pas l'effet qu'attendait Aragon, mais exercèrent sur moi une fascination d'un autre ordre. J'y trouvai d'abord un modèle d'exposition et de construction dont je me promis de tenir compte. Je remarquai surtout la fidélité d'une description « par l'extérieur » : le dogme évolue par le mûrissement de son contenu, par les représentations successives qu'en ont les hommes et les usages qu'ils en font, par son frottement contre le monde et son usure. Il vieillit par un effet naturel jusqu'à perdre son caractère de dogme. Jouffroy ne fait aucune allusion à la structure de la société ni au contenu du dogme ni à sa valeur d'idéologie par rapport à telle ou telle classe sociale. La dialectique de Jouffroy décrit une évolution historique, celle d'une pensée ; elle rend compte néanmoins d'un processus de comportement dans lequel l'homme averti reconnaît celui des individus et des Etats au cours des derniers siècles et singulièrement dans les quarante années qui ont précédé la rédaction de l'article, car il n'y a pas de fumée sans feu. Le texte ne contredit pas une explication « matérialiste » des phénomènes en cause ; mais il s'en passe. Les images qu'il donne du « vieillissement » du dogme et de l'emploi qu'en font ses sectateurs n'apparaîtraient pas avec autant de netteté dans une étude critique faite selon les règles du matérialisme. Au contraire, de pesantes interprétations eussent tout enseveli. Renan considérait l'article de Jouffroy comme un hors-d'œuvre. Qui lit encore *La Vie de Jésus* ? Comment ne pas comparer *La Prière sur l'Acropole*, dont il n'est rien sorti, que des dissertations françaises, avec les six dernières pages du « hors-d'œuvre », annonciatrices des fois nouvelles propres à restaurer « l'empire légitime de la vérité » ?

Ainsi, la superstructure pouvait être analysée et comprise en employant des moyens de connaissance qui lui sont propres, sans avoir besoin de déceler un moteur caché. Certes, personne n'aurait eu conscience de la décrépitude du dogme si l'étude de ses fondements n'avait pas été entreprise par une foule d'esprits curieux et chercheurs ; certes, la société, divisée en classes, pourvue d'une caste de chefs, est implicite ; mais il me paraissait remarquable que le mécanisme du vieillissement fût aussi peu dépendant de la nature du dogme et qu'il pût s'appliquer à d'autres cas avec peu de chances d'erreur. Les fameuses causes dernières du marxisme, pensai-je, donneraient sans doute la clé de l'élaboration des dogmes et montreraient les forces élémentaires qui les sapent, mais il n'est pas certain qu'elles aident à décrire les aspects d'une évolution apparemment déterminée par l'existence du dogme en soi, celle du monde extérieur distinct et par les hommes qui croient, doutent, subissent et établissent.

Je conçus le projet d'expliquer à la manière de Jouffroy les origines des déviations opportunistes ou gauchistes, le développement et l'aboutissement des hérésies socialistes. J'intitulerais cet article *La naissance de l'erreur*. Je ne prenais pas autrement garde au sens fidéiste et scolastique d'un pareil titre. J'en fis pendant deux ans des ébauches, notamment à Belgrade en 1930. Je n'en sortais pas mais finis par m'apercevoir que je travaillais, moi aussi, sur un dogme. Victoire resta donc à Jouffroy, sur un terrain assez proche de celui où Aragon avait voulu me conduire. Pour sa part, l'auteur d'*Anicet* entra en religion puisque les meilleurs conseils sont toujours pour les autres.

J'allais beaucoup mieux. Je voyais la fin de mes ennuis mais il fallait encore rester couché quelques jours. Une nuit de décembre j'entendis le pène de la serrure jouer sous l'effet d'une main que je ne connaissais pas. Quelqu'un hésita dans la grande pièce, ouvrit les lumières, se débarrassa d'un manteau et, d'un pas assez mal assuré, monta l'escalier. Une femme de trente ans, visiblement ivre, vêtue d'un fourreau noir, dix bracelets à chaque bras, entra dans ma chambre. « Bonjour, me dit-elle en entrant. Je suis Nancy Cunard. Vous ne m'avez jamais vue mais nous nous sommes souvent parlé au téléphone. Vous êtes André Thirion. » Elle s'assit sur le lit. Je bafouillai quelques mots d'excuses pour expliquer que je ne pouvais pas me lever (heureusement je n'avais plus ma planchette). « Je sais, dit Nancy. Je sais que vous avez été malade. Je suis fatiguée, je vais rester ici. » Elle se déshabilla incontinent et vêtue d'une seule combinaison de soie noire elle se fourra dans le lit, à côté de moi. « Bonsoir, répéta-t-elle. Vous pouvez éteindre et dormir, si vous avez sommeil. » Le sommeil vint difficilement.

Je ne pouvais pas faire grand-chose. Je n'avais d'ailleurs le droit à rien et je ne savais pas encore si j'étais guéri. Mes rapports avec Nancy s'établirent donc aussitôt sur une base d'amitié amoureuse et c'était d'ailleurs beaucoup mieux.

Elle n'avait pas une envie particulière de devenir ma maîtresse mais l'idée d'être nue dans les bras d'un jeune garçon à qui il était interdit de faire l'amour devait l'exciter quelque peu. Quand elle fut tout à fait dessoulée, nous parlâmes longuement des uns et des autres, d'elle, de moi, de Katia. « Pourquoi ne vas-tu pas la chercher ? — J'y songe beaucoup, répliquai-je, mais cette opération n'est pas mûre. »

Je revis souvent Nancy. Sa gentillesse était merveilleuse ; elle était prévenante, discrète, tendre à souhait. Elle engageait volontiers des discussions sérieuses qu'elle suivait avec un parti pris poétique mais une grande bonne volonté. Elle prétendait qu'elle voulait apprendre. Elle avait l'habitude mondaine de ne jamais contredire son interlocuteur et de changer de conversation quand elle commençait à s'ennuyer ou que l'autre s'embarrassait dans le pédantisme. Elle affecta d'avoir besoin de ma présence, me priant de l'aller chercher dans des boîtes où je la retrouvais souvent au bord de l'ivresse. Nous rentrions ensuite chacun chez soi ; j'avais le sentiment de lui avoir épargné une fin de nuit difficile. Elle me demandait inlassablement de raconter ce que j'avais fait, ce que je comptais faire pour retrouver Katia. Cette intimité était une gageure. Nancy m'invita à passer quelques jours à la Chapelle-Réanville. A force de jouer, je me retrouvai dans le lit de la maîtresse de maison. Nous fûmes assez satisfaits l'un de l'autre et pourtant nous ne fîmes pas vraiment l'amour et nous ne recommençâmes jamais. Notre amitié en fut renforcée. Nous nous écrivions de longues lettres dans lesquelles nous exprimions souvent un désir mutuel et un sentiment tendre et partagé. En d'autres circonstances, cette tendresse amoureuse se fût transformée en une liaison quelque peu exaltée. Mais nous savions l'un et l'autre la borner comme il convenait et ménager nos inclinations respectives. Nous parlions fréquemment de mon désarroi sentimental. J'étais sans nouvelles de

Katia. Je ne pouvais me dissimuler qu'elle ne reviendrait jamais de sa propre initiative, soit qu'elle hésitât à revenir, soit qu'elle en fût empêchée. Il fallait aller là-bas, la ramener à Paris ou établir, sur place, un constat de défaite. Cette idée s'imposait de plus en plus à mon esprit. Je me plongeai dans l'histoire et la géographie des Balkans ; je cherchai des adresses et des correspondants ; Nancy m'aidait dans cette course aux informations. Ce qu'elle m'apportait était parfois délirant, ou saugrenu, mais jamais inutile parce que je pouvais penser tout haut et me corriger moi-même. Avec mes vêtements usés, je faisais piètre figure dans les endroits où elle m'invitait ; elle me donna une cape noire faite dans le drap avec lequel les gondoliers, à Venise, recouvraient les bagages ; cet accessoire romantique fit passer le reste.

Chapitre XVI

Histoire d'un enlèvement

Ma sœur fut emportée par une pleurésie double en janvier 1930. L'existence de mon père en fut bouleversée. Rien ne pouvait remplacer le mouvement, la gaieté et l'espoir que Françoise avait entraînés avec elle dans son tombeau. Le drame avait rapproché le père et le fils. Ce que je comptais faire plus tard prenait soudain une importance sentimentale qui dépassait le pittoresque inquiétant de mes activités. Pour ma part, je considérais que j'avais réussi en grande partie ce que je voulais : j'appartenais au groupe surréaliste, j'étais un militant communiste apprécié : je ferais sans doute la révolution que j'attendais. Mais ce qui m'était arrivé depuis la fin de l'année 1928 était davantage le résultat d'un concours de circonstances que l'effet d'une détermination. Je sentais combien mon déséquilibre sentimental et mon célibat nuisaient à toute action délibérée et continue. Il me fallait retrouver Katia, la ramener en France et l'épouser. Je m'ouvris à mon père des difficultés de cette entreprise que je croyais néanmoins pouvoir mener à bien si je réunissais assez d'argent pour me rendre en Bulgarie et y passer le temps qu'il fallait dans les conditions qui s'imposeraient. En vendant les objets que mon père m'avait donnés en octobre, en y ajoutant au besoin l'aide de quelques amis, je pouvais envisager un départ proche. Il fut entendu que, dès mon retour en France, mon père nous aiderait à vivre, Katia et moi, jusqu'à ce que j'eusse trouvé les moyens de subvenir moi-même à nos besoins.

Nancy Cunard m'avait téléphoné presque chaque jour dès qu'elle avait appris la mort de Françoise. Elle voulut me voir le soir même de mon retour à Paris. Je la rejoignis au *Grand Ecart*, elle était un peu ivre, mais pleine d'attention et de tendresse. « Tu dois partir en Bulgarie le plus tôt possible, me dit-elle. Fais tes plans ; ils sont, je crois, presque achevés. Nous les étudierons ensemble parce que j'ai une plus grande habitude que toi des voyages. Ne te mets pas en peine pour l'argent. Je compléterai ton budget. Si là-bas les choses tournent mal, j'irai te chercher, je connais tous les ambassadeurs d'Angleterre. »

Nancy m'ayant proposé d'être le juge de mon projet, nous en débattîmes l'essentiel au cours d'un long déjeuner au restaurant *Fleur de Lys*, square Richelieu, où elle s'était souvent rendue avec Aragon. J'étais sans nouvelles de Katia depuis plusieurs semaines. Où était-elle ? Mieux valait peut-être lui donner le moins d'informations possibles sur la date de mon arrivée à Sofia, afin de ne pas courir le risque d'alerter son mari. Toutefois, je ne pouvais pas lui laisser ignorer ma venue.

Entrer en Bulgarie ne posait, à cette époque, aucun problème, retrouver Katia n'était pas difficile. Si ses papiers étaient en règle, si son mari ne s'opposait pas à son départ, qu'elle-même y consentît, l'opération s'exécuterait aisément. Mais il fallait prévoir le pire : comment faire sortir illégalement une jeune femme de Bulgarie ? Par mer ? Trouvera-t-on à Varna ou à Bourgas un capitaine de navire qui accepta de tolérer un embarquement clandestin ? Par terre ? Les frontières sont à l'ouest et au sud très montagneuses, il faudra des guides sûrs. Les passes sont étroitement surveillées par les anciens ennemis de la Bulgarie à cause de l'agitation macédonienne. Au nord, le Danube sépare les Bulgares des Roumains sur presque toute la longueur du pays. Large de plus d'un kilomètre, il peut être traversé sur une bonne barque, malgré son courant rapide, à partir d'un point du territoire où l'on ne risquera pas le coup de fusil d'un garde-frontière.

« J'aurai des lettres te recommandant auprès des compagnies anglaises, me dit Nancy. Dans tous les ports il y a des marins prêts à favoriser n'importe quel trafic. C'est une simple question d'argent. Ce que je retiens de ta description c'est qu'il importe que tu ne te découvres pas trop tôt. Il faut donc que ta présence en Bulgarie ait un motif plausible : le journalisme, par exemple, ou quelque mission commerciale. Il vaudrait mieux pour toi que cette mission eût un caractère officiel. Si on t'arrête là-bas à cause de tes fréquentations, tu peux dire adieu à Katia. Les Bulgares sont probablement des êtres simples et fiers. Ta qualité de Français, citoyen de la nation victorieuse, te servira si tu ressembles à l'image que ces gens-là se font de la richesse et de l'intrépidité des Français. Ne fréquente là-bas que les classes supérieures *sous la condition d'avoir* à Paris un ou deux répondants sûrs et accessibles. Ainsi tu seras à l'abri des manœuvres que pourront tenter les petits-bourgeois au milieu desquels vit ton amie. Tes relations bulgares devront être assez brillantes pour faire impression sur la famille et la désarmer. »

Cette conversation succédait à plusieurs autres durant lesquelles j'avais exprimé à bâtons rompus toutes les idées qui me venaient pour ce voyage. Nancy répétait ma propre pensée, elle ordonnait l'aspect qu'elle lui prêtait, m'en faisait comprendre les faiblesses. Elle lui ajoutait le témoignage d'une lady, mesurant par expérience la servilité naturelle des petites gens à l'égard des personnes plus haut placées, quand celles-ci déploient leurs atours de distinction, de hauteur et de politesse apparente. La condescendance ne doit pas être apportée par celui qui domine, mais reconnue et ajoutée par le dominé, celui-ci pense que la grande dame n'est pas fière alors que la simplicité voulue de celle-ci a eu pour objet de rendre plus évidente la différence des conditions.

Je vendis mes tableaux, plutôt mal, surtout pour ce qui concerne le pastel d'Angrand, *Les Cueilleuses de pommes*, aujourd'hui au Metropolitan Museum.

Pour commencer je me rhabillai à neuf. Zeff me fit un superbe complet bleu marine, en étoffe anglaise, pour déjeuners d'ambassades. J'achetai des souliers, des chaussettes, des cravates, des chemises, des gants et un pardessus. Je fis remettre en état ce que je possédais et que je jugeai portable. Nancy me donna une valise couverte d'étiquettes internationales.

Gabriel Cudenet, alors rédacteur en chef du quotidien de gauche *L'Ere nouvelle* avait de la sympathie pour moi. C'était une relation du bar de *La Coupole*. Je lui racontai une partie de mon histoire et lui demandai comment je pourrais devenir, pour les Bulgares, le correspondant d'un journal français. « Rien n'est plus simple », me répondit-il. Il griffonna sur une de ses cartes de visite une attestation et une recommandation. « Cela n'a l'air de rien, ajouta-t-il, mais ce petit mot devrait vous suffire. Croyez bien que je ne galvaude pas ce genre de manuscrit. Je donnerai au journal les instructions nécessaires et j'avertirai même le service compétent du Quai. *L'Ere nouvelle* est bien vue dans ces pays. Si vous m'envoyez un bon papier, tant mieux ! Mais ne vous croyez pas obligé de l'écrire, d'autant plus que les choses intéressantes que vous pourrez voir ne seront peut-être pas bonnes à publier. En tout cas, je répondrai de vous. Voyez à Sofia Georges Hateau, le correspondant du *Temps*, c'est un de mes anciens camarades, il a épousé une Bulgare et la cause de ce petit pays. S'il m'écrit je confirmerai votre mission. Bonne chance. »

Ma situation à Paris semblait devoir s'assurer. Il était entendu que je prendrais, à mon retour, la direction de la Galerie Goemans. Le surréalisme international venait à mon secours. Ma collaboration à *Variétés* et mes rapports très amicaux avec Aragon m'avaient rapproché des surréalistes belges. Goemans et Mesens ne quittaient guère Paris. Mesens avait un faible pour les filles à peau noire. On en rencontrait alors très peu à Bruxelles. Valentin s'était lui aussi fixé à Paris. Il semblait être le plus doué des Belges pour la littérature. Aragon aimait le ton du roman que *Variétés* publiait. Scutenaire et Nougé étaient plus rares. Nougé était considéré comme le plus solide de la bande. Breton lui accordait une confiance totale. Quant à Magritte, il avait imposé sa peinture, sa simplicité d'enfant et son humour désolé. Nous traversions un temps de complot, de rigueur et de violence. Les dissidents, ceux qui avaient signé *Un cadavre* et ceux qu'ils avaient ralliés se réunissaient aux *Deux Magots* dont ils avaient fait un anti-*Cyrano*, avec les mêmes rites. Ils accablaient Breton de coups de téléphone insultants et de missives plus ou moins anonymes, offrant la bagarre, voulant à tout prix faire la connaissance, avec les poings, des nouveaux surréalistes. Nous étions prêts, les uns et les autres, à vider cette mauvaise querelle, sans enthousiasme néanmoins. Mais Breton ne voulait pas d'une bataille rangée où chacun eût perdu la face. Il décida d'en finir avec le cabaret *Maldoror*.

Au 60 du boulevard Edgar-Quinet, non loin de la rue du Départ, s'ouvrit le 1er janvier 1930 une nouvelle boîte de nuit sous le vocable de *Maldoror*. Le carton annonçait *Dancing, bar, dîners, soupers*. La décoration avait été faite par Mayo, un jeune peintre de Montparnasse qui avait un peu rôdé dans les environs du surréalisme. Breton n'en apprit pas tout de suite l'existence. C'est Aragon qui en entendit parler le premier. Le 14 février le *Cyrano* avait la physionomie de la colère. J'arrivai bon dernier. Les fidèles à ce moment-là n'étaient pas nombreux. J'étais attendu. Breton ne cachait pas son indignation. Aragon me mit au courant de ce qui se tramait. J'appris en même temps l'existence de la boîte sacrilège et la décision prise d'aller y faire un scandale. Je demandai que l'opération fût quelque peu organisée, il fallait d'abord reconnaître les lieux, établir au besoin un plan d'attaque. Sadoul et moi nous fûmes dépêchés boulevard Edgar-Quinet, nous partîmes aussitôt. Nous entrâmes sans difficulté. Le personnel mettait la dernière main aux préparatifs d'une fête. La boîte avait été retenue pour la nuit par une princesse Paléologue qui y donnait un souper sur invitations. Nous en rendîmes compte chez Breton, on alerta tous les surréalistes qu'on put toucher et l'assaut fut fixé à 11 heures.

Nous bousculâmes le portier qui demandait nos invitations. Char entra le premier, prit le chasseur à bras-le-corps, le souleva et le précipita dans le paravent qui masquait la porte d'entrée. Le paravent s'écroula, des vitres furent brisées et nous nous retrouvâmes à quatre devant les soupeurs : Char, Breton, Noll et moi. Les autres, Aragon, Elsa, Eluard, Sadoul, Tanguy et sa femme étaient restés dehors. Le souper par petites tables était déjà servi, les convives étaient assis, les verres étaient pleins de champagne. Toutes les femmes étaient en robe du soir. « Nous sommes les invités du comte de Lautréamont », cria Breton avec la rage et la solennité qui donnèrent à cette entreprise la gravité qui convenait. Tandis que Char s'expliquait violemment avec un grand gars sportif, habitué du bar de *La Coupole*, sur notre droite, Breton et moi tirâmes violemment sur les nappes des tables, jetant à terre les assiettes, les verres, les bouteilles et les seaux à champagne, renversant ensuite les tables et les chaises. Devant cette détermination, les invités de la princesse prirent peur et s'enfuirent en criant vers le fond de la salle, où était l'orchestre. Des femmes grimpèrent sur des tabourets, la plupart des hommes qui les accompagnaient ne montrèrent pas plus de courage que les ravissantes qui glapissaient. Debout sur une chaise, George Hugnet criait : « Ce sont les surréalistes. » Constatant que nous n'étions que quatre et que le plus fort d'entre nous était très occupé par un combat singulier, quelques jeunes hommes s'avancèrent vers nous et formèrent une sorte de barrage autour du propriétaire.

Char continuait à se battre vers le bar. Pour l'aider, j'envoyai quelques bouteilles dans la direction du barman et j'attaquai son agresseur afin qu'il lâchât prise ; Breton m'appela, nous fîmes face, Noll, lui et moi au barrage. Il y avait déjà de sérieux dégâts, nous hésitions sur le parti que nous devions prendre. Nous échangions des insultes avec les trois ou quatre individus qui entouraient le propriétaire. Les jeunes femmes du fond s'enhardissaient, nous invectivaient, essayaient de nous atteindre avec des crêpes ou des bouteilles de Perrier qui manquaient leurs buts. Une très jolie fille, habituée de *La Jungle* où elle arborait presque toujours un léger ruban sur le front, à la

Suzanne Lenglen, et qui devait plus tard épouser le banquier britannique le plus répandu de Paris, me visait avec application. Elle me rappela cet épisode, vingt-trois ans plus tard, dans un dîner mondain. La police avait été prévenue. Elle était à la porte mais se gardait bien d'entrer. Sadoul arrachait méthodiquement les morceaux de verre de cette porte, prévoyant que ce serait par là que dans peu d'instants nous serions projetés dans la rue, estimant à juste titre qu'il valait mieux que nous ne fussions pas déchiquetés au passage. J'avais en face de moi un garçon plus petit que moi, mais râblé et très excité, de plus en plus provocant au fur et à mesure que le temps passait et que nous faisions preuve d'une certaine indécision. Je savais que je prendrais l'avantage à la condition de l'attaquer brutalement. Mais cela ferait très mal et la bagarre dégénérerait en tuerie. Je choisis un moyen terme plus sage mais dont je n'ignorais pas la faiblesse. J'agrippai sa cravate et son col. Nous en vînmes aux coups de poing et au corps à corps. Mes amis se repliaient vers la porte, je les imitai comme je pus, en essayant de me dégager, et je roulai à terre avec le petit râblé. J'essayai alors de limiter les dégâts, d'éviter le verre brisé, j'estimais que notre mission était accomplie. Mais j'avais le dessous. Un garçon me maintenait à terre, un autre me frappait la tête avec une bouteille de Perrier. Il ne frappait pas très fort et j'ai la tête dure. Tout de même, cela ne pouvait durer très longtemps. Caridad de Laberdesque se précipita sur mon agresseur : « Arrêtez, arrêtez, cria-t-elle, c'est Thirion. » Elle s'interposa et réussit à calmer le porteur de bouteille. Je me relevai un peu ensanglanté mais sauf. La police entrait enfin dans la boîte, Char avait reçu un coup de couteau dans la cuisse, il accusait le barman de le lui avoir traîtreusement porté au moment où il se débarrassait de son premier adversaire. Aragon et Eluard surent aussitôt donner à cette canaillerie l'importance qu'il fallait, ce qui mit les flics de notre côté. Je crois que Char porta plainte. Dans l'ensemble c'était un succès. On ne comptait pas les robes déchirées ou tachées, les vestes maculées. Nous avions saccagé plus de la moitié des installations du souper. Au dire de Sadoul et de Tanguy, la vue était grandiose et les flics avaient hésité à entrer dans cette destruction. Le lendemain, au bar du *Dôme*, j'avais une mine pittoresque, quelque peu bosselée. Je faisais presque figure de héros. *Paris-Midi* avait relaté l'opération avec un gros titre, en première page. Les femmes me regardaient. L'une d'elles me dit qu'elle avait été déçue car elle s'attendait de ma part à plus d'agressivité. Elle avait raison. Je n'y avais pas été à fond. La perspective de mon départ prochain pour la Bulgarie m'incitait à me ménager.

Le 13 mars 1930, je pris le *Continental*[1] pour la Bulgarie. La ligne des Balkans était exploitée depuis Paris par deux express internationaux. Le plus célèbre était le *Simplon-Orient-Express* qui avait inspiré une abondante littérature dans les années 20. Il était composé de wagons-lits. L'autre, plus modeste, s'appelait le *Continental* ; il était formé de wagons-lits, et de wagons

---

1. Déformation de « conventionnel ».

de 1ʳᵉ et 2ᵉ classes. Le *Continental* était moins cher. J'avais un billet de 2ᵉ classe.

La Belgique exceptée, le noyau surréaliste national le plus dense se trouvait à Belgrade. Les Espagnols ne formaient pas un groupe à part, ils faisaient partie intégrante du groupe de Paris. Aragon et Breton ne connaissaient que Marco Ristitch et Dućan Matitch. Ils les avaient rencontrés à Paris. Le numéro 5 de *La Révolution surréaliste* a publié un poème de Ristitch. J'avais écrit à Ristitch et lui avais annoncé mon arrivée, sans rien cacher du but de mon voyage. Il avait été convenu que je m'arrêterais quelques jours à Belgrade, je voulais y faire une dernière mise au point.

La cour de Belgrade et l'armée étaient francophiles. Presque tous les intellectuels serbes sortaient des universités françaises. Certains d'entre eux avaient accompli leurs études secondaires en France ou en Suisse. Ils étaient revenus avec des idées libérales. Même ceux-là qui étaient au gouvernement ou dans les hauts postes de l'armée et de l'administration gardaient une certaine perméabilité aux droits de l'homme. Les autres étaient hostiles au despotisme et au régime policier du roi Alexandre. Les libertés françaises étaient pour eux des références consolantes. En Croatie comme en Serbie, le peuple ne séparait pas la France de *La Marseillaise* et de l'idée de liberté. Il était allergique au fascisme italien. Il fut très sensible au recul de la France devant Hitler, à partir de 1934, quand la géniale politique de troc imaginée par le Dr Schacht permit aux paysans du Danube d'échanger les produits de leur sol, que les Anglais et les Français n'achetaient pas, contre les produits manufacturés du IIIᵉ Reich. En 1939, après quelques années de ce fructueux commerce, il ne restait guère à la France que le prestige encore intact de son armée, et le beau mirage de Paris, incarnant tous les désirs, toutes les tentations et toutes les folies dont on rêvait à Zagreb et à Belgrade.

Je n'oublierai jamais l'accueil que je reçus à Belgrade. Ne parlant pas la langue serbe il ne m'est pas possible de porter un jugement objectif sur l'œuvre de Marco Ristitch. Ce que j'en connais, grâce aux traductions françaises faites par l'auteur lui-même, me porte à l'admiration. L'intelligence, la force de la pensée, la qualité de l'expression placent, à mon sens, ces textes parmi les meilleurs de leur temps. Ristitch était considéré comme un maître par tous ceux que j'ai vus autour de lui.

Marco Ristitch habitait avec sa femme, la charmante et douce Cheva, et sa toute petite fille, un grand appartement dans un quartier de Belgrade qui était l'équivalent de l'avenue Victor-Hugo à Paris. Si tous les surréalistes serbes avaient une bonne connaissance du français, Ristitch, comme Popović, le parlait en 1930 sans accent et l'écrivait mieux que la plupart de mes compatriotes. A une ou deux exceptions près, les surréalistes yougoslaves étaient originaires de la vieille Serbie et leurs familles faisaient partie des castes dirigeantes. Un Ristitch fut régent du royaume sous la dynastie des Obrénovitch, détrônée au début du xxᵉ siècle par les Karageorges, après le massacre du prince régnant et de son épouse, la reine Draga Machine, par de jeunes officiers. La scène du meurtre par des militaires dont les uniformes ressemblaient à ceux des hussards français ou autrichiens de l'époque a été popularisée par *Le Petit Journal illustré*. C'est une hallucinante chromo. Koumanoudi, l'un des ministres d'Alexandre 1er, en 1930, était l'un des meilleurs amis du père de Cheva. Celui-ci, médecin réputé, possédait un sanatorium dans la plus pittoresque station thermale de la vieille Serbie. La fortune des Ristitch, ancienne, ne devant rien au capitalisme, avait subi l'érosion du temps.

Les Popović étaient des féodaux. Kotcha racontait volontiers les repas de famille chez son père. Celui-ci essayait de garder les vieilles traditions battues en brèche par l'insolence des fils. Dans la petite enfance de Kotcha, les femmes ne partageaient jamais le repas des hommes, alors que le plus petit des garçons était assis à la table du père. Leur tour venait après, avec les domestiques. Quand Kotcha fut un jeune homme, ce rite s'était assoupli ; les déjeuners et les dîners étaient devenus des réjouissances de haut goût au cours desquelles les enfants insultaient leur père sur un ton grandiose. A la veille de la Seconde Guerre mondiale, les frères et les sœurs de Kotcha étaient diplomates ou épouses de diplomates en poste important. En 1930, Kotcha étudiait en Sorbonne. Je ne le rencontrai pas à Belgrade. Je fis sa connaissance à Paris quelques mois plus tard. Ses amis le tenaient pour un être exceptionnellement doué. Il fut l'un des principaux collaborateurs de Tito. Chef d'état-major de l'armée yougoslave, ministre des Affaires étrangères de son pays, il a tenu toutes ses promesses.

Alexandre Vucó occupait une grande place, en 1930, dans le groupe. Les frères Vucó vendaient du cuir et des automobiles américaines. Les dîners étaient somptueux. La salle à manger était une grande pièce de style noble avec des sièges à haut dossier dans le goût autrichien d'autrefois. Un certain désordre, des investissements aventureux menaçaient à bref délai cette opulence. Alexandre Vucó dépassait alors à peine la trentaine, avec un peu d'embonpoint. Il débordait de générosité, avait un caractère facile. Il écrivait des poèmes dans une inspiration proche de celle de Paul Eluard, très admirés par ses amis. Sa femme, Loula, était une des plus belles et des plus poétiques créatures que j'aie jamais rencontrées.

Ducán Matitch, grand, maigre, ne riait jamais. Il partageait avec Ristitch la direction intellectuelle du groupe. Lui aussi parlait un excellent français. C'est, dit-on, le plus grand poète yougoslave du XXe siècle. Il avait rencontré Eluard à Paris vers 1926. Prudent, scrupuleux, très marqué dans sa manière de penser par ses études françaises, professeur en 1930, il se laissa tenter en 1932 par les jongleries qu'Aragon a confondues avec l'esprit politique, mais revint à la fin de sa vie au surréalisme. Milan Dedinać, Oscar Davicó pouvaient rivaliser avec les meilleurs.

Une lettre émouvante d'André Breton à Marco Ristitch avait annoncé mon arrivée à Belgrade. Je décrivis mes projets. Le romantisme de cette équipée transporta d'enthousiasme mes amis et leurs épouses. Ristitch aperçut aussitôt les faiblesses de mon organisation. Il fallait accréditer plus sérieusement ma prétendue mission journalistique. J'écrivis pour le périodique de langue française qui paraissait à Belgrade un article anodin et plein de bonnes pensées, consacré en partie à la description laudative de la promenade du Kalimegdan, construite sur les vieilles fortifications de la ville. On y jouit d'une vue très étendue et fort belle sur la Save, en contrebas, et sur la plaine du Banat. A la demande expresse du père de Chéva, Koumanoudi me reçut et me fit don d'un permis de circulation, en 1re classe, sur tous les chemins de fer yougoslaves. Le précieux document donnait du poids à la carte de visite de Cudenet, si légère! Ristitch me recommanda à un ancien condisciple alors attaché à la légation de Yougoslavie à Sofia et correspondant du *Politika*, le plus important quotidien de Belgrade, journal lu et commenté dans toute la péninsule.

Les Serbes, les Grecs et les Bulgares se disputaient à propos de la Macédoine. Si les guerres d'indépendance du XIXe siècle avaient été terminées par des plébiscites au lieu de partages imposés par les grandes puissances, il est possible que la Bulgarie ait été réduite d'un cinquième et la Serbie d'un quart. Quant à la Grèce, elle y aurait perdu ses territoires du Nord et de l'Est. Une ancienne nation eût émergé des cataclysmes de l'Histoire, la Macédoine, avec sa capitale traditionnelle Thessalonique. Cette nation fantôme aurait eu une configuration montagneuse, une population vivant comme au XVIe siècle, mais elle aurait disposé d'un des ports les mieux placés de toute la péninsule: sa capitale. Peut-être est-ce la raison pour laquelle les Grands refusèrent à la Macédoine tout droit à l'existence. Qu'auraient fait les Macédoniens de Salonique? Ne valait-il pas mieux l'attribuer aux Grecs, les marins des Balkans? Les paysans macédoniens parlent une langue assez proche du bulgare. Nulle région des Balkans n'a été le théâtre d'autant d'intrigues. Des tonnes de papier ont été noircies pour donner d'apparents fondements scientifiques aux multiples thèses destinées à justifier l'ambition des hommes et des dynasties, ou pour servir les calculs des petits machiavels. Nulle part les aspirations nationales n'ont été aussi dévoyées.

L'Organisation révolutionnaire intérieure macédonienne fondée à la fin du XIXe siècle pour lutter contre les Turcs dans les vieilles traditions des hors-la-loi et des bandits d'honneur était restée populaire et puissante. Elle était aussi le champ des intrigues internationales. En Bulgarie, elle régnait. Les Bulgares affectaient de considérer les Macédoniens comme des frères. Les Macédoniens, dans l'ensemble, étaient bulgarophiles. La cour de Sofia, aidée par le jeu complice des agents secrets des puissances, aida la tendance de droite de l'O.R.I.M. à éliminer ses adversaires de gauche. En contrepartie l'O.R.I.M. aida le Roi à mater les partis révolutionnaires. L'Italie fournit l'argent et les conseils qu'il fallait pour taquiner les Serbes, les Grecs et les Bulgares et envenimer les rapports entre Sofia, Athènes et Belgrade. La Grèce se fâcha; elle envoya des troupes à la frontière, menaça d'envahir le Rhodope. La France et l'Angleterre demandèrent la dissolution de l'O.R.I.M. Il n'en résulta que des faux-fuyants aux termes desquels le terrorisme des comitadtjis fit de la Bulgarie son terrain d'élection, prenant la forme de règlements de comptes. Le chef historique était Todor Alexandrov dont le prestige avait été considérable et le désintéressement non contesté. Assassiné dans des circonstances assez mystérieuses, il avait été remplacé par le général Protoguerov, sur lequel il y avait plus à dire. Protoguerov était un modéré difficile à manipuler ; on pouvait le soupçonner de préférer la négociation et l'action politique à l'usage exclusif de la bombe et du parabellum. Un jeune loup ambitieux et cruel, Ivantcho Mikhaïlov, avait opportunément surgi. Sous le prétexte de fidélité aux enseignements du chef historique, il entreprit une campagne d'assassinats. Le plus spectaculaire fut perpétré à Vienne, au milieu d'une représentation théâtrale. Protoguerov tué, Mikhaïlov voulut poursuivre son œuvre jusqu'à la disparition physique de tous les partisans du défunt. Les protoguerrovistes ne se laissèrent pas faire et répondirent comme ils purent à cette chasse à l'homme. On estimait qu'il y avait eu plus de deux cents attentats en Bulgarie, pendant l'année 1929, dont un bon tiers avait été commis à Sofia.

Mikhaïlov, en 1930, était le plus fort. Dans le Rhodope, il était le patron. Le portrait en pied de Todor Alexandrov bardé de cartouchières y trônait dans les endroits publics, alors qu'on aurait cherché en vain l'effigie du roi Boris. Les fonctionnaires devaient se soumettre ou quitter le pays. L'O.R.I.M. percevait des taxes. De temps à autre, elle organisait un incident de frontière avec les Serbes ou avec les Grecs afin de rappeler à l'opinion mondiale que les Macédoniens ne désarmaient pas et que la Bulgarie subissait le traité de Neuilly. Quand les intéressés se plaignaient aux autorités bulgares, celles-ci levaient les bras au ciel : « Comment voulez-vous que nous assurions la police de nos frontières avec l'armée de vingt mille hommes que nous permet le Traité ! »

J'accordais la plus grande attention à ces incidents de frontière, à cet aspect de la politique dans les Balkans. Comme révolutionnaire, j'estimais que j'avais beaucoup à apprendre de ce côté-là. Et puisque je devais me préparer à résoudre prochainement un problème de traversée de frontière, j'avais l'intention de voir de très près de quoi il retournait.

Le veille du jour où je devais quitter Belgrade pour Sofia, la presse de Yougoslavie annonça par de gros titres qu'un attentat macédonien avait été commis à Pirot, petite localité proche de la Bulgarie. Une bombe avait été jetée dans un café, faisant des victimes ; la police recherchait les coupables. Je repris une fois encore le *Continental*. J'occupais à moi tout seul un compartiment de 1re classe et sur la vue de mon permis de circulation le contrôleur du train était aux ordres. La vitesse moyenne des express en Yougoslavie était environ de vingt kilomètres à l'heure ; souvent, le train n'allait pas beaucoup plus vite qu'un homme au pas. Le trajet était assez fastidieux. Je rencontrai dans un couloir une très avenante jeune Française qui allait à Athènes où elle devait rejoindre une troupe de comédiens. Elle s'ennuyait autant que moi. Nous ébauchâmes un flirt, ce qui me paraissait conforme au personnage du journaliste français que je voulais incarner. A Nisch le train se dédoublait. Il y avait plus de deux heures d'attente. On devait accrocher les wagons d'Athènes du *Continental* à ceux du *Simplon*, qui suivait à une heure, pour former un express mixte à destination de la capitale grecque. Je fis fermer à clef mon compartiment par le contrôleur et emmenai la comédienne au buffet de la gare. Il faisait beau et chaud. J'étais nu-tête et sans pardessus. Nous devisions fort gaiement. Je répétais mon personnage en décrivant une vie imaginaire. Elle me parlait de sa solitude, de ses problèmes et de son métier lorsqu'elle s'interrompit en criant : « Regardez, votre train s'en va. » Effectivement, un grand express s'ébranlait doucement vers la Bulgarie, à quelques dizaines de mètres. Je courais alors très vite. Je couvrais mes cent mètres en douze secondes sans difficulté. Je rattrapai ce train qui roulait si lentement. Ce n'était pas le *Continental* mais le *Simplon*. Le *Continental* suivrait à près de trois heures ! Je pourrais le retrouver à Pirot. Mon permis de circulation arrangeait tout. J'acquittai le supplément wagon-lit et j'eus l'idée qui allait être la plus utile pour la poursuite de ma mission.

A Pirot je me présentai au chef de gare. Mon titre de circulation était la meilleure pièce d'identité. « J'ai laissé mes bagages dans le *Continental* afin de disposer de quelques heures à Pirot, je voudrais enquêter sur l'attentat. Ne pourrais-je pas rencontrer le préfet, ou le gouverneur militaire ? »

Le chef de gare s'agita beaucoup ! Un Français journaliste et pourvu d'une recommandation du ministre des Transports, cela devenait, dans cette petite bourgade, une affaire d'Etat. Un quart d'heure plus tard, le colonel commandant de la ville venait lui-même me chercher en voiture. Je pris place à côté de lui. Sur les marchepieds, de chaque côté, il y avait un gendarme, sabre au clair. Le colonel était un bel homme assez jeune, élégant dans la grande cape gris-vert que l'armée serbe avait héritée des Austro-Hongrois. Il parlait bien français. Il me mena aussitôt sur les lieux de l'attentat. C'était un vaste café balkanique, sur la place principale : des vitres larges et hautes, un sol de ciment, des chaises de bois. Toutes les vitres étaient intactes, le mobilier aussi était apparemment intact. A l'endroit présumé de l'impact du projectile, le sol était égratigné. Je cherchai en vain des traces d'éclats, une chaise brisée. « Avez-vous une idée de l'engin employé ? demandai-je au colonel. — Une grenade quadrillée comme celles qui sont en usage dans l'armée italienne, me fut-il répondu. — J'espère qu'il y avait peu de monde dans le café, ajoutai-je, sinon c'eût été une boucherie. Peut-on voir les victimes ? » Le colonel n'était pas à son aise. Je l'aidai : « Je suppose que vous les avez rendus à leur famille. C'est plus humain. On est d'ailleurs mieux soigné chez soi qu'à l'hôpital. » Le colonel était visiblement très soulagé par mon explication. Je le regardai bien en face. « Quand j'ai lu la dépêche de l'attentat, je me trouvais avec un des membres de notre légation qui connaît bien votre pays. Il m'a vanté la parfaite organisation de vos services ; il se demandait comment un terroriste avait pu réussir à tromper la vigilance de votre système de sécurité. — Les Français sont très intelligents, répondit mon colonel. Je dois vous ramener à la gare ; nous bavarderons là-bas. » La gare est assez loin du centre de la ville. Nous fîmes à nouveau le trajet dans l'équipage mirobolant que j'ai décrit. Nous nous installâmes dans le bureau de la police, devant une honnête slivovitsa. Nous devenions bons amis.

« Les grenades quadrillées de l'armée italienne sont à peu près les mêmes que nos grenades défensives, dis-je au colonel. Si j'avais lancé un tel engin dans votre café, j'aurais fait descendre toutes les vitres et criblé d'éclats le mobilier. Les vitriers de Pirot sont plus rapides dans les réparations que ceux de Paris. » Le colonel rit de bon cœur. « Alors, vous ne croyez pas à mon attentat ? fit-il. — Je n'ai pas dit cela, répliquai-je hypocritement ; il y a des miracles ici-bas et puis les enquêteurs se sont peut-être trompés sur la nature de l'engin. Ainsi une bombe grossière, faite avec une boîte de conserve, de la poudre noire et une mèche. » Le colonel entreprit alors de me parler des sentiments de la population dans les villages et de la manière dont il concevait son rôle de militaire et de patriote. « Ce que les gens pensent, ce qu'ils disent entre eux n'a pas grande importance. Ce n'est pas mon affaire. J'ai des propagandistes, bien sûr, mais l'objet de ma mission n'est pas de convaincre mais d'obtenir des résultats. Les Bulgares prétendent que les Macédoniens sont des leurs et qu'ici nous sommes les occupants d'un territoire étranger. Empêcher la venue des propagandistes et des terroristes ne me concerne pas. D'autres s'en chargent. Moi je dois assurer ici l'ordre et la cohésion du peuple. De temps à autre il faut que je fasse peur et que j'obtienne un bon prétexte pour me saisir des individus que mes mouchards ont identifiés. Au prochain jour de marché, quand tous les paysans des campagnes seront à Pirot, je fermerai toutes les issues de la ville avec des soldats du régiment que j'ai à ma disposition. Mes hommes pousseront tout le monde vers la place que vous avez vue. Un orateur à moi haranguera la foule ; des témoins qui auront tout vu flétriront les attentats et je ferai voter par acclamations une adresse de fidélité au Roi et à la Patrie. J'aurai aussi mes photographes. Ensuite chacun pourra rentrer chez soi. Il y a eu tout de même une bombe, juste de quoi faire du bruit et justifier quelques accusations. Il n'était pas nécessaire d'aller plus fort. »

Mon train entrait en gare. Le colonel fut satisfait de constater que je n'avais pas menti. Mon compartiment de première était fermé à clef, mes bagages et mes effets étaient à l'intérieur et le contrôleur du train fut encore plus obséquieux. « Je vous accompagne jusqu'à la frontière, dit le colonel. J'ai tellement de plaisir à bavarder avec un Français. » Je n'avais plus qu'à me taire et à écouter. Le colonel fit l'éloge de la provocation en tant que méthode policière de choix. N'est-ce pas le meilleur moyen de démasquer ceux qui préparent quelque chose ? « Pour les connaître, ajouta-t-il, il faut les aider un peu : ainsi nous les découvrons et nous avons en même temps des prétextes pour sévir. » Il me raconta qu'il avait fait ses premières armes en Hongrie, contre Bela Kun. Depuis, à son dire, communistes et terroristes n'avaient plus de secrets pour lui. Je m'amusais beaucoup.

Nous approchions de la frontière. « Nous avons deux agents secrets dans ce train, dit-il. Je vais vous les montrer. L'un d'eux est un ami du correspondant du journal *Politika*. Il connaît à fond toute l'organisation bulgare de notre frontière. Regardez-le bien. Il remarquera que nous sommes ensemble et si vous en avez besoin, à Sofia, il pourra vous donner de bons tuyaux. » A la gare-frontière, mon colonel me quitta le plus amicalement du monde.

Je passai la frontière bulgare avec le sentiment de commencer ce qu'on appellerait aujourd'hui un compte à rebours. Je pris sur moi pour vaincre au plus vite une angoisse que je comparais à celle d'une première matinée d'examen. C'était un examen sans repêchage, car l'échec ne priverait pas seulement le candidat du diplôme convoité, mais il le disqualifierait pour longtemps. Personne d'autre que moi-même ne m'imposait cette épreuve. Ainsi, tout au long de mon existence, je devais me contraindre à de tels exercices sur des sujets que j'avais choisis. J'étais à la fois le candidat et le président du jury d'examen, mais le résultat dépendait des notes que m'attribuaient des examinateurs involontaires, que je choisissais comme tels à cause de leur situation de fait, l'objet du diplôme étant moins de me placer mieux dans une hiérarchie sociale que de me permettre d'avoir quelque considération pour ma propre personne, de me donner à moi-même l'autorisation de faire quelques pas en avant.

Je subis la première épreuve à Sofia, au service de presse du ministère des Affaires étrangères. J'avais été reçu par un fonctionnaire d'une trentaine d'années, sous-directeur du service, Ivan Stamenov. Cet homme me complimenta pour le brillant papier qu'il avait lu, quelques jours auparavant disait-il, dans *L'Ere nouvelle*. Je ne me démontai pas : « Ou vous confondez avec ce que j'ai publié dans la presse yougoslave de langue française, ou vous m'attribuez un texte qui n'est pas de moi. Je n'ai encore rien envoyé à ce journal, mais peut-être s'est-il servi de mon nom pour commenter une dépêche d'agence. » Stamenov convint que la ruse était grossière et que je m'en étais bien tiré. Il rédigea sur-le-champ une note priant les chemins de fer bulgares de m'accorder les avantages que j'avais obtenus des Serbes. Il décida de me présenter au club des diplomates *L'Union Club*, où je trouverais un restaurant agréable et où je pourrais rencontrer tout le personnel dirigeant de la Bulgarie. J'étais donc reçu à mon examen de passage. J'obtins même une mention car deux jours après Stamenov me trouva à *L'Union Club* dans les meilleurs termes avec le correspondant du *Temps*, Georges Hateau, auquel Cudenet avait eu la gentillesse de me recommander.

L'affaire de Pirot avait ému les légations alliées. Les Français avaient déployé beaucoup d'efforts pour substituer une relative tolérance à l'hostilité qui réglait jusque-là les rapports des Serbes avec les Bulgares. Ils se flattaient d'avoir obtenu des Bulgares un retour progressif à des méthodes de gouvernement proches des règles en vigueur dans les démocraties occidentales et le renoncement au terrorisme comme moyen d'éveiller les populations macédoniennes de Grèce et de Serbie à la conscience nationale. Ces engagements politiques étaient la contrepartie de l'aide financière qui avait été accordée à la Bulgarie sous l'égide de la Société des Nations pour qu'elle essayât de régler son problème paysan autrement que par le collectivisme.

Georges Hateau croyait au bon droit des Bulgares dans les affaires macédoniennes. Il pensait que la justice n'a pas besoin de bombes pour s'imposer. Il louait la modération dont faisaient preuve les dirigeants bulgares depuis quelques années. Il la comparait à l'orgueil et à l'autoritarisme de la Cour de Belgrade, à la vanité désinvolte des Roumains. L'attentat de Pirot lui déplaisait parce qu'il mettait en cause son diagnostic. Si l'O.R.I.M. recommençait à chatouiller les Serbes, tous les efforts de conciliation seraient vains. Aussi accueillit-il avec soulagement le résumé que je lui fis de ce que j'avais vu et entendu. Après quelques jours de conversation, j'estimai que je pouvais accorder assez de confiance à Hateau pour lui confier la plupart des secrets du colonel serbe. Je savais qu'il en userait avec modération, sans me brûler, avec juste assez d'indiscrétion pour me servir auprès des Bulgares auxquels il fallait que je donnasse confiance.

J'arrêtai avec Stamenov un programme de visites aux personnalités politiques bulgares. Je voulais rencontrer tout le monde. La Bulgarie paraissait alors vouloir s'orienter vers l'exercice honnête du régime parlementaire, ce qui était assez méritoire après les secousses des années 1923 à 1926. La principale force politique était le parti agrarien fort de la confiance de la majorité des paysans et d'une organisation locale ancienne et solide. Des élections totalement libres lui eussent accordé au moins la prééminence au sein du Sobranié! En 1923, ce parti avait la majorité au Parlement. Son chef était un grand bougre, dynamique et capable, démagogue et subtil, de la race des individus qui apparurent souvent sur la scène politique des nations agricoles depuis un siècle, Stambouliski. On peut le comparer à Nasser et à Fidel Castro. Le parti communiste était très minoritaire, bien qu'il fût en Bulgarie numériquement plus important et mieux implanté que dans les autres pays balkaniques. Le prolétariat bulgare étant minuscule, le parti communiste représentait surtout l'influence traditionnelle de la Russie, véhiculée par les intellectuels et quelques militaires. Le gouvernement de Stambouliski était une anticipation du socialisme et du nationalisme en vogue aujourd'hui à Damas, à Alger et à Cuba avec un caractère paysan très marqué. Stambouliski n'aimait pas les villes où il ne voyait que dépense et perdition. Son idéal était la constitution d'une harmonieuse société paysanne, où la propriété privée du sol n'aurait pas été abolie, mais au sein de laquelle toute l'économie, les banques et les industries auraient été mises au service des paysans, ce qui pouvait impliquer des nationalisations. Les communistes avaient été perplexes devant l'action de Stambouliski reflétant ainsi les hésitations des dogmatiques du Komintern. Stambouliski, prisonnier de ses origines et de ses préjugés, trop assuré de son prestige, manqua autant de réalisme politique que Nasser ou Castro, mais il n'eut pas la chance de recevoir l'appui correcteur et inconditionnel d'une des plus redoutables puissances du monde. Sa haine paysanne du gaspillage, sa dévotion envers les vertus familiales des villageois le conduisirent à proposer des lois burlesques et à limiter l'exercice de la liberté. Ainsi l'on institua une taxe sur les chapeaux de femmes (les paysannes nouent un fichu sur leur tête), l'on infligea des amendes aux personnes rencontrées dans un jardin public pendant les heures de travail. Les amoureux furent spécialement visés : les jeunes devaient être à l'école ou aux champs, ils s'embrasseraient plus tard. Ces mesures sottes et vexatoires, choisies dans un catalogue assez bien fourni, masquèrent les décisions judicieuses prises à l'encontre des usuriers, ou en faveur des coopératives et des paysans pauvres. Elles ajoutaient leurs effets aux rancœurs produites par les manières du leader paysan. Celui-ci affectait une condescendance méprisante à l'égard du jeune roi Boris, qu'il traitait comme un gamin, le plaçant littéralement en bout de table. Il rudoyait les chefs de l'armée. Stambouliski se fit des ennemis mortels de ces personnages orgueilleux imbus de leurs rangs et de leurs titres. Il les considérait probablement comme des dépenses inutiles auxquelles il était provisoirement obligé de consentir. Stambouliski avait proclamé la république en 1918 dans le sud du pays, à la faveur de la défaite ; le mouvement avait été brisé par l'armée allemande et les élèves officiers.

De tels exercices de style, dans un pays pauvre, où l'armée constituait une caste respectée à cause des guerres nationales, plus fournie en courage, en savoir et en honnêteté que celle des politiciens locaux, ne s'appuyaient que sur les acclamations et les bulletins de vote, ce qui ne supplée ni l'argent au moment des échéances ni les mitrailleuses en cas de conflit violent. L'argent, Stambouliski en aurait pu trouver au-dehors s'il ne s'était mis en tête de réaliser la Grande Slavie du Sud. Cette chimère d'intellectuel a jusqu'ici rencontré l'hostilité militante des petits et des grands. Au temps de Stambouliski, elle ne pouvait que faire peur aux Cours de Belgrade et d'Athènes et à leurs protecteurs anglais et français. Après 1945, Staline s'y opposa avec une égale force.

Un complot militaire, ourdi au palais, mit fin au régime quasi dictatorial de Stambouliski peu après le dépôt du projet de loi somptuaire sur les chapeaux. Stambouliski fut assassiné, ses partisans se rebiffèrent, le Sobranié fut dissous et la terreur blanche s'imposa dans tout le pays. Le Komintern accusa comme de bien entendu les agrariens de toutes les erreurs du prolétariat et du parti. Cette recette merveilleuse, là comme ailleurs, aboutit à la multiplication des massacres. Avec leur sens politique étonnant, les communistes n'avaient pas défendu Stambouliski. En revanche, ils déclenchèrent, en septembre 1923, une insurrection à Vratsa, petite ville située au nord de Sofia, afin d'engager la bataille dans les plus mauvaises conditions bien qu'ils eussent obtenu le soutien de quelques contingents de l'armée ; le principal responsable, Mikhaïlov, y trouva la mort. On attribue souvent à Dimitrov et à Kolarov le mérite de cette histoire de fous. Telle est la doctrine officielle. Dimitrov et Kolarov surent échapper aux balles et aux policiers. Tout porte à croire que l'affaire de Vratsa apprit beaucoup à Dimitrov et qu'il en tira profit en 1933 et 1934.

Le consul Gerhardy était une fine gueule. Il avait la prétention d'avoir la meilleure table des Balkans. Il avait probablement raison. Il possédait, en tout cas, une incomparable cave. Il s'enquérait toujours des attaches provinciales de ses invités et mettait son point d'honneur à leur servir, entre autres, un excellent vin de la région en cause. Quand il recevait des originaires de Dunkerque ou de Valenciennes il ne s'avouait pas battu. Il tenait en réserve des anecdotes locales mettant en ligne un cru bien défini qu'il servait à titre de contribution au folklore. Son numéro accompli, après avoir étonné et ravi ses hôtes, il faisait visiter ses caves, riches de plus de cinq mille bouteilles.

Les consuls sont toujours des espions. Je me gardai de déplaire à celui-là. Il m'infligea la tournée de toutes les écoles, de tous les pensionnats confessionnels de Bulgarie, ne me faisant grâce de rien. Je vis des internats de jeunes filles brillants et propres comme une cornette de bonne sœur et des collèges de capucins sales comme des porcheries. Les seuls établissements qui m'intéressaient vraiment étaient ceux qui étaient situés dans les ports, à Varna et à Bourgas. A Varna, ville médiocre, je trouvai un consul général de France. Rien n'illustrait mieux le conservatisme absurde de l'administration sous la IIIe République. Le poste avait été créé pendant la guerre de Crimée, il avait encore eu de l'importance pendant les premières guerres balkaniques. Mais depuis 1878 rien ne justifiait à Varna autre chose qu'un agent consulaire. L'Etat avait maintenu ce poste budgétaire pour le réserver aux imbéciles que l'on se croyait obligé de promouvoir et dont on ne pouvait pas se débarrasser autrement. En 1930, le titulaire était un crétin notoire d'un aspect très ridicule. Il était la risée de toute la région. Il vivait en concubinage avec sa cuisinière. Tous ses efforts tendaient à empêcher que sa femme légitime, qui habitait Paris, ne vînt à Varna. Il y avait réussi sans doute parce qu'il avait épousé une plus grande sotte que lui, à laquelle il décrivait des horreurs et des dangers imaginaires, assurant que le choléra sévissait encore, comme en 1854, au temps du maréchal de Saint-Arnaud, que les Européennes étaient enlevées en plein jour par les pourvoyeurs des harems turcs, etc. L'épouse s'obstina, elle flairait un piège, fit une enquête et apprit que Varna avait été délivrée du choléra. Elle annonça son arrivée pour l'été 1929. Affolé, le consul général télégraphia que des bandes de loups affamés ravageaient les rues de la ville. Le texte du télégramme des loups fit le tour de Varna, celui de Sofia et la joie des ambassades, mais la dame renonça à son voyage. Le crétin de Varna me mit en rapport avec les transitaires et les navigateurs. Mais le contact le meilleur fut celui que j'obtins avec le représentant à Bourgas de Louis Louis-Dreyfus. Je ne soupçonnai alors ni l'importance ni l'efficacité de cette grande entreprise. Son représentant à Bourgas était un jeune juif intelligent et débrouillard. Ses cargos prenaient des passagers.

Mais je m'intéressais avant tout aux frontières. Les Bulgares avaient à cœur de me prouver qu'ils n'étaient pour rien dans le terrorisme de l'O.R.I.M. et que s'ils ne pouvaient pas mieux faire, le long de la Serbie ou de la Grèce c'est parce que les moyens militaires leur manquaient. « Vous devez rencontrer l'Inspecteur général de nos troupes frontalières, me dit Stamenov, il a la responsabilité du quart de notre armée, c'est un excellent officier que votre attaché apprécie. Il vous montrera lui-même la pauvreté de nos installations et l'ampleur des travaux des Serbes qui ont fortifié en face de nous toute la montagne. »

HISTOIRE D'UN ENLÈVEMENT

Je décidai donc que j'irais me promener sur la frontière. C'était une zone interdite mais j'eus aussitôt toutes les autorisations nécessaires. Je ne fis aucun mystère de mon voyage, au contraire. Georges Hateau, qui n'avait jamais obtenu pareille faveur, me fit comprendre qu'il aimerait à m'accompagner. Je ne demandais que cela. Nous prîmes place par une fraîche matinée d'avril dans une vieille Fiat décapotable, Georges Hateau, le colonel-inspecteur et moi. Notre chauffeur était un civil (en réalité il appartenait à la gendarmerie). Il y avait quatre ou cinq heures de route sur d'incroyables pistes, avec des passages à gué, au milieu d'une campagne où rien n'avait bougé depuis plusieurs siècles. On nous arrêta près d'une gorge, en contrebas d'un talus ; de l'autre côté une prairie descendait en pente assez forte vers une rivière. « C'est ici que Stambouliski a été tué, dit le colonel, il avait pris place dans la voiture où nous sommes, que conduisait notre chauffeur. » Le colonel dit quelques mots au chauffeur qui fit *Da, Da Stambouliski* en nous regardant de ses yeux ronds. « La voiture avait été arrêtée par des gens qui appartenaient probablement à l'O.R.I.M., continua le colonel. Stambouliski essaya de s'enfuir dans la direction de la rivière. Il fut abattu dans ce pré. »

La frontière passait par une ligne de crêtes élevées où certains sommets atteignent deux mille mètres. Partout, les Serbes dominaient les Bulgares. Nous fîmes une étape au dernier village du royaume, au pied d'un col menant en Yougoslavie. C'était le siège de l'état-major de la compagnie qui tenait le secteur, près de deux cents kilomètres carrés. L'armement de la compagnie se composait en tout et pour tout d'une mitrailleuse allemande légère, des fusils de ses bonshommes et de quelques grenades à manche. L'équipement des gardes-frontières était pauvre et pittoresque. Les soldats n'avaient pas de souliers, mais des sandales de paysans, recourbées du bout, tenues par un laçage de grosses bandes, analogues aux molletières portées par les Français, et d'une structure encore plus mérovingienne. Les paysans étaient accoutrés de la même manière. Je dus faire la revue des munitions. Nous montâmes au poste frontière[1], une petite maison de paysan construite au sommet du col. Des crêtes désolées nous contenaient partout, sauf à l'est où la vue embrassait une vallée fertile. Le colonel m'expliqua que la route était autrefois une des principales voies d'échange de la région. Maintenant elle était fermée par les Serbes. A cent mètres du poste, la route était barrée par des chevaux de frise et de chaque côté commençait un épais réseau de barbelés que l'on pouvait suivre à perte de vue. « La frontière est devant vous, me dit le colonel. Le réseau de barbelés est en territoire serbe. Vous voyez aussi leurs fortins. » Effectivement, sur chaque piton de la montagne il y avait une tour de guet, certaines de ces tours étaient très larges. En face de nous, à trois cents mètres, de l'autre côté des barbelés, se dressait une importante maison forte, une sorte de grand blockhaus avec des embrasures.

Je voulais voir la frontière de plus près. J'apercevais au pied de la maison

---

1. Guéchevo.

forte un grand rassemblement : des officiers, des soldats, des civils. Je m'avançai vers les chevaux de frise. J'étais seul, personne ne m'avait suivi. Quelques soldats serbes coururent vers les chevaux de frise et s'occupèrent à les enlever. Je pénétrai en territoire serbe, entre les soldats qui s'étaient mis au garde-à-vous. La troupe des civils et des militaires s'avançait vers moi avec de larges sourires ; marchaient en tête quelques officiers supérieurs, des photographes commençaient à prendre des clichés. Le plus important des officiers portait une capote, les autres avaient l'élégante cape des Austro-Hongrois. Ils s'immobilisèrent à trois pas et se présentèrent en saluant. « Général X... me dit l'officier en capote[1]. Je commande la énième division. Voici le brigadier du secteur et, me désignant un civil, le gouverneur de la province. Monsieur Thirion, nous sommes heureux de vous accueillir sur la terre yougoslave. C'est l'heure du déjeuner. Naturellement vous êtes notre hôte. »

Je me confondis en remerciements et j'ajoutai que je n'étais pas seul, que le correspondant du *Temps* à Sofia, mon confrère Georges Hateau, m'accompagnait et que nous étions l'un et l'autre les invités du colonel de la garde-frontière. « Mais j'entends bien que vos deux compagnons seront aussi nos hôtes. M. Hateau n'est-il pas français comme vous ? Quant au colonel, je serai ravi de l'avoir enfin à ma table au lieu de l'apercevoir derrière les barbelés. »

Mes compagnons n'en croyaient pas leurs yeux ni leurs oreilles. Le général nous conduisit au fortin où la table était déjà dressée. A l'exception du gouverneur de la province et des deux journalistes, n'étaient admis à la table du général que les officiers ayant au moins le grade de colonel. Nous étions servis par des capitaines. C'était irrésistible ! Il fallut porter des toasts à la paix, à l'entente des peuples, aux deux rois et au président de la République. Quand les agapes eurent pris fin, le général me prit à part et me dit : « Nous allons vous montrer nos installations et nos positions, mais seulement à vous et à M. Hateau. Nous n'avons rien à cacher à des Français. Le colonel bulgare restera ici avec les officiers de mon état-major. »

Nous nous dirigeâmes à pied vers une tour grise, construite en haut du plus prochain piton. Un peu plus bas, nous pouvions suivre des yeux le large réseau des barbelés. Nous longeâmes quelques positions de tir. Le général marchait devant avec Hateau et quelques officiers, le brigadier était resté à côté de moi. C'était un petit homme rond, court sur pattes, au visage intelligent, très élégant avec sa longue cape et ses impeccables bottes noires. Je lui fis des compliments sur sa garnison, le plaisir de parcourir un aussi beau pays, les joies de la chasse qu'on ne pouvait manquer d'y connaître. « N'en croyez rien, me répondit-il. Je suis croate. Si j'étais serbe, je serais déjà général de division et je tiendrais garnison en Dalmatie ou en Slovénie, dans un pays moins perdu et tout aussi giboyeux que celui-ci. » Il n'y avait rien à ajouter. Au sommet de la tour, le général Z... nous expliqua son

---

1. Peut-être Zivanovitch.

dispositif. « Le long de la frontière nous avons construit une ligne de postes reliés par les positions enterrées que vous avez vues. En arrière, nous avons une autre ligne de barbelés et des points d'appui pour l'infanterie. Un peu plus loin, nous avons édifié une série de casemates d'artillerie. Aux points stratégiques, nous terminons des ouvrages plus importants. Je passe sur les pièges qui truffent la première ligne. La nuit nous lâchons des chiens bien dressés entre les deux lignes de barbelés. S'ils lèvent un comitadji, ils le rabattent sur nos patrouilles. De plus, nous sommes très bien renseignés sur ce qui se passe de l'autre côté. Vous voyez, messieurs, ajouta-t-il avec un rire satisfait, que nous savons conserver ce que notre héroïsme commun nous a donné ! »

Mon retour à Sofia fut un triomphe. Le colonel bulgare n'était pas moins estomaqué que Georges Hateau. Stamenov m'invita à dîner chez lui. Il ne cachait pas son admiration, d'autant plus que toute la presse avait parlé de notre visite et montré des photos où officiers serbes et bulgares se tenaient côte à côte, entourant les deux journalistes français. « Notre cher inspecteur général ne s'en est pas encore remis, me dit Stamenov. Songez que la semaine dernière, les soldats serbes lui avaient tiré dessus parce qu'il s'approchait de trop près du réseau de barbelés. Mais, ajouta-t-il, vous aviez prévenu les Serbes de votre voyage ? — Pas le moins du monde, répliquai-je. Je n'en ai parlé qu'à *L'Union Club*. Il semble que vos voisins aient chez vous un bon réseau de renseignements, les maîtres d'hôtel de *L'Union Club* par exemple ? C'est assez classique. »

Nous parlâmes agents secrets. « Ce ne sont jamais ceux que l'on soupçonne, dis-je à Stamenov. Ainsi à première vue on pourrait vous prendre, vous, pour un agent secret russe. (Je disais cela à dessein, car les propos de Stamenov étaient souvent très russophiles.) — Et pourquoi donc grand dieu ? — Je vous trouve un air caucasien. Vous ressemblez à Mikoyan, cet ami de Staline à qui les Soviets ont confié leur commerce extérieur. — C'est vrai, fit Stamenov. On m'en a déjà fait la remarque. Mais je vais vous rendre la pareille. Quand vous vous êtes présenté à mon bureau, j'étais sur mes gardes. Je venais de recevoir la dépêche d'une agence anticommuniste à laquelle nous sommes tous abonnés, dans les Balkans. Elle annonçait l'arrivée imminente d'un agitateur ayant votre nom. Je vous montrerai demain la dépêche. — Eh bien, répliquai-je, nous avons tous deux manqué notre carrière d'agent secret, à moins que nous ne l'ayons réussie, puisque vous avez aujourd'hui le rang de ministre et que, pour me recevoir, les Serbes dépêchent tout l'état-major d'une division ! »

Il me restait à prendre quelques assurances du côté de l'O.R.I.M. Je dis à Stamenov que j'aimerais avoir sur la célèbre organisation d'autres informations que sa légende et le récit de ses exploits. « Je ne puis vous être d'aucune utilité, me fut-il répondu. Allez en Macédoine, montrez-vous curieux. Vous aurez sans doute des contacts. Sachez les utiliser sans faire peur. N'oubliez pas que Mikhaïlov a pris le dessus. Parlez-en à votre attaché militaire. C'est un problème qui l'a intéressé.

Je suivis ces conseils. Notre attaché, le commandant N..., m'avoua ses faiblesses. « Je connaissais pas mal de protoguerrovistes, mais on les descend les uns après les autres. Il n'y a pas trois mois de cela, à l'endroit même où nous sommes, vous et moi, j'ai rencontré un garçon que je ne m'attendais pas à voir car je savais qu'il était au premier rang sur la liste des hommes à abattre. C'était un dimanche matin. Je complimentai mon condamné à mort pour son courage. Mais peut-être vous êtes-vous réconcilié avec Ivantcho Mikhaïlov, ajoutai-je. — Il n'en est pas question, me répondit-il, mais nous ne le craignons pas et je tenais à en faire la preuve. Ses deux gardes du corps étaient à côté de lui. L'un d'eux tenait par la main droite la ficelle d'un paquet de pâtisserie, ce que je trouvais, à part moi, très imprudent, à moins qu'il ne fût gaucher. Je quittai mon protoguerroviste pour aller à *L'Union Club*. Il ne fit pas deux cents mètres. J'entendis plusieurs coups de parabellum. Le condamné était mort. On arrêta sans peine ses assassins. Comme à l'accoutumée, c'étaient des paysans de la Macédoine. Ils ne connaissaient pas Sofia, on les avait placés sur le passage obligé de leur victime. Ils avaient suivi un entraînement intensif au tir au revolver. Vous aurez du mal à rencontrer Mikhaïlov. Il ne se montre jamais et nous considère comme des adversaires. A l'exception de la Cour, seuls des Italiens savent quelque chose à son sujet. A votre place, j'essaierais du côté des Italiens. N'oubliez pas qu'ils se prennent pour Machiavel. »

J'allai à Kustendil et dans des villages de Macédoine où trônait partout, en bonne place, la photographie du chef historique, Todor Alexandrov. Je trouvai des interlocuteurs affables mais qui ne savaient rien. A *L'Union Club*, je dépensai un peu de champagne pour les Italiens que je connaissais. Un vague journaliste se présenta à mon hôtel, il se nommait Radev. Il m'apportait un livre de propagande, écrit en français, sur la question macédonienne. « Ce livre ne m'apprendra rien, lui dis-je. Un Français s'oriente mal dans les luttes intérieures de l'O.R.I.M. De quoi s'agit-il ? Que représentent les antagonistes ? » La piste était bonne. On me donna rendez-vous dans un des cafés où l'on servait de savoureux hors-d'œuvre que Stamenov appelait des « atrocités bulgares ». Je montai dans une limousine dont les rideaux étaient baissés. On me conduisit dans une maison de banlieue, semble-t-il, par des rues en mauvais état. J'attendis une heure, sur un canapé recouvert de velours défraîchi en compagnie d'« atrocités » sympathiques servies sur un guéridon pourvu d'un horrible et touchant napperon brodé. Radev, à nouveau et dans le même équipage, me conduisit à un caravansérail rempli de paysans, et là dans une sorte de chambre à coucher aux murs blanchis à la chaux où il y avait un lit de fer, deux chaises et une vieille machine à coudre. Deux hommes jeunes au visage anguleux, buriné, bronzé, vêtus de chemises douteuses et de complets avachis m'attendaient. L'un d'eux parlait assez bien le français. « Bien que Ivantcho Mikhaïlov n'aime pas les journalistes, me dit-il, il aurait sans doute fait une exception pour vous. Mais il est en voyage. Nous menons une existence de sans patrie. Ici, même les Bulgares arrêtent nos hommes et ne nous rendent pas la vie facile. Certes, les Serbes sont pires, mais croyez bien que les conditions de notre combat sont incommodes. » Le reste de la conversation fut sans intérêt. L'O.R.I.M. ne commettait pas d'attentats. Si parfois un traître était abattu c'est parce que le peuple l'avait condamné. Comment doit faire un peuple auquel on ne reconnaît pas le droit de constituer un Etat indépendant et qui ne possède, par conséquent, ni tribunaux, ni avocats, ni ambassadeurs, ni écoles, ni presse, ni armée hormis les institutions clandestines forgées par son patriotisme? Etc. Nous ne sortîmes pas des généralités. Je fis l'éloge de Mikhaïlov qui me paraissait avoir la confiance du peuple macédonien, autant qu'un étranger pût s'en rendre compte. Nous nous quittâmes cordialement. Un troisième homme m'accompagna à pied dans des rues que je ne connaissais pas, mais nous ne devions pas être très loin du centre de Sofia. Je trouvai assez vite une calèche qui me ramena à mon hôtel.

Il était temps de passer aux choses sérieuses. Après six semaines d'enquêtes, de visites et d'interviews, ma position était assez assurée pour que je pusse aller au but. Ma dernière visite officielle avait été rendue au métropolite Stefane, haut dignitaire ecclésiastique d'apparence lubrique et malhonnête. Je lui remis une somme d'argent pour ses œuvres, en prétextant l'émotion ressentie au cours de la journée et de la nuit passées dans le pittoresque monastère du mont Rila. Je voulais qu'il se souvînt de ma bonne volonté dans le cas où il aurait à intervenir pour une annulation de mariage ou un divorce.

Où était Katia? J'avais confié à la poétesse Dora Gabé le soin de me procurer ce renseignement capital. Dora Gabé était un écrivain de talent; elle avait suscité de grandes passions. Encore belle, la quarantaine environ, les cheveux très noirs, elle était sensible à l'admiration que lui portait un jeune journaliste français bien vu dans les milieux diplomatiques. Je lui fis un brin de cour. Je lui confiai qu'un jeune poète de mes amis, Pierre Unik, avait eu à Paris une aventure avec une étudiante bulgare dont il était sans nouvelles depuis plus d'un an. Il m'avait confié un message pour cette jeune personne mais j'hésitais à accomplir ma démarche car si elle avait épousé un de ses compatriotes, comme je le supposais, cette intervention eût été de très mauvais goût. Dora Gabé était sentimentale et favorable, par principe, aux intrigues amoureuses. Je lui donnai le nom de Katia et l'adresse de ses parents. Dora Gabé pouvait obtenir le précieux renseignement par une amie qui avait des attaches à Orechovo. Cette enquête se fit avec beaucoup de discrétion et de soin. J'appris que Katia n'habitait plus Orechovo dans sa famille, mais à Vidin avec son mari. Aussi préparé que je fusse à cette mauvaise nouvelle, l'une de mes hypothèses de travail, elle me fit assez mal. Je décidai d'aller moi-même à Orechovo. J'écrivis à la mère de Katia en lui annonçant le jour et l'heure de mon arrivée.

Orechovo est un grand village sur le Danube, au bord d'une plaine fertile constituée par une épaisse couche de sédiments. La campagne et le village dominent le Danube de quelques dizaines de mètres. En 1930, Orechovo avait l'aspect des bourgades que l'on voit encore de nos jours en Asie

Mineure. Ce qui avait été construit après les guerres d'indépendance avait subi quelques influences occidentales, mais pas autrement et pas plus qu'à Smyrne. Ces influences mélangées aux vieilles traditions grecques et turques donnent une grande parenté à tout l'habitat des Balkans. Une calèche me conduisit chez les Drenovski. On m'attendait au débarcadère, mais on ne se montra pas pour voir comment je me débrouillerais. Les parents de Katia tenaient une sorte d'auberge. La maison n'avait pas d'étage. Elle se composait d'une grande salle publique avec des tables, des coffres, des chaises, des bancs et une sorte de comptoir d'épicerie mâtiné de zinc 1900. Dans les coffres on serrait des nattes que l'on déroulait par terre afin que les paysans qui devaient passer la nuit au bourg pussent y dormir tout habillés comme ils étaient venus. A côté de la salle d'auberge, des chambres blanchies à la chaux étaient affectées à la famille. Le mobilier était très sommaire. L'auberge était tenue par le père, Tomo, un énorme Bulgare aux yeux bleus très doux, un peu fatigués. Il était aidé par le second de ses fils, par sa fille aînée Mara, douce et timide, qui n'avait pas la beauté de sa sœur, et par deux valets fort remuants qui sortaient d'une comédie folklorique et couchaient derrière le comptoir de l'auberge. La mère de Katia était une femme menue, d'un type très slave, aux traits fins, dont la distinction naturelle contrastait avec la rudesse des populations du bourg. Le plus jeune frère de Katia était élève officier. Sa carrière militaire fut interrompue en 1945 par Staline. Le frère aîné était médecin à Orechovo, il avait épousé une assez belle femme qui parlait un peu le français.

On m'accueillit avec une grande gentillesse et une curiosité prudente. La famille connaissait toute l'histoire. Elle ne s'attendait pas à ma venue et croyait l'affaire classée par le retour de Katia au domicile conjugal. Pourtant ce retour n'avait que le caractère d'une ultime expérience, on en convint très vite. On trouvait que j'avais l'air plus parisien et plus français qu'on ne l'avait imaginé et cet exotisme jouait plutôt en ma faveur. Je déclarai que je voulais épouser Katia. Je bluffai autant que je pus sur la vie qui nous attendait à Paris. J'obtins de cette famille bienveillante et bousculée l'adresse de Katia à Vidin. J'annonçai que je voulais voir Katia ; à moins qu'elle ne refusât de me suivre, je quitterais la Bulgarie avec elle. Je demandai à mes futurs beaux-parents de m'accorder toute leur aide et je retournai à Sofia.

Je ne doutais pas de la réponse de Katia. J'avais compris qu'elle était revenue à Vidin par lassitude. Il y avait aussi chez elle une passivité orientale ou slave dont je n'étais pas alors conscient. Il me fallait aller à Vidin. Là je pourrais être gêné dans mes évolutions par le problème de la langue. A Sofia, où le français était compris ou parlé par toute personne cultivée, je n'avais jamais eu de difficulté d'expression. A Vidin il pouvait en être autrement, surtout si j'avais besoin du petit peuple.

Je me retournai vers le correspondant du *Politika*, le jeune Yougoslave de l'ambassade, ami de Ristić, antenne des agents secrets du colonel de Pirot. Nous étions sortis quelquefois ensemble. Il était sympathique. Comme tous les diplomates de Sofia, il connaissait toutes mes équipées. Il était prêt à m'accompagner n'importe où dans ma prochaine entreprise.

« J'ai besoin de vous, lui dis-je, je vous emmène à Vidin. Mais je ne vous révélerai que là-bas le but de mon voyage. Votre rôle sera essentiel à cause de votre bonne connaissance du bulgare. » Que faut-il de plus pour attirer un garçon de vingt-cinq ans dans l'aventure ? T... s'enthousiasma. Il était encore enthousiaste en 1951 à Lisbonne où il figurait par raccroc dans je ne sais quelle célébration quand il raconta toute l'histoire à Pierre de Gaulle, alors président du Conseil municipal de Paris, sans lui faire autrement plaisir, tout en l'amusant, car nous aimions alors l'un et l'autre la même femme et Pierre de Gaulle n'appréciait pas particulièrement qu'on lui rappelât l'ardeur que j'étais capable de déployer pour conserver l'être qui m'avait séduit.

Je partis avec T... pour Vidin. Cette ville, la plus importante de la Bulgarie danubienne, joua un grand rôle dans l'histoire de la Turquie d'Europe. Nœud important de communication, position stratégique de premier ordre à la sortie des Portes de Fer, elle eut jusqu'en 1878 un rôle administratif et militaire de premier plan. Elle possède encore de belles fortifications.

Nous visitâmes la ville, ses mosquées, ses fortifications, pour nous donner une contenance. Nous convînmes que l'administration turque au XVIe siècle était plus rationnelle et plus efficace que sa légende. Entre deux bastions, je dévoilai à mon compagnon le but de mon voyage. Il ne fut pas déçu. « Voici ce que j'attends de vous, lui dis-je. Allez au domicile des Popov, essayez de voir Katia seule, sous un prétexte quelconque : vous l'aurez rencontrée à Nancy en 1927. Son mari ne parle pas français, il faut seulement éviter de prononcer mon nom et mon prénom. Qu'elle sache où me joindre ou qu'elle me fixe un rendez-vous ! » T... accomplit sa mission avec l'efficacité et la discrétion désirables. Les Popov étaient en voyage. Ils rentreraient le lendemain à Vidin par le bateau du soir. Nous prîmes nos quartiers dans le meilleur hôtel et nous décidâmes alors de donner l'impression que nous étions venus à Vidin en touristes et pour nous amuser. Une troupe de comédiens hongrois était en tournée. Elle donnait une opérette dans une sorte de casino. Je m'installai au premier rang. On jouait *Comte Obligado* ! En bulgare, c'était très drôle. Les acteurs étaient bons. Une des chanteuses hongroises, jolie à croquer, vive comme le feu, me regardait avec insistance. Voulant jouer mon personnage jusqu'au bout je lui donnai rendez-vous après le spectacle, tandis que T... enlevait une autre fille. Je pensais pourtant à tout autre chose. Je mesurai une fois de plus la faiblesse des sens, le danger de certains jeux, la facilité avec laquelle, sur n'importe quel parcours, on peut se laisser conduire par un aiguillage imprévu si on a l'imprudence de prendre une voie sur laquelle on n'a que faire. J'avais envie de cette chanteuse dont je devinais le tempérament volcanique. Comme beaucoup de Hongroises, elle possédait un pouvoir d'électrisation et de provocation qui la rendait irrésistible. J'eus néanmoins la force de ne pas aller jusqu'au bout et de m'en sortir en donnant pour le lendemain un rendez-vous auquel je savais que je n'irais pas.

Le lendemain la journée fut longue, rompue par un verre que T... et moi nous prîmes avec la chanteuse et d'autres membres de la troupe. Le bateau était en retard. On imagine la fièvre dont je fus saisi quand j'aperçus Katia à la coupée, je crois qu'elle pâlit en me voyant, mais elle conserva son impassibilité naturelle. Durant cette minute que j'attendais depuis si longtemps et qui se dépouillait de tout le contexte vague et romantique des évocations et des rêves, l'intensité même de l'émotion que j'éprouvais produisait chez moi un étonnement et un calme presque paralysants. En revanche elle décupla toutes mes sensations. Je voyais, j'entendais comme je n'avais jamais vu ni entendu. Je ne perdais aucun des gestes de Katia, aucune des expressions de son visage, aucun des mouvements de son mari, rien de ce qui se passait autour de ces deux personnages. Je feignais pourtant l'indifférence, échangeant à voix basse quelques mots avec T..., lequel, à ma demande, me répondait en serbe. Le temps me paraissait suspendu mais je savais que chaque seconde comptait et qu'il me fallait agir au plus vite sans faire d'erreur. Je voulais donner à Katia le nom de l'hôtel où j'étais descendu. Dans le brouhaha du débarquement ce fut relativement facile. Un cillement d'yeux m'indiqua qu'elle avait compris.

Katia était à l'hôtel le lendemain matin. Cette visite aurait pu être une fatale imprudence. Mais il y a parfois un Dieu pour les amoureux. Nous convînmes qu'elle retournerait le plus vite possible et sous n'importe quel prétexte à Orechovo. Après avoir prévenu ses parents et pris son passeport, heureusement en cours de validité, elle gagnerait Sofia sans plus attendre. Elle irait directement chez Dora Gabé qui aurait mes instructions. « Il faudra ensuite sortir du pays. C'est le plus difficile, lui dis-je, mais je crois en avoir trouvé le moyen sous la condition que tu suives aveuglément mon plan, aussi bizarre qu'il te paraisse. Si tes parents te donnent un peu d'argent et si tu disposes d'un peu de temps, vois un avocat pour engager une procédure d'annulation ou de divorce. »

T... et moi rentrâmes à Sofia le jour même. T... avait recueilli des informations sur le mari. On lui accordait de l'importance à Vidin et pas mal d'entregent, mais il n'appartenait pas, semble-t-il, au clan politique qui gouvernait.

Je racontai tout à Dora Gabé qui s'en amusa follement. C'était plus romantique et plus fou que ce qu'elle avait l'habitude d'écrire. Je lui donnai l'autorisation d'en faire une nouvelle, mais elle voulut aussitôt en habiller le début d'une manière que je jugeai vulgaire. Il est vrai qu'elle ignorait la partie surréaliste et communiste de l'aventure et croyait que j'étais un vrai journaliste. J'avais juste assez de temps pour arrêter les dispositions finales et assurer le dénouement. Katia possédait encore le passeport qui lui avait été délivré avant son mariage. J'obtiendrais sans peine le visa français chez Gerhardy sans avoir besoin de donner la moindre explication. Mais pour sortir légalement de Bulgarie il fallait un visa de la police. Si le mari ne se mettait pas tout à coup à courir après sa femme, l'opération serait relativement aisée. Dans le cas contraire il faudrait prendre un parti dans l'illégalité absolue. Avant tout, la retraite de Katia ne devait pas être découverte, ce qui excluait que je pusse communiquer avec elle, dès qu'elle serait à Sofia, autrement que par personne interposée.

Je débattis de ces problèmes avec T... J'avais éliminé le passage en Serbie par la montagne; les barbelés me paraissaient infranchissables et mes relations avec l'O.R.I.M. trop lointaines. T... me dit que les agents yougoslaves utilisaient le train et le Danube. Je retins deux hypothèses: Katia rejoindrait Plovdiv où elle avait des amis, de là elle gagnerait Bourgas et s'embarquerait sur un cargo. Si les choses tournaient mal, elle rentrerait à Vidin. Je passerais en Roumanie, j'y louerais un bateau à moteur et T... se rendrait aussi à Vidin pour conduire Katia en barque au jour convenu, à la rencontre de mon bateau.

J'attendis une semaine durant laquelle j'étudiai dans le détail les deux variantes du départ clandestin. La variante Vidin était la plus facile à réaliser, elle pouvait être exécutée en plein jour. Katia vint enfin avec cinq valises et une candide inconscience; elle apportait son trousseau.

« Il faut mettre Stamenov dans le coup », me dit Dora Gabé. L'idée venue d'une intuition très féminine était excellente. Stamenov fut passablement surpris, mais il était obligé de faire front. Katia était à Sofia, Stamenov connaissait ma détermination et mon goût du risque. Il s'était tellement mouillé avec moi qu'il ne pouvait pas m'abandonner.

« Essayons d'abord de faire les choses légalement, me dit-il, alors que je lui parlais de l'O.R.I.M. et de fuite vers la montagne pour l'inquiéter un peu plus. Le moyen le plus commode de se rendre à Paris c'est de prendre le *Simplon* à la gare de Sofia. Je me charge du visa de sortie, mais rien ne peut se faire en vingt-quatre heures. Le mari est plus puissant que vous ne le pensez. Nous l'aurons sur le dos avant trois jours. S'il se fâche, il faut surtout qu'il ne puisse pas retrouver sa femme. Nous installerons Katia chez Constanza Kirova avec défense de sortir et pour vous défense d'aller la voir jusqu'à nouvel ordre. »

Mme Kirova était une charmante jeune femme pensionnaire de l'Opéra de Sofia. On disait qu'elle avait des bontés pour le Roi. C'était à coup sûr un asile inviolable auquel, de plus, un avocat de province ne saurait penser.

Popov vint effectivement à Sofia pour y faire du bruit. Il en fit trop. Il ne pouvait rien prouver. Katia avait disparu. Personne ne l'avait jamais rencontrée avec moi. La police hésitait à mettre en cause un étranger alors qu'il n'y avait pas de délit. Stamenov calma tout le monde, fit comprendre à Popov que j'étais tabou, que même si ce qu'il avançait gratuitement pouvait se prouver, le gouvernement bulgare ne voulait risquer aucun incident diplomatique avec la France pour une histoire sentimentale dans laquelle un ressortissant bulgare faisait une aussi piètre figure. Il conseilla à son interlocuteur de passer par profits et pertes un mariage raté depuis le premier jour. Popov rentra à Vidin, très penaud. Katia, ses papiers en règle, monta dans le *Simplon* avec ses cinq valises. Je commis l'imprudence de l'accompagner. J'aurais dû comprendre que le plan de Stamenov comportait le passage de la frontière par Katia toute seule. On me refoula sous le prétexte qu'il manquait un cachet à mon passeport. Je rentrai à Sofia où je restai quarante-huit heures de plus. C'était le jour de la fête nationale. J'assistai, dans la tribune diplomatique, à deux pas du Roi, au défilé de la garnison de Sofia. Le lendemain, avec un passeport en règle, je montai dans mon vieux *Continental*. Douze heures après, j'étais à Belgrade, chez Ristić où Katia m'attendait.

Beaucoup de choses avaient changé à Belgrade en deux mois. La crise économique mondiale née aux Etats-Unis avait atteint la Yougoslavie. Les Vućo étaient ruinés ; ils avaient tout vendu et s'étaient petitement installés dans un appartement modeste. Atsa aurait pu sauver pas mal d'argent s'il avait été moins scrupuleux. Il n'avait pas su choisir entre les banques et sa propre fortune.

Le groupe surréaliste préparait, sous la direction de Ristić, la publication d'une importante brochure qui se présentait sous les aspects d'un numéro unique de revue. Le titre choisi était *Nemoguée, l'Impossible*. Aragon, Breton, Char, Eluard et Péret avaient envoyé des textes. Pour ma part je promis *La Naissance de l'Erreur*, mais je fus incapable d'aligner plus de trois pages d'un contenu acceptable. Je renonçai à cette entreprise car le temps pressait, l'imprimeur s'impatientait et il fallait rentrer en France. Ristić eut la délicate attention de me traduire quelques-uns des manuscrits qu'il voulait publier. Nous choisîmes tous deux les illustrations. A première vue, le contenu idéologique et littéraire valait mieux que les dessins et les photos qui étaient proposés. Ristić et moi fîmes ensemble la mise en page. A tout prendre, les œuvres reproduites étaient meilleures que nous le pensions alors. La peinture en Yougoslavie a échappé, grâce à Tito et à ses compagnons surréalistes, à la crétinisation bolchevique et stalinienne. C'est un des tests du libéralisme relatif de ce régime. Je fis entièrement la couverture de *Nemoguée*, noir et rose sur du papier couché pour quelques exemplaires de tête. J'en étais assez content. Breton fut moins enthousiaste. « J'ai pensé, me dit-il, que cette couverture est de toi. C'est très baudelairien ! » Elle traduit le penchant pour les complications inutiles auquel j'avais sacrifié durant mon voyage balkanique.

Ma collaboration à *Nemoguée* se limite à un poème, encore n'est-il pas de moi, mais de Desnos. J'ai retourné mot pour mot un fragment de *Corps et biens*, le recueil qui venait de paraître, afin de montrer à mes amis que *l'envers valant l'endroit*, ils avaient tort de prendre au sérieux des pièces aussi dépourvues d'orientation. Ristić et ses amis étaient sous le coup des condamnations portées dans *Le Second Manifeste*. La violence du pamphlet *Un cadavre*, les ruptures et les polémiques des derniers mois les avaient troublés. Ils avaient tous une très grande admiration pour Desnos qu'ils plaçaient devant Eluard. Je dus les reprendre en main. Je commentai la réunion de la rue du Château, l'affaire du *Grand Jeu*, le cas Naville, le cas Artaud, le cas Desnos, le cas Bataille. J'expliquai que le temps des hésitations et des coquetteries littéraires était passé. Le surréalisme ne pouvait plus se séparer du communisme et quoi qu'on pensât de l'homme, le sort fait à Léon Trotski était une péripétie qu'il fallait oublier. Nous discutâmes des rapports qu'il convenait d'établir entre les surréalistes yougoslaves et la section yougoslave du Komintern. Ce parti avait été interdit. Je conseillai à mes amis d'assurer un contact étroit avec les clandestins mais il ne me semblait pas nécessaire que tous adhérassent à l'organisation. Il serait bon que ceux d'entre eux qui se sentaient plus intéressés que les autres pour la vie politique, avec les sacrifices personnels que comportait le militantisme révolutionnaire, en devinssent membres et pussent ainsi rendre compte aux autres des problèmes concrets posés par la conquête des masses et la lutte clandestine. « Si vous représentez l'idéologie communiste avec une pureté suffisante, tant que le parti sera illégal, vous serez plus utiles dehors que dedans. Mais en dépit des frictions qui ne pourront pas manquer de se produire entre les intellectuels relativement protégés et les combattants que l'on jettera en prison dès qu'on les aura découverts, ne vous écartez pas des principes fondamentaux et reconnaissez le rôle dirigeant de ce parti. Ne vous mêlez pas des querelles secondaires et violentes qui déchirent obligatoirement tout ce qui ressemble à une secte. Soyez fidèles à la ligne générale du Komintern. » J'approuvai le projet d'aller aux sources, de profiter du centenaire de Hegel, en 1931, pour pousser les intellectuels à étudier la dialectique. « On vous traduira peut-être devant les tribunaux si vous attaquez le Roi, si vous demandez la révision des traités de 1919 ; la répression sera plus malaisée si vous définissez le matérialisme historique et si vous défendez la liberté d'expression. Nous entrons dans une période de révolutions. Il faut s'y préparer. Tous ceux qui ne seront pas avec le parti manqueront le convoi. »

Ainsi j'avais bien rempli mon rôle de propagandiste. Il serait ridicule et vain de m'attribuer autre chose qu'une responsabilité passagère et épisodique dans l'évolution intellectuelle des hommes jeunes qui devaient plus tard servir avec éclat dans les rangs de Tito. Ce sont les conditions objectives qui les ont conduits au succès et à la gloire, mais j'ai sans doute fait partie, en 1930, de modestes conditions objectives. Je rentrai à Paris en sachant que je n'y retrouverais que des difficultés. J'entraînais Katia vers l'amour mais peut-être aussi vers la misère. Je pensais avec un peu de mélancolie à ce printemps passé dans un luxe relatif que j'abandonnerais dès que j'aurais ouvert à nouveau la porte de la rue du Château. Je constatais aussi que j'avais fait montre de talents certains qui allaient se trouver sans emploi, non pas qu'ils ne fussent pas adaptés aux domaines où ils auraient pu s'exercer, mais parce que je n'avais pas la clé de ces domaines où j'étais entré, en quelque sorte, par hasard ou par effraction.

Chapitre XVII

Le surréalisme au service de la Révolution

Dès mon retour à Paris, j'allai au Secrétariat de la Région parisienne du parti, 120, rue La Fayette. L'immeuble abritait aussi la librairie de *L'Humanité*, le Comité central, le Bureau politique et les sections techniques (Agit-Prop, Organisation etc.). Le « responsable » de la Région parisienne était Pierre Célor, un des membres du *groupe* issu des Jeunesses communistes auquel le Komintern avait confié le parti à l'automne de 1928. Ces jeunes gens avaient mis des hommes à eux partout où ils avaient pu. Ils avaient pratiqué un gauchisme verbal que les ligues et les sectes de 1971 ont remis à l'honneur. Ils vidaient allégrement le parti et les syndicats unitaires de leurs adhérents. En juin 1930, ils étaient encore puissants, mais en laissant Maurice Thorez devenir le numéro 1 ils avaient signé leur arrêt de mort. Thorez avait à cœur d'arrêter la débandade des adhérents mais il avait aussi pour objectif d'asseoir son pouvoir personnel. Il commençait, lui aussi, à recruter une clientèle. Il voulait mettre fin à la valse des secrétaires généraux du parti en consolidant sa propre position et en assurant sa pérennité. Pierre Célor avait beaucoup de titres, soit dans le parti, soit à Moscou. Il était membre du Bureau politique et dignitaire du Komintern. C'était un garçon intelligent, sympathique, infatigable malgré sa santé médiocre, un homme de comités, de réunions de cadres, de cabinet, le contraire d'un tribun ou d'un meneur de foules. On l'accusa plus tard d'être un mouchard. Il semble bien que ce soit là une des pièces de la monnaie courante du P.C. qui s'est acharné à salir ceux qui cessaient d'être « d'accord ». Aucune preuve ne fut jamais avancée au crédit de cette accusation. Les preuves contraires, cherchées par des historiens peu scrupuleux, ne dénotent qu'une complicité inconsciente avec les méthodes staliniennes. Qu'est-ce qu'une preuve contraire sinon le dépouillement de toutes les archives de la police, opération réservée à nos arrière-neveux ? En revanche il faut mettre à la décharge de Célor le fait que celui-ci se fâcha, tint tête aux pires accusations, à Moscou même, tandis qu'un autre membre du groupe, Raymond Guyot, acceptait un compromis nauséabond. Or les provocateurs ont fait carrière, chez les bolcheviques ils ont opéré les volte-face que leur fonction commandait. Célor fut exclu. Il rejoignit Doriot vers 1942. Ce qui suit n'est pas à la louange de sa clairvoyance politique : il adhéra au P.P.F.[1], ne s'en désolidarisa pas à la fin

---

1. Parti populaire français fondé par Jacques Doriot, d'abord anticommuniste, puis fasciste, enfin ouvertement prohitlérien après l'armistice de 1940.

de la guerre et mourut, dit-on, anticommuniste et bon catholique ! Je racontai à « Pierrot » Célor mon équipée bulgare. Il fut amusé, étonné et intéressé. « Ta vraie voie, me dit-il, c'est la guerre de partisans. » Les organisations communistes étaient dans un état pitoyable. Le Komintern commençait à réagir discrètement contre le gauchisme et le sectarisme des exécutants, mais il était lui-même prisonnier des conceptions gauchistes et sectaires de la *Troisième Période*. Je reprochais au parti sa passivité politique masquée par une intransigeance verbale où fourmillaient les jugements hâtifs et les affirmations sottes. Je croyais pouvoir être un meilleur interprète de l'idéologie de la *Troisième Période*. Je n'avais pas encore compris que les vues que je critiquais prenaient leur source dans l'indifférence profonde qu'éprouvait Staline pour tout ce qui n'était pas russe. Le Komintern ? c'était un placage. Les partis communistes ? ils servaient à faire peur. La vraie politique se faisait au niveau de l'Etat et des ambassades. En assurant son pouvoir par ses méthodes policières, Staline qui assumait une tâche pour laquelle il n'avait pas, quoi qu'on en ait dit, l'envergure suffisante, dressait sur son propre chemin des obstacles monstrueux. Il se ménageait des difficultés gigantesques dont il ne venait temporairement à bout qu'en recourant à des moyens disproportionnés, en élevant la terreur à un niveau à peu près sans exemple dans l'Histoire, du moins à une telle échelle. Il se servait des partis communistes, en 1930, pour maintenir une image de marque rouge vif au sein des prolétariats nationaux en attendant que le Plan quinquennal eût donné à l'U.R.S.S., croyait-il, une force irrésistible. Prisonnier de ses directives insensées et des vantardises d'un appareil de plus en plus décidé à maintenir ses privilèges, il vivait dans un monde irréel. Comme son orgueil ne tolérait pas de concurrence, il vitupérait les social-traîtres et Trotski, son ennemi intime, n'éprouvant de la considération que pour les dirigeants bourgeois qu'il tenait à rassurer sur ses intentions. Ces contradictions étaient implicites dans les résolutions du Congrès de 1928 mais je n'en avais pas alors conscience ; la crise économique radicaliserait les masses, ainsi les communistes en tireraient automatiquement profit ; il fallait savoir attendre et rester intraitable ; le principal danger, le seul peut-être, était celui d'une croisade capitaliste contre l'U.R.S.S. : en développant l'amour et la paix, le refus de la guerre, on aiderait donc objectivement le prolétariat radicalisé à qui cette tactique géniale apporterait la révolution sur un plateau d'argent. Or, les épouvantails brandis en Russie et ailleurs, avec leur accompagnement de terrorisme, nourrissaient surtout le culte de la peur.

En juin 1930, le radicalisme des masses se traduisait au parti communiste français par la fuite des adhérents. Il ne restait pas beaucoup plus de trois mille individus dans les cellules de la région parisienne. Thorez voulait enrayer l'hémorragie. A cet égard il ne croyait pas pouvoir faire totalement confiance à ses préfets, les secrétaires régionaux. Il voulait aller lui-même au fond des choses. « Il faut que tu voies Thorez, me dit Célor. Il veut rencontrer les militants. Il te donnera lui-même une affectation. » Je vis Thorez dans les trois jours. Il me reçut dans un des derniers étages du 120, rue La Fayette. Il occupait un bureau modeste et exigu, ni plus grand ni mieux équipé que celui d'un fourrier de compagnie. L'appareil administratif de la direction du parti paraissait très réduit. Il me semble qu'il avait déjà pour collaboratrice Jeannette Vermeersch. N'était-ce pas la militante que j'avais remarquée deux ans auparavant à *L'Humanité* où elle était quelque chose dans un service qui imprimait des tracts ? Ma mémoire toutefois peut être infidèle, elle fait apparaître une assez belle fille, bien en chair, une Flamande avec laquelle on serait volontiers parti en mission. J'aimerais que cette image ne soit pas l'effet d'une confusion, car elle est assez gaie et conforme au rôle que l'amour jouait en 1930 chez les personnages de mon récit. Thorez ne cachait pas qu'il devait faire face à une très sérieuse situation avec peu de moyens. On a souvent décrit la cordialité et l'humanité de son accueil, le visage intelligent et sympathique, l'impression d'équilibre et de sagesse réfléchie que donnait cet homme massif. Thorez avait une physionomie à la Danton. Il avait la force oratoire des grands tribuns. Il était devenu un des meilleurs journalistes du parti ; j'entendis plusieurs fois Breton faire l'éloge d'un éditorial de Thorez en 1930 et en 1931. Les défauts du « fils du peuple », la vanité, la servilité envers Staline, la malhonnêteté politique apprise à Moscou, l'horreur du risque, ne se sont dévoilés que peu à peu au cours de sa carrière. Maurice Thorez n'aura été qu'un bureaucrate supérieur. Il pouvait être un collaborateur efficace. Le général de Gaulle en fit un ministre, il lui accordait le sens de l'Etat, mais l'envergure de Thorez ne dépassait pas celle d'un commis. Il était le contraire d'un révolutionnaire. Par tempérament il était plus conservateur que son rival Doriot. Il appartenait à la race des « bonzes » syndicalistes, si nombreux en Europe occidentale depuis la fin du XIXe siècle et dont la prolifération, sous toutes les étiquettes, autorise à douter que la classe ouvrière, dans le contexte étroit du marxisme, puisse produire autre chose que des administrateurs.

« Nous ne devons pas sous-estimer notre crise d'effectifs, me dit Thorez. Trop de bons camarades ont méprisé les masses et ont pris les militants pour des élèves caporaux. Des phrases de gauche ont permis de cacher une appréciation opportuniste des événements et de justifier la passivité. On a traité des ouvriers réformistes ou sans-parti comme si chacun d'eux avait été un petit chef social-démocrate, on a oublié d'expliquer avec patience la ligne de l'Internationale, on n'a pas recherché le contact avec les ouvriers socialistes ou réformistes. Nous avons un peu trop misé sur nos jeunes. Le parti a besoin d'hommes comme toi, connaissant les luttes syndicales, la vie du prolétariat, l'habileté et le caractère implacable de la répression patronale. Au 5e Rayon, vous aviez de bonnes idées, vous étiez actifs et vous luttiez contre l'opportunisme, Barmotte et toi. Vous avez été un peu trop pressés mais les ouvriers vous suivaient. Tu habites le XIVe, je crois. Tu n'y trouveras plus personne ou presque, sauf au Central Brune. Il faut que tu remontes la cellule locale de Plaisance et que tu mordes sur les entreprises ; il paraît qu'il y a là-bas des syndicalistes auxquels le parti a fait peur. Tu dois les convaincre. Va voir les anciens adhérents, ceux qui n'ont jamais eu de désaccord avec la ligne générale, qui cherchaient chez nous les explications que nous n'avons pas su leur donner. Discute avec eux. Ramène-les au parti. N'hésite pas à venir me voir si tu rencontres des difficultés. »

Plaisance ressortissait au 6ᵉ Rayon où régnait Jean-Pierre Timbaud que je n'aimais pas. Quand il apprit que j'étais mis en place par le secrétaire général lui-même, Timbaud manifesta une grande hostilité. Il réglait alors sa montre sur celle du *groupe*. Il était très copain avec un garçon nommé Rolland, un ami de Barbé et de Célor, qui passait pour une des têtes de la région parisienne du parti. Il vit en moi un rival probable. Hâbleur, sectaire, stupide, ouvriériste, il avait peu d'audience chez les métallurgistes et ne devait sa position qu'à sa faconde, à sa bassesse naturelle et à la promotion rapide des cadres de son syndicat. Il tenait avant tout à faire carrière en excipant de sa qualité d'ancien ouvrier afin de ne plus jamais retourner en usine. Arrêté par Daladier, il fit partie du lot d'otages livrés aux Allemands par Vichy. Il mourut bravement. Il avait été stalinien jusqu'au bout en passant par l'approbation du pacte germano-soviétique et l'organisation du sabotage dans les usines d'armement en 1939. Il a sa rue à Paris alors que les noms des véritables héros de la Résistance tombent peu à peu dans l'oubli.

Les membres du parti et de la C.G.T.U.[1] se réunissaient à la Maison des Syndicats, 111, rue du Château. Le concierge était un ancien secrétaire de la Fédération de la Métallurgie, Lénard, qui avait été débarqué et avait rendu son poste de permanent syndical. Il était assez bête, pas plus incapable que Timbaud, plus flemmard et plus honnête, pourvu d'assez de bon sens pour constater que ses successeurs, avec leur grande gueule, avaient perdu une bonne partie des effectifs qu'il avait gérés. Il me connaissait et me mit en garde : « Tu vas d'abord récupérer les deux ou trois gars qui ont adhéré au parti en 1929 à cause de son sectarisme. Tu en feras peut-être quelque chose parce que c'est pas des mauvais types, plutôt cossards tout de même. Méfie-toi cependant de X..., celui-là aurait voulu être secrétaire de la cellule. Il ira te moucharder au Rayon. N'attends rien de Timbaud. Il a toujours foutu la pagaille partout où il est allé. Les seuls types ici qui soient prêts au boulot, c'est les gars du Comité Inter, mais c'est plutôt des anars. » Tout se passa comme Lénard l'avait prédit. X... devint, en 1932, secrétaire de la cellule. C'était un mystique qui aurait été plus à sa place chez les trotskistes, si ceux-ci avaient été capables de recruter des ouvriers, que chez les staliniens. Il n'accepta pas le Front populaire. Par dégoût et par idéal révolutionnaire il s'engagea dans les Brigades Internationales et trouva la mort en Espagne.

Un des habitués de la rue du Château était un gigantesque Breton, Le Goff, qu'on appelait le Rouge à cause de la couleur de sa tignasse. Il était chaudronnier dans une petite boîte. En été il portait un simple maillot noir sur une poitrine herculéenne, en hiver il ajoutait une vieille veste. Il chiquait et, dans les manifestations, il utilisait les jets de salive brune comme arme

---

1. Confédération des syndicats ouvriers communistes alors distincte de la C.G.T.

défensive. Très porté sur le vin rouge il s'enivrait souvent. Il habitait une assez grande chambre dans un hôtel de la rue du Texel avec une femme maigre sans âge et deux enfants. L'aînée était une fille de seize ans, belle comme la tentation, avec de grands yeux verts, l'air de tout attendre et de tout promettre. Le Goff avait d'abord été cheminot à Lorient. Révoqué lors de la grève de 1920, mis à l'index dans toute la région, ne trouvant plus d'embauche, il s'était réfugié à l'île d'Houat, sans un sou. Il couchait avec sa famille dans une cabane abandonnée et se nourrissait de coquillages, de crabes et de poissons qu'il pêchait à marée basse. C'est le curé qui l'avait tiré de sa misère. Il lui avait donné à réparer son fourneau et lui avait procuré quelques travaux de chaudronnerie. Il lui avait aussi conseillé d'aller à Paris dès qu'il pourrait en réunir les moyens. Le Goff gagnait assez bien sa vie et ne renâclait pas au travail. Pour lui la classe ouvrière, le syndicat, la révolution, c'était sacré! Mais il ne voulait pas entendre parler des communistes, bien qu'il fût syndiqué à la C.G.T.U. « Ils mentent, disait-il, ils font trop de politique! » Le 1er mai, dans toutes les manifestations, il était au premier rang. Redoutable dans les bagarres, quand il touchait un flic il l'étendait pour le compte. Il était très fort et insensible aux coups. Il ne cherchait pas particulièrement à se battre, ses adversaires le considéraient avec précaution et respect et il se sortait avec honneur de toutes les affaires. Je l'ai vu tenir en respect une dizaine d'agents devant la Maison des syndicats. Il jouait avec un madrier qu'il avait arraché à un chantier de voirie. « Si vous entrez, criait-il, je vous écrase tous et si vous ne voulez pas laisser sortir les copains ce sera pareil! »

Nous devînmes très bons amis. « Thiriun, me disait-il avec son accent breton, fais gaffe. Ils auront ta peau parce que tu veux les faire bosser et eux ils n'aiment que les parlotes. Toi, tu ne demandes rien à personne et tu marches le premier. Eux y z'aiment pas ça parce qu'ils veulent être des chefs. Tout ce que tu feras, ça sera mal! »

Après les commissions de contrôle, en 1931, il fut très réconfortant. « T'as qu'à rester ici. Ils vont te mettre en dehors du parti mais ils te garderont où tu es parce qu'ils savent que nous on marchera pas avec eux, tandis qu'on s'entendra toujours avec toi. » Il nous invita à déjeuner Katia et moi, dans sa chambre d'hôtel. Il avait été aux Halles avant l'aube et il en avait rapporté plus de vingt crabes. Ils étaient alignés sur le plancher, tout cuits. On se baissait pour les choisir et on les mangeait avec une sauce extraordinaire et succulente qu'on versait dans les carapaces. La sauce avait été faite par Le Goff lui-même.

La traditionnelle fête de *L'Humanité*, en 1930, eut lieu à Bezons dans le parc minable d'une maison de maître pompeusement appelée le château, qui appartenait à la municipalité communiste. Le gouvernement avait tout refusé. Il ne vint pas cinq mille personnes. Je comptai à plusieurs reprises les présents. Je n'en trouvai guère plus de quinze cents. Je passai une partie de l'après-midi allongé sur une pelouse, à côté de Thorez soucieux du tour que prenaient les choses, mesurant l'importance des ravages accomplis par le sectarisme et la répression. Mais ni lui ni moi ne mettions en cause la tactique ! Le parti avait été mal dirigé, voilà tout, il ne s'était pas mêlé aux luttes quotidiennes des ouvriers, il n'avait pas su profiter de la fameuse radicalisation des masses. Thorez n'était pas homme à désespérer. Sa présence tranquille et sympathique rassurait les militants. Je lui parlai des surréalistes et d'Aragon. « Ah! oui, me dit-il, le type qui a écrit un traité sur le style. Je l'ai lu. En effet, c'est assez bien. Mais crois-tu que ces gens-là soient vraiment proches du parti ? Ne sont-ils pas avant tout des intellectuels bourgeois ? »

L'année 1930 devait être une des plus importantes du surréalisme. Eluard et Breton publièrent *L'Immaculée Conception*, Dali *La Femme visible*, il y eut la première de *L'Age d'or*, Aragon et Sadoul partirent en Russie et deux numéros de la revue *Le Surréalisme au service de la Révolution* virent le jour. La naissance de cette revue était la grande affaire du printemps. Je ne sais pas si le titre a été choisi avant ou après l'échange de correspondances télégraphiques qui en occupe la première page. La coïncidence, en tout cas, est remarquable.

La crise économique gagnait les Etats du monde les uns après les autres. La France n'en ressentait pas encore d'effets directs mais l'Angleterre et l'Allemagne, peu à peu, étaient touchées. Les spécialistes du Komintern reconnaissaient les traits bien définis des crises cycliques. Selon leur terminologie, celle-ci devait être redoutable puisqu'elle se surperposait à une crise générale du capitalisme qui allait, disaient-ils, s'approfondissant. On aurait pu en inférer que les perspectives politiques tracées deux ans auparavant étaient justes et qu'il fallait s'attendre à des luttes ouvrières qui seraient grosses de révolutions.

Les augures de Moscou en tirèrent une tout autre conclusion : la crise augmenterait le danger de guerre, l'U.R.S.S. serait plus menacée que jamais, il fallait mobiliser les masses pour la défendre. Staline, qui déportait des millions de paysans et organisait la famine, avait surtout envie de faire peur et de donner à d'éventuels opposants le sentiment d'être coupables. Les autres communistes prirent cet épouvantail au sérieux !

André Breton reçut, à la fin du printemps de 1930, le télégramme suivant :

Bureau International Littérature Révolutionnaire prie répondre question suivante laquelle sera votre position si impérialisme déclare guerre aux Soviets.

Voici la réponse rédigée par Aragon et Breton. Elle a été envoyée par télégramme au bureau intéressé :

Camarades si impérialisme déclare guerre aux Soviets, notre position sera conformément aux directives Troisième Internationale position membres du parti communiste français.

Si vous estimiez en pareil cas un meilleur emploi possible de nos facultés, sommes à votre disposition pour mission exigeant usage de nous en tant qu'intellectuels Stop vous soumettre suggestions serait vraiment présumer de notre rôle et des circonstances.

Dans situation de conflit non armé croyons inutile d'attendre pour mettre au service de la révolution les moyens qui sont particulièrement les nôtres.

L'engagement était de taille. Il était à l'époque sans exemple dans la gauche ou l'extrême gauche des intellectuels et des artistes, *où que ce fût*. Il définira la position surréaliste jusqu'au moment où la menace que Hitler fera peser sur toute la civilisation rendra odieux, ridicule et provincial, le chantage stalinien à la croisade antisoviétique.

A Paris la réponse surréaliste gêna les intellectuels qui commençaient à grenouiller autour du périodique *Monde* dirigé par Henri Barbusse. Ces intellectuels étaient pacifistes, mais pas révolutionnaires. Ils n'aimaient pas le surréalisme qui heurtait les idéaux artistiques rétrogrades et défendaient une moralité très stricte alors que leur conscience était généralement assez élastique et qu'ils tenaient plus que tout à leur confort bourgeois. Le télégramme de Breton, dans la mesure où il fut connu, fut bien accueilli par les communistes russes qui croyaient dur comme fer aux préparatifs de guerre des puissances contre l'U.R.S.S. La vérité était pourtant bien différente ! Les forces armées des « impérialistes » étaient au plus bas. Toutes les stratégies étaient défensives. Les armements étaient démodés !

Suzanne avait définitivement quitté Breton. Lise Deharme pense que Suzanne n'avait jamais cessé d'être amoureuse de Berl, que sa liaison avec Breton était un malentendu ou un pari, un coup de tête provoqué par les mauvaises manières de Berl à son égard. La jeune femme se montra chez Lise Deharme à Saint-Brice, pendant quelque temps, ce qui fit passer un nuage dans les rapports très affectueux que Breton entretenait avec son hôtesse. Breton éprouvait pour Lise Deharme, depuis longtemps, un sentiment plus vif que l'admiration, plus profond que l'amitié. Lise était une très jolie sorcière qui avait emprunté le regard voluptueux et séducteur de la Reine de Saba. Elle avait un goût singulier pour les objets, les formes et les couleurs qui paraissaient susceptibles d'avoir un rapport avec la magie, s'entourait d'animaux d'un comportement inhabituel, portait des bijoux que la plupart des femmes eussent jugé maléfiques. Breton en fut, à coup sûr, amoureux. Les circonstances ne se prêtèrent à aucun accomplissement mais Breton resta sa vie durant sous le charme de sa première rencontre avec Lise Deharme. Aussi était-il particulièrement sensible à ce qu'il pouvait interpréter comme une complicité dans la trahison. Or, Lise n'avait invité Suzanne que parce qu'elle la trouvait amusante. Il semble que la jeune femme fut accompagnée de Berl. La présence de ce couple chez Lise pouvait alors passer pour un chef-d'œuvre de perversité.

Suzanne, à mon sens, avait aimé Breton, elle avait été flattée mais dépassée par la position de son amant. Elle était versatile, coquette, frivole, prête à des aventures alors que le caractère exclusif de Breton ne lui permettait que les tentations. Breton était trop lucide, trop intellectuel et trop passionné pour une telle femme. Il souffrit beaucoup de cette rupture mais avec son admirable force de caractère il affecta de conserver une humeur égale, en essayant de ne pas perdre tout intérêt pour les idées et pour les hommes. Il ne faisait de confidences qu'à Eluard et Aragon, en se forçant à garder la sérénité d'un analyste, aussi peu décidé à transiger dans ce domaine privé que dans n'importe quel autre. Nous avions tous le plus grand mépris pour la personne et la littérature d'Emmanuel Berl. Toutefois, il est certain que Crevel, Aragon ou moi nous l'eussions attaqué moins souvent si nous ne l'avions pas rendu responsable de la souffrance d'un ami. La sollicitude que nous éprouvions pour Breton était d'autant plus grande qu'il était alors le seul membre du groupe dont la vie sentimentale fût brisée. Gala et Dali vivaient leur lune de miel. Eluard était sans problèmes ; Aragon n'en avait pas non plus du côté du cœur, il avait retrouvé son équilibre, ce qui lui faisait défaut c'était l'assise de la vie matérielle et la certitude concernant sa carrière littéraire. Sadoul était en plein désarroi, ce qui le rapprochait de Breton, encore que le vide sentimental dans lequel il se trouvait n'en fût qu'une des causes et sans doute la moindre.

La ridicule histoire de la carte postale d'insultes qu'il avait envoyée après boire au major de Saint-Cyr tournait mal. Katia et moi nous avions trouvé la rue du Château dans un état d'extrême saleté et de grand désordre. La vaisselle jamais faite, la pourriture partout, les traces pénibles d'occupants temporaires, tout dénotait le trouble du maître de maison. Sadoul menait une vie plus irrégulière que de coutume, il s'enivrait souvent, il avait une liaison épisodique et tumultueuse avec une acrobate. Cette fille le quitta après lui avoir flanqué la vérole. Sadoul partit en province où il vécut plusieurs mois entrecoupés de brèves visites à Paris autant pour échapper à une arrestation éventuelle que pour soigner une santé assez compromise. Il avait un grand besoin de repos. Son médecin avait décelé une affection pulmonaire qu'il importait de juguler sans attendre. Il fut absent de Paris pendant tout l'été. A l'automne, après sa condamnation à trois mois de prison pour l'affaire de la carte postale, il quitta la France en catastrophe, en assez mauvais état physique, pour rejoindre Aragon à Moscou.

La France avait un gouvernement de droite, suffisant et vantard. Les réactionnaires de tout acabit tenaient le haut du pavé. Les expressions pouvoir bourgeois ou dictature de la bourgeoisie avaient alors un sens. Les moralisateurs faisaient la loi, la censure était reine. En France métropolitaine, la répression se traduisait par la distribution de lourdes peines de prison, en application des lois sur les menées anarchistes, pour de simples délits d'opinion. Personne ne brûlait d'automobiles. Personne n'élevait de barricades, ne sabotait les voies ferrées ou ne dressait des barrages sur les routes. De tels exercices eussent sans doute causé la mort d'hommes. On ne connaissait pas encore les cocktails Molotov. Une conspiration de silence s'organisait autour des surréalistes. La grande presse évitait d'en parler, les éditeurs refusaient leurs livres. Un indépendant, José Corti, accepta de tenir tête et de prendre des risques. C'est chez lui que tout ou presque fut publié en 1930 et 1931. La préfecture de police refusa un passeport à Paul Eluard, les enquêtes policières sur les uns et les autres se multiplièrent.

RÉVOLUTIONNAIRES SANS RÉVOLUTION

La jeunesse était dans sa presque totalité sagement conformiste. Les responsables syndicaux étaient chassés des usines, les meneurs de grève renvoyés. Revendiquer était un délit. Dans les colonies, la moindre tentative d'émancipation, même dans le cadre juridique de l'empire, était noyée dans le sang. Les petits fonctionnaires métropolitains faisaient une loi tatillonne, vexatoire et souvent raciste et pourtant, dans leur ensemble, les masses restaient attachées aux trois couleurs, au 14 juillet, au vague idéal de gloire et de liberté, la République car en dépit de tout, celle-ci avait apporté la paix, une relative prospérité et un peu d'instruction dans les territoires qu'elle avait conquis. Tout n'était pas absolument mauvais, dans les vieilles colonies surtout, où les règles administratives assez strictes des Français, une certaine liberté d'expression, l'ouverture d'écoles, de lycées, la pratique des élections firent apparaître des êtres doués, suscitèrent une vie intellectuelle locale, enrichirent les universités françaises, le théâtre et l'armée. La « question coloniale » opposait violemment le surréalisme à l'idéologie officielle, aux préjugés dont presque tous les Français s'entouraient. Cette opposition n'était pas seulement la conséquence d'options politiques ou le résultat de notre alignement sur l'idéologie communiste, elle avait aussi ses racines dans notre refus de considérer la civilisation chrétienne comme un progrès absolu, dans l'intérêt que portaient les surréalistes aux coutumes et traditions des *Sauvages*. Les surréalistes professaient que les mythes des populations en cause se comparaient avantageusement à ceux du christianisme, que les créations artistiques des nègres d'Afrique, des Papous, des Aztèques, des Indiens d'Amérique et des Eskimos ne le cédaient en rien en signification et en beauté aux œuvres les plus célèbres de la civilisation occidentale. Aragon et Breton avaient parfois le goût des simplifications et des palmarès. De temps à autre ils établissaient des listes *lisez, ne lisez pas*, qui tendaient à ruiner la plupart des réputations faites et à disqualifier les anthologies. Le planisphère publié dans le numéro de *Variétés, Le Surréalisme en 1929*, est à la fois l'affirmation de quelques préférences politiques et l'indication des régions ayant donné naissance à un art particulièrement admiré. La moitié du monde est ainsi réduite à rien au profit de la Nouvelle-Guinée et de l'île de Pâques. L'attitude des surréalistes à l'égard de la pensée, de l'art des peuples « coloniaux », de l'oppression dont ceux-ci étaient victimes détermina une ligne de rupture avec la droite et avec la plupart des intellectuels de gauche et d'extrême gauche. Elle nous valut des hostilités militantes, mais elle était en soi une force plus cohérente et plus évidente que notre marxisme. Elle a résisté à l'épreuve du temps et a permis l'extraordinaire expansion mondiale du surréalisme.

Si Breton, en dépit du départ de Suzanne, avait retrouvé toute son énergie créatrice sans rien perdre de sa lucidité, en partie peut-être sous le coup de fouet donné par l'apport inattendu des peintures, des textes et des propositions de Salvador Dali, si Eluard se maintenait sans effort sur les cimes qu'il avait atteintes, Aragon traversait la crise la plus grave de sa carrière d'écrivain. Il publia en 1929 *La Grande Gaieté* et en 1930 une brochure de trente pages *La Peinture au Défi* pour servir de préface à l'exposition des collages organisée à la Galerie Goemans. Quelques-uns des poèmes de *La Grande Gaieté* ont été écrits en 1927 et 1928. C'est peu pour le surréaliste le plus doué, le seul avec Crevel qui fût capable de rédiger dix pages dans une matinée avec un minimum de ratures, surtout si l'on compare ces deux ouvrages si minces à la production des années 1923-1928 et aux kilos de papier noircis après 1934. *La Peinture au Défi* est le dernier texte surréaliste qu'ait écrit Aragon. Il contient une phrase que nous avions tous remarquée. A propos de l'origine et du devenir des *collages* Aragon cite les photomontages faits en Russie par les constructivistes : « Il ne m'appartient pas de négliger un phénomène... écrit-il, qui marque une des oscillations de la peinture de notre temps et qui est avant tout un symptôme de la nécessité de signifier... » En introduisant les collages politiques des années 1921-1925 dans le musée surréaliste, moyennant d'ailleurs quelques réserves, Aragon ne choquait aucun de ses amis. Mais que fallait-il entendre par la nécessité de signifier ? Klee est-il moins signifiant que Georges Grosz ? Aragon, admirateur de Klee, aurait pu répondre en 1930 que la question ne se posait pas. Duchamp ne lui aurait-il pas soufflé, s'il l'avait oublié, qu'il faut si peu d'artifice dans un collage pour faire disparaître ou changer la signification que la peinture doit se défier d'une nécessité aussi contingente et aussi fugace ? Qui fallait-il admirer dans les collages de Lissitski ou de Rodtchenko ? Le fait de signifier ou celui de prendre parti ? En reproduisant le collage de Rodtchenko, Aragon ne pouvait pas ne pas s'avouer que la signification en est des plus obscures. J'ai suffisamment connu Aragon pour croire que la juxtaposition du collage de Man Ray, *Eau de voilette*, et de celui de Lissitski où l'on voit un petit Lénine sur une tribune de fantaisie, marquait les limites qu'il assignait alors à la nécessité de donner un sens aux illustrations de sa brochure. Tous les surréalistes, en 1930, admettaient que leurs propres moyens d'expression fussent utilisés, le cas échéant, par la propagande communiste mais pour eux le service de la révolution allait bien au-delà de l'accomplissement de quelques tâches pratiques. Pour Breton, pour Dali comme pour moi, il ne pouvait être question d'enfermer la création artistique ou littéraire, les recherches morales ou philosophiques dans le moule des mots d'ordre. Il en était de même, apparemment, pour Aragon, avec cette réserve que sans qu'il en fût encore conscient, l'importance du contenu manifeste, la nécessité d'une signification presque vulgaire, exprimée dans la tradition littéraire la plus contestable, s'imposait de plus en plus à lui comme règle de création.

La poésie d'Aragon n'avait pas que des admirateurs. Eluard et Tzara la jugeaient courte, Breton la considérait comme mineure.

On me demande avec insistance
Pourquoi de temps en temps je vais à
La ligne...

écrit Aragon dans *La Grande Gaieté*. C'est une question que la plupart de ses amis se posaient. Ses premiers poèmes procèdent parfois d'Apollinaire dont il a poussé la désinvolture au paroxysme en 1927 et 1928. Eluard, Desnos et Tzara ne s'y retrouvaient pas, mais le parti pris d'Aragon avait une valeur de mise en garde contre les excès du grand genre. Les deux derniers poèmes de *La Grande Gaieté* emportent ces barrières. La nécessité de signifier s'impose, on n'est plus très exigeant sur les moyens. L'authenticité du sentiment, exprimé dans *Les Ruines* de la liaison du poète et de Nancy Cunard, sauve un texte qui manque de sombrer à plusieurs reprises dans la banalité. Quand toutes les disputes politiques du XXe siècle seront devenues aussi vaines et lointaines que les querelles théologiques des guerres de religion, il apparaîtra que les imprécations criées dans *Les Ruines* annonçaient les huit pages de *Hourrah l'Oural* ou de *Front rouge* ainsi que toute la logorrhée des *Yeux d'Elsa*, de *Brocéliande*, etc. Le congrès de Kharkov n'a fait qu'accélérer le processus déjà engagé. Toutefois, si les ukases crétinisants prodigués par l'analphabétisme stalinien n'avaient pas écrasé chez cet homme vulnérable tous les motifs de rébellion, toutes les velléités critiques, il n'est pas certain qu'il se fût abandonné à l'académisme verbeux qu'il a baptisé poésie. L'oppression politique, l'ordre moral donnent aux talents qui se laissent saisir dans leurs machines à modeler les formes les plus désolantes. Les exemples ne manquent pas. Il en est ainsi depuis qu'il y a des dogmes, des églises et les tyrans à leur service.

En 1929, je me posais la question suivante à propos d'Aragon et je sais que d'autres se la posaient aussi : « Que diable pourra-t-il écrire après *Le Traité du style* ? » J'attendais une réponse qui me surprît et m'émerveillât. En 1971 je ne suis pas certain que Aragon n'ait pas donné la réponse attendue avec un ou plusieurs de ses romans. Mais en 1930, l'écrivain se fourvoyait. Aragon fit l'ébauche d'un livre d'un genre bâtard, compromis entre le pamphlet, l'œuvre d'imagination et la composition édifiante. Il mettait en scène des personnages ineptes et orduriers qui incarnaient tous les vices de la bourgeoisie, tels du moins que nous les voyions à l'époque. Le rôle principal était tenu par un commissaire de police affublé du nom ridicule et extravagant que Aragon avait emprunté à un magistrat alors mêlé professionnellement à tous les scandales. Faux Pas-Bidet. Le texte avait le panache et le brillant du *Traité du style*, mais il laissait le lecteur aussi perplexe qu'après une lecture de Léon Bloy. Fallait-il s'engager dans cette voie, le long de laquelle, semble-t-il, certains poèmes de Péret épuisent en trente vers tout ce qu'il y avait à trouver et à dire et qui menait tout droit aux saynètes pour patronages rouges ? Aragon fit une lecture de cette esquisse rue Fontaine. Il n'y eut pas d'autres auditeurs que Breton, Sadoul et moi, Giacometti peut-être. L'accueil de Breton fut glacial. Quand Aragon eut terminé sa lecture, Breton dit simplement, avec embarras mais avec fermeté : « Si tu publies ça, les gens diront à nouveau que tu es génial. Ce disant ils n'apprendront rien à personne. Mais je ne crois pas que ce texte ajoute quoi que ce soit à tes derniers livres et qu'il puisse obtenir l'effet que tu cherches, que nous cherchons tous les deux. » Aragon n'insista pas. On n'entendit plus jamais parler de cette ébauche.

Le Troisième Faust, aussi, fit long feu. Ce devait être un opéra qu'écriraient Aragon et Breton sur une musique de Georges Antheil. Le titre pouvait à la rigueur séduire Breton mais celui-ci n'oubliait pas les piètres résultats du *Trésor des jésuites*. L'idée d'une nouvelle collaboration avec Aragon ne l'enthousiasmait pas et moins encore celle de devenir un librettiste. Il ne reste de ce projet que des fragments liminaires esquissés par Aragon et qui ne font rien regretter. En revanche, Breton composa, de concert avec Paul Eluard, l'admirable *Immaculée Conception*, il rapporta des vacances en Vaucluse avec Eluard et Char les poèmes de *Ralentir travaux* dus au travail en commun des trois hommes. Ces deux ouvrages, *Le Rêve d'une petite fille qui voulait entrer au Carmel* de Max Ernst et surtout *La Femme visible* de Dali, parus en 1930, mirent au service de la révolution un choix d'explosifs redoutables doués d'un pouvoir de régénération spontanée, comme des mines sans cesse rechargées et réamorcées. Ces livres ont créé pour longtemps des zones d'insécurité très étendues, au grand péril des conformistes et des conservateurs qui tenteront de s'y aventurer. Leur effet se prolongera bien après que se seront tus les harangues des congrès, les cris des manifestants, les chants de *L'Internationale* ou de *La Marseillaise*, après qu'auront été oubliées ou purgées les condamnations de tous les tribunaux républicains, fascistes ou communistes. Rien ne justifiait mieux ma présence dans cette équipe que le jugement de Charles Hainchelin, si peu préparé pourtant à s'écarter de Marx et de Lénine. Après avoir reçu *La Femme visible*, Hainchelin m'écrivit : « ... J'ai perdu l'adresse de Dali. Excuse-moi auprès de lui de n'avoir pas accusé réception de son livre. Dis-lui que j'y ai trouvé des choses remarquables, *vraiment révolutionnaires* (souligné par H.). » Le même, au moment où s'ouvrait le congrès de Kharkov, estimait que l'article de Breton, *Rapports du travail intellectuel et du Capital* publié dans le numéro 2 du *Surréalisme au service de la Révolution* était REMARQUABLE et il soulignait deux fois cet adjectif.

L'Age d'or fut présenté au Studio 28, en octobre, en coïncidence avec le départ d'Aragon pour Moscou. Il est difficile de décrire aujourd'hui l'effet produit en 1930 par la projection d'un film aussi scandaleux par rapport aux productions du temps, si étroitement contrôlées par des censures diverses, la censure préalable des réalisateurs n'étant pas la moindre. J'étais à côté de Breton pendant la projection. Breton voyait le film pour la seconde fois. Au cours de la première partie, on entend un fragment de la *5ᵉ Symphonie* de Beethoven, le début de l'andante. Breton, qui ne s'intéressait guère à la musique, se pencha vers moi : « De qui est-ce ? me demanda-t-il. C'est très beau. » Cet andante devait jouer un grand rôle à la radio alliée pendant la guerre car le thème est construit sur le même rythme que la lettre V (de victoire) en morse[1]. Après la présentation, le vicomte et la vicomtesse de Noailles, qui avaient commandité *L'Age d'or*, recevaient en leur hôtel, place des Etats-Unis. Le Tout-Paris avait été invité. Je ne connaissais pas à

---

1. En réalité, c'est l'*Allegro* qui fut cité par la Radio des Alliés.

l'époque Charles de Noailles ni Marie-Laure. Je n'ignorais pas, cependant, le rôle de mécènes qu'ils assumaient et l'intérêt qu'ils avaient manifesté pour le surréalisme. Je savais qu'on leur devait la réalisation de *L'Age d'or*. Mon intolérance était alors si entière que le rôle joué par des gens riches et titrés dans la confection d'une œuvre révolutionnaire me gênait. J'y voyais une tache. Pourtant, en y réfléchissant un peu plus, j'aurais dû convenir que sans les Noailles il n'y aurait pas eu d'*Age d'or*. Eluard et Breton me traînèrent place des Etats-Unis. D'abord je ne voulais pas y aller. La curiosité fut la plus forte. En montant le grand escalier sur les marches duquel se tenaient des laquais vêtus à la française, ma colère éclata. Je me rendis au buffet pour y faire scandale, brisant les verres, lançant des bouteilles contre les glaces et les maîtres d'hôtel, renversant tout ce que je pouvais renverser, l'insulte à la bouche. Charles de Noailles restait impassible. Marie-Laure était à l'époque une jeune femme brune, assez mince, avec un décolleté engageant. Elle eut l'élégance de ne rien remarquer. Ni l'un ni l'autre ne me tinrent rigueur de ces violences incongrues et gratuites. Mon comportement était une anticipation du raid gauchiste de 1970 chez Fauchon, du badigeonnage des voitures à Royan ou à Arcachon. Il était encore plus sot puisque je ne pouvais reprocher aux Noailles que leur fortune et non l'usage qu'ils en faisaient. Crevel m'apprit patiemment, l'année suivante, qui était Charles de Noailles et quel génie habitait Marie-Laure. J'eus l'intuition que le monde était moins simple que les schémas dans lesquels je voulais l'enfermer[1].

La présentation de *L'Age d'or* avait été conçue comme une manifestation surréaliste. Dans l'entrée et les couloirs du cinéma étaient exposés des peintures de Dali, Max Ernst, Man Ray, Miró et Tanguy, des livres et des photographies très réussies que Man Ray avait prises de chacun des membres du groupe. Nous rédigeâmes un catalogue-programme composé d'un préambule et de cinq fragments. Je suis l'auteur du dernier de ces « Chapitres » intitulé *Aspect Social, éléments subversifs*. C'est le plus fréquemment cité et reproduit. Les autres ont été écrits par Breton, Crevel, Eluard et Aragon, dans l'ordre.

Le 3 décembre, des adhérents de la Ligue des Patriotes et de la Ligue antijuive saccagèrent le cinéma, maculèrent l'écran, lacérèrent les tableaux, déchirèrent les livres et les photographies et, pour interrompre plus sûrement la représentation, lancèrent des bombes fumigènes. Ceux-là anticipaient sur les exercices auxquels les nazis allaient se livrer en Allemagne en 1933. Le soir où la projection fut reprise, j'étais au Studio 28 avec quelques ouvriers du XIVe: nous étions armés de matraques. Nous ne laissâmes entrer les hommes jeunes qu'après nous être assurés par une fouille sommaire qu'ils ne portaient sur eux aucun instrument de sabotage ou d'agression. Deux ou trois suspects furent refoulés sans ménagements. Le film fut interdit le 11 et saisi le 12.

Le Provost de Launay, alors conseiller municipal de Paris, dénonça

---

1. Charles de Noailles fut exclu du Jockey-Club pour crime d'*Age d'or*!

comme antifrançaise, dans une lettre ouverte au préfet de police la revue *Le Surréalisme au service de la Révolution*. De 1947 à 1953, je siégeai au Conseil municipal avec Le Provost de Launay. Nous étions inscrits au même groupe politique gaulliste. Le Provost était alors un vieil homme, un peu radoteur, indulgent envers tous, communistes compris. Il avait rendu je ne sais plus quel service au Général, en 1935 ou en 1940, ce qui dénotait de la perspicacité et du courage et il en était fier. Il avait été très beau et avait eu de grands succès féminins. Il se souvenait bien de l'affaire de *L'Age d'or*. « Aujourd'hui, me dit-il, j'irais volontiers voir ce film et je vous demanderais de m'expliquer ce que je ne comprenais pas. Dali est en passe de devenir célèbre, vous et moi nous votons contre les communistes et si une ligue antijuive se formait à nouveau, j'écrirais sur-le-champ au préfet de police pour en demander la dissolution. En 1930, bien des choses m'échappaient. Mais peut-être vous aussi vous ne voyiez pas très clair. Je ne savais pas qu'il ne faut pas jouer avec la liberté. Le seul mérite que je me reconnaisse c'est d'avoir donné un peu de panache aux réceptions de cette maison et d'avoir compris le parti qu'une armée pourrait tirer des formations blindées. Peut-être était-ce plus à ma portée qu'à celle d'autres hommes parce que je suis un vieux cavalier. J'ai aussi compris assez vite ce que représentait le maréchal Pétain et pourtant il m'avait décoré ! J'ai aidé de Lattre quand il le fallait. Je reste, bien sûr, très attaché à pas mal de mes préjugés, je déteste les mauvaises manières. Mais croyez-moi, seul compte le temps et c'est lui qui nous joue les plus vilains tours. Je donnerais tout pour être comme celui-là, ajouta-t-il en me montrant un de nos collègues communistes, un grand gars d'une trentaine d'années, même à la place qu'il occupe ! Je vous souhaite de savoir vieillir ! »

Ma position dans le parti était bonne. J'avais reconstitué la cellule de Plaisance et toutes les organisations annexes du XIVe arrondissement : le Secours Rouge international, les Amis de l'U.R.S.S., les Comités de Défense de l'Humanité. J'avais créé un cercle d'études marxistes que fréquentaient des employés de magasin et des adhérents des Jeunesses communistes. J'avais donné un bal à la Maison des syndicats pour remplir nos caisses. J'avais rendu vie à des journaux d'entreprise. Je rencontrai Darnar dans une conférence de travail. Emprisonné à Nancy avec Thorez, il était sorti de la prison Saint-Charles secrétaire de la commission centrale d'Agit-Prop. Il me demanda d'organiser à la Bellevilloise l'exposition par laquelle le Bureau politique voulait célébrer le 10e anniversaire du parti. J'avais carte blanche. Le parti mettait à ma disposition ses archives et un crédit de deux mille francs. Toutefois sur ce crédit mille six cents francs avaient déjà été utilisés pour acheter au caricaturiste Cabrol les portraits des quatre principaux leaders : Thorez, Doriot, Cachin et Monmousseau. Avec les documents du congrès de Tours, la pièce la plus passionnante était le télégramme de félicitations envoyé par Doriot à Abd El-Krim au moment de la guerre du Rif. Je commis l'erreur de concevoir un projet trop difficile à exécuter, compte tenu des moyens dont je disposais : quatre cents francs, un ouvrier de la Bellevilloise, Yves Tanguy et moi-même. Tzara me donna mille francs. La grande salle de la Bellevilloise était triste. Je voulais la tapisser de papier blanc et faire un faux plafond avec des rouleaux de papier posés sur une armature de fil de fer. Aidé par Tanguy je peinai beaucoup pour réaliser cette infrastructure tandis que Clovis Trouille exécutait les décorations convenues. Celles-ci avaient été demandées à Trouille et à Dali. Clovis Trouille peignit en trompe l'œil une guillotine grandeur nature, ruisselante du sang des condamnés de Yen-Bay. Dali avait fait deux projets, dont l'exécution incombait à Trouille, à Tanguy et à moi. Le plus important était la représentation d'un énorme bûcher où brûlaient des ciboires, des titres de rente, des armes, des décorations et autres accessoires symbolisant le capitalisme. L'autre était destiné à présenter le fameux télégramme Abd El-Krim. Des flèches et des taches de sang devaient y conduire le visiteur.

La situation matérielle d'Aragon n'était pas enviable parce qu'il commençait sa vie avec Elsa, laquelle n'était pas du tout décidée à passer son existence dans la médiocrité. Or, assurer en 1930 à Elsa un confort de cadres moyens n'était pas une entreprise tellement aisée. Le nouveau ménage ne pouvait plus accepter la pension qu'André Triolet avait l'élégance de continuer à verser. Aragon tenait à mettre fin le plus tôt possible à cette dépendance moralement gênante. Heureusement, Elsa avait l'esprit pratique et n'était pas paresseuse. Elle eut l'idée de fabriquer des colliers pour la haute couture. Elle imagina des bijoux de fantaisie faciles à réaliser avec des perles, des tresses, des anneaux de galalithe, etc. Elle inventa de très jolis modèles qui eurent tout de suite beaucoup de succès. Worth, Molyneux, Chanel, Piguet, Schiaparelli les introduisirent dans leurs collections. Elsa monta rue Campagne-Première un petit atelier dont Katia et elle-même étaient les ouvrières ; elle embaucha même une ancienne amie de Triolet. Dès que les colliers avaient été montrés dans les collections, Aragon allait les proposer rue de Paradis, dans les maisons de commission, aux acheteurs étrangers. Il se fit faire une valise de commis voyageur. Je l'accompagnai plusieurs fois rue de Paradis car il me demanda de le remplacer durant son voyage en Russie. L'habileté commerçante d'Aragon était stupéfiante, au point d'en être gênante car il avait pris toutes les manières des vrais représentants. J'étais assez choqué de voir l'auteur d'*Anicet*, contraint, pour vivre, de s'abaisser ainsi et il me déplaisait qu'il pût jouer aussi bien un rôle aussi servile. L'affaire prospéra mais Elsa ne cachait pas qu'elle n'avait pas une vocation industrielle. On se mit à parler d'un voyage en Russie. Dans les premiers temps on le présenta comme une simple expédition touristique ; il ne s'agissait pas d'autre chose, d'ailleurs. Elsa avait envie de revoir sa sœur et de s'acheter un beau manteau de fourrure. Aragon était curieux. Mais au fur et à mesure que l'époque du voyage approchait, se dessinèrent des perspectives politiques. La position prise par les surréalistes sur la défense de l'U.R.S.S. était favorablement commentée. Il n'était pas pensable qu'un écrivain aussi notoire que Aragon ne fût pas reçu par les poètes et les romanciers russes et qu'il n'eût avec eux que des conversations banales, que les autorités pussent se désintéresser de ce voyage. Là-bas, le milieu Brik était encore très officiel. On apprit qu'un Congrès d'écrivains révolutionnaires se tiendrait à Kharkov pendant le séjour d'Aragon en U.R.S.S. L'affaire se corsait. Enfin Sadoul décida d'accompagner Aragon. De plus en plus nerveux devant l'éventualité d'une arrestation prochaine pour purger la peine de prison que lui avait valu l'histoire de la carte postale il fit une demande de visa au consulat soviétique.

Tout cela se déroulait vite. Il y avait une fièvre du départ. Je jugeai que la présence de nos deux amis en Russie et la présomption de conversations revêtant une importance politique certaine pour le devenir de tout ce qui m'importait, exigeaient que les négociateurs eussent tous les atouts en main. Aragon et Sadoul avaient adhéré au parti en 1927. Ils n'en avaient jamais été exclus. Je savais qu'ils approuvaient la Ligne générale. Aragon la défendait dans les limites de son activité depuis plus d'un an. Je proposai à l'un et à l'autre de les inscrire à la cellule de Plaisance. J'avais le mandat formel de récupérer les camarades qui s'étaient éloignés de l'organisation mais n'avaient aucun désaccord politique avec elle. Aragon et Sadoul acceptèrent. Pour montrer à ceux qui revenaient que le passé ne comptait pas, l'habitude avait été prise de leur délivrer tous les timbres de 1929 et 1930 qui leur manquaient. Cela faisait aussi l'affaire de nos trésoreries. Je remis donc aux deux voyageurs leurs cartes d'adhérents pourvues des timbres de 1929 et 1930 achetés spécialement avec une note indiquant à quoi et à qui ces timbres étaient destinés. Je fis passer une autre note au secrétariat du parti pour l'informer de ce voyage, donner mon avis sur la portée qu'il prendrait et l'avantage politique que le parti pouvait en tirer. Je suggérai d'établir un contact à Moscou entre Aragon et l'un des Français de la délégation de *L'Internationale*. Par mesure de précaution, je priai Hainchelin de mettre au courant les amis qu'il avait en Russie, ce qu'il fit[1].

La ligne politique que Aragon et Sadoul auraient éventuellement à défendre en Russie était celle que j'avais esquissée en 1929 dans ma réponse à l'enquête de *Variétés*. Cette ligne, assez gauchiste, était tracée à partir de la distinction faite entre l'activité d'un noyau d'intellectuels très proches du parti, purs de toute attache bourgeoise, fermement établis sur les positions du communisme orthodoxe et l'éventualité d'actions à objectifs précis, sur des mots d'ordre du parti, pour lesquelles le noyau s'adjoindrait temporairement toute personne prête à mener cette action sous la condition toutefois que le caractère de cette personnalité n'entachât pas ce rapprochement de confusion préjudiciable à l'effet recherché.

Le *Second Manifeste* avait donné l'aval à cette ligne qui constituait la trame des numéros 1 et 2 du *Surréalisme au service de la Révolution*. Conformément à l'esprit de l'idéologie *Troisième Période*, les intellectuels de gauche et d'extrême gauche non surréalistes étaient l'objet d'attaques sauvages. Un de nos objectifs essentiels était de dissiper le brouillard de confusion qui

---

1. Je commettais une faute de tactique monumentale ; je voulais accroître l'autorité d'Aragon et de Sadoul ; je les rendais plus vulnérables.

entourait l'hebdomadaire *Monde*, de situer celui-ci parmi les adversaires les plus dangereux de la classe ouvrière et de déconsidérer Barbusse, son directeur, à qui nous déniions le droit de se présenter comme intellectuel révolutionnaire. Notre pensée se soumettrait aux règles du matérialisme historique et du léninisme, mais chacun reconnaissait que les surréalistes devaient encore accomplir des progrès dans l'interprétation correcte et l'usage des saintes écritures. Toutefois, le surréalisme recouvrait des domaines très étendus dans lesquels l'orientation marxiste n'était pas connue, si tant est qu'elle pût y être un jour définie. Il était convenu sans ambiguïté que le développement des recherches surréalistes dans ces domaines ne serait pas entravé par l'action politique, les réalisations qui s'ensuivraient pouvant être tenues pour objectivement révolutionnaires.

Pour ma part, en octobre 1930, j'accordais une valeur plus grande qu'en janvier 1929 à la poursuite d'activités purement surréalistes, encore que le sentiment que j'avais en 1929 de leur nécessité eût été un des points sur lesquels mon jugement avait fini par différer de celui de Pierre Naville. J'étais là-dessus aussi ferme que Breton. L'admiration que j'éprouvais pour la peinture de Max Ernst, pour celle de Tanguy et de Dali, la considération que j'avais pour le personnage de Dali, les textes de *L'Immaculée Conception* étaient les facteurs de cette évolution, au demeurant de faible amplitude. Le cas Dali était en l'occurrence un test. Dans la mesure où des concessions devaient être faites, c'est de ce côté-là qu'elles s'imposeraient. Aragon, semblait-il, ne pensait pas autrement. Toutefois, de petits indices établissaient déjà qu'il ne se sentait pas aussi engagé que Breton, Eluard, Crevel ou moi dans la défense du délire susceptible de se développer du côté de Cadaqués.

J'épousai Katia à Malakoff, le 30 septembre 1930. C'était un jour de pluie. L'officiant était le maire, alors communiste, Piginnier, un brave social-démocrate barbu qui devait passer, quelques années plus tard, dans les rangs de je ne sais quelle dissidence de droite. Les témoins étaient Aragon et Breton. Mon père et Tanguy assistaient à la brève cérémonie, assez parodique. D'un commun accord, Piginnier posa sur sa chaire l'écharpe tricolore que le règlement l'enjoignait de ceindre. Breton fit une réflexion humoristique sur l'allégorie peinte au plafond de la salle des mariages. Tanguy proposa sérieusement au maire d'améliorer cette composition en lui adjoignant quelques symboles, une petite faucille et un petit marteau entre autres. Piginnier ne prit pas cette offre au sérieux. La ville de Malakoff y a beaucoup perdu. Le repas de noces eut lieu rue du Château. Eluard vint y rejoindre les mariés et les témoins. Mon père avait confectionné lui-même, à ma demande, une énorme quiche lorraine. Il s'était mis à la cuisine depuis trois ans et réussissait particulièrement bien cette spécialité régionale.

Nous héritâmes d'une recrue de marque. Au milieu de 1930 un garçon maigre, de taille moyenne, à la chevelure de pâtre sicilien, rejoignit les surréalistes. Il se donnait pour sculpteur et se nommait Alberto Giacometti. Timide, inquiet, il prenait garde à ne pas se maintenir dans les jugements condamnés par les chefs, allant jusqu'à ne rien avancer qui ne fût conforme à l'opinion de ceux-ci ou à se contredire trois fois au cours de la même soirée selon l'évolution de la discussion. On connaissait mal son œuvre. Il apportait parfois de minuscules sculptures ; il ne s'imposa vraiment que quelques mois plus tard avec des objets à fonctionnement symbolique. Il s'orienta peu à peu dans son art où il se hissa bientôt au premier rang. Il fut longtemps tiraillé entre Breton et Aragon. Avec l'automne surgit un groupe de jeunes vagabonds. Le plus remuant était un personnage de nationalité indéfinie, qui disait s'appeler Bauer, une sorte de hippy roux, illuminé, provocateur ou fumiste. Du moins nous le vîmes comme tel, après quelques semaines de palabres. Dès leur retour de Kharkov, Aragon et Sadoul furent très sévères pour l'individu. La réalité était plus complexe.

Victor Bauer, né à Vienne en 1902, mort à Nice en 1959, était à la fois un créateur et un personnage. Il nous montra des dessins et des ébauches expressionnistes, très influencées par Georges Grosz. Elles ne convainquirent ni Breton ni Dali. Son talent s'affirma vers les années 50, dans la trajectoire de Kandinsky et de Klee. « Voici un grand peintre que vous ne connaissez pas », écrivit en 1957 Georges Ribemont-Dessaignes à propos des aquarelles de Victor Bauer. Jacques Prévert était du même avis.

L'homme est plus difficile à saisir, tant à cause de son pouvoir d'affabulation que du petit nombre de repères contrôlables jusqu'en 1945. On sait qu'il fréquenta la Kunst Akademie de Vienne, en 1922 et 1926, qu'il a travaillé à la restauration de peintures anciennes, en Autriche et au musée des Offices vers 1932-1933. On connaît bien son séjour à Paris, en 1930. Il aurait eu des contacts avec des révolutionnaires bavarois, vers 1919. Il a sans doute adhéré au parti communiste autrichien avant 1923. Il se glorifiait d'un voyage en Russie, en 1923, où il aurait rencontré Lénine. Or, la Russie, en pleine crise économique, n'était guère accueillante à cette époque, même pour des congressistes autrichiens. Lénine, très malade, ne fit plus d'apparition en public après décembre 1922 ; il n'était pas en état de recevoir ses compagnons les plus proches. Même observation sur une rencontre avec Kafka, en 1926, alors que l'auteur du *Procès*, très isolé, est mort en 1924. En revanche, Bauer a sans doute connu Sigmund Freud, épisodiquement, et beaucoup mieux Wilhelm Reich avec lequel il fut longtemps en rapport. Les idées que Bauer défendait en 1930, lors de la création de l'A.A.E.R., étaient assez voisines de celles de Wilhelm Reich. Il aurait voyagé en Asie, a peut-être effectué quelques missions secondaires pour les communistes. Tout semble un peu plus net de 1941 à 1945, encore que nous ne soyons pas disposés à tout prendre pour argent comptant. Antifasciste, il disait avoir été arrêté par l'O.V.R.A. en Italie, emprisonné à Milan, condamné (à mort?) ne devant la vie qu'à la chute de Mussolini.

Il participe en 1944 aux combats de la Libération, aux côtés de l'armée anglaise, puis se fixe définitivement à Nice en 1945 où il dépose enfin son manteau couleur de muraille. Il appartenait à la jeunesse de l'Europe centrale déboussolée par la défaite de 1918, plus ou moins formée par l'austro-marxisme et la lecture de Freud, douée pour les arts et séduite par l'aventure.

Il tranchait avec la plupart des recrues de l'automne 1930, Léo Malet, Rolf Ubac, Raymond Michelet, et Pastoureau venu un peu plus tard. Ce groupe comptait au moins une fille, une religieuse défroquée, dans les vingt ans, très attrayante, et quelques vagues étudiants plus ou moins épisodiques. Michelet n'avait pas dix-huit ans, son père était commissaire de police à Clermont-Ferrand.

Il s'était échappé de la maison paternelle et vivait à Paris on ne sait comment. Malet affichait des idées anarchistes, il était plus mûr que les autres et n'écrivait pas encore de romans policiers. Ubac n'était pas encore très sûr de devenir peintre. Il parlait avec hésitation et modestie. Il avait un regard de mystique et une âme candide. Il était très difficile de juger des êtres aussi jeunes. A première vue, Breton pensait que le plus solide était Michelet. De tous, seul Ubac avait quelque chose à dire.

Je voyais alors Breton tous les jours. Nos opinions sur tous les sujets n'avaient jamais été aussi voisines. Je reçus un pneumatique me demandant de venir rue Fontaine, toute affaire cessante. Aragon était à Moscou depuis quelque temps et commençait à envoyer des lettres optimistes. Il nous avait appris que Sadoul et lui étaient invités au congrès de Kharkov à titre d'observateurs.

Je trouvai Breton en proie à une certaine agitation. Il avait eu plusieurs conversations avec Bauer, qui l'intriguait passablement. La curiosité de Breton était attisée par le fait que Bauer se disait membre du parti (et il l'était effectivement), qu'il laissait entendre qu'il appartenait à l'appareil clandestin et qu'il affichait un intérêt majeur et déférent pour la psychanalyse, affirmant que l'essentiel de l'œuvre de Freud s'intègre fort bien au marxisme et que tel était le point de vue d'un grand nombre de camarades étrangers. De telles affirmations étaient si nouvelles, elles correspondaient à des espérances si anciennes, que Breton était prêt à leur accorder la plus grande attention à la condition toutefois que celui qui les exprimait ne pût être tenu pour un fabulateur ou pour un espion. Or, tout plaidait contre Bauer, sa personne, ses manières, le manteau couleur de muraille qu'il ne quittait jamais, une certaine confusion dans le langage dont il se servait à merveille quand il était embarrassé, sous le prétexte qu'il ne trouvait pas l'expression française adéquate alors qu'il parlait très bien notre langue. Néanmoins il connaissait Freud et les psychanalystes. Breton me demanda de tirer au clair l'histoire de la clandestinité. C'était difficile. Tout n'était pas inventé, Bauer avait un jeu de fausses pièces d'identité fort bien faites, qui le donnaient comme français alors qu'il était autrichien. Il me fit rencontrer un certain Clément que je connaissais un peu et dont je savais qu'il appartenait à l'appareil antimilitariste. Tout cela semblait exercer, à première vue, des tâches mineures dans un vague réseau d'espionnage rattaché au Secours Ouvrier International ou au mouvement des correspondants ouvriers, les rabcors.

Bauer proposa tout de go, avec beaucoup d'insistance et une motivation séduisante, le rassemblement de tous les artistes révolutionnaires dans une grande association, prétendant que seuls les surréalistes étaient capables de mener cette tâche à bien et qu'il se faisait fort de leur obtenir les appuis nécessaires.

C'était un beau hasard objectif. Breton fut d'autant plus séduit par l'idée que Bauer lui remit un texte de préambule dont il prétendait qu'il avait l'aval des « camarades étrangers ». L'argumentation en était nouvelle à cause du point d'appui qu'elle prenait sur Freud et du pont habilement lancé entre le freudisme et Marx. Nous décidâmes de prendre ce texte comme base d'une sorte de manifeste inaugural. Il me paraît intéressant de le reproduire. Les trois premiers paragraphes ne sont guère que la mise en forme par Breton du projet de Bauer. En revanche, le *Nota* a été entièrement rédigé par Breton et moi, en tenant compte néanmoins de l'aspect syndicaliste des propositions de Bauer.

Préambule
Le désir de s'affirmer comme individu est inné à tout être vivant et cet être tend, par suite, essentiellement à se survivre. Ce désir trouve à se satisfaire d'une manière générale, primaire, dans la cellule organique qui paraît retenir en elle la qualité de l'individu: l'enfant.

Dans certaines conditions et, comme on l'admet aujourd'hui, pour peu que l'être humain présente, par rapport à la normale, une certaine insuffisance organique[1] *entraînant des sentiments d'infériorité, il s'opère en lui une sublimation de nature à lui permettre de s'extérioriser dans d'autres domaines. Avant tout l'œuvre qu'il crée a pour lui un sens de compensation. Mais aussi les remarquables acquisitions de l'esprit qui résultent de l'enrichissement psychique ainsi réalisé confèrent à cette œuvre une indéniable utilité sociale.*

Les valeurs que l'homme crée en s'expliquant avec l'univers au moyen du son, de la ligne, de la couleur — si d'une part elles sont d'une importance fondamentale pour l'explication du processus de la création, si d'autre part elles sont indispensables à l'existence de toute société — dépendent absolument de la structure sociale de son entourage. L'artiste doit toujours être considéré en tant que produit biologique et sociologique; la base matérielle de son existence repose sur les conditions économiques de la société dans laquelle il vit.

Nota: La nature des besoins de l'homme est indifférente, et peu importe qu'ils proviennent de l'estomac ou de l'imagination (Marx). Par artiste, il est clair qu'on n'entend ici, très rigoureusement, que le producteur intellectuel qui cherche à satisfaire chez l'homme l'appétit de l'esprit. On le distingue — est-il besoin de le dire? — du trafiquant sans conscience qui usurpe sa place dans la société bourgeoise en se faisant, à quelque degré que ce soit, l'apôtre ou seulement le complice de cette société.

Cet artiste, qui, par définition, ne peut aujourd'hui se soumettre à l'idéologie de la classe dominante, est à peine toléré par cette classe et les moyens qu'il a de subsister, en régime capitaliste, sont des plus précaires. Il ne dispose pas des

---

1. L'idée que la création artistique serait l'effet d'une insuffisance organique nous paraissait quelque peu suspecte: provocation policière ou obsession autrichienne?

marchés d'écoulement qui se trouvent presque exclusivement dans les mains de la grande bourgeoisie. Rien ne servirait au peintre d'entrer en lutte avec les marchands de toiles réunis en trusts et cartels. Or, dans cette période de transition, le prolétariat ne peut être considéré comme acheteur. S'il ne s'organise pas, l'artiste ne court donc aucune chance d'améliorer sa situation économique, situation aussi mauvaise sinon pire, que celle du prolétariat. Le seul moyen qu'il ait de sauvegarder l'indépendance de ses recherches, c'est de lutter à côté des travailleurs exploités contre la société capitaliste.

Le guide dans cette lutte ne peut être que l'organisation du prolétariat conscient: le parti communiste. Pour l'artiste, la nécessité s'impose de créer son propre syndicat, de faire ainsi valoir par le fait que le sort du prolétariat révolutionnaire est lié au sien.

Ce texte qui n'était pas une provocation a conservé en 1971 un intérêt que les laborieuses « analyses » marxistes de la création artistiques sont loin d'offrir. Les plus achevées des pédantes sottises prodiguées à l'envi depuis Plekhanov et Boukharine ont été le produit de l'époque stalinienne. Les « idéologues » soviétiques ont donné les impressionnistes, Picasso, Matisse, etc., comme des témoignages de la décomposition de la bourgeoisie en tant que classe ; dans le même temps les nazis dénonçaient l'art dégénéré de Paul Klee. Les trotskistes n'ont pas été beaucoup moins bêtes. Il va sans dire que le recours à la biologie pour découvrir les sources de la création artistique ne pouvait être que mal vu par les matérialistes « conséquents » du parti prêts à renchérir sur les thèses les plus discutables de Frédéric Engels. Je fis tenir ce « préambule » à la direction du parti. Les intellectuels, Hainchelin compris, firent la grimace. Les « camarades étrangers » de Bauer étaient sans doute absents de Paris !

Il fut décidé que le groupement en cause s'appellerait *Association des artistes et écrivains révolutionnaires*. Breton et moi passâmes deux jours à en bâtir les statuts. L'idée directrice était de créer une sorte de syndicalisme des lettres, des arts et des sciences aligné sur le syndicalisme ouvrier. A partir de là le choix du programme était simple : il suffisait de prendre celui de l'Internationale syndicale rouge (ou Profintern) à laquelle adhéraient les syndicats communistes ou sympathisants, en France la C.G.T.U. Ainsi étions-nous assurés d'écarter les libéraux, les tièdes et les conciliateurs, de fermer la porte aux intellectuels de l'hebdomadaire *Monde* qui se refusaient à répudier la défense nationale en régime capitaliste et la démocratie bourgeoise. Nous nous étions aménagé une clause de sauvegarde en stipulant que nul ne pouvait être admis dans l'A.A.E.R. s'il était prouvé qu'il collaborait à un journal ou à une publication contre-révolutionnaire ; enfin la définition des critères d'adhésion installait en permanence la terreur intellectuelle. Etait considérée comme révolutionnaire *toute idée morale ou philosophique compatible avec la morale ou la philosophie marxiste*. Etait considérée comme *propagande révolutionnaire toute propagande utile à l'I.S.R. ou à l'I.C. et reconnue comme telle par ces organisations*. Les statuts contenaient une perle dont l'insertion délibérée dans cet édifice montre bien jusqu'où allait en 1930 notre *fidéisme* envers le matérialisme dialectique. J'ai tout lieu de supposer que j'en suis l'auteur: était susceptible d'être admis à l'A.A.E.R. *tout homme de sciences* [pouvant] *fournir la preuve que son activité scientifique est de nature et de conclusion révolutionnaires.* Compte tenu des définitions rappelées ci-dessus, cette étonnante phrase annonçait à la fois Lyssenko et la science hitlérienne.

J'envoyai pour information ces statuts à la section d'Agit-Prop du parti en indiquant que leur publication pourrait s'assortir, à la rigueur, d'un préambule un peu différent. Cinq ans plus tard, les *écrivains et artistes révolutionnaires* devaient retourner contre Eluard et Breton les armes qu'ils avaient prises dans l'arsenal constitué par nous en 1930. Mais si notre définition de l'idéologie et de la propagande révolutionnaires, en 1930, était contingente et discutable, en 1935 nos successeurs, qui ne méritaient aucun des qualificatifs dont ils se paraient, comptant pour zéro dans les lettres et dans la révolution, devaient illustrer leurs prétentions en refusant la parole à Breton, un des écrivains majeurs du XXe siècle dont personne ne conteste aujourd'hui qu'il a incarné, plus que tout autre, l'esprit révolutionnaire. Il en est ainsi chaque fois que l'on s'aventure dans la théologie et dans les Eglises.

Tous les surréalistes présents, y compris les sympathisants nouveaux venus furent convoqués à une sorte d'assemblée générale, au cours de laquelle le préambule et les statuts furent approuvés. Breton expédia ces textes à Aragon et lui en expliqua la genèse. Max Ernst dessina le sigle de l'A.A.E.R. Nous en fîmes aussitôt un cliché. Cette pièce, comme beaucoup de documents de cette époque, est sans doute la propriété de Georges Hugnet.

Chapitre XVIII

Le congrès de Kharkov
ou la main de Moscou

Les premières lettres que nous reçûmes, Breton et moi, des voyageurs de Moscou étaient enthousiastes. Nous étions assurés que Aragon avait établi les contacts qu'il fallait et que les malentendus se dissipaient. Aragon semblait être un excellent ambassadeur. Mieux encore : Breton admettait que l'auteur du *Paysan de Paris* pût être amené à prendre là-bas des décisions nous engageant tous. La finesse du négociateur, dix ans d'étroite collaboration, de conflits surmontés en commun, de portes enfoncées par un effort conjoint, de nouveaux mondes découverts ensemble donnaient à Breton les plus hautes garanties sur la qualité de l'action engagée, du moins le pensait-il. On ne décelait aucune exaltation dangereuse chez Aragon. Nous avions le sentiment que notre ami avait entrepris une campagne d'explication méthodique. La lettre que je reproduis ci-dessous m'a été écrite par Aragon le 10 octobre 1930 au début de son séjour. Elle laisse deviner de quoi son auteur parlait à ses hôtes, les sujets abordés n'étant pas tous d'austères problèmes politiques.

Cher petit, envoie-moi aussi vite que possible et par retour du courrier ce que tu as sous la main :
1° Le bulletin de la Société d'Editions (Pour connaître le Marxisme);
2° La revue ;
3° Découpe dans la R.S. 12 mon article sur Monde ;
4° Découpe dans Monde les articles que tu crois susceptibles de m'intéresser (Einstein, Habaru sur Maïakovsky, tu vois le genre de choses, je m'en remets à toi). Une bonne quantité. En plusieurs fois, par exemple.
5° Retrouve dans L'Humanité les articles sur Maïakovsky et les traductions de M. Mir.
Recommande tes lettres. Georges arrive probablement demain. Tu vois le genre de choses qui m'occupent pour l'instant. Si tu trouves dans les journaux des articles susceptibles de m'intéresser, découpe et envoie sans que je te le demande... Si le hasard te faisait trouver ces livres dans ce qui me sert de bibliothèque veux-tu m'envoyer Maisons de Société *et* Le Marseille Curieux. *Tu connais ces bouquins. Un paquet recommandé, n'est-ce pas ?*
Ecris-moi surtout. Ne me raconte pas de blagues dans tes lettres je suis devenu d'une grande lenteur d'esprit, je n'y comprendrais rien. J'ai aussi beaucoup de difficultés à m'exprimer. J'espère que tu me connais assez pour ne pas m'en vouloir. Affectueusement.

ARAGON

LE CONGRÈS DE KHARKOV

Le 22 octobre, Aragon écrivait à Breton que Sadoul et lui ne participeraient pas au congrès de Kharkov au titre de simples observateurs mais comme délégués officiels de la France au plénum du Bureau International de Littérature Révolutionnaire. Cette information sera d'ailleurs démentie par Aragon lui-même. Il a prétendu dans *Le Surréalisme et le Devenir révolutionnaire*, publié en décembre 1931 par le numéro 3 de *SASDLR*, que Sadoul et lui n'avaient à Kharkov qu'un rôle consultatif. Mais à tout prendre cet amoindrissement des titres entre le 25 octobre et le 10 novembre aura peut-être été la conséquence de ce que je raconte plus loin.

A peine nous a-t-il fait part de ce succès que Aragon nous annonce une étonnante nouvelle. Il estime que ma présence à Kharkov est indispensable. Son avis est partagé par les organisateurs puisque je reçois une invitation pour le congrès. De son côté, le 25 octobre, Aragon m'adressait le télégramme suivant :

Visa argent envoyés. Prends immédiatement passeport stop indispensable présence désirable 3 novembre Moscou — si impossible directement avant le 10 novembre Kharkov — télégraphie Brik. Apporte documentation.

Effectivement un avis de virement de mille six cents francs, je crois, émanant du Bureau international de littérature révolutionnaire parvenait le lendemain rue du Château. La somme était à ma disposition à la banque pour l'Europe du Nord.

Cette invitation pouvait être interprétée de plusieurs manières. En dépit du télégramme du 26 octobre — *Résultats immédiats — Caractère inespéré — Confiance*, tout n'était peut-être pas réglé et Aragon avait peut-être besoin d'un renfort et d'une caution communiste. J'en rendis compte au secrétariat du parti où je demandai des instructions. L'accueil fut mitigé. La première réaction fut de mettre en doute l'opportunité de ma présence à Kharkov. J'écrivis au secrétaire général du parti en joignant à ma lettre le télégramme d'invitation. Je reçus, le 29 octobre, de Maurice Thorez, la réponse ci-après :

Paris, le 28 octobre
Au camarade Thirion
   Cher Camarade,

   Nous t'informons que notre décision en ce qui concerne ton départ pour le congrès des écrivains prolétariens en U.R.S.S. est maintenue. Par conséquent nous te demandons de t'abstenir de l'argent et du visa qui t'ont été assurés.
   Bien fraternellement.

Le secrétaire
THOREZ

La discipline n'ayant jamais été mon fort, je décidai de passer outre et j'allai quérir le visa au Consulat général de l'U.R.S.S. Personne n'était au courant. Toutes les précautions avaient été prises pour que Aragon ne reçût pas le secours qu'il attendait.

Deux questions peuvent se poser. D'où est venu l'ordre d'opposition à mon départ ? Quels en étaient les motifs ?

Il ne s'écoula pas quarante-huit heures entre ma démarche auprès du secrétariat et la réponse de Thorez. Il s'agissait donc d'une décision de Paris, dans la pure tradition bureaucratique. Le secrétariat était choqué d'être mis par Moscou devant un fait accompli[1]. Il estimait qu'il lui appartenait de désigner la représentation française à Kharkov. En insistant pour essayer d'obtenir l'accord du parti sur mon voyage, j'ai sans doute provoqué une discussion sur le fond. L'adhésion des surréalistes au Bureau international était un épisode. En revanche Barbusse était intouchable. Cette thèse était défendue par ceux qui tenaient un grand compte de l'influence morale que l'auteur du *Feu* avait sur les anciens combattants. Plus le parti communiste français voyait se rétrécir son audience au sein de la classe ouvrière, plus il attachait de l'importance aux intellectuels qui lui conservaient un lien avec la petite-bourgeoisie. Hypnotisés par la théorie du danger de guerre croissant, la plupart des membres du Bureau politique ne voulaient se séparer à aucun prix du grand camarade pacifiste. Quand j'étais à Nancy, j'avais fait des réserves sur Barbusse. Dieu sait quelles intrigues j'aurais pu nouer à Moscou avec les membres de la délégation française au Komintern ! La prudence comme l'éthique de la bureaucratie exigeaient que je restasse à Paris. L'affaire remonta ensuite à Moscou mais assez lentement, semble-t-il.

Deux sujets principaux furent traités à Kharkov: l'établissement d'une sorte d'inventaire de la littérature révolutionnaire, le développement de la littérature prolétarienne. Le rôle d'Aragon dans la discussion du premier sujet fut assez important et l'auteur d'*Anicet* eut probablement l'impression de marquer quelques points. L'inventaire de la littérature révolutionnaire en France est contenu dans deux résolutions: l'une dite générale, l'autre concernant l'hebdomadaire *Monde*. Le seul mérite de la résolution générale était de classer les surréalistes à l'extrême gauche et d'admettre que leur évolution mènerait les meilleurs d'entre eux à l'idéologie prolétarienne (!). Un paragraphe assez long donne une définition du surréalisme « réactions des jeunes générations d'intellectuels de l'élite petite-bourgeoise provoquées par les contradictions du capitalisme dans la troisième phase de son développement (*sic*) ». La conclusion condamne « les erreurs qui ont trouvé leur expression dans *Le Second Manifeste du surréalisme* ».

La « résolution » sur *Monde* doit beaucoup plus à Sadoul et à Aragon que la précédente. Aragon écrit *qu'elle est à des termes près le résumé de son rapport*. C'est une condamnation sévère du contenu de cette publication et des

---

1. Par une organisation « à côté » du parti.

responsabilités encourues à ce titre par son directeur, Henri Barbusse. Mais le jugement porté sur ce dernier, si dur fût-il, n'était qu'un exercice de style puisque l'intéressé, absent, avait été élu au Praesidium du congrès et que l'énumération accablante des fautes qu'il avait couvertes ne le fit pas descendre de son piédestal.

Après le vote de cette résolution, Aragon et Sadoul crurent de bonne foi qu'ils avaient gagné la partie car nul d'entre nous n'aurait osé espérer, un mois plus tôt, que *Monde* pût être convaincu aussi aisément à Moscou, dans un texte officiel, d'être *le promoteur des idéologies hostiles au prolétariat*. Nos deux amis n'avaient pas assez d'expérience politique pour apprécier l'influence des défenseurs de Barbusse au Komintern et dans les milieux dirigeants soviétiques. Barbusse et Romain Rolland étaient un recours de propagande pacifiste auquel les « politiques » attachaient plus d'importance qu'au contenu idéologique de *Monde* et aux colères des surréalistes. Avec un peu moins de naïveté, ils se fussent inquiétés de l'incident Gopner que je raconterai plus loin.

On se préoccupa beaucoup, à Kharkov, de la *littérature prolétarienne*, sujet souvent traité au cours des années 1930. Il suscita parmi les intellectuels marxistes et sympathisants un prodigieux concours d'âneries. Même les gauchistes de 1971 ont oublié les textes délirants qui ont traité de l'art prolétarien avec un sérieux inimitable, à grands coups de citations des Pères de l'Eglise.

Le débat était sans cesse ouvert par des écrivains médiocres qui cherchaient à imposer leur plat naturalisme au marché considérable du prolétariat mondial. Les Russes obtinrent ce résultat sans effort à l'intérieur de leurs frontières grâce à la police et à la terreur. Hors des frontières russes, pour le plus grand bénéfice de la culture, les masses, peu portées aux lectures difficiles, donnèrent leur préférence aux genres de la *Série Noire* et aux révélations sur les stars, les reines et les chanteuses.

Aragon voulut participer aux discussions du Congrès sur la morphologie de ce veau à cinq pattes. Il le fit hélas! sans le moindre humour — dont il semble avoir définitivement perdu l'usage en franchissant la Bérézina — et avec la tendance à en rajouter qui lui est propre. Il annonça que les missives hésitantes envoyées par des correspondants ouvriers (les rabcors, abréviation russe) aux journaux communistes constituaient la source de la littérature prolétarienne. La remarque était pleine de bon sens, ces productions répondant à tous les critères du genre ; *la seule base que l'on puisse et doive proposer à une organisation de la littérature prolétarienne est le développement systématique du travail des rabcors*, dit Aragon au Congrès. Cette phrase n'était pas dénuée d'astuces. Celui qui la prononçait savait qu'il était de bon ton, dans le parti, d'encourager les rabcors. En tant qu'écrivain professionnel, il savait aussi que cela ne mènerait pas très loin.

Les rabcors faisaient partie des *trucs* pseudo-démocratiques inventés par la bureaucratie communiste. On essayait alors de l'acclimater dans l'*Internationale*. Ces « lettres des lecteurs » auraient dû, en théorie, faire connaître l'opinion de la « base » sans passer par le filtre des journalistes professionnels. Dans la réalité, on avait créé un réseau de mouchards dont les écrits, dénués de toute spontanéité, ne subissaient pas seulement, comme toute la presse, la censure des autorités mais traduisaient en plus des *orientations* provoquées pour déconsidérer ou insulter ceux que lesdites autorités voulaient abattre. Le système, assez efficace, est encore très employé ! Il semble avoir fait quelques ravages dans la Chine populaire. En France, les rabcors devinrent un réseau d'espionnage qui tomba comme tel après un procès retentissant. En les prenant pour référence, Aragon n'adoptait pas seulement une attitude qu'il croyait solide parce qu'il la jugeait outrancière, un peu snob, si l'on peut dire ; il renvoyait du même coup à leurs origines traditionalistes et désuètes et à leurs formes usées les morceaux de bravoure russes ou français que leurs auteurs essayaient de faire ranger dans la catégorie sacrée sous le prétexte que certains des personnages mis en scène travaillaient dans les usines.

Le représentant du Komintern au congrès de Kharkov était une brave dame marxiste, la camarade Gopner. Elle jouait à la maîtresse d'école, à la gardienne du dogme. Personne n'a jamais su quel talent particulier avait valu à la camarade Gopner de devenir bergère chez les écrivains révolutionnaires. Peut-être était-elle à Kharkov pour expier quelque mystérieuse déviation. Toujours est-il qu'elle prenait, dit-on, son rôle au sérieux et qu'on la craignait. Elle releva assez vertement Aragon car elle ne fut pas dupe du tour de passe-passe qui confinait la littérature prolétarienne au domaine des plaintes et des dénonciations. « Affirmer », répliqua-t-elle, que les *rabcors constituent la seule source de la littérature prolétarienne, c'est formuler une assertion extrêmement gauche mais qui n'en est pas moins droitière et* « *opportuniste* ».

Cette phrase et quelques autres auraient dû alerter Aragon. Mais il était encore novice dans l'art des congrès. Son optimisme était inébranlable. Il télégraphia le 17 novembre à Breton... *Ici succès complet* alors qu'on en venait enfin aux choses sérieuses. La camarade Gopner et, m'a-t-on dit, le secrétariat du Komintern, voulurent avoir quelques informations sur ces deux intellectuels français, membres du parti, si furieusement dans la ligne et si méchants pour Barbusse. Or, ces informations arrivaient de France avec des protestations véhémentes contre la présence de surréalistes à Kharkov. Les avis, à Moscou, étaient partagés. Les Russes étaient sensibles au charme et au talent d'Aragon, plus encore au brio avec lequel il avait mené son opération de commando, car, après tout en septembre personne ne pensait à lui. En quelques jours, ce diable de Français s'était fait inviter au congrès de Kharkov, s'y était vu confier un rapport, avait multiplié les interventions, conquis des supporters et déposé des conclusions. Pressé par ses critiques le Congrès avait condamné *Monde* et traîné son directeur dans la boue. Le tableau de la littérature française, brossé avec des couleurs fournies par Aragon, plaçait le surréalisme au premier rang de la littérature révolutionnaire en France. Le Congrès s'était compromis avec Aragon et Sadoul, c'était là une incontestable performance. En plus, on ne pouvait pas reprocher grand-chose à ces deux personnages : ils se conduisaient bien, leur orthodoxie était méritoire, ils multipliaient les déclarations bien pensantes. On leur avait fait faire un peu de tourisme, avec les congressistes. Les propos qu'ils tenaient étaient exemplaires. On leur demanda un texte pour les émissions de radio en français. En voici le procès-verbal fait par Charles Hainchelin en écoutant l'émission :

« L'homme qui rit dans les cimetières (Poincaré) le responsable de 1914-1918 prépare une nouvelle guerre. A cet égard il agit avec l'U.R.S.S. en provocateur. Mais l'U.R.S.S. est pacifique et ne se laisse pas provoquer. Ses admirables efforts ne tendent qu'à la construction du socialisme. Nous étions au Dnieprostroï[1] lors du meeting où d'une seule voix les ouvriers ont exigé que l'on fusille les saboteurs jugés au procès du parti industriel. Nous saluons l'œuvre admirable de salubrité publique faite par la Guépéou ! Nous nous joignons aux ouvriers soviétiques pour demander qu'on fusille les saboteurs. Vive la construction du socialisme ! A bas l'impérialisme français ! Vive la révolution mondiale ! »

Il semble que cette déclaration inouïe ait été lue à la radio par un élève français des écoles du Komintern au moment où Aragon et Sadoul quittaient l'U.R.S.S. Que voulait-on de plus ? Mais pour les communistes français, d'aussi belles paroles étaient grosses de danger. C'était donc Aragon et son compagnon Sadoul qui allaient désormais faire la leçon aux Moussinac, Barbusse, Jean Richard Bloch, Politzer, Fréville et consorts ? Le Congrès avait décidé de créer en France une association d'artistes et d'écrivains révolutionnaires. N'était-elle pas déjà créée par Breton et par Thirion, sans doute renseignés à temps par leurs amis ? Les intellectuels du parti seraient donc contraints à s'affilier à cette invention nouvelle du surréalisme ? Etc.

In extremis, Russes et Français se mirent d'accord sur une procédure d'urgence, les Français étant bien décidés à accueillir aussi mal que possible les deux voyageurs s'ils n'obtenaient pas des armes et des assurances pour les empêcher de nuire.

Quelques heures avant leur départ, Aragon et Sadoul reçurent la visite d'émissaires qui leur mirent le marché en main. Les décisions de Kharkov n'auraient pas de suite si les deux Français ne signaient pas la longue confession qui leur était présentée. Aragon et Sadoul se reconnaissaient coupables des fautes suivantes :

— Ne pas avoir provoqué le contrôle de leur activité littéraire par le parti ;

— Ne pas avoir milité d'une façon constante dans les organisations de base du parti ;

— Avoir attaqué Barbusse et Robert Caby hors des organes du parti (pour Aragon) ;

— Avoir adopté le ton de la plaisanterie dans la lettre d'insultes adressée au major de promotion de l'école de Saint-Cyr (pour Sadoul) ;

---

1. Grand barrage sur le Dniepr.

— Avoir laissé imprimer des critiques de la presse du parti dans les revues surréalistes.

De plus Aragon et Sadoul déclaraient repousser toute idéologie idéaliste (le freudisme notamment). Ils s'engageaient à combattre en toutes occasions le trotskisme contre-révolutionnaire, se désolidarisaient du *Second Manifeste* d'André Breton et soumettraient dorénavant leur activité littéraire au contrôle du parti[1].

On sait que Aragon et Sadoul signèrent cette confession assez infamante, laquelle enlevait toute portée à ce qu'ils avaient obtenu du Congrès.

Ces signatures ont été données sous l'effet hallucinatoire des pressions intellectuelles, morales et politiques inhérentes au système. Breton pensait que si Aragon avait fait tout seul ce voyage, il n'eût jamais rien signé. Dans ses *Entretiens* avec Parinaud, Breton attribue implicitement à Sadoul la responsabilité de la décision, le rôle d'Elsa Triolet étant tenu pour suspect mais non pour déterminant. A vrai dire, la volonté d'Elsa ne pesa dans la balance politique qu'en 1932. Tout porte à croire que Sadoul a fait un récit détaillé de cette aventure à Breton, pendant les mois d'été 1931 que les deux hommes passèrent à Castellane.

Avant de rentrer à Paris, Aragon qui n'était pas sûr d'avoir bien agi dépêcha Sadoul comme détachement précurseur, ce qui semble avoir voulu dire: « C'est toi qui as insisté pour la signature. Débrouille-toi et va expliquer tes raisons. » Breton pensait que le seul motif qui avait poussé Sadoul à signer était la condamnation à trois mois de prison. Sadoul croyait ainsi se mettre sous la protection du parti communiste. L'explication est vraisemblable, elle fait état d'une démarche psychologique identique à celle qui solidarisa, en 1932, Sadoul avec Aragon parce que le futur historien du Cinéma était devenu journaliste à *L'Humanité*.

Comme on pouvait le prévoir, après vingt minutes d'engueulades, dès qu'il fut à Paris, rue Fontaine, Sadoul renia la fâcheuse signature[2]. Breton était

---

1. Le texte in extenso a été reproduit dans la brochure *Paillasse* publiée en 1932.
2. La version donnée par Georges Sadoul de son retour de Kharkov à Paris, publiée en 1960 après la mort d'Eluard, est totalement fausse. Dès son arrivée, Sadoul se rendit chez Breton qui me téléphona aussitôt (par le bar de la rue du Château), me priant de venir immédiatement rue Fontaine. Je crois avoir pris un taxi. Breton était seul avec Sadoul. Il me parut bouleversé et perplexe. Assis dans un coin, recroquevillé, mal à l'aise, Sadoul recommença son récit du voyage, ou plus exactement de la fin du voyage, et me montra le texte de la « confession » que les Russes avaient fait signer *in extremis* aux deux pèlerins de Kharkov. Je la jugeai aussitôt inadmissible et folle. Effondré, sans esquisser la moindre défense, Sadoul admit qu'il s'était trompé, qu'il n'avait pas compris, regrettant mon absence au Congrès. Eluard n'assistait pas à l'entretien, Bauer non plus. Breton mit Eluard au courant, un peu plus tard, peut-être en présence de Sadoul. Quant à Bauer, il ne faisait pas partie du groupe et n'eut connaissance de la confession qu'au cours d'une réunion générale où les participants furent informés du désir manifesté par Aragon de mettre en sommeil l'association que nous avions fondée.

Aragon était en Belgique. Il ne revint à Paris que quatre ou cinq jours après Sadoul. Il fut beaucoup plus digne que son camarade et tenta presque tout de suite de noyer le poisson en faisant appel au sentiment. Mais Breton, Eluard plus encore, étaient bien décidés à ne pas se laisser faire.

bouleversé par la trahison inattendue d'Aragon. Il était impatient de s'en expliquer avec cet homme dont rien ne l'avait séparé jusque-là depuis dix ans. Quant à moi, j'encaissai très durement. Cette confession ruinait tous mes efforts. J'en connaissais la portée. A partir du moment où tout collaborateur d'une publication surréaliste devrait préalablement condamner le *freudisme* et demander l'imprimatur du parti s'il en était lui-même membre, il ne pourrait plus être question d'actions communes. Mieux encore, ce serait la rupture, au bénéfice exclusif des intellectuels les plus sectaires et les plus conservateurs du monde communiste. Nous épluchâmes, Breton et moi, le texte de « l'autocritique » de nos amis. Il nous paraissait à la fois embarrassé et embarrassant. Où était l'intérêt de condamner Sadoul (dix-huit lignes de texte!) pour l'incident mineur et passablement ridicule de Saint-Cyr, sauf à faire une pesée sur le maillon le plus faible? A quoi rimait l'obligation de placer des activités littéraires sous le contrôle du parti? Cette censure préalable n'avait jamais été demandée, jusque-là, que pour des textes engageant le parti. Il n'était pas certain qu'elle s'exerçât sur *L'Humanité* en dehors des éditoriaux et de la politique étrangère. Qui donc pourrait être qualifié pour exercer une telle censure sur les poèmes d'Aragon? Avait-on besoin de demander à nos amis de s'accuser de ne pas avoir été des militants assidus et de répudier le trotskisme sauf à vouloir indiquer par là que leurs convictions politiques et leur volonté d'action révolutionnaire pouvaient être mises en doute?

Plus machiavéliques étaient l'affirmation que le *Second Manifeste d'André Breton contrarie (sic)* (dans une certaine mesure) *la dialectique*, ainsi que la répudiation du *freudisme* comme idéologie idéaliste. L'imprécision des termes, dont n'aurait pas voulu un instituteur primaire, permettait de condamner toute activité surréaliste, d'arrêter la création littéraire en 1880, de confiner les écrivains dans un naturalisme de patronage. Peut-être était-ce là l'essentiel!

Cette confession extorquée au dernier moment témoignait d'une méfiance et d'une hostilité peu compatibles avec les affirmations enthousiastes d'Aragon et le résumé que nous faisait Sadoul des débats de Kharkov. Nos amis avaient-ils pu s'abuser au point de confondre un accueil de politesse avec l'approbation de leurs idées? Mentaient-ils? Avaient-ils été victimes d'un brusque retournement de situation? Dans cette dernière hypothèse ils étaient encore moins excusables d'avoir signé, capitulant inutilement et sans combat devant des exigences d'autant plus déshonorantes qu'ils avaient donné auparavant tous les témoignages possibles du conformisme et qu'ils auraient donc été grossièrement trompés.

En réalité ils s'étaient mépris sur l'accueil qui leur avait été fait et ils mentaient sur les résultats obtenus. Ainsi, quand nous eûmes sous les yeux le texte de la résolution de Kharkov concernant le surréalisme, nous y trouvâmes une phrase sur les *erreurs* du *Second Manifeste* que nos amis avaient approuvée avec tout le contenu de la résolution dix jours avant qu'on leur eût soumis l'acte de confession du 1ᵉʳ décembre[1].

Je proposai de considérer cette « autocritique » imposée comme un compromis entre les exigences du parti communiste français et le désir qu'avaient les Russes de faire quelque chose avec les surréalistes. Breton voyait dans cette affaire le commencement d'une trahison. C'était en tout cas la ruine de ses efforts. Que dire de la position que j'avais tenue depuis deux ans ? Et pourtant je persistais à m'y maintenir. « En continuant dans la même voie, disais-je, nous gagnerons : nous apportons beaucoup plus que Aragon et Sadoul qui se désarment et qui se livrent. L'Internationale et le parti français le comprendront. »

De toute manière, il fallait attendre le retour d'Aragon pour tirer cette affaire au clair, mais Aragon n'apporta aucune clarté. Il protesta de ses bonnes intentions, prétendit que la déclaration du 1ᵉʳ décembre ouvrait à tous les surréalistes la voie d'un accord avec le parti, plaida le cas de force majeure, annonça que nous changerions d'avis dès que nous aurions eu connaissance des résolutions de Kharkov, s'efforça de placer le débat dans le domaine du sentiment, de la confiance, de l'amitié, se déroba autant qu'il put. Les discussions étaient confuses et pénibles. Je retrouvai l'Aragon incertain, fuyant, qui m'avait apparu pour la première fois à *La Jungle*, quand Elsa Triolet avait troublé le rendez-vous qu'il avait donné à Léna Amsel.

Au 6ᵉ Rayon, sur une information venue du Secrétariat régional, on qualifiait d'irrégulière la réintégration d'Aragon et de Sadoul au parti. Ces rumeurs couraient deuis le début de novembre. J'avais demandé, sans

---

1. Extrait de la Résolution de la Deuxième conférence des Ecrivains Révolutionnaires (*Littérature de la Révolution mondiale* n° spécial 1931).
Surréalisme. Ce mouvement constitue une réaction des jeunes générations d'intellectuels de l'élite petite-bourgeoise, provoquée par les contradictions du capitalisme dans la troisième phase de son développement. Les surréalistes n'ayant pas été capables, dès le début, de procéder à l'analyse marxiste approfondie de cette réaction culturelle contre laquelle ils s'élèvent, cherchent une issue dans la littérature en se formant une méthode de création spécifique. Les premières tentatives de lutte au moyen de cette méthode contre l'intellectualisme bourgeois, tout en se confinant encore aux conceptions idéalistes ont facilité à quelques membres du groupe le passage à l'idéologie communiste, qui se traduisit, quoique encore d'une manière insuffisamment nette, dans les interventions des surréalistes en politique. L'acuité de la lutte de classes s'est fait sentir, même dans ce groupe, par l'élimination de ses rangs de ses éléments à tendances bourgeoises. Le véritable visage de « l'opposition intérieure », visage réactionnaire, s'est dévoilé après la dislocation du groupe et le passage déclaré de l'opposition dans le camp de la bourgeoisie, tandis que le noyau central, qui avait conservé l'appellation surréaliste, continuait à évoluer, non sans tâtonnements et sans à-coups, vers le communisme. Le développement permet d'espérer que la meilleure partie du groupe surréaliste actuel, tout en continuant d'évoluer vers le matérialisme dialectique, passera définitivement à l'idéologie prolétarienne après avoir révisé sa théorie sur la « décomposition de la bourgeoisie, conséquence du développement de ses contradictions intérieures », ainsi que toutes les erreurs qui ont trouvé leur expression dans le *Second Manifeste du surréalisme*.

trouver d'écho, qu'elles fussent soumises à une commission d'enquête. Elles venaient à point nommé pour étayer la thèse discriminatoire que je fis admettre par les surréalistes : la déclaration du 1er décembre était le produit d'une intrigue du parti communiste français, si nos amis ne l'avaient pas signée, les inspirateurs de ce mauvais coup, sans doute quelques intellectuels de *Monde*, en auraient été pour leurs frais car les Russes estimaient probablement qu'ils avaient obtenu à Kharkov tout ce qu'ils désiraient que des Français leur apportassent. Si Aragon et Sadoul désavouent leurs signatures du 1er décembre, disais-je, le risque à courir est très mince. Qui peut-on charger d'appliquer, en France, les résolutions de Kharkov, sinon ceux-là mêmes qui ont été délégués à cette tâche par le Congrès avant le fatal 1er décembre ? L'inconvénient majeur de la « confession » de nos amis réside dans les sous-entendus qu'elle comporte sous couleur de condamner le freudisme et le trotskisme. En mettant les points sur les i dans un manifeste, en y ajoutant la reconnaissance explicite de l'association que nous avons fondée comme lieu obligé de rassemblement des intellectuels révolutionnaires, Aragon et Sadoul effaceront l'effet produit par leur panique.

Il fallut quelques jours d'efforts et de discussions pour obtenir le ralliement d'Aragon à ce point de vue. Il rédigea un texte dont je pesai chaque phrase. C'est le Manifeste *Aux intellectuels révolutionnaires* signé par les deux voyageurs, diffusé (assez mal) par leurs soins et les nôtres en décembre 1930. Le texte a été reproduit en appendice dans la brochure *Paillasse*.

La crise, en principe, était surmontée. Sadoul, très mal en point, quitta Paris pour un séjour de plusieurs mois en Suisse. Aragon reprit sa place dans l'aréopage mais tout était fêlé et sonnait mal.

L'Association des artistes et écrivains révolutionnaires en resta au point où nous l'avions laissée quand nous en avions fait voter les statuts par une sorte d'assemblée générale. La direction du parti, dont l'approbation et le soutien étaient la condition première du succès, faisait le mort. Aragon ne leva pas le plus petit doigt en sa faveur. Il s'abstenait de toute action extérieure, il avait repris la vente des colliers, il se comportait comme s'il attendait quelque chose qui ne venait pas. Il expliquait parfois son immobilisme en disant qu'il ne pouvait rien entreprendre avant d'être en possession des documents du Congrès, débats et résolutions que devait publier en français le périodique *Littérature de la Révolution mondiale*. Ni Breton ni moi n'avions l'enthousiasme du mois de novembre. J'éprouvais, pour ma part, de terribles doutes dont je dis quelques mots à Breton sans toutefois en dévoiler l'étendue. Cette association faite, qu'allions-nous mettre dedans ? Etions-nous vraiment décidés à organiser et à diriger un syndicat de peintres et de littérateurs où s'inscriraient, à coup sûr, une foule de râtés et de besogneux ? Vers quelles compromissions insupportables nous dirigions-nous ? Deux noms s'imposaient à moi quand je réfléchissais un peu sur ce qu'allaient être les adhérents de l'A.A.E.R. : Francis Ponge et Clovis Trouille. A quel titre l'association pourrait-elle accueillir Francis Ponge dans son sein ? Rien jusqu'à présent dans l'œuvre de Ponge, pourtant objectivement révolutionnaire, n'aurait permis de prononcer son admission dans l'A.A.E.R. Les textes de Ponge n'ont rien à voir avec le marxisme ni avec l'idéologie des syndicats rouges. En revanche, Clovis Trouille serait, d'emblée, reçu. Nous connaissions depuis peu ce quadragénaire qui avait montré à Breton des espèces de peintures de foire, d'un réalisme minutieux, violemment et clairement anticléricales et antimilitaristes avec une pointe d'érotisme. Trouille habitait un petit hôtel particulier avenue Mathurin-Moreau. Il ne peignait que le dimanche. Le reste de la semaine il fabriquait des mannequins pour la maison Siégel. Il y gagnait très bien sa vie. « Je puis faire de vous un autre, me dit-il un jour. Si vous devez vous cacher, échapper à la police, venez me voir, je modifierai vos traits au point que nul ne vous reconnaîtra. » (Evidemment, j'aurais ressemblé à un mannequin de vitrine ce qui n'eût pas manqué de faire dans le métro un effet très différent de celui que je produisais habituellement.) Pendant qu'il travaillait à l'exposition du 10e anniversaire du parti, il me décrivit le tableau qu'il était en train de peindre. C'était une vaste composition : un prêtre nu se baignait au milieu de femmes nues et les regardait avec un air égrillard. « Mais à quoi reconnaîtra-t-on le prêtre ? lui demandai-je. — A la tonsure », me répondit-il. Il se tut un instant et réfléchit. « Peut-être n'est-ce pas suffisant. Alors je lui laisserai son rabat ! » Ce délicieux personnage avait à coup sûr sa place dans l'A.A.E.R. et il y serait admis sur présentation d'un seul de ses tableaux, mais en serait-il de même pour Jean Arp, ou pour Yves Tanguy ? Si nous admettions ces deux-là par faveur, qui nous garantirait que d'autres dirigeants ne se mettraient pas en tête de demander à Arp de sculpter la tête de Lénine ou de représenter un ouvrier bottant les fesses d'un capitaliste ? Notre association serait grande ouverte aux niaiseries pourvu qu'elles eussent un contenu manifeste répondant aux définitions des statuts. Ce serait très vite insupportable et Breton admettrait moins que tout autre cette imagerie d'extrême gauche.

Alors pourquoi ? Qu'auraient à gagner le prolétariat et la révolution à la création d'une « Bonne presse » rouge et de sulpiciades ouvrières, aussi monstrueusement sottes que les autres ? Ne fallait-il pas, au contraire, comme l'écrit Breton dans *Le Second Manifeste*, « *empêcher le public d'entrer* » ?

J'eus à subir l'offensive de la bureaucratie communiste qui avait sans doute à cœur de justifier l'analyse que j'avais faite des mésaventures moscovites d'Aragon. *L'Humanité* publia une succession d'entrefilets anonymes mettant en cause les surréalistes. Un des buts recherchés était d'obtenir que la direction du parti renonçât à ouvrir l'exposition du 10e anniversaire. Ce but fut atteint. Je fus informé d'avoir à rendre les documents qui m'avaient été confiés et à arrêter les travaux. La commission de contrôle du 6e Rayon me cita à comparaître le 8 janvier 1931. Assistaient à la séance de vagues intellectuels, non membres du parti, à titre de témoins. Un personnage adipeux et suspect, nommé Wisner, déposa au début de la réunion un document dactylographié de huit pages, rempli de citations tronquées, de calomnies empruntées à la presse bourgeoise, pour démontrer que le surréalisme était nocif à la classe ouvrière et qu'il fallait exclure les surréalistes. C'était un déchaînement de sottises et d'injures visant surtout Aragon, Breton et Sadoul. J'obtins que ledit Wisner avouât qu'il parlait en son nom personnel et que son petit chef-d'œuvre littéraire n'engageait aucune instance du parti. Accepter que la discussion continuât sur ce ton, c'était s'exposer au pire. Je rapportai cette incroyable scène à Breton et nous en discutâmes longuement rue Fontaine. Je crois que Aragon, Eluard et Crevel étaient présents. Pour couper court à de nouveaux débordements de bile, je décidai de démissionner immédiatement du parti. Je relatai dans ma lettre de démission l'essentiel des incidents qui étaient en cause, je fis imprimer cette lettre afin de lui donner dans l'organisation une publicité suffisante.

Tout s'apaisa d'ailleurs comme par enchantement. Je continuai mon travail de militant, en m'abstenant toutefois d'assister aux réunions de ma cellule. J'appris que les ouvriers n'avaient rien compris à ces histoires, qu'ils avaient refusé de voter une proposition d'exclusion et que l'affaire en restait là.

La tournure prise par les événements était des plus singulières. En novembre et décembre 1930, ma première réaction avait été de vouloir tenir Maurice Thorez au courant des débats de Kharkov et des incidents qui avaient accompagné le retour en France de Sadoul et d'Aragon. Mes demandes d'audience étaient restées sans suite. Breton n'avait pas perdu tout espoir de reconquérir Suzanne et celle-ci aimait à la fois torturer son ancien amant et exercer un chantage sur Emmanuel Berl, son mari. Breton raconta nos démêlés soviétiques à Suzanne et lui fit part de son étonnement que je n'eusse obtenu aucun soutien du côté du secrétariat du parti. Il lui paraissait étrange que Thorez, avec qui j'avais de bons rapports, eût pris la peine de me prier de ne pas me rendre à Kharkov sans me dire pourquoi, alors que j'étais chargé d'une tâche aussi importante que celle de l'exposition du 10e anniversaire. « C'est Berl et Barbusse qui vous contrent, dit Suzanne, et Thirion n'est pas de force. Nous recevons assez souvent Maurice Thorez[1] et tu peux penser qu'il n'entend rien chez moi qui puisse être favorable aux surréalistes. »

Je devais régler avec Darnar quelques détails concernant la liquidation de l'exposition mort-née. C'était peu après ma démission du parti. Je remis à Darnar un exemplaire de ma lettre. Je lui dis quel échec cela représentait pour moi puisque, depuis cinq ans, le parti était au centre de mes espoirs et de ma vie. Je lui avais presque tout sacrifié et il ne me restait plus rien. Je voulais mettre Darnar au courant des positions respectives de chacun des surréalistes. Je souhaitais que Aragon et Breton obtinssent aussi vite que possible un emploi révolutionnaire, insistant sur le fait que les discussions sur des pointes d'épingle avaient assez duré et qu'elles étaient entretenues par les combats d'arrière-garde que menait l'équipe de *Monde*. Comme cette

---

1. C'était une invention de femme désireuse de tout brouiller ou une méprise de Breton sur des propos inconsidérés.

équipe avait été condamnée à Kharkov, pourquoi lui accorder une importance qu'elle avait perdue? Darnar était réticent. Il se retranchait derrière le fait que le parti ignorait tout du congrès de Kharkov.

« Je n'en crois rien, lui dis-je, je crains que nous soyons tous, toi comme nous, dupes de gens mieux placés que nous et plus habiles. » Je rapportai à Darnar les propos tenus par Suzanne Berl. « J'ai voulu en informer personnellement Maurice, ajoutai-je, car ce qui a été dit à Breton a sûrement été dit à d'autres. Mais la porte du secrétariat du parti ne s'est pas ouverte pour moi. Je te prie de rapporter à Thorez notre conversation en lui donnant le nom de mes informateurs. Je suis à sa disposition s'il veut en savoir plus long sur les indiscrétions du milieu Berl. » Cette conversation eut lieu sur le trottoir du boulevard de Strasbourg, entre le boulevard Magenta et la rue du Château-d'Eau dans la brume noire de janvier 1931.

Je reçus, le 5 mai 1931, une convocation de la commission centrale de contrôle du parti, sous la signature du camarade Dupont, l'un des derniers survivants de la Commune de Paris. Le camarade Dupont était un petit vieillard alerte, d'une grande noblesse de maintien, avec une longue barbe blanche jaunie autour de la bouche. Il m'accueillit en compagnie de Gourdeaux, son assesseur, un syndicaliste un peu plus jeune, mais très représentatif de la vieille C.G.T. L'un et l'autre étaient des communistes disciplinés, fervents mais honnêtes.

J'étais sous le coup de trois chefs d'inculpation:

— J'avais accepté l'adhésion au parti de Sadoul et d'Aragon;

— J'avais collaboré sans autorisation à la revue *Le Surréalisme au service de la Révolution*;

— J'avais accusé le secrétaire général du parti de fréquenter un salon bourgeois.

Dupont et Gourdeaux ne me cachèrent pas que c'était là le grief le plus grave. La C.C.C.P. avait été saisie par Maurice Thorez lui-même. « Le parti, me dit Gourdeaux, a souffert trop longtemps d'avoir des directions instables et discutées. Nous avons maintenant un secrétaire général unanimement respecté. Le parti ne peut pas tolérer les bavardages et les incidents personnels. »

Dans la démonologie de Charles Hainchelin, Alfred Kurella jouait un grand rôle. Voici comment il apparaissait dans une lettre que Hainchelin m'avait écrite en mai 1928:

Un excellent camarade délégué de l'I.C., Kurella, dont je t'ai déjà parlé, a vu les fautes dont nous souffrons, il faut qu'à tout prix vous vous basiez sur l'article qu'il a fait paraître dans l'Internationale Communiste, en 1926, article que tu connais. Kurella a repris ses attaques après, dans Le Bolchevique, organe du P.C. de l'U.R.S.S. n° 15, 1926. — Les vérités dévoilées par Kurella ont eu le malheur de déplaire à Sémard[1] *qui a essayé de relever vertement Kurella à la*

---

1. A l'époque un des secrétaires du parti communiste français.

LE CONGRÈS DE KHARKOV

7ᵉ session de l'Exécutif élargi. Cf. n° 138 de La Correspondance Internationale, *20 décembre 1926, pages 1749 — 1750 — 1751 — 1752. Mais le coup était quand même porté et bien porté il vous suffira de faire allusion à Kurella pour boucler la gueule à certains.*

Un matin de printemps 1931, on frappa à la porte de la rue du Château. Un homme mince, de taille moyenne, trente-cinq à quarante ans, vêtu simplement, était sur le seuil. « André Thirion, me dit-il, je suis Alfred Kurella. » C'était assez incroyable ! « J'ai eu ton adresse au parti, me dit-il. Nous avons des amis communs. Quand je viens à Paris, je n'aime pas me confier aux organismes spécialisés pour assurer mon logement. J'ai pensé que tu pourrais m'aider mieux que les services. »

Katia et moi étions seuls rue du Château. Je donnai à Kurella la chambre du bas. Je lui montrai où était la clef et le priai de déjeuner avec nous.

Kurella était l'hôte le plus discret qui fût. Depuis pas mal de temps il appartenait à l'ordre des commis voyageurs en révolution qu'on a nommés les Kominterniens, race d'hommes assez extraordinaires, efficaces, intelligents, modestes, appelés parfois à jouer des rôles politiques essentiels, mais en restant dans l'ombre et sans espoir d'en tirer d'autres avantages que l'orgueil d'avoir corrigé une erreur, rétabli une situation compromise, préparé des actions considérables. La plupart des Kominterniens ont trouvé la mort au cours de leur vie de missionnaires, soit que les gouvernements contre lesquels ils agissaient les aient fait tuer, soit qu'ils aient déplu aux maîtres du Kremlin et qu'ils aient été pris dans une des purges de Staline ou assassinés au cours d'une mission mal définie, par un tueur à gages, voire même par la jeune camarade qu'on leur avait envoyée pour les distraire.

Kurella était de nationalité allemande. Pendant la Première Guerre mondiale, des obus français, en démolissant sa batterie, l'enterrèrent vivant. Une autre salve le dégagea de son tombeau mais il en garda pour le reste de ses jours un léger bégaiement intermittent. Il parlait bien le français, sans accent. Ponctuel, patient, grand travailleur, il aimait la littérature, la poésie et la peinture modernes. Il était très lié avec Bertolt Brecht. Ministre de Ulbricht, préposé à quelque chose de culturel, il se signala, en 1969, à l'attention occidentale par des écrits sectaires et intolérants que la presse française a reproduits avec un sentiment de gêne et de pitié.

Je lui racontai toute mon histoire, ce que je savais du congrès de Kharkov, mes démêlés avec les commissions de contrôle, etc. Il s'amusait beaucoup, semblait n'y attacher aucune importance, fit davantage attention à mon article contre Berl et à mon activité de militant. Ce qui l'intéressait le plus, c'était ce que je pensais de la ligne du parti, les critiques que je formulais sur le quotidien du parti, la manière dont je m'y prenais pour appliquer la ligne, faire vivre les comités de ceci et de cela, animer le comité intersyndical dont j'étais devenu le secrétaire. Un soir il apporta un registre, des papiers timbrés. « Nous réorganisons les Editions sociales internationales, me dit-il. Conformément à la loi française, le conseil d'administration est composé des principaux porteurs de parts. Tu es membre du conseil d'administration. Tu représentes tant de parts. J'ai pris aussi Wladimir Pozner que tu connais. Tu as été nommé commissaire aux comptes, tu n'auras à t'occuper de rien. Seulement une signature de temps à autre. » Peut-être suis-je encore administrateur des Editions sociales ! Je le suis resté jusqu'à la guerre, semble-t-il. Cette petite attribution nominale dans la grande toile d'araignée communiste me valut à plusieurs reprises l'appellation de crypto-communiste dans des rapports de police !

La publication tardive du compte rendu des débats de Kharkov et des résolutions dénotait l'embarras des manipulateurs. Les gens de Kharkov n'étaient que des sous-ordres, ils n'avaient aucune part dans l'élaboration de la politique générale. Au moment où l'on se décidait à diffuser en France les exemplaires de la *Littérature de la révolution mondiale* consacrés au congrès de Kharkov, les spécialistes du Komintern commençaient à imaginer une autre opération, *le Congrès international contre la guerre*, le couronnement de la *Troisième Période*. On y donnerait à Barbusse un des premiers rôles, puisqu'il serait avec Romain Rolland le signataire de l'appel pour la réunion de ce congrès. C'est dire combien la résolution de Kharkov déniant au directeur de *Monde* le qualificatif d'écrivain révolutionnaire devenait gênante et inopportune. Le texte en avait été quelque peu modifié pour ne pas trop déplaire à l'auteur du *Feu*. Çà et là, il devenait écrivain révolutionnaire de mérite dans la résolution qui disait pis que pendre du contenu « idéologique » de son journal.

Un des objectifs du Congrès international contre la guerre était de créer des fissures dans le monde libéral et social-démocrate. Quelques communistes plus lucides que les autres commençaient à douter de la tactique « Social-Fasciste » en vertu de laquelle les socialistes, aux yeux des partis communistes, étaient passés de la position d'alliés objectifs du fascisme à celle d'ennemis principaux du prolétariat. Ils pensaient pouvoir tourner la difficulté en obtenant le ralliement des écrivains libéraux au pacifisme militant. Si l'affaire évoluait bien, on essaierait de mobiliser les masses autour de ces grands noms et on romprait ainsi l'isolement des partis communistes. On pourrait aussi, par ce biais, trouver dans les bourgeoisies de nouvelles sympathies pour l'U.R.S.S. Une telle entreprise n'était pas sans danger pour l'orthodoxie. Aussi le Komintern était-il décidé à mettre plusieurs fers au feu. Il n'était pas question d'appliquer les résolutions de Kharkov, de brouiller le parti communiste français et *Monde* (sans doute vivant d'argent russe), de confier à Aragon la moindre tâche d'organisation dans une association d'écrivains révolutionnaires et surtout de permettre à l'association fondée par Breton et Thirion d'exister autrement que sur le papier. On rabattrait le caquet des surréalistes avec des mesures adéquates, mais on voulait garder ces gauchistes en réserve. Parmi beaucoup d'autres, telle était la mission d'Alfred Kurella. Ce Kominternien connaissait bien le parti communiste français. Il avait à plusieurs reprises combattu ses déviations « opportunistes » (il faut entendre par là le glissement vers les idées des socialistes d'avant-guerre et des démocrates bourgeois). Quoi de plus naturel que de prendre contact avec un militant qui avait invoqué son autorité au cours des discussions de 1928 et qui passait pour le conseiller politique des surréalistes ?

Quant à l'association des écrivains révolutionnaires, on la créerait un peu plus tard, à partir d'un noyau de membres du parti non surréalistes et non inféodés au groupe Barbusse. En attendant, les résultats pratiques de Kharkov étaient paradoxaux. Forts de leur impunité les gens de *Monde* contre-attaquaient. C'est au surréalisme qu'ils en voulaient. Au lieu de s'engager dans des débats sur le matérialisme dialectique qui les eussent gênés, en premier lieu parce qu'ils n'y connaissaient rien, en second lieu parce qu'ils se sentaient vaincus d'avance dans le domaine de la philosophie et de l'exégèse marxiste, ils engageaient la bataille au nom de la littérature prolétarienne et de l'art prolétarien. On revenait aux querelles académiques d'autrefois, les romantiques contre les classiques, les parnassiens contre les symbolistes, etc. Le terrain était excellent parce que le public suivait et comprenait. De plus, on était assuré d'un appui solide du côté des littérateurs russes. Les formes d'art qui s'imposaient en Russie étaient les plus réactionnaires et les plus usées que l'on connût. Barbusse et *Monde* défendaient la même esthétique. La position prise par les surréalistes contre l'impérialisme ou pour la défense de l'U.R.S.S. n'avait aucune importance. Ce qui comptait, c'était le refus d'admettre l'écriture automatique, la peinture de Picasso, celle de Marx Ernst, la psychanalyse, Sade, Tristan Tzara, etc.

A Kharkov, Aragon avait obtenu que les excommunications lancées par Breton contre Artaud, Vitrac, Bataille, Desnos, etc., fussent ratifiées. La résolution fait même de cet incident un épisode de la lutte des classes puisqu'elle qualifie de *bourgeois* les dissidents ! Mais le résultat extravagant de cette dialectique burlesque fut un déchaînement général contre le surréalisme et contre Breton. Celui-ci était très conscient d'être la cible. Un autre en aurait tiré vanité ou se serait soumis après avoir négocié. Le comportement de l'auteur de *Nadja* pendant les quatre années qui vont suivre est le plus grand exemple d'honnêteté intellectuelle, de modestie et de foi révolutionnaire qu'un écrivain ait jamais fourni. Alors que l'afflux de nouveaux talents assurait peu à peu, dans le domaine des arts, le triomphe de l'esthétique qu'il avait toujours défendue et en partie imaginée et qu'il lui eût suffi de prendre une position un peu en retrait pour attendre que les commentateurs eussent épuisé leur verve et que, le succès du surréalisme aidant, ses adversaires vinssent à lui en solliciteurs et non en censeurs, Breton eut le scrupule de remettre en question ce qu'il avait pensé jusque-là du matérialisme traditionnel et de prendre au sérieux l'accusation d'avoir écrit des textes non compatibles avec le matérialisme dialectique. Pour mettre fin au désarroi qui avait suivi le retour de Kharkov, il demanda que l'on définît d'un commun accord, si possible, ce que devait être désormais l'activité surréaliste. Il s'inquiétait de *la valeur d'usage* des créations du surréalisme en 1931. Il ouvrit ainsi une discussion générale qui se poursuivit durant tout le printemps.

Rien n'était plus différent du dynamisme de Breton et de la sincérité avec laquelle celui-ci arborait les problèmes posés par l'hostilité générale du monde extérieur que la passivité et les réticences d'Aragon. La déclaration *Aux intellectuels révolutionnaires* que nous lui avions arrachée n'aurait mis fin à l'état de méfiance que si l'attitude et les propos de son principal signataire n'avaient pas été de nature à le faire renaître à tout instant. Je faisais la navette entre les deux hommes pour essayer d'expliquer, de corriger les écarts, d'obtenir ici un geste de bonne volonté, là un peu plus de patience. Je sentais chez Elsa grandir l'hostilité contre Breton qui s'emportait parfois à la suite d'un propos incroyable de l'auteur du *Traité du style*, signe de la transformation totale du personnage. Breton en a donné un ou deux exemples dans ses *Entretiens*, notamment celui du verre de lait, partie d'un objet de Dali. Dali était d'ailleurs un prétexte. Aragon, qui avait perdu l'arrogance et la désinvolture qui avaient souvent médusé ceux qui l'avaient approché avant 1930, supportait de plus en plus mal les extravagances naturelles de Dali, si peu exportables en U.R.S.S. ! Les références constantes de Dali à Freud et à la psychanalyse lui donnaient mauvaise conscience, il devenait alors comme un dévot auquel on aurait infligé la lecture d'un ouvrage mis à l'Index. Il préparait l'édition de son recueil de poèmes dont le titre à lui seul est si révélateur: *Persécuté persécuteur*.

Une flambée révolutionnaire en Espagne et l'ouverture de l'Exposition coloniale rétablirent une apparente cohésion dans le groupe en donnant matière à une action. Trois tracts furent publiés et diffusés, ils furent très lus, par des jeunes surtout. Profitant de la liberté relative accordée par le récent gouvernement républicain, les anarchistes espagnols avaient déclenché une révolte sans lendemain au cours de laquelle une centaine d'églises et de couvents furent brûlés. Cela s'était déjà produit plus de cinquante ans auparavant dans des circonstances politiques très semblables. Nous fûmes tous très secoués par cette espèce d'insurrection spontanée. Je constatai, une fois de plus, que le parti communiste n'y avait joué aucun rôle. Aragon et Breton me demandèrent de rédiger une note sur laquelle on pourrait bâtir une sorte de proclamation. Prisonnier du dogme et des rites, je rédigeai un bon devoir marxiste. Je voyais dans les incendies la prise en charge, par le prolétariat, de la révolution démocratique bourgeoise, car il ne pouvait manquer d'obéir aux règles du genre sans perdre la main. La tâche des communistes était de substituer le terrorisme de masses aux faits d'armes individuels. Exercée contre le clergé et ses biens, la violence populaire réaliserait la vraie séparation de l'Eglise et de l'Etat et ouvrirait un chemin allant de l'expropriation des moines à celle des banquiers. Je préconisais une action antireligieuse internationale pour aider les Espagnols, je conseillais à ceux-ci de frapper plus fort sur cette zone relativement fragile de la carapace d'oppression qui étouffait le peuple.

La rédaction du tract tint le plus grand compte de mon schéma. Elle en reprit les termes essentiels (entre autres l'expression terrorisme de masses à laquelle je tenais beaucoup) mais lui donna une dimension de colère que n'avaient pas mes doctes propositions. Le rédacteur fut, je crois, Aragon. En revanche, les deux tracts sur l'Exposition coloniale ont été proposés par Eluard et Breton, ce dernier en étant l'auteur principal. Pour l'étude de la pensée surréaliste, c'est au tract sur l'incendie du pavillon des Indes néerlandaises qu'il faut se référer. Ce pavillon contenait d'inestimables trésors de l'art mélanésien.

Pour en finir avec le malaise entretenu par la dérobade où se maintenait Aragon, Breton décida de soumettre toutes les activités surréalistes à un examen critique au cours duquel chacun des membres du groupe donnerait son avis. J'ai indiqué précédemment que ces discussions occupèrent tout le printemps de l'année 1931. Elles reprirent en octobre, avant la publication des numéros 3 et 4 du *Surréalisme au service de la Révolution*. Il existe des minutes de ces débats, rédigées le plus souvent par moi. Presque tous ces documents étaient en 1950 entre les mains de Tristan Tzara.

Les réunions les plus importantes eurent lieu chez Tzara. Celui-ci habitait un petit hôtel particulier situé dans la courbe de l'avenue Junot. Tzara avait épousé une gracieuse Nordique, pleine de talent, Greta Knutson, qui avait du bien. La vie quotidienne de Tzara était exempte de soucis matériels. Sa maison était agréable, tenue à la suédoise. Nous nous réunissions dans une grande pièce meublée avec élégance dans le style le plus avancé de l'époque, sous la garde de quelques-uns des fétiches et des tableaux de la belle collection que rassemblait le propriétaire.

Le fondateur de *Dada* s'était mis à l'école du matérialisme dialectique, évolution qui paraissait improbable en 1927. L'*Essai sur la situation de la poésie*, qu'il publia dans le numéro 4 du *Surréalisme A.S.D.L.R.*, est dans une certaine mesure le fruit de nos discussions de 1930-1931. On y décèle déjà l'influence d'Aragon, laquelle conduira le poète, après 1945, dans les eaux communistes. En 1931, Tzara s'intéressait beaucoup aux sociétés primitives, stimulé par les ouvrages nombreux, de haute qualité, publiés autour des années 1930 sur le sujet. Malheureusement, *Les origines de la famille, de la propriété privée et de l'Etat*, de Frédéric Engels, dont la première traduction française venait de paraître, pesa de tout son poids dialectique et rendit très difficile l'étude objective de ces problèmes par les communistes et les sympathisants.

Tzara, petit, un peu gros, ressemblait à un bourgeois aisé, plus enclin au travail de cabinet qu'à une activité quelconque de casseur. Il écrivait. Il publia en 1931 chez Fourcade *L'Homme approximatif*, un des monuments de la poésie française, propre à devenir un objet de culte chez les Normaliens de 1990, lorsque les programmes scolaires auront définitivement abandonné à la poussière des tombeaux les œuvres d'Alfred de Vigny.

Ont participé aux discussions de 1931 Alexandre, Aragon, Breton, Char, Eluard, Buñuel, Dali, Giacometti, Crevel, Tzara, Malet, Unik, Ponge, Tanguy, Sadoul et l'auteur de ces lignes. Il me semble voir aussi Max Ernst, Michelet et Pastoureau, dans des rôles de figurants épisodiques, et, accessoirement, Mesens et Ristić lors de leurs séjours à Paris. Deux groupes prenaient corps au cours des débats, celui des communistes autour d'Aragon et de Thirion, celui des poètes autour d'Eluard. Dans les votes, une majorité, dont Breton était le pivot et dont je faisais toujours partie, empêchait un glissement vers une excessive politisation partisane ou vers les attitudes exclusivement esthétiques. Giacometti et Unik prenaient souvent le parti d'Aragon, dont je me séparais quelquefois. Crevel, Tanguy et Buñuel ne se séparaient jamais de Breton. Aragon ne jouait pas un rôle de leader ; celui de gardien du dogme m'incombait généralement. Une antinomie manifeste séparait alors Aragon d'Eluard. J'essayais, dans la mesure de mes moyens, de la réduire à des termes compatibles avec la poursuite d'une action commune, sans exclure l'espoir que les idées d'Eluard évolueraient, elles aussi.

Le financement sans cesse plus difficile des activités surréalistes était à l'ordre du jour des réunions. La crise commençait à ruiner, à tarir, à tout compromettre. L'hostilité du milieu social atteignait une force dont ceux qui ne l'ont pas subie ne peuvent se faire aucune idée. De graves événements affectifs jetaient le désarroi chez certains d'entre nous. André Breton a décrit avec une extraordinaire précision et une puissance évocatrice hallucinante ce qu'ont été pour lui les premiers mois du printemps 1931. Ces images forment la trame de la partie centrale des *Vases communicants*. Elles ont servi à l'auteur pour représenter une situation psychique intermédiaire entre l'état de rêve et l'état de veille, lorsque l'individu n'a pas pleinement conscience de ce qu'il voit, de ce qu'il fait ni de ce qu'il veut. Pour ce qui me concerne, je venais de faire une expérience dramatique dont seuls ceux qui en ont vécu de semblables peuvent comprendre ce qu'elle coûte à un être humain. Katia mit au monde un fils à la fin de l'hiver. N'ayant pas les moyens de l'élever nous étions prêts à le donner à d'autres. Nous nous serions débarrassés plus tôt de l'intrus s'il n'y avait eu, pendant les premiers mois, une contre-indication absolue à l'avortement. Le bon Dr Simon et Niouta décidèrent d'adopter cet enfant. C'est Elsa qui avait tout arrangé. Grâce à leur gentillesse, Snejan naquit dans une clinique de la rue de l'Assomption.

« Tu construis ta vie, me dit Breton quand je lui annonçai cette naissance, et moi je détruis la mienne. » La vue de ce marmot, que je trouvai beau, changea tout. Il n'était plus question de l'abandonner aux Simon. Ce fut assez tragique car Niouta en avait envie. Elle me proposa avec élégance une solution transitoire. Snejan serait déclaré comme mon fils, les Simon en assureraient l'existence, pendant un an, ensuite se poserait éventuellement la question de l'adoption. Mais chaque jour, Katia et moi tenions davantage à cet enfant. Il mourut à l'âge d'un mois, victime de ces épidémies, à l'époque encore mal connues, qui sévissent parfois dans les pouponnières. Notre chagrin fut immense. Je pense aujourd'hui que cette conscience de la paternité, encore qu'elle soit naturelle, a pris chez moi une force d'autant plus grande que je voyais alors échouer plusieurs de mes entreprises et que j'étais très tourmenté au sujet de ma puissance de création dans les domaines qui me tenaient le plus à cœur.

Les discussions n'en finissaient plus. Il n'en sortait rien sinon que une fois encore, Eluard et Tzara seraient les banquiers d'éventuelles publications surréalistes. Breton proposa de désigner une commission chargée de présenter des propositions concrètes, immédiatement réalisables, tenant compte de tout ce qui avait été dit. C'est à Dali et à l'auteur de ces lignes qu'échut cette mission. Nos séances de travail eurent lieu rue du Château et au parc Montsouris. Pendant que Gala et Katia parlaient chiffons, Dali et moi essayions de trouver des points d'ancrage à partir desquels chaque surréaliste pourrait exercer son talent vers une direction commune, dans le cadre d'une discipline acceptée par tous. Une de mes préoccupations était d'éviter un dérapage de l'intérêt que nous portions à la psychanalyse, aux rapports du conscient et de l'inconscient, vers des affirmations philosophiques que nos adversaires qualifieraient d'*idéalistes* et qui donneraient de la consistance aux accusations de *freudisme*. Ce n'était pas tellement aisé en raison de la puissance d'attraction qu'exerçait Freud ou Jung sur Tzara, Dali et une petite frange de sympathisants et de collaborateurs occasionnels de la revue. Dali ne faisait aucune objection de principe à l'insertion bon gré mal gré de son idéologie dans la grande caisse du matérialisme historique et dont les mesures sont données par les rapports de production et d'échange et la nature des forces productives. En paranoïaque conséquent, il était prêt à toutes les concessions, lesquelles étaient d'ailleurs relatives à des sujets qui lui paraissaient assez oiseux, pour obtenir une reconnaissance générale de sa manie du moment. Celle-ci était digne de son génie car en plus du pouvoir de fascination inhérent à toute création surréaliste en raison de l'arrangement insolite des formes et des matières, elle s'accordait avec le trouble le plus intime de pas mal de nos amis. Dali proposa d'entreprendre la fabrication d'objets à fonctionnement symbolique « destinés, écrit Breton dans *Les Vases communicants*, à procurer par des moyens indirects une émotion sexuelle particulière ».

Si de tels objets me paraissaient pouvoir représenter dans l'avenir immédiat une cristallisation intéressante et provisoire de l'activité surréaliste, un épisode nouveau digne des précédents, je ne portais pas un jugement aussi favorable sur la valeur et la vertu des propositions à caractère politique que je m'apprêtais à faire au groupe avec l'accord de Dali. J'avais choisi, faute de mieux, la lutte antireligieuse, sous l'influence des événements espagnols, en raison des développements naturels qu'un tel énoncé comportait vers l'étude et l'illustration du matérialisme dialectique, avec la conviction qu'elle rapprocherait les surréalistes des milieux laïques et notamment des membres de l'enseignement, et parce que Aragon en avait fait la suggestion. Beaucoup d'œuvres de Max Ernst, bien des fragments de *L'Age d'or* s'en réclament. Les écrits du marquis de Sade étaient très présents à l'esprit de chacun. Comme Sade, les surréalistes, s'ils s'occupaient de la religion, associeraient la propagande de l'athéisme à la critique de la famille, à la mise en cause de la morale traditionnelle et à des recherches sur l'érotisme. Je souhaitais que les surréalistes acceptassent de faire porter une partie de leurs efforts philosophiques ou littéraires sur la critique du dogme chrétien, sans se borner à dénoncer la morale de tous les jours, en puisant dans les écrits des matérialistes francais du XVIIIᵉ siècle, en redonnant une actualité à Feuerbach. Ce point de vue fut très attaqué par Sadoul qui voulait placer notre action dans un domaine plus concret, montrer moins d'ambition et coller plus étroitement à ce qu'entreprenaient les organisations qui existaient déjà, comme celle des « Libres penseurs prolétariens ». Les désaccords sur les détails et la tactique se multipliaient entre Sadoul et moi. Je commençais à faire des réserves sur certaines affirmations de Frédéric Engels — réserves de pure forme — ce que les néophytes détestent. Je trouvais que, dans sa critique d'Eugène Dühring, Engels n'est pas toujours de bonne foi, même quand il paraissait avoir raison. Mais surtout j'hésitais sur *Les Origines de la famille, de la propriété privée et de l'Etat*, que les uns et les autres nous lûmes en 1931. Pour Sadoul, c'était la Bible. Moi, je commençais à juger cette dialectique un peu simple. En premier lieu le fait qu'une partie notable de l'argumentation s'appuie sur les théories de Morgan dont j'apprenais, l'année même où je découvrais *Les Origines de la famille*, qu'elles étaient dépassées et mises en cause par des travaux plus récents m'obligeait à ne pas lire avec les yeux du croyant. La formation scientifique que j'avais reçue m'écartait de tout fidéisme alors que je sentais se développer chez Sadoul une intransigeance sectaire qui n'augurait rien de bon. Je n'étais pas convaincu. Engels me paraissait faire bon marché des invariants qui nous obligent à penser que l'homme de la société capitaliste n'est pas aussi loin de l'homme des cavernes que pourraient le laisser croire des historiens esclaves du principe de la nécessité économique finalement contraignante: aussi l'anthropophagie ne s'explique pas seulement par la faim. Je ne connaissais pas encore les lettres écrites par Engels au déclin de sa vie dans lesquelles ce grand esprit, sans abjurer ce qu'il a appelé la conception matérialiste de l'histoire, admet qu'un grand nombre de *déterminants* (et non pas le seul facteur économique) peuvent intervenir dans les rapports de causalité grâce auxquels le développement des sociétés humaines n'apparaît pas comme le pur effet du hasard. En 1894, il se contente d'affirmer que l'axe de la courbe des développements sociaux se rapproche de la parallèle à *l'axe du développement économique*[1]. Pour ma part, j'avais scrupule à refuser toute valeur aux deux grandes forces motrices isolées par Freud pour expliquer le comportement des humains: l'instinct sexuel et l'instinct de mort. Comme je ne parvenais pas à les intégrer dans *Les Origines de la famille* sans casser le raisonnement d'Engels, j'étais très mécontent. Je me rassurais à demi en soumettant la manifestation des instincts aux lois économiques mais je devais convenir qu'en dépit de ma bonne volonté c'était là un rapport de force motrice à moteur et que le problème restait entier. Plus bizarre encore me paraissait la phrase d'Engels sur l'amant, la femme et le cocu représentant ces « figures sociales » comme la conséquence de la monogamie. Notons en passant que si ces personnages, sur un plan trivial, constituent l'essence du théâtre de boulevard, dans le

---

1. Lettre à Heinz Starkenburg.

sublime c'est Tristan et Yseut. De toute évidence, le mythe de Tristan échappe à pas mal de contingences économiques et s'accommode de n'importe quelle contrainte sociale puisque la légende est transposable dans la société capitaliste aussi bien que dans la société bolchevique après qu'elle a enchanté la société féodale. A-t-on le droit de n'établir entre la monogamie et l'infidélité que les rapports issus de l'application du Code civil alors que les *Contes des Mille et une Nuits*, nés dans le monde de la polygamie, témoignent surabondamment de la propension naturelle des êtres humains à en désirer un ou une autre et à faire bon marché des liens et des serments ?

Je n'avais jamais pensé que les écrits de Marx et d'Engels eussent apporté la vérité sur tout, mais je les tenais pour fondamentaux et l'idée qu'ils eussent pu être vulnérables ne m'effleurait pas encore. Je voulais m'orienter dans les *superstructures* et c'est avec la lampe du marxisme que je m'y aventurais. Or, non seulement l'éclairage était pauvre, mais je voyais d'autres lumières. En 1931, j'espérais encore que ce n'était qu'une illusion d'optique. Il en fut ainsi jusqu'au jour où je me surpris à penser au délire d'interprétation en relisant *L'Anti-Dühring*. Il fallut néanmoins que Hitler mît petit à petit le feu au monde pour que je pusse atteindre en tâtonnant cette assez simple vérité.

Breton situe autour du 21 avril la décision prise par le groupe de mener une action antireligieuse. Le procès-verbal de la réunion pourrait trancher entre ce qui est écrit dans *Les Vases communicants* et mon sentiment d'une date plus avancée dans le printemps. Proposition et décision (ce dernier mot n'est pas employé) sont assez durement critiquées au fur et à mesure que Breton évoque l'existence très insatisfaisante qu'il menait en ce mois d'avril 1931. Quarante ans plus tard, j'avais oublié que ces critiques avaient été formulées au cours du débat, mais la mémoire revient quand on l'exerce. Aujourd'hui (1988), en corrigeant cette page, je me souviens de ces réserves soudaines, presque hostiles, auxquelles je m'attendais d'autant moins que Breton n'ignorait rien de ce que j'allais dire. Elles n'étaient pas exemptes de mauvaise foi, puisque la proposition simultanée de Dali corrigeait à l'avance tous les excès de militantisme antireligieux, donnant même un nouvel essor à une activité surréaliste commune alors bien ensommeillée. Sur le moment elles me choquèrent comme un lâchage. Elles me paraissaient mettre en cause l'unité du groupe, si laborieusement refaite. Je demandai un vote sur nos propositions ; je l'obtins, peut-être à l'unanimité ! J'avais traité de haut ce curieux « hasard objectif », la lettre de Samson, ancien déserteur français, un des plus anciens camarades de Breton. Je n'y avais pas attaché d'importance, n'ayant retenu que la confusion générale du texte. Samson avait défendu un « mysticisme athée » pour exalter la force du « mystère ». Il mettait en cause le bien-fondé des campagnes antireligieuses en U.R.S.S. Ces arguments ont-il été présentés à la réunion du 21 avril (ou d'une date proche) ? Ils auraient pu relancer un débat plus ancien. Le vote écartait ce débat, mais tout me parut plus clair, en septembre ou en octobre, lorsque Breton lut son manuscrit. Breton avait toujours condamné le positivisme si souvent allié à la lutte contre la religion. Le matérialisme de Sade passait bien, à cause du ton et du contexte. Sylvain Maréchal, d'Holbach, La Mettrie, même Diderot dont je conseillais l'étude et la diffusion, inquiétaient. En simplifiant à l'extrême, je pourrais écrire que le ralliement apparemment inconditionnel du fondateur du surréalisme au matérialisme historique n'avait lieu que par les chemins de l'Histoire, peuplés de voyantes et de prodiges qu'il n'était pas question d'interner ni de transformer en objets de dérision, et non par l'acceptation des théories mécanistes. Au surplus, Breton ne renonçait pas à Freud. Restait à mettre en forme cette action antireligieuse, le plus difficile! Tout n'avait-il pas été dit, là-dessus, au début du siècle? Crevel, à la tâche aussitôt, écrivit *Le Clavecin de Diderot*. Les autres attendaient. De Castellane où il était en vacances avec Breton, Sadoul me tança vivement dans une sorte de réquisitoire, en m'accusant notamment de paresse. Il est vrai que je me remettais mal de la démission que j'avais adressée au parti communiste, à telle enseigne que j'avais accepté de me rendre aux convocations de la commission centrale de contrôle. J'avais bras et jambes coupés. Breton me reprocha de lui avoir caché *Matérialisme et empiriocriticisme*! J'étais au pied du mur et en mauvais état. J'envoyai à Castellane un plan d'action préconisant entre autres des manifestations violentes dans le style des années 24-25, le saccage, par exemple, d'une première communion solennelle. Ces idées furent mal accueillies, par Sadoul notamment qui prévoyait que de tels scandales seraient peu goûtés du parti communiste. Sadoul était de plus en plus hostile à toute activité surréaliste autonome. Les réserves de Breton lui paraissaient conformes à la doctrine suivant laquelle l'anticléricalisme est un dérivatif bourgeois à la lutte des classes. Or Breton achevait *Les Vases communicants* qu'il méditait d'écrire depuis le retour de Kharkov et qu'il considérait comme la préface d'une action militante. Il voulait aussi donner l'image d'un certain désarroi affectif et des rapports entre ce désarroi et le souci de maintenir lucidité et rigueur, le rêve ou la rêverie ralentissant ou nourrissant la conscience de soi et du monde extérieur. Breton a écrit cet essai pour témoigner qu'il *s'est défait de toute attache idéaliste* et inciter ses lecteurs à faire comme lui, si besoin était. La première partie est consacrée à l'interprétation psychanalytique et matérialiste de quelques rêves afin de ruiner toute théorie présentant le rêve comme autre chose qu'une élaboration nouvelle par le rêveur des impressions du monde extérieur. Une curieuse polémique y est engagée contre Freud, comme si l'auteur tenait à marquer ses distances. La réalité du monde extérieur y est affirmée! L'évêque Berkeley est oublié.

La deuxième partie du livre, la plus attachante et la plus troublante, est une suite de variations, où l'on retrouve le ton de *Nadja* sur la solitude et l'amour. La réflexion incidente sur l'activité antireligieuse conduit à la petite phrase sur le « mysticisme athée », contenant en quelque sorte un désaveu du positivisme lénino-stalinien, qui conduit par voie de contradiction à l'analogie curieuse entre le rêve et « la vie humaine conçue hors de ses limites strictes que sont la naissance et la mort ». Bien que la trame philosophique soit fournie par le livre d'Engels *Les Origines de la famille...* et qu'il soit affirmé que l'amour humain est à « réédifier comme le reste » sur les ruines de la société capitaliste, presque toutes les pages baignent dans une lumière quasi métaphysique où chaque détail du réel subit de telles métamorphoses qu'il acquiert la nature d'une apparition. Surgissent les trois Parques : le Monde, le Cloître et la Mort, capable de mener au suicide, le « mauvais remède ». Mais la participation souhaitée au « balaiement de la société capitaliste » ne les exorcise pas. Le livre tout entier appartient à cette société. Ni les personnages ni l'auteur n'auraient la moindre place dans un monde sans argent et sans classes, dont l'évocation est aussi inconsistante que celle des paradis traditionnels. On décèle même dans la pensée de Breton, si souvent pendulaire, un embarras traduit par une sorte d'acte manqué, à propos d'une référence à la quatrième thèse de Marx sur Feuerbach. La phrase devient obscure, ambiguë, à la limite de la correction grammaticale. Or, la quatrième thèse est une pantalonnade dialectique dont la fin redondante tire un effet comique de son rapprochement avec le comportement familial de celui qui l'a écrite. Des révolutions « pratiques » de la famille terrestre ont eu lieu au XXe siècle au sein des sociétés capitalistes « développées » sans que la lutte des classes y ait eu la moindre part. Quant à la famille « céleste » avec son mari complaisant, sa femme romanesque et sacrée, son enfant adultérin prodige, elle avait quelques lieues d'avance sur la famille Marx.

Ces professions de foi répétées calmèrent les esprits. Tout le monde acheta *Les Origines de la famille...* Personne ne remarqua, sauf peut-être Aragon, que les portes n'étaient pas verrouillées aux voyantes. Sadoul accepta tout, même les réserves touchant l'U.R.S.S. Mais je mentirais si je n'avouais pas que le subjectivisme du discours, ses détours merveilleux et sa discontinuité savante ont fait sur chacun de nous un effet plus grand que le ralliement au matérialisme, lequel n'apparaissait guère que comme une clause de style susceptible de nous apporter le soutien de la Révolution. Seul Aragon peut-être, qui évoluait à toute vitesse vers la littérature d'agit-prop, jugea déplorablement futile le racolage de jeunes filles pauvres et prêtes à tout, entre la Gaîté-Rochechouart et la Café Batifol.

La troisième partie est plus subtile. Elle développe l'idée que le *besoin de transformer radicalement le monde* ne peut être opposé à *celui de l'interpréter* ou, en termes plus terre à terre, que l'intellectuel révolutionnaire n'est pas seulement un agent de propagande. Ce n'est pas autre chose que la réaffirmation d'une des thèses fondamentales du surréalisme à laquelle j'adhérais totalement. *L'harmonie des tensions opposées*, a écrit Breton en citant Héraclite.

Les dernières pages des *Vases communicants* ont peut-être été remaniées en 1932 après que Aragon eut quitté le surréalisme. Toutefois je ne l'affirmerais pas. Il me semble que la critique mesurée et prudente de la culture soviétique et des méthodes dont nous avions à nous plaindre figurait déjà dans la lecture qu'en fit Breton avant les incidents de février. En tout état de cause, il fallait beaucoup de mauvaise foi pour ne pas convenir que les deux premières parties des *Vases communicants* faisaient justice des accusations de *freudisme*. Elles achevaient l'évolution de l'auteur vers le matérialisme dialectique, comme le souhaitait la résolution de Kharkov. Elles constituaient *la révision de toutes les erreurs (sic) du Second Manifeste*. Etait-ce un passage définitif à l'*idéologie prolétarienne*, suivant le jargon des écrivains révolutionnaires? Cette expression n'avait aucun sens marxiste ni léniniste. Mais pour les besogneux qui se pressaient alors au portillon des bureaux et associations, elle concernait l'essentiel du débat. L'*idéologie prolétarienne*, c'était leur misérable esthétique dont les écoles, les mairies et les bureaux de poste de la IIIe République nous avaient donné, en France, un avant-goût ainsi que la poésie et la littérature accablantes de nos inspecteurs généraux laïques et de nos académiciens cléricaux d'avant 1914.

Kurella paraissait surtout occupé à donner corps à la Ligue anti-impérialiste dont il était, semble-t-il, le *deus ex machina*. Bauer avait réapparu pour disparaître aussitôt, il eut néanmoins le temps de me proposer une mission en Afrique noire; j'y aurais présenté des films éducatifs et distrayants en glissant dans mes programmes des séquences de propagande anti-impérialiste. Cela sentait très fort la provocation. Kurella avait eu vent de l'affaire, il n'en pensait que du mal, estimant que les chances d'une arrestation immédiate l'emportaient sur toutes les autres. En revanche, nos tracts lui avaient plu. Il était très impressionné par l'absence quasi totale de réaction du parti communiste français devant les manifestations et l'éloquence qui avaient accompagné l'Exposition coloniale.

« Il n'y a guère que les surréalistes qui aient fait preuve d'une hostilité intelligente contre cette entreprise, qui aient marqué leur dégoût par une activité spécifique. Pourquoi ne feriez-vous pas quelque chose de plus important sous l'égide de la Ligue anti-impérialiste? Que pensez-vous d'une contre-exposition? En tant que responsable mondial de la Ligue je mets à ta disposition le Pavillon des Soviets et quelques crédits. Je te confie la direction de cette entreprise, tu y représenteras la Ligue, débrouille-toi avec tes amis. »

Le Pavillon des Soviets était la plus jolie construction de bois que Mebrikov, architecte constructiviste, avait édifiée à l'Exposition des arts décoratifs 1925 pour le compte de l'U.R.S.S. Il avait été l'une des attractions de l'exposition où il figurait le style le plus avancé. Transporté sur un morceau de terrain appartenant à l'Union des syndicats de la Seine, avenue Mathurin-Moreau, il était encore en bon état; il ne servait pas à grand-chose. Il abritait parfois une conférence syndicale ou politique mais les militants lui préféraient les salles lépreuses d'une sorte de casernement voisin. Tous ces bâtiments ont été démolis et à leur place s'élève le nouvel immeuble du parti communiste dû à l'architecte Niemeyer.

Cette proposition venait à point pour revaloriser un peu mon prestige de militant que les événements des derniers mois avaient atteint. Aragon et Sadoul ne me pardonnaient pas, au fond d'eux-mêmes, l'accueil que j'avais fait à leur « Confession » du 1er décembre, et prenaient avantage des difficultés que j'avais avec le parti. Je divisai mon programme en trois sections. Pour Aragon la présentation des problèmes culturels, pour Sadoul l'activité des missions religieuses ; je conservai pour moi l'énoncé de la théorie léniniste de l'impérialisme. *La Vérité sur les colonies* ouvrit ses portes le 20 septembre. Je m'étais attribué le rez-de-chaussée, la partie la moins avenante du bâtiment. Michelet et quelques copains du XIXe et du XIVe m'aidèrent à placarder affiches et slogans. La pièce principale du premier étage, aménagée par Tanguy et meublée par Eluard et Aragon de fétiches, d'objets sauvages et de quelques-unes des bondieuseries les plus sottes de la rue Saint-Sulpice, avait très grand air.

Cette exposition reçut beaucoup de curieux, encore qu'elle n'eût bénéficié d'aucune publicité particulière. Les membres du Bureau politique du parti s'abstinrent de la visiter, à l'exception d'un syndicaliste qui se trouvait avenue Mathurin-Moreau pour d'autres motifs. J'avais fait installer des haut-parleurs pour diffuser, de temps à autre, des commentaires politiques et inciter les promeneurs qui montaient vers les Buttes-Chaumont à venir voir *La Vérité sur les colonies*, Aragon et Elsa apportèrent des disques, ce que l'on pouvait trouver en 1931 de musique polynésienne ou asiatique dans les boutiques spécialisées. Elsa y avait ajouté quelques airs à la mode parmi lesquels il y avait une jolie rumba (une rumba ou un autre rythme des Caraïbes qui commençait à faire fureur). J'avais beaucoup travaillé à cette exposition, j'en avais organisé la garde, et pour m'assurer que tout mon monde était présent, je passais de longues heures avenue Mathurin-Moreau. J'arrivais souvent le premier et je partais le dernier. J'entends encore cette rumba et je vois la fin d'un très bel après-midi de septembre, un dimanche peut-être.

Aragon, Eluard, Elsa avaient montré l'exposition à un jeune couple qui n'avait rien de prolétaire. Ils partaient. Elsa avait elle-même mis la rumba que j'aimais sur le tourne-disque. J'eus soudain la conscience de ma solitude, de mes échecs et de la médiocrité vers laquelle le courant de la vie me poussait. Aragon et Sadoul n'étaient plus les chiens battus du mois de décembre. Ils avaient repris leur assurance et leurs places. Sadoul brûlait d'entrer à *L'Humanité*. Je ne pouvais pas ne pas voir la nuance de condescendance que mes deux amis avaient introduite dans nos rapports. Aragon — Eluard aussi, d'ailleurs — venait de la marquer une fois de plus au cours de cette visite à une exposition dont il était la vedette, mais ne me devait-il pas cette position de vedette? Je n'étais guère plus qu'un portier. La rumba déroulait son rythme obsessionnel et sa mélodie aguichante. Le copain qui était venu m'aider avait un rendez-vous. Le gardien de la Maison des syndicats me proposa de fermer l'exposition à ma place. Je sentais qu'il avait hâte, lui aussi, d'en finir avec le travail. Le dernier visiteur partit.

L'instant d'après je me retrouvais sur le trottoir de l'avenue. Le soleil déclinait, il faisait bon. Le gardien avait remis la rumba sur le tourne-disque. Je décidai de rentrer à pied rue du Château, par économie. La rumba évoquait les soirées agréables au restaurant avec des amis, les boîtes de nuit à la mode. « Tout cela, c'est fini pour toi, me dis-je. Ecoute bien cette rumba, tu n'entendras plus jamais rien d'autre de ce genre, d'abord parce que tu ne sauras plus quels seront les airs en vogue et que, si tu l'apprends, tu reculeras devant l'achat d'un disque. Tu vas changer d'existence. Tu seras le mois prochain un employé de bureau, tu seras semblable à tous ceux dont tu t'occupes depuis cinq ans, mais toi tu auras connu l'oisiveté. Il te faut tout recommencer et à nouveau faire tes preuves. Tiens pour effacé ce que tu as fait jusqu'ici, sauf dans ta propre expérience. Ne te plains pas. Tu as obtenu ce que tu as voulu mais pas comme tu le voulais. Tu souhaitais que Aragon fît carrière dans le parti communiste, qu'il devînt un des premiers parmi les écrivains communistes. Ce n'est pas encore chose faite mais cela ne peut manquer. Tu vois venir cette réussite à tes dépens. Tu voulais que Breton abandonnât l'idéalisme subjectif. Tu as gagné. Breton sera demain une des forces reconnues de la dialectique matérialiste, il deviendra pour beaucoup d'autres le point de référence qu'il est pour toi.

« Toi tu es dehors parce que tu as voulu aider à franchir les barrières. Mais ne les auraient-ils pas franchies sans toi ? A quoi as-tu servi, au juste ? De quel droit peux-tu donner des leçons aux autres alors que tu hésites toi-même sur ce que tu crois ? Ta seule force est peut-être d'apercevoir des formes et des obstacles que tes amis ne voient pas. Mais la position abaissée où tu te trouves et la vision brouillée que tu as encore de ce que tu pressens ne te permettent pas d'en faire part à quiconque. On tiendra toutes tes remarques pour négligeables. Sois modeste. Rentre dans le rang. Refais tes classes. Fais dormir ton amour-propre. Plus tard, beaucoup plus tard, ce sera peut-être ton tour. »

En passant devant les vitrines, je pensai à l'objet à signification symbolique que j'avais imaginé et que je n'avais pas construit, faute d'argent. Compte tenu de la modicité de la dépense, je suis moins certain aujourd'hui que ce fut alors cette considération qui m'arrêta. En voici l'arrangement : une boule, suspendue en équilibre en haut d'un plan incliné (une planchette). Sur une faible impulsion la boule aurait pu descendre le plan incliné et se loger en partie dans une cavité de même forme, tapissée de mèches de coton. Le plan incliné aurait pu être placé en position horizontale, la boule, agissant comme un pendule, aurait pris sous une impulsion un mouvement de va-et-vient, légèrement amorti par des mèches de coton collées sur la planchette. Rien de tout cela ne devait être montré en fonctionnement, mais l'objet aurait été susceptible d'être mis en marche sur-le-champ. Le symbolisme de cette construction était simple : je sentais le mouvement de la boule comme une douce caresse sur mes testicules. Je crus comprendre pourquoi j'avais conçu cet objet et pourquoi je ne le fabriquais pas. Je sentais se développer une sorte de grincement dans mes rapports sexuels avec Katia, le désir s'affaiblissait, j'avais parfois envie d'autres femmes, de fêtes charnelles que je ne trouvais pas chez moi. Je surmontais encore aisément ce trouble, mais il amassait des nuages. Etant encore très amoureux de Katia, je les chassais.

Les objets qui avaient été fabriqués dévoilaient presque tous, chez leurs auteurs, une insatisfaction ou des phantasmes latents. Elsa et Aragon ont-ils cédé à cet engouement passager ? Je ne le crois pas, ou bien je n'en ai gardé aucun souvenir. Je pense que les réactions « victoriennes » d'Aragon ont dû l'emporter. En 1971, on peut imaginer qu'une exposition d'objets surréalistes de caractère érotique puisse avoir lieu dans une usine ou dans un quartier populaire. La pudeur et l'hypocrisie « de gauche » étaient assez fortes en 1931 pour que Aragon ne se risquât pas à les braver. De plus, Elsa et Aragon avaient la chance d'avoir résolu pour eux-mêmes, au moins provisoirement, le problème des satisfactions érotiques.

L'objet le plus émouvant était celui de Valentine Hugo[1] qui venait d'entrer dans la vie de Breton par la petite porte. Cette femme adorable, intelligente, d'une inépuisable douceur, aimait passionnément l'auteur des *Vases communicants*. En revanche, celui-ci ne lui accordait que la sympathie émue, un peu agacée, de l'homme qui pense encore à quelqu'un d'autre et qui sait, lui, que celle qui est à ses côtés a perdu d'avance. Valentine avait sans doute quelques années de trop. Sur un tapis de roulette, une main de femme, gantée de noir, étreint le poignet d'une main gantée de blanc. L'index de la femme pénètre sous le gant blanc pour caresser la paume. La main au gant blanc tient entre pouce et index un dé à jouer montrant le chiffre 3. Valentine Hugo devait multiplier pendant quelques années de discrètes déclarations d'amour en usant au mieux de son beau dessin, un peu académique et d'un sens peu commun de la féerie.

Les réunions du groupe reprirent à l'automne, comme je l'ai dit. Breton lut *Les Vases communicants* à ses amis les plus proches et demanda que l'on débattît, dans une assemblée, le problème du public. Pour qui écrivaient les surréalistes ? Qui les lisait ? Chacun était-il satisfait de son public ? Ne fallait-il pas essayer de changer de public ? Je ne suis pas certain que Breton ait sincèrement voulu répondre aux questions qu'il posait. Son entreprise relevait davantage de la provocation que de l'enquête. Il voulait secouer tout son monde, le faire sortir des confortables coquilles, obtenir du neuf, briser dans tous les cas les réserves qu'il sentait chez certains. Je possède les minutes de la réunion du 6 octobre 1931, où Eluard et Tzara d'une part, Aragon et Breton d'autre part, s'opposèrent violemment sur l'opportunité de faire paraître *Le Surréalisme A.S.D.L.R.* et sur le public qu'il convenait de toucher. Voici quelques fragments de ces minutes : le débat portait alors sur la parution du numéro 3 du *Surréalisme au service de la Révolution* ; on avait appris que trois cent cinquante exemplaires des deux premiers numéros avaient été vendus, soit sept cents de moins que la vente du numéro 12 de *La Révolution Surréaliste*.

....

BRETON : Nous savons dès à présent de quoi le numéro 3 sera fait, cela

---

1. Cet objet existe encore, semble-t-il. En relisant ce texte, je vois Elsa me montrer rue Campagne-Première un objet de sa propre fabrication.

n'entraînera aucun changement de public. Si je pose la question du public c'est que je pense qu'en fonction de la réponse on changera le contenu de la revue.

(La priorité à l'examen de la question : *pour quel public écrivons-nous?* est votée, Eluard et Tzara ayant voté contre.)

....

ELUARD : Je ne cherche pas de public. Que le public n'entre pas.

....

TZARA : Le public se juge qualitativement et non quantitativement.

....

ELUARD (à BRETON) : Es-tu capable de changer un texte pour le faire lire par telle ou telle personne?

BRETON : Oui, je m'en crois capable, comme je ne veux donner aucune pâture aux aristocrates et aux bourgeois je prétends écrire pour les masses.

....

ELUARD : Je demande si Breton et les autres croient que ce que nous connaissons du livre de Breton (*Les Vases communicants*) est de nature à toucher la masse.

....

BRETON : Mon rôle est de montrer comment, dans l'évolution qui a été la mienne, je puis être entraîné à une détermination purement communiste.

....

BRETON : Quitte à abandonner le surréalisme au besoin, il faut refaire le public à tout prix.

....

La réunion se termina dans le brouhaha. Aragon fit voter la motion suivante, qu'il rédigea :
« Considérant qu'il résulte de tout le débat que l'accord entre les personnes présentes est absolument impossible si pour la poursuite du débat un postulat philosophique n'a pas été admis, permettant d'orienter le débat prochain, les soussignés acceptent comme base de discussions remise à... le matérialisme dialectique dans ses plus lointaines conséquences. » Suivent les signatures de Breton, Sadoul, Aragon, Buñuel, Thirion, Eluard, Tzara, Giacometti, Malet.

J'ai choisi ces phrases, transcriptions fidèles du débat, pour montrer jusqu'où Breton allait alors dans sa volonté de travailler avec le parti communiste. Il semblait, en octobre 1931, que l'accord de Breton et de Aragon fût redevenu étroit, chacun ayant fait un pas vers l'autre. Quelques jours après cette réunion la parution du numéro 3 fut décidée. Je demandai à Aragon de rédiger un article de fond dans lequel il donnerait un compte rendu du congrès de Kharkov en indiquant les directions nouvelles dans lesquelles il avait été convenu que l'activité surréaliste s'exercerait. J'attachais beaucoup d'importance à la publication d'un texte de cette nature, sachant qu'il dissiperait les dernières craintes de Breton et rallierait les derniers opposants. C'est ainsi que fut écrit *Le Surréalisme et le Devenir révolutionnaire*, à la satisfaction générale.

Le 13 novembre 1931, je reçus du secrétariat du parti la note suivante :

« AFFAIRE THIRION »
L'enquête ouverte sur le cas du camarade Thirion a révélé :

1° Que le camarade Thirion écrit dans une revue qui n'est point soumise au contrôle du P.C. et ne lui ménage pas ses hostilités.

2° Qu'il a été, par son rayon, frappé d'une suspension de six mois pour avoir délivré indûment des cartes du parti à deux de ses amis.

3° Qu'il a, pour protester contre cette sanction, donné sa démission de sa cellule.

4° Qu'il a faussement accusé le secrétaire du parti communiste de fréquenter un salon bourgeois, collusion dont Thirion lui-même a dû reconnaître l'inexistence.

5° Que sous prétexte d'user de son droit de critique, Thirion a formulé contre les responsables du B.P. des griefs dénués de tout fondement.

La C.C.C.P.

Exclut le camarade Thirion du parti communiste

1° Pour ses actes d'indiscipline renouvelés.

2° Pour avoir formulé sur le compte de responsables du P.C. des accusations fausses susceptibles de nuire au P.C.

La C.C.C.P. le 9/7/31
Ratifié par le Bureau Politique

Le secrétariat
Paris le 2/11/31

Dupont et Gourdeaux avaient été paternels et courtois tout au long des « interrogatoires ». Je croyais l'affaire enterrée. Cette note m'apprenait que ma cellule avait pris des sanctions contre moi. Je n'en avais jamais été informé, je rencontrais pourtant les membres de cette cellule plusieurs fois par semaine. Renseignements pris, la cellule n'en savait rien elle-même. Elle le découvrit comme moi dans la note du 2 novembre. La « suspension » était une invention de Timbaud, on en avait eu besoin pour faire administrativement barrage à Sadoul et à Aragon.

Les numéros 3 et 4 du *Surréalisme au service de la Révolution* parurent simultanément en décembre 1931.

Le seul événement gai de cette année 1931 fut le fait du père de Michelet, commissaire de police à Clermont-Ferrand. Michelet ne voulait pas rentrer au domicile paternel. De plus, dans une lettre à l'auteur de ses jours, il avait fait des observations plutôt désobligeantes sur le métier qu'exerçait celui-ci. M. Michelet père, las des supplications, des remontrances et des objurgations, décida d'agir lui-même. Il vint à Paris. Il savait que son fils avait été hébergé rue du Château. Un matin il fit cerner la maison par des agents et, après beaucoup d'hésitations (car au commissariat on lui avait fait une peinture effroyable de l'antre où se cachait son fils), il frappa sur la porte. Il avait revêtu sa redingote des grandes occasions professionnelles, un bout de son écharpe dépassait de sa poche. C'était un petit homme noir, assez agité, parfait dans son rôle de père noble[1].

En prenant le ton le plus hypocrite, je compatis aux malheurs du père. Je lui fis observer que la rue du Château n'avait rien qui pût séduire ni retenir un garçon de dix-huit ans, que si celui-ci ne voulait pas quitter Paris il fallait en chercher la raison du côté d'une petite amie qu'on trouverait sans doute aisément vers le boulevard Saint-Michel. Je m'étonnai qu'un magistrat pourtant habitué aux enquêtes et aux faiblesses de la vie n'eût pas étudié cette hypothèse si vraisemblable ! Le pauvre homme était confus ! Après lui avoir fait discrètement remarquer que j'avais été bien bon de le recevoir, que ses manières un peu brutales (il avait frappé très fort à la porte et prononcé je crois le mot *police*) m'auraient autorisé à le laisser dehors et porter plainte car, « après tout vous n'avez aucun mandat, la démarche que vous effectuez est toute personnelle et c'est comme cela que je veux la prendre », je lui promis de lui donner des nouvelles de son fils dès que je pourrais en avoir et de ne pas manquer de représenter au jeune fugitif la douleur d'un père inquiet !

Le retour de Sadoul rue du Château quelques heures plus tard fut l'occasion d'une bonne rigolade. Mais il fallait prendre l'affaire au sérieux. Après délibération, Sadoul envoya Michelet à la Chapelle-Réanville, chez Nancy Cunard, qui ne fit qu'une bouchée de cette chair fraîche.

---

1. Durant l'entretien, Michelet fils se trouvait, il me semble, dans la chambre de Sadoul. Soustraire ce garçon de dix-huit ans à la sollicitude paternelle n'était pas une petite affaire. Son père le fit arrêter deux fois. La première « cache » de Michelet fut le domicile de Fraenkel ouvert à l'évadé sur la demande d'Eluard.

Chapitre XIX

Dulita

Le 1er décembre 1931, à 8 heures du matin, j'entrai comme calculateur à la France mutualiste, Caisse autonome de Retraites, installée alors rue de la Douane, à peu près à l'endroit où s'élevait le Tivoli Vaux-Hall, haut lieu de quelques palabres préliminaires à la proclamation de la Commune de Paris.

Les Anciens Combattants formaient alors le groupe de pression le plus fort de la République. Pour un oui ou pour un non ils manifestaient dans la rue et faisaient peur à tous les politiciens. Les ambitions de leurs dirigeants étaient assez médiocres et les Pouvoirs publics s'efforçaient de les maintenir dans cette médiocrité. Ils se bornaient à réclamer des subsides et des faveurs dans tous les domaines. En plus des pensions attribuées aux invalides, aux veuves et aux orphelins et des réductions de toutes sortes obtenues sur la plupart des services, les Anciens Combattants avaient arraché à l'État parcimonieux de la IIIe République une petite retraite gratuite et des subventions pour accroître les revenus de l'épargne personnelle des plus prévoyants d'entre eux. Les Anciens Combattants de droite étaient affiliés à l'Union nationale (U.N.C.) qui joua un grand rôle dans les événements du 6 février 1934. Les hommes de gauche, ou plus exactement ceux qui ne voulaient pas se compromettre avec la droite, avaient fondé l'Union fédérale. De tendances assez diverses, celle-ci n'avait pas la cohésion de l'Union nationale. Les communistes faisaient bande à part, avec l'Association républicaine des Anciens Combattants dont le président était Henri Barbusse. Les bureaux des associations étaient parfois occupés par des hommes qui n'avaient guère combattu, ce qui ne les empêchait pas de crier plus fort que les autres. Les vrais, ceux qui avaient risqué vingt fois la mort, en prirent ombrage. Ainsi naquirent les Croix de Feu qui recrutèrent d'abord parmi les décorés du front. Cette solidarité du danger et de la gloire fut dans toute l'Europe un des germes des idéologies fascistes. Elle engendrait la nostalgie du communisme autoritaire et hiérarchisé des tranchées de 1914-1918 et le culte du chef de section. Les Croix de Feu mordirent aussi bien à gauche qu'à droite. Si cette association avait eu à sa tête un homme du peuple au lieu d'un aristocrate officier de carrière comme le colonel de La Rocque, les chances d'un fascisme français eussent été beaucoup plus sérieuses.

Chacun des groupements nationaux avait fondé une Caisse autonome pour constituer à ses adhérents des retraites subventionnées par l'État. La France mutualiste préexistait à ces créations. Elle était le produit des timides lois sociales de la fin du XIXᵉ siècle. Elle groupait une poussière d'associations touchantes et humanitaires souvent nées dans l'ombre de sociétés de pensée. Ses dirigeants étaient bien vus au ministère du Travail. Ils annexèrent l'Union fédérale. En trois ans, les médiocres ressources du vieux groupement mutualiste furent multipliées par cent. La Caisse autonome encaissa plus d'un milliard de francs Poincaré. Elle réalisa l'un des plus importants programmes de construction immobilière de l'époque, près de dix mille appartements.

Le personnel comptait environ cent cinquante salariés presque tous employés au service des retraites où j'étais entré. C'était un personnel féminin dans la proportion des trois quarts. Tout ce monde était installé devant de grandes tables de chêne clair sur deux étages d'un ancien magasin. Le chef du service occupait un bureau vitré assez obscur. La discipline était stricte. Les bureaux étaient vastes, aérés et bien chauffés ; cela ressemblait plus à une usine qu'à une administration. Le chef de service, homme jeune d'origine paysanne, à figure de sous-officier, menait son affaire comme une compagnie de biffins. Les conditions de travail étaient à peu près celles du XIXᵉ siècle. Les toilettes étaient rudimentaires. Il n'y avait ni cantine ni réfectoire. Le silence était de rigueur. Il était interdit de fumer.

La moitié du personnel habitait la banlieue, ce qui était conforme à la répartition de la population dans la région parisienne. Dans le premier groupe dont on me confia la charge, en 1932, l'une des jeunes filles habitait Pontoise, une autre Ermont, une troisième Nogent-sur-Marne, sur un effectif de six. Fernande, la fille de Pontoise, avait trois heures de transport par jour. Elle allait déjeuner chez une de ses tantes, du côté du boulevard Voltaire. Yvonne, la fille d'Ermont, n'avait pas de famille à Paris, elle passait elle aussi près de trois heures tous les jours dans les transports en commun. Simone venait de Nogent-sur-Marne en une heure, encore fallait-il ne pas manquer le bon train ! En 1971, ces temps n'ont été sensiblement réduits que par l'usage de la voiture particulière. Les chemins de fer, avec l'électrification, ont fait de petits progrès. Métro et autobus sont restés ce qu'ils étaient en 1920[1].

La régularité de mes horaires et le travail de bureau nuisaient à mon activité surréaliste. Il n'était plus question d'assister à l'apéritif de midi ni de consacrer à autre chose qu'au bureau les heures de la journée, à l'exception de celles du samedi après-midi et du dimanche. Le soir, les réunions politiques ou syndicalistes entraient en concurrence avec la rue Fontaine. Il fallait être debout avant 7 heures du matin. Je ne pouvais lire ou écrire que le dimanche, dans la mesure où les savants traités de Borel et de Galbrun m'en laissaient le loisir. Si l'on excepte le commerce de Malet, qui vendait des journaux, j'étais le seul de mes amis à mener cette existence de travailleur.

Les numéros 1 et 2 du *Surréalisme A.S.D.L.R.* s'étaient mal vendus mais

---

1. Le R.E.R. et de nouveaux matériels ont heureusement réduit ces durées depuis quinze ans.

l'agitation des années 1930 et 1931 avait trouvé plus d'écho que les scandales de 1925. Elle paraissait aussi plus redoutable aux conservateurs, qu'ils fussent bourgeois ou membres du parti communiste. Ce qui suit en donnera la preuve.

Si le remue-ménage de Kharkov, nos tracts, l'exposition *La Vérité sur les Colonies* portaient des fruits, ceux-ci n'étaient pas tous du même goût. J'avais eu ma part avec mon exclusion du parti. En novembre ce fut l'interdiction et la saisie, par la police française, du numéro de *Littérature de la révolution mondiale* où le poème d'Aragon, *Front rouge*, était publié. Le 5 janvier ce fut l'annonce par *L'Humanité* de la fondation d'une *Association des écrivains et artistes révolutionnaires*. Les créateurs ne s'étaient pas fatigués à chercher un titre. A une inversion près, c'était celui que Breton et moi avions choisi l'année précédente. Comme de bien entendu, aucun surréaliste, pas même Aragon, nanti pourtant de toutes les bénédictions de Kharkov, n'avait été prévenu, consulté ou invité. Enfin, le 16 janvier 1932, Aragon fut inculpé par le juge Benon d'incitation de militaires à la désobéissance et de provocation au meurtre dans un but de propagande anarchiste. Il était passible de cinq ans de prison. Le motif de l'inculpation était la publication du poème *Front rouge*.

C'est à dessein que j'ai mis le produit de cette cueillette dans le même panier. Les coïncidences et les corrélations sont pour le moins troublantes. Comme de 1930 à 1940 le Bureau politique du parti communiste français a compté dans son sein, en permanence, au moins un policier[1], comme la rédaction de *L'Humanité* et les milieux intellectuels communistes ou communisants étaient truffés de mouchards, la manipulation politique des communistes par le ministère de l'Intérieur avait atteint, vers 1932, une sorte de perfection. J'ai la certitude morale que toutes les opérations concernant les surréalistes, à cette époque-là, avaient la même origine : les combinaisons de la Sûreté générale rejoignaient ou épaulaient les intrigues des intellectuels du parti[2].

---

1. Il en fut de même plus tard, d'ailleurs : le *Journal* posthume de Vincent Auriol (Gallimard éd., 1970) permet de constater qu'après chaque réunion du Bureau politique du P.C., le président de la République était rapidement en possession d'un compte rendu de la séance.
2. Je laisse aux chartistes de l'an 2 000 le soin de vérifier mon hypothèse. Je leur conseille de chercher, entre autres, du côté des intellectuels proches de la Préfecture de Police, ceux qui devaient s'illustrer dans *Je suis partout* et dans *Gringoire*. Je donne en présomption supplémentaire de ce que je suggère cet exemple de la continuité bureaucratique de l'idéologie policière : à partir de 1934, l'évolution de la politique française fut de nature à calmer tout zèle policier à l'égard des surréalistes, mais après la défaite de 1940, il en fut autrement ; on reprit les dossiers d'autrefois ; en zone dite libre, tandis que Aragon publiait des vers de mirliton dans *Le Figaro*, attaques de presse et brimades policières se succédèrent contre Breton et ses amis, à telle enseigne que l'ambassade des U.S.A. estima que pour l'honneur des Lettres Françaises il fallait aider ces hommes à quitter la France. Peggy Gugenheim organisa ce voyage donc elle acquitta la dépense.

Front rouge, poème célèbre en 1931 grâce au Parquet, est tombé dans l'oubli. Cela vaut mieux pour son auteur. On ne peut dénier un certain lyrisme à la première partie de ce long morceau de bravoure (près de quatre cents vers). On y trouve encore des traces de l'insolence du jeune Aragon. C'est une description, dans le style de Georges Grosz et de Maïakovski, du Paris bourgeois.

Ce n'est pas très loin des propos que tiennent, en 1971, les jeunes gauchistes de Neuilly.

La fin du poème est aussi banale et aussi faible que l'étaient à l'époque, les plus mauvais articles de *L'Humanité* en dépit de l'introduction d'onomatopées à la manière de certains poèmes dadaïstes de 1920. La partie centrale, celle qui veut avoir un contenu politique, est un tissu d'inepties. Aragon surenchérit sur la pensée délirante et sur les excès de langage de la *Troisième Période*, sur ce que j'appelais alors la ligne social-fasciste dont je critiquais l'absurdité chaque fois que je le pouvais. Le terme *social-fasciste* figure d'ailleurs dans le poème. On y fait la révolution, les prolétaires se rassemblent, s'emparent de la Madeleine, du Bois de Boulogne et de l'Élysée, descendent quelques flics et font un grand massacre de parlementaires socialistes.

Voici les vers les plus significatifs :

— *Descendez les flics*
— *Camarades*
— *Descendez les flics*
— *... les médecins social-fascistes*
— *... tomberont aux mains des émeutiers qui les colleront au mur*
— *Feu sur Léon Blum*
— *Feu sur Boncour, Frossard, Déat*[1]
— *Feu sur les ours savants de la Social-démocratie*
— *Feu Feu j'entends passer*
— *la mort qui se jette sur Garchery*[2]. *Feu, vous dis-je.*

Avant la péroraison, Aragon a inséré un texte où il explique sans rire comment les malheureux ingénieurs enrôlés de force par le procureur soviétique dans un « parti industriel », Ramzine et Larichev, premières victimes de l'incurie et du désordre de la collectivisation à outrance et fusillés comme tels après un procès ubuesque, avaient organisé l'intervention impérialiste contre l'U.R.S.S. Tout aurait commencé par une attaque de la Roumanie (Staline ne pensait pas encore à la Finlande). « Le rôle directeur, écrit le poète, appartient à la France qui en a conduit la préparation. » Il est

---

1. Députés socialistes. Frossard est un des fondateurs du parti communiste.
2. Longtemps conseiller municipal et député communiste. Avait à l'époque abandonné le P.C. pour une formation de communistes indépendants.

fâcheux pour certains textes que l'on connaisse les événements qui leur ont succédé !

La tradition surréaliste voulait que lorsque l'un d'entre nous se flanquait dans un merdier, la solidarité du groupe jouât à plein. Ainsi, dès que les poursuites contre Sadoul avaient été connues, chaque surréaliste avait écrit au général commandant l'École de Saint-Cyr une carte postale où il faisait part de son intention de fesser publiquement le major de la promotion. Breton, comme à l'accoutumée, prit la direction de la riposte. Il remua le monde des lettres et des arts et porta la discussion à un niveau dont *Front rouge* était loin.

L'affaire était délicate sur le plan politique. Ni Breton ni moi n'avions l'intention de cautionner la conception du *Social-Fascisme* et encore moins de reprendre à notre compte les appels au meurtre de Léon Blum, Paul Boncour et autres. Le tract *L'Affaire Aragon*, rédigé par Breton et deux ou trois de ses amis, tout en se maintenant dans l'idéologie *Troisième Période* emploie des termes raisonnables pour préciser la position politique des surréalistes. Il explique les imprudences d'Aragon par référence aux lois d'un langage *exalté* auxquelles obéit la phrase poétique. Cette distinction étonna ; la méconnaissance du langage poétique n'était pas tellement surprenante dans un pays où l'on professe une admiration inconditionnelle pour *Les Fables* de la Fontaine. Certes, la matière dont est fait *Front rouge* n'était pas la meilleure qui convînt pour soutenir un tel débat. Il était assez facile de se refuser à prendre *Front rouge* pour un modèle de pensée consciente, mais ce n'était pas la faute d'Aragon qui avait voulu donner à cet écrit la valeur *signifiante* dont la recherche l'obsédait depuis plusieurs mois. L'interprétation d'un poème n'est pas épuisée par la considération de son sens littéral, écrivaient les surréalistes dans *L'Affaire Aragon*. N'est-ce pas tout aussi évident dans ce fragment des *Yeux d'Elsa* ?

> *— J'ai traversé Les Ponts de Cé*
> *— C'est là que tout a commencé*
> *— une chanson des temps passés*
> *— Parle d'un chevalier blessé*
> ....
> *— De la prairie où vient danser*
> *— une éternelle fiancée*
> ....
> *— La Loire emporte mes pensées*
> *— Avec les voitures versées*
> *Etc.*

Au-delà du sens littéral dépourvu d'intérêt, c'est la niaiserie qui donne son vrai caractère à cette bergeronnette de même que *Front rouge* est, en 1930, une bonne évocation de la criminelle folie stalinienne avec ces vers prophétiques, beau témoignage de l'inconscience rhétoricienne de l'auteur :

> *L'éclat des fusillades ajoute aux paysages*
> *Une gaieté alors inconnue*
> *Ce sont des ingénieurs, des médecins qu'on exécute.*

Au tract était jointe une pétition contre les poursuites. Tout le monde partit à la chasse aux signatures ; Aragon, Éluard et Crevel furent les plus heureux. Je rendis visite à Paul Signac que je rencontrai alors pour la dernière fois. Il n'aimait pas Aragon, ni la peinture surréaliste. *Feu sur Léon Blum* avait choqué son horreur très ancienne de la violence et du meurtre. La conduite de cette affaire lui paraissait très désinvolte :

« Il faut prendre ses responsabilités, me dit-il. Aragon ne prend pas les siennes. On arrête, on condamne tous les jours des vendeurs de l'*Avant-Garde*. Fait-on pour ces jeunes gens autant de bruit que pour Aragon ? Je ne signerai pas. Mais dites à Aragon que s'il veut se soustraire à la police, s'il veut échapper à une arrestation, je lui ouvrirai les portes de ma maison, ici ou en Bretagne et s'il le fallait, je lui ferais passer la Manche, moi-même, sur mon bateau. »

Le texte de la protestation fut signé par un des membres du Bureau politique du parti communiste, un universitaire falot répondant au nom de Bouthonnier. Quelques-unes des signatures méritent d'être relevées à des titres divers : Benoist-Méchin, Le Corbusier, Braque, Matisse, Picasso, Fernand Léger, Jean Luchaire, Bertolt Brecht, Thomas Mann, Federico Garcia Lorca. En revanche le nom de Georges Bataille ne figure pas.

Une fois mise en route, cette affaire Aragon gênait tout le monde. Le gouvernement ne souhaitait pas avoir sur le dos un procès à grand spectacle dont l'accusé avait la réputation d'être un redoutable debater, où un défilé interminable de témoins de moralité, très notoires, aurait couvert de ridicule la justice française. Dans ce pays où le précédent compte plus que tout, aucun garde des Sceaux ne tenait à attacher son nom à un nouveau procès Baudelaire. Le parti communiste non plus ne voulait pas de ce procès. La ligne *Social-Fasciste* y eût apparu, sans conteste, dans toute sa sottise. Il eût suffi à Léon Blum de la déclaration la plus anodine en faveur d'Aragon, et il n'y eût pas manqué, pour ridiculiser toute une politique... Enfin, si le surréaliste Aragon était mis en position de martyr, les grenouilleurs qui s'agitaient dans les lettres révolutionnaires étaient réduits à des rôles de figurants ou d'utilités. *L'Humanité* du 9 janvier 1932 vendit la mèche... *Nous dénonçons vigoureusement l'utilisation de cette affaire par le groupe surréaliste pour faire de la réclame... La bourgeoisie, dans sa répression contre le prolétariat révolutionnaire, frappe parfois ceux qui s'accrochent fortuitement au mouvement ouvrier. Telle est la signification de l'Affaire Aragon.* Fin de citation.

Cela tournait à la confusion. Il fallait faire une mise au point, tant à l'usage de ceux qui avaient suivi les surréalistes en refusant *toute tentative d'interprétation d'un texte poétique à des fins judiciaires*, que pour l'édification de ceux qui avaient voulu demeurer en retrait, aussi bien pour situer *Front rouge* dans la poésie moderne que pour montrer l'espèce d'art et de littérature à quoi les intellectuels communistes officiels semblaient vouloir réserver l'association dont ils annonçaient la création. Breton avait retrouvé une totale maîtrise de ses moyens. Il voyait où était le vrai débat. Il écrivit la brochure *Misère de la Poésie* au cours de la dernière semaine de février 1932.

Notons d'abord que dans cette brochure sont reproduites la curieuse conversation de Gide avec Crevel et la lettre de Romain Rolland. Gide et Romain Rolland ne signèrent pas la protestation surréaliste, montrant ainsi combien l'idée d'un langage poétique particulier leur était étrangère. Gide, le vieil hypocrite, feignit de croire que les surréalistes demandaient l'impunité pour la littérature. Romain Rolland qui éprouvait une assez grande sympathie pour les surréalistes, assimila de bonne foi les invectives de *Front rouge* aux appels à l'assassinat de Jaurès, rédigés comme tels par Maurras en juillet 1914, et suivis, comme l'on sait, d'un indiscutable effet. De toute évidence, Aragon n'avait jamais voulu tuer ou faire tuer Léon Blum, mais le caractère ambigu du poème que Breton qualifia avec bonheur *poème de circonstance* n'avait pas seulement abusé la police!

A partir du moment où une crise ministérielle aidant le ministère de l'Intérieur retira sa plainte, le ministère de la Justice décidant de ne pas poursuivre, ce curieux incident perdit tout caractère policier et même politique pour devenir une querelle littéraire à conséquences imprévisibles. Breton n'aimait pas plus *Front rouge* que la plupart des poèmes d'Aragon, moins encore. Il était surtout très conscient du fait que ce texte est *poétiquement régressif*. André Breton a été plus sensible que n'importe quel écrivain de son temps à la modernité, nul n'a été moins tributaire de « l'héritage » classique. Le sens exceptionnel qu'il avait de l'évolution des formes et des genres, de la création, l'empêchait même d'être objectif à l'égard des œuvres où il sentait ou croyait voir un « danger ». Il se posa en quelque sorte, à lui-même, des œillères ; il s'astreignit à des règles qui, hélas ! réduisirent son prodigieux champ de vision et inhibèrent son génie. Lise Deharme m'a raconté plusieurs fois la visite au Louvre qu'elle voulut faire avec Breton pour lui montrer deux petites peintures récemment découvertes, les natures mortes de Baugin à la fois rigoureuses et irréelles.

Breton, qui savait mieux que quiconque apprécier la *qualité* d'une peinture, dut convenir que c'était très beau, mais cette affirmation lui fut presque arrachée, sans doute parce que cette beauté se figeait ou paraissait se figer vers 1660, surtout parce qu'elle dérangeait certaines idées qu'il s'était faites sur le XVIIe siècle français qu'il aimait peu à l'exception de Port-Royal, et qu'il ne l'insérait pas dans une vue perspective du futur.

A la lecture de *Front rouge* il se sentit en présence d'une sorte de reniement, plus grave encore que celui des faux alexandrins de Desnos, en 1929. La curiosité dont ce poème était l'objet à cause des poursuites aggravait les malentendus latents. C'est pourquoi Breton voulut consacrer une importante partie de sa brochure à une sorte de critique historique de ce texte. Il s'appuie pour cela sur Hegel, démarche que d'autres personnages considérables ont faite quand des circonstances extérieures les troublaient. Il rappelle que Hegel a défini ainsi les écueils menaçant l'art : l'imitation servile de la nature dans ses formes accidentelles et l'humour, avec la résolution possible de ces deux tendances en *humour objectif.* « Nous sommes probablement dans l'art, écrit Breton, que nous le veuillions ou non, en plein humour objectif. Dans quelle mesure cette situation est-elle compatible avec ce que l'exigence révolutionnaire voudrait faire de nous? »

Cette question comportait une réponse négative. Les surréalistes l'enregistrèrent longtemps sans y croire. Peut-être que s'il était agi d'une véritable *exigence révolutionnaire,* c'est un oui qui eût été prononcé, mais pour ce que nous appelions alors l'exigence révolutionnaire et pour ceux qui prétendaient la représenter, aucune hésitation n'était possible. C'était non. Notre espoir, en 1932, était d'obtenir un oui des hommes qui avaient apparemment la Révolution en charge, en passant au-dessus des minables qui avaient la garde du « secteur culturel ». C'est dans cet esprit que Breton, après avoir affirmé une fois de plus sa complète adhésion à la politique du parti communiste français, tint à dénoncer les sottises et les petites perfidies dont étaient coutumiers les deux journalistes de *L'Humanité* qui signaient alors Moussinac et Fréville. En même temps, il remettait à son point mort ce canular, *la littérature prolétarienne* dont *L'Humanité* du 20 février avait publié un « essai » particulièrement affligeant.

Alors que la préparation des numéros 3 et 4 du *Surréalisme au service de la Révolution* avait paru mettre fin à la tension latente qui avait marqué les rapports de Breton avec Aragon depuis Kharkov, à nouveau tout grinçait. Aragon, hors de propos et à tout propos, employait le mot *dialectique,* ajoutait à n'importe quoi le qualificatif *idéaliste,* comme s'il avait voulu, par sa manière de parler, donner des gages à de mystérieux écouteurs. Sadoul avait pris en main l'action antireligieuse, il la conduisait à un niveau très bas, dans le style opium du peuple, valets du capitalisme, etc., aussi éloigné des insultes grandioses de Péret que des explications troublantes de Feuerbach. Elsa Triolet commençait à jouer son jeu. L'accueil fait aux voyageurs de Kharkov l'avait blessée. Elle aimait Aragon et souffrait qu'il fût ainsi maltraité. Comme Russe elle avait beaucoup mieux compris que ses compagnons l'évolution des esprits et des institutions. Sa finesse et son intuition lui permettaient de deviner les rites à observer, les manières qu'il fallait prendre. Elle n'avait jamais aimé le surréalisme, nourrie qu'elle était de Tourgueniev et de Tchaïkovski. Elle s'étonnait qu'on attachât tant d'importance, à Paris, au *Cadavre exquis,* à l'écriture automatique, à des problèmes de forme qu'elle ignorait d'autant plus qu'elle avait tout à découvrir, ce qu'elle ne manqua pas de faire plus tard. Pour elle, Breton était injuste, exigeant, partial, dominateur. Si Char, Éluard, Crevel, Sadoul, moi-même avions été petit à petit sensibles au charme d'Elsa, à sa peau et à ses taches de rousseur, pour Breton elle avait toujours été le contraire d'une femme. « Breton détruira Louis... », me dit-elle plusieurs fois. A quoi aboutissaient les scrupules, les enfantillages des surréalistes ? A la misère. Ne voyait-on pas que le surréalisme ne menait à rien, qu'il était en dehors de tout, qu'il ne servait qu'à l'amusement de quelques snobs lesquels, en retour, étaient bien décidés à laisser les surréalistes sécher sur pied ?

Le gêneur, c'était Dali. De toute évidence, Dali n'était pas marxiste et s'en foutait. Impossible de le faire entrer dans l'art prolétarien. Comme Aragon avait perdu tout sens de l'humour, il ne trouvait rien de drôle dans les lubies de Dali. L'étalage de ses manies, la sincérité cruelle avec laquelle Dali décrivait sa propre intimité, cet apport expérimental inestimable du Catalan dans les années 1930, choquaient Aragon. Celui-ci a écrit trois livres érotiques dont *Irène*, publié pour la première fois sous le titre *Le Con d'Irène*, mais pour ce qui concerne sa propre vie intime il a toujours fait preuve d'une retenue et d'une pudeur qui pourront tenter, un jour, les psychanalystes. C'était un homme de bordels, mais il avait hérité de la réserve extérieure, du côté redingote et gants beurre frais des hauts fonctionnaires de la IIIe République. Dali avait enfin le grand tort de se référer à Freud, d'être l'illustration vivante d'un cours de psychanalyse et depuis Kharkov, Aragon en était arrivé à tenir le savant viennois pour un contre-révolutionnaire. Une grande partie de mes efforts de persuasion, pendant l'année 1931, avait été employée à démontrer à Aragon que Dali était nécessaire au surréalisme, qu'il fallait admettre ses écarts, veiller seulement à ce qu'ils ne fussent pas trop envahissants. Mais à la fin de 1931 Aragon supportait de moins en moins la présence et l'activité de Dali. Il reflétait peut-être les réactions victoriennes des milieux russes qu'Elsa lui faisait fréquenter.

Sadoul et Aragon avaient repris contact avec l'organisation du parti, avec leurs cellules et avec les gens de *L'Humanité*. Tout n'allait pas comme sur des roulettes de ce côté-là. Les attaques recommencèrent à la fin de 1931, nos amis durent reconnaître que leur réintégration de 1930 était irrégulière, prendre de nouveaux engagements concernant le contrôle par le parti de leur activité littéraire, abjurer leurs erreurs passées, vraies ou imaginaires. J'ai reproduit plus haut des extraits d'un entrefilet paru dans *L'Humanité* du 9 février. Aragon y est désigné comme un personnage fortuitement « accroché » au mouvement ouvrier.

Aragon souffrait autant de la méfiance avec laquelle les communistes l'accueillaient que de la ruine progressive de la vieille amitié et de la complicité qui l'avaient si longtemps lié à Breton. S'il avait écouté Elsa, il aurait rompu vingt fois avec les surréalistes. Il résistait par une sorte de lâcheté sentimentale. Il se rendait pourtant compte, chaque jour un peu mieux, qu'il ne pouvait plus respirer dans l'atmosphère surréaliste. C'est le surréalisme, son inspiration, ses règles, ses interdictions, ses cultes qu'il ne supportait plus. Aragon était d'abord un littérateur. La preuve était faite depuis plus de deux ans que dans l'enceinte surréaliste il ne pouvait plus écrire, que ce qu'il avait à écrire ne pourrait pas mûrir ni être mis sur le papier s'il ne se séparait pas de Breton. Mais comme toujours, en pareil cas, c'était aux autres à choisir pour lui et à le contraindre à la rupture.

Breton lui lut *Misère de la Poésie* dès qu'il l'eut achevé. Peut-être Aragon n'a-t-il pas eu connaissance du texte dans sa version définitive pour ce qui concerne la partie polémique contre Moussinac-Peyralbe et Fréville. Breton était de plus en plus excédé par la mauvaise foi et la sottise de *L'Humanité* touchant le surréalisme. Survint alors l'incident Dulita.

Le numéro 4 du *Surréalisme au service de la Révolution* se termine par six pages de Dali, intitulées *Rêverie*, une notation scrupuleuse des pensées et des images propres à cet état particulier, si cher aux romantiques, où l'esprit vagabonde. Elle est écrite avec la candeur et l'honnêteté intellectuelle qui faisaient en 1931 le charme de Dali. Peut-être doit-on la prendre pour un des premiers témoignages authentiques de *Rêverie*, car les pulsions et les épisodes érotiques n'en sont pas expurgés, alors que l'autocensure est rigoureuse dans les exercices comparables des romantiques. Le texte est beau, émouvant, complexe, les descriptions sont précises, les pratiques masturbatoires y sont presque constamment évoquées. L'héroïne très touchante de cette rêverie est une petite fille de douze ans, Dulita. Grand branle-bas à *L'Humanité*. L'essai de Dali est jugé pornographique. On réunit une commission. On fait comparaître Aragon, Sadoul, Unik, Alexandre. On leur fait honte. Dulita n'est-elle pas un symbole attentatoire à la lutte des classes ? On les somme de rectifier, on les prie d'obtenir une condamnation ou pour le moins un repentir.

Breton se mit en colère quand Aragon lui fit le récit de cette incroyable et burlesque comédie de vertu. Il lui parut qu'il devait en faire état dans *Misère de la Poésie*. Il lui consacra une brève note dont j'extrais ce qui suit :

« La poésie... se voit sommée en notre personne de ne plus puiser dans le domaine où ces collisions (de la vie humaine) se montrent de beaucoup les plus riches, je veux dire dans le domaine sexuel... Ce sera j'espère un jour l'honneur des surréalistes d'avoir enfreint une interdiction de cet ordre, d'esprit si remarquablement petit-bourgeois. »

Alors que les Peyralbe-Moussinac, Fréville, Parain sont aujourd'hui d'indistinctes poussières, et des noms sauvés de l'oubli par les polémiques surréalistes, chacun sait que ce jour d'honneur est arrivé et que le parti communiste n'est même pas en mesure d'interdire à ses adhérents d'entrer dans les sex-shops. Mais peu après la publication de *Misère de la poésie*, *L'Humanité* publiait la note suivante :

« Notre camarade Aragon nous fait savoir qu'il est absolument étranger à la parution d'une brochure intitulée : *Misère de la Poésie, L'Affaire Aragon devant l'opinion publique* et signée André Breton. Il tient à signaler clairement qu'il désapprouve dans sa totalité le contenu de cette brochure et le bruit qu'elle peut faire autour de son nom, tout communiste devant condamner comme incompatibles avec la lutte des classes et par conséquent comme objectivement contre-révolutionnaires les attaques que contient cette brochure. »

Cette rupture n'avait aucun caractère politique. Il n'y avait pas, en 1932, de désaccord sur les principes. C'était une incompatibilité, un phénomène beaucoup plus grave que les marxistes étaient incapables d'expliquer, ni même de comprendre car leurs critères perdaient leur valeur, et leur logique était prise en défaut. Même sous le rapport de la discipline, l'incident était mineur. Que représentaient Moussinac et Fréville dans la hiérarchie du parti ? Rien du tout. Pour gênantes qu'elles fussent, les critiques de Breton n'étaient relatives qu'à des détails et n'étaient pas de nature à mériter un communiqué de presse faisant état de la contre-révolution et de la lutte des classes.

En réalité, il ne servait de rien aux surréalistes de multiplier les déclarations de conformisme politique, les protestations de fidélité au parti et à sa doctrine ni même d'agir dans la ligne du parti. Les surréalistes avaient perdu d'avance en raison même de ce qu'ils représentaient *ailleurs*, dans l'art, la littérature, la morale. Leurs adversaires ne voulaient pas engager le débat sur ces terrains parce qu'ils s'y sentaient les plus faibles, mais ils tenaient davantage aux conceptions qu'ils avaient de la littérature et de la peinture qu'à la théorie marxiste de la valeur ou aux thèses de Lénine sur l'impérialisme. Le conflit qui était né et s'était développé entre Aragon et Breton concernait le surréalisme et non le matérialisme historique ou l'édification du socialisme en U.R.S.S. Si peu satisfaisantes que soient les méthodes et les références du marxisme pour comprendre cette querelle, il est amusant de s'en servir au moins pour en dégager certains aspects. Ainsi, il est singulier que les communistes français aient donné à l'esthétique le pas sur tout autre critère pour déterminer leur comportement envers les surréalistes. J'ai rappelé quelle avait été l'indulgence de Lénine envers les bolcheviques qu'il accusait d'abandonner le matérialisme au profit du solipsisme de Mach. Lénine ne confondait pas la recherche d'un accord politique avec la constatation d'opinions divergentes sur des sujets qui ne concernaient pas directement l'action révolutionnaire. Que représentaient, par rapport à la lutte des classes, les idées défendues dans *Misère de la Poésie* ? Que représentaient celles de ses détracteurs sur l'art dit prolétarien et sur les rêveries de Dali ? En employant le langage des critiques marxistes je pourrais écrire que Barbusse, Moussinac et consorts, qui faisaient en 1932 la pluie et le beau temps au journal *L'Humanité* en s'offusquant de *La Rêverie* de Dali, donnaient un bon exemple de la pudibonderie petite-bourgeoise née dans la société du XIXe siècle au sein de la famille monogamique asservie à la propriété privée, etc. En revanche la destruction des tabous sexuels, généralement commencée autour des années 1930 par les surréalistes, s'est accélérée avec le développement des forces productives, l'arrivée massive des femmes dans l'appareil de production engendrant l'affaiblissement des contraintes bourgeoises, etc., ce qui coïncide avec le triomphe quasi mondial de l'esthétique surréaliste. Ainsi, il serait établi que Dulita a joué un bon tour dialectique aux idéologues

communistes de 1932, mais il va sans dire que je ne fais pas miennes ces
« explications » si artificielles, où l'on s'évertue à lier des effets objectifs à des
causes imaginaires.

Cet abîme de sottise que Aragon avait vu s'ouvrir à ses pieds quand des
censeurs étonnants l'avaient prié de faire à Breton les représentations que
l'on sait sur le caractère « pornographique » du *Surréalisme au service de la
Révolution*, ne l'avait pas plus troublé que le spectacle, en Russie, d'une
misère prolétarienne inconnue en France. Les masses à l'esprit rétrograde
sont l'espoir du monde et les ouvriers sous-alimentés construisent le socialisme ! Seul un intellectuel peut se contenter de cette espèce de dialectique
qui fait fi de toute expérience et permet d'accréditer les plus audacieuses
tromperies. La soumission totale au parti apportait à Aragon — comme à tant
d'autres esprits faibles — un confort spirituel très douillet. Aragon avait
toujours aimé que l'on choisît pour lui, mais ce qui lui importait le plus c'est
qu'en renonçant à l'exercice de l'intelligence et de l'esprit critique, en
remplaçant le cynisme par l'amour des bons sentiments il acquérait la liberté
du littérateur que le surréalisme refusait à tous ses adeptes. Désormais, il
pourrait se laisser aller à écrire, lâcher la bride à la merveilleuse facilité qu'il
avait reçue comme un don exceptionnel de la nature et que les exigences du
surréalisme refrénaient et brimaient. La fidélité au parti communiste allait
lui tenir lieu de pensée et de conscience ; en revanche, elle lui offrirait un
public, tout le public, n'importe quel public.

Ainsi fit naufrage un des dandys les plus célèbres du monde occidental. Il
se tenait à la proue du « navire superbe et démâté » qui fonçait alors à pleine
vitesse sur des mirages. Ce navire portait dans ses flancs des ferments et les
découvertes destinées à la fin du siècle. Le studieux Dali frappait son ventre
nu avec son pénis en regardant la nubile et rougissante Dulita qui feuilletait
un album de dessins pornographiques. L'auteur du *Con d'Irène* fut tout à
coup choqué par ce spectacle. Il compatit aux malheureux chômeurs qui,
peut-être, se masturbaient eux aussi devant des petites filles mais n'avaient
pas d'argent pour leur acheter des albums pornographiques. Il eut honte et
plongea dans la mer démontée qui secouait le navire. Il comptait bien
atteindre les mirages avant les autres. Mais le courant allait en sens inverse. Il
ne s'en était pas rendu compte. Il fut recueilli assez loin de là par des amies de
sa grand-mère. Elles le mirent d'abord tout nu parce qu'elles étaient
perverses, toutes vieilles qu'elles fussent. Elles l'habillèrent en petit garçon et
l'envoyèrent chez les Nouveaux Jésuites pour qu'il apprît les bonnes manières. Il fut d'autant meilleur élève qu'il constata que ce qu'on lui avait
enseigné avant son naufrage ne lui servait plus de rien. Il oublia qu'il avait été
un excentrique et fut assidu à tous les exercices du culte. Il aimait à écrire.
On lui fournit en abondance des plumes, de l'encre et du papier. On le
chargea de rédiger les compliments, les hymnes et les odes pour les fêtes
patronales. Il obtint d'estimables succès en rimant des vers pour les albums
des jeunes filles. On le fit voyager. Comme il aimait la dialectique, on lui

apprit que le blanc était noir, que l'esclavage était la vraie liberté, que la misère apportait aux peuples plus de biens et de plaisirs que l'opulence ; que l'amour de l'humanité ne s'exprimait jamais mieux que par la multiplication des emprisonnements et des exécutions capitales, etc. Toutefois, sur la fin de sa vie, il eut des doutes et se demanda si, tout compte fait, il n'eût pas mieux valu qu'il épousât Dulita, etc.

Maxime Alexandre, Pierre Unik et Georges Sadoul suivirent Aragon. Dans les trois cas, les déterminations avaient des causes plus simples. On allait vers les communistes parce qu'on y trouverait des emplois. La décision de Sadoul surprit ceux qui le connaissaient le mieux. Je croyais qu'il était sentimentalement attaché au surréalisme et à Breton. Je n'avais jamais pensé qu'une opinion politique pût changer le cours de son existence parce qu'il n'agissait jamais que par intuition. En l'occurrence, il avait le réflexe de l'employé qui ne veut pas perdre son gagne-pain. Que lui apportait le surréalisme en dehors des joies intellectuelles ? Comme il se refusait à travailler dans un bureau ou dans un magasin, il était voué au journalisme. La presse communiste lui procurait ce qu'il pensait être l'usage de ses moyens avec un petit salaire mensuel et l'approbation morale à laquelle il tenait beaucoup. Les dispositions dans lesquelles il avait trouvé Breton à Castellane durant l'été l'avaient porté à tenir pour achevée la conversion de Breton au communisme.

Il n'avait pas compris que Breton ne cesserait jamais de remettre tout en question à chaque incident de parcours, que son ralliement au matérialisme historique et à l'idéologie de la *Troisième Période* ne pouvait comporter de sa part aucune concession sur l'honneur, aucun abandon de la lucidité et de la curiosité, aucune renonciation à ce qu'il estimait devoir être son apport personnel à l'action révolutionnaire.

Le communiqué du 10 mars 1932 et ce qui s'ensuivit me brouillèrent avec Aragon et Sadoul. Je ne revis Aragon que deux fois en quarante ans. En 1946 ou 1947, je le rencontrai au restaurant *Le Catalan* à la table de Georges Hugnet ; j'étais accoutumé de m'y asseoir chaque fois que je venais dans ce restaurant, c'est-à-dire presque tous les jours. Pourquoi aurais-je alors changé mes habitudes parce qu'Elsa et son mari étaient aussi à cette table ? Ce hasard m'amusait. Nous observâmes, lui et moi, une réserve polie et courtoise. Je lui fis des compliments sur *Les Cloches de Bâle* et sur *Les Voyageurs de l'impériale* et il y fut sensible.

Je le revis en 1967 à l'enterrement de Georges Sadoul. Il était assez proche de ce qu'il avait été longtemps auparavant. Il se complut à rappeler, dans son oraison funèbre, le passé surréaliste qu'il avait en commun avec Sadoul. Ce discours n'était pas exempt de regrets. Plus de trente-cinq ans s'étaient écoulés depuis la rupture de 1932. Aucune révolution n'avait eu lieu, le socialisme de l'U.R.S.S. était toujours aussi peu satisfaisant, l'oppression, les massacres, la mise en esclavage de peuples entiers avaient déconsidéré le communisme. Celui qui est peut-être l'un des grands prosateurs du

XXᵉ siècle ne pouvait pas dissimuler que sa propre vie, et celle de ses camarades ressemblaient à une ruine, chaque année plus décrépite, plus informe, le ferment de la destruction n'était pas autre chose que la fidélité au parti. A quelques mètres de ce médiocre cérémonial, sans être troublés d'aucune manière par les propos inconsistants que les orateurs de service ou de convenance prononçaient, les grands boulevards déroulaient leur cours tumultueux où le surréalisme et le capitalisme triomphaient de concert. La parade funèbre qui avait lieu devant les locaux de *L'Humanité* y ajoutait un détail extravagant d'humour objectif. Le passage des Panoramas tout proche, si décati fût-il, se rappelait au bon souvenir de son ancien admirateur. Seul le réalisme socialiste manquait à ce triste rendez-vous...

Je quittai la rue du Château à l'automne de 1932. La cohabitation avec Sadoul n'était plus possible et cet endroit me sortait par les yeux. Je ne revis Sadoul qu'en 1945. *Volontés*, l'hebdomadaire de *Ceux de la Résistance*, dont je rédigeais l'éditorial, avait publié un article favorable à André Malraux. Sadoul m'envoya un billet très court pour me rappeler ce que j'avais écrit en 1929 de l'auteur des *Conquérants*. Je répondis en le priant de venir déjeuner avec moi à la Villette dont j'étais alors un des représentants à l'Hôtel de Ville. L'homme qui s'assit à ma table était de l'espèce des communistes bornés, suffisants et menteurs que je côtoyais alors tous les jours. Nous échangeâmes quelques propos sur la Résistance et nous nous envoyâmes mutuellement des livres. Je reçus le premier tome de *L'Histoire du cinéma*. Je lui adressai un *Grand Ordinaire*. Je ne pense pas que la lettre qu'il m'avait écrite ait été inspirée par le seul souvenir d'une vieille amitié. Sadoul était sans doute en service commandé. Ces agapes coïncidaient avec l'ultime tentative faite par le parti communiste pour me récupérer. Je la raconterai. En apprenant, quelques mois plus tard, que je m'orientais vers le R.P.F. dont je conduisis la liste dans les XIXᵉ et XXᵉ arrondissements aux élections municipales de 1947, il considéra que sa mission était terminée. J'étais devenu un irrécupérable adversaire. De mon côté je n'avais aucune envie de le revoir.

J'ai reproduit, dans un chapitre précédent, le petit mot que Sadoul m'adressa après la mort de Breton. L'article qu'il avait publié dans *Les Lettres françaises* sur l'auteur de *Nadja* m'avait plu, écrit comme si rien n'avait jamais séparé les deux hommes. Ce papier était de nature à attirer mon attention à plus d'un titre puisque le récit très amusant qu'il y est fait d'une équipée surréaliste nocturne au bassin de la Villette est tiré d'une lettre que Sadoul m'avait envoyée à Nancy, le lendemain de l'aventure. De 1946 à 1948, je n'habitai pratiquement plus avenue Simon-Bolivar. Katia, avec qui j'étais en mauvais termes, était devenue communiste par amour. Elle s'apprêtait à retourner à Sofia pour y épouser l'attaché d'ambassade qu'elle avait connu à Paris. Elle était devenue speakerine à la radio et les émissions qu'elle faisait à l'intention des Bulgares n'exprimaient guère que le point de vue du parti communiste. Ceux de nos anciens amis qui constituaient les plus beaux fleurons intellectuels du parti, Éluard, Sadoul, et l'ambassadeur de

Yougoslavie Marco Ristić lui faisaient fête. Quinze ans de stalinisme avaient appris à Sadoul que les archives aussi devaient être mises au pas. Il pria Katia de lui remettre tout ce qu'elle pouvait trouver dans mes papiers de la correspondance qu'il m'avait adressée de 1925 à 1932. Katia n'en fit rien, ou presque. La moralité communiste est ainsi faite que ce genre de larcin devient un œuvre pie quand il est perpétré au détriment d'un « ennemi de classe ». Élu dans un quartier populaire contre les communistes à la majorité des suffrages, je ne pouvais être qu'un ennemi de la classe ouvrière.

Mais en 1967, beaucoup d'eau avait passé sous tous les ponts. Les rivières communistes avaient charrié des monceaux de cadavres, les victimes de Staline, Staline lui-même, les ouvriers de Budapest et de Berlin, les Chinois tués sur les frontières, etc. Je n'étais plus un ennemi de classe puisque j'étais un frère. Je priai Sadoul à déjeuner. Plus calme, presque objectif, libéral, sentimental, désabusé, il ressemblait beaucoup au jeune homme qu'il avait été en 1930. Il ne parla que de nos amis d'autrefois. A plusieurs reprises j'eus l'impression que le parti communiste s'effaçait. La mort de Breton l'avait bouleversé. Ce qu'il disait de l'auteur de l'*Ode à Fourier* était extravagant. Il semblait croire, dur comme fer, que si Breton avait vécu quelques mois de plus, nous eussions été témoins d'une réconciliation totale, spectaculaire, avec Aragon. De tels propos, si gratuits, trahissaient les regrets et les remords ; ils laissaient aussi supposer que Aragon effectuait un prodigieux retour en arrière et qu'il tentait de secouer les chaînes de son bagne intellectuel. Cette force tranquille dans l'illusion me rappelait les prophéties fantasmagoriques que m'avait faites, au début de 1944, un ancien membre de la 19ᵉ section du parti socialiste, Kastenbaum, rencontré par hasard dans le métro. Kastenbaum n'avait jamais brillé par l'intelligence politique. Ancien membre de la commission centrale de contrôle du parti socialiste, il avait toujours suivi Léon Blum. Très éloignés l'un de l'autre en 1937, nous nous étions un peu rapprochés dans les mois qui avaient précédé la guerre : l'antisémitisme du secrétariat du parti S.F.I.O. l'avait effrayé. Kastenbaum me confia comment il voyait la fin de la guerre : les Allemands sortiraient Léon Blum de sa prison avec l'assentiment de Vichy ; Pétain et Hitler, d'un commun accord, demanderaient à Léon Blum de négocier la paix avec Churchill et Roosevelt, persuadés que cette intelligence exceptionnelle saurait définir les conditions d'une paix honorable susceptible de mettre fin à la guerre. Seuls des croyants, quand l'expérience et la vie s'acharnent à ruiner le dogme, imaginent de tels contes de fées !

Cette curieuse divagation n'était pas tellement loin des propos que Sadoul m'avait parfois tenus à vingt ans, sur d'autres sujets. L'homme qui était devant moi était le Sadoul de notre jeunesse ; je reconnaissais les narrations précises, drôles, témoignant d'un don exceptionnel d'observation qui avaient fait le prix de sa conversation et de sa correspondance. Il me raconta la fin de Nancy Cunard. Alerté par un hôtelier du Quartier latin, il avait été mis en présence d'une vieille femme ravagée, hagarde, une sorte de clocharde ivre morte, en bas de l'escalier qu'elle ne pouvait plus gravir seule. Dans le temps d'un éclair, il retrouvait un geste, un regard, une intonation, aussitôt évanouis, rappelant que cette épave avait été Lady Cunard. Il fallut l'aider à se hisser sur chaque marche ; elle tombait à chaque pas si bien que Sadoul prit le parti de s'asseoir avec elle dans l'escalier et de la monter lentement, en l'asseyant, marche après marche. Une conversation décousue et délirante s'engagea, où il n'était question que de la mort et du passé ; Nancy mélangeait dans une sorte de litanie désordonnée les noms de ceux qui avaient disparu, Rigaut, Crevel, Éluard aux noms de ceux qu'elle n'avait pas rencontrés depuis longtemps. Au bout de cette escalade démente, interrompue sans cesse par des stations et des invocations. Nancy atteignit en titubant la porte de sa chambre. Michelet, qui était arrivé en renfort, la coucha. Quelques heures plus tard, le feu se déclarait dans la chambre d'hôtel, allumé volontairement ou par méprise d'ivrogne dans un amoncellement de vieux journaux. On mit cette ruine à l'hôpital. Alors mourut la fascinante dame aux cent bracelets, qui avait secoué d'horreur et de honte la vieille Angleterre en s'affichant à Londres avec un amant noir.

Nous décidâmes de nous revoir. Sadoul aménageait une maison de campagne qu'il avait achetée près de Rambouillet. Il avait l'intention d'écrire un volume de souvenirs sur notre jeunesse. Il me demanda de lui confier les lettres qu'il m'avait écrites. Elles lui permettraient, me dit-il, de classer les miennes qui ne portaient jamais de date. Je répondis évasivement. Je constatai que je possédais encore pas mal de lettres de Sadoul. La plupart d'entre elles étaient relatives aux années 1930 et 1931. A quoi rimait la demande de mon ancien camarade ? Voulait-il obtenir de moi une autorisation formelle qui l'eût déchargé de tout remords ? Craignait-il de laisser la moindre trace de ses hésitations d'autrefois ?

Je l'appelai au téléphone avant de partir en vacances. J'entends encore la voix grave, lente, appliquée qui me répondit. Sadoul m'expliqua qu'il était sous le coup d'un *traitement de cheval* consécutif à un grave malaise qu'il avait eu à Moscou, quelques semaines auparavant. « Je me préparais à traverser la place Rouge, me dit-il, laquelle, comme tu le sais (!) est beaucoup plus petite que la place de la Concorde, lorsque brutalement mes jambes me refusèrent tout service. Je restai là, planté comme une borne, incapable de commander à mes membres inférieurs. Aujourd'hui je vais mieux, je te ferai signe dans quelques jours. Je voudrais que tu viennes déjeuner rue de Bretonvilliers et que tu fasses la connaissance de ma femme Ruta. Tu l'as rencontrée autrefois. » J'avais hélas tout compris ! C'était la vérole de la jeune acrobate qui frappait les centres nerveux de Sadoul. Celui-ci s'était blanchi en 1930, mais avec l'insouciance qu'il manifestait pour sa propre santé, il n'avait pas jugé utile de continuer le traitement jusqu'à la certitude clinique d'une guérison absolue. Quelques jours plus tard, j'étais rue de Bretonvilliers. La douce Ruta vint m'ouvrir. Elle se souvenait de m'avoir rencontré à l'époque des actions antireligieuses. Georges m'attendait dans la pièce principale de son appartement, vaste, très haute de plafond, remplie de livres. Derrière un bureau encombré, Sadoul se leva difficilement et j'eus en face de moi, raide, massive une sorte de statue qui avait la voix et les traits de Georges Sadoul et même ses mains tachées d'encre. Le regard était étrangement fixe mais les bras de cette statue se mouvaient. Georges me parla encore de ses lettres. Il pria Ruta de me montrer les miennes, classées, reliées. Je feuilletai distraitement ce recueil dont je reconnaissais à peine l'écriture. La conversation fut banale, portant sur la santé du maître de maison qui raconta, dans les termes mêmes de l'appel téléphonique, la sinistre aventure de la place Rouge.

Ruta annonça que le déjeuner était servi. « Il faut aller dans la cuisine, me dit-elle, en haut de cet escalier », désignant ainsi un ouvrage assez raide. Ruta me fit asseoir en face du débouché de l'escalier dont j'apercevais la plupart des degrés. J'entendis des bruits sourds dans la grande pièce, comme si quelqu'un y déplaçait de gros objets en renversant des meubles. Et soudain j'aperçus, sur la marche la plus basse, le visage aux traits fixes de Sadoul qui montait sur les genoux en s'aidant de ses mains pour tirer, degré par degré, un corps massif à demi paralysé. Georges mit plusieurs minutes pour gravir les vingt-cinq marches qui séparent la bibliothèque de la cuisine. C'était atroce. En haut, il attendit d'abord pour reprendre haleine. Ruta l'aida à se relever et à s'asseoir.

Je quittai cette maison effrayé et triste. Je racontai ces horreurs à Nicole avec qui je partais en vacances. Nicole, qui n'avait pas vingt-cinq ans, s'intéressait beaucoup au cinéma. C'était une familière des ciné-clubs ; elle savait qui était Georges Sadoul. A mon retour de vacances, j'hésitai à téléphoner rue de Bretonvilliers. J'appréhendais une conversation déprimante avec un homme qui se transformait petit à petit en une statue de bois. Lorsque j'appris sa mort, je décidai d'assister à l'espèce de service funèbre qui avait lieu dans le hall du journal *L'Humanité*. J'ai déjà parlé de cette cérémonie. Devant le cercueil, les représentants de ceci ou de cela se crurent obligés à prononcer d'affligeantes oraisons. Aragon parla pendant une heure en s'adressant parfois au mort. J'imaginai alors le Sadoul de 1928 à côté de moi, se tapant sur les cuisses en rigolant, dans un geste qui lui était familier, à chacune des perles destinées à son cadavre. Aragon faisait très curé. Le mot Dieu revint souvent dans son discours. En remplaçant le mot parti par le mot Dieu on aurait obtenu un excellent prêche traditionnel. La plupart des cérémonies funèbres sont difficiles à réussir. Les meilleures sont celles de l'église catholique, avec le latin, les tentures, le *Dies irae*, le *De Profondis* et le *Libera*, et les enterrements militaires à cause des uniformes, des armes, des marches funèbres, de l'héroïsme et de la proximité des combats. Les funérailles purement civiles et laïques sont très au-dessous de ce qu'elles veulent être. On leur préférerait une simple opération de voirie.

Nicole avait voulu m'accompagner. J'en éprouvai une certaine fierté. Elle était sans doute la plus jeune femme de l'assistance ; sa présence me détachait davantage de mon passé. Pendant les discours, j'essayai de résumer les trente-cinq ans écoulés depuis l'incident Dulita. Aragon et Sadoul avaient été communistes en pure perte. La révolution n'avait pas eu lieu. Leur parti en avait saboté les moindres chances. Ils avaient adulé l'un et l'autre Staline, un assassin, l'un des reponsables de la Seconde Guerre mondiale. Si le prolétariat français, en 1967, avait une vie quotidienne meilleure et moins « aliénante » qu'en 1932, il ne le devait pas aux communistes mais au progrès technique, à l'ingéniosité capitaliste, à des réformes faites souvent malgré l'opposition du parti. Aragon et Sadoul avaient-ils au moins réussi leur vie ?

Le long discours d'Aragon donnait plutôt une réponse négative à cette question. J'y trouvai l'aveu d'un grand désenchantement. J'en parlai plusieurs fois, les jours suivants, avec Nicole, pour confronter un jugement impartial aux idées que je formais peu à peu ; mais mon interlocutrice, ne connaissant que les aboutissants, sans rien savoir des tenants, me confirma seulement l'impression équivoque que j'avais éprouvée. Aragon avait laissé entendre que la fidélité au parti communiste avait été parfois éprouvante pour les deux pèlerins de Kharkov. Quel euphémisme pour évoquer trente-cinq ans de faux témoignages ! La fidélité au parti avait conduit Aragon du social-fascisme au Front populaire ; de l'alliance des démocraties au pacte germano-russe ; des hymnes à Staline aux cantiques pour Jeanne d'Arc ; de la célébration des massacres de paysans, d'ingénieurs, de médecins, de révolutionnaires à l'indignation feinte devant l'emprisonnement du moindre espion soviétique ; du quatrième partage de la Pologne, de l'anéantissement des Pays baltes, de la terreur en Roumanie, en Bulgarie et ailleurs, à la définition de *L'Homme communiste* ; des vivats saluant l'écrasement des Hongrois insurgés aux ovations des congrès pour la paix. Dans un domaine où il ignorait tout, il avait accepté d'être de défenseur de Lyssenko contre la science de son temps, au nom du dogme. Dans le domaine qui est le sien, il avait toléré, sans mot dire, que Matisse, Picasso, Cézanne fussent décrochés des cimaises et relégués dans des soupentes pour indignité culturelle, sans pour autant cesser de célébrer l'état de crétinisation que les dirigeants communistes imposaient au peuple russe. Aragon était devenu le théoricien du réalisme socialiste, emprunté à Staline, dans le dessein de trouver une excuse aux affligeantes productions enfantées sous la houlette de la camarade Gopner et de ses successeurs, tandis que la Guépéou assassinait les surréalistes tchèques qu'il avait connus et cités en exemple. Et voici qu'il exprimait des doutes, que devant le cercueil d'un garçon qu'il avait entraîné dans cette boue, il autorisait ses auditeurs à penser qu'il avait menti par ordre et que ça n'avait pas été si facile !

(Tandis qu'il parlait, Dulita, plantée sur le trottoir du boulevard Poissonnière, les bras croisés, regardait Aragon bien en face, en mâchant son chewing-gum. Comme elle ne lui tenait pas rigueur de sa muflerie de 1932, elle lui fit un signe de reconnaissance et lui donna rendez-vous pour l'année suivante, certaine qu'il ne lui ferait pas faux-bond.)

Sadoul avait retiré du communisme un confort moral et quelques avantages matériels qui lui avaient permis d'être sa vie durant indépendant du travail. Il avait été contraint dans sa pensée; il avait été libre dans ses occupations. Il ne pouvait pas tenir en place. Personne ne l'avait astreint à une présence dans un bureau. Il avait eu, somme toute, grâce aux organisations communistes, l'existence de voyages et d'études qui lui convenait. Son histoire monumentale du cinéma, commencée dit-on, sur les conseils de Moussinac, en dépit des partis pris et des appréciations délirantes, lui assure une sorte de survie. Mais était-ce bien là son destin? En 1926, j'imaginais qu'il écrirait des romans ou des chroniques dans lesquels une observation très réaliste des comportements et des situations, une interprétation toujours tendancieuse de ce qui aurait été vu, une attention portée vers les aspects cocasses ou saugrenus des événements, une amoralité candide, un humour calme apporteraient un ton très neuf à la littérature descriptive. M'étais-je mépris? Ne décrivais-je pas ainsi des livres dont je souhaitais moi-même la création mais auxquels Sadoul n'avait jamais pensé? Néanmoins, je suis sûr qu'il aurait pu être l'auteur d'un très extraordinaire *Voyage en Chine* s'il avait entrepris cette excursion sans se refuser à l'avance le droit de regarder.

Laissant de côté les aspects désagréables de la foi communiste, la casuistique, les faux témoignages, tous ces impôts écrasants prélevés par le système et ses inspirateurs sur ceux qu'ils ont asservis, bannissant les explications contingentes, l'intérêt personnel par exemple, je m'attachai à trouver les motifs profonds de la rupture de 1932. Je pensai à un long article de Sadoul sur lequel Péret avait attiré mon attention[1]. Dans cet exercice assez répugnant de *Commensonges*, Sadoul oppose le prétendu « réalisme » d'Éluard représenté comme une sorte d'Éliacin marchant depuis 1917 vers la lumière et la vérité pour s'en inonder à partir de 1942 dans l'ineffable parti communiste, à l'aveuglement d'ange déchu qui aurait saisi Breton, s'enfonçant « dans un monde où le ciel de sacs de charbon pèse sur des marécages » (allusion au décor de l'exposition surréaliste de 1938). En 1932, c'était aussi le « réalisme » de la crise économique, du social-fascisme, du premier des « procès de Moscou » que Sadoul opposait à Dulita, à la conviction de Breton, à la mienne, que *L'Humanité* publiait trop de conneries. Aragon et Sadoul ont été les prisonniers de leur temps, les victimes de l'actualité agressive qui bouleverse et transporte, à midi, le journaliste attaché à la fabrication du quotidien du soir. On invente les gros titres, on prétend ainsi résumer les dépêches; ils feront vendre le papier, ce qui est déjà une fin en soi. A minuit, le journal n'est plus qu'un chiffon. La fièvre est tombée, de nouvelles dépêches ont démenti les précédentes. Le journaliste oublie tout et se prépare à recommencer car il vit à la minute, avec ses yeux de myope, dans ce qu'il croit être la pulsation du monde. Le lendemain matin, il entre à nouveau en transe, il s'enthousiasme, il jubile, il pense une fois de plus qu'il comprend tout; n'a-t-il pas sur sa table des documents de première

---

1. Voir « Défense de mentir », de Benjamin Péret, dans *Médium* de novembre 1953; l'article de Sadoul a été publié dans *Europe*. Éluard est l'auteur d'une *Ode à Staline!*

main? Il ne cesse de s'exciter jusqu'au moment où le journal, bouclé, est livré au tirage. Le *réalisme* l'autorise à ne pas voir la réalité.

Quelques semaines après la mort de Sadoul paraissait son beau livre, d'une érudition minutieuse : *Jacques Callot, Miroir de son temps*. Ce titre, où je vois une ultime pensée de l'auteur, me renforça dans la conviction que Sadoul et Aragon avaient été victimes des apparences, bernés par les reflets, trompés par les aspects les plus superficiels. L'hypnose du « réalisme », c'est ainsi que se posait à Aragon, en 1932, le problème de la création littéraire. J'ai écrit qu'il a choisi la liberté du littérateur contre les exigences et les scrupules de Breton. Était-il besoin qu'il l'obtînt au prix de l'esclavage de sa conscience? Pour acquérir une liberté plus grossière encore, Sadoul se précipita dans la délectation de l'historien, dans le culte du détail. Puisqu'il se refusait à chercher la vérité dans la vie, puisque même dans sa besogne de chartiste il ne pouvait se résoudre à cesser d'être partial, il était prêt à traverser l'Atlantique pour contrôler la date d'une projection ou la composition d'un générique. Le réalisme l'autorisait à ne pas voir la réalité. Jacques Callot n'est pas épargné.

Aragon et Sadoul s'étaient rangés, en 1932, dans la société parallèle que constitue le monde communiste, aussi conservatrice que l'autre et même plus hiérarchisée. Obéissants, ils avaient été récompensés, ils avaient fait carrière. L'avaient-ils accompli, ce trajet, sans remords? Ne les avait-il pas déçus? Ne s'étaient-ils pas trompés de carrière dans la panique qui les avait saisis au mois de mars 1932? Et si la jeunesse entre dans les carrières pour y pisser? Si elle barbouille les tombeaux? Déjà les croyants des cellules et des églises sont contraints de faire appel au jerk pour rameuter leurs ouailles. Si les partis sont convaincus d'ignorance? Si le petit ventre plat et le pubis à peine ombré de Dulita remplacent les drapeaux et les oriflammes?

Dulita fut exacte au rendez-vous. Elle attendit Aragon à la sortie d'une séance du comité central du parti communiste. Quelques copines maoïstes, trotskistes, gaullistes de gauche, anarchistes l'avaient accompagnée. Toutes feuilletaient avec ravissement de luxueux albums pornographiques. La petite garce, toujours nubile, vit qu'elle avait gagné la partie lorsque Aragon rougit et se troubla en apercevant les tout petits seins nus sous la blouse indienne transparente. Elle prit par la main l'auteur des *Cloches de Bâle* et le conduisit chez son éditeur afin qu'il signât l'ordre de réimprimer *Le Con d'Irène*. Son amour-propre, désormais, était sauf. C'est Dulita qui enleva du titre *Le con d'* : « Nous en avons toutes, dit-elle. Tu n'apprends rien à personne. En revanche, le Parquet, où l'on a souvent mauvais esprit, ne fera pas saisir ton livre. »

En quittant son vieil admirateur, elle l'assura que la prochaine fois elle serait plus gentille, sous la condition qu'il fît sur-le-champ une déclaration publique pour déplorer les nouveaux malheurs de la Tchécoslovaquie.

Aragon, qui avait envie de revoir Dulita, fit la déclaration demandée, non sans entrain. Comme le prêtre d'une religion usée, mais qui célèbre avec application des rites auxquels il ne croit plus, Aragon entra dans une vieillesse difficile avec la tentation de l'apostasie et la conviction que, tout seul, il aurait beaucoup de mal à s'y résoudre[1].

---

1. Sur l'agonie de Nancy Cunard, Michelet m'a donné des détails que Sadoul avait oubliés ou qu'il n'avait pas jugé bon de me faire connaître. Infirme, en proie à des difficultés financières, dans un affreux état de délabrement physique (elle pesait 35 kilos) Nancy descendit on ne sait comment d'un train qui l'amenait de Nice à Paris. Suivit une longue course dans la région parisienne où aucune porte ne s'ouvrit. Cette randonnée incohérente trouva son terme aux Lilas, chez Michelet, au moment où le chauffeur de taxi s'inquiétait. Nancy était sans argent. Chez Michelet, où il fallut la porter, elle réclama du rhum, puis Aragon, Beckett, Sadoul et Thirion. Par chance, Sadoul, le seul des quatre dont Michelet connût l'adresse, était à Paris. Sadoul n'était pas homme à se dérober en de telles circonstances. Nancy exigea de se faire conduire dans un hôtel de la rue Cujas où elle devait rencontrer Neruda, disait-elle. J'ai raconté l'hallucinante scène de l'escalier et le commencement d'incendie.
Sadoul mit Aragon au courant de ces horreurs. Elsa combattit l'idée de porter secours à Nancy en retrouvant sa violence de 1929. Malgré cet accueil peu encourageant, Michelet força en quelque sorte la porte d'Aragon. Il voulait représenter à l'auteur de *Libertinage* que les deux hommes qui avaient tant compté dans la vie de Mrs. Cunard et qui en avaient tant reçu se devaient de la prendre en charge pendant les quelques jours qui lui restaient à vivre. Sans la colère d'Elsa, Aragon, sans doute, n'aurait pas hésité, mais il n'était pas plus libre d'accomplir ce geste que tant d'autres. Il entreprit de démontrer à Michelet « qu'il fallait savoir mourir proprement ». Une fois de plus il eût mieux fait de se taire. A la même heure, un taxi déposait Nancy, évanouie, à l'hôpital où elle mourut trois jours plus tard.
« [En 1930] c'était une fille jolie, gaie et généreuse. Vingt ans plus tard elle commençait à s'intéresser à la politique espagnole et pour cela vint me voir. Elle écrivait tout ce que je lui disais sur ses fameux bracelets d'ivoire et je la trouvais ennuyeuse. C'était une des victimes de l'idéologie » (Gerald Brenan, lettre du 1er septembre 1978).

Chapitre XX

La seconde mort de Lénine

Aragon n'entraîna dans sa capitulation que Alexandre, Unik et Sadoul. Il y eut, certes, quelques hésitants, Giacometti, entre autres, plus soucieux d'amitié que de principes. Éluard et Breton étaient absents de Paris. J'étais couché, rue du Château, avec une forte grippe. Char et Crevel vinrent me voir en catastrophe. « Il faut répondre, me dirent-ils, et tout expliquer. Breton nous donne carte blanche, mais il exige que rien ne soit fait sans ton accord. » Mes deux amis me remirent un texte, déjà composé que je jugeai dangereux et peu convaincant. Notre mise au point s'adresserait d'abord aux membres du parti communiste ; elle devait être rédigée dans cette perspective. J'étais au lit avec une bonne fièvre. Je fis avec Crevel un plan nouveau de la brochure, j'en rédigeai des paragraphes entiers, notamment la conclusion que je jugeai essentielle. « Il ne faut rien brusquer, dis-je à Crevel, et surtout ne pas tomber dans le piège qui nous est tendu. Le communiqué d'Aragon est une petite saloperie qui ne concerne que son auteur. Il n'altère pas notre volonté d'action révolutionnaire ni nos convictions politiques, il ne peut pas modifier la position que nous avons adoptée à l'égard du parti. Dans *Misère de la Poésie,* Breton a ainsi qualifié la ligne politique du parti *ligne que j'approuve et qui ne saurait être pour moi que la seule juste.* Nous nous sommes même ralliés, je cite toujours Breton, *aux modalités d'application récentes, en France, des thèses de Kharkov.* Nous ne devons rien écrire qui puisse gêner un comportement aussi clairement défini et dont nous attendons autre chose que la présence d'Aragon dans une cellule du parti. Je propose donc que nous essayions de démontrer que le seul objet du litige est l'appréciation difficile, par les communistes, de l'instabilité d'Aragon, de ses écarts de langage, de ses palinodies. » Crevel partagea cette manière de voir et se contenta d'étoffer mon projet. Par un tour de passe-passe assez audacieux, je laissai entendre que nous considérions la déclaration du 1er décembre 1930, la fatale confession extorquée, comme une mesure de sauvegarde imaginée en désespoir de cause par des hommes désireux de coincer un insaisissable velléitaire, spécialiste de l'ambiguïté. Ainsi naquit la brochure *Paillasse*[1]. La bibliophilie ne perd jamais ses droits ; on tira quinze exemplaires sur Lafuma ! Cette brochure a surtout pour mérite de publier les principales pièces du procès (communiqué du 10 mars 1932, déclaration du 1er décembre 1930, rectifica-

---

1. Le titre est de Char.

tif publié sous le titre *Aux intellectuels révolutionnaires*). La rédaction en est assez pauvre. Elle est due à la seule collaboration littéraire qui exista jamais entre Crevel, Char et moi. Les coquilles abondent. Char, Crevel, Dali, Éluard, Max Ernst, Péret, Tanguy, Thirion, Tzara en sont les signataires. Péret était encore au Brésil. Éluard jugea que notre œuvre était faible et insuffisante. Ce fut probablement aussi l'avis de Breton. Éluard rédigea le tract *Certificat* dans lequel il règle avec sévérité les vieux comptes qu'il avait avec Aragon. Comme témoignage surréaliste, *Certificat* est un texte meilleur que *Paillasse*. Mais je crois que *Paillasse* atteignit les buts que je lui avais fixés. Il plaça nos adversaires du parti et Aragon en *porte à faux* et laissa au communiqué du 10 mars 1932 son caractère épisodique, personnel et tendancieux.

Pendant près de deux ans. Aragon et Sadoul ne tirèrent que peu d'avantages de leur reniement[1]... Le mieux pourvu fut Sadoul qui obtint de petits postes journalistiques alimentaires et fit ainsi son apprentissage de la servilité. Ce n'est qu'après l'effondrement de la *Troisième Période*, assez longtemps après la prise du pouvoir par Hitler, que Maurice Thorez, préoccupé par la volte-face politique qu'il devait accomplir et poussé sans doute par des conseillers perspicaces, découvrit que le talent d'Aragon n'avait pas reçu d'emploi. Quant aux membres du groupe surréaliste, leur vie quotidienne était devenue plus difficile avec l'extension de la crise économique. Éluard vint s'installer rue Fontaine, dans la maison de Breton. Le modeste atelier qu'il occupa contrastait avec le confort de l'appartement bourgeois de la rue Becquerel. Éluard connut la gêne. Il adhéra au Secours Rouge International et participa, durant tout l'hiver 1932-1933, à des quêtes qu'il accomplissait avec l'humble volonté d'être un militant du rang. Dans l'article de *Médium* auquel j'ai fait allusion, Péret conteste ce militantisme rapporté par Sadoul. Ce n'est pas la seule inexactitude de ce papier. A vrai dire, Éluard ne collectait guère de vêtements chauds pour les prisonniers politiques, fort peu nombreux en ce temps-là. Il quêtait et plaçait des cartes du S.R.I. C'était en quelque sorte une protestation concrète contre le dilettantisme et l'arrivisme d'Aragon qu'il avait dénoncés dans *Certificat*. Mais Éluard n'étant pas fou, il ne convient pas de donner à ces quêtes en étage la fréquence qu'elles n'ont pas eue.

Le ton et le contenu du communiqué du 10 mars n'avaient plu à personne. Amis et adversaires du surréalisme s'accordaient à trouver que le procédé était indigne. La jeunesse n'en tint aucun compte. Durant toute l'année 1932, il y eut un afflux de nouvelles recrues: d'abord Roger Caillois et Jules Monnerot, puis Georges Bernier accompagné de la belle Yolande Oliviéro, Maurice Henry et Arthur Harfaux, transfuges du *Grand Jeu*, Gilbert Lély, Georges Hugnet et Marcelle Ferry, Zdenko Reich, Alquié, Denise Bellon,

---

1. Sur les instances de Marcel Cachin, André Ferrat, alors rédacteur en chef de *L'Humanité*, après des refus répétés, confia quelques reportages à l'auteur du *Traité du style*. Les politiques les jugèrent médiocres.

Guy Rosey et les Antillais amenés par Monnerot, Moro, Léro et Yoyotte. Unik revint au bercail. Aragon n'avait pas fait recette.

Si les ponts étaient rompus, il y avait des ambassades. Habitant la rue du Château jusqu'à la fin de 1932, je rencontrais souvent, par force, Georges Sadoul. Nos rapports étaient de plus en plus distants et glacés. Sadoul se comportait comme un nouveau converti. Je crois qu'il vit Breton à plusieurs reprises, en 1933 et 1934, jusqu'à ce que, pour l'auteur de *Nadja*, les atrocités staliniennes eussent marqué d'infamie tous ceux qui les approuvaient.

Crevel essaya jusqu'à sa mort d'obtenir une réconciliation sans que cette bonne volonté entamât jamais l'admiration qu'il éprouvait pour Breton et sa désapprobation de la conduite d'Aragon. Au-delà des questions de personnes, Crevel cherchait à réaliser tous les espoirs que nous avions mis en 1932 dans une union définitive et totale du surréalisme et du parti communiste. La personnalité de Crevel était une des plus attachantes qui fût, à cause de la modestie, de la gentillesse de l'auteur de *Mon corps et moi* et de l'élégance de son comportement. Beau garçon joufflu, pas du tout efféminé bien qu'on lui prêtât des aventures masculines, bien vêtu, d'une correction et d'un savoir-vivre exemplaires, il était toujours d'humeur égale, ne s'emportait jamais, écoutait les autres, excellait dans les missions destinées à remettre les choses au point ou à dissiper un malentendu. Il se mit à Marx et à Lénine qui lui étaient totalement étrangers en 1925, et dans les dernières années de sa vie il y trouva l'essentiel de son inspiration. Le drame de la vie de Crevel, ce fut sa santé fragile, les accès de la tuberculose qui l'avait attaqué dans son adolescence. Il ne les avait surmontés qu'au prix d'un pneumothorax et de longs séjours en sanatorium. La maladie avait épanoui sa vie intérieure, lui avait conféré une sorte de détachement même au sein de la « débauche », avait développé un pessimisme courageux. D'une rigueur morale absolue, il plaçait au-dessus de tout son honneur d'homme libre. Il associait volontiers cette intégrité morale à l'intégrité physique ; il avait décidé depuis longtemps de ne tolérer aucune atteinte durable à l'une ou à l'autre. La vie ne lui paraissait pas susceptible d'être vécue *en diminution*. Tzara excepté c'était sans doute le plus riche de nous tous, le seul qui fît vraiment partie du « monde ». Il s'y maintenait sans déchoir et sans compromission. Le succès de ses premiers livres, sa grande affabilité lui valaient, partout, des sympathies. Il n'en tirait ni gloire ni profit. Seul, Bataille écrivit un article sottement méchant sur Crevel.

Comment deviner que la santé de ce grand garçon bien bâti fût précaire. Il cachait sa fatigue par coquetterie et quand il n'en pouvait plus il allait se reposer en Suisse. Il était très lié avec Éluard, Dali et Aragon. Dans toutes les querelles, il prit sans hésiter le parti de Breton. En 1932 on le croyait guéri. On le voyait souvent avec une jeune Allemande, Mopse, dont il paraissait amoureux. Mopse était intelligente, droguée, d'une laideur attirante avec un nez trop large, de beaux yeux et une bouche de lesbienne ou de spécialiste. Elle s'intéressait autant aux femmes qu'aux hommes. Elle vint me voir à l'Hôtel de Ville vers 1946. Elle sortait d'un camp de concentration. J'accueillis une espèce de ruine ; la drogue l'avait reprise et achevait de la détruire. Elle voulait d'ailleurs disparaître. Elle ne me parla pas de Crevel mais d'une fille qui l'avait quittée. Elle avait surtout voulu revoir le témoin d'un passé heureux avant de mourir. Elle avait été torturée avec sauvagerie par la Gestapo.

    Les jeunes gens attirés vers 1930 par le surréalisme étaient des idéologues ou des poètes, parfois l'un et l'autre. Caillois et Monnerot appartenaient à la première catégorie. Caillois était un garçon solide, d'une taille au-dessus de la moyenne, au visage peu mobile, sévère et interrogateur, au maintien réservé. Sa timidité apparente était à la fois le produit de son application et du très léger bégaiement qui embarrassait parfois son élocution. A propos de sa récente élection à l'Académie française, des critiques bien intentionnés ont cru bon d'écrire que le jeune normalien n'avait *heureusement* fait que passer dans le surréalisme. Il se serait dégagé à temps de ce complexe d'intransigeances gratuites et de futilités. Or, la meilleure partie de l'œuvre de Caillois fait partie du surréalisme, qu'on le veuille ou non. Elle concerne souvent des choses futiles, traitées avec un sérieux monumental. En plus de sa grande culture philosophique, Caillois, comme Ponge deux ans plus tôt, apportait une vue curieuse de la nature, dans un champ très étroit où son regard plutôt fixe devenait perçant, scrutant les insectes d'abord, les objets, plus tard les minéraux. Cet intérêt pour le détail le rapprocha de l'auteur de *L'Histoire de l'œil*. Tout cela n'était nullement dérangé par le concept de la lutte des classes. Monnerot, jeune époux d'une ravissante Antillaise, était d'un tout autre genre, vif, gai, bon camarade, dynamique, sensible à tout, lucide, d'une honnêteté intellectuelle scrupuleuse. Il annonça ce que le surréalisme deviendrait après les années 40, lorsque les idéologies révolutionnaires dans lesquelles nous avions tous été englués commencèrent à se dessécher et à tomber par plaques. Par une sorte de retournement, Monnerot, prophète d'une sacralisation de la poésie, voire de la magie que Breton placerait bientôt au cœur du surréalisme, fut saisi, à partir de 1940, par les nouveaux aspects de la politique et des dogmes. Je ne puis mieux illustrer l'apport de ces deux hommes, en 1933, qu'en citant de courts extraits des articles qu'ils publièrent dans le numéro 5 du *Surréalisme au service de la Révolution*. Je ne les présente pas comme des observations géniales, mais comme un exemple d'yeux grands ouverts. La continuité est établie dans la recherche intellectuelle entre ce dont ces jeunes gens héritaient et ce qui se peindrait, s'écrirait, s'imaginerait pendant le demi-siècle à suivre. Dans le même temps, Aragon publiait dans *La Lutte anti-religieuse* des poèmes larmoyants pour patronages et Sadoul rédigeait des histoires de boy-scouts.

    « Il est manifeste, écrit Caillois, que jamais le rôle utilitaire d'un objet ne justifie complètement sa forme, autrement dit l'objet déborde, toujours, l'instrument. » Monnerot conclut ainsi un article sur *La mentalité civilisée*. « Il s'agit, en utilisant les résultats d'une époque qui a nié la sorcellerie, de réinventer dialectiquement la sorcellerie... La morale mange la psychologie, la poésie les vers, les actes mangent les individus, l'homme mange le moi, le monde mange les choses. Les routes lucides charrient leur diamant continu. » Ces deux jeunes hommes étaient venus au surréalisme en pleine crise économique alors que le pôle révolutionnaire, désigné comme tel par les surréalistes, était, croyait-on, le parti communiste. En principe, ils acceptaient l'idée de la révolution prolétarienne mais ils sentaient que cette perspective n'épuisait pas la question. De plus, la fiabilité du parti communiste, en matière de révolution, pouvait être mise en doute. Je ne le savais pas encore mais le bon sens populaire n'était pas dupe. Certes, Monnerot et Caillois venaient de la bourgeoisie, mais que dire alors de Nizan qui adhérait à la même époque au parti communiste? La différence entre ces deux choix n'était pas affaire de conscience! Nizan était un écrivain médiocre et traditionnel. Le surréalisme heurtait son idéal esthétique et moral.

Peut-être pensa-t-il à l'efficacité, cet attrape-nigaud du bolchevisme. Il en mesura l'imposture avant de se faire tuer en 1940, au cours de la première campagne de France. Mais pour ne pas compromettre tout idéal révolutionnaire, pour préserver les libertés fondamentales qui sont les prémices nécessaires de toute révolution, pour établir des relations moins aveugles entre les hommes et les choses, les hommes et la nature, les hommes et la société, Caillois et Monnerot, surréalistes en 1932, gaullistes en 1940, n'ont-ils pas été plus utiles que celui qui avait cessé de penser pour devenir le chantre des humeurs changeantes d'imbéciles puissants et le serviteur d'un pouvoir qui tua plus de communistes qu'aucun autre? Certes, *Les Cloches de Bâle* et *Les Voyageurs de l'impériale* ont une autre dimension littéraire que l'œuvre de Caillois et de Monnerot à cause de la boursouflure. Alors que Aragon n'apporte, malgré son talent de conteur, malgré les vues pénétrantes qu'il ménage sur la psychologie des jeunes hommes et des jeunes femmes, qu'un énorme brouillard sentimental où la beauté des épisodes, si elle en écarte parfois les vapeurs, découvre du même coup une entreprise de faux témoignage et de tromperie plus odieuse et aussi réactionnaire que le royalisme de Balzac, Caillois et Monnerot sont restés aux aguets et n'ont jamais tenté d'endormir leur clientèle. Si mesuré que soit parfois le champ de leur vision ou le cadre de leurs expériences par rapport aux vastes déploiements aragoniens, par une sorte de retournement de la dialectique, les textes de Caillois et de Monnerot contiennent une intelligence du monde dont *L'Homme communiste* est dépourvu. Ils se raccrochent à ce qui vient, alors que tout ce qu'a écrit Aragon appartient, dès aujourd'hui, au passé. Ainsi les adhésions, reçues par Breton après la publication de *Misère de la Poésie* et l'affaire Dulita, étaient autant d'options pour l'honnêteté intellectuelle. Elles étaient aussi les marques d'une vague défiance envers la sincérité révolutionnaire des communistes. Toutefois, aucune de ces nuances ne sera perceptible dans trente ans. De même qu'en politique il faut réussir et non pas être le meilleur, la littérature se débarrasse de la moralité comme l'insecte d'une inutile chrysalide, et se fait juger par les générations selon son propre code, dont beaucoup d'articles sont favorables à Louis Aragon.

Le printemps de 1932 ramena Benjamin Péret à Paris. Depuis quatre ans il vivait au Brésil avec sa femme Elsie Houston. Un fils venait de naître, on l'avait appelé Geyser. Nous fûmes quelques-uns à accueillir les Péret avec joie. On retrouvait Péret comme si on l'avait quitté la veille, aussi à l'aise dans sa peau, aussi désarmé devant l'existence. Elsie était un peu plus opulente qu'en 1928, son nez était un peu plus gros, mais elle restait belle femme. Les reniements d'Aragon n'étonnèrent pas Péret. Il avait toujours tenu l'auteur du *Paysan de Paris* pour un sauteur, encore qu'il ne se fût pas privé de le « taper » chaque fois qu'il l'avait pu. Le stalinisme du groupe le troublait un peu plus, mais Péret ne s'était jamais embarrassé de prosélytisme. Il était trotskiste, il le répétait, mais il signait avec tout le monde pour ne pas ennuyer Breton, en faisant les réserves d'usage. Il était d'ailleurs plus insoumis qu'intransigeant. Il ne se sentait pas toujours concerné par les manœuvres de ses amis. Il disait qu'il était contre, chacun savait qu'il était contre et qu'il suivrait. Son trotskisme n'était pas très raisonné. Il en tirait surtout une attitude morale d'hostilité à tout compromis, un non-conformisme absolu que l'on pourrait trouver un peu trop facile si Péret n'en avait accepté à plusieurs reprises toutes les conséquences. Après deux ou trois mois d'une tranquillité relative, les difficultés de tous ordres qui ont été le lot de sa vie ne tardèrent pas à l'assaillir. Il leur opposa une espèce de candeur, une sorte de fatalisme, le courage de se contenter de peu, une absence totale d'ambition bien qu'il fût aussi sensible qu'un autre. Il redevint correcteur d'imprimerie. Elsie prit un engagement dans un cabaret. Péret allait l'attendre tous les soirs, pour rentrer avec elle après son tour de chant. Par économie et sans doute pour ne pas gêner Elsie, il attendait souvent dans le vestiaire ou dehors. Il arriva ce qui devait arriver. Un matin, Elsie refusa de le suivre et partit avec un autre. Péret devint encore plus pauvre. Mal vêtu, peu soigné, il vécut au jour le jour, connut des passes difficiles, mendiant ici un dîner, là un billet de cinquante francs. Cette misère n'altéra pas sa bonne humeur bourrue, elle renforça même son refus général d'obéissance. Elle le mena jusqu'à son engagement en 1936 dans les légions du P.O.U.M., le parti révolutionnaire catalan de tendance trotskiste. Elle le reprit quand Péret revint à Paris après quelques mois passés dans les casernes de Barcelone et sur le front d'Aragon. A vrai dire, il ne servit pas à grand-chose en Espagne. Sa destinée n'était pas d'être soldat. Il trouvait à juste titre que cette affaire était mal partie. Mais personne ne lui avait demandé d'aller là-bas et même si ce voyage avait une cause sentimentale il faut convenir que c'était une fugue d'un caractère assez particulier. Ainsi subsista difficilement, jusqu'à la guerre, un des plus grands poètes français, que les anthologies boudent encore comme il se doit.

Les élections législatives de 1932 me rapprochèrent du parti au point que mon exclusion n'eut pas d'autre effet que de me libérer des réunions intérieures (et encore! ma cellule me convoquait souvent pour discuter du travail local). Le XIVe arrondissement était divisé en deux circonscriptions électorales. Dans la moins prolétarienne des deux, le candidat du parti était un petit artisan assez minable, Poulet, jeune socialiste avant 1914, auquel nous donnions à tort le mérite de pouvoir attirer à nous le petit commerce. Dans l'autre circonscription le candidat était Léon Mauvais, membre du Comité central et peut-être déjà secrétaire à l'organisation du parti. J'avais de la sympathie pour Mauvais et elle m'était, je crois, rendue. Nous nous connaissions depuis plusieurs années. C'était un ancien employé du gaz, râblé, robuste, d'un grand sang-froid, pas bête. Il doit tout au parti qui en a fait un parlementaire, un chef syndicaliste écouté et un robot. Mauvais ne se posa jamais de problème de conscience, mais il fut à maintes reprises plus lucide que d'autres. Il avait déjà acquis, en 1932, le dressage mental grâce auquel il ne s'étonnait de rien, trouvant une explication à tout par la lutte des classes et l'action de la bourgeoisie représentée comme une vieille dame active et retorse, fantaisiste aussi mais toujours consciente de son porte-monnaie et de son rang. La tactique *classe contre classe*, en 1932, était aggravée par la ligne « social-fasciste ». C'était une mine inépuisable pour le genre d'explication téléologique qu'adoraient les dirigeants du parti. Dame Bourgeoisie devenait alors une garce, une rouée avec des lubies, des coquetteries, des caprices, s'amusant à pousser les uns en avant, à mettre les autres en réserve, à donner et à retirer sa confiance pour mieux tromper le prolétariat et s'en amuser comme le chat joue avec la souris. Heureusement, le vaillant parti communiste était là, austère, vigilant, incorruptible, dénonçant et vitupérant tous les artifices de la vieille dame aux termes d'analyses rigoureuses et paranoïaques !

Poulet était un très mauvais orateur. En plus il n'avait pas bien assimilé la tactique *classe contre classe*. C'est à moi qu'incombèrent la direction de la campagne électorale dans sa circonscription et l'explication de la ligne du parti. A ce titre je devais m'appuyer deux réunions publiques par jour et quelquefois une « contradiction » supplémentaire.

Le parti avait engagé la bataille électorale avec confiance et vantardise. Objectivement la situation était favorable : chômage, diminution des salaires, crise économique, tout cela, aux termes d'une bonne analyse marxiste, aboutit à l'aggravation de la lutte des classes, à la prise de conscience de ses vrais intérêts par le prolétariat, au succès des communistes. Ce fut un échec sanglant ! Les communistes perdirent près de 30 % de leurs voix par rapport à 1928. Marty, Duclos et Marcel Cachin étaient battus. Après le second tour de scrutin les députés communistes ne se retrouvèrent qu'à dix à la Chambre. Les électeurs n'avaient pas apprécié le tir à boulets rouges sur Léon Blum. Au lieu de tuer Garchery, ils l'avaient élu. Les chômeurs et le petit peuple appauvri par la crise n'avaient pas cru que leur sort serait amélioré par la politique du tout ou rien, le tout étant improbable et le rien quasi assuré. « Ce n'est pas ce qu'il faut faire », dis-je à Léon Mauvais tandis que nous enregistrions à la mairie du XIVe le maigre total des voix que nous avions obtenues. « Sans doute, me répondit-il, mais quoi faire ? »

Kurella vint aux nouvelles. Je récriminai très fort contre la ligne « social-fasciste ». « Je ne sais pas comment sont les socialistes en Allemagne ou en Pologne, lui dis-je, mais en France accoler à Léon Blum l'épithète de fasciste est une monstrueuse sottise qui rend vaine toute critique des fautes politiques du personnage. Aucun front unique n'est réalisable si nous commençons par insulter, à plus forte raison si nos insultes sont gratuites. Les votes au Parlement, les grèves dans les usines, la gestion des municipalités conduisent les ouvriers à faire une différence entre le comportement de la droite et celui des socialistes. Il y a une gauche dans la S.F.I.O. dont le langage ne se différencie pas tellement du nôtre pour la mise en cause du système capitaliste. La S.F.I.O. refuse les crédits militaires, demande la révision du traité de Versailles. Est-ce faire preuve de sens commun que de présenter ces gens comme nos pires ennemis ? Enfin, il faut ajouter que ces clameurs démentes sont la meilleure excuse pour rester passif en toutes circonstances : « Tous sont des traîtres, des vendus, ou des salauds. Moi seul suis pur et sincère. Regardez-moi, admirez-moi mais surtout ne me touchez pas. Je ne veux pas me salir ! » Tel est aujourd'hui le langage du communiste moyen.

Les propos inconsidérés, le gauchisme tant prisé des Français n'avaient jamais plu à Kurella. La passivité du parti dans presque toutes les circonstances de la vie politique l'inquiétait davantage. Sur ces entrefaites, Barbusse et Romain Rolland lancèrent un appel à l'union de tous contre la guerre, *sans tenir compte des affiliations politiques* ; cet appel s'adressait aussi à toutes les organisations ouvrières, *quelles qu'elles fussent*.

L'idée venait, paraît-il, de Willy Münzenberg. A première vue, elle s'accordait mal avec la ligne « social-fasciste ». Mais ce n'était pas une initiative officielle du Komintern. Elle s'insérait très logiquement dans le schéma de la *Troisième Période*. Elle constituait un nouvel aspect des manœuvres pour la protection de l'U.R.S.S. dont le télégramme du Bureau des écrivains révolutionnaires avait été un épisode. Dans une administration, les bureaux ne sont pas forcément d'accord sur tout, c'était vrai pour la bureaucratie du Komintern. Les spécialistes qui travaillaient depuis 1928 sur le thème de la défense de l'U.R.S.S. et des parades à trouver contre la croisade impérialiste prévue dans l'analyse de la *Troisième Période*, avaient préparé des projets, celui d'un congrès international contre la guerre sortait à son heure. Il avait pour objet de désamorcer les préparatifs illusoires de la fameuse croisade dont la direction avait été assignée par les penseurs du Komintern à la France, à l'Angleterre, au Japon. En raison de la position culminante de cet événement chimérique dans la *Troisième Période*, l'opération d'Amsterdam tendrait à prendre la première place dans la stratégie communiste, l'organisation du pacifisme reléguant à un rang subalterne et contingent la décomposition de l'Allemagne de Weimar et la marche de Hitler vers le pouvoir.

L'appel de Barbusse et de Romain Rolland, publié le 27 mai 1932 dans *L'Humanité*, venait à son heure pour exciter la colère des surréalistes, attisée par la publication dans ce journal de quelques textes littéraires assez scandaleux. Je trouvai à l'apéritif du soir un Breton des grandes décisions, épaulé par Éluard et Crevel. « Il faut aller à Amsterdam, me dit Breton. Nous adhérons à ce congrès et tu iras défendre les principes que nous définirons dans un tract. » Sans nous être concertés nous jugions de la même manière le texte de Barbusse et de Romain Rolland. C'était l'abandon de la position léniniste sur la guerre au profit du pacifisme le plus usé et à l'avance le plus inefficace. J'insistai pour que le tract mît l'accent sur cette évidence que les horreurs de la paix capitaliste valaient parfois celles de la guerre impérialiste et répétât le vieux mot d'ordre de Lénine : on lutte contre la guerre en s'efforçant de transformer la guerre impérialiste en guerre civile. Le tract fut en grande partie rédigé par Crevel auquel j'avais remis le numéro 11 de la revue *L'Internationale communiste* dont il est fait de larges citations. Il fut mis au point dans une réunion des signataires. Il me semble que la si heureuse formule « si vous voulez la paix, préparez la guerre civile » est d'Éluard. Toutes les formalités d'adhésion au congrès furent remplies, mais il ne m'était pas possible d'obtenir un congé de *La France mutualiste* pour aller à Amsterdam et je n'avais pas d'argent pour le voyage. Kurella apprécia beaucoup notre tract *La mobilisation contre la guerre n'est pas la paix*. Sa publication fut utilisée à Amsterdam par les manipulateurs du congrès qui représentèrent notre position comme une manifestation sectaire mais dont il fallait tenir compte. Les noms d'André Breton et de Paul Eluard furent inclus dans la liste des célébrités sous les auspices desquelles le congrès se déroula. Ce congrès fut d'ailleurs une surprise pour tout le monde. L'impressionnante montée de Hitler et les difficultés du capitalisme, qui paraissait incapable de gérer ses propres affaires, développaient dans les milieux de gauche une angoisse latente. Münzenberg n'escomptait certes pas que le parti socialiste et la C.G.T. se fissent représenter au congrès d'Amsterdam, mais il ne s'attendait pas à trouver autant d'audience hors des cercles de sympathisants communistes. Il se passait quelque chose ! Des socialistes, des radicaux supportaient mal les exclusives des partis et quelques communistes en avaient assez des imprécations. Mais les illusions étaient tenaces ! Kurella m'avait mis en relation avec un autre Kominternien, Hans Glaubauf, qui faisait de longs séjours en France. Je l'avais informé de toute l'affaire Aragon. Je voulais améliorer les rapports du parti avec les surréalistes et notamment obtenir leur admission dans l'Association des écrivains et artistes révolutionnaires qui se constituait. Malgré Kurella et Glaubauf mes efforts étaient plutôt vains. Sous la pression des pacifistes, des intellectuels marxistes et des littérateurs prolétariens auxquels le surréalisme retournait la peau, le secrétariat du parti envisageait de lâcher quelques-uns de ses chiens contre Breton. Ainsi la lettre que Glaubauf m'écrivit le 17 septembre 1932, consacrée en partie à une critique courtoise de *Misère de la Poésie,* me laissait prévoir le pire. Cette lettre en dit long sur l'aveuglement des dirigeants communistes trois mois avant la prise du pouvoir par Hitler[1]. « Vous avez tort de citer Lénine comme vous le faites dans votre manifeste *La mobilisation contre la*

---

1. Hans Glaubauf était encore à Paris en 1940. Arrêté par la Gestapo, il fut transféré à Berlin où le Volksgerichtshof le condamna à mort. Décapité à Ploetzensee en 1943.

guerre n'est pas la paix », écrivait Glaubauf. « Aujourd'hui, le mot d'ordre de la paix joue un rôle primordial. Des milliers suivent encore les sociaux-démocrates et les pacifistes bourgeois parce qu'ils croient les communistes champions de la guerre. N'avons-nous pas entendu des boutades de ce genre : que la guerre vienne, elle accélérera l'avènement de la révolution : Il fallait gagner les adversaires de la guerre, faire entendre la voix des vrais adversaires de la guerre. »

Ce témoignage d'un pacifisme absurde, à quoi allait se réduire pendant plusieurs années la politique du Komintern et des partis communistes, me bouleversa d'autant plus que j'étais encore sous le coup de la très longue conversation que j'avaie eue avec Kurella sur l'Allemagne, dans les derniers jours du mois d'août 1932, avant de partir en vacances.

Nous avions passé un bon moment, rue du Château, à discuter des retombées de ce congrès d'Amsterdam et du développement des comités de base, lesquels s'appelleraient bientôt Amsterdam-Pleyel. Le pacifisme de l'appel s'estompait : on glissait par la force des choses vers la lutte antifasciste et la nécessité de sortir, coûte que coûte, les communistes de l'isolement où les plaçait encore la théorie du « social-fascisme » s'imposait aux plus lucides. Nous avions fait le tour des personnalités politiques françaises susceptibles d'avoir assez d'indépendance pour être sensibles à une volonté de regroupement, et assez de caractère pour accepter les risques de s'en déclarer partisans. Les noms de Bergery, de Cudenet, de Pierre Cot, de Morizet, de Zyromsky, de Henri Sellier, de Marceau Pivert avaient été prononcés.

Malgré l'augmentation constante des voix hitlériennes, vu de France le désordre de l'Allemagne semblait pouvoir comporter une issue révolutionnaire. On se battait tous les jours dans les rues des villes allemandes. Les ouvriers réagissaient aux provocations nazies. Le 17 juillet, les communistes de Hambourg avaient attaqué un défilé nazi protégé par la police, il y avait eu dix-neuf morts et des centaines de blessés. Aux élections du 31 juillet, les sociaux-démocrates avaient perdu dix sièges, les communistes en avaient gagné douze et avaient quatre-vingt-neuf députés. Il est vrai que les nazis étaient deux cent trente. J'avais gardé dans la force et la détermination du parti communiste allemand la confiance que m'avait inculquée Barmotte. Je dis à Kurella la bonne impression que me laissait le succès électoral du P.C.A.

Kurella prit un air très grave. « Puisque tu me poses cette question, je vais te dire la vérité. Je te connais assez pour savoir que tu as les mêmes idées que moi sur la tactique actuelle du Komintern. Tout est foutu. Hitler a gagné, il sera au pouvoir avant six mois et le P.C.A. ne fera rien de sérieux pour s'y opposer. Tu as vu en France ce que donne la ligne "social-fasciste". En Allemagne, c'est pire. Thaelmann est un imbécile pour qui l'ennemi principal ce n'est pas Hitler, mais la social-démocratie. Par malheur, c'est aussi l'opinion de Manouilsky et peut-être des principaux dirigeants russes. Les ouvriers se battent contre les nazis, certes, mais ils se battent parce qu'ils ne peuvent plus supporter les chemises brunes ou parce que celles-ci les provoquent, mais il faut que tu saches qu'ils se battent contre la volonté du parti. Einz Neumann, qui a des défauts, qui est un gauchiste, voulait rendre coup pour coup aux nazis. Il prévoyait que la passivité ferait basculer des centaines de milliers d'ouvriers du côté des nazis. On a critiqué cette politique, annulé les ordres de Neumann. L'erreur de Neumann était de croire que la violence physique des communistes tout seuls pourrait suffire à vaincre les nazis. Personne ne se rend compte de la force des hitlériens et de ce que sera leur dictature. S'ils prennent le pouvoir, ils le garderont pendant une génération. Leur organisation militaire est excellente, ils sont armés pour la guerre de rue. Jusqu'ici c'est la Reischwehr qui les a empêchés de prendre le pouvoir parce que la Reischwehr ne veut pas de guerre civile. Mais quand la Reischwehr constatera qu'il n'y a pas de danger de guerre civile, elle laissera le champ libre à Hitler.

« Or, le danger a disparu le 20 juillet. Au point où en est l'Allemagne, devant la force de la marée nazie, le parti communiste aurait dû s'entendre à tout prix avec les sociaux-démocrates et peut-être même aller plus loin. Nous n'en sommes plus depuis longtemps à l'heure des discussions doctrinales : il faut empêcher les nazis de passer et pour cela il faut rassembler tous ceux qu'ils menacent et occuper le pouvoir, même avec un programme très en deçà du nôtre. Il n'y a pas d'autre moyen d'empêcher le groupe Hugenberg de payer aux nazis cinq cent mille permanents. Les sociaux-démocrates sont ce qu'ils sont, lâches, hésitants, mais pas mal d'entre eux, malgré tout, ont essayé de parler avec nous. La direction du parti a brisé dans l'œuf toute tentative sérieuse de ce qu'on a appelé le Front unique. Grâce à Von Papen les Sections d'Assaut des nazis ont toute licence pour se déchaîner à nouveau. Contre ces gens-là il faut des armes et une organisation militaire. Avant le 20 juillet, la Schützpolitzei du gouvernement prussien pouvait nous les fournir.

« — Greszinski, le préfet de police de Berlin ? dis-je.

« — Oui, Greszinski le "social-fasciste" numéro un d'après Thaelmann. Greszinski occupait le meilleur poste d'observation d'où l'on pût voir comment arrêter pratiquement la marche des nazis vers le pouvoir. Depuis plusieurs mois ce n'est qu'un problème de rapport de forces brutales. Greszinski a pris contact avec le parti. Il a proposé d'armer les ouvriers communistes, le Front Rouge. D'abord personne n'y a cru, mais on a tergiversé. Penses-tu ! Greszinski, si souvent traité d'assassin par la Rote Fahne !

« Von Papen et les nazis ont eu vent de l'affaire. On a sommé Von Papen de dissoudre le gouvernement prussien. Il a suffi d'un lieutenant et de douze hommes. Les chefs sociaux-démocrates sont des lâches ; peut-être pas tous ; peut-être auraient-ils résisté s'il y avait eu deux cent mille ouvriers sur la Potsdamerplatz. En tout cas il ne fallait pas laisser faire. On a tant parlé de grève générale ! C'était le moment ! Il fallait défendre le gouvernement prussien malgré lui. Maintenant c'est fini. Il n'y aura pas de Front unique. Il n'y aura pas de résistance sérieuse. S'il y a un baroud d'honneur, comme vous dites en France, ce sera une petite Commune de Paris. Remmelé l'a peut-être enfin compris, Münzenberg le sait, mais grâce à Thaelmann et à Torgler, Hitler sera chancelier avant le printemps prochain. Tu vois maintenant pourquoi je m'intéresse, en dépit de tout, au mouvement d'Amsterdam? »

Le pessimisme de Kurella, la rigueur de son inexorable analyse m'effrayaient. « Mais alors, lui dis-je, Trotski avait raison quand il accusait le parti communiste allemand de saboter le Front unique?

— Ce que Trotski pense et écrit ne change rien parce qu'il n'a d'influence que sur quinze intellectuels et que si d'aventure il en gagnait quinze autres il y aurait immédiatement une scission. Mais on ne peut pas lui enlever le mérite d'avoir fait une révolution et de savoir avec quoi on peut prendre le pouvoir. En l'occurrence l'opinion de Trotski a moins d'influence que celle du pape sur le prolétariat allemand. »

Voilà pourquoi le paragraphe de la lettre de Glaubauf m'avait bouleversé. Les erreurs politiques peuvent être corrigées. Les yeux peuvent se dessiller, mais le pacifisme, c'est un état d'esprit, pis, une maladie. Il paralyse aussi efficacement devant la guerre civile que dans l'éventualité d'une guerre étrangère. En Occident, ce mot est généralement synonyme de défaite.

J'avais à remplir de petites tâches pour la ligue anti-impérialiste. Je rencontrai deux ou trois fois des communistes allemands de passage à Paris. Je les questionnai avidement sur l'Allemagne. Les pronostics sinistres se confirmaient: le parti laissait les ouvriers se battre seuls. Il refusait toute alliance; il persistait dans la chimère du Front unique à la base. Le Komintern appuyait ce suicide. Le comble, ce fut, à la fin d'octobre 1932, la grève des transports en commun de Berlin, fomentée par une alliance des nazis et des communistes contre les syndicats et les sociaux-démocrates. Aux élections du 6 novembre, les nazis perdirent trente-quatre députés et les communistes en gagnèrent onze; déjà les stratèges communistes et socialistes chantaient victoire. Or, il était évident que le pouvoir était à la merci de Hitler, soit qu'il acceptât un compromis dont ses partenaires feraient les frais, soit qu'il lançât les S.A. contre la République en sursis. L'affaire des prêts de l'Osthilfe ne fut qu'un prétexte grâce auquel Hitler n'eut pas besoin d'employer les S.A. Le 29 janvier 1933, le vieil Hindenburg lui offrait l'Allemagne sur un plat d'argent.

Les communistes ne tirèrent pas un coup de fusil, ils n'élevèrent pas une barricade, aucune grève n'éclata. Les trois cent mille membres du parti restèrent chez eux et attendirent l'arrestation. La moitié des membres de ce parti modèle se trouva l'année suivante chez les nazis. Les sociaux-démocrates se laissèrent conduire en prison après quelques platoniques protestations. Torgler, ce type achevé du « crétinisme parlementaire » et Thaelmann, le bravache inconscient, furent arrêtés et périrent dans des camps de concentration.

Ce drame s'accompagna en France et ailleurs de comédie. Le Komintern expliqua sans rire que jamais l'Allemagne n'avait été aussi près de la révolution. D'une seule voix tous les journaux communistes accusèrent les socialistes de trahison. Bien sûr, le parti communiste, qui n'avait pas agi autrement que les sociaux-démocrates, n'avait pas trahi ! En pensant à la manière dont une telle capitulation aurait été accueillie du vivant de Lénine, on ne pouvait manquer de conclure que même le léninisme avait disparu. La *Troisième Période*, que les communistes allaient encore invoquer pendant toute l'année 1933, était de toute évidence une foutaise paranoïaque. Peu à peu, la vérité se faisait jour. La responsabilité personnelle de Staline dans la tactique criminelle imposée à tous les partis communistes était écrasante. C'est lui qui avait exigé que le parti communiste allemand mît un terme aux batailles de rues contre les nazis, c'est lui qui avait exigé jusqu'au bout que le P.C.A. considérât la social-démocratie allemande comme l'ennemi principal. A quoi donc servait ce Komintern qui n'avait même pas été capable de sauver l'honneur ? En février 1933, des communistes émigrés donnèrent quelques conférences devant de petits groupes de militants. J'entendis un intellectuel à une séance de l'A.E.A.R. ; je rencontrai Münzenberg dans un autre groupe. Je voulais encore espérer : ces hommes semblaient venir d'un autre monde, ils avaient la peur dans les yeux, même Willy Münzenberg.

« Il y en a pour quinze ans, pour une génération peut-être, disaient-ils, et pendant ce temps-là, il n'y aura plus d'opposition en Allemagne. »

J'éprouvais une sorte de déchirement intérieur, quelque chose de beaucoup plus grave et plus profond que lorsque j'avais été exclu du parti. Je devais me rendre à l'évidence. Aussi désemparé, aussi choqué qu'après la pire trahison, je n'en continuais pas moins mon activité militante. Je mettais même les bouchées doubles. J'appris que j'avais fait l'objet d'une importante promotion à la C.G.T.U. L'Union des syndicats de la Seine, alors dirigée par Henri Raynaud, décida de créer cinq organismes de coordination de l'activité syndicale, des sortes de super comités intersyndicaux : Paris et les banlieues Nord, Est, Sud et Ouest. Le secteur de Paris m'était confié. C'est le plus haut grade qui me fut jamais attribué dans le monde communiste. Il me fut enlevé un peu après le 6 février 1934 quand une nouvelle offensive du sectarisme — la dernière — fut exercée contre les partisans de l'entente avec les socialistes, « afin d'être entre soi » comme me l'avoua je ne sais plus quelle grande gueule de la Fédération du Bâtiment !

Chapitre XXI
Les rêves et la force

Aragon était oublié six mois après sa disparition. Les nouveaux venus ne le connaissaient pas. Ils étaient séduits davantage par les jeux surréalistes, l'atmosphère toute nouvelle pour eux de la création collective, la rigueur des principes, les anathèmes procurant l'orgueil de figurer au nombre des élus que par les aspects procéduriers des rapports à établir entre le parti communiste et le surréalisme. Ils allaient avec une joie d'enfants à la découverte d'un monde immense et caché ; ils acceptaient sans les discuter toutes les exclusives lancées par la rue Fontaine. Le café *Cyrano* était devenu une ruche brouillonne qui s'enrichissait chaque mois de nouvelles recrues. Son effervescence masquait les difficultés financières du surréalisme. Celles-ci compromirent assez gravement l'action du groupe jusqu'à l'Exposition de 1938. Les deux derniers numéros d'une publication où il sera rendu compte de tous les aspects de la pensée surréaliste, les fascicules 5 et 6 du *Surréalisme au service de la Révolution* étaient en gestation. Ils sortirent des presses en mai 1933. Alors que les événements allaient fournir une prodigieuse suite d'incitations auprès desquelles la guerre du Maroc en 1925 et la défense de l'U.R.S.S. prendraient figure de faits divers, le surréalisme se trouverait presque totalement dépourvu de moyens d'expression en dehors du domaine des arts plastiques. *Minotaure* fut essentiellement une revue d'art. Cette incapacité fut autant le résultat de la pauvreté qui s'abattit sur le groupe que du conservatisme, de la ladrerie et de l'aveuglement des corps politiques français et de la société française. Les crimes staliniens amenèrent une rupture totale entre le parti communiste et les surréalistes. Le mouvement que Breton fit vers le trotskisme l'écarta de la vie politique française sans pour autant le placer sur une ligne révolutionnaire. Au sein du trotskisme, les surréalistes retrouvèrent l'hostilité de la stricte obédience dont ils avaient souffert chez les staliniens.

Les forces politiques ou économiques de la société française n'étaient aucunement prêtes à faire une petite part au surréalisme dans l'inventaire de ce qui était menacé par Hitler et dont elles prétendirent assurer la défense à partir de 1935. L'idéal culturel des dernières années de la IIIe République était fait de réminiscences de 1920 et des souvenirs de 1910 : Giraudoux et Dufy, Valéry, Gide et Claudel auxquels on ajoutait Romain Rolland et Péguy. A l'exception de Claudel et de Péguy chez qui l'engagement religieux domine et dont les catholiques les moins conservateurs avançaient volontiers les noms pour servir d'alibi aux puérilités de La Bonne Presse, ces hommes étaient très représentatifs de la démocratie parlementaire et du régime libéral de la France, mais ils étaient très loin de la liberté « surréaliste », laquelle faisait peur à tout le monde. Le surréalisme devait donc se contenter de quelques pourboires.

Quant aux surréalistes, les contradictions qu'ils exprimaient et qui n'étaient généralement pas susceptibles de résolution (ce qui n'est pas le moindre de leur apport dans cet univers d'optimisme scolastique ou dialectique) les ont empêchés d'imposer quelques-unes des idées qui auraient pu les faire prendre en charge jusqu'au moment où ils auraient pu accéder aux sphères de responsabilité. Mais l'heure n'était sans doute pas venue car le monde évoluait d'une telle manière qu'il se faisait mal comprendre des surréalistes tout en leur ouvrant peu à peu tout l'avenir. En 1932, le nationalisme imposait à l'univers ses contraintes pour un bon demi-siècle. Breton et Péret, pour ne citer que ces deux écrivains, n'échappaient pas à leur nation, à cause de la langue d'abord, ensuite par l'essence même de leur personnalité qui les intégrait, malgré eux, à une tradition exigeante. Breton l'a d'ailleurs assez exactement mesuré durant son séjour aux États-Unis pendant la guerre. Mais l'idée de patrie, laquelle ne se présentait pas autrement, pour Breton et Péret, que sous les traits caricaturaux et parfois obscènes qu'elle avait revêtus en 1914-1918 et dans la victoire, faisait partie en 1933 de l'enfer surréaliste. Corrélativement, Breton, comme beaucoup d'autres intellectuels français, fut incapable de comprendre, en 1935 ou 1936 par exemple, comment le concept de la Défense Nationale devenait tout à coup, par l'apparition de nouvelles faces, de nouveaux rapports, l'élément capital de la défense de la liberté.

Peut-être n'était-il pas mauvais que ce prodigieux brassage, qui s'amorçait en 1933 et allait devenir pendant au moins quarante ans le mouvement même du monde, eût laissé Breton et la plupart des surréalistes à l'écart. Le surréalisme n'était pas un parti politique. L'expérience des années 1927 à 1934 a montré qu'il n'avait rien à gagner à essayer de s'intégrer à une action politique contingente et limitée. Bientôt il ne conserverait plus de « politiques » parmi ses activistes. Il était bon qu'il prît du champ et qu'il pût dépasser l'actualité, même s'il ne la comprenait pas toujours. Il est évident, en 1971, que l'honneur de Breton est de n'avoir pas composé avec le nationalisme. J'écris cette phrase avec d'autant plus d'assurance que j'ai moi-même composé avec le nationalisme, qu'il le fallait, et que je place aussi mon honneur dans ce comportement. Mais il importait que Breton, tout en prenant parti, en admettant l'inévitable, n'abandonnât jamais l'internationalisme qui fut une des caractéristiques majeures du surréalisme entre 1933 et 1940. Alors que les autres écrivains français réfugiés, pendant la guerre, aux États-Unis n'agirent pas autrement que comme des réfugiés politiques, grâce à Breton, un creuset à haute température a été mis en service de l'autre côté de l'Atlantique, de nouveaux matériaux y ont été jetés pêle-mêle, apportés par des hommes de toutes les races et de toutes les nationalités. Certes, ce n'est pas avec le surréalisme que l'on pouvait arrêter et battre Hitler. D'autres s'en chargeraient avec les moyens qui convenaient. Mais il fallait retrouver, intacte, après la mort de Hitler et de Staline, la flamme qui permettra peut-être d'éclairer la fin du siècle.

En octobre 1932 tout se débloqua subitement du côté de l'Association des écrivains et des artistes révolutionnaires, ce qui signifiait que le parti communiste avait adopté une nouvelle attitude. Fréville informa Breton que son adhésion à l'A.E.A.R. était acceptée et lui fit tenir une liste des surréalistes admis. Crevel apporta des informations qui me permirent de faire le point. Aragon avait fait un nouveau voyage à Moscou, il n'était peut-être pas étranger au « déblocage » car il avait combattu assez durement l'anti-surréalisme de ses nouveaux camarades. Aragon conservait un poste important à l'A.E.A.R. mais les dirigeants effectifs de l'association étaient Moussinac, Nizan et Fréville, ce dernier pouvant être considéré, à la fin de 1932, comme l'homme de confiance du parti. Aragon dit à Crevel qu'il collaborerait volontiers avec Breton, malgré tout, dans le cadre nouveau où celui-ci allait exercer son activité, mais qu'il se refusait absolument à tout travail en commun avec moi. L'A.E.A.R. ne prenait pas sur ce point une attitude aussi nette, mais elle m'ignorait délibérément. Il fallait bien que quelqu'un payât les pots cassés. J'avais assez d'expérience humaine et politique pour savoir que je n'avais rien à attendre de l'évolution de la conjoncture où s'agitaient la plupart des personnages de ce récit, que cette évolution se fît dans le sens que j'avais souhaité ou dans le sens contraire. Pour les communistes, je demeurais sous le coup d'une sanction disciplinaire. On ne pouvait pas, à quelques mois d'intervalle, me punir et me féliciter pour les mêmes motifs. Suivant le principe que l'on n'a jamais raison contre son parti, la présence de Breton dans le collège dirigeant de l'A.E.A.R. et celle d'Aragon et de Sadoul dans les cellules étaient de bonnes choses après que le parti en eut décidé ainsi ; c'était une faute dix-huit mois auparavant quand elles avaient été le résultat d'initiatives personnelles. Il en est ainsi de la bureaucratie, où qu'elle soit, dans quelque domaine où elle exerce ses talents. Pour l'A.E.A.R. je ne représentais rien, j'étais dépourvu de toute utilité puisque le communiste de service c'était Fréville. Le parti communiste ne s'intéressait pas à moi en tant qu'intellectuel révolutionnaire, mais comme militant politique et syndical et dans cette catégorie il m'avait assigné une fonction. Pour les surréalistes j'avais perdu les clefs d'une maison dont les portes s'ouvraient toutes seules.

Éluard et Breton préparaient les numéros 5 et 6 du *Surréalisme au service de la Révolution*. J'aurais voulu apporter une collaboration littéraire. J'avais annoncé, une fois de plus, un article sur *La Bohême*. J'avais accumulé des notes. Chaque fois que je les rassemblais, avec mon marxisme stérilisant, j'obtenais un résultat si pauvre que je renonçais après avoir recommencé dix fois les trois premières pages.

Rien ne venait non plus du côté des articles politiques ou polémiques dont je possédais plusieurs ébauches. A la réflexion, les sujets que j'avais choisis me paraissaient futiles et le traitement que je leur faisais subir n'était pas meilleur que celui que leur aurait infligé un journaliste de *L'Humanité*. Il restait l'essentiel, les points capitaux sur lesquels mon analyse divergeait de plus en plus de celle du parti communiste français, voire même du Komintern. Mais là j'abordais un terrain dangereux. A quoi servirait de joindre une faible voix au concert assez discordant et sans écho des oppositions ? Je me rabattis sur l'étude et l'érudition. J'avais demandé à Hainchelin qu'il apportât sa collaboration au *Surréalisme A.S.D.L.R.* Mon camarade m'avait envoyé la traduction qu'il avait faite de quelques-unes des notes écrites par Lénine en relisant *La Science de la Logique* de Hegel. Épouvanté par la guerre et le ralliement au nationalisme des marxistes qu'il avait le plus admirés, Kautsky et Plekhanov, Lénine voulut aller aux sources de la théorie et relut, à la fin de 1914 à Berne, les traités de Hegel sur la *Logique*. Les feuillets de Hainchelin me parvinrent en même temps que l'annonce de l'accession au pouvoir de Hitler. Toutes proportions gardées entre la personnalité de Lénine et celle du militant de cadres moyens qui était la mienne, les chocs étaient comparables. Je pensais que c'était pis encore qu'en 1914, car il n'y avait même pas eu de Karl Liebknecht ni de Rosa Luxemburg, le 30 janvier 1933 à Berlin.

Hainchelin me fit bientôt savoir qu'il ne se sentait pas en mesure de proposer un article d'exégèse et qu'il s'en remettait à moi pour faire un sort au texte qu'il m'avait envoyé.

Rien n'était plus exaltant ni plus redoutable que de présenter dans *Le Surréalisme A.S.D.L.R.* un inédit de Lénine concernant Hegel. Il fallait être modeste mais vrai et laisser à ce *hasard objectif* son caractère providentiel. Les quelque trente lignes qui ont été publiées en tête du numéro 6 du *Surréalisme A.S.D.L.R.*, bien qu'elles eussent gagné à être écrites avec plus de rigueur dans la forme, me paraissent encore aujourd'hui dignes de cette entreprise. Mes amis n'en comprirent la portée que deux ou trois ans plus tard.

Ce petit travail occupa tous mes loisirs durant le premier trimestre de l'année 1933. Il détermina le cours de mes lectures et de mes pensées pour plusieurs années. Je vais essayer de définir ici ce que j'en retins sur le moment et ce qui germa peu à peu. Il y avait en premier lieu la note 144 (*Éléments de la dialectique*). L'énumération qu'elle contient est une description quasi exhaustive du mécanisme de la pensée logique, je la reproduis ci-après. Aujourd'hui je ferais deux réserves capitales, mais ces réserves n'affectent pas la valeur de l'analyse de Lénine ; l'une d'elles y est en quelque sorte implicite. J'insisterais d'abord sur le caractère subjectif de l'examinateur, l'ombre qu'il portera lui-même sur son examen et dont il ne pourra jamais se débarrasser totalement, les modifications qu'il apportera à l'objet parce qu'il l'examinera. La deuxième remarque est un cas limite de ma première observation : l'objet qui est étudié est-il celui que l'on croit examiner ? Il semble, d'ailleurs, que la relation de l'objet que l'on croit voir avec celui que l'on voit apparaîtra dans la deuxième phase de l'examen. Enfin, comme je pense aujourd'hui que l'unité des contraires est une exception, peut-être même un effet d'optique, que la notion de contraire est en soi difficile à établir (en particulier en raison du 10°), je ne puis donner aux démarches 5, 9 et 14 qu'une valeur d'approximation. Chacune de ces démarches, menée dans la voie léninienne, ne conduira pas à fermer une porte, ou à déterminer un enclos. Dans la plupart des cas la porte ne se fermera pas, l'enclos restera ouvert, des résidus remarquables seront mis en évidence, des perspectives nouvelles seront ménagées, comme il est dit au 10°.

« 144 — (ÉLÉMENTS DE LA DIALECTIQUE).
1° L'objectivité de l'examen (pas d'exemples, de digressions, mais l'objet lui-même);
2° La totalité des rapports variés de cet objet avec les autres objets;
3° L'évolution de cet objet (ou du phénomène), son mouvement propre, sa vie propre;
4° Les tendances internes (et les faces) se contredisant dans cet objet;
5° L'objet (le phénomène, etc.), comme somme et unité des contraires;
6° Le combat, ou le développement de ces contradictions, le caractère contradictoire des efforts, etc.
145 — (EN FAIT, 145 EST LA DEUXIÈME PARTIE DE 144).
7° L'union de l'analyse et de la synthèse, la décomposition des parties isolées et le total, l'addition de ces parties. (La dialectique peut être brièvement définie comme la doctrine de l'unité des contraires. Ainsi le noyau de la dialectique est compris, mais cela exige des éclaircissements, un développement.);
8° Les rapports de tout objet (phénomène) ne sont pas seulement variés, mais généraux, universels. Tout objet (phénomène, processus, etc.) est lié à tout;
9° Non seulement l'unité des contraires, mais les passages de chaque détermination, de chaque qualité, de chaque trait, de chaque face, de chaque propriété en chaque autre (en sens contraire?);
10° Le processus infini de l'apparition de nouvelles faces, de nouveaux rapports, etc.;
11° Le processus infini d'approfondissement de la connaissance de l'objet, des phénomènes, des processus, etc., par l'homme, du phénomène à l'essence et de l'essence la moins profonde à la plus profonde;
12° De la coexistence à la causalité et d'une forme de connexion, d'une dépendance réciproque à une autre plus profonde, plus générale;
13° La répétition de certains traits, de certaines propriétés, etc., du stade inférieur dans le supérieur;
14° Le retour apparent à l'ancien (négation de la négation);
15° Le combat du contenu avec la forme et inversement;
Le rejet de la forme avec la transformation du contenu;
16° Le passage de la quantité à la qualité et vice versa (15 et 16 sont des exemples de 9). »

Mais en 1933 je n'étais qu'à demi conscient des commentaires que j'ai faits plus haut. Je retins surtout les notes 17 et 135 parce que j'y trouvais la condamnation absolue du bolchevisme de 1932.

17° Une formule magnifique « non seulement l'universel abstrait, mais un universel tel qu'il contienne en soi la richesse du particulier, de l'individuel, de l'isolé, toute la richesse du particulier et de l'individuel »! Très bien!

135° La pratique est plus haute que la connaissance (théorique) car elle n'a pas seulement la dignité de l'universel, mais aussi celle de la réalité immédiate.

Enfin les notes 82 et 107 ouvrirent deux écluses par lesquelles peu à peu devait s'écouler ma foi marxiste et dialectique. La note 82 est ainsi conçue : *La nécessité ne disparaît pas en devenant liberté.* C'est la réfutation de la dialectique. C'est aussi une remarque d'un grand désenchantement. La note 107 concerne la dialectique de la nature. Lénine y souscrit à la division hégélienne des lois de la nature en *mécaniques et chimiques*. Cette division, reprise par Engels, n'avait déjà plus de sens en 1880. Qu'en dire en 1914, *a fortiori* en 1933 ? Je savais déjà que la pensée scientifique n'a jamais fait état de Hegel, encore moins de Frédéric Engels. En 1933, je tenais les hommes de science pour responsables de ce que je prenais pour une lacune imputable à l'enseignement « bourgeois ». Je croyais que les scientifiques faisaient de la dialectique comme M. Jourdain faisait de la prose. Le calcul différentiel en portait, semble-t-il, témoignage, erreur de jugement que je ne devais corriger que beaucoup plus tard. Mais quelle que fût la bonne volonté dont un marxiste pût faire preuve à l'égard de Hegel, d'Engels et de Lénine, il n'était pas possible de lire sans sourciller, en 1933, que Lénine attachait de l'importance à la division hégélienne des lois de la nature en mécaniques et chimiques alors que le modèle atomique de Bohr a été décrit en 1913! La note 107 ne comporte pas seulement cette extraordinaire marque de passéisme; Lénine écrit: *Les lois du monde extérieur, de la nature... sont les fondements de l'activité de l'homme dirigée vers un but. Dans son activité pratique, l'homme a devant lui le monde objectif dont il dépend et qui détermine son activité.* Que veut-on dire?

Le monde objectif choisit-il les buts de l'homme, comme Allah? Les impose-t-il à l'homme, comme la doctrine de la prédestination? L'homme choisit-il ce qui lui est nécessaire dans le menu à la carte proposé par le monde objectif? Ou prend-il n'importe quoi? Comment peut-on intituler *dialectique matérialiste* ce fragment où l'on trouve aussi la phrase suivante: *La conscience de l'homme, la science (la notion) reflètent l'essence, la substance de la nature, mais cette conscience est en même temps une chose externe par rapport à la nature (elle ne coïncide pas avec elle tout de suite. Simplement).*

Ce *simplement* me parut tellement énorme que je demandai confirmation de la traduction. Ainsi donc Lénine introduisait dans le matérialisme dialectique un court espace de temps pendant lequel la conscience de l'homme serait extérieure à la nature, se détacherait du monde objectif pour le réintégrer à la suite de je ne sais quel ajustement automatique. La nature, propulsée par on ne sait quoi, va-t-elle à la rencontre de la conscience ou est-ce la conscience *dirigée vers un but* qui réintègre la nature après une petite promenade solitaire ? Les graves réserves faites par Jean Wahl sur l'inconsistance philosophique de *Matérialisme et empiriocriticisme* me revinrent à la mémoire. Ainsi commença le lent travail de démolition que je devais achever vers 1945.

Les Français, surréalistes compris, n'attachèrent sur le moment qu'une importance épisodique à la victoire de Hitler et à la capitulation sans combat des partis ouvriers allemands à prétentions révolutionnaires ou à vocation réformiste. Les diplomates, qui se croyaient malins, entreprirent des exercices aussi savants que aberrants dont le plus vain était la tentative de rapprochement avec Mussolini. Une partie des possédants, plus les hommes d'ordre (et cela va du garde champêtre, au besoin du maître d'école, au grand patron), n'étaient pas insensibles à la remise au pas de tout un peuple, à la fin des grèves et des batailles de rues et à la domestication du Parlement. La gauche n'aimait pas Hitler, elle réprouvait les proscriptions mais elle n'y comprenait rien. Les communistes se maintenaient dans les nuées, annonçant des difficultés imaginaires pour le nouveau régime. Ils marquèrent toutefois un avantage grâce à Dimitrov, sottement accusé par Goering d'avoir mis le feu au Reichstag. Le courage de Dimitrov devant ses juges et son intelligence politique rachetèrent un peu, pour les étrangers, le lâche effondrement du parti communiste allemand. A l'intérieur du Reich, la belle conduite de l'accusé n'eut guère plus d'effet qu'un fait divers.

En février 1933 on pouvait considérer que les discussions sur le traité de Versailles étaient dépassées. Hitler était sans aucun doute un produit de ce traité ; ce qui était en question ce n'était plus la révision des clauses de Versailles mais les ambitions de Hitler. Des résumés de *Mein Kampf* parurent en français dès les premiers mois de l'année 1933. Dans un opuscule de quelque cent cinquante pages, imprimé en Belgique et publié à Paris cette année-là, intitulé *Extraits de Mein Kampf* on peut lire ceci :

... La prétention de rétablir les frontières de 1914 est une insanité politique, par ses proportions et ses conséquences... Soit dit sans compter que les frontières du Reich, en 1914, étaient rien moins que logiques. En réalité, elles ne groupaient pas tous les hommes de nationalité allemande et elles n'étaient pas non plus rationnelles au point de vue stratégique... il ne saurait faire question pour personne que même le rétablissement des frontières de 1914 ne puisse être atteint sans versement de sang. Seuls des esprits puérils et naïfs peuvent se bercer de l'idée d'amener une révision du traité de Versailles par l'humilité et par les supplications...

Jusqu'à l'Anschluss, très peu de Français attachèrent de l'importance à *Mein Kampf* dont j'aurais pu faire dix citations plus explicites encore. Les milieux politiques français étaient habitués aux promesses électorales rarement tenues, les électeurs n'étaient qu'à moitié dupes mais acceptaient de l'être. Proposer un programme dans un préau d'école était une des règles d'un jeu dont le but était d'obtenir un mandat. Ne se soucier que médiocrement du programme après avoir été élu faisait aussi partie des règles du jeu.

On appelle cette volte, en France, *le sens de l'État*, c'est-à-dire la continuité dans l'immobilisme. Les Français étaient tellement habitués à jouer ce jeu qu'il ne leur venait pas à l'idée qu'on pût en jouer un autre. Même les horribles débuts de l'antisémitisme ne révoltèrent pas les Français. Au contraire, cela stimula toute une racaille.

Ce qui caractérise l'esprit politique français entre les deux guerres ce n'est pas seulement la traditionnelle vantardise chauvine dont les exemples les plus pénibles étaient fournis à l'époque par les prouesses aériennes ou les compétitions sportives (*ils racontent leurs défaites comme si c'étaient des victoires,* a écrit Machiavel), mais un esprit procédurier accompagné d'un pacifisme déclaré et tenace. *Leur prudence n'est guère que tracasserie,* écrivait aussi Machiavel. Au début du XVIᵉ siècle les Français étaient conquérants et aventureux. Dans les années 1930, ils pensaient surtout à conserver leur tranquillité domestique. La droite, avec une philosophie de notaire, exigeait le respect des traités ; la gauche plutôt satisfaite du juridisme de la droite prônait le désarmement et la réduction des dépenses militaires. Les gouvernements essayaient de contenter tout le monde. La guerre était hors la loi. Le pacifisme ne portait pas le même nom au sein des deux grands courants d'opinion qui partageaient les Français. La droite l'accordait avec le mot *sécurité* et le manifestait par son attachement à l'uniforme, aux grands chefs de 1914-1918, au drapeau, aux garnisons, au culte de Verdun. Somme toute à un défilé historique. Plus tard, elle s'enorgueillit de la ligne Maginot. Jusqu'en 1933, elle cria beaucoup contre l'Allemagne désarmée. En réalité la droite avait peur, elle s'employait aussi à faire peur en décrivant des dangers imaginaires (la guerre des gaz, par exemple) mais ne s'intéressait pas au renforcement de la puissance militaire française, notamment pour ne pas augmenter les impôts. Le renforcement aurait d'ailleurs été un non-sens avant 1933[1]. Dès que Hitler fut le chancelier du Reich, la droite cria moins fort et montra qu'elle était prête à faire beaucoup de concessions politiques pour maintenir le régime social car un conflit avec Hitler ou Mussolini prenait le dangereux aspect d'une querelle de la gauche contre l'ordre. En 1933 la France avait une armée nombreuse mais démodée. Les crédits militaires n'étaient jamais dépensés en totalité. Les prototypes d'armes nouvelles étaient des alibis administratifs. En revanche la jactance des vieux généraux faisait encore illusion.

La gauche était victime de cette illusion. Alors que dans la première moitié du XIXᵉ siècle, l'armée française était un objet de la panoplie politique de la gauche, depuis 1870 cette armée était réputée institution de droite. Que les républicains fussent profondément épris de paix, il n'y avait là rien que de très naturel surtout après les grands massacres de 1914-1918. En gagnant la guerre, les Français avaient échappé à l'impérialisme allemand, lequel, s'il avait été vainqueur, aurait abaissé le niveau de vie de son adversaire en réduisant celui-ci à l'état de nation agricole. Ceux qui étaient morts en

---

1. Mais non pas la modernisation.

combattant avaient sans doute eu l'intuition de l'importance de l'enjeu. Les survivants et la génération nouvelle n'en avaient aucune idée, et l'on estimait que le profit retiré de ces grandes tueries par le peuple était mince. Les communistes avaient en principe adopté les vues de Lénine sur la guerre. Ils distinguaient entre la guerre impérialiste, la guerre civile et la guerre révolutionnaire. Ils avaient essayé de donner un contenu concret à leur lutte contre les guerres coloniales ; le reste était maintenu dans le domaine de l'abstraction. Les intellectuels d'extrême gauche, surréalistes compris, furent les prisonniers de ces abstractions à partir du moment où la Seconde Guerre mondiale devint une hypothèse probable. En 1928, en dépit des principes léninistes, les communistes avaient basculé dans le pacifisme grâce au mythe de la *Défense de l'U.R.S.S.* et au retentissement extraordinaire des propositions soviétiques en faveur d'un désarmement général. La bonne conscience fut obtenue, dès que Hitler fut au pouvoir, par la vitupération du traité de Versailles. Personne ne comprit que la distribution des cartes politiques était telle que dans tous les cas, ce qu'il adviendrait des clauses de ce traité renforcerait les nazis, soit que les démocraties fissent des concessions, soit que Hitler employât des moyens brutaux pour les annuler, la seule hypothèse défavorable aux nazis étant un échec de leur brutalité. Rien ne dépeint mieux les illusions et la myopie des intellectuels d'extrême gauche que le livre publié par Daniel Guérin, en 1970, *Front populaire, Révolution manquée*. Dans un chapitre intitulé *L'hypothèque de Versailles* l'auteur écrit :

En 1933, la question brûlante c'était moins la révision des clauses territoriales du traité, encore à l'arrière-plan, que le désarmement (sic). Daladier ayant refusé en 1933 de réduire les armements démodés de la France (plus exactement il avait proposé un échelonnement byzantin et saugrenu de cette réduction, triomphe juridique de ses « experts »), voici les conclusions qu'en tire Daniel Guérin :

Hitler riposta du tac au tac, avec une logique redoutable dont ses adversaires lui avaient fourni la justification : ou bien vous commencez votre désarmement ou bien je commence moi-même à réarmer... L'Allemagne quitta en claquant la porte, et la conférence, et la Société des Nations. Le gigantesque réarmement allemand se mit en marche...

Donc, si Daladier avait envoyé à la ferraille deux mille vieux canons et les chars Renault de 1914-1918, qui étaient alors l'épine dorsale de l'armée française, Hitler, croit encore en 1970 Daniel Guérin, se serait contenté des pelles et des pioches qui donnaient une mine guerrière aux défilés du *Front du travail* !

Conformément à l'idée absurde qui fait dépendre le danger de guerre de l'importance des armements dont une nation dispose, et non des antagonismes et des ambitions, la plupart des hommes de gauche se refusaient à étudier les problèmes militaires, qu'ils eussent trait à la structure de l'armée ou à un éventuel conflit. Cette démission faisait l'affaire de la bureaucratie, qui considérait ses secrets de polichinelle comme un domaine interdit. Chez les socialistes un tel comportement d'aveugles volontaires témoignait d'une sensible régression par rapport aux préoccupations du parti avant 1914, quand Jaurès écrivait *L'Armée nouvelle*. Chez les communistes, comme on se piquait de fidélité au marxisme, on citait parfois Clausewitz, qu'Engels et Lénine tenaient en grande estime. Mais après avoir reproduit l'aphorisme célèbre : *La guerre n'est qu'une continuation de la politique par d'autres moyens*, on se révélait incapable d'analyser ce que pourrait être *la politique*, un conflit entre l'Allemagne hitlérienne et la France de la IIIe République, et ce que ce conflit représenterait pour les peuples. On s'en sortait, comme les trotskistes d'ailleurs, par le diagnostic de conflit impérialiste, ce qui n'était qu'une preuve supplémentaire d'infantilisme. Cette incapacité des révolutionnaires patentés à saisir l'évolution d'une notion, *l'apparition de nouvelles faces, de nouveaux rapports*, aurait écrit Lénine, me troublait presque autant que la passivité des communistes allemands en janvier 1933. Elle eut un rôle désastreux en 1940 et empêche encore aujourd'hui la gauche d'apprécier objectivement les conflits qui naissent ici et là. Il fallut attendre le pacte Laval-Staline de 1935 pour que les communistes français abandonnassent la recommandation du défaitisme révolutionnaire dans une nouvelle guerre franco-allemande. Cet alignement servile du parti communiste sur un nouvel aspect de la diplomatie russe inquiéta les intellectuels de gauche non communistes et les renforça dans leur sotte conviction qu'un pacifisme révolutionnaire (?) pourrait arrêter les chars que Guderian faisait construire.

Que représentaient-ils donc, Hitler et les nazis ? La dictature du grand capital, comme l'avait dit le 6e Congrès du Komintern ? On n'expliquait pas comment ce « grand capital », composé de quelques dizaines d'industriels et de banquiers, à supposer que ceux-ci eussent été susceptibles de se mettre d'accord sur une politique, gouvernant en principe l'Allemagne depuis des décennies par le truchement d'une pléiade de politiciens habiles, comprenant aussi, suivant les schémas, les sociaux-démocrates, avait eu besoin d'un petit peintre autrichien, comment il lui avait fait écrire *Mein Kampf* et par quel miracle il lui avait fait obtenir treize millions sept cent quarante-cinq mille voix en juillet 1932 et dix-sept millions deux cent dix-sept mille voix après six semaines de pouvoir ! Les subventions de Hugenberg n'expliquaient pas tout ! Dans ce grand pays où la tradition marxiste était plus vivante qu'ailleurs, est-ce parce qu'ils faisaient après tout confiance au grand capital que les socialistes et les communistes avaient accepté sans mot dire la nomination de Hitler comme chancelier du Reich ? Les vieux syndicalistes qui firent allégeance à Hitler, à la veille du 1er mai 1933 (pour être arrêtés le lendemain) avaient-ils le sentiment de s'incliner devant le grand capital ? Les 95 % d'électeurs allemands qui approuvèrent le réarmement allemand au plébiscite du 12 novembre 1933, ruinant du même coup et sans appel les tentatives sporadiques et éparses d'opposition organisées par les communistes avec quelques mois de retard, était-ce l'approbation de tout un peuple aux volontés du grand capital ? Tous les spécialistes ont affirmé que le dépouillement du scrutin fut honnête. « Même au camp de concentration de Dachau, deux mille cent cinquante-quatre détenus sur deux mille deux cent quarante-deux votèrent pour le gouvernement qui les avait incarcérés[1]. »

La tragédie allemande m'apportait la preuve que le Komintern et les partis communistes usurpaient leurs prétentions d'organisateurs et de guides de la lutte des classes. On pouvait épiloguer sur les erreurs de tactique commises en 1923 et en 1925 en Europe et en Chine. Dans toutes les guerres il y a des généraux vaincus. Mais après avoir accumulé les combinaisons les plus sottes, les communistes avaient jugé inutile de se battre. Ainsi ils étaient allés de l'incapacité à la trahison.

Le communiste que j'étais encore se référait aussitôt à Lénine : crétinisme parlementaire, dégénérescence bureaucratique du parti, esprit de capitulation, quelques-uns des termes dont Lénine s'était servi en 1914 pour condamner la IIe Internationale s'imposaient à mon jugement. Mais je discernais quelque chose de plus grave, qui mettait en cause toute la doctrine, et peut-être à l'exemple de Lénine ouvrant à Berne la *Logique* de Hegel pour voir où il en était avec le marxisme, j'essayai de reprendre l'analyse du fascisme à la lumière du dogme. Celui-ci me renvoyait aux fadaises du 6e Congrès ou aux incertitudes d'Engels et de Lénine sur l'État.

Résumant Engels, Lénine écrit : *L'État est le produit et la manifestation de l'antagonisme inconciliable des classes*[2]. Littéralement, cela signifie que l'État est un champ clos ! Lénine apporte, un peu plus loin, par le truchement d'une citation prise à Engels (*L'Origine de la famille, de la propriété privée et de l'État*) la correction suivante :

L'État représentatif moderne est l'instrument de l'exploitation du travail salarié par le capital. Il y a pourtant des périodes exceptionnelles où les classes en lutte atteignent un équilibre de forces tel que le pouvoir public acquiert momentanément une certaine indépendance à leur égard et devient une sorte d'arbitre entre elles[3].

Je constatai en passant, avec l'aide de Lénine d'ailleurs, que ces périodes exceptionnelles couvraient en France le XVIIe, le XVIIIe siècle, une partie du XIXe, et en Allemagne le règne de Bismarck !

Ainsi en Allemagne, Hitler était l'instrument d'exploitation de la classe opprimée laquelle, après quatre-vingts ans de marxisme, par un réflexe masochiste non prévu par le dogme, accordait 95 % de ses suffrages à son bourreau ! Je fermai *L'État et la Révolution,* que je tiens néanmoins pour une des œuvres capitales de Lénine, comme j'aurais fermé l'Ancien Testament après la lecture de la Genèse !

Une nouvelle force politique s'était imposée. Il était inconcevable qu'elle nous eût surpris, puisque c'est elle qui avait fait le XIXe siècle. Elle avait fait bon marché de la lutte des classes, en pleine crise économique du capitalisme, alors que tout concourait suivant le dogme à éclairer le moindre

---

1. William Shirer. *Le Troisième Reich*.
2. *L'État et la Révolution,* chap. 1-1.
3. Citation de Engels dans Ier chap. 1-3.

ouvrier sur le « sens de l'histoire ». Cette force était le *nationalisme,* elle allait conduire les ouvriers allemands à se battre avec un héroïsme dément pendant six ans pour un mythe qui n'avait rien à voir avec la révolution prolétarienne. La Prusse, berceau de la dialectique qui avait engendré le concept de l'antagonisme inconciliable des classes, signalait au monde, par un vote massif, que ce concept n'était plus pour elle qu'un article d'exportation.

Je donne aujourd'hui à ma pensée de 1933 une clarté qu'elle était loin d'avoir à l'époque. J'essayais alors de garder le plus que je pouvais des théories marxistes que les événements dont j'étais le témoin condamnaient. Je militais comme un fou, en quête de nouvelles preuves ou pour infirmer celles que j'avais recueillies. Je cherchais surtout à aider à la liquidation de la ligne social-fasciste en France, dans la mesure de mes faibles moyens. Je profitai de ma situation à l'Union régionale des syndicats unitaires pour constituer des comités ouverts aux membres des sections socialistes, à ceux des syndicats réformistes, voire aux républicains de la Ligue des Droits de l'Homme.

A l'autre bout du monde, le militarisme japonais faisait craquer les frontières. Le Japon n'était pas soumis au fascisme, mais à une sorte de survivance de la féodalité, mariée à un capitalisme féroce, à la fois moderne et réactionnaire, importé d'Occident en même temps que les jaquettes de la City de Londres. Les ambitions japonaises étaient imprégnées de racisme. Elles paraissaient devoir concerner toute l'Asie, mais celle-ci, sauf la Chine, étant au pouvoir des « Blancs », on ne savait pas sur quelle espèce de « Blancs » les Japonais se précipiteraient pour commencer. Les informations les plus constantes faisaient état de l'antisoviétisme virulent de l'armée. Les militaires pensaient qu'un nouveau conflit avec la Russie était inéluctable. Ils le souhaitaient, s'y préparaient et avaient la certitude d'être aussi heureux qu'en 1905 sur les champs de bataille. Les politiques étaient d'un autre avis. La Russie était à leurs yeux un adversaire mineur. Plus tard, en dépit d'un pacte anti-Komintern, auquel ils ne donnèrent qu'une valeur symbolique, les dirigeants nippons portèrent par orgueil tous leurs efforts contre les États-Unis et cette décision sauva sans doute Staline de l'anéantissement.

En tout état de cause, les ambitions japonaises étaient alors aussi inquiétantes que *Mein Kampf.* L'U.R.S.S. y était très attentive. C'est la Chine qui la première avait fait les frais de l'agressivité de Tokio dont les troupes avaient occupé la Mandchourie en 1931. En Chine rien n'était simple. Tchang Kaï-chek avait conquis pour le Kuo-ming-tang les parties les plus riches de cet immense pays, à l'exception de la Mandchourie. Il ne prêtait qu'une attention médiocre aux visées japonaises. Son souci principal était d'anéantir la dissidence communiste. Celle-ci, après les échecs sanglants de 1927, était constituée par deux ou trois armées de paysans qui maintenaient tant bien que mal l'existence de quelques zones soviétiques à l'écart des grandes villes. Dernier vestige de la prépondérance idéologique des Russes, la direction officielle du parti avait été longtemps maintenue à Shanghai, où elle travaillait dans les conditions de la lutte clandestine, alors que des territoires plus vastes que la Belgique étaient au pouvoir des communistes. L'évolution de la guerre révolutionnaire donnait tort à la fois à Staline et à Trotski : le communisme chinois ne pouvait avoir qu'une base paysanne (donc petite-bourgeoise et incertaine, suivant le dogme), sauf à n'avoir pas de base du tout[1]. Le prolétariat était numériquement trop faible pour jouer un rôle qui ne fût pas seulement épisodique. Tout ce qui serait tenté dans des villes serait voué à l'écrasement, cette vérité était objective dans l'année 1933 parce qu'elle sortait toute nue des puits de sang qui avaient été creusés à Canton, à Shanghai et dans quelques cités moins considérables par les faiseurs moscovites d'insurrections.

La Ligue anti-impérialiste avait conçu de vastes projets pour l'Asie. Ces projets, comme Amsterdam-Pleyel en Europe, n'avaient pas pour objet de susciter la révolution prolétarienne ni même d'émanciper les peuples des colonies. La Ligue visait avant tout à créer des difficultés aux Japonais afin de soulager l'U.R.S.S. en cas de conflit. Tout compte fait, cette stratégie était assez réaliste du point de vue soviétique. Ce fut celle des Américains. Elle réussit à disperser l'effort de guerre du Japon. Le moment venu, elle mena Mao Tsé-toung à la victoire.

La Ligue aurait voulu rassembler, contre l'agressivité japonaise, toutes les forces démocratiques et nationalistes de l'Asie. Suivant la méthode d'Amsterdam-Pleyel la Ligue essayait d'atteindre ce résultat par le biais d'un cartel de groupes, de personnalités, de tendances, mais Kurella considérait la mise en œuvre de ce bric-à-brac politique comme une manœuvre d'approche. C'était le Kuo-ming-tang tout entier et son généralissime, Tchang Kaï-chek qu'il fallait convaincre. Il fallait aussi faire pression sur les communistes pour qu'ils consentissent à oublier les fusillades et les massacres, pour faire la paix avec leurs adversaires et même s'entendre avec eux, en vue d'actions communes contre les Japonais. La Ligue donc s'efforçait de substituer à la guerre civile la préparation d'une guerre nationale et à subordonner la lutte des classes au nationalisme.

Durant l'été de 1933, ces perspectives appartenaient encore au domaine du rêve. Tchang Kaï-chek était tout entier à la préparation d'une nouvelle campagne contre les armées communistes. Il la voulait décisive. Il avait confié la réorganisation de son état-major à une mission militaire que lui avait dépêchée Hitler, ce qui était une complication de plus. Son conseiller principal n'était autre que le général Von Seeckt. La Ligue anti-impérialiste voulait tenir un congrès à Shanghai. Kurella me pria de mettre en forme des notes destinées à une édition française des publications de la Ligue et d'imaginer quelques thèmes de propagande.

Kurella et moi nous étions effrayés mais conscients des dimensions que prendraient les conflits suscités par les ambitions japonaises. Ce n'est pas une grève générale à Canton ou à Shanghai qui pourrait arrêter les divisions

---

1. Boukharine avait en 1925 soutenu des idées assez voisines de celles qui assurèrent la victoire de Mao Tsé-toung.

nippones. La mobilisation du peuple contre l'envahisseur est une vue de l'esprit quand ce peuple ne peut pas être armé et encadré et qu'il est incapable d'opposer l'acier à l'acier. Aucune guérilla n'a jamais pu obtenir, seule, la victoire. Il faut en venir aux batailles rangées. L'idée de transformer la guerre impérialiste en guerre civile n'avait aucun sens, au moins dans la première phase des combats. Le seul exemple connu de la réussite de cette tactique est celui de la Russie en 1917 : mais en février 1917, la Russie était militairement battue, elle subit de nouvelles défaites militaires entre février et octobre. La pensée que l'on pût contrer de l'intérieur le fascisme japonais en 1933 était burlesque. Même après Hiroshima, le prolétariat japonais n'a pas voulu transformer la guerre impérialiste en guerre civile !

Organiser l'insurrection en Chine ou provoquer des grèves ou des soulèvements de paysans, c'eût été agir en allié des envahisseurs. Même observation dans l'hypothèse où les deux cent mille hommes des armées communistes attaqueraient les nationalistes chinois occupés à repousser les Japonais. Cette guerre avait d'ailleurs montré la naissance d'un vrai sentiment national en Chine, très différent de la traditionnelle xénophobie. On s'était battu durement et la XIXe armée chinoise avait été héroïque et tenace. On pouvait aussi ne rien faire, laisser Tchang Kaï-chek s'user contre Mao Tsé-toung et abandonner celui-ci à ses montagnes. C'était assurer la défaite, dans le cas d'une franche offensive japonaise. En 1932, le Soviet du Shang-hsi avait déclaré la guerre aux Japonais. Il s'agissait d'une déclaration d'intention puisque l'armée communiste aurait dû couvrir à pied plus de deux mille kilomètres pour entrer en contact avec les soldats japonais les plus proches, performance dont elle était incapable, et qu'elle n'avait pas envie de tenter. Mais le retentissement de cette décision patriotique avait été grand. Obtenir un accord entre les communistes et le Kuo-ming-tang en vue d'une guerre en commun contre les Japonais était donc la seule conclusion raisonnable de l'analyse. Cet objectif était-il en rapport avec les moyens de la Ligue ? Certes non. Nous convînmes l'un et l'autre que tout ce qu'il était possible d'attendre d'un éventuel congrès de Shanghai et des opérations de propagande envisagées, c'était de poser clairement les problèmes à résoudre et d'attirer l'attention des responsables sur l'urgence d'une solution. Dans la collaboration qui m'était demandée, je m'efforçais de m'éloigner le plus possible du pacifisme abstrait et intemporel qui imprégnait si fort les textes d'Amsterdam-Pleyel. Il fallait à mon sens se préparer à la guerre, en vouloir les moyens et faire une politique susceptible de permettre aux victimes de l'agression de rassembler une force armée supérieure à celle de l'ennemi. Je ne sais pas ce qu'il advint de ces textes. Quelques-uns ont été imprimés et diffusés. Je ne suis pas certain que le congrès de Shanghai ait pu se tenir. Ce qui m'importait avant tout, c'était d'avoir pu discerner le déroulement probable des événements et d'avoir pu m'évader des idées toutes faites.

Il n'était pas possible de limiter le champ des hypothèses au seul théâtre chinois. Dans le cas d'une extension du conflit, défendrait-on Singapour sans les Anglais, Batavia sans les Hollandais, Saigon sans les Français ? Quel gouvernement français serait capable de renoncer au statut colonial, de faire en sorte que les Annamites eussent quelque chose à défendre ? Nous en revenions par force à l'Europe qui tenait Saigon, Singapour et Batavia.

Nous convînmes que nous n'en étions pas encore au point où la tactique révolutionnaire exigerait que l'on réclamât l'envoi d'une division de croiseurs à Saigon, et le renforcement des flottes anglo-hollandaises du côté du détroit de Malacca. Nous-mêmes, nous nous étions contentés de penser tout haut. Mais pour l'Europe aussi nous aboutissions à mettre en jeu la politique des États et non pas celle des classes sociales. Ainsi les classes dirigeantes anglaises et françaises étaient-elles menacées dans leurs privilèges politiques et dans leurs intérêts financiers par l'ambition de Hitler en même temps que la classe ouvrière voyait ses organisations et ses libertés mises en cause par une extension du fascisme. Le nationalisme allemand pouvait devenir un danger mortel pour la nation française. Par comparaison, le régime hitlérien apportait la preuve que la démocratie bourgeoise valait la peine d'être défendue. Il n'était d'ailleurs pas vrai d'affirmer que la IIIe République, par exemple, ou le Royaume-Uni ne représentaient que la volonté des bourgeois français ou britanniques. S'offraient à nous deux exemples au moins d'États au sein desquels le capitalisme dominait mais dont les chefs avaient été capables de convaincre toutes les classes de la nation qu'elles avaient un destin commun dans la conquête : le Japon à coup sûr, l'Allemagne sans doute. Ces nationalismes n'avaient pas seulement supprimé les libertés fondamentales de presse, de réunion, d'association, mais ils substituaient à l'espoir d'émancipation ouvrière par la révolution prolétarienne l'idée du brigandage collectif par la guerre.

Pour préserver la paix en Europe, fallait-il compter sur la prise du pouvoir en France et en Angleterre par le prolétariat ? Il n'y avait en 1933 aucune perspective sérieuse de révolution dans ces deux pays. La guerre ou la mise en esclavage de la moitié du monde ne seraient pas conjurées par l'action débile du parti communiste français ni par l'héroïsme des deux cent mille soldats de Mao Tsé-toung, ni par des grèves générales éventuelles en Angleterre, en Belgique, aux Pays-Bas et en Tchécoslovaquie. Contre Hitler le prolétariat pourrait avoir besoin de l'armée française.

La classe ouvrière devait prendre en main le salut des États démocratiques menacés par les ambitions fascistes. Les libertés fondamentales méritaient qu'on se servît de la force pour les maintenir. Si, en juillet 1932, les ouvriers allemands avaient empêché la destitution du gouvernement socialiste prussien, au profit, le cas échéant, d'un cartel de socialistes et de communistes, ou même d'une coalition plus large, Hitler ne serait sans doute jamais devenu chancelier du Reich. Il semblait donc que le temps était venu des alliances audacieuses et des risques. Pour que le prolétariat ne fît pas les frais d'une nouvelle guerre, il fallait installer ses représentants au sein des gouvernements menacés, si besoin était. Le salut de la classe ouvrière passait par la consolidation de la démocratie bourgeoise et non par son affaiblissement.

Je résume en les schématisant des discussions qui étaient assez longues et dont les conclusions étaient plus nuancées que les quelques lignes que je viens d'écrire. Celles-ci expriment mieux ma pensée de 1933 que celle de Kurella dont les opinions étaient un peu moins tranchées, dont les attendus étaient plus fidèles au dogme. Ces différences étaient surtout affaire de présentation. Ainsi, il me paraissait certain, et il paraissait à Kurella probable, que la politique intérieure française avait pris une dimension mondiale. C'est en France qu'il fallait en premier lieu renforcer la démocratie (Trotski disait que la France serait la prochaine victime de la lèpre fasciste). Les représentants du prolétariat devaient se proposer d'y acquérir au plus vite une influence sur l'État. Rien à faire si les communistes et les socialistes ne réussissaient pas à s'entendre, s'ils demeuraient hostiles à la participation éventuelle à des gouvernements capables d'employer la force contre le fascisme. De telles idées étaient neuves; les socialistes, dans des conseils nationaux talmudiens, en repoussaient périodiquement la tentation. La littérature communiste proposait inlassablement aux masses le choix entre un tout révolutionnaire improbable et le rien d'une opposition académique.

Nous révisions donc les tabous de la doctrine, dressés au cours de soixante ans d'exégèses marxistes par les « purs ». Kurella affirmait que plusieurs dignitaires du Komintern n'étaient pas loin de ces idées ; que les membres les plus réalistes du parti communiste russe ne les écartaient pas. Doriot avait défendu des conceptions assez voisines et on l'avait écouté avec attention. Mais un changement de la politique du Komintern devrait être fondé sur l'adoption d'une stratégie mondiale dont l'U.R.S.S. resterait en tout état de cause le pivot.

Kurella me poussait à multiplier les comités d'Amsterdam-Pleyel sans me soucier du sectarisme du parti communiste français. Il s'inquiétait un peu des réserves que je commençais à faire sur les textes sacrés, sur l'*Anti-Dühring*, parce que je prétendais que Frédéric Engels n'est pas toujours de bonne foi. J'avais caché à mon ami la gravité et l'étendue des critiques dont j'accablais l'action du Komintern. Toutefois je lui avais avoué que le prestige de cette respectable institution me paraissait avoir été très ébranlé par les affaires allemandes. Kurella en convenait mais il avait foi dans un redressement rapide. A quelque temps de là, Dimitrov devint le président du Komintern ; il avait vécu en Allemagne pendant la prise du pouvoir par Hitler. Il analysait les causes de l'effondrement communiste avec un grand bon sens.

Dans la remise en ordre, que je tentais avec application, de ce qui restait de mes convictions anciennes, des vérités nouvelles que j'entrevoyais et des zones d'ombre, j'inclus ma position dans le surréalisme. Ce que j'avais voulu faire, dans ce domaine, depuis 1928, s'était accompli en grande partie à mon détriment. Il restait un attachement sentimental, une moralité commune, des goûts communs mais je ne voyais plus très bien quelle part m'était encore échue dans l'activité surréaliste. Le rapprochement avec le parti communiste était, semble-t-il, chose faite. Plusieurs surréalistes étaient inscrits au parti où ils militaient avec une conviction et une ardeur dont ils n'avaient pas fait preuve en 1927. Breton, Éluard, Char et Crevel étaient, avec d'autres, à l'A.E.A.R. Breton en était devenu l'un des dirigeants. La conférence qu'il avait donnée le 23 février 1933, à la salle du Grand Orient de France, sur la littérature prolétarienne[1], marquait une évolution considérable du conférencier vers le militantisme. L'auteur des *Manifestes* y préconise la rédaction d'*un manuel marxiste de littérature générale* pour combler les lacunes de l'instruction laïque primaire. On me faisait sentir que je n'étais plus dans le coup ! Une réconciliation prochaine avec Aragon n'était pas exclue.

J'ai dit que j'avais été le seul surréaliste non admis à l'A.E.A.R. Il ne pouvait être question pour moi de mendier cette admission. Après tout, ce n'était pas plus mal qu'il en fût ainsi. Qu'aurais-je fait à l'A.E.A.R. ? J'étais un écrivain qui n'écrivait pas. Aurais-je pris rang parmi les rédacteurs du *manuel de matérialisme dialectique* en projet au moment même où ma confiance dans la dialectique s'entamait ? Je voyais d'autre part tous les surréalistes parfaitement à l'aise dans la politique sectaire et aveugle du parti alors que j'essayais pour ma part de ne plus l'appliquer, que je m'efforçais de la combattre et que je déniais au Komintern la prétention de vouloir diriger le prolétariat mondial. Je souhaitais que cette politique, que je qualifiais de criminelle, fît place à des constructions logiques nouvelles dont je ne voyais encore que l'ébauche mais dont je savais que dès qu'elles prendraient la forme vers laquelle elles tendaient, elles dérouteraient tous mes camarades. Les surréalistes avaient touché le but au moment même où je constatais que ce but était un leurre.

Mon rôle politique dans le surréalisme avait donc pris fin. J'avais atteint le point où je ne pouvais que gêner les évolutions de mes amis. D'autres avaient pris la relève. Crevel rédigeait aussi bien que moi, avec plus d'aisance même, les textes dans lesquels je m'étais en quelque sorte spécialisé. J'en avais la preuve avec les *Notes en vue d'une psycho-dialectique*[2], la première approche française d'une critique marxiste de certaines idées de Freud. Pour le moment, une collaboration purement littéraire aux publications surréalistes était inconcevable. Je m'en sentais, certes, capable, mais la crise de conscience que je traversais inhibait tout pouvoir créateur.

J'étais d'ailleurs moins assidu au café pour des raisons familiales. J'étais un peu dépaysé parmi les nouveaux venus. Je n'assistais plus aux réunions de la rue Fontaine. Je décidai de prendre du champ. Ce n'était pas irrévocable. Je ne savais pas moi-même où cette abstention me conduirait mais j'étais résolu de m'abstenir. Je cessai d'aller au café *Cyrano*.

J'avais de bonnes raisons de rester chez moi, en dehors de l'activité militante qui me prenait encore beaucoup. Depuis la mi-janvier, j'habitais avec Katia un petit appartement sommairement meublé, rue Manin, au cinquième étage sur cour. Françoise était née en avril. Je voulais avoir un enfant de Katia, une fille de préférence à laquelle je donnerais le prénom de ma sœur. Avec Katia, l'amour se transformait peu à peu en tendresse. Je

---

1. Réf. n° 6 du *Surréalisme A.S.D.L.R.*
2. *S.A.S.D.L.R.*, n° 6.

constatais tous les jours que je n'étais pas fait pour le mariage et que les responsabilités domestiques que je prenais allaient à l'encontre de ce qu'aurait dû être la réalisation de mon propre personnage. Je fus un père inquiet, attentif, scrupuleux, désireux d'apporter à sa fille une enfance qu'il n'avait pas eue. Les heures de jeux enfantins, les promenades, les chansons à bercer, les histoires que j'inventais auront été sans doute l'essentiel de la part de bonheur qui m'a été échue. Ce fut la compensation de tant de créations manquées et d'occupations subalternes. Je consacrais entre autres à ma fille le temps que je donnais auparavant au surréalisme. En regardant l'éveil à la vie d'un ravissant bébé, je pus faire plus facilement la mutation qui m'écarta totalement du stalinisme puis de la foi marxiste.

La *France mutualiste* avait consenti des prêts hypothécaires à des promoteurs qui avaient eu davantage le désir de toucher les « différences » que celui de construire des maisons. Le taux des prêts était très élevé. Il justifiait, en principe, le taux exceptionnel des barèmes de rentes. Les annuités des emprunts n'étaient pas payées, les constructions n'étaient pas achevées. Les promoteurs avaient passé la main. Le désintéressement de certains dirigeants était mis en cause. Dans un tiroir dormait un bon de caisse de plusieurs millions de francs, détaché d'un carnet à souches acheté dans un bazar. Il portait un cachet du Crédit Municipal de Bayonne. Quelques jours plus tard éclatait l'affaire Stavisky.

On connaît le mécanisme de cette escroquerie qui devait mener la France à l'émeute. Stavisky, qui n'était pas à son coup d'essai, avait obtenu de la ville de Bayonne que son Crédit Municipal empruntât pour financer ses opérations sur gages. En principe les gages étaient des bijoux de grande valeur, déposés par les riches Espagnols qui fuyaient un pays agité par des mouvements révolutionnaires. En réalité les sommes empruntées dépassaient de beaucoup la valeur des gages et le plafond autorisé !

Parfois la valeur du bon vendu était égale à mille fois la somme inscrite sur le talon du carnet. Administrativement, cette opération avait reçu toutes les autorisations nécessaires. Je pus voir les pièces du dossier. Les ministres avaient signé, mais rien n'aurait pu se faire sans la complicité de quelques hauts fonctionnaires. Cette affaire me montra pour la première fois le jeu complexe et redoutable des rouages d'une administration à laquelle le pays doit presque toutes ses défaites. Elle me conduisit à l'opinion suivante, qui me paraît plus fondée encore en 1971 qu'en 1934 : aucune nation ne peut être correctement gouvernée si les sous-chefs de bureau et les directeurs des administrations détiennent, en règle générale, et sans contrôle (car ce qui tient lieu de contrôle, exercé par d'autres sous-chefs de bureau, ne porte que sur la *forme* des actes), le vrai pouvoir. En l'occurrence il s'agissait de petites complicités obtenues dans des comités politiques et des sociétés de pensée grâce aux traditions de camaraderie et d'entraide. L'escroquerie était mineure, mais elle venait après d'autres malhonnêtetés, en pleine crise économique. Le président du Conseil était Camille Chautemps, un honnête homme, radical et maçon, qui excellait dans l'art de remettre au lendemain toutes les décisions importantes et de gouverner au jour le jour dans un esprit libéral. Deux de ses ministres étaient directement mis en cause ainsi que plusieurs membres de sa famille encore qu'on ne puisse parler, sans doute, que d'opérations courantes au sein de ce qu'un polémiste devait appeler la république des camarades. Quelques parlementaires étaient plus sérieusement compromis, tous étaient du même bord. Chautemps démissionna. Il fut remplacé par Daladier, un universitaire qui passait pour être le chef des jeunes Turcs du parti radical. Il avait une réputation d'énergie et de républicanisme et son intégrité était absolue.

La majorité parlementaire était à gauche. Depuis l'instauration de la république, la droite française était plus agressive que la gauche. Toujours battue aux élections par des centristes plus ou moins libéraux suivant la conjoncture (mais toujours conservateurs), elle avait l'habitude de porter le débat dans la rue pour pallier ses échecs et paralyser les vainqueurs. Avant 1914, elle avait suscité et exploité l'affaire Dreyfus au cours de laquelle elle avait développé, avant Hitler, un antisémitisme très odieux. Depuis 1925, au sein de la droite avaient surgi des organisations plus orientées vers la guerre civile que vers la conquête pacifique des électeurs ; elles avaient un bon recrutement et un aspect paramilitaire. On les appelait *les ligues*.

La plus ancienne, la moins nombreuse, mais la plus efficace à la bagarre était celle de *L'Action française*. *Les Jeunesses patriotes* avaient pris en quelque sorte la suite de la ligue fondée autrefois par l'extravagant Déroulède. Son chef était le propriétaire d'un des meilleurs champagnes de Reims, Pierre Taittinger. Un terrien, réactionnaire au sens littéral du mot, Dorgères, essaya de mobiliser les jeunes agriculteurs, la tâche n'était pas facile. La plus récente, la plus sérieuse et la mieux achalandée des ligues s'était formée autour des Croix de Feu dont le chef était un brillant et courageux officier d'un nationalisme étroit et borné, rendu à la vie civile, le lieutenant-colonel de La Rocque. *Les Volontaires nationaux* étendaient le mouvement Croix de Feu à la génération d'après-guerre. Croix de Feu et Volontaires nationaux bénéficiaient du soutien occulte de l'armée et notamment du 2e Bureau. Il faut ajouter à tout cela la Solidarité française et le Francisme, inspirés et subventionnés par le fascisme italien dont ils avaient imité les uniformes.

L'idéologue était Maurras. Paranoïaque caractérisé, il expliquait chaque matin dans *L'Action française* qu'il y avait divorce entre *le pays légal et le pays réel* et qu'en aucun cas les consultations électorales ne pouvaient représenter la volonté de la France. Celle-ci n'avait d'ailleurs à ses yeux qu'une opinion, le royalisme ; elle ne se manifesta pour Maurras que par la défaite des armées françaises qualifiée de *divine surprise*. Grâce à cet exploit dialectique, il finit sa triste vie en prison.

La moitié au moins de la presse à grand tirage paraphrasait le nationalisme mesquin et l'antiparlementarisme de Maurras. Les scandales politico-financiers y étaient montés en épingle et tous les prétextes étaient bons pour ridiculiser ou salir la gauche. Cette besogne était également celle du parti communiste et de son journal. L'Allemagne de Weimar avait connu tout cela et chacun pouvait voir en 1934 où ces pratiques l'avaient conduite.

RÉVOLUTIONNAIRES SANS RÉVOLUTION

Depuis 1920, la vie politique française était réglée par une sorte d'alternance. Une relative prospérité amenait au pouvoir des gouvernements axés sur la droite, représentant très directement les intérêts des milieux de l'industrie et de la finance. Leurs techniciens financiers étaient des gestionnaires sans imagination qui ne connaissaient guère que les mécanismes appris à l'école. Leur administration à courte vue, conjuguée à la mesquinerie autoritaire des politiques, créait un mécontentement suffisant pour qu'un léger déplacement de voix assurât aux élections suivantes le succès de la gauche. Les universitaires distingués qui accédaient au pouvoir ne disposaient pas de meilleurs financiers (quand ce n'étaient pas les mêmes)! Ils traduisaient les aspirations de leurs électeurs par une politique étrangère moins conservatrice, une pointe d'anticléricalisme et un libéralisme intérieur assez agréable. Incapables de maîtriser les difficultés économiques et monétaires héritées de leurs prédécesseurs, ils avaient plutôt tendance à les aggraver et donnaient ainsi l'élan au balancier qui ramènerait la droite au pouvoir. Celle-ci criait très fort dès que les gauches s'installaient au gouvernement, et multipliait les campagnes de presse, les manifestations et les manœuvres, grâce à quoi elle apeurait ses timides adversaires et préparait de meilleures élections. Toutefois, ce jeu était mené de plus en plus durement en raison de l'influence qu'exerçait le fascisme sur une partie de la droite et du sentiment de plus en plus répandu chez tous les Français que la plupart des gouvernements étaient faibles et impuissants parce que les partis politiques se perdaient dans des querelles byzantines, des exclusives et des ambitions qui passionnaient deux mille Parisiens initiés, moins de deux mille provinciaux mais ne concernaient aucun des problèmes posés à la nation.

Il suffisait donc d'une crise économique aussi longue et aussi sérieuse que celle dont la France avait été atteinte à la fin de 1931 pour que toutes les querelles politiques eussent tendance à passer des comités à la rue. Le parti communiste s'était montré totalement incapable de comprendre la détresse des chômeurs, les difficultés des petits commerçants et l'appauvrissement de la paysannerie. Il avait employé toutes ses forces à appeler à la Défense de l'U.R.S.S. et à accuser la gauche et surtout les socialistes des maux économiques dans lesquels ceux-ci n'avaient de toute évidence aucune responsabilité. Aussi la droite, et non les communistes, était-elle en 1934 le moteur de la politique française. Les Anciens Combattants s'indignaient parce qu'ils étaient individuellement des sujets économiques touchés par la crise et parce que l'immobilisme du régime les écœurait. Était-ce pour ces bureaux routiniers, pour ces gouvernements fugaces et sans autorité, pour ces parlementaires marrons, pour ces escrocs commensaux des ministres qu'ils avaient risqué leur vie et souffert les pires tourments? Heureusement pour le régime, les plus jeunes des Anciens Combattants avaient trente-cinq ans; ce peut être encore l'âge d'une certaine violence mais ce n'est plus l'âge des commandos ni de l'audace irréfléchie.

Sous des prétextes variés, les manifestations d'Anciens Combattants se multiplièrent durant l'hiver 1933-1934; elles étaient généralement organisées par l'U.N.C., la grande formation de droite. Comme le motif invoqué était corporatif, les Anciens Combattants de gauche, l'Union fédérale, se croyaient obligés de suivre pour ne pas être en reste. Quand la presse fit au scandale Stavisky la publicité que la droite voulait qu'elle fît, les ligues se déchaînèrent, à Paris surtout. Après avoir quelque peu tergiversé, Chautemps démissionne. Daladier lui succède. Le Conseil national socialiste, une fois de plus, refuse de prendre ses responsabilités au nom des principes votés par le parti vers 1905 sur la participation aux gouvernements bourgeois. Les communistes n'ont aucune force parlementaire (ils sont dix !). Ils couvrent Daladier d'opprobre. Toutes les conditions sont requises pour une victoire politique de la droite, décidée à employer les moyens extra-parlementaires dont les communistes ont perdu le souvenir. Le préfet de police, Jean Chiappe, est acquis sentimentalement à la droite. Toutes les ligues rêvent d'une manifestation de masse qui mettra fin à l'existence de cette « Chambre d'incapables ».

A l'annonce de la grande manifestation prévue par les ligues, Thorez fit alerter tous les rayons afin que les communistes parisiens fussent présents par petits groupes au milieu des fascistes. Ils avaient pour consigne de crier *A bas les voleurs* mais de donner à cette protestation un caractère « prolétarien ». Le noyautage de soixante mille ligueurs par cinq mille communistes se soumettant délibérément à la tactique de leurs pires adversaires était une trouvaille ! On croit rêver ! *L'Humanité* du 6 février enjoignit aux Anciens Combattants communistes de l'A.R.A.C. d'être au rond-point des Champs-Élysées pour renforcer les réactionnaires de l'U.N.C. ! J'étais un peu après 20 heures rue de Rivoli. J'y trouvai une section de l'A.R.A.C. (une demi-douzaine de personnes) qui n'avaient pas pu rejoindre le rassemblement du Rond-Point à cause des charges de la place de la Concorde. Quelques communistes des XIXe et XXe arrondissements, un peu perdus, s'y ajoutèrent. J'étais atterré. Je pensais à la grève des tramways de Berlin, en 1932, déclenchée par les nazis auxquels les communistes prêtèrent la main ! J'interpellais les militants que je connaissais : « Vous êtes fous ! Vous estimez sans doute qu'il n'y a pas assez de fascistes dans les rues. Que comptez-vous faire ? Vous ne comprenez pas que vous vous êtes mis à leurs ordres, qu'ils vont vous contraindre à les aider ? Et quand ainsi vous les aurez rendus plus forts, pouvez-vous m'expliquer quel avantage vous en aurez tiré ? Qui est antifasciste aujourd'hui, vous ou la Garde républicaine ? » Les réponses étaient embarrassées. On m'objectait les consignes du parti. J'avais beau jeu de dire qu'elles reproduisaient les fautes mortelles des communistes allemands, mais la curiosité et le vertige de l'émeute l'emportaient. Une jeune femme qui appartenait au syndicat unitaire des employés me donna raison. Nous discutâmes jusqu'au moment où *Les Jeunesses patriotes* commencèrent à marcher vers la Concorde. « Vous êtes des cons, criai-je à mes interlocuteurs. Ne comptez pas sur moi ! » Je m'éloignai. La jeune syndiquée me suivit. Elle me dit qu'elle appartenait aussi au parti, mais qu'elle ne comprenait plus. C'était une fille agréable qui hésitait entre le trottoir et les grands magasins. Une solution de compromis consistait à cumuler les deux occupations. Elle me confia ce cas de conscience à la fin de la soirée, après que nous eûmes fait l'amour dans un hôtel de passes dont Aragon m'avait, autrefois, donné l'adresse, du côté de la rue Mogador. La colère passée, nous avions bu un verre dans un café voisin de la Trinité. Je m'étais alors aperçu que mon accompagnatrice était très désirable et qu'elle était prête à tout!

L'histoire des émeutes du 6 février est bien connue: les Camelots du Roy et les francistes à l'assaut du barrage de policiers, de gardes mobiles et de pompiers qui interdit le franchissement du pont de la Concorde; les charges de la Garde républicaine à cheval pour essayer de dégager la place de la Concorde où brûlent des autobus; les Anciens Combattants de l'U.N.C., auxquels les communistes se sont joints, marchant avec les Jeunesses patriotes vers l'Élysée et le ministère de l'Intérieur; l'encerclement de la Chambre des députés par les Croix de Feu; les assauts furieux et répétés du pont de la Concorde par les manifestants qui n'ont pas pu atteindre l'Élysée. La police et les gardes ont dû, à plusieurs reprises, faire usage de leurs armes afin d'éviter d'être submergés. Bilan à minuit: quinze morts, des centaines de blessés.

Sur les origines du complot et sur ce que l'on se proposait d'obtenir nous ne sommes pas plus avancés en 1971 qu'en 1934. J'incline à penser que les gouvernements italien et allemand n'étaient pas étrangers à ces troubles. Ils disposaient, en France, de bonnes antennes et avaient déjà des budgets de subventions et de corruption qui trouvaient à s'employer à cause de la vénalité traditionnelle d'une partie de la société politique française. On connaît aujourd'hui les attaches qu'avait Mussolini avec *L'Action française* et les francistes. Hitler eût été fou de ne pas jouer sur le clavier politique français. Si l'on donnait aujourd'hui à n'importe quelle école militaire un thème de Kriegspiel où figurerait, parmi les données, la possibilité d'une action sur la politique intérieure française, dans le contexte général du réarmement allemand et des visées du 3e Reich, je suis certain que les élèves les plus avisés inventeraient les journées des 6 et 9 février et je serai le dernier étonné, si, de mon vivant, on me fournit la preuve que les Ligues et le Bureau politique du parti communiste français ont pris à l'époque leurs décisions funestes avec moins de liberté qu'ils ne croyaient en avoir.

« *Toutes les fois qu'un voisin de la France voulait lui faire la guerre, a écrit Machiavel, il se trouvait toujours ou un duc de Bretagne ou un duc de Guyenne ou un duc de Bourgogne, ou un comte de Flandre qui ouvrait à l'ennemi les portes de ce royaume, lui donnait passage et le recevait chez lui.* »

Le fascisme ayant été mis au ban de l'humanité en 1945, tous ceux qui auraient pu raconter le 6 février ont accepté de garder un bœuf de plomb sur leur langue, soit qu'ils n'eussent pas voulu aggraver le cas de personnages déjà déconsidérés par leur comportement pendant la guerre, soit qu'ils eussent tenu à ne pas mettre en cause d'anciens chefs ou d'anciens camarades auxquels il valait mieux décerner des brevets de patriotisme pour l'honneur d'un passé commun. Le caractère foncièrement brouillon de la plupart des acteurs connus ou supposés de ce drame, sorte de parents bourgeois des écervelés à panache de la Fronde, a sans doute dérouté plus d'un historien. Enfin, ces actions médiocres ayant trouvé leur aboutissement dans une des plus grandes catastrophes nationales, personne n'a éprouvé le besoin de se vanter d'y avoir joué un rôle.

L'Humanité des 7 et 8 février passa les bornes de la sottise. Pour la première fois en Europe depuis la tentative de putsch qu'avait faite Hitler à Munich, la police tirait sur un rassemblement de droite et tuait des fascistes ! Le quotidien du parti communiste se déchaîna contre « le gouvernement des fusilleurs ».

La droite annonça des manifestations plus dures où les ligueurs viendraient armés. Rien n'était assuré dans ces menaces. La qualité et l'importance de l'armement des ligueurs auraient été sans proportion raisonnable avec l'arsenal de la police et des gardes mobiles. De plus, les policiers, dans leur majorité, n'étaient pas favorables à la droite. Même leurs cadres comportaient peu d'hommes acquis aux ligues. Dans la soirée du 6 février la police parisienne avait « nettoyé » les Champs-Élysées avec une rage meurtrière qu'on ne lui connaissait pas. Elle n'avait pas goûté la violence des jeunes bourgeois de *L'Action française*, les lames de rasoir fichées au bout des cannes, les matraques des ligueurs. Elle avait même essuyé des coups de revolver. Une nouvelle convocation de la droite n'eût pas rassemblé la foule du 6 février. Les tièdes et les badauds n'eussent pas été disposés à affronter les balles. Bien qu'il eût obtenu l'approbation massive de la Chambre, le gouvernement Daladier n'en n'offrit pas moins sa démission, comme s'il avait été coupable, et la IIIe République donna un exemple de plus de sa rouerie et de son savoir-faire en mettant en place un des gouvernements de tromperie et de faux témoignage dont elle avait le secret et dont le dernier exemple fut, en 1940, celui du maréchal Pétain. Pendant l'interrègne, les ligues, pourtant battues sur le terrain le 6 février, crurent qu'elles allaient reprendre l'avantage. La police redevint tolérante et les ligueurs donnèrent l'impression d'être les maîtres de la rue. Les kiosques à journaux des boulevards furent les principales victimes des soirées de liesse fasciste.

Les socialistes réagirent très vite ; dans la nuit du 6 au 7, les socialistes de gauche se rendirent à *L'Humanité* pour parler d'une action commune. Avec sagesse, Léon Jouhaux, le secrétaire de la C.G.T., proposa la grève générale pour le 12 et l'organisation ce jour-là de manifestations de masses, partout. Le 6 février avait été parisien. La province s'agitait et répondait non. Des centaines de lettres de protestations contre la conduite du parti parvenaient à *L'Humanité* et au siège du parti. Des adhérents et des sympathisants se présentèrent dans les permanences syndicales pour en assurer la garde. Nous mîmes en état de défense, avec une veille constante, jour et nuit, les locaux vétustes de l'avenue Mathurin-Moreau.

En province et à Paris, des assemblées réunirent les socialistes et les communistes. Mais la direction du parti persistait à ne pas vouloir comprendre. Doriot avait proposé dans la soirée du 6 des contacts avec les chefs socialistes. Thorez objecta que ce serait contraire aux décisions du Comité central! Constatant qu'il se coupait des masses, le secrétariat du parti communiste appela les ouvriers à une action de rue pour le 9, donnant un nouvel exemple de la désunion des forces ouvrières, et un alibi pour les ligues et la police. Il voulait avoir le 9 sa journée antifasciste pour essayer de faire oublier qu'il avait envoyé ses militants le 6 aux côtés des ligueurs. La manifestation fut interdite. Le parti lança donc les ouvriers contre la police qui avait tué plus de quinze fascistes trois jours auparavant!

Le 9 février, Paris était entièrement couvert par les nappes d'un brouillard exceptionnellement dense. Par endroits, la visibilité était inférieure à trois mètres. Dans les avenues les plus larges, du bord des maisons on ne distinguait nulle part la chaussée. Il y eut peu de prolétaires dans la rue, car la grève générale était déjà annoncée pour le 12 et chacun savait que les fascistes n'auraient pas la sottise de s'offrir comme cible à la colère du peuple. *L'Humanité* mentit encore plus fort que d'habitude en annonçant le lendemain un chiffre de manifestants sans rapport avec la réalité. Doriot n'était pas partisan de cette aventure. Il fut néanmoins le seul membre du Bureau politique que l'on vit dans la rue. Avec les communistes du rayon de Saint-Denis et de la banlieue Nord, il disputa furieusement les environs de la gare de l'Est à la police. Celle-ci tenait solidement la place de la République, et s'efforçait d'en empêcher l'accès aux manifestants. De petits groupes de militants se rassemblèrent dans les rues étroites des Xe et IVe arrondissements, essayèrent d'entraver, sur les boulevards, la circulation des cars de police en amoncelant des matériaux divers et tentèrent ici et là des actions de harcèlement. Le cœur n'y était pas. Les militants étaient dans la rue par raison et par discipline. Ils ne comprenaient pas pourquoi la lutte antifasciste consistait à attaquer la police laquelle avait reçu des ordres draconiens. Elle tirait à vue sans sommation et fort heureusement elle ne voyait pas grand-chose. Les dirigeants de la préfecture tenaient ainsi à montrer leur impartialité dans la défense de l'État. Une courte empoignade eut lieu boulevard Richard-Lenoir. De part et d'autre, les combattants, aussitôt absorbés par le brouillard, lâchèrent prise sans insister. Un car de police passa lentement, à peine distinct dans le halo des réverbères. Les occupants, sans descendre, tirèrent une sorte de feu de salve. Ils répétèrent cet exercice trente mètres plus loin. On ne voyait plus le car et le brouillard était si épais qu'on entendit à peine les coups de feu. Un pauvre type qui n'était pas là pour manifester, qui n'avait rien vu ni rien compris, reçut une balle dans la poitrine. Heureusement, le projectile était à la limite de la portée. La peau fut tout juste égratignée. Les vêtements d'hiver avaient amorti le choc de la balle perdue. Tous les surréalistes furent dans la rue, Tanguy à la gare de l'Est écopa d'un coup de matraque. On compta plusieurs morts, tous communistes. Cette affaire m'écœura. Ainsi le parti allait de la sottise au crime. Il était sot et criminel d'envoyer ses militants le 6, place de la Concorde; il n'était pas moins sot et criminel de les mobiliser le 9 contre la police pour essayer de faire oublier les ordres déments du 6. Presque tous les ouvriers et les militants que je rencontrai dans les journées qui suivirent partageaient cette manière de voir. Mais ils avaient soif d'une démonstration de force et voulaient que tous ceux que le fascisme menaçait s'entendissent pour agir. La préparation de la grève et de la manifestation du 12 fut exaltante. Spontanément, des contacts s'établirent entre les cellules, les sections, les syndicats, les comités. Des ambassadeurs furent échangés. Les cadres communistes étaient débordés.

Le 12 février, la grève fut générale. Métros, autobus et tramways furent rares. Les usines, les entrepôts, les bureaux et les magasins d'un peu d'importance durent fermer leurs portes, faute de personnel. En province la grève ne fut pas moins suivie. Des foules se rassemblèrent dans toutes les grandes villes, à l'appel des socialistes et de la C.G.T.; les communistes locaux eurent l'intelligence de ne pas faire bande à part. A Paris, deux manifestations eurent lieu dans l'après-midi. Les communistes gagnèrent en cortège le cours de Vincennes par la rue des Pyrénées. Les socialistes et la C.G.T. se rassemblèrent à la Nation. Ceux-ci furent peut-être plus nombreux que les communistes, ce qui était nouveau à Paris. Les deux cortèges fraternisèrent spontanément sur le cours de Vincennes. Je fus au premier rang de cette fraternisation. L'enthousiasme et l'émotion de la foule étaient intenses, comparables à ceux que je retrouvai à la Libération de Paris. La manifestation avait mobilisé beaucoup plus de monde que les ligues n'en avaient réuni le 6 février. La classe ouvrière affirmait sa force contre la droite avec des chances de succès.

Le 8 février Hugnet et Marcel Jean vinrent rue Manin, envoyés par Breton. Ils m'apportèrent le projet d'un tract dont Breton avait pris l'initiative dès le 6 février. Ce texte a été publié le 10, sous le titre *Appel à la lutte*; il a été signé par un grand nombre d'écrivains et d'artistes non surréalistes, tels qu'Elie Faure, Jean Guéhenno, Félicien Challaye, André Malraux, Henri Jeanson, André Lhote, Maximilien Luce, Henri Poulaille, Paul Signac, etc. Les organisations ouvrières y étaient sommées de s'entendre sans délai pour réaliser l'Unité d'action. Je donnai, comme de bien entendu, mon accord, mais je ne pus assister à la réunion prévue, je crois, pour le 10, en raison des tâches d'organisation que j'assumais par ailleurs. Je dis à mes amis que je ne pensais pas que les manifestes d'intellectuels pussent changer grand-chose au comportement des partis. Seuls, les ouvriers pourraient exercer une pression assez forte — surtout sur le parti communiste — pour obliger les dirigeants à cesser leurs querelles pour agir. L'action directe de la classe ouvrière unie, grèves, manifestations, batailles de rues, était à coup sûr un des éléments capitaux de la lutte antifasciste, mais il convenait aussi d'obtenir l'appui du gouvernement et de l'appareil d'État. On ne pourrait triompher du fascisme qu'avec l'aide de la police et de la garde mobile. La soirée du 6 février rappelait à ceux qui l'avaient oubliée la valeur décisive des forces armées à partir d'un certain degré de violence dans la rue. Il faudrait avoir ces forces avec soi.

Ces réserves étant faites sur la portée des manifestes d'intellectuels et sur l'efficacité du seul Front unique des partis ouvriers, je tenais à signer ce papier que je trouvais bon. Je fus très étonné de ne pas y lire mon nom. L'on me tint sans doute rigueur de mon absence involontaire à la réunion et du scepticisme avec lequel j'avais accueilli mes amis[1]. Sur ce point je commettais une erreur. *L'Appel à l'action* fut utile. Il précéda la naissance du Comité de vigilance des intellectuels antifascistes dont l'influence ne fut pas négligeable, du moins pendant la longue période inquiète durant laquelle le parti socialiste et le parti communiste épuisèrent leur contentieux avant de signer un accord politique.

J'essayai de créer des comités locaux de vigilance en me servant d'Amsterdam-Pleyel. Ça n'allait pas tout seul. Si la ligne « social-fasciste » était mise en sommeil, il s'en fallait encore de beaucoup que la direction du parti communiste eût compris que l'entente à tous les échelons avec les socialistes était pour la démocratie et le mouvement ouvrier une question de vie ou de mort. Le parti était déchiré par le conflit de plus en plus aigu, bientôt public, qui avait éclaté entre Thorez et Doriot. Thorez était plus intéressé par le pouvoir que par le succès ou l'échec du fascisme en France et comme il avait une nature de conservateur, il répugnait à s'écarter de la politique définie par les congrès. Mais il s'opposait aux propositions de Doriot, non pas tant parce qu'il les jugeait fausses ou néfastes (leur contenu correspondait d'ailleurs plus que le sectarisme à son propre tempérament), que parce qu'elles étaient formulées par un homme qu'il voulait abattre. Thorez avait pour lui l'appareil du parti, ce qui est en pareil cas un atout majeur. Doriot n'avait alors pour lui que les ouvriers. Le Komintern n'avait pas encore choisi entre les deux hommes, mais Doriot s'intéressait de moins en moins au Komintern qu'il n'était pas loin de considérer comme une affaire en faillite. Au fil des jours le caractère absurde, ésotérique de la politique défendue par Thorez devenait de plus en plus manifeste, Doriot en faisait des gorges chaudes ; il se laissait aller à l'orgueil d'avoir raison et d'être approuvé par les ouvriers. Le prestige colossal qu'il avait à Saint-Denis, la confiance absolue que lui faisait la presque totalité des prolos dans la banlieue la plus industrielle de la région parisienne l'aveuglaient. Il multipliait les réunions publiques. Les ouvriers venaient en foule et l'acclamaient. Thorez ne se risquait pas en dehors des assemblées de cadres du parti. *Vox populi, vox Dei!* Doriot avait rameuté autour de lui tous ceux qui avaient eu des difficultés avec les humeurs changeantes de Moscou, des droitiers, Marion, les « gauchistes » du « groupe » etc. La suite des événements montra combien les principes faisaient défaut à la plupart des communistes, particulièrement à ceux qui avaient eu la faveur de Moscou.

L'orage de février passé, l'appareil du parti se ressaisait sous la férule de Thorez qui ne voulait pas donner raison à Doriot. On revint à une ligne sectaire ; le quotidien du parti continua de mentir, d'attaquer les anti-

---

1. Quelle put être la relation faite par Marcel Jean, plutôt dénué d'esprit de finesse, et par Hugnet, alors très courtisan ?

fascistes, de préconiser des tactiques stupides, de s'opposer à tout accord avec les socialistes ou la C.G.T. Ce faisant, Thorez savait où il allait : il obligeait les partisans de Doriot à se démasquer ; il pouvait ainsi mieux les combattre. Ces épisodes montrent que Thorez lui aussi était aveuglé par l'orgueil. En bon bureaucrate, il ne pouvait pas ignorer, au début de l'année 1934, que le Komintern avait déjà abandonné le sectarisme et la *Troisième Période* et qu'après le succès du plébiscite hitlérien de novembre la diplomatie russe s'orientait plus nettement encore vers la recherche d'un contrepoids à Hitler au sein des nations occidentales, Georges Dimitrov avait pris la direction effective du Komintern. Alfred Kurella était devenu un de ses plus proches collaborateurs[1] !

Je ne puis pas imaginer que j'étais plus au fait que Thorez des idées qu'avaient Dimitrov et Kurella sur l'entente avec les socialistes et les erreurs du parti communiste allemand. Mais le jeu de Thorez était plus subtil : il voulait acculer Doriot à l'indiscipline, lui faire tenir sur Moscou des propos qui ruineraient la confiance que les Russes pouvaient encore lui accorder. Il y réussit pleinement.

Doriot se laissa d'abord prendre au piège de la légalité. Il hésitait à engager une campagne nationale contre Thorez pour se cantonner dans son fief de Saint-Denis où il était juridiquement inattaquable. Ailleurs, il se serait livré à un *travail fractionnel* suivant la terminologie communiste[2]. S'il se préparait déjà à la rupture, pourquoi n'avoir pas entrepris cette croisade qui aurait pu faire sauter le parti ? Or, Doriot paraissait vouloir maintenir la discussion dans le cadre réglementaire : au bout de la course, il y avait l'arbitrage du Komintern, Doriot qui défendait la nouvelle ligne du Komintern pouvait *a priori* aborder cet arbitrage avec confiance. Telle fut sa première idée. Tout porte à croire que des informations assez sûres apportées au début du printemps convainquirent Doriot qu'il avait perdu la faveur du Komintern et que l'on appréciait davantage, à Moscou, la discipline stupide de Thorez que les incartades intelligentes de Doriot. Quand je rencontrai Kurella pour la dernière fois, en juin 1934, il ne me cacha pas que pour Doriot, le Komintern

---

1. Voici le texte de la lettre que m'écrivit Kurella le 9 mars 1934 :
Mon Cher Ami

Sans doute tu sais déjà que je suis toujours ici. J'ai eu le grand plaisir et le grand honneur d'avoir été appelé aux côtés de Georges D., le héros de Leipzig pendant qu'il écrit ses mémoires sur le procès. Dans cette qualité j'ai dû recevoir l'autre jour Marise Choisy de l'Intransigeant (!) qui était venue spécialement pour prendre une longue interview avec D. Tu nous liras dans quelques jours dans L'Itran.

Et toi qu'est-ce que tu fais ? Votre boîte a un peu souffert dans la staviskiade, si je ne me trompe pas ? J'espère que cela ne t'a pas touché ? Vois-tu Valia de temps en temps ? C'est maintenant son temps préféré pour le petit restaurant dans le parc à côté de vous. Écris-moi quelques mots sur tout ce qui te vient dans la tête. Vos comités se développent-ils ? Comment vont ta femme et la môme ?

Si par hasard des lettres sont arrivées chez toi de ma patrie ou en cas qu'il en viendrait je te prie de me les envoyer ici. Mon adresse : Mr. A. Kypers — 41, rue Gorki — Hôtel Soyounaya ch. 57. A te lire bientôt. Fraternellement.

2. Il fit néanmoins, sur le tard, 2 ou 3 réunions publiques en province.

avait pris en considération l'homme et ses défauts et non la politique qu'il défendait et l'influence qu'il avait dans les masses. « Nous connaissons bien Doriot, me dit Kurella. Nous avons un dossier sur lui, nous savons qu'il est perdu. » On sait peu de chose de ce dossier : de vagues histoires de pots-de-vin comme il en traîne autour de presque toutes les municipalités de banlieue, des habitudes crapuleuses mal définies. En tout cas, il n'y avait sans doute là rien de très nouveau. Mais avec une sûreté psychologique qui n'a sa pareille qu'au sein de la Compagnie de Jésus, le Komintern et les Russes choisirent Thorez qui donnait toutes les garanties du bon serviteur. La ligne politique en cause dans la discussion entre les deux hommes n'avait aucune importance. C'est le Komintern qui définirait la politique à suivre : Thorez ferait les rectifications nécessaires, on le savait, et il deviendrait un excellent défenseur du Front Populaire. Doriot serait écarté non pas à cause de ses tares mais parce qu'il s'était rebellé.

C'était un bon calcul pour la « Maison » et comme Kurella le prévoyait, Doriot finit très mal, on l'aida d'ailleurs à mal finir. Il n'empêche que pour le Front Populaire, pour la classe ouvrière française et même pour l'U.R.S.S., le choix était mauvais. Je n'ai jamais aimé le personnage de Doriot alors que j'ai éprouvé de la sympathie pour Thorez. Néanmoins, je crois que Doriot aurait donné au Front populaire et à l'action des communistes une dimension que Thorez était incapable d'obtenir. Certes, avec Doriot le parti communiste français eût été susceptible de prendre ses distances avec Moscou, surtout en 1940. Mais si Doriot, qui se battit courageusement contre l'armée allemande en 1940, avait été alors le chef du parti communiste, il serait devenu, sauf accrocs, la principale figure de la Résistance, ou pour le moins l'homme politique français populaire d'envergure qui a manqué au général de Gaulle, à Londres, le 18 juin.

L'action de Doriot pendant les six premiers mois de 1934 appartient encore à l'histoire du mouvement ouvrier. En mars ou avril 1934, il tint à Saint-Denis un grand meeting contradictoire où il avait convoqué Thorez. C'est Fernand Grenier qui vint représenter la direction du parti. La salle était comble ; des centaines de curieux n'avaient pas pu entrer. Au milieu des fidèles, des prolos de Saint-Denis, s'étaient glissés pas mal de Parisiens étonnés ou séduits, des intellectuels de gauche pour la plupart. Les orthodoxes n'étaient même pas une poignée. Le « grand Jacques » fut éblouissant. La critique des erreurs communistes en Allemagne et en France était aisée. L'*Humanité* était un sottisier. Les palinodies de Thorez, les analyses qu'il avait faites des événements devant le Bureau politique ou le Comité central, les consignes données pour le 6 février soulevaient l'indignation ou l'hilarité de la salle selon que les événements les montraient, dans le recul, criminellement bêtes ou sottement comiques. Les masses populaires avaient une telle soif d'unité et d'action qu'elles auraient fait un triomphe à ce discours honnête, parfois dramatique, où qu'il fût prononcé en France. La partie positive était simple : l'unité d'action. A tous les niveaux, dans tous les domaines, en toute occasion, les socialistes et les communistes devaient être ensemble. Les applaudissements roulaient comme un tonnerre. On chuchotait déjà que Doriot avait refusé de se rendre à Moscou, comme le Komintern l'y avait invité. L'orateur en vint à cette invitation du Komintern. « Je n'irai pas à Moscou, dit-il, ce n'est pas une invitation, c'est un piège. » Les supporters — la majorité de la salle — applaudirent à tout rompre. Quelques-uns des observateurs, dont j'étais, estimaient que Doriot prenait là un gros risque. C'était donc la rupture ! Elle n'aurait eu de sens que si Doriot avait pu entraîner avec lui la majorité des communistes français. Elle démentait dans une certaine mesure ce désir effréné d'unité ouvrière qu'on avait senti passer dans le discours et qu'on avait acclamé.

Doriot et le rayon de Saint-Denis étaient au Mur des Fédérés, avec la traditionnelle manifestation du parti, quelques semaines plus tard. Ils défilèrent à la fin du cortège sous les huées des orthodoxes (et quelques applaudissements). Ce n'était déjà plus le triomphe de Saint-Denis. La montée de Doriot et de ses amis au milieu des tombes, en face du Mur, faisait penser à une montée au calvaire. Personne n'eût été étonné si l'on avait vu Doriot porter une croix gigantesque. Les positions respectives étaient différentes, chacun sentait que le parti communiste s'engageait enfin dans la voie de l'entente avec les socialistes. Le schisme de Doriot perdait toute justification.

Le « grand Jacques » avait choisi le jeu le plus difficile à jouer, celui du parti intermédiaire entre la social-démocratie et les communistes, tentative maintes fois risquée, toujours vouée à l'échec. Il accumula par orgueil les erreurs tactiques. Ses ressentiments et ceux de ses amis l'emportèrent. La seule solution raisonnable était d'être absorbé par le parti socialiste et d'y jouer un rôle. L'entente entre socialistes et communistes ne laissa à Doriot qu'une place pour être laminé entre les deux appareils. Les mécanismes de rejet, très au point dans les bureaucraties politiques, jouèrent contre Doriot. Dans les instances unitaires, c'est Thorez qui siégea et non Doriot. Celui-ci avait un état-major à placer ; il fallut attendre Vichy pour que ces hommes trouvassent chaussures à leur pied chez Pétain ou chez Laval. Doriot, pour rester le chef, inventa des combinaisons politiques de plus en plus aberrantes. L'antifasciste du 9 février fonda un parti fasciste, sombra dans la collaboration et se crut obligé de régler les comptes personnels qu'il avait eus avec le Komintern en allant combattre les Russes sous l'uniforme allemand. Il fut brave comme toujours et finit comme un traître à la manière du connétable de Bourbon. C'était un bon produit du Komintern qui forma de la même manière, dans les mêmes moules, des révolutionnaires, des technocrates et des traîtres, tout cela pour rien !

Le 12 février, les ouvriers autrichiens prirent les armes pour défendre leurs libertés et leurs organisations. Le petit chancelier Dollfus, un des chefs d'État les plus stupides qu'ait connus l'Europe, avait prononcé la dissolution des milices socialistes, le Schutzbund. Le Komintern (Lénine et Trotski en premier lieu) n'avait eu que sarcasmes pour les *austro-marxistes*, les socialistes autrichiens qui avaient pris au sérieux le désir d'améliorer les conditions de vie des travailleurs et qui s'étaient refusés à tout miser sur les perspectives mythiques de chambardement général ayant servi d'environnement à la fondation de la IIIe Internationale. Les chefs austro-marxistes les plus connus étaient Karl Renner, le réformiste, et ceux que les bolcheviques considéraient comme les plus dangereux adversaires, les socialistes de « gauche » : Otto Bauer, le théoricien, et Julius Deutsch, l'homme d'action. Le Schutzbund n'avait pas rendu ses armes. Dollfus voulut les reprendre par la force. La Commune de Vienne dura quatre jours ; la lutte était inégale, les ouvriers n'avaient pas beaucoup de chances de l'emporter. Ils sauvèrent l'honneur, avec héroïsme, dans l'indifférence générale, un an après que le plus important parti du Komintern se fut rendu aux hitlériens sans combat, six jours après que le deuxième parti du Komintern eut cru bon de porter main forte aux fascistes, place de la Concorde contre la République de Daladier.

Kurella vint à Paris à la fin du mois de juin. Il devait assister, je crois, à la conférence, où non sans mal le parti communiste français décida de s'entendre sans condition avec les socialistes. J'étais heureux de revoir un homme que j'estimais beaucoup et dont j'admirais le courage politique. Mais je craignais de le décevoir. Il me donna rendez-vous rue Manin, dans l'appartement qu'occupait alors un autre Kominternien. Je trouvai deux ou trois hommes jeunes, sympathiques, et une Roumaine qui était peut-être Anna Pauker. Tous connaissaient mon nom. Ils me reçurent avec une très grande gentillesse ; l'un d'eux affirma qu'il était heureux de me connaître ; « Nous avons souvent parlé de vous », ajouta-t-il. Les grandes marques d'amitié m'étonnaient un peu. Kurella me proposa de faire quelques pas le long des Buttes-Chaumont. Il avait un rendez-vous. Nous irions chercher un taxi.

« Notre victoire est totale, me dit-il avec une grande joie. Tu sais que je travaille depuis six mois avec Georges (Dimitrov). Il est absolument dans les idées que nous avons si souvent agitées ensemble et c'est maintenant la ligne officielle de l'Internationale. Pour le parti français il a fallu taper du poing sur la table, mais Thorez a compris et les décisions qu'il faut seront prises. A propos, ta cellule te réintègre au parti. Nous allons pouvoir faire un bon travail ensemble.

« — Qui va diriger le parti ? Doriot, je suppose ?

« — Pourquoi Doriot ? Nous nous apprêtons à l'exclure, et Kurella me donna là-dessus les indications que j'ai rapportées plus haut.

« — Je te demande pardon à l'avance, cher Alfred, de la déception que je vais t'apporter ; je te remercie néanmoins du fond du cœur car c'est à toi sans doute, que je devrais, si j'en voulais encore, ma réintégration dans le parti. C'est pour moi aussi important que tu l'imagines, car j'y vois la réparation d'une sotte injustice et le témoignage de l'estime de quelques vrais communistes. Mais je ne puis accepter. Je ne crois plus au Komintern. Tu sais que je n'ai jamais eu de sympathie pour Doriot, encore moins pour ceux qui l'entourent et qui sont presque tous d'assez méprisables opportunistes ; mais je ne pense pas que l'on puisse, au nom de la révolution, faire bon marché de la vérité et de l'honneur. Ici, c'est Doriot qui a eu raison ; il s'est battu avec beaucoup de courage pour faire triompher une vérité objective. Les autres, les incapables, les menteurs et les lâches, l'ont insulté et calomnié. Si vous placiez Doriot à la direction du parti, en dépit de mes hésitations qui sont d'un ordre très grave, je rejoindrais les rangs et je ne ménagerais pas ma peine, avec la joie de pouvoir être en contact avec des hommes comme toi, comme ceux que j'ai vus tout à l'heure, comme les syndicalistes que j'ai côtoyés à la C.G.T.U. Mais vous mettez Doriot dehors pour faire sa politique. Je veux bien croire que cet homme est un salaud, qu'il faudra peut-être un jour s'en débarrasser. J'y ai pensé en 1928. Mais ce ne sera pas dans ces conditions qui rappellent trop les pratiques de l'Église catholique et qui ruinent, à l'avance, toute idée d'un monde meilleur. Adieu ! Nous ne nous verrons peut-être plus jamais, sauf dans ce parti ouvrier démocratique et révolutionnaire que je souhaite, qui s'honorerait d'avoir des dirigeants tels que toi et où je pourrais peut-être servir sans avoir honte de moi-même. »

Chapitre XXII

Mythes et fantômes familiers

Le déficit actuariel de la France mutualiste, c'est-à-dire la différence entre l'actif que la société aurait dû posséder pour être assurée de tenir les engagements qu'elle avait pris et l'actif de son bilan, était de l'ordre d'un milliard de francs 1934.

Les mandataires des Anciens Combattants de l'Union fédérale, qui représentaient les neuf dixièmes des capitaux versés, prirent tous les postes pour assainir la gestion de l'affaire. Le nouveau directeur général, Maurice de Barral, était le coadjuteur de Rivollet, alors secrétaire général de la puissante Confédération nationale des combattants. Rivollet sera plusieurs fois ministre et deviendra, sous Vichy, un homme d'importance. De Barral avait une cinquantaine d'années, il était grand, distingué, mince, nerveux. Il souffrait d'une acné tenace qui lui martyrisait les mains. Il était autoritaire, intelligent et brusque. En dehors de sa brusquerie, il avait des manières agréables ; ses opinions politiques étaient très à gauche. Il possédait un sens inné de la négociation et de la synthèse où je retrouvais parfois l'habileté d'Aragon. Il avait de grosses relations politiques dans tous les milieux. On le flanqua d'un directeur adjoint qui était son contraire ; un grand mutilé, vêtu comme un bourgeois de 1914, d'origine modeste, conservateur, bourreau de travail, dur et sans finesse, pour qui les deniers des Anciens Combattants avaient quelque chose de sacré. Nous ne nous entendîmes pas toujours et il me fit chèrement payer la grève de 1936 dont il me rendit responsable. Nous finîmes bons amis parce qu'il appréciait mon ardeur au travail, mon goût pour les méthodes modernes d'administration et qu'il aima mon comportement pendant la guerre. Je fus promu sous-chef de service et je devins le collaborateur technique le plus écouté du directeur général.

Les études que je dus entreprendre afin d'établir des projets de redressement pour la Caisse autonome de retraites m'apprirent beaucoup sur la société française. Prenant contact avec le budget des Anciens Combattants, je pus mesurer ce que représentaient pour plusieurs millions de citoyens les subsides de l'État et l'attachement panique qu'éprouvaient les prébendés pour la valeur de la monnaie. Toute baisse du franc, toute dévaluation était plus directement ressentie par ces gens-là que la stagnation de l'économie et les conduisait à ces réactions de bascule entre la droite et la gauche si caractéristiques des élections françaises de 1920 à 1936. J'avais déjà constaté que la classe ouvrière ne forme une entité que dans *Le Manifeste communiste*.

Marx lui-même a eu besoin de distinguer des catégories dans cette entité chaque fois qu'il s'est attaqué à l'Histoire : ainsi naquirent le « lumpenprolétariat », puis « l'aristocratie ouvrière ». Les fonctions économiques sont différentes, et les implications politiques opposent si souvent ces catégories à ce qui reste du « prolétariat » que l'on est tenté de se demander ce que vaut le concept marxiste de classe sociale. Au sein même du prolétariat, ma pratique quotidienne de militant m'obligeait à faire une différence entre les compagnons des artisans, les ouvriers des petites entreprises (moins de dix salariés), le personnel des usines moyennes et grandes répondant à toutes les caractéristiques du prolétariat et les techniciens. J'apercevais encore d'autres sous-classes : les ouvriers venus des campagnes, propriétaires d'une maison ou d'un champ, ceux qui étaient pensionnés de l'État et la cohorte nombreuse des fonctionnaires, les ouvriers des P.T.T., protégés par un statut, assurés d'une retraite, ceux qui dépendaient en 1935 d'administrations non encore nationalisées, les gaziers, les électriciens, les agents des transports en commun, mais qui se distinguaient déjà du prolo ordinaire parce qu'ils bénéficiaient de contrats. Que penser alors du secteur *tertiaire* de plus en plus fourni, dont les membres ne sont pas, théoriquement du moins, engagés dans le processus de production encore que, sans leurs services, l'objet fabriqué ne peut pas réaliser complètement sa valeur d'échange pour devenir une valeur d'usage ?

On sait que le chapitre LII du *Capital, Les Classes,* qui aurait dû être l'un des plus importants, sinon le plus important de l'ouvrage, ne compte que cinq paragraphes. *Le Manuscrit est interrompu.* Un des épisodes les plus dramatiques de l'histoire du marxisme est l'interrogation stérile d'un mort par un condamné en sursis, en 1936, à Amsterdam. Boukharine avait mission d'acquérir les cahiers originaux de la deuxième partie du Capital. Il lut avidement les notes presque indéchiffrables du *Manuscrit interrompu*, consacrées aux *classes sociales*, écrites par un homme en mauvaise santé, conscient peut-être d'atteindre la difficulté majeure de son entreprise. Boukharine lui-même, quinze ans auparavant, avait voué aux classes sociales le dernier chapitre du livre *La Théorie du matérialisme historique* où il avait extrapolé les indications marxistes dans l'esprit du socialisme traditionnel. Depuis la publication de ce traité, Boukharine avait appris à ses dépens que la révolution à laquelle il avait participé ne construisait pas la société sans classe. Il avait écrit, en 1921 : « La société future verra une grandiose surproduction d'organisateurs, telle qu'il n'y aura plus de *stabilité* des groupes dirigeants » et ce qu'il voyait s'organiser en U.R.S.S. démentait absolument cette utopie. Hitler avait domestiqué les classes sociales de la nation la plus industrielle d'Europe à l'aide du nationalisme et du racisme, donnant une preuve de plus de la force de la *solidarité relative* que Lénine avait dénoncée en 1914. Boukharine savait aussi que dès qu'il serait rentré en Russie, Staline le ferait mettre à mort, au nom de la lutte des classes. Et voici qu'il était à Amsterdam devant le mythe. Celui-ci ne répondait ni plus ni mieux que les dieux antiques ou modernes que l'on croit cachés au Saint des

Saints des sanctuaires. Le silence qu'ils opposent aux interrogations les plus angoissées est le plus terrible des tourments infligés aux fidèles. Boukharine tenait le livre sacré entre ses mains, comme d'autres avant lui avaient embrassé le sol du Golgotha, puisé l'eau dans la source de Delphes, ou s'étaient agenouillés sur la plus haute terrasse d'un temple du soleil. Il n'en obtenait rien parce qu'il n'y avait rien à obtenir.

Je ne connais la fin du manuscrit de Marx que par la rédaction qu'en a faite Engels. Cette rédaction respecte, dit-on, scrupuleusement le sens des notes laissées par Marx. La voici dans la traduction Molitor :

Il nous faut d'abord répondre à la question suivante : Qui est-ce qui forme une classe ? Et cette réponse découle tout naturellement de la réponse qui sera faite à cette autre question :

Qui est-ce qui fait des ouvriers salariés, des propriétaires fonciers, des capitalistes, les créateurs des trois grandes classes sociales ?

A première vue, l'identité des revenus et des sources de revenus.

Mais à ce point de vue, les médecins et les fonctionnaires, par exemple, constitueraient également deux classes, car ils appartiennent à deux groupes sociaux différents dans lesquels les revenus des membres découlent de la même source. Le même raisonnement s'appliquerait au nombre infini des intérêts et des situations que la division du travail social provoque chez les ouvriers, les capitalistes et les propriétaires fonciers (viticulteurs, cultivateurs, propriétaires de forêts, de mines, de pêcheries, etc.) FIN.

La question reste donc posée et il faut noter que Marx paraît beaucoup moins à son aise, vers 1870, en écrivant ces lignes, qu'il ne l'avait été en 1847, en adoptant les simplifications grandioses du *Manifeste Communiste*.

Boukharine avait essayé, en 1921, de compléter, en quelque sorte, le manuscrit interrompu par une analyse faite avec un respect filial des axiomes et des catégories du marxisme. Tous les écueils y sont identifiés : les professions, Boukharine nie qu'elles soient des *catégories naturelles*, « l'automatisme croissant de la technique libérera les hommes de cette nécessité (!) » (on sait ce qu'il en est advenu !), les classes intermédiaires (ex : dans la société capitaliste la classe des techniciens intellectuels), les classes mixtes (ex : l'ouvrier petit propriétaire terrien), les intérêts corporatifs de groupes comme l'aristocratie ouvrière. La nomenclature de Boukharine est peu satisfaisante. On ne voit pas pourquoi les techniciens intellectuels sont admis aux honneurs d'une classe alors que l'aristocratie ouvrière (les techniciens manuels) ne sont qu'un groupe. Cette analyse confuse ne reflète que le caractère incertain et la confusion des données. Le prolétariat, dont Boukharine admet qu'il est hétérogène, rassemble la majeure partie des individus qui produisent et dont le salaire ne représente qu'une fraction de la valeur de ce qu'ils ont produit, mais il ne s'ensuit pas pour autant que cette classe soit appelée à constituer une entité politique dont l'intérêt sera la suppression du capitalisme, car les professions, groupes, etc., qui la composent, sont loin de jouer le même rôle dans la production et de subir le même degré d'exploitation et de vouloir la même chose. Certains groupes techniques participent aux décisions. Boukharine, en jouant sur les mots, admet que la société capitaliste ne comprend que deux classes fondamentales, les capitalistes et les ouvriers salariés. Les propriétaires fonciers, précise le théoricien bolchevique, sont peut-être une « grande classe », comme l'a écrit Marx, mais non pas fondamentale car *la production pourrait sans inconvénient continuer sa marche, même si les propriétaires fonciers particuliers disparaissaient...* Il est intéressant de retourner l'argument. En Russie, la production continue malgré la destruction physique des capitalistes, les ouvriers salariés n'étant pas moins frustrés qu'avant 1914 d'une partie du produit de leur travail. Cette « plus-value » fait vivre la bureaucratie soviétique, celle-ci commande, elle est assurée de conserver son pouvoir sur les moyens de production, ouvriers compris grâce à l'ordre juridique de la nouvelle société. Le prolétariat a donc changé de maîtres. Il n'a pas fait valoir son intérêt de classe, ce qui peut laisser croire que cette classe n'existe pas « pour soi ». En revanche, si on l'ampute des techniciens pour constater que l'intérêt de ceux-ci, comme celui des ingénieurs et de toute la maîtrise, peut s'accorder assez facilement avec celui des détenteurs du capital, si on rapproche ces groupes des technocrates et des distributeurs de marchandises parce que ceux-ci détiennent une parcelle de pouvoir sur les moyens de production et d'échange, on obtient une bonne image des sociétés connues depuis 1934, image plus exacte en tout cas que les caricatures avec lesquelles les marxistes ont cru représenter la Russie, l'Allemagne, les États-Unis et la France. L'existence de la bureaucratie soviétique comme classe sociale est d'autant plus assurée que ses membres tirent leurs revenus de la même source. Aux États-Unis les techniciens, agents de maîtrise, comptables, distributeurs, gérants, etc., détiennent une partie notable du capital, nonobstant le pouvoir qu'ils ont sur les hommes et sur les choses. L'apparition d'une nouvelle classe sociale dans l'Histoire est le phénomène du XXe siècle. Ni Marx ni Engels ne l'avaient prévue.

J'occupais à faire le bilan de ce que je conservais et de ce que je détruisais dans le *matérialisme historique* les quelque deux heures que je passais tous les jours dans le métro. En fin de semaine je résumais le résultat de ces discussions avec moi-même sur un cahier d'écolier. Je commençai un nouvel abrégé du matérialisme historique assez avancé en janvier 1944 pour que je puisse penser à une publication. Le manuscrit a été perdu avec quelques documents que j'avais sortis de chez moi en hâte pour les mettre à l'abri. Je considérais alors que la lutte des classes est un des moteurs de l'histoire *parmi d'autres*; que la distinction de trois *grandes classes sociales* ne représente qu'une approche grossière de la structure des sociétés modernes, que les intérêts corporatifs de ce que Marx nomme le prolétariat l'emportent presque toujours sur ce que Boukharine, après Marx, dépeint comme *l'intérêt de classe*. A partir du moment où sous la pression de l'histoire j'étais contraint de reléguer les grands monstres (prolétariat, bourgeoisie) au rang de catégories abstraites afin de les remplacer par des groupes plus homogènes (les professions, par exemple) vraiment capables de faire preuve, en certains cas, d'une conscience collective, j'accordais enfin un droit d'existence à des manifestations de cette conscience qui ne concernerait pas directement la satisfaction des besoins économiques et je réintégrais les fameuses superstructures dans la vie quotidienne. Elles n'y figuraient pas comme un décor, ou comme des apparences : elles exprimaient la complexité, la variété des individus, leurs espoirs et leurs folies. Elles devenaient aussi des causes. Ainsi le prolétariat allemand ou plutôt les couches sociales désignées commodément par ce vocable n'avait pas eu en 1933 le comportement d'une classe politique, encore qu'il fût nourri plus qu'aucune autre de marxisme et qu'il disposât de syndicats et de partis fortement organisés. Mais si l'on abandonnait cette vague entité pour essayer d'appréhender de véritables communautés d'intérêt, on comprenait mieux. Les sociaux-démocrates rassemblaient la majeure partie des ouvriers spécialistes, les techniciens, les contremaîtres. Pour ces « prolétaires » dont le nombre était considérable, le système capitaliste de production et d'échange n'était pas mis en cause par la crise. Ils étaient portés à accorder plus de confiance à leurs patrons qu'à Ernst Thaelmann. Quant aux ouvriers communistes, plus représentatifs que les socialistes des manœuvres et des sans-grade, il faut croire que le modèle d'économie soviétique ne leur paraissait pas assez convainçant pour qu'ils eussent envie de l'imposer par la force. Les chômeurs, attirés par les nazis, étaient plus sensibles à l'idéal de dignité, d'honneur et de violence que les hitlériens voulaient incarner qu'à la collectivisation des moyens de production et d'échange. Tous furent convaincus par le nationalisme et par l'invite à resserrer la solidarité allemande, considérés comme les agents les plus sûrs pour améliorer le sort de chacun. La haine du « juif », abominable transposition de la haine de classe, saisit des millions de citoyens allemands. La force du racisme dans le IIIe Reich donnait à réfléchir sur la réalité du sens de l'histoire aussi bien que sur le concept métaphysique de la conscience de classe[1].

Tous les marxistes se sont livrés au divertissement qui consiste à savoir si le mécanicien de la locomotive, le marin du cargo, l'ingénieur, le contremaître, le comptable ou la vendeuse de magasin produisent de la plus-value, ou en d'autres termes effectuent un travail productif. Je n'y échappai pas. Le jeu

---

1. L'*Allemagne* touffue et complexe jouait alors une nouvelle fois les plus mauvais tours au marxisme qu'elle avait enfanté. Je relus, en 1940, le livre de Engels *La Guerre des paysans* que j'avais tant aimé en 1929 en raison de son parti pris d'explication des événements par la lutte des classes. Je constatai qu'à cause de ce parti pris Engels n'explique rien. Je notai en passant la petite citation de Bakounine, curieusement rapportée par Riazanov dans sa préface et qui m'avait échappé à la première lecture ; le théoricien de l'anarchie accuse les marxistes étatistes de n'avoir rien compris à la révolte des paysans. Aujourd'hui, cette opinion de Bakounine me paraît aussi importante que l'embarras d'Engels devant l'émiettement de la société allemande de 1525, alors qu'il eût été tellement commode de pouvoir la réduire à la noblesse, aux villes et à la plèbe. Soit dit en passant que Engels prodigue ses louanges aux talents du chef paysan Munzer, qui n'en mérite pas tant, sauf qu'il déploya une très grande énergie révolutionnaire sans faire de révolution.

est d'autant plus amusant que Marx n'est pas prolixe sur tout ce qui n'est pas le travail de l'usine. En 1860, la technique, la recherche, les transports et les services étaient loin d'avoir l'importance économique et sociale d'aujourd'hui. Pour ce qui me concerne, la réponse était immédiate. En calculant des rentes et des barèmes, en déterminant le taux de rendement d'une obligation, en manipulant des lois de mortalité et en évaluant les risques, je ne produisais pas. J'accomplissais une fonction de répartition. J'ajoutais mon salaire aux frais généraux du système, c'est-à-dire que je vivais sur le produit du travail non payé, aux crochets somme toute des producteurs qui avaient créé la richesse et des capitalistes que je frustrais d'une partie de leur profit. Il en était de même des fonctionnaires, des militaires et des vendeuses de magasin. Ces questions sont traitées brièvement dans le *Capital* (Procès de circulation, chapitre VI). Sur ce point, Marx a purement et simplement repris les opinions de Quesnay et de Ricardo, qu'il cite. Ainsi Quesnay a écrit : « Les frais de commerce, quoique nécessaires, doivent être regardés comme une dépense onéreuse. » J'en tirai donc une conclusion diamétralement opposée à la conclusion bolchevique formulée par Boukharine à la fin du chapitre sur les classes dans l'ouvrage cité plus haut. Du caractère hétérogène du prolétariat, Boukharine a déduit la nécessité d'un parti révolutionnaire homogène, dont l'efficacité avait été nulle en Allemagne à deux reprises, en France en 1934, partout ailleurs dans le monde. Je me refusai à considérer le prolétariat, si vaguement défini, comme une classe politique. Une masse énorme de salariés, non producteurs de plus-value et pour cette raison considérés comme indignes d'entrer à part entière dans la force révolutionnaire, était mise de côté (tous ceux qui ressortissaient *aux services* par exemple) ; or, cette masse, où se rencontrent de très bas salaires, augmente en nombre, chaque année, dans les nations industrielles. Le taux des marges habituellement consenties par l'industrie au commerce (33 %), tellement plus élevé que le taux du profit industriel, plus élevé également que celui des intérêts bancaires, montrait que la ladrerie des capitalistes à l'égard des services, si bien exprimée par la citation de Quesnay que j'ai reproduite, si elle avait été l'une des caractéristiques de la première moitié du XIXe siècle, avait fait place, en 1935, à une sollicitude sans cesse accrue pour tout ce qui concernait la vente[1].

Un parti révolutionnaire à vocation socialiste ne doit pas être homogène, pensais-je. Il doit représenter toutes les couches sociales opprimées par le système, qu'elles soient victimes de l'accaparement d'une partie du produit de leur travail, ou que le salaire qu'elles perçoivent sur la valeur de la production des autres soit trop bas. Si leurs intérêts de groupes sont parfois contradictoires, leur solidarité peut être fondée sur le fait que les uns et les autres souffrent de la manière dont leurs affaires sont conduites par les capitalistes. Les deux révolutions que l'Histoire a connues, celle de 1789 et celle de 1917 en Russie, ont été faites par des alliances de partis et de

---

[1]. Voir le chapitre consacré au marxisme dans *Révisions déchirantes*.

catégories sociales. Il n'est pas douteux que la dégénérescence de la révolution, en Russie, soit le résultat de la volonté d'homogénéisation, laquelle a conduit à la dictature d'un parti sur tous les groupes sociaux. Le parti révolutionnaire sera hétérogène, pensais-je, afin qu'une vraie démocratie intérieure puisse lui conserver sa flamme et la capacité d'action que tuent le sectarisme et l'obéissance aveugle au dogme.

La France mutualiste abandonna la rue de la Douane pour installer ses services dans l'ancien Hôtel Mirabaud, avenue de Villiers. C'est un grand bâtiment de style Henri IV construit à l'époque où la Plaine Monceau était le quartier élégant de Paris, à quelques pas de l'hôtel où vécut Sarah Bernhardt, à côté de la place Malesherbes, consacrée à la famille Alexandre Dumas et à l'illustre tragédienne. Pendant la guerre, Vichy, pour complaire aux Allemands et leur fournir du cuivre, mit à la fonte la statue d'un gigantesque mulâtre, général de l'Empire, père de l'auteur des *Trois Mousquetaires*. On respecta le monument élevé à la gloire de ce dernier, tant à cause de la popularité de l'écrivain que parce que le bronze est signé Gustave Doré. Des vandales brisèrent le nez de Sarah. De la fenêtre de mon bureau, aménagé au second étage dans une ancienne chambre à coucher, je voyais la charmante et vieillotte pâtisserie *Aux Délices*, l'un des meilleurs traiteurs de Paris, et le toujours vide musée Henner, logis d'un peintre célèbre et riche vers 1900, qui vécut au milieu de femmes nues, bien en chair, au regard mélancolique, émergeant à peine de brumes très denses, hélas ! sans grand mystère. Cet immeuble peu fréquenté pourrait devenir une *Sex-Shop* attirante, pour peu que l'on veuille bien compléter les œuvres de Henner par des compositions plus modernes et un peu pimentées. Le rez-de-chaussée et le premier étage de l'Hôtel Mirabaud recèlent une profusion de boiseries, de plafonds à caissons peints dans le style des châteaux de la Loire, de cuirs de Cordoue. L'escalier à rampe de bois sculpté a belle allure. Les Mirabaud, l'une des hautes dynasties protestantes qui financèrent de 1870 à 1914 l'industrialisation et l'expansion coloniale de la IIIe République, avaient conservé un pavillon assez spacieux, de l'autre côté de la porte principale d'entrée. Je fus de 1935 à 1940 le conseiller technique de quelques sociétés de secours mutuels affiliées à la France mutualiste. L'une d'elles s'appelait *Les Cuisiniers français*. Elle avait pour objet de constituer des retraites aux anciens chefs de grandes maisons et de grands hôtels. Le trésorier était un beau vieillard, droit comme un I, qui rédigeait un étonnant bulletin en partie consacré à des recettes de grande cuisine française, simplifiée, me dit-il un jour, pour les rendre accessibles aux bourses modestes. En dépit de ces simplifications, l'exécution de chaque plat occupait au moins une demi-journée et aurait coûté le salaire d'une journée entière à la dactylographe qui aurait voulu s'y risquer. Lorsqu'en 1938 le roi et la reine d'Angleterre vinrent à Paris en visite officielle, je montrai les menus de l'Élysée à mon cuisinier mutualiste et lui demandai ce qu'il en pensait. Il fut sévère. « Pour ceci, me dit-il, comme ce n'est pas la saison, c'est une erreur. Les préparations du poisson et de l'entrée sont trop proches l'une de l'autre pour ne pas se nuire.

Le choix d'un plat au moins est vulgaire. Ce n'est pas là de la cuisine pour un roi. » Je m'amusai beaucoup. « Les grandes traditions se perdent. Je connais le personnel de l'Élysée[1]. Le président Félix Faure n'en aurait pas voulu ! » « J'ai travaillé dans toutes les cours d'Europe, continua-t-il, avant 1914 bien sûr, à l'époque où il y avait encore une douzaine de rois. C'est en Allemagne que j'ai trouvé les plus grandes joies. Pour la cuisine, les princes ne voulaient que du français et pourtant ils ont là-bas d'excellentes recettes de gibier et on y traite très bien le porc.

« J'aime à venir ici parce que j'ai débuté dans cette maison. Je n'avais pas plus de treize ans. La cuisine est dans le sous-sol du petit pavillon. La connaissez-vous ? Nous n'y étions jamais moins de sept, quatre cuisiniers et trois marmitons dans mon genre. J'ai vu tourner des sauces pendant douze heures. C'était le travail des gamins ; on se relayait. Tout cela appartient à un passé bien mort. Mais la grande cuisine française est morte elle aussi ! On la remplace par des approximations. Au goût c'est presque la même chose mais les plats sont lourds, indigestes, alors que les vraies recettes, quand on peut les appliquer correctement, sont bien supportées par l'estomac. Le grand principe de la cuisine française, monsieur, c'est la réduction. En faisant réduire une sauce le temps qu'il faut, avec la surveillance nécessaire, tous les éléments nocifs ou indigestes sont brûlés ou décomposés et il ne reste que l'arôme.

« Mais les conditions de la vie ne sont plus ce qu'elles étaient. Quand les Mirabaud tenaient cette maison, il y avait tous les jours vingt couverts au déjeuner, et chaque semaine, plusieurs dîners de trente personnes. Où sont les Mirabaud, aujourd'hui ? C'est l'automobile qui a tué la cuisine. Autrefois, les invités d'un château y séjournaient au moins trois jours. Ils arrivaient par la gare la plus proche, distante de plusieurs kilomètres. On les faisait prendre en calèche. Une fois qu'ils étaient rendus, que voulez-vous qu'ils fissent ! On ne chasse pas toute l'année ! C'est la table qui était la grande ressource. Aujourd'hui les invités viennent en voiture dix minutes avant le déjeuner et trois heures après ils vont à Deauville ou chez d'autres amis, à trente kilomètres. Les gens sont pressés. La grande cuisine n'est pas faite pour les gens pressés. »

Je regrette encore de n'avoir pas interrogé davantage mon bonhomme sur ce qu'il avait vu, depuis les cuisines, dans les cours des princes allemands. Mes autres mutualistes n'avaient pas ce pittoresque, ni cet intérêt.

A la fin de 1935, l'appauvrissement général du pays frappa durement les artistes, les intellectuels et la bohème. Il faisait bon, alors, être fonctionnaire ou assimilé. Il me fallut procéder à l'embauche de quelques dizaines d'employés afin de pouvoir exécuter en temps voulu les travaux d'écritures consécutifs au redressement de la Caisse autonome. Georges Hugnet vint me demander une place. Il fut suivi par Léo Malet et Pastoureau. Dans leur

---

1. Le plus souvent à l'Elysée, jusqu'à une époque récente, les repas étaient commandés à des traiteurs.

groupe ils rencontrèrent Degottex dont le père était sous mes ordres depuis plusieurs années. Degottex était un jeune homme mince, à l'air rêveur, qui ne paraissait pas très à son aise dans un bureau, malgré sa bonne volonté. Quand il parlait, il donnait l'impression de voir autre chose que son interlocuteur et de s'intéresser médiocrement au sujet qu'il avait abordé. C'est sans doute en calculant les rentes des Anciens Combattants, et au contact des trois surréalistes qu'il a mûri sa vocation de peintre. Un jeune Nordique, très grand, un aryen parfait selon les canons nazis, frais émoulu de la classe de taupe, vint aussi demander du travail. Nous avions besoin d'un calculateur sachant ce que représente une intégrale. Nous l'embauchâmes et en fûmes très satisfaits. Il se nommait Van Hejenoort, c'était un des secrétaires de Léon Trotski. Il était entré au service du grand homme comme on entre en religion. Modeste, doux mais intransigeant et obstiné, intelligent, travailleur, vivant de peu, c'était une sorte d'ange esclave d'une révélation qui le préservait de l'impureté, des hésitations, des doutes et le remplissait de joie ineffable. Vinrent avec lui deux ou trois militants trotskistes dont Craipeau et une affreuse mégère de vingt ans, attirée par l'étendue du champ qu'offre une secte aux commérages, dénonciations calomnieuses, zizanie à jeter, querelles à propos de tout et de rien. Elle était amoureuse sans espoir de Van Hejenoort. Elle appartenait à la race des concierges de faits divers et a sans doute poursuivi sa carrière redoutable à Sarcelles ou à Parly II.

Dans le temps qu'ils passent au bureau, les hommes et les femmes étalent leurs travers, leurs manies, leurs vices même. On sait qu'il n'y a pas de grand homme pour son valet de chambre. Les secrétaires sont portées à exagérer les mérites de leur patron mais ceux qui ne sont pas les collaborateurs très proches d'un responsable ne disposent d'aucun élément pour apprécier sa valeur professionnelle ou les services qu'il rend à l'entreprise. En revanche, le petit personnel ou les cadres moyens jugent leurs chefs sur la vue de la répétition de certains gestes, de mots, de manières, lesquels définissent bien un animal de bureau mais ne sont pas révélateurs de l'essence de cet animal ni de sa force (ou de sa faiblesse). Les propos généralement malveillants des collègues et des subalternes font parfois des réputations. Ceux qui, par ruse, parviennent à cacher suffisamment leurs insuffisances ou leurs défauts pour ne donner prise qu'à une malveillance anodine font plus aisément carrière que les autres, car le mouchardage sévit à tous les échelons. Mais tout compte fait c'est l'opinion du supérieur qui compte le plus. Le fin du fin consiste à ne pas prendre de risques, à agir le moins possible, à demander l'accroissement des effectifs de son personnel et à « réorganiser ». La réorganisation a l'avantage d'être le prétexte d'organigrammes et de promesses, de justifier les retards ou les fautes d'exécution et de s'effectuer entièrement à l'intérieur d'un système clos tendant à devenir, surtout dans les administrations publiques, le but en soi. Il est aussi recommandé d'être très respectueux des textes. En les connaissant bien, on peut paralyser toute espèce d'action, avec des motifs irréprochables et on fait preuve de savoir. Enfin, la qualité première d'un chef de service est de bien rédiger les rapports et de fournir à ses supérieurs hiérarchiques de fréquentes notes, non pas tellement pour les renseigner que pour leur donner l'impression que tout fonctionne, qu'ils sont au courant de tout et, éventuellement, pour se couvrir. La bureaucratie développe ainsi des défauts très vils : la suffisance, la servilité, la paresse et le mensonge administratif. Dans une administration privée, la possibilité d'un renvoi ou d'une mutation désobligeante limite encore les dégâts. Au sein de l'appareil d'État, l'inamovibilité des fonctionnaires, la camaraderie d'école et le confraternité syndicale ont créé une espèce de féodalité produisant peu à peu les effets de son illustre devancière.

J'ai usé, moi aussi, de quelques-uns de ces artifices, encore que ma vie durant j'eusse toujours essayé de donner la primauté au but à atteindre, au détriment de mon intérêt personnel, voire même de l'outil. J'ai mesuré très vite combien l'aspect purement administratif des choses, ce que j'appellerai le confort des exécutants, l'emporte, dans les services, sur la chose elle-même. Mais l'expérience retirée des efforts que j'ai déployés pour faire travailler des individus, m'a conduit à penser qu'une notable partie de l'Humanité n'est bonne à rien. Combien de fois, essayant de définir les aptitudes de tel ou telle pour un travail quelconque, opération dans laquelle je m'efforçais de tenir le plus grand compte des origines sociales, du caractère, de l'ignorance des sujets, me suis-je pris à penser que le jugement péremptoire de Marx sur l'aliénation des travailleurs n'était peut-être que le reflet d'un optimisme romantique, une chimère d'intellectuel ou la nostalgie de l'artisanat germanique des années 1820, quelque chose comme la traduction philosophique des malheurs qui guetteraient le cordonnier Hans Sachs s'il devenait ouvrier d'industrie. J'admets que les débuts du capitalisme, comme le travail à la chaîne, ont donné ou donnent encore quelques beaux exemples d'aliénation, mais est-on bien sûr que ce qui est en cause soit la forme du travail ? N'est-ce pas plutôt le travail *en soi* ? Des bipèdes naissent par hasard, dans une famille qu'ils n'ont pas choisie, avec des moyens physiques et intellectuels limités par le sort. Ils sont plus ou moins prisonniers des habitudes, des complexes, des tabous qui leur ont été imposés par des conditions extérieures. Leur unique vocation c'est de vivre pendant quelques dizaines d'années parmi les embûches que leur réservent la nature et leurs congénères. Ils travaillent parce que, s'ils ne font rien, la société ne leur procurera la satisfaction d'aucun des petits besoins qu'ils éprouvent, à commencer par celui de survivre. Eux ne se sentent pas tellement solidaires de cette machine sociale sur laquelle ils ont si peu de prise, à l'édification de laquelle ils n'ont eu aucune part, dont la complexité les dépasse et qu'ils n'ont pas envie de changer parce qu'ils s'en foutent et que les modèles de remplacement manquent de crédibilité. Ils sont médiocres, ils ne sont ni intellectuels, ni artistes, ni bricoleurs. Ils ne sont pas adroits, ni intelligents. Ils manquent de courage. Les femmes ne sont pas belles, ce sont de piètres amoureuses, de mauvaises ménagères, des mères abusives. Que voulez-vous faire de cette piétaille qui attend *la suite* ? En Russie et à Cuba on les oblige à travailler, le travail ne les change pas, ne les ennoblit pas : on les emmerde.

La plupart d'entre eux vont travailler de leur plein gré, sous l'empire de la nécessité, ils ont conscience de cette nécessité et la seule liberté que cette conscience leur procure c'est d'avoir envie de changer de patron ou d'emploi. Mais ce n'est jamais mieux. Ont-ils au moins, en partage, ce que les amateurs d'illusions appellent les qualités humaines ? Quelquefois, mais pas toujours. Nombre d'entre eux sont méchants, envieux, menteurs, malhonnêtes. Mais on ne peut pas leur en vouloir, ou alors il aurait fallu les tuer en bas âge !

La production en occupe quelques-uns, bien qu'ils préfèrent généralement les services où l'on trouve davantage de postes faciles à tenir. A cause de leur indolence ils produisent peu. Ils vivent, tout compte fait, pour une bonne part, du travail des autres. La société n'en reçoit que ce qu'ils peuvent lui donner. Il en serait de même si la société était communiste. Mis à part l'infime fraction du profit capitaliste susceptible d'être répartie sur leurs têtes (je veux parler de la partie du profit qui n'est pas affectée à de nouveaux investissements) leur condition ne pourrait être améliorée que par une augmentation du nombre des objets produits, ce qui serait avant tout le fait du travail d'autrui. Le stakhanovisme accentue au bénéfice d'une élite les différences de salaires qui séparent les bons ouvriers des indolents et des incapables. N'avais-je pas là une preuve de plus de l'hétérogénéité du prolétariat ? Bien que j'eusse fait dans *A bas le travail* une place plus grande que Lafargue dans *Le Droit à la paresse* aux ouvriers qui ne veulent pas travailler, j'avais choisi la même conclusion optimiste que le gendre de Karl Marx en détruisant le travail par l'automation. Or, je venais d'installer à la France mutualiste un équipement de machines à statistiques Bull qui remplaçait le travail fastidieux des additions et des tris par des opérations automatiques plus rapides et plus sûres. Toutefois, le tiers de mon personnel eût été incapable d'apprendre et d'exercer le métier de perforatrice ; je n'avais pu former qu'un seul opérateur et les dépanneurs que l'on m'envoyait de temps à autre possédaient une qualification technique qu'aucun de mes employés n'était susceptible d'acquérir. J'avais donc, en 1929, un peu imprudemment joué avec la dialectique. En présence de contradictions apparemment insurmontables entre la société et l'individu, le producteur et l'incapable, j'étais enclin à ne pas renouveler le bail de confiance aveugle que j'avais contracté avec la dialectique hégélienne. Pouvait-il se faire que beaucoup de contraires fussent irréductibles, qu'ils n'admissent pas de synthèses ou que les synthèses qui avaient été proposées n'eussent été que des actes de foi ?

En 1938, j'avais eu besoin de mécanographes pour le groupe de machines à statistiques que j'avais monté. Celle qui se présenta un jour de juillet dans mon bureau était très jeune et très belle, sa carnation faisait penser aux nymphes de l'École de Fontainebleau. Son visage était celui de la statuaire grecque : un nez droit, bien proportionné, dans le prolongement du front, de grands yeux formant avec la bouche un triangle isocèle. Je la priai d'aller faire un essai, certain à l'avance que cette jeune beauté ne savait rien. Elle réapparut. Le chef de groupe me téléphona pour me dire que c'était excellent. Je la complimentai et lui demandai quand elle voulait commencer son travail.

« Je voudrais d'abord partir en vacances, monsieur, me dit-elle sans embarras. Dès ma rentrée, si cela vous convient. » Cette réponse si peu administrative me plut. Monique fut embauchée : ce fut une excellente recrue. Elle portait des vêtements à bon marché mais elle avait du chic. Sa mère était ouvrière d'usine. Elle habitait Charonne. Quelques mois plus tard, je vis qu'un jeune bourgeois, dans une petite voiture de sport, l'attendait à la sortie du bureau. « Cela devait arriver, plaisantai-je. Cette fille est trop belle pour nous. Nous la perdrons bientôt. »

Nous ne la perdîmes pas. C'était un flirt assez sage qui flattait surtout son amour-propre et indiquait son désir d'ascension sociale. Quand je revins de Syrie à la fin de 1940, quelques-uns de mes employés m'offrirent un pot de bienvenue. Monique était là à mon grand étonnement. « Elle est amoureuse de vous, me confia une jeune femme qui avait en politique des opinions semblables aux miennes. C'est pour cela que nous l'avons invitée. Elle est plutôt timide et ne vous le dira jamais, mais dans son service on la taquine beaucoup là-dessus. » Je me le tins pour dit et il se passa encore plusieurs mois avant que je fusse assez tenté pour vouloir tirer cette affaire au clair. On ne m'avait pas menti. Je me laissai prendre au jeu. Notre liaison dura quatre ans avec quelques gros nuages. Je dois la vie à sa beauté, qui fut tutélaire en août 1944. C'est un peu pour elle que j'ai écrit *Le Grand Ordinaire*.

Le « stalinisme » de Breton s'usa progressivement. L'émeute du 6 février ébranla sa confiance dans les communistes français. En 1934 et jusqu'à la rupture en 1935, dans les organismes plus ou moins dépendants de l'A.E.A.R. où il siégera, Breton sera de plus en plus hérétique, pas assez toutefois pour que le parti communiste tchèque se prive de lui faire à Prague, au printemps de 1935, le meilleur accueil. Il se rallia peu à peu aux thèses de Léon Trotski.

La référence à Léon Trotski était le réflexe spontané de quiconque voulait alors porter un jugement sur la capitulation sans combat de la classe ouvrière allemande et s'inquiétait des moyens susceptibles d'arrêter l'expansion du fascisme. Dès 1931, Trotski avait expliqué ce que représentait pour la classe ouvrière « le moindre mal ». Son opinion était à peu près la même que celle des militants qui réprouvaient la conception du « social-fascisme ». Brüning gouvernait l'Allemagne dans un esprit réactionnaire, mais la classe ouvrière, toute brimée qu'elle fût par le pouvoir, conservait ses partis, ses syndicats, ses clubs sportifs, ses maisons du peuple. Le fascisme, rappelait Trotski en citant une phrase prononcée par Ercoli au VIe Congrès du Komintern, *c'est la destruction systématique de toutes les forces d'organisation indépendante des masses.* Le compagnon de Lénine résumait cette définition dans une formule brillante : le fascisme veut *empêcher la cristallisation indépendante du prolétariat.* Or, pour Trotski, il était inutile de parler de révolution et de prise de pouvoir si le prolétariat avait été au préalable dépouillé de ses organisations et surtout de son parti. Cette simple vérité n'était pas en 1931 ni en 1932 évidente pour tout le monde. Trotski, au rebours des communistes de la *Troisième Période*, s'était donc refusé à ne pas faire de différence entre Brüning et Hitler, mais il n'en tirait pas une stratégie très claire. Il eût souhaité que Brüning fût renversé par une coalition des socialistes et des communistes et que ceux-ci s'installassent au gouvernement. Mais bien que Trotski qualifiât la situation allemande de prérévolutionnaire et qu'il estimât que la meilleure sûreté à prendre pour empêcher Hitler de gagner, c'était d'occuper le pouvoir avant lui, il hésita, semble-t-il, sur les objectifs politiques et leur échelonnement, écrivant le plus souvent qu'il fallait faire la révolution prolétarienne, mais laissant entendre à d'autres moments que la démocratie de Weimar devait être défendue. Il était en revanche intraitable sur le Front unique. Il prévoyait en 1932 la victoire du fascisme « si le Front unique ne se réalise pas ». Il voyait ce Front unique comme une entente entre les partis socialistes et communistes, encore qu'il ne précisât jamais la forme et les motivations qu'il aurait fallu donner à cette entente, à l'exception de la lutte contre Hitler ou de la révolution prolétarienne, une consigne très générale et un but idéal mais encore lointain[1]. On ne peut pas s'empêcher de faire un rapprochement très significatif entre la minutie avec laquelle Lénine étudia les programmes et les mots d'ordre qu'il proposa entre février et octobre 1917 et la pauvreté des articles de Trotski en la matière.

En 1931, Trotski avait fait scandale en écrivant qu'il fallait s'entendre contre les nazis avec le diable, la grand-mère du diable et Grzesinski, le préfet de police socialiste de Berlin. Cette boutade était prophétique comme on l'a vu dans un chapitre précédent. Certes, si Trotski avait eu personnellement, sur place, les responsabilités, il n'eût pas été embarrassé longtemps pour choisir une stratégie, compte tenu de la tactique d'unité ouvrière qu'il avait si heureusement préconisée, mais il était loin, et sa pensée reste assez floue quand on l'étudie à nouveau près de quarante ans après les événements. Voulait-il une offensive brutale, en direction de la révolution prolétarienne, ou seulement une contre-attaque visant à détruire le nazisme en attendant mieux ? Je reconnais qu'un tel propos est aujourd'hui très académique. Ce qui m'importait en 1933 et 1934 c'est que Trotski ait vu, à temps, que le Front unique des communistes et des socialistes était la nécessité politique.

Les principaux articles écrits en 1932 par Trotski sur l'Allemagne ont été publiés dans la brochure intitulée *Et maintenant*. En la relisant, j'ai été frappé, plus encore qu'en 1934, par le ton quelque peu « passéiste » de ces textes. Ils sont souvent trop longs. On s'y réfère constamment à l'histoire du bolchevisme avec des parallèles entre les acteurs du drame de 1933 et les personnages politiques russes de 1914-1917. Ces comparaisons avaient un sens pour l'auteur, elles le gardent pour l'historien, elles ne correspondaient à

---

1. Une remarque faite en 1932 par Trotski sur les objectifs « extérieurs » du prolétariat allemand est très révélatrice de l'irréalisme qui aveuglait aussi ce grand révolutionnaire. Au mot d'ordre « A bas le traité de Versailles », avec lequel Hitler allait rassembler *toute* l'Allemagne, Trotski proposait de substituer celui des « États-Unis soviétiques d'Europe ».

aucune réalité en 1932, pour la plupart des militants ou des lecteurs. Ceux-ci auront ignoré toute leur vie qui ont été Martov et Bogdanov et ce qu'ils ont fait. Mais ici et là une formule admirable rachète tout, même si elle n'est pas toujours en parfaite concordance avec ce qui précède ou ce qui suit. Ainsi j'ai retrouvé une phrase que j'avais notée en 1934 parce qu'elle correspondait exactement à ce que je pensais. Elle inspira mon activité politique jusqu'à la Libération.

Pour sa lutte, le prolétariat a besoin de l'unité de ses rangs. Cela vaut autant pour les conflits économiques partiels dans l'enceinte d'une entreprise que pour les luttes nationales telles que la défense contre le fascisme.

Il reste à savoir si les scissions perpétuelles organisées sous l'influence de Trotski au sein des milieux qui lui étaient favorables et si l'importation dans les pays « capitalistes » des procédés de discussion agressifs et insultants nés autour de Lénine, et amplifiés après sa mort jusqu'à atteindre le délire verbal de Vichinsky pendant les procès de Moscou, étaient favorables à l'unité ouvrière et même à l'unité d'action. Les écrits politiques de Trotski sont mesurés et décents par rapport aux textes staliniens, mais ils ne pouvaient pas apporter autre chose que la brouille. La vivacité du ton, la partialité des jugements, la violence des attaques personnelles, tous procédés qui ont préparé l'isolement du grand homme dans une orgueilleuse solitude de prophète maudit, font de ses articles de grandes pages polémiques mais les abaissent au-dessous des événements considérables qui se déroulaient. Le plus courageux et le plus intelligent des marxistes encore debout quand Hitler s'empara de l'Allemagne n'a pas su être le guide et le rassembleur dont les peuples avaient besoin en 1939.

Je ne pensais pas autrement en 1934. Trotski m'apparaissait comme une référence, comme une vivifiante source d'idées non comme un maître à penser. On cite volontiers ses prophéties, on oublie les jugements erronés, les analyses vivement faites et tôt démenties qu'il n'aurait jamais fallu considérer autrement que comme des boutades ou des hypothèses, et qui hélas ! prirent rang, jusqu'à ce qu'elles eussent perdu toute vraisemblance, parmi les vérités révélées, les fondements du vrai bolchevisme, les jalons de la « seule voie révolutionnaire ». Je ne vise pas ici la suite des appréciations contradictoires sur Thermidor, le socialisme en un seul pays, l'État prolétarien dégénéré, la dictature bureaucratique. Léon Trotski n'est jamais convenu qu'il n'avait peut-être pas fait de révolution prolétarienne, mais un coup d'État suivi d'une guerre civile atroce destinée à enfanter une nouvelle classe sociale.

Je livre deux citations de Trotski à l'attention de ceux de mes lecteurs qui ont accepté de suivre avec indulgence le lent cheminement d'une pensée un peu épouvantée de critiquer sans ménagement et par détails — encore qu'elle ait tenté plus tard, comme on le verra, d'incorporer ces fragments dans un ensemble — les jugements portés sur les événements, les idées et les hommes par quelques-uns des personnages les plus importants de notre époque. La première est de 1932. Je n'en ai pas eu connaissance sur le moment, mais elle éclaire bien les perspectives illusoires que se ménageait parfois son auteur.

Elle explique pourquoi, en dépit de ses vues les plus pertinentes sur le Front unique, Trotski n'apportait pas aux adversaires les plus déterminés de la ligne « social-fasciste » les moyens de comprendre le caractère paranoïaque du concept de la *Troisième Période*. Elle est extraite d'un article publié dans le *Forum* du 15 avril 1932 :

« Hitler au pouvoir, serait-ce donc la paix ? Non, Hitler au pouvoir ce serait un nouveau renforcement de la prédominance française... La guerre non pas contre la Pologne et contre la France, mais la guerre contre l'Union soviétique. »

Ces lignes sont aussi extravagantes que ce que Staline faisait dire aux malheureux ingénieurs qu'il accusait de sabotage. Et pourtant ! tout ce que Hitler allait faire était écrit dans *Mein Kampf*.

La deuxième citation est extraite de l'article *Où va la France ?* publié en octobre 1934. L'analyse qu'elle contient, comme les conseils donnés en 1933 aux Allemands, m'enlevèrent, si j'en avais eu jamais, toute velléité de me rapprocher davantage des trotskistes :

« Le capitalisme a porté les moyens de production à un tel niveau qu'ils se sont trouvés paralysés par la misère des masses populaires ruinées par le même capitalisme. Par cela même, tout le système est entré dans une période de décadence, de décomposition, de pourriture. Le capitalisme, non seulement ne peut pas donner aux travailleurs de nouvelles réformes sociales ni même seulement de petites aumônes, il est contraint même de reprendre les anciennes. Toute l'Europe est entrée dans une époque de contre-réformes économiques et politiques. »

Ce texte est digne de la *Troisième Période*. Il aurait pu être voté avec une des résolutions du VIe Congrès du Komintern, en 1928, ce qui n'est pas un compliment ! En 1934, deux des thèses fondamentales du marxisme, la définition du salaire ouvrier comme prix de la reconstitution de la force du travail et le principe de la paupérisation croissante du prolétariat, me paraissaient erronées. Bien que le niveau de vie de la classe ouvrière française fût en 1934 assez bas et en régression, il comportait déjà une notable part de *consommation*. Il suffisait de se reporter aux descriptions si précises contenues dans les romans de Zola et de les comparer à la vie quotidienne des ouvriers parisiens ou des mineurs du Nord en 1934 pour constater qu'il n'y avait pas eu paupérisation[1]. Certains marxistes, pour sauver le dogme, expliquaient ces anomalies par les sur-profits de l'impérialisme, grâce auxquels des miettes parvenaient aux prolétaires métropolitains. Certes, la quantité de travail non payé fournie par les peuples coloniaux aux propriétaires de mines ou autres récoltants de matières premières était impressionnante, mais la suite des événements a montré que ce n'était pas là le facteur qui conduisait à

---

1. Des exceptions confirment toujours la règle. Ainsi les usines de chiffons qui seront décrites plus loin. Dès 1920 des interventions de l'État pallièrent dans une certaine mesure la ladrerie du patronat français. Les dépenses de logement qui atteignaient le quart du salaire dans la plupart des pays industriels ne dépassaient pas 5 % en France et tendaient peu à peu vers zéro.

la paupérisation. Le principe était faux en soi, il fallait en convenir. L'affirmation catégorique de Trotski ne pouvait pas être prise au sérieux. Elle se fondait sur les erreurs commises par Marx dans l'appréciation du salaire ouvrier ; elle portait sur la crise capitaliste un jugement simpliste et subjectif ; elle était grosse de démentis cinglants.

De 1939 à 1941, Hitler envahit successivement la Pologne, la France et la Russie soviétique, conformément à ce qu'il avait annoncé quinze ans plus tôt. De 1935 à 1940, dans l'Europe entière, la législation sociale fit des progrès immenses et le niveau de vie des ouvriers s'éleva partout, sauf en Espagne et en Russie. Quelques mois après la publication de l'article de Trotski, la France instituait les Assurances sociales. Vinrent ensuite les réformes du Front populaire, les contrats collectifs, les délégués ouvriers, les congés payés, la semaine de quarante heures. Les Pays scandinaves et l'Angleterre n'étaient pas en reste ; les avantages obtenus par la classe ouvrière en Allemagne (et même en Italie) expliquent en partie avec quelle facilité Hitler put mener le peuple allemand au massacre.

Néanmoins, sous la caution morale de Léon Trotski, j'adhérai en juin 1934 au parti socialiste S.F.I.O. où tous les trotskistes s'étaient inscrits. Mais je n'y rejoignis pas les rangs de ces turbulentes et présomptueuses recrues.

Chapitre XXIII
Le Front populaire

Au rebours du parti communiste, le parti socialiste admettait la libre discussion et la critique.

Ses adhérents avaient le droit de mettre en cause à tout moment la politique suivie par le parti. Ils avaient licence de se réunir par affinités d'opinion. Ces groupements s'appelaient les tendances. On tolérait qu'ils eussent leur propre presse, laquelle n'était pas seulement réservée aux membres du parti puisqu'elle était ouvertement vendue ou distribuée à n'importe qui.

Ces règles de démocratie intérieure, cette tolérance, cette préparation des congrès par de grandes disputes étaient de tradition dans le socialisme international, bolchevisme compris, avant la Première Guerre mondiale. Les querelles qui agitèrent la IIe Internationale conduisirent à des brouilles, à des raccommodages, à des scissions. Les bolcheviques conservèrent jusqu'en 1921 une démocratie intérieure et des tendances. En 1921, le parti communiste russe devint totalitaire et autocratique. Trotski apporta beaucoup de pierres à la construction de cette geôle.

Trois tendances divisaient le parti socialiste au moment de la création du Front populaire : une majorité, assez hétérogène, autour du chef alors incontesté, Léon Blum, et du secrétaire général Paul Faure ; une gauche marxiste autour de Jean Zyromski ; une extrême gauche, non moins hétérogène que la majorité, dont le leader était Marceau Pivert. Cette dernière tendance unissait des pacifistes, des anarchistes, des trotskistes, etc., recrutés dans une jeunesse impatiente dont la volonté révolutionnaire était certaine encore qu'elle se manifestât avec beaucoup de confusion et de contradictions. La carte politique du parti socialiste était plus complexe que ce schéma. Le parti était avant tout provincial alors que ses tendances de gauche et son chef étaient typiquement parisiens. Il tirait sa force principale de la confiance que lui accordaient les ouvriers du nord de la France. Les puissantes fédérations du Nord et du Pas-de-Calais, riches d'une longue tradition de luttes ouvrières, assuraient dans chaque congrès le succès de Blum et de Paul Faure en leur apportant, au moment des votes, le concours massif de leurs nombreux mandats. Dans tous les centres industriels de province, sauf dans le Gard, les socialistes avaient une audience que les communistes n'avaient pas. Mais la S.F.I.O. attirait de plus en plus une clientèle d'employés, d'artisans, de fonctionnaires, de petits cadres. Elle avait conquis des positions très fortes dans les P.T.T., dans l'enseignement primaire et chez les cheminots.

LE FRONT POPULAIRE

Bien que quelques-uns de ses chefs, et non des moindres, ne fussent ni députés ni sénateurs, l'action du parti socialiste était essentiellement parlementaire. C'était un des griefs que le Komintern faisait à la social-démocratie, mais l'expérience de la dernière décennie établissait que les communistes n'agissaient pas autrement.

Le succès de Hitler infirma le dogmatisme des communistes qui considéraient les élections libres comme un leurre dont la révolution n'avait que faire. La répétition des consultations électorales a porté Hitler au pouvoir par un processus assez comparable aux changements de majorité dans les soviets. Des concessions politiques de dernière heure et une alliance heureuse avec un parti sans consistance ont fait de Hitler le chancelier du Reich. Le mot d'ordre aurait pu être *Tout le pouvoir aux S.A.* Comme les bolcheviques l'avaient fait avant lui, Hitler, dès qu'il fut installé au gouvernement, brisa très vite le mécanisme démocratique dont il s'était servi. Les peuples d'Occident étaient habitués à exprimer leur avis par la voie d'élections libres dans lesquelles les socialistes voyaient, à juste titre, la suprême garantie de la démocratie. Ainsi s'expliqua l'absence d'écho qu'eut le mot d'ordre *Les Soviets partout* plus représentatif pour le peuple d'anarchie que de l'idée d'un pouvoir populaire. Les conseils ouvriers, en 1918, ne firent pas perdre aux Allemands la confiance qu'ils avaient mise dans les corps légalement élus ni dans les consultations électorales régulières. Tous les autres comités fabriqués depuis 1918 n'ont été que des organismes de propagande (sauf en 1944). Le Front unique de 1934, puis le Front populaire de 1935 équivalaient à reconnaître que le léninisme enseignait une utopie depuis 1918. Les communistes s'alignaient sur la tradition social-démocrate : pour gouverner il faut conquérir l'assentiment de la majorité du peuple clairement exprimé dans les élections libres où seront désignés des représentants nantis d'un pouvoir législatif. Aucun symptôme de situation révolutionnaire n'apparaissait en France. Du côté communiste, l'analyse politique n'était pas le fait du Bureau politique du parti (encore moins du Comité central) mais des « instructeurs » dont le plus célèbre s'appelait Eugène Fried. L'équipe était assez nombreuse pour « doubler » les services essentiels. Elle était d'une qualité intellectuelle très supérieure à celle de la direction nationale. Inspirée plus ou moins directement par Staline et ses collaborateurs, elle avait l'avantage de profiter des renseignements obtenus par les services soviétiques. Ainsi un homme de la valeur de Gabriel Péri eut-il les moyens de donner à ses articles de politique étrangère dans *L'Humanité*, de 1935 à 1940, un poids que cette rubrique n'avait jamais eu jusque-là.

Gauchistes et trotskistes désapprouvèrent la transformation du Front unique en Front populaire et l'accord avec le parti radical-socialiste représenté surtout par Daladier. Ils proposaient à sa place la reprise de la tactique classe contre classe, contre laquelle l'expérience de la *Troisième Période* témoignait car l'on ne pouvait pas imputer les échecs exclusivement au concept du « social-fascisme ». Ils oubliaient qu'en dépit de ses faiblesses Daladier était en 1935 le seul homme politique européen qui se fût opposé brutalement au fascisme : la fusillade du 6 février n'avait pas d'antécédents en Italie ni en Allemagne[1]. Parmi les motifs qui avaient poussé Daladier à démissionner le 7 février, la présence des communistes aux côtés des fascistes place de la Concorde et sur les Champs-Élysées n'avait pas été le moindre. Enfin dans la perspective électorale — il n'y en avait pas d'autre — le succès de la gauche n'était pas possible sans les radicaux. Le scrutin de mai 1936, s'il donna la majorité à la gauche, fait état d'un assez faible déplacement de voix, la gauche pouvait parler de succès et non de triomphe. Le *Front uni* ne représentait à lui seul guère plus de 35 % des suffrages. Il eût représenté moins encore si les électeurs avaient eu à se prononcer pour une formation dont la victoire électorale eût manqué de crédibilité. En 1928, et davantage en 1932, les électeurs avaient très durement montré au parti communiste qu'ils n'étaient pas prêts à accepter la tactique du pire. De toute manière, les électeurs n'auraient pas admis que les augures ne fissent aucune différence entre Daladier et le colonel de La Rocque.

La section socialiste du XIXe arrondissement se réunissait place du Combat[2], dans le vaste sous-sol d'un café. Elle comprenait près de deux cents inscrits. Les jours de grande affluence, on comptait plus de cent présents. Une sorte de subdivision en quatre morceaux représentant les quatre quartiers électoraux prenait corps avant les consultations électorales. Les effectifs se gonflaient des supporters des candidats ou des élus.

Peu d'ouvriers, beaucoup de fonctionnaires et d'employés, quelques commerçants, des cadres, des représentants de commerce et un petit noyau d'instituteurs et d'avocats. Venant du parti communiste, je tombai dans un autre monde, très porté sur les débats politiques et les effets oratoires mais assez loin de l'action et tout à fait étranger à la vie des usines. Le langage employé était aussi très différent. Les noms des Pères de l'Église qui apparaissaient dans les discours étaient ceux de Marx, de Jaurès, plus rarement celui d'Engels. Lénine et Staline avaient à peu près la position de Luther et de Calvin chez les catholiques, Trotski était mieux considéré, à cause de ses malheurs. Léon Blum avait dans son parti un prestige intellectuel que Thorez n'acquit dans le sien qu'à la fin de sa vie.

Le gouvernement Doumergue, qui se proposait d'apaiser la droite et de lui faire oublier les morts du 6 février, aurait voulu modifier la Constitution pour en finir avec les gouvernements de six mois. Les Croix de Feu, en organisant de vastes rassemblements provinciaux, tentèrent d'aider l'ancien président de la République par une « pression des masses ». Ils firent surtout très peur aux républicains. L'hostilité systématique de la gauche qui avait la majorité à la Chambre des députés eut d'autant plus facilement raison des projets réformateurs qu'elle qualifiait d'autoritarisme, que de grandes manifestations ouvrières répondaient un peu partout aux rallyes automobiles des Croix de Feu, raffermissant le zèle des députés de gauche. Le gouverne-

---

1. Depuis 1923.
2. Aujourd'hui, du Colonel-Fabien.

ment le plus notable de cette période fut celui de Pierre Laval qui obtint le droit de légiférer en promulgant des lois sur le bien-fondé desquelles le Parlement ne se prononcerait que plus tard. On appelait cela des décrets-lois.

La grande pensée de l'opération Laval était d'opérer une réduction de 10 % sur le train de vie des Français. Moyennant quoi, le budget de l'État serait en équilibre, le franc défendu et l'économie se ranimerait. Ainsi les rentes, les traitements, les loyers, les pensions, etc., et si possible les prix, seraient amputés de 10 %.

Laval ne s'y serait pas autrement pris s'il avait voulu assurer le succès du Front populaire. Avec Laval, c'était la droite qui était au pouvoir. Les socialistes étaient dans l'opposition. Daladier était voué tous les jours à un futur peloton d'exécution par la presse fasciste. Le patronat profitait de la tendance pour essayer de diminuer les salaires. Le niveau de vie de la classe ouvrière toucha au plus bas constaté depuis 1918. Comme cette déflation n'était pas en mesure de ranimer l'économie française les élections de 1936 s'annonçaient comme une victoire de la gauche.

Le premier tour du scrutin eut lieu le 26 avril 1936. Le Front populaire était présent partout. Le 27 avril son succès ne faisait aucun doute. On aurait un gouvernement Léon Blum dans quelques semaines. Cette perspective représentait pour des millions de Français la sortie proche d'un tunnel. Les ouvriers étaient plus attentifs que les autres à ce nouvel horizon. Jusqu'alors ils s'étaient battus contre le patronat et contre l'État. Demain l'État serait peut-être favorable aux revendications ouvrières, ce qu'on n'avait pas encore vu depuis qu'il y avait une république. Aussi n'est-il pas étonnant que des hommes plus hardis que d'autres, plus impatients ou plus menacés, aient déclenché des grèves à partir du 27 avril. Renault suivit et après le 3 mai ce fut l'avalanche. Pour montrer leur force, les ouvriers occupèrent les usines. Cette tactique avait déjà été employée hors de France. L'aventure amplifiait l'action.

La C.G.T. récemment unifiée fut la première surprise. Des grèves éclataient dans des usines où il n'y avait pas de section syndicale. Les fédérations et les syndicats furent débordés. Tous les militants disponibles étant employés à contrôler les grèves, à engager la discussion avec les patrons, on fit appel aux responsables politiques, à tous ceux qui avaient un peu la pratique du syndicalisme. Il fallait essayer d'encadrer ces grèves sauvages, établir des listes cohérentes de revendications. Il y avait une sorte d'accélération dans les débrayages. Les ouvriers étaient heureux de pouvoir réclamer dans la légalité sans craindre les renvois ni les « jaunes ». L'occupation de l'usine était une garantie et une revanche. « Nous sommes chez nous », entendait-on dire. Mais la plupart des grévistes étaient maladroits dans le maniement de cette arme. Les cahiers de revendications s'établissaient difficilement en dehors de l'aide des syndicalistes professionnels.

J'étais connu des socialistes et des communistes ; j'avais été de tous les comités de Front unique, j'étais un des fondateurs du comité de Front populaire. Les militants et les sympathisants vinrent me chercher tous les jours, faute de mieux, parce qu'on avait arrêté le travail ici ou là. Je me rendis chez Lebaudy-Sommier, chez Barbier, Benard et Turenne, dans une usine d'abrasifs, ailleurs encore. J'aidais les ouvriers à constituer leurs comités de grève, à organiser l'occupation des usines ; j'essayais de les mettre en rapport avec le syndicat compétent. Il fallait aussi haranguer les masses pour maintenir un bon moral. J'arrivais matin et soir en retard à mon bureau. Dans l'euphorie générale, je décidai de porter le mal à toutes les usines de l'arrondissement. J'intervins de la manière la plus directe en me présentant dans les établissements, en réunissant d'autorité les ouvriers sur le tas et en faisant voter la grève. Agents de maîtrise, directeurs et patrons ne savaient plus où ils en étaient. Ils m'aidaient parfois à rassembler leur personnel. Je n'étais d'ailleurs pas commode.

L'occupation de la France mutualiste vint à point pour que je puisse me consacrer davantage aux usines délaissées par la C.G.T. faute de militants. Des camarades me prièrent de prendre en main le conflit des chiffons.

L'usine Dufour traitait les chiffons jetés dans les poubelles ou ramassés par les chiffonniers. Elle alimentait les papeteries mais fabriquait aussi des meules à polir avec de vieux morceaux de drap. J'appris qu'en 1936 une des plus importantes fabrications de boutons en Europe était le fait d'une nombreuse main-d'œuvre à domicile répartie sur toute l'étendue du département de l'Oise. On fournissait aux ouvrières la matière, des meules de polissage et à tempérament les machines indispensables.

Dufour employait plus de cinq cents personnes à trier des chiffons, à les nettoyer si besoin était, et à façonner les meules de polissage. La main-d'œuvre était surtout féminine. Les conditions de travail étaient abominables. Elles étaient dignes d'un reportage sur Chang-Hai ou d'un roman de Zola. Le personnel triait d'immondes chiffons dans des locaux vétustes, mal aérés, sans chauffage et même dans certains endroits relativement obscurs. Comme l'idée d'installer des aspirateurs à poussière n'était pas venue au patron, pas plus qu'aux inspecteurs du travail, les ouvriers recrutés dans la partie la plus misérable de la population étaient sales à faire peur. Certains salaires étaient de l'ordre de 0,50 F de l'heure. Dans trois ou quatre localités de banlieue des entreprises plus petites travaillaient aussi le chiffon, elles étaient encore plus horribles à voir. A Montreuil, je tombai sur une quarantaine d'êtres hagards, plus sales que les chiffons. Ils paraissaient sortir d'un cave ; ils clignaient des yeux rougis aux bords crasseux comme si le soleil leur faisait mal.

Je rédigeai une convention collective provisoire qui augmentait tous les salaires de 50 %. Je doublai les salaires les plus bas en fixant un taux minimum d'embauche. Dufour fut le seul patron à esquisser une défense. Je le pris de très haut. Ses collègues étaient pris de panique. Après quelques jours de grève, les accords furent signés. Je n'avais pas tenu compte des décisions de Matignon : elles étaient faites pour des conditions « normales » d'exploitation patronale. Mes chiffonniers en étaient très loin !

Le travail reprit lentement. Pas mal d'ouvriers s'étaient installés dans les grèves. L'ampleur des augmentations de salaires consenties, sans précédent depuis la création, en France, de la première usine, mettait l'eau à la bouche. Si les patrons avaient cédé et aussi vite, ne fallait-il pas en déduire que ces concessions étaient peu de chose par rapport à leur bourse? Le profit patronal n'était-il pas en principe immense? Ne pouvait-on pas obtenir davantage? Les discussions s'éternisaient dans quelques usines. L'inquiétude commençait à gagner les milieux politiques. On vit des gardes mobiles armés aux points stratégiques. Maurice Thorez écrivit pour *L'Humanité* l'article souvent cité *Il faut savoir terminer une grève,* ce qui est l'A.B.C. du syndicalisme. Le mouvement avait été considérable parce qu'il était en quelque sorte l'expression d'une nouvelle légalité. Les ouvriers avaient senti que le gouvernement était complice, que pour le moins il laissait faire. A partir du moment où la formation politique la plus à gauche de la coalition faisait savoir que la récréation était finie, il eût été absurde de continuer pour courir le risque de se trouver une fois de plus sans soutien alors que les avantages acquis étaient énormes. Toutefois, de nouvelles grèves éclatèrent en juin et juillet parce que patrons et ouvriers n'avaient pas encore appris à discuter sans se fâcher et que la discipline n'a jamais été la qualité dominante des Français.

Ces grèves donnèrent au parti communiste l'occasion d'implanter son organisation dans les usines au détriment des socialistes et des réformistes. Il prenait ainsi le bénéfice de dix ans de bolchevisation. Sur l'injonction du Komintern il avait formé des centaines de militants pris dans la classe ouvrière qui ne servirent pas à faire la révolution mais à construire des syndicats.

A partir de septembre 1936, la non-intervention dans les affaires d'Espagne, préconisée par Léon Blum, ruina jour après jour le prestige des socialistes dans un certain nombre de centres industriels. Comme les grèves étaient toujours victorieuses à cause de la mansuétude du gouvernement et que la procédure d'arbitrage qui fut instituée joua à peu près systématiquement en faveur des ouvriers, ceux qui poussaient aux revendications imposèrent leur dynamisme. Toutefois, à la longue, ce système allait contre toute espèce d'agitation inconsidérée. Il aurait transformé les cadres syndicaux en juristes retors et assuré le triomphe du réformisme si la guerre de 1940 n'avait interrompu cette expérience.

En dépit des abominables procès de Moscou grâce auxquels Staline rejoignit Hitler dans la sauvagerie raffinée et le mensonge, l'influence du parti communiste s'étendit en France dans les milieux intellectuels en même temps que dans le prolétariat parisien. Ce fut l'époque de la montée d'Aragon, promu directeur du quotidien *Ce soir* (tirage: trois cent mille exemplaires). *Commune* devint une des revues littéraires les plus lues et l'auteur du *Paysan de Paris* passa de la situation d'écrivain d'avant-garde à celle de personnalité littéraire de premier plan. Les intellectuels et bourgeois de gauche qui lisaient *Ce soir,* qui faisaient fête à Aragon ou qui adhéraient au parti communiste allaient moins vers les idées de Marx et Lénine que vers la Russie.

L'intervention des militaires soviétiques en Espagne, couronnée de quelques succès en 1937, rassurait tous ceux qui commençaient à craindre Hitler et qui n'avaient qu'une confiance limitée dans la puissance militaire française ravalée au dernier rang par une campagne défaitiste sans précédent inspirée par la droite. La Russie prenait figure de protecteur ou de bouclier pour l'intelligentsia et une partie de la gauche (et même certains milieux de droite car les divisions traditionnelles commencèrent à changer en 1936). On comptait sur sa force et sa détermination antifasciste pour dissuader Hitler d'aller plus avant dans ses inquiétants projets. Pour une fois, la politique du parti communiste était habile et ne se perdait pas dans des chimères. Elle était entièrement dictée au parti par la direction occulte dont l'avait gratifiée le Komintern. C'était donc un produit russe. Mais il était bien conditionné. Comme les intérêts de l'U.R.S.S. et ceux de la France coïncidaient alors presque partout au monde, le parti communiste donnait parfois une expression plus exacte que le quai d'Orsay ou Matignon de ce qui convenait au pays.

Cette russification faisait en revanche des ravages au sein du parti communiste. Tous ceux qui y avaient conservé des amitiés étaient effrayés par les progrès de la caporalisation et de l'autoritarisme aveugle. Les méthodes staliniennes d'espionnage et de mouchardage avaient été introduites dans l'organisation où une sorte de direction du personnel employait des procédés inquisitoriaux inouïs pour détruire la personnalité des militants. Ce service épluchait les rapports des membres du parti entre eux, leurs relations avec l'extérieur, afin d'obtenir que les adhérents n'eussent pas de vie privée qui ne fût connue et acceptée par le parti. Pour cette activité plus monstrueuse que n'importe quelle enquête de police, elle ne disposait pas seulement des rapports et des mouchardages mais d'une technique parfaitement mise au point en Russie, celle des questionnaires. Chacun devait mentionner périodiquement sur des imprimés établis à cet effet tous les détails de sa vie intime ou professionnelle, ses antécédents, ce qu'il savait de ses parents et de ses propres amis, de sa famille, en précisant les noms de tous les policiers, militaires, magistrats et capitalistes, etc., qui lui étaient apparentés, qui étaient dans le cercle de ses relations ou même dans son voisinage. Il fallait tuer dans l'œuf toute velléité d'indépendance et dresser l'individu de telle manière qu'il n'entreprît rien sans se demander, d'abord, si cela plairait au parti, qu'en cas de doute, il s'abstînt ou s'informât et qu'il fût toujours prêt à se sentir coupable. Ce luxe de précautions visait avant tout à obtenir de chacun la soumission vénérée et absolue envers Thorez et Staline et le respect de la hiérarchie. Elle ne protégea pas le parti contre la pénétration policière ni contre l'espionnage hitlérien. Elle eut pour corollaire l'usage systématique de la calomnie à l'égard des adversaires politiques, ou de ceux qui étaient jugés tels, en perfectionnant les procédés diffamatoires qui n'avaient été jusque-là que l'apanage de l'extrême droite et des admirateurs du fascisme.

Les communistes accusaient volontiers les socialistes de tout sacrifier au souci de légalité formelle. « Ils ne peuvent pas être révolutionnaires puisqu'ils respectent la loi. » Dans le cadre de l'alliance antifasciste, les membres du parti communiste et les jeunes révolutionnaires, dont j'étais, citaient volontiers cet axiome de la guerre civile et du terrorisme : « Il n'y a pas de liberté pour les ennemis de la liberté. » Or, l'importance historique des socialistes et même des radicaux, la raison pour laquelle ils étaient au centre du rassemblement populaire, tenait presque tout entière dans le fait qu'ils admettaient que les ennemis de la liberté pussent jouir de la liberté tant qu'ils ne la menaçaient que par intention. En Russie, les communistes avaient supprimé la liberté, ils la refusaient à leurs adversaires et même ils ne se l'octroyaient pas. Le fascisme avait repris pour son compte cette totale frustration et c'est tout cela que le Front populaire combattait. Les scrupules des socialistes dont je me moquais en 1928 avaient retrouvé, grâce à Hitler (et à Staline), la force d'exemple qui avait suscité les révolutions du XIXe siècle.

Les trotskistes, et à un moindre degré les communistes, considéraient le Front unique comme une étape tactique devant mener à autre chose. Mais dans le Front unique, et plus encore dans le Front populaire, le but politique, comme l'a écrit Clausewitz, se pliait à la nature du moyen et devenait autre. Les communistes adversaires des institutions gouvernementales de la démocratie bourgeoise, qu'ils voulaient, en 1922, utiliser seulement en vue de leur destruction[1] se rangeaient par force, en 1936, parmi les défenseurs de ces institutions. Les luttes qui se menaient en France hors du Parlement obtenaient leur conclusion par l'élection de députés suivant les lois constitutionnelles et par le vote au Parlement de lois améliorant la situation de la classe ouvrière, en contradiction formelle avec la prophétie du Komintern.

Tous les socialistes étaient attachés au suffrage universel, au régime représentatif et aux institutions républicaines qu'ils paraient au passage de vertus démocratiques qu'elles ne possédaient pas toujours. Ils entendaient respecter la volonté populaire et non l'interpréter ou la forcer. Les communistes comprenaient mal ces scrupules puisque le propre de la constitution soviétique était de ne pas être appliquée et que la caractéristique majeure des élections russes était de ne pas être libres. Les droits de l'homme étaient sacrés pour les socialistes alors que les bolcheviques, dès 1917, les avaient tenus pour facultatifs et que Staline, en 1936, les foulait aux pieds aussi délibérément que Hitler.

En dépit de ces divergences, ou peut-être à cause d'elles, l'évolution du Front uni vers l'Unité ouvrière était un thème de discussion. Les staliniens affectaient d'être favorables à l'unité. Ils en attendaient la destruction du parti socialiste, de ses cadres et de son influence politique par les procédés qu'ils employèrent en Pologne ou en Allemagne « démocratique » après 1945. Je voyais pour ma part dans l'unité une synthèse des deux partis : la démocratie intérieure et la liberté d'expression seraient des comburants grâce auxquels brûleraient les scories du bolchevisme et de la social-démocratie, qui cachent l'or de la révolution.

---

1. Voir les thèses du 2e Congrès du Komintern.

RÉVOLUTIONNAIRES SANS RÉVOLUTION

Il y a un mythe de juin 1936, celui de la révolution manquée.

« Tout est possible », écrivit Marceau Pivert, leader de *La Gauche révolutionnaire* dans *Le Populaire* du 27 mai 1936. Cet article, qui fit un grand bruit à l'époque, n'est qu'une confuse prosopopée dont la seule note concrète est une histoire ridicule de mousquetons vendus à la Pologne. Après la lecture de ce papier on ne savait guère plus qu'avant ce que Marceau Pivert croyait possible, à l'exception de la réduction de la durée du service militaire[1], ce qui n'était pas alors un problème très pressant.

Que pouvait-on faire ? La révolution était-elle commencée ? Au plus haut point des grèves, il n'y eut pas beaucoup plus d'un million de grévistes. Aucun des services publics n'était atteint. Trotski préconisa la création de conseils ouvriers. C'était un bon exemple de *parodie*. Les Français venaient tout juste d'élire une Chambre des députés dans laquelle ils avaient confiance. Cette confiance n'était pas trompée en juin 1936, au contraire ! Un libéralisme jamais vu permettait aux ouvriers d'exercer impunément leur droit de grève et d'occuper les usines. Le gouvernement Blum imposait au patronat une discussion nationale sur les salaires, lui donnait une conclusion favorable aux revendications ouvrières et annonçait des réformes considérables. Pourquoi donc les ouvriers eussent-ils élu des conseils ? Parce qu'un vieux révolutionnaire russe les en priait ? Bien que le remède eût été souvent pire que le mal, les ouvriers russes avaient eu besoin des conseils en 1917 pour essayer, entre autres, de régler des problèmes d'administration que l'État tsariste ruiné et en voie de décomposition était incapable de résoudre. Les ouvriers français, en juin 1936, n'avaient aucune envie d'administrer ni de gérer. Pour ce qui concerne la politique, ils avaient dit leur mot le 3 juin, aux élections, et depuis ce jour-là les choses allaient dans le sens qui leur convenait. Ils étaient plutôt satisfaits du gouvernement. Ayant posé un problème de salaires et de conditions de travail, ils le réglaient à leur avantage, forts de l'appui moral du pouvoir et de l'aide efficace des syndicats. Ils n'avaient pas envie de faire la révolution mais de jouir des résultats acquis. Nulle part les ouvriers en grève ne passèrent du corporatif au politique. Aucun conseil ouvrier ne fut élu parce que les ouvriers ne sentaient pas la nécessité de créer de tels organismes. Les grèves se prolongèrent surtout dans les secteurs où les fédérations et les chambres syndicales patronales essayèrent de ne pas appliquer les accords Matignon et de faire reculer les ouvriers.

Dans l'article cité plus haut, Marceau Pivert proposait la création des *comités populaires* pour animer les masses et les révolutionner. Ces comités se mirent en place dans les quartiers, dans les villes et parfois dans les entreprises en prenant souvent la suite des *Comités de Vigilance*. Ils ne furent jamais l'émanation directe du peuple. Ils se formèrent par la réunion des délégations des partis. Leur influence fut des plus faibles parce qu'ils ne

---

1. Alors que le Front populaire devait essayer de résorber le chômage et que Hitler venait de réoccuper la Rhénanie !

tenaient leur existence que de l'accord de ces partis, lesquels possédaient chacun leur propre organisation et ne laissaient aux comités populaires que des tâches subalternes. A quoi donc pouvaient servir ces comités, sinon à des parlotes puisque le pouvoir n'était pas à prendre ? Toutes les institutions de l'État fonctionnaient et les nouveaux systèmes mis en place par les lois du Front populaire, les conventions collectives et les délégués du personnel jouèrent le rôle qui leur était assigné sans avoir besoin de recourir, dans les cas difficiles, à d'autres armes qu'à la grève ou à l'arbitrage des Pouvoirs publics.

En juin 1936 le parti communiste avait surtout à cœur de renforcer son organisation et de conquérir les directions syndicales. Les socialistes, dans leur majorité, aidaient l'administration à sortir le pays de l'espèce de chaos inhérent à l'extension des grèves. Les « gauchistes » d'alors étaient presque tous membres du parti socialiste. Ils n'avaient que peu de contacts avec la classe ouvrière et leurs exhortations n'y trouvaient pas beaucoup d'échos. Ils ne constituaient pas un ensemble politique homogène et ne savaient pas eux-mêmes où ils avaient l'intention d'aller, à l'exception du lointain Eldorado révolutionnaire rituellement évoqué à la fin de chaque discours.

Pour conquérir la confiance des ouvriers il fallait d'abord s'intéresser à leurs revendications immédiates et les faire aboutir. Le crédit chez le boulanger et l'épicier a un terme et les femmes attendent la paie avec impatience. Ce sont là des impératifs que la plupart des intellectuels révolutionnaires ignorent ou dont ils méconnaissent l'exigence. Les gauchistes regrettaient que la signature des conventions collectives mît fin aux grèves et aux occupations d'usines, comme si le prolétariat avait été une matière première à expériences et non un ensemble d'hommes et de femmes avant tout dominés par les besoins matériels, cause fondamentale de leur destin révolutionnaire réel ou supposé. Les trotskistes, fidèles à toutes les erreurs du marxisme, annonçaient doctement que les avantages acquis étaient illusion. Leurs propos ne sortaient guère du vase clos de leurs mini-groupes, aucun ouvrier dont le salaire était augmenté de 20 % au moins, qui s'apprêtait pour la première fois de sa vie à prendre deux semaines de vacances payées, et qui terminait sa semaine de travail le vendredi soir, n'était disposé à prêter attention à de telles calembredaines.

La plupart des gauchistes étaient, à l'image de Marceau Pivert, des pacifistes impénitents. Ils eussent volontiers échangé les accords Matignon contre n'importe quelle réduction des dépenses militaires. Contre l'hitlérisme ils préconisaient le désarmement. En juin 1936, ils fatiguaient leurs auditoires avec les histoires de marchands de canons qui sonnaient faux. Ils commençaient à jouer le jeu mortel de la démission devant la force nazie.

Rien du côté gauchiste ne pouvait aider les ouvriers à passer des revendications de salaires à des exigences politiques. Celles que l'on pouvait souhaiter n'eussent pas été de nature à faire une révolution mais à conserver les avantages acquis et à mériter au prolétariat français une place dans la direction de l'État. Les changements nécessaires à la France ne se sont pas posés de 1920 à 1960 dans les termes d'un gouvernement de classe, quelle que soit cette classe, mais dans ceux d'un gouvernement d'équilibre entre les classes et ce phénomène, bien qu'il ne fût pas nouveau dans l'Histoire, notamment dans l'Histoire de France, n'a jamais été reconnu par les intellectuels révolutionnaires parce qu'il est beaucoup moins héroïque que l'image du « Grand Soir ».

En juin 1936, d'autres réformes étaient possibles, notamment celles qui ont été réalisées par le général de Gaulle en 1945 et qui procédaient toutes de l'idéologie et de l'expérience du Front populaire. L'État libéral de 1936 était sans arme devant la fuite des capitaux et la baisse de la production industrielle. Certaines nationalisations (celle du crédit par exemple), ou pour le moins le renforcement du pouvoir d'intervention de l'État (ce qui fit si cruellement défaut à Léon Blum), l'amoindrissement de la puissance politique du Sénat auraient sans doute pu être obtenues sous le feu de grèves. Elles étaient plus utiles que la nationalisation du déficit des chemins de fer ou celle de l'industrie aéronautique. Le Front populaire y a manqué comme il a manqué sa politique extérieure.

Je rencontrai Crevel rue Saint-Lazare le 16 ou le 17 juin 1935. C'était à la sortie des bureaux. Il me parla de l'A.E.A.R. et du congrès pour la défense de la culture en termes inquiets. Breton avait giflé Ilya Ehrenbourg ; cette correction méritée m'avait mis en joie car je détestais depuis toujours le bonhomme. Crevel avait beaucoup travaillé à l'organisation du congrès. Il craignait que Breton en fût exclu et constatait que la réconciliation entre Aragon et Breton, qu'il avait tant souhaitée, était une utopie. Il portait sur Aragon un jugement sévère. Nous évoquâmes *Paillasse*. Comme je m'étais tenu à l'écart de toutes les activités culturelles depuis deux ans, Crevel voulut avoir mon avis sur le fond du problème. Il espérait, ce me semble, de ma part, un jugement nuancé sur les positions respectives des uns et des autres, une critique du penchant « oppositionnel » de Breton car il savait que j'étais très engagé dans la politique du Front populaire. Il fut quelque peu surpris de m'entendre dire que la culture était aussi menacée par Staline que par Hitler et que si l'accord politique avec les communistes était à mon avis indispensable à la lutte antifasciste, toute extension de cet accord dans le domaine culturel était à proscrire. Il n'en sortirait que la pire confusion. « Quand vous êtes allé à l'A.E.A.R. j'ai cru d'abord que Breton avait gagné. Encore que je visse de moins en moins ce que pouvait apporter cette association, je pensais qu'il était bon que vous fissiez tous cette expérience. Depuis le triomphe de Hitler, je sais que Breton quittera à plus ou moins bref délai ces eaux stagnantes. Le parti communiste n'est pas plus révolutionnaire que le parti socialiste. La structure de ce dernier a au moins l'avantage de permettre la naissance de courants idéologiques qui ne seront pas aussitôt écrasés par le conformisme officiel et garantiront peut-être contre de nouvelles capitulations. L'action politique du parti communiste, dans certains cas, peut mériter d'être soutenue ou aidée, mais tout ce qui sera entrepris par les communistes dans le domaine de la culture, par la force même de leur subordination à Moscou, sera réactionnaire. » J'ajoutai que les disputes d'intellectuels me paraissaient hélas futiles car elles témoignaient surtout d'un aveuglement tragique. La presse du 19 juin m'apprit le suicide de Crevel. Son testament, c'est la lutte sans résultat qu'il mena contre Aragon, Nizan, Fréville et quelques autres pour obtenir que ce congrès prétendument hostile à l'autodafé des livres, à l'arrestation des écrivains mal-pensants et au bannissement des poètes et des peintres accordât le droit de parole à l'auteur des *Manifestes du surréalisme*!

Breton ne se tint pas pour battu. En octobre 1935, un tract publia la résolution *Contre-Attaque* scellant l'accord temporaire des deux écrivains français dont la pensée est la plus riche du xxe siècle, Bataille et Breton. La progressive et inexorable entrée du nationalisme dans la politique mondiale était de nature à inquiéter tous ceux qui se refusaient à être esclaves même si cette apparition que personne ne prévoyait vers 1930 était attendue par certains, plus sensibles que leurs contemporains à l'évolution des forces internes du monde, conscients du fait que toute perspective de révolution ne serait pas éclipsée pour autant, avertis du rôle que ce nouveau monstre pourrait jouer dans la conservation de la liberté.

J'accueillis la déclaration de *Contre-Attaque* avec un mélange de satisfaction et d'irritation. Je tiens ce document pour un des textes les plus significatifs de l'époque parce qu'il essaie de donner une définition précise et nouvelle de la révolution et qu'il veut maladroitement la libérer de toute hypothèque nationaliste. Admettant la socialisation des moyens de production comme *fondement du droit social*, les auteurs de la déclaration identifient la révolution, non seulement avec cette socialisation mais avec la *constitution* d'une superstructure sociale nouvelle. Le point de départ ne sera pas *une réduction du niveau de vie des bourgeois à celui des ouvriers* mais la fin de *l'impuissance économique*. Les moyens révolutionnaires sont la constitution et l'action d'un parti (*d'une vaste composition de forces, disciplinée et fanatique, et une intraitable dictature du peuple armé*). Enfin la déclaration refuse de laisser enfermer la révolution dans le cadre d'un pays dominateur et colonialiste[1].

J'enrageais de lire un texte exprimant si parfaitement, sous la signature de mes amis, les défauts des intellectuels révolutionnaires. Le parti discipliné et fanatique est l'idéalisation des S.A. du nazisme, la dictature du peuple armé est un souvenir de la *Convention*. La socialisation des moyens de production est une concession irréfléchie au marxisme que l'on met néanmoins en cause en plaçant *l'étude des superstructures sociales... à la base de toute action révolutionnaire*. Enfin l'hostilité principielle aux idées de nation et de patrie assortie de la revendication d'une révolution universelle dément d'une manière éclatante la volonté d'éliminer *quiconque est incapable de passer à des considérations réalistes*. Combien avais-je raison de ne pas me mêler à des exercices dont il ne pouvait rien sortir! Mais le paragraphe concernant les

---

1. Les idées de Georges Bataille sur l'action politique à mener, de 1935 à 1939, sont étudiées dans *Révisions déchirantes*.

superstructures à refaire, la prise de position formelle contre un communisme de pénurie, comme l'appel en faveur de la révolution mondiale (en dépit de son irréalisme) sont dignes du double cachet de Bataille et de Breton. J'enregistrai avec la plus grande curiosité ce rapprochement insolite. Je prédis qu'il ne durerait pas. Mais la caution de Breton, oublieux des insultes que lui prodiguait Bataille deux ans auparavant, me fit reprendre un peu plus tard, avec un nouvel intérêt, l'article de Bataille sur la *Notion de dépense* publié dans *La Critique sociale* de janvier 1933 à cause des analogies existant entre la thèse de la dépense improductive et *La Note sur l'argent* que j'avais écrite en 1928. L'évolution de *Contre-Attaque* me dissuada tout à fait de l'idée de revenir chez les surréalistes, idée que j'avais eue le 17 février 1936, place du Panthéon, lors de la manifestation organisée pour protester contre l'agression dont avait été victime Léon Blum. Je rencontrai Breton à peu près en face de l'*Hôtel des Grands Hommes* dont la façade est le premier décor de *Nadja*. Nous plaisantâmes un peu sur cette coïncidence, nous demandant si cette foule effaçait toute trace de ceux qui avaient antérieurement arpenté le trottoir de l'hôtel ou si une voyante était en mesure de surimposer une silhouette de femme à cette masse grise. Breton fit quelques réserves sur Bataille. Il me parla des Cahiers de *Contre-Attaque* dont une série était en projet et pour lesquels ma collaboration lui paraissait souhaitable. Je profitai de cette offre pour lui dire combien les idées que j'avais sur le rôle des nations dans la lutte antifasciste différaient de celles qui étaient exprimées dans le texte que j'avais lu. Montrant la foule qui nous entourait: « Voici notre combat, lui dis-je. La menace est de l'autre côté de la rue. Les forces révolutionnaires sont celles qui nous entourent. Leurs points d'application sont à Paris, en France. Ailleurs nous sommes démunis. Quant à l'Allemagne, tous les témoignages indiquent que l'internationalisme y est mort. » Je ne pouvais pas rencontrer Breton sans penser à reprendre une collaboration qui m'avait tant apporté, sans éprouver le sentiment que cet homme extraordinaire n'était pas à sa place, que le devoir de ses amis était de pallier sa modestie et sa maladresse. Il était dans la foule. Il méritait que ces gens fussent capables de le reconnaître non pas seulement parce que sur cette butte, vouée disait-on, aux êtres exceptionnels, un de ces personnages fabuleux, en chair et en os, piétinait dans le cortège, mais aussi parce qu'il incarnait plus qu'aucun des participants tout ce que le fascisme voulait anéantir et ce que les antifascistes officiels n'oseraient pas défendre. Mais je temporisai encore. Quelques semaines plus tard, la publication du tract *Sous le feu des canons français...* refusant de qualifier les nations démocratiques bourgeoises contre Hitler me démontra que le chemin que je voulais suivre n'était pas celui dans lequel Breton s'engageait.

La force d'expansion des grandes nations fascistes et réactionnaires (Allemagne, Italie et Japon) était alors le moteur du monde. Les ambitions de leurs dirigeants étaient connues. Elles visaient à substituer au pouvoir des impérialistes la domination de trois peuples dont la puissance des trois nations était l'instrument. La nouveauté du conflit qui se préparait tenait tout entière dans la conception raciste et hiérarchique de la conquête. On généraliserait des méthodes du Far West : certaines races seraient exterminées comme les tribus indiennes et les survivants éventuels seraient parqués et maintenus dans une situation de dépendance morale et d'infériorité matérielle. Pour l'Allemagne, il s'agissait de réparer dix siècles au moins d'erreurs historiques. Des colons de deuxième zone, des Suédois, des Norvégiens, des Flamands, des Lorrains pourraient être associés à ce grand-œuvre ; d'autres (les Anglais, les Français) seraient au mieux gardiens de zoo. D'autres enfin, les juifs par exemple, les Tziganes, seraient purement et simplement « liquidés ». Une partie de la Russie serait réduite en esclavage. Les hommes de couleur resteraient chez eux. Le programme de l'Italie était un peu moins inquiétant : on reconstruirait la Rome antique, avec ses annexes de Provence, de Corse, d'Illyrie, Carthage et la Numidie. L'impérialisme italien était plus rassurant que l'esclavagisme nazi : la citoyenneté romaine pourrait sans doute s'acheter, comme autrefois. Aussi extravagant que cela puisse paraître aujourd'hui, ce calcul de vaincus résignés apparaissait en filigrane dans de nombreux écrits de la droite où les vertus et les réalisations du fascisme italien étaient mises en avant et opposées au caractère implacable et brutal des Allemands.

Si le sort des armes était favorable aux totalitaires, les classes dirigeantes françaises avaient donc autant à perdre que les classes dirigées. Pour tous, c'était la démocratie, la liberté, l'indépendance nationale et toutes leurs adhérences culturelles qui étaient en cause. Certains possédants essaieraient peut-être de brader cet énorme capital historique, intellectuel et moral pour sauver ce qui leur importait le plus : les structures sociales. Ce serait un sacrifice inutile. La victoire de Hitler et de Mussolini réduirait ces beaux messieurs à l'état de chefaillons provinciaux ruinés et sans honneur. Leurs ouvriers ne travailleraient même plus pour eux ; les Allemands les prendraient à leur service. Ce abaissement serait très vite insupportable pour tout le monde, à l'exclusion de la poignée de collaborateurs que produisent, immanquablement, les défaites. En dépit de la sottise que les bourgeois français nomment souvent réalisme, j'estimais que cette peinture peu engageante de la victoire nazie serait faite par bien d'autres que par moi et emporterait les convictions.

Les salariés, devenus un prolétariat de seconde zone, perdraient leurs partis, leurs syndicats, leurs associations culturelles, peut-être même leur langue maternelle. Ils auraient le choix entre le chômage et le travail au rabais dans les territoires germanisés.

La montée du fascisme français avait été définitivement stoppée par la réaction de la gauche unie et la victoire électorale du Front populaire. En France, le fascisme n'était pas un phénomène national : il avait déjà, en 1936, les aspects du défaitisme réactionnaire et de la cinquième colonne. Ses seules chances étaient de régner au titre de garde-chiourme sur des provinces conquises par Hitler. Ainsi les fascistes français avaient perdu l'opportunité de créer un parti de masses. Par la force des choses ils se cristalliseraient dans des noyaux de vendus, de fanatiques et d'agités qui ne verraient pas d'autre issue que dans le terrorisme et la défaite. Leurs excès donneraient à leurs adversaires les meilleures occasions de s'affirmer comme des vrais patriotes ; ils poseraient aux nationalistes traditionnels des cas de conscience propres à leur faire accepter les initiatives de la gauche. L'agression de l'hitlérisme produirait des lézardes politiques dans le bloc des possédants.

La transformation des Croix de Feu en un parti puissant, de plus en plus soumis aux règles démocratiques, confirmait cette analyse de l'évolution des idées en France. Le Parti Social Français prit figure d'organisation politique des modérés, plus intéressée à obtenir un bon score aux élections de 1940 que d'intervenir dans la politique française par des moyens extra-légaux. Il adopta les réformes sociales du Front populaire et ne dut l'accroissement de son influence qu'à la carence des gouvernements en matière économique et à la croyance naïve que des hommes de droite pourraient s'entendre honnêtement avec Hitler.

Avec deux millions d'adhérents, il représentait une force électorale en puissance qui commença dès 1938 à faire hésiter pas mal de radicaux, mais en dépit de la relative habileté avec laquelle le P.S.F. jouait d'un danger communiste imaginaire, cette masse n'était animée d'aucune vie spirituelle, elle n'était capable d'aucune réaction spécifique devant le péril hitlérien qui remodelait la vie politique française *ab ovo*. Le P.S.F. fut munichois en 1938. Il accepta la guerre avec résignation, sans comprendre. Après l'armistice il se dissocia par le seul effet de sa contradiction fondamentale : sa tentative d'opposer le patriotisme aux formations politiques qui représentaient, malgré elles souvent, le noyau de la résistance à l'entreprise hitlérienne. Chaque coup porté par Hitler à la France démontrait l'inanité de cette opposition. La France vaincue, la gauche écrasée par Hitler et par Pétain, il ne restera au P.S.F. que le vieil esprit Ancien Combattant vite effiloché autour du maréchal Pétain au fur et à mesure de la ruine et de la colonisation de la France. J'ai décrit longuement cette évolution du P.S.F. parce qu'elle me paraît, mieux que n'importe quel autre exemple, illustrer ma conviction que les classes possédantes et leurs formations politiques n'étaient plus à la mesure des circonstances depuis 1936. Dans la guerre que je jugeais inévitable, les salariés étaient les premiers intéressés à la défaite de Hitler car l'écrasement des forces les plus réactionnaires du monde par une coalition qui comprendrait obligatoirement l'U.R.S.S. ne pourrait que renforcer la démocratie, les libertés, et accélérerait le processus d'émancipation des sujets. La révolution prolétarienne pourrait être la conséquence de la participation des révolutionnaires à la défense nationale, en France et en Angleterre. Elle n'était susceptible de passer par le défaitisme qu'en Allemagne.

Les intellectuels qui ne voulaient pas s'abandonner au pacifisme le plus vulgaire (les surréalistes, par exemple) s'en tenaient au vieux slogan : *pas de défense nationale en régime capitaliste*. Si, en 1936, l'illusion révolutionnaire avait été permise, en 1938 le reflux était évident. Il fallait en prendre son parti et essayer de donner aux batailles politiques les enjeux qui étaient en cause au lieu de les dévoyer vers des querelles hors saison. Les grèves ne jouaient qu'en faveur de Hitler qui s'en était débarrassé en Allemagne. La semaine de quarante heures ne profitait qu'aux nazis. Le durcissement des conflits sociaux en France ne pouvait qu'affaiblir le principal adversaire militaire du fascisme soit que l'intransigeance patronale tendît à faire penser aux ouvriers qu'ils n'avaient rien à défendre et que leur pire ennemi était leur patron, soit que l'excès des revendications ouvrières pût mettre en cause l'existence même des entreprises, poussant ainsi les patrons à souhaiter qu'une armée étrangère les sauvât de la faillite ou de la ruine. Puisque le rapport des forces et l'état de l'opinion ne permettaient pas à la classe ouvrière de s'imposer comme dirigeante exclusive de la nation, il fallait trouver un équilibre politique au sein duquel les représentants des classes sociales les plus attachées à la liberté et à la démocratie eussent une sorte de prééminence afin que la préparation à la guerre ne fût pas pour ces classes l'occasion de perdre les avantages économiques et administratifs qu'elles avaient conquis. Bien au contraire, une association plus étroite des mandataires de la classe ouvrière à la direction de l'État devait avoir pour corollaire une participation plus grande de cette classe aux résultats, à l'accroissement des forces productives et à la puissance de la nation.

En d'autres termes il fallait établir les bases d'un nouveau nationalisme, lequel ne ferait que traduire une solidarité de fait. Les tenants des vieilles recettes et les pacifistes craignaient que ce nationalisme français fournît des arguments supplémentaires aux nationalistes allemands et à Hitler. C'était là propos d'avocats préparant un dossier à plaider ! Seule la défaite de Hitler en 1938 ou 1939 eût été de nature à remettre en cause l'accord sentimental qui existait entre lui et le peuple allemand. La fin de la Seconde Guerre mondiale mit en évidence la fragilité des thèses léninistes sur la révolution par la défaite. Allemands et Japonais furent écrasés. Ni le prolétariat allemand ni le prolétariat japonais n'entreprirent la moindre action pour transformer la guerre impérialiste en guerre civile. En juin 1940 le prolétariat français n'a pas non plus éprouvé cette tentation !

L'avenir confirma les grands traits de cette analyse politique en l'illustrant des images dramatiques de la défaite et de la libération. La guerre civile espagnole lui apporta des arguments en foule. La rébellion des généraux montra une fois de plus qu'aucun parti du Komintern n'était capable de répondre à l'événement et de justifier sa prétention historique. Ce furent les autonomistes et les anarchistes qui brisèrent l'insurrection en Catalogne et dans le Pays basque, et les socialistes à Madrid. Le P.O.U.M. se distingua lui aussi à Barcelone par l'intelligence et la rapidité de sa réaction à l'entreprise du malheureux général Goded. Les anarchistes et les trotskistes croyaient qu'ils étaient engagés dans une révolution alors qu'ils commençaient une guerre. Les Républicains espagnols (les Rouges, comme les appelaient les Franquistes) n'avaient pas le temps de faire la révolution. Ils en accomplirent néanmoins l'essentiel en ce qui concerne les transferts de propriété. Il leur fallait d'abord défendre le terrain qu'ils occupaient, les villes et les routes. Mais l'effort de guerre ne pouvait s'organiser autrement qu'en donnant à l'extrême gauche une part de plus en plus grande dans la direction politique. Cette voie révolutionnaire n'avait pas été prévue par les manuels (bien que l'Histoire en donnât des exemples). La plupart des disciples de Bakounine et de Marx la considéraient comme suspecte. Après quelques hésitations, les communistes s'y engagèrent, poussés par leurs conseillers étrangers et par les Russes peu à peu conscients des vraies dimensions de lutte antifasciste. Alors que leurs concurrents anarchistes et poumistes se perdaient dans des querelles et des exclusives, les communistes devinrent des exemples de discipline et d'efficacité. Les qualités qu'ils déployèrent dans la formation d'une armée et dans la bataille eussent pu les conduire à la suprématie si Staline (et en sous-main les pires traditions du bolchevisme) n'y avait mis bon ordre. Les communistes manquaient d'hommes de valeur; leurs professions de foi en faveur de l'unité du Front républicain et de la priorité de la guerre ne les empêchèrent pas de cultiver le sectarisme ni de s'acharner contre leurs concurrents. Les communistes espagnols, s'ils n'avaient pas cherché avant tout à tuer les poumistes ou les anarchistes, auraient peut-être été capables de distinguer ceux qui, dans leurs rangs, criaient plus fort que les autres parce qu'ils étaient des agents de Franco. Quoi qu'il en soit, ce premier affrontement entre le fascisme et les démocraties occidentales fut une répétition générale au cours de laquelle tous les grands airs ont été chantés. L'incompréhension des spectateurs me fit penser que l'Histoire n'avait peut-être jamais été qu'un combat d'aveugles et de sourds[1].

Cette guerre avait pour les Espagnols un aspect qui échappait à presque tous les observateurs. L'héroïsme avait été sublime dans les deux camps : les anarchistes à Barcelone, les cadets à Tolède, les femmes et les enfants à Madrid avaient égalé les grandes traditions de Saragosse et du Siècle d'Or, mais le peuple, mois par mois, fit lentement, avec continuité, mouvement vers Franco. Au temps de Gil Robles, quelques années auparavant, il avait déjà penché à droite. Le caractère décousu de l'action des républicains, la lâcheté de la France et de l'Angleterre ont pesé sur les consciences espagnoles. Plus encore peut-être, le manque de foi dans les effets bénéfiques d'une révolution grâce à laquelle l'État devenait le propriétaire. La réforme agraire de 1932 avait substitué aux féodaux une administration moins compétente et plus dure. Les paysans ne l'oubliaient pas. La nationalisation des industries engendra la pénurie ; la remise des terres aux paysans ou à des communes tarit l'approvisionnement des villes. Les Républicains espagnols se sont battus avec acharnement pour la liberté et non pour le collectivisme. Dans la masse du peuple espagnol, républicains compris, les idées que la révolution ne résoudrait rien, que la guerre continuerait après la défaite de Franco et qu'il n'y aurait rien à gagner dans la création d'un ordre d'ad-

---

1. Voir, du même auteur, *Révisions déchirantes*.

ministrateurs qui supplanterait l'ordre des propriétaires, s'imposèrent peu à peu aux consciences en même temps que la lassitude et le découragement s'emparaient des meilleurs.

Je pesai ce conflit en termes de lutte entre nations, dès les premiers jours. La France avait toujours réagi avec promptitude aux événements qui affectaient l'autre côté des Pyrénées, quand des tiers s'en mêlaient. L'aide de l'aviation italienne ayant été manifeste dès le 20 juillet, les traditions gardaient leur force. Mes amis politiques furent choqués par la tranquillité avec laquelle j'admettais une intervention de l'armée française en Espagne accompagnée au besoin d'une déclaration concernant l'intégrité catalane. Les plus conscients du danger s'en tenaient à des fournitures d'armes, sans oser se demander si les Républicains, privés d'officiers et de spécialistes, pourraient utiliser à temps les armes qui leur seraient envoyées. Ils croyaient encore aux vertus de la lutte des classes: les Italiens et les Allemands joueraient un jeu mortel, pensaient-ils, en s'engageant trop avant en Espagne. Or, les Allemands et les Italiens intervinrent en Espagne en tant que nations, avec tout leur poids et non pas seulement en marchands de canons. La flotte allemande de haute mer s'installa en Méditerranée et protégea par l'action de son artillerie le déchargement de ses transports d'armement et de spécialistes. Les sous-marins allemands et italiens coulèrent les cargos républicains. Trois divisions italiennes complètes furent placées sous le commandement de Franco. La bataille de Guadalajara montra une fois de plus que le fait national l'emportait sur la lutte des classes, laissant à penser que les mutineries de la mer Noire en 1919 avaient été un accident. Trente mille soldats italiens attaquaient. Ces fils d'ouvriers et de paysans n'avaient pas débarqué en Espagne pour une de ces conquêtes coloniales acceptées jusque-là par toutes les armées du monde (elles flattaient souvent le racisme des simples soldats) mais pour se battre contre d'autres ouvriers et paysans afin d'aider Franco à briser leurs partis et leurs syndicats, à supprimer leur presse, à exterminer leurs cadres. Ces fils d'ouvriers et de paysans avaient accepté cette mission. Ils furent opposés, entre autres, à la brigade Garibaldi composée en majeure partie d'Italiens antifascistes. Les divisions mussoliennes furent battues parce que leurs adversaires furent plus habiles et mieux commandés. La défaite ne produisit pas chez les vaincus le sursaut de la « conscience de classe ». La brigade Garibaldi ne fut pas en mesure de combler ses pertes par l'enrôlement des prisonniers comme l'auraient fait, au XVIIe siècle, Mansfeld ou Piccolomini. Deux ans plus tard, les soldats disciplinés de l'Italie fasciste prenaient Barcelone. Le courage des émigrés allemands, dans le brigades internationales, fut sans retentissement outre-Rhin. En revanche la légion Condor détruisit allégrement Guernica et les faits d'armes des aviateurs et tankistes hitlériens en Espagne furent un sujet d'orgueil pour toute l'armée allemande!

Personne n'était plus loin que la « gauche révolutionnaire » des idées que je viens d'exprimer. Le prestige de Marceau Pivert était probablement fondé sur la parfaite concordance du personnage avec une génération de petits-bourgeois, les contemporains exacts des surréalistes de 1925-1930, viscéralement allergiques à l'armée, aux anciens combattants, aux monuments aux morts et aux débordements des armées folles. Ces jeunes gens avaient été un peu séduits par le marxisme, mais la brutalité, le cynisme et les aspects guerriers du bolchevisme les avaient tenus éloignés du parti communiste. Ils exerçaient, à l'écart de la grande industrie, des métiers où l'on doit penser. C'étaient des personnages à système, de mœurs austères ; on comptait dans leurs rangs une forte proportion de maçons. Cette protection d'une puissance ancienne et respectable, en mesure de défendre leur carrière, assurait leurs convictions et les détachait un peu plus du monde réel. Le progrès leur paraissait fatal et indispensable, menacé seulement par l'obscurantisme et les traîneurs de sabre. Ils croyaient que les échecs ou les reculs de l'idée socialiste n'avaient été que la conséquence de l'abandon des principes par les hommes qui s'étaient laissé acheter ou qui avaient composé.

Marceau Pivert était professeur dans une école d'instituteurs primaires. Avec ses petites moustaches, son béret basque, sa maigreur, ses vêtements modestes, son activité, sa bonne camaraderie, son éloquence vague mais enflammée il donnait confiance à tous ceux qui cherchaient plus un style, un certain conformisme que la vérité et l'efficacité. Blum le prit en 1936 dans son cabinet, avec les prérogatives d'un sous-secrétaire d'État. A la G.R. on regretta cette attache avec le pouvoir, mais on n'en tint pas rigueur au sympathique Marceau, l'incorruptible. Les trotskistes mordirent assez fort dans la *gauche révolutionnaire*. Ils l'entraînèrent dans la voie des scissions dont l'aboutissement était Trotski seul, entouré d'une dizaine de disciples. Rien de tout cela ne joua le moindre rôle pendant la guerre, laquelle fit éclater le petit parti issu de la G.R. (le parti socialiste ouvrier et paysan) comme une bulle de savon.

René Modiano y représentait le pacifisme absolu. Il préconisait la capitulation sans condition en prétendant que seule la paix est révolutionnaire ; si les nazis étaient vainqueurs, le prolétariat continuerait la lutte clandestinement jusqu'à la victoire ! C'était aussi simple que cela ! Daniel Guérin était un peu moins catégorique. Après avoir défendu longtemps un pacifisme aussi dément que celui de Modiano, il se laissa prendre par les trotskistes se ralliant en 1939 à l'internationalisme bizarre sur lequel il donne candidement l'aperçu suivant dans son livre *Front populaire, révolution manquée*. Il s'agit d'un article écrit pour le journal d'Oslo (*Arbeitarbladet*) après l'ultimatum nazi à la Pologne : « Le texte que je rédigeai... n'eut pas l'air de plaire au rédacteur de politique étrangère... Finn Moe me le rendit en insinuant acrimonieusement qu'il eût pu être publié dans le *Völkischer Beobachter*, le quotidien hitlérien ! » Seul Michel Collinet voyait avec lucidité que ce pacifisme et cet internationalisme « révolutionnaires » menaient tout droit à l'esclavage. Avec le pacifisme inconditionnel dont il ne s'est jamais départi, sourd et aveugle à tout ce qui n'était pas l'évocation des barricades de 1830, Daniel Guérin aura été l'utopiste le plus achevé, le plus constant que j'aie jamais rencontré. Sa vie durant il aura souscrit au mythe de la révolution prolétarienne et qui plus est au mythe de la révolution trahie, il fit tout ce qu'il fallait pour que cette révolution ne pût jamais courir la plus petite des chances qu'elle avait de devenir un phénomène réel, et vécut dans le monde merveilleux et simple où le méchant capitalisme est parfois pris à la gorge par le bon et généreux prolétariat qui ne manquerait pas de triompher et d'apporter le bonheur qu'il tient en réserve si le traître stalinien de service ne l'obligeait à lâcher prise afin que le mystère pût sans cesse être rejoué sur le parvis des temples du socialisme!

Daniel Guérin avait des ascendances saint-simoniennes. Il me conduisit, vers 1948, en haut de la rue de Ménilmontant pour me faire visiter la maison abandonnée mais encore solide où le Père Enfantin avait logé la secte. Le bâtiment avait été transformé en immeuble à loyers. On devinait, dans l'enchevêtrement des ateliers et des baraques, la longue allée de tilleuls que le Père et ses disciples avaient arpentée en prônant le respect des passions et la réforme du mariage. J'essayai en vain d'intéresser la Ville de Paris à la conservation de cette relique. J'obtins au conseil municipal un succès de curiosité sans lendemain. Des services ignares, mais très doués pour l'enlaidissement de Paris, trouvèrent, après le délai de pourriture d'usage, mille raisons en faveur du remplacement de la vieille bâtisse par une horrible H.L.M. Daniel Guérin eût mérité que l'on consacrât au pacifisme intégral cette maison, remise en état, et que l'on autorisât plusieurs générations de rêveurs à y vitupérer la guerre, à y préconiser le mariage de groupe sous la condition expresse d'être habillés avec autant de fantaisie et de symbolisme que les saint-simoniens. Une subvention de la Ville de Paris eût assuré le loyer, l'eau et l'électricité à ces continuateurs des Pères Suprêmes.

La guerre d'Espagne brisa le Front populaire et rompit le charme qu'exerçait Léon Blum sur les ouvriers depuis l'attentat dont il avait été la victime. Des accords commerciaux avaient pratiquement confié à la France le renouvellement du matériel militaire de l'armée espagnole. Une vingtaine de bombardiers, des Potez 540, identiques à ceux qui entraient en service en France, attendaient leur armement sur les terrains du Sud-Ouest. Ils avaient été achetés par le gouvernement espagnol. Plusieurs escadrilles de chasseurs Dewoitine 371, destinées à je ne sais quelle puissance balte désireuse d'annuler ce marché, étaient à vendre. Ces avions étaient comparables aux chasseurs alors en usage en Allemagne et en Italie. Léon Blum décida de hâter la livraison des Potez et de céder en secret ces Dewoitine aux Espagnols. Campagne de presse! Le droit était pour Léon Blum. Le 25 juillet, dans un article du *Figaro* d'un antisémitisme raffiné et perfide, François Mauriac somma Léon Blum d'arrêter les envois d'armes aux Républicains. Le gouvernement anglais s'inquiéta. Blum inventa la non-intervention et interrompit l'envoi des avions, plus exactement il laissa passer au compte-gouttes des avions désarmés avec lesquels André Malraux et Corniglion-Molinier constituèrent la première escadrille internationale, acceptant de se battre avec des armes de rencontre hâtivement montées.[1]

---

1. Pour le détail des livraisons d'armes aux républicains espagnols, voir du même auteur *Révisions déchirantes*.

L'embargo sur les armes coupa littéralement Léon Blum d'une partie de la gauche. Cette coupure sera plus profonde lorsque, le 11 août, les communistes prendront enfin parti pour l'aide aux Républicains, lorsqu'en octobre l'U.R.S.S., d'abord hésitante, décidera de pourvoir à leur armement et à leur encadrement.

Léon Blum maintiendra la fiction de la non-intervention malgré l'activité des sous-marins italiens et allemands en Méditerranée, en dépit du débarquement massif d'aviateurs et de tankistes allemands, malgré la présence de plusieurs divisions italiennes régulières dans la bataille. Quand il voulut revenir à la raison, lors de son deuxième gouvernement, il fut renversé par le Sénat. Les communistes ne firent rien pour le défendre.

Aucune politique ne pouvait être plus sotte ! Dans le conflit inévitable qui l'opposerait à Hitler, le capital politique de la France serait représenté par l'association de l'idée de sa victoire militaire avec celle du recul de l'oppression. La République française ne pouvait pas, en 1936, abandonner la République espagnole sans perdre la face, nonobstant les données stratégiques du problème. Mais il fallait agir vite et fort. Attendre, c'était d'abord précipiter le glissement des Espagnols vers l'extrême gauche, assurer à l'Union soviétique et à ses représentants une influence en Méditerranée qu'ils n'avaient pas et qu'il valait mieux qu'ils n'acquissent jamais ; c'était ensuite courir le risque d'assurer la victoire de Franco après avoir mis en place les communistes en Espagne !

Par une mutation dialectique des effets et des causes, la prolongation de la guerre civile servit les intérêts de la France en enlevant au général Franco toute ambition de conquête en Afrique parce que la ruine et la dévastation de son pays lui commandèrent de laisser les autres se battre loin de ses frontières. Ce général réactionnaire se révéla grand homme d'État. Si le peuple espagnol, en 1971, n'est guère plus libre que le peuple russe, Franco, du moins, lui a apporté plus de viande, plus d'huile, plus de réfrigérateurs, plus de vêtements, plus de machines à laver, plus d'appartements neufs et de voitures automobiles que Staline et Brejnev n'en ont donné aux Soviétiques. C'est une évolution que les marxistes ne prévoyaient pas en 1937.

J'avais retrouvé Marcel Fourrier au parti socialiste. Nous constatâmes que nous avions les mêmes idées. Fourrier s'était écarté du trotskisme pour des raisons assez proches de celles qui m'avaient fait abandonner le stalinisme. Nous avions la même opinion sur le fascisme, sur Blum, sur le parti socialiste, sur Marceau Pivert, sur la non-intervention. Nous voyions dans une unité ouvrière la sauvegarde de l'idée de révolution. L'attitude très gauche de Zyromski, sur l'Espagne, le front uni et le danger hitlérien, nous plaisait davantage que les propos inconsistants et le pacifisme fumeux de Marceau Pivert. Nous adhérâmes à *La Bataille socialiste* et nous réussîmes, un peu plus tard, à empêcher pas mal de camarades de suivre l'aventure du P.S.O.P., lorsque la gauche révolutionnaire, malgré nos efforts, fut exclue de la S.F.I.O.

Qui de nous deux mit l'autre en contact avec André Ferrat que le parti communiste venait d'exclure pour « gauchisme » ? Ma mémoire est un peu défaillante sur ce point, j'incline toutefois à penser qu'il faut en attribuer le mérite à Fourrier beaucoup plus au fait que moi des disputes intérieures du parti communiste. Ancien dirigeant des étudiants communistes, puis de jeunesses communistes, quelque peu mon aîné, André Ferrat passait en 1929 pour le théoricien du « groupe » Barbé-Célor. Il avait occupé de très hautes fonctions dans le parti (au Bureau politique) et au secrétariat du Komintern. Il avait écrit, dans les vues sectaires et conformistes des années 1930, une *Histoire du parti communiste*. André Ferrat est pour moi le témoignage vivant de la nocivité des bureaucrates et des appareils. Par sa culture, son application au travail, son intelligence et son courage, il eût mérité d'être sa vie durant l'un des dirigeants politiques des partis ouvriers. Il n'avait contre lui que son honnêteté intellectuelle et morale, une grande absence d'ambition, un désintéressement fondamental. Ces qualités peu communes eussent dû suffire à lui faire obtenir la préférence sur tous les autres. Au contraire, elles expliquent pourquoi Maurice Thorez le fit exclure, et pourquoi Guy Mollet ne lui accorda que des strapontins.

De taille moyenne, massif, portant lunettes, fumeur de pipe, il ressemblait à un bolchevique de la grande génération. Marié à une femme douce, et intelligente, il habitait à deux pas de chez moi, avenue Simon-Bolivar. Le point de rupture avec le parti avait été l'accord du Front populaire avec les radicaux. C'était là un mauvais prétexte. En réalité, Ferrat ne croyait plus au Komintern dont il connaissait bien le fonctionnement et il tenait Staline pour un bandit. Il partageait, en 1936, les idées de Trotski sur la dégénérescence bureaucratique de l'U.R.S.S. « Si Staline était assassiné, me dit-il en 1937, le personnage serait remplacé par un quelconque Postychev qui ferait la même politique, avec peut-être les massacres en moins. » C'est Postychev qui fut tué le premier, sur les ordres de Staline.

André Ferrat avait fondé une revue marxiste-léniniste qu'il avait appelée *Que faire ?* en reprenant le titre du petit livre de Lénine publié en 1902. A partir de 1937, je devins un membre actif du groupe *Que faire ?*[1], j'écrivis quelques articles dans cette revue. Les événements aidant, Ferrat adopta vite le schéma dont j'ai indiqué les grandes lignes dans le cours du présent chapitre. Il adhéra au parti socialiste et nous entreprîmes de concert à donner à la tendance *La Bataille socialiste* une idéologie plus cohérente avec la perspective de l'unité des socialistes et des communistes dans un seul parti à structure démocratique et celle d'une guerre révolutionnaire dont des représentants de la classe ouvrière unie devraient prendre la direction.

Au cours des années 1938 et 1939, nous fîmes de grands progrès dans cette voie. Nous pûmes réaliser un accord solide avec Jean Zyromski et quelques-uns des représentants les plus sérieux de *La Bataille socialiste :* André Marty-Capgras, Pierre Commin, Léon Boutbien, etc. Nous l'étendîmes à des

---

1. Un autre fondateur de *Que faire ?* était Kagan, l'un des instructeurs dépêchés en 1934 par le Komintern au parti communiste français.

parlementaires favorables à l'idée de l'unité ouvrière: Henri Sellier, maire de Suresnes, et André Morizet, maire de Boulogne-Billancourt. Les événements se précipitaient, nous donnaient raison et firent craquer le parti socialiste. Peu après les accords de Munich, contre lequel nous nous déchaînâmes, Paul Faure et Severac, les secrétaires de la S.F.I.O., se séparèrent de Léon Blum et essayèrent de l'isoler, au nom du pacifisme et du défaitisme le plus écœurant. Severac devint ouvertement antisémite. *La Bataille socialiste* où nous nous étions solidement installés pouvait espérer, à un congrès prochain, occuper avec les amis de Léon Blum la direction de la S.F.I.O. en rejetant au besoin hors du parti les capitulards et les droitiers.

La guerre en 1939 n'était pas dans nos perspectives. Nous avions la conviction que l'alliance entre les Russes, les Anglais et les Français serait conclue à la fin de l'été et que la grande explication militaire aurait lieu en 1940. J'avais la quasi-certitude d'être en 1940 un des dirigeants de la Fédération socialiste de la Seine, le secrétariat général du parti étant dévolu à Jean Zyromski ou à un « blumiste » de gauche. Aussi n'avions-nous rien prévu pour assurer et maintenir les liaisons de nos amis de tendance dans l'hypothèse d'un conflit armé, que pourtant nous considérions comme à peu près fatal et au sein duquel nous avions l'intention de jouer un rôle politique.

La France mutualiste, comme toutes les grandes administrations françaises, préparait son installation dans la guerre. Elle avait acheté près de Saint-Malo le pittoresque château de Bonaban et son beau parc pour une bouchée de pain dans le but d'y transférer ses services. Une petite conférence d'étude eut lieu en juillet 1939 dans le bureau du président du conseil d'administration. On me pria d'y assister. A l'issue de la conférence, le président retint à déjeuner les directeurs et deux ou trois fonctionnaires dont j'étais. La conversation ne roula que sur la politique internationale et les aspects militaires que pourrait prendre le conflit. Maurice de Barral était commandant de réserve. Il était assez optimiste. Paul Boë, le président, l'était beaucoup moins. Quelqu'un parla de l'armée russe. « Qui vous dit qu'elle sera pour nous ? dit Paul Boë. Je suis très frappé par la boutade d'un de mes amis, X... professeur d'histoire à la Sorbonne. Il en faut jamais oublier, assure ce savant historien, que chaque fois que la Prusse et la Russie se sont querellées à propos de l'activité des Polonais, elles ont trouvé entre elles un terrain d'entente : le partage de la Pologne. » J'entends encore le rire de Barral. Naturellement j'oubliai ce propos. Quelles que fussent mes réserves sur Staline, je ne croyais pas cet individu capable d'une opération d'aussi haut brigandage.

L'étude des doctrines d'emploi et de l'organisation générale de l'armée fut l'objet de plusieurs séances de discussions chez Ferrat. Je n'avais pas lu, à l'époque, les livres du colonel de Gaulle. Ferrat, je crois, les connaissait, mais c'est à travers les propositions qu'avait faites Paul Reynaud et les critiques de ses adversaires que nous jugions les idées du colonel. L'armée de métier rencontrait une opposition unanime. Comme tous les socialistes nous n'y voyions qu'un corps de mercenaires à la disposition de l'État bourgeois pour toutes les besognes. Nous étions — moi du moins — sceptiques sur la conception gaulliste de la guerre éclair. Ferrat me demanda de donner à *Que faire?* un compte rendu du livre fameux du général Chauvineau, préfacé par le général Maurin : *Une invasion est-elle encore possible?* Fort heureusement pour ma vanité, Ferrat ne conserva qu'une dizaine de lignes de mon long papier. Je croyais encore aux idées françaises sur le front continu. Je n'imaginais pas que les chars pussent traverser les barrages dévastateurs de l'artillerie; les armes antichars au tir tendu, à cadence rapide, les canons de 25 et de 47 me paraissaient propres à détruire les malheureux qui échapperaient au déluge d'acier de l'artillerie lourde. Dans une certaine mesure, c'est ce que les Russes firent dans la grande bataille de Koursk, mais avant Koursk, les Panzers avaient balayé l'Europe !

La doctrine compassée de l'état-major français, dont Pétain était le grand inspirateur, séduisait tous les hommes de gauche traumatisés par le souvenir des charges à la baïonnette et des attaques inutiles et sanglantes de 1917. Nous y trouvions une prudence qui pouvait être tenue pour de la sagesse, un aspect géométrique qui faisait figure de rigueur et, soyons justes, un souci d'économiser la vie humaine qui rassurait les futurs usagers. Toutes ces erreurs de jugement montrent la paresse d'esprit de la classe politique française et son conformisme. Tout citoyen tant soit peu soucieux des problèmes de l'État devrait être en mesure de se faire une opinion sur la doctrine de ses chefs militaires, tout comme sur la construction des autoroutes ou sur l'Éducation nationale. L'importance acquise, dès 1936, par l'arme blindée et par l'aviation était la conséquence directe des découvertes et du développement industriel. Le peu d'intérêt et d'écho rencontré par les idées du colonel de Gaulle correspondait au retard des Français par rapport à leur temps; le scepticisme de Ferrat, le mien, celui de Marcel Fourrier n'étaient que la survivance d'un marxisme scolaire identifiant automatiquement toute pensée militaire avec une idéologie « de classe ». De tels raisonnements de facilité au cours desquels l'esprit se refuse à voir *l'apparition de nouvelles faces* conduisent toujours à faire la part la plus belle au conservatisme le plus rétrograde.

André Ferrat s'était surtout intéressé aux structures de l'armée française et à leur articulation avec les catégories sociales. Au terme d'une longue réflexion, il pensait que les thèses de Jaurès avaient conservé toute leur valeur. Il attira mon attention sur la composition sociale de la caste militaire, presque exclusivement recrutée dans la bourgeoisie ou dans la classe des propriétaires terriens. Depuis qu'avaient été différenciées l'active et la réserve, cette caste constituait le groupe le plus fermé qui fût, établissant ses propres règles d'avancement et d'affectation, interdisant toute promotion dans les grades supérieurs à ceux qui n'étaient pas des professionnels et à ceux qui sortaient du *rang*, échappant à tout contrôle du pays à l'aide d'un chantage puéril au secret et au patriotisme. André Ferrat n'attendait rien de bon, dans aucun domaine, de cette bureaucratie indulgente pour elle-même et outrecuidante vis-à-vis de l'extérieur, de ce système clos où le lieutenant ne deviendra général qu'avec l'âge, s'il n'a pas déplu à ses pairs et s'il n'a pas montré trop d'indépendance d'esprit, où les apports civils les plus éclatants seront toujours subordonnés aux grades et aux galons. Après lecture de quelques ouvrages ou articles militaires récents, Ferrat était épouvanté de la médiocrité intellectuelle qu'il avait trouvée. Elle paraissait correspondre aux effets décevants qu'on pouvait attendre du système. Des officiers supérieurs peu conformistes et revenus de toute ambition lui avaient fait le portrait des futurs commandants d'armées. C'était plus triste encore qu'un ministère radical-socialiste. Ferrat craignait le pire !

Munich porta le coup de grâce à la République espagnole. Ses soldats sont battus sur l'Ebre. L'aide russe faiblit. Negrin veut se séparer des brigades internationales pour tenter plus facilement de négocier la paix. Les héros sont accueillis à la frontière par des gardes mobiles qui internent les étrangers à Gurs et à Vernet dans des conditions assez misérables. Lula Vutcho, plus belle que jamais, débarque brusquement avenue Simon-Bolivar. Elle m'apprend que Kotcha Popović est à Gurs. Il faut l'en faire sortir !

Kotcha a été le grand amour de Lula. C'était un amour sans espoir. Lula est la femme de Vućo. Kotcha a une très belle amie, Véra. Lula n'a écouté que sa passion. Elle a promis à Véra qu'elle obtiendrait la libération de Kotcha.

J'emmenai Lula chez Jules Moch qui nous reçut avec beaucoup de gentillesse. J'expliquai à cet homme important que Kotcha était un ami de dix ans. « Je suis prêt à le recevoir chez moi et à l'héberger le temps qu'il faudra. » Jules Moch n'hésita pas. « Madame, dit-il à Lula, vous pouvez prendre le premier train pour Gurs. Les ordres seront donnés. »

Deux jours après, Kotcha était chez moi où il passa tout l'hiver, un peu amaigri, pas très enthousiaste de l'accueil réservé par la république aux brigades internationales. Il me raconta plusieurs scènes au cours desquelles les soldats français avaient désobéi ouvertement à des ordres absurdes de brimades sans que les gradés leur en tinssent rigueur. « Il y a tout de même quelque chose à défendre », dit Kotcha.

Kotcha Popović, lieutenant de réserve dans l'artillerie yougoslave, était inscrit depuis 1933 au parti communiste illégal. En 1936, on l'avait acculé par sectarisme ou sottise à une sorte d'opposition. Ses manières ne plaisaient pas. Il fut prié de s'engager dans les brigades internationales. Ce fut la filière classique : Paris, Perpignan, Barcelone, Albacète. Au dépôt d'Albacète, il balaya pendant plus d'un an la cour d'une caserne politisée recelant tous les vices du genre. André Marty commandait en chef. Sous des dehors d'une paperasserie routinière et d'une discipline calquée sur les meilleures traditions françaises de l'époque du pantalon rouge, la pagaïe, l'incurie sévissaient et l'espionnage franquiste était roi. Kotcha, résigné, balayait la cour avec application. Soudain les affaires de la république vont mal, les républicains doivent abandonner Teruel. L'armée manque d'officiers, de spécialistes et surtout d'artilleurs. Grand branle-bas à Albacète ; on rassemble les balayeurs, les mal notés, tous ceux dont personne n'avait voulu : « Ceux qui ont servi dans l'artillerie, levez la main. » On met à part une centaine de bonshommes. « Y a-t-il parmi vous des officiers ou des gradés ? » Douze mains en l'air, dont celle de Kotcha. « Les gradés, deux pas en avant. » André Marty a une lueur de génie. « Je suppose qu'aucun d'entre vous n'est officier ? — Moi, dit Kotcha, je suis lieutenant d'artillerie dans l'armée yougoslave. » Il eût suffi de regarder les fiches si complètes que chaque international avait dû remplir ! Quelques jours après, Kotcha commandait des batteries sur le front d'Aragon. Il lui fallait protéger la retraite de l'armée. « J'ai fait tout ce que j'ai pu, me dit-il. J'ai obtenu des résultats mais je n'ai jamais eu la chance de mettre dans mes canons des obus qui fussent exactement du même calibre. »

Kotcha souffrait encore d'une blessure à la jambe. Il enrageait : « Ce n'est pas une blessure glorieuse, disait-il. J'ai été précipité dans un fossé avec une de mes pièces ; l'essieu a cédé. De grands morceaux de bois m'ont déchiré un mollet. C'est une sale blessure qui s'est infectée. Elle a été longue à se fermer. » Mon analyse politique ne le surprit pas. Elle était assez voisine de l'idée que se faisaient les communistes de l'évolution des esprits et des situations. En revanche, l'importance que j'accordais à la gauche socialiste dans le redressement du parti ouvrier lui paraissait bizarre. J'avais beau évoquer le précédent de la Commune de Vienne, Kotcha croyait que les partis communistes suffisaient à tout ! L'hospitalité française était soupçonneuse. Kotcha devait périodiquement se rendre à la préfecture de police pour faire renouveler son permis de séjour. Les opérations étaient réglées par l'entremise d'un inspecteur de police, membre de la section socialiste du XIXe qui nous prévenait quand les humeurs ou les consignes de la Tour Pointue n'étaient pas favorables aux internationaux. Kotcha fit venir à Paris la jolie Véra et s'installa avec elle rue Botzaris. En août 1939, il m'annonça qu'il pensait pouvoir regagner bientôt la Yougoslavie. Il désirait rencontrer Éluard avant de quitter Paris. Nous allâmes ensemble du côté de Rueil où Éluard et Nusch avaient loué une maison. Éluard avait rompu depuis peu avec Breton. Il se rapprochait déjà des communistes.

L'optimisme relatif avec lequel je considérais l'évolution de la politique française, les progrès de *La Bataille socialiste* à l'intérieur de la S.F.I.O., l'influence que Marcel Fourrier, André Ferrat et moi-même prenions dans cette tendance étaient fondés en partie sur la dégradation des rapports de classe dans le pays et l'abaissement de tous les prestiges. Les salariés étaient déçus par le syndicalisme et le Front populaire. La hausse des prix avait annulé une bonne partie des augmentations de salaires. Le peuple était lui-même divisé sur la politique de résistance à Hitler. Daladier avait été acclamé après Munich ; il était depuis lors considéré comme un capitulard et un politicien sans consistance par une forte minorité de Français appartenant à tous les partis. L'invasion de la Tchécoslovaquie mit le bonhomme à sa vraie dimension. La grève générale de 1938, décidée sous la pression des communistes aussi bien pour protester contre la politique munichoise que contre l'abolition de la semaine de quarante heures, fut un échec. Elle n'avait aucun sens politique ni corporatif. La C.G.T. avait perdu des millions d'adhérents. Le parti socialiste était en morceaux et l'autorité de Léon Blum mise en cause. Les classes dirigeantes ne savaient pas ce qu'elles voulaient, hormis le respect de l'autorité patronale, ce qui n'a jamais suffi pour faire marcher une entreprise. Le Front populaire n'avait pas su financer à la fois ses réformes sociales et le réarmement du pays, ni faire prendre à celui-ci conscience du danger hitlérien. Ce qu'on appelle la bourgeoisie, défaillante depuis plusieurs années, n'était pas capable, elle non plus, de faire face à ses responsabilités de classe dirigeante : assurer la production et la défense nationale. Elle était elle-même divisée et de plus défaitiste. Des entreprises folles, dans le style de la Renaissance italienne ou de la Chine du XIXe siècle, agitaient le pays de soubresauts parfois sanglants : le terrorisme blanc de la Cagoule, prolongé par l'action des services secrets allemands et italiens, la synarchie, association clandestine de technocrates prétendant imposer des recettes merveilleuses d'administration par le jeu de combinaisons de clubs et la mise en place de gestionnaires présumés compétents, fidèles à un vague idéal pris à Mussolini, à Roosevelt et à Saint-Simon[1]. La seule formation politique qui eût résisté provisoirement à la tourmente qui se levait, le parti social français, s'enfonçait peu à peu dans le passé, submergée, dans sa masse, par l'événement extérieur, comme elle l'avait été par l'événement social : la guerre qui se préparait serait dirigée aussi bien contre l'idéologie paternaliste et autoritaire qui avait présidé à sa fondation que contre les conceptions militaires que défendaient ses spécialistes ; le patriotisme de ses dirigeants serait bafoué par Vichy. Seul le parti communiste paraissait encore constituer une force cohérente, apparemment consciente des dangers intérieurs et extérieurs. Le pacte germano-russe la vit voler en éclats. Du jour au lendemain, les communistes durent choisir entre la rupture avec l'U.R.S.S. et le reniement de tout ce qu'ils avaient défendu depuis quatre ans. Auraient-ils le courage de briser leurs liens d'allégeance avec Staline et d'entraîner avec eux la classe ouvrière française dans le premier épisode de la lutte à mort contre le fascisme ? Allaient-ils choisir comme les cagoulards, la trahison, ou bien se retirer dans une passivité maussade ? Quelques-uns, Nizan et Darnar entre autres, ne se parjurèrent pas ; beaucoup d'autres, pleins de honte, rentrèrent la tête dans les épaules et se tinrent cois ; quelques fanatiques optèrent pour la trahison. Daladier et Sarraut rendirent à la discipline moscoutaire l'immense service de dissoudre le parti et d'arrêter ses militants au hasard. Maurice Thorez choisit une solution moyenne : il déserta et gagna la Russie.

La canaillerie stalinienne que la Russie devait payer très cher en 1941 ouvrit la Seconde Guerre mondiale par le quatrième partage de la Pologne. Elle ruina pour un demi-siècle toutes les perspectives d'unité ouvrière et

---

1. Consulter, du même auteur, *Révisions déchirantes*.

assura, en France, un succès politique inespéré à une droite désunie et incapable, à laquelle tous les pacifistes s'agglutinèrent comme des papillons affolés. Des gouvernements faibles et médiocres, rassemblant Paul Faure, Daladier et Pétain, et auxquels Paul Reynaud n'apporta que des hésitations supplémentaires, conduisirent la nation à la défaite, à l'esclavage, à la honte.

Chapitre XXIV

Passe... et manque...

Georges Hugnet a été pendant vingt ans mon meilleur ami, d'aucuns se sont étonnés que deux individus aussi dissemblables aient pu se rencontrer aussi souvent sans brouille mortelle. L'explication est simple. Nous nous sommes gardés l'un et l'autre d'entrer dans les domaines privés où nous n'eussions eu que faire et où nous eussions trouvé matière à rivalité ou à désaccord. La vie de Georges Hugnet comportait des activités de commerce vers lesquelles je ne me sentais pas attiré, tant à cause de mon incompétence, de l'absence de dispositions naturelles que de la médiocrité de mes ressources. Hugnet, de son côté, ne manifestait qu'un intérêt poli pour la part de ma vie que je consacrais à la politique. Il ne cherchait pas à critiquer, ni à approuver, ni à commenter, ni même peut-être à comprendre les attitudes que je prenais à l'égard des événements, les positions que je voulais occuper dans l'échiquier des partis. Nous eûmes la bonne fortune de ne pas nous intéresser aux mêmes femmes, du moins dans les moments où l'intérêt de l'un aurait pu être une gêne ou une souffrance pour l'autre. Nous avions tous deux besoin d'avoir un *copain*, compte tenu de ce qu'un tel mot comporte d'échanges banals, de sympathie irrationnelle, de confiance, de petites complicités, de services rendus. Nous avions beaucoup d'amis communs ; nous avions la même culture artistique et littéraire. Les hommes qui ont accepté les risques des vies sentimentales exposées à toutes les bourrasques parce qu'ils ont refusé de les mettre à l'abri des garanties sociales (mariage, communauté de métier, etc.) ont souvent soif de témoignages. Ils ont envie de raconter et d'être rassurés. Pendant quinze ans, Georges Hugnet a prêté une oreille complaisante à la description de mes problèmes sentimentaux. C'était à charge de revanche. De 1930 à 1938, je n'avais rien dit à personne et tout gardé pour moi. Après 1953 je retrouvai le goût du silence. Peu à peu je me détachai de Hugnet qui, de son côté, n'avait plus rien à me confier.

Mes souvenirs les plus lointains concernant Georges Hugnet remontent aux années 1929-1930. Tous ceux qui l'ont connu après la guerre ne peuvent pas imaginer ce qu'était ce petit Malouin à tête ronde aux environs de ses vingt-cinq ans. Agile comme un singe, vif comme une anguille, il ne tenait pas en place. Le film d'inspiration surréaliste qu'il a tourné avant d'avoir rejoint le café *Cyrano* le montre courant sur des corniches, à vingt mètres du sol, alors qu'à quarante-cinq ans il ne pouvait plus traverser une rue tout seul et qu'il était pris de panique dès qu'il était au premier étage d'une maison. Son caractère évolua de la même manière. Bon camarade, plein d'attentions, généreux, il devint peu à peu d'un égocentrisme monstrueux ; l'intérêt qu'il prenait pour chaque chose se transforma en une boulimie d'acquisition. Par réaction contre le milieu familial, il avait d'abord montré une inaptitude étonnante au commerce ; il devint un commerçant balzacien. Des dizaines de personnes de qualité ont recherché sa conversation à cause de la causticité de son esprit, de la drôlerie de son humour, de la finesse de ses observations, de la vivacité de ses reparties et de l'étendue de sa culture littéraire. Il devint injuste et méchant. Il a toujours été collectionneur ; il se mit à amasser comme un avare et ce travers rebuta même ceux qui savaient avec quel discernement il constituait ses trésors. Il fut de 1933 à 1938 un surréaliste de stricte obédience. Sa *Petite anthologie poétique du Surréalisme* est d'une orthodoxie parfois gênante. Il se brouilla en 1938 avec Breton ; j'en ignore encore aujourd'hui les motifs ; la haine qu'il manifesta dès lors pour l'auteur des *Pas Perdus* devint monumentale, s'apparentant quelque peu aux réactions qui avaient suscité dix ans auparavant le pamphlet *Un cadavre*. Georges Hugnet vit aujourd'hui assez isolé, au milieu d'objets et de tableaux étonnants ; la plupart de ceux qui l'ont beaucoup connu, qui ont eu besoin de son dynamisme, de son intelligence, de son entregent ont cessé de le voir. Quand les difficultés de caractère auront été oubliées, il sera peut-être temps d'essayer de comprendre qui était Georges Hugnet. Il a eu l'orgueil d'être un poète et il a fait montre à l'égard de ses œuvres de la pudeur et de la modestie qui auront manqué aux poètes lauréats et professionnels. Or, les œuvres de Georges Hugnet se situent très au-dessus des productions accablantes honorées par la critique, l'Etat ou l'Université à cause des opinions politiques ou religieuses de leurs auteurs ou de leur assiduité aux dîners en ville.

La plupart des poètes de la génération d'Hugnet ont été fascinés par le retour aux règles de l'Art poétique : la rime, le rythme syllabique, voire la forme. C'est par défi envers la coquetterie d'une jeune femme encline, comme tant d'autres, à préférer l'industrie à la bohème que Georges Hugnet se lança dans cette gymnastique redoutable. Il n'en est pas sorti indemne, encore qu'il s'en fût mieux tiré que ses contemporains. La mélancolique *Chèvrefeuille* publiée en 1943 ne m'a pas fait oublier une autre plaquette *Non-Vouloir*, imprimée en avril 1941, illustrée elle aussi de gravures de Picasso, où je retrouve l'amertume et la rage secrète qui nous tenaient alors, tempérée néanmoins par la contagion aliénante du pacifisme d'Éluard.

Endormis et trahis
Ils refusaient à peine de voir
La nuit tomba plus lourde
Sur l'erreur de ce monde
Sans espoir sans désir

Il faut tendre la main
Comme cela fut fait déjà

Et savoir savoir cette fois
Si c'est pour mendier
Pour aimer pour tuer

Je n'avais jamais cessé de voir régulièrement Péret qui dînait presque chaque semaine avenue Simon-Bolivar. Tanguy venait aussi chez moi. Il avait une grande soif de lecture et m'empruntait des livres sérieux. Il les restituait ponctuellement. En 1935 il était dans une grande misère et ne vendait rien. Je lui fis dessiner une carte de la région parisienne qui orna pendant trois ans le verso des quittances de loyer de *La France mutualiste*. Il retira quelques centaines de francs de ce pensum. Son dernier déménagement « à la cloche de bois » a eu lieu en 1936 ou 1937. Il me prévint que si dans cette aventure il avait perdu le peu de mobilier et de vaisselle qu'il possédait, je devais faire aussi mon deuil des livres qu'il ne m'avait pas encore rendus. En dédommagement, constatant que j'étais le seul de ses amis qui ne lui eût jamais rien demandé, il m'apporta un ravissant dessin au bas duquel il mit une gentille dédicace à Katia !

Je ne pouvais pas me confiner dans la politique ni dans la fréquentation des militants moyens. C'est pourquoi j'allai souvent, à partir de 1937, rue de Buci, chez Georges Hugnet et que je fis quelques apparitions dans les cafés surréalistes. Ceux-ci s'étaient quelque peu déplacés. Il y eut ainsi des rendez-vous aux *Deux-Magots* ou du côté de Saint-Lazare, dans une ambiance où l'on sentait venir enfin le succès.

La préparation de l'Exposition internationale du surréalisme[1] apporta à celui qui avait vécu *les moments difficiles et la pauvreté de 1930* un sentiment de revanche, une sorte de justification morale où je discernais une pointe de regret parce que je n'étais pas dans le coup, bien que de toute manière je n'eusse pas pu être dans le coup, puisque je n'aurais rien pu exposer. J'y assistai de loin. Je m'émerveillais de tant d'idées neuves. Un soir de l'automne 1937 où la température était assez clémente, je me trouvai à la terrasse des *Deux-Magots* en compagnie de quelques-uns des organisateurs. On s'inquiétait de la manière d'accueillir le public et de lui faire voir les objets exposés. Dali fit, avec le ton détaché qui lui était habituel, la suggestion suivante : une salle au moins serait transformée en champ de blé, avec des sentiers très étroits pour les visiteurs, le blé devrait être très dur et assez haut pour que l'on n'aperçût que les têtes des visiteurs de grande taille, les plus petits devant se dresser sur la pointe des pieds ou se faire porter par les plus grands pour voir ! L'idée ne fut pas retenue.

Peu après son retour du Mexique, Breton tint à me parler de la création de la F.I.A.R.I.[2] J'avais donné mon adhésion, mais je ne voulais pas aller plus loin. Après le premier feu, Breton me dit qu'il ne se sentait pas fait pour les tâches d'organisation que représentait une telle entreprise, mais qu'il savait, en revanche, qu'elles étaient dans mes moyens ; il eût souhaité que j'accep-

---

1. Janvier 1938.
2. Fédération internationale pour un art révolutionnaire indépendant.

PASSE... ET MANQUE...

tasse de l'aider, mais il avait l'impression que je ne le voulais pas. « J'ai juré de ne plus jamais m'occuper des intellectuels révolutionnaires ! » lui répondis-je. Cela le fit rire. « Je ne crois pas à l'avenir de la F.I.A.R.I., ajoutai-je. Je n'ai donné mon adhésion qu'à cause de toi. Un art révolutionnaire indépendant n'a pas besoin d'autre caution que la tienne. Tout compte fait, le surréalisme peut se passer d'alliés. » Je n'étais pas tout à fait dans le vrai. Les deux signatures de Breton et de Diego Rivera au bas du manifeste *Pour un art révolutionnaire indépendant,* daté du 25 juillet 1938, demandant toute *licence en art,* donnèrent à cette pétition de principe une audience mondiale que n'aurait pas eue un texte de Breton ou une proclamation de Diego Rivera. La conjonction de ces tenants d'esthétiques si différentes avait une notable valeur d'exemple, mais je ne pouvais pas m'empêcher de penser que d'aussi éclatantes déclarations ne serviraient pas à grand-chose dans l'immédiat. Pour que la prison ne fût pas substituée à la licence, il importait d'écraser le fascisme hitlérien sans permettre au stalinisme d'étendre son pouvoir. En dépit du paragraphe de tradition trotskiste dans lequel Breton et Rivera-Trotski rejetaient la démocratie dans les temps révolus et en appelaient à la révolution sociale pour frayer la voie à une nouvelle culture, rien n'était moins assuré que cette révolution sociale pour garantir la licence demandée ; rien n'était plus certain que la démocratie comme antidote aux virus destructeurs propagés par l'hitlérisme et le stalinisme. Trotski lui-même ne rassurait pas. J'interrogeai Breton sur ce personnage légendaire : la simplicité, la culture, l'intelligence, la gentillesse du vieux révolutionnaire étaient attestées par les récits du témoin le plus exigeant, comme d'ailleurs sa passion pour la chasse et son adresse au tir. Comment avait-il accueilli le surréalisme ? Pour Léon Trotski, la révolution et le communisme transformeraient la société et l'homme ; tel était l'ordre du jour ; tout le reste, y compris l'art révolutionnaire indépendant, prenait figure de propositions subordonnées. Pour Breton, la liberté était en cause, Hitler et Staline l'avaient supprimée jusque dans la création artistique. Breton en faisait juge le dernier compagnon de Lénine. Or, celui-ci était prêt à accorder droits et espoirs à tous ceux qui souscriraient au mot d'ordre chimérique de révolution sociale avec lequel il se proposait de vaincre l'hitlérisme. Pourquoi Breton eût-il résisté à ce nouvel accès de fièvre de la célèbre maladie infantile du communisme quand l'inoculateur n'était autre que celui qui avait renversé Kerenski en novembre 1917 ? Je dis à Breton que lui seul avait besoin de la licence, qu'il était de moins en moins prouvé que la révolution sociale du type bolchevique pût l'admettre. Mon adhésion à la F.I.A.R.I. valait pour tout ce que Breton avait introduit dans la déclaration liminaire et ne concernait pas le reste.

Ce jugement sévère, que les événements ont ratifié, ne rend pas compte du fait historique d'importance que constitua la visite d'André Breton à Léon Trotski. Comme leurs domaines particuliers étaient très dissemblables, ces deux hommes, attirés l'un vers l'autre par une mutuelle sympathie, ont marché côte à côte avec précaution sur des territoires communs assez étroits où ils n'étaient pas toujours à leur aise. Léon Trotski était parfois incommodé par le violent parfum des roses spiritualistes que Breton ne pouvait pas s'empêcher de cueillir dans son jardin secret, mais le monde étrange et nouveau qu'il devinait, si entaché d'hérésie qu'il fût, ne le laissait pas indifférent, même quand il ne comprenait pas l'échelle des valeurs à laquelle son commensal se référait.

On sait que les quatre pages du Manifeste de la F.I.A.R.I. ont été écrites par Léon Trotski et André Breton. Ils ont repoussé de concert la maxime *ni fascisme ni communisme* par lequelle, depuis plus de trente ans, se définissent les régimes où l'indépendance et surtout l'existence de la création artistique, révolutionnaire ou non, ont été assurées. Mais l'intérêt majeur de ce texte est moins dans la revendication pourtant fondamentale de *toute licence en art* que dans l'approbation que lui a donnée Trotski. C'est la conclusion superbe du combat livré par Breton, les épisodes les plus connus étant *Légitime Défense*, l'association mort-née que nous avons créée ensemble, *Misère de la Poésie*, l'A.E.A.R. stalinienne et la gifle à Ehrenbourg. L'exigence de la liberté absolue a reçu en 1938 la caution du révolutionnaire le plus indomptable de tous les temps, ruinant ainsi plus d'un demi-siècle de prétentions marxistes à la mise en esclavage de l'intelligence. Hélas! l'apport de ce grand homme n'était pas à la mesure de cette caution: la main vigoureuse de Léon Trotski ne s'ouvrait que sur les cendres des brasiers allumés de 1905 à 1925 pour consumer la dernière utopie du socialisme.

Un marxiste — et quel marxiste! — s'était tourné vers le surréalisme. La démarche n'a été qu'esquissée mais l'Histoire l'a prise en compte comme elle a enregistré le doute exprimé par Léon Trotski sur la valeur scientifique du marxisme, à l'aube de la Seconde Guerre mondiale. Le crime crapuleux ordonné par Staline, alors au faîte de sa collaboration avec Hitler, a fait disparaître un homme qui s'était imposé jusque-là une fidélité scrupuleuse à un dogme devenu prétexte à misère et à oppression. Mais rien n'autorise aujourd'hui quiconque à tenir pour acquis que le révolutionnaire de 1905 et de 1917 n'eût tiré, s'il avait vécu, aucune conclusion de l'évanouissement des révolutions prolétariennes.

J'allais surtout voir Hugnet pour rencontrer des filles. La sculpturale Jo, sœur de la poétique Alice Paalen, me plaisait. Le restaurant que nous fréquentions était *Le Petit Saint-Benoît*. Le décor à banquette de moleskine, à plafond gaufré, à panneaux de faux bois peints dans la couleur moka, est resté le même. Je faisais beaucoup de tapage dans ce restaurant ; j'interpellais les convives, je faisais aux femmes les propositions les plus directes. Nous allions parfois finir la soirée dans l'atelier d'un peintre. Chez Oscar Dominguez, depuis peu à Paris, on buvait beaucoup et les plaisanteries étaient brutales. Victor Brauner y perdit un œil. Chez Seligmann, le rite était plus curieux. Dès qu'elle avait des invités, son amie se déshabillait. Elle était belle. J'ai vu quatre garçons la porter raide et nue sur leurs épaules. Ils firent plusieurs fois le tour de la pièce en chantant et ils la déposèrent ensuite sur une grande table pour lui rendre des honneurs bachiques. Je ne sais pas si ces scènes étonnantes, encouragées par Seligmann, se bornaient à l'exécution de rites païens, d'assez belle allure, ou s'il y avait une suite plus orgiaque. A quelques mois de la guerre, j'appris par Georges Hugnet la rupture entre Breton et Éluard. C'est la dernière chose à laquelle je me fusse attendu. Hugnet prit le parti d'Éluard et la publication surréaliste dissidente, *L'Usage de la parole*, vit le jour.

Depuis plusieurs années je ne prenais que quinze jours de vacances afin d'augmenter mes ressources. En 1939, je décidai de m'octroyer le mois auquel j'avais droit. Katia et Françoise étaient en Bulgarie. J'irais les rejoindre. Je ferais au départ un court séjour en Allemagne, à Munich notamment, et je reviendrais par Vienne. Je partis vers la mi-août. A Munich j'eus beaucoup de peine à trouver une chambre. Un bureau d'accueil me logea chez l'habitant. Je fus étonné par l'impression de liesse que je ressentis en Allemagne. Le peuple était mieux vêtu qu'en France et paraissait heureux. Je tins à passer plusieurs fois devant le bâtiment de style médiéval où avaient été réunies les cendres des victimes du putsch de 1923, uniquement pour ne pas faire l'obligatoire salut hitlérien. Je ne risquais pas grand-chose car je tenais ostensiblement à la main le guide bleu français. Les sentinelles me regardaient d'un œil féroce, mais elles ne se départaient pas de leur immobilité de statue. Je m'arrêtai plusieurs fois en Bavière sur le chemin qui devait me conduire à Belgrade. Je voulais voir les lacs. Où que je déposai mes bagages, à la consigne ou dans un hôtel, mes valises furent fouillées. Le train qui me conduisit à Belgrade était rempli de touristes, mais aussi d'hommes jeunes qui paraissaient se rendre à leur travail. Deux d'entre eux engagèrent la conversation avec moi, me posant des tas de questions. Que pensais-je des Tchèques, des Polonais, des Russes, des Belges, etc.? Craignait-on la guerre en France? Je pris un bateau hongrois qui descendait le Danube et devait me conduire à Orechovo. Le commandant de bord m'entreprit sur le traité de Trianon dont il me tenait personnellement pour responsable! Ce bateau transportait une cargaison de touristes allemands dont une belle et forte fille, habillée de tricolore. « C'est le drapeau français », me dit-elle, sans que je pusse comprendre si ce choix du bleu, blanc, rouge était un indice de sympathie ou l'effet d'un penchant esthétique.

J'appris en Bulgarie la conclusion du pacte germano-russe. Je ne voulus pas y croire. Force fut de me rendre à l'évidence. C'était la guerre et dans les pires conditions. Je décidai de rentrer immédiatement en France. Quand j'arrivai à Sofia, la guerre était déclarée. Je passai une journée avec Sazy[1] qui était encore en poste là-bas. Nous accompagnâmes je ne sais quel fonctionnaire de la Légation au train qui devait le ramener en France par Andrinople; on le mobilisait parce qu'il était officier comme plusieurs milliers d'autres jeunes hommes, alors que tous les jours de nouveaux Allemands arrivaient à Sofia pour grossir les services diplomatiques. L'idiotie bureaucratique fran-

---

1. Attaché commercial à la Légation. Je l'avais rencontré pour la première fois en 1930.

çaise se portait bien ! J'allai voir Stamenov avec qui je passai deux longues heures pour situer la position des uns et des autres dans le conflit et les perspectives qu'ouvrait cette guerre aux Bulgares et aux Français. Stamenov était alors l'un des conseillers du Roi. « Nous sommes un tout petit pays, pauvre, mal armé et nous ne pouvons que rester neutres. Suivant l'évolution du conflit, nous aurons tendance à nous rapprocher du plus fort afin de ne pas faire les frais d'une opération à laquelle nos voisins pourront participer. Vous savez que mes sympathies personnelles vont à la France, mais il faut reconnaître que tout ce que nous employons dans nos fabriques, que tout ce que nous trouvons dans nos magasins vient d'Allemagne, laquelle nous achète tout, sauf l'essence de roses. Je déplore, croyez-le bien, la démission de votre pays dans les Balkans. Vous avez fait beaucoup d'efforts pour acquérir les bonnes grâces de la Turquie. N'oubliez pas que celle-ci ne veut pas se laisser entraîner dans une guerre contre les Russes et qu'elle ne veut pas davantage des Russes pour alliés. Les Turcs prendront vos armes et n'interviendront dans ce conflit que contraints et forcés. La Petite Entente ne représente plus rien. Chacun va regarder maintenant du côté de la Russie pour essayer de comprendre ce qu'il y a lieu de craindre ou d'espérer. Je ne crois donc pas que vous puissiez ouvrir de sitôt un front balkanique pour marcher sur Vienne. Vous avez sans doute remarqué l'afflux soudain des voyageurs de commerce et des techniciens allemands. Depuis plusieurs semaines c'est une véritable invasion. Les informations que j'ai de Roumanie et de Yougoslavie me disent que le même phénomène se produit là-bas aussi. Hitler emploie des méthodes modernes de guerre. Songez au poids que représentent tous ces propagandistes qui sont en plus des marchands et des clients. Les Anglais et les Français se croient encore en 1918 ! »

Je vis pour la dernière fois Stamenov à la porte du Palais royal. Il se retourna pour me souhaiter bonne chance. J'avais retrouvé avec émotion son visage de Caucasien, sa petite moustache à la Mikoyan, son affabilité, son esprit clair. Quand il m'avait parlé de la France, j'avais mesuré l'effondrement du prestige national dû aux querelles intestines, aux hésitations de la politique française, aux traditions surannées de sa diplomatie, de son industrie et de son commerce. Sazy, lui non plus, n'était pas optimiste. Je prévoyais néanmoins un enlisement de la guerre le long des lignes fortifiées. On chercherait donc la décision dans les Balkans, comme en 1918.

« Dans tous les cas, me dit Sazy, nous n'avons rien pour la préparer. Regardez la différence des méthodes. Les Allemands constituent leur cinquième colonne. Chez nous on mobilise les diplomates ! Il y a eu contrordre pour l'attaché qui devait rejoindre Andrinople ; mais la plupart des Français qui habitent le pays ont reçu leur feuille de route, alors qu'il faudrait en importer trois fois plus. Vous, par exemple, me dit-il, qui avez des attaches ici, qui connaissez bien la Bulgarie, qu'allez-vous faire dans votre régiment ? Êtes-vous irremplaçable ? »

Je pris le train, pour Belgrade où je comptais passer deux jours avec Ristić. Je tombai en plein désarroi. Le pacte germano-russe troublait les esprits. La guerre qui commençait n'était-elle pas une guerre impérialiste ? Les services que j'avais rendus à Kotcha Popović m'avaient conservé le prestige que j'avais en 1930 auprès de mes amis serbes. Comme je n'approuvais pas le pacte germano-russe, Ristić convoqua une sorte d'assemblée générale pour m'entendre. « Cette guerre n'est pas une guerre impérialiste, dis-je en substance. C'est la grande explication avec le fascisme qui commence ; les démocraties doivent être défendues et c'est au cours de la guerre, en battant Hitler, que s'affirmera le contenu révolutionnaire de ce conflit. L'accord de Staline avec Hitler est une erreur monumentale. Elle sera réparée un jour. Si nous sommes battus, Hitler se jettera aussitôt sur les Russes. Si nous sommes vainqueurs, à moins que Staline ne nous ait rejoints à temps, la Russie perdra à jamais sa force d'exemple. Staline fait peut-être le calcul paysan de l'attentisme. En détournant l'orage sur les autres, il croit gagner à tous les tableaux. Mais dans la guerre, le parti vainqueur se renforce presque toujours. Et pour le moment le seul effet du pacte est d'aider Hitler à étendre le fascisme en Europe. L'émancipation du prolétariat doit-elle passer par le sacrifice de la Pologne ? Après la Pologne, ce sera votre tour. Pour le moment la seule garantie de votre indépendance et des quelques libertés qui vous restent c'est la force militaire de l'Angleterre et de la France. Je rentre, je vais rejoindre l'armée française parce que cette armée bourgeoise est aujourd'hui l'armée de la liberté. »

Tous n'étaient pas convaincus, Ristić était heureux de m'entendre. « Tout de même, disait-il, d'un côté il y a Goebbels et de l'autre la propagande est confiée à Giraudoux. Ce n'est pas la même chose. » Je passai deux nuits dans la jolie maison circulaire du directeur de *Politika*, un jeune journaliste tout à fait conscient de la canaillerie stalinienne. J'appris que Kotcha était rentré et qu'il voulait me voir à Zagreb. Il m'attendait sur le quai de la gare. Il parla lui aussi de guerre impérialiste, mais sans conviction. Il me semble qu'il était en uniforme. « Adieu, Kotcha, lui dis-je en regagnant mon wagon, c'est à moi qu'il incombe aujourd'hui de vous relever. Voici une nouvelle étape du combat mené en Espagne par les brigades. » Il ne m'appartenait pas de relever Kotcha Popović. Je n'étais pas de taille. Le jeune officier que je quittais deviendrait un des héros de la guerre de libération. En 1944, il commandait une des divisions de Tito.

Je traversai Venise déserte : je fus servi par des garçons de café qui se félicitaient que Mussolini ne fût pas entré dans la guerre. Mon train mit deux jours pour aller de la frontière italienne à Paris : il fallait laisser passer les convois d'artillerie lourde qui remontaient vers le nord. Le voyage fut plein d'aventures. Je ne dormis pas durant soixante-douze heures. Cela m'était alors relativement facile. A mon arrivée à Paris, je me précipitai au bureau de recrutement le plus proche. Je m'engageai pour la durée de la guerre. Je fus aussitôt reconnu apte au service armé. J'avais demandé l'artillerie ou les chars d'assaut. La bureaucratie militaire, sans imagination et dont les dossiers étaient à jour, me renvoya au 18e Génie.

J'échouai ainsi un jour d'octobre dans le village de Houdemont, près de

Nancy où cantonnait le bataillon d'instruction de mon régiment. Par économie nous étions vêtus de bleu horizon. Le bataillon était un ramassis de jeunes engagés et d'affectés pris dans des métiers qui pouvaient avoir un rapport avec les transmissions. Les sous-officiers étaient bons, la plupart d'entre eux voulaient faire quelque chose. Les soldats étaient paresseux ; ils avaient sur la guerre des idées incertaines. Personne n'aimait Hitler, mais si en négociant on ne sait quoi le gouvernement avait réussi à arrêter les frais et avait renvoyé chacun chez soi, tout le monde eût applaudi, sans se soucier des Polonais, de la démocratie ou de la révolution. Les officiers étaient médiocres : les jeunes aspirants étaient surtout préoccupés de leurs tenues ; le soir ils partaient à Nancy faire la fête ; le commandant faisait mollement de l'administration. On n'apprenait pas grand-chose à ce bataillon d'instruction. Il y avait d'ailleurs peu de matériel. L'hiver vint assez vite et il fit très froid. La fontaine publique, sur la place, se couvrit de glace. Je m'y lavais tous les matins, avant le rassemblement. Ces ablutions étaient l'objet de la curiosité générale. Quand le thermomètre fut plusieurs fois descendu au-dessous de moins 10°, on ramena le bataillon dans une caserne à Nancy. Nous ne savions pas grand-chose, mais le commandant jugeait sans doute que nous étions instruits. Nancy était une ville très gaie, pleine de militaires, dans une discipline assez joyeuse. A l'*Hôtel de l'Europe*, il y avait une boîte de nuit clandestine. J'y allais en civil, après m'être changé chez mon père. J'y rencontrai pas mal d'anciens condisciples officiers de réserve, ainsi que les garçons qui avaient été blessés dans la mini-attaque de la forêt de la Warndt. Un pick-up jouait *J'attendrai*. Deux ou trois belles entraîneuses me paraissaient exagérément curieuses des détails militaires.

Seule une certaine activité aérienne de reconnaissance rappelait que nous étions en guerre. Les journaux étaient pleins des exploits de la chasse française, laquelle paraissait se défendre assez bien. L'attaque de la Finlande par les Russes avait mis le comble à la gêne chez tous les hommes de gauche. La Russie semblait avoir basculé de l'autre côté et se comporter plus mal encore que les impérialistes les plus chevronnés. La guerre de Finlande n'évoluait pas à son avantage mais les cris et les triomphes de la droite, heureuse de prendre Staline en flagrant délit de brigandage, étaient odieux. Daladier voulait envoyer du matériel et des soldats pour aider les Finlandais. Contre qui étions-nous en guerre : contre Hitler ou contre les Russes ? J'appris que le bataillon d'instruction serait dissous. Une partie de l'effectif irait à Versailles pour constituer la compagnie de transmission d'une division nord-africaine en cours de constitution ; pour un second lot on parlait de la Finlande ; enfin le reste irait au Levant. J'obtins des renseignements sur ce qui se tramait là-bas. On y rassemblait la valeur d'un corps d'armée, avec des chars et des canons pour étoffer des contingents turcs. Deux ou trois hypothèses étaient caressées par l'état-major : Weygand, poussé par son esprit réactionnaire, étudiait une attaque sur les pétroles de Bakou. Fort heureusement les Anglais étaient plus réalistes ; l'affaire leur paraissait relever de la folie, tout juste bonne à chatouiller la Russie afin de la décider à

PASSE... ET MANQUE...

se déclarer l'ennemie de l'Entente. D'autre part, les Turcs, d'après ce que je savais, s'ils étaient prêts à accepter, en cas de menace, une aide militaire franco-anglaise, s'opposeraient absolument à ce que les Français commissent des imprudences du côté de leur puissant voisin. Les autres hypothèses qui concernaient la Grèce, et d'une manière générale les Balkans, étaient plus sérieuses. On pouvait être tenté de protéger les pétroles roumains ; dans tous les cas un corps expéditionnaire français, à portée de Salonique, était de nature à peser sur la détermination des États balkaniques.

Ce que je ne savais pas encore c'est qu'aucune de ces hypothèses n'avait été sérieusement étudiée. La France continuait à fournir de grandes quantités d'armes aux Turcs, notamment des canons antichars qui eussent été plus utiles du côté de Sedan. Il y avait des conversations d'état-major. Mais le corps expéditionnaire du Levant, constitué avec la ladrerie et la légèreté des états-majors français, ne représentait qu'une force modeste ; il était commandé par le plus notable m'as-tu-vu de l'armée française, le général Weygand.

La manière dont les Panzers avaient pulvérisé l'armée polonaise m'avait obligé à réviser le jugement un peu rapide que j'avais porté sur les idées du colonel de Gaulle. Au hasard d'une corvée du côté de Bitche pour le convoyage de trois camions de couvertures et de capotes, j'avais assisté à un exercice qui mettait en ligne une soixantaine de chars d'assaut. Nous avions rejoint une petite colonne de camions pleins de fantassins. On nous fit stopper et ranger sur les bas-côtés pour laisser passer une quinzaine de chars qui coupaient devant nous la route en oblique. Quelques chasseurs volaient en rase-mottes. Toute la piétaille était descendue des camions et regardait le spectacle. Il faisait très froid mais ces machines avaient l'air redoutable. « J'étais sans doute très optimiste, pensais-je, de croire qu'un barrage d'artillerie lourde pourrait démolir tous ces chars. Ceux qui passeront iront à l'assaut des batteries et les détruiront ; ensuite ils tomberont sur les Houdemont de la zone des armées ; seuls, d'autres chars pourront les arrêter sinon ils ravageront tout et prendront Nancy ou Trèves alors qu'on continuera à se battre sur la ligne Maginot ou sur la ligne Siegfried. »

En mars j'abandonnai le bleu horizon pour une tenue kaki toute neuve et des armes plus modernes. Mon détachement, grossi d'éléments venus du 8ᵉ Génie, fut dirigé sur Marseille puis sur Beyrouth. A Bizerte, notre transport embarqua un superbe escadron de spahis dont Weygand avait besoin pour parader. La caserne de Beyrouth faisait face à la mer et à la montagne. On y accédait par des rues bordées d'arbres sans feuilles, ou presque, mais couverts de fleurs mauves. Les nuits étaient lumineuses et parfumées. La lune, plus brillante qu'en Lorraine, laissait sur la mer une traînée étincelante et donnait un éclat laiteux aux maisons blanches piquées de mille feux clignotants. Vers le sud, commençaient des paysages bibliques. La ville semblait receler en elle-même tous les moyens de dissoudre une armée.

J'étais à nouveau dans une unité d'instruction. La caserne abritait une autre compagnie qui venait aussi de Lorraine, la radio 790. Ceux-là connaissaient leur métier et avaient un matériel convenable. Nous eûmes des exercices sur le bord de la mer, et je finis par être utilisable.

Hormis une collection de chemisettes de couleurs vives avec lesquelles je palliais la parcimonie de l'intendance pour le linge de corps, j'étais un militaire d'assez belle allure, discipliné et désireux de bien faire. Le 7 mai, je montais les escaliers qui vont de Bab Edriss au Grand Sérail à la recherche d'un point de vue, lorsque je m'entendis héler. C'était Mégret. La guerre l'avait trouvé en Égypte, rédacteur en chef de *La Dépêche d'Alexandrie*. Auparavant il avait vécu longtemps en Nouvelle-Calédonie avec Suzanne I, la passion de Breton dans les années 1930. Il avait été mobilisé à l'état-major de Weygand. Il habitait une jolie maison, avec une femme menue et délicate qui me pria de venir dîner le 11 mai, le lendemain de la grande offensive. La conversation fut assez désordonnée. Il y avait là Chambard, qui avait été consul à Han-Khéou et sa très attrayante épouse qui raconta des histoires drôles sur l'Abyssinie, sur le Japon et sur la Chine. La meilleure était celle du dîner auquel le général Chang-Sue-Liang avait convié tout le corps consulaire après que ses troupes se furent emparées de Han-Khéou. Le général était jeune, assez bel homme ; il était précédé d'une réputation de sauvagerie qui ne rassurait personne. Suzanne Chambard était assise en face de lui. Il ne la quittait pas du regard. S'adressant à la jeune femme il s'engagea dans des compliments de plus en plus osés ; il en vint à des déclarations enflammées et à des propositions très directes ; jamais il n'avait rencontré de femme aussi désirable ; il expliquait pourquoi. Quelques-uns des convives avaient essayé de détourner la conversation. C'était peine perdue. Le général prenait ses invités à témoin. Était-il possible de rencontrer une créature plus accomplie pour l'amour que cette jeune Française ? Il s'animait de plus en plus. Le silence s'était fait autour de la table. L'intéressée essayait de prendre une contenance. Elle était un peu inquiète mais elle était la seule qui s'amusât. Elle attendait. Elle ne pourrait rien refuser. Il lui fallait penser à la sûreté de son mari et à celle des autres diplomates. « Pourvu, se dit-elle, que ce général ne soit pas un sadique ! » Elle prit le parti d'avoir l'air de se laisser prendre au jeu. Le général parlait sans cesse et ne parlait que de l'objet de sa soudaine passion. Heureusement il buvait autant qu'il parlait. Suzanne Chambard réussit à le faire boire un peu plus. Chang avait déjà demandé que l'on préparât une chambre digne de cette créature de rêve ; on attendait le dénouement. Le général était très ivre. Il se leva, tous les regards se tournèrent vers Mme Chambard. Le général s'effondra d'un seul coup. On le transporta dans ses appartements. Le lendemain l'héroïne n'était pas plus rassurée que la veille. On cherchait comment organiser une fuite. Un capitaine apporta une charretée de fleurs et une lettre très respectueuse dans laquelle le général chinois présentait à la femme du consul toutes ses excuses.

Personne ne voulait croire à l'effondrement des 9e et 2e Armées sur la Meuse. Quand on se battit devant Dunkerque, ce fut la stupeur ; on entendit des propos anti-anglais. Je faisais un exercice sur des rochers, contre la mer. Une camionnette qui roulait très vite s'arrêta dans un grand bruit de freins à côté du poste que je venais de monter. « A la caserne tout de suite, tu vas en opération. » Je trouvai à la caserne le commandant des transmissions, le capitaine Fleury et deux ou trois autres officiers, graves, nerveux : « Thirion, vous partez immédiatement pour Palmyre. Vous êtes affecté à la 11e compagnie du 6e Étranger. Il faut rejoindre cette unité ce soir, si possible. » Une Matford vert pomme m'attendait, avec un chauffeur libanais et le sergent Lévy, un brave garçon d'active qui n'avait rien pour faire un soldat. « On a monté sur la voiture un émetteur avec lequel vous pourrez travailler avec les chars et avec l'aviation. » C'était le seul matériel de l'armée française que je ne connusse point. J'obtins, tout de même, une notice explicative, je constatai qu'on avait oublié des accessoires essentiels. On les trouva dans un magasin. Nous n'avions pas de cartes. Nous ne savions pas où était Palmyre qu'on ne pouvait atteindre qu'après avoir traversé deux cents kilomètres de désert. J'obtins une boussole et nous partîmes pour cette aventure comme si toute l'armée allemande avait passé l'Euphrate la veille.

En 1940, les transmissions de la Légion étrangère étaient confiées à des métropolitains. J'ignorais que je venais d'être muté à la compagnie 790, dont les éléments étaient appelés à travailler avec des blindés. Pour un motif mystérieux mais urgent, l'état-major avait constitué une force mobile, motorisée, faite d'une compagnie de légionnaires, pour la défense du précieux pipe-line de l'Irak Petroleum Company. On avait ajouté à ce groupe mobile trois avions modernes, des Potez 63, et une voiture radio, la mienne. Tout cela ne put jamais fonctionner ensemble. Les moteurs des Potez furent encrassés dès le troisième jour par un vent de sable. On remplaça ces avions par des Glenn Martin tout neufs. Mon poste émetteur était capricieux. Heureusement, nous ne rencontrâmes aucun adversaire. La 11e compagnie était surtout composée d'Allemands et d'Espagnols. Presque tous les sous-officiers étaient allemands. L'adjudant était français, l'adjudant-chef était allemand, il ressemblait à Guillaume Tell ou à un portrait du XVIe siècle de Cranach ou d'Altdorfer. Les camions appartenaient à une unité d'Annamites, commandée par un lieutenant français. Les transmissions venaient du 18e Génie. Nous étions cantonnés dans le poste Weygand, une sorte de caserne fortifiée, pouvant contenir une garnison de cinq cents hommes, construite à l'écart de Palmyre, vers l'ouest. Le poste Weygand était aussi le magasin de vivres et la soute à munitions de la région. Il était entouré d'un réseau de fils de fer barbelés. Sur les terrasses des chambrées, des alvéoles en sac de terre abritaient des mitrailleuses et un petit canon de 65 mm.

A quelques centaines de mètres du poste de la Légion, les aviateurs occupaient une autre maison forte, plus luxueusement installée. L'aviation se composait de quelques biplans démodés, des Potez 25 dont la vitesse maximum était de l'ordre de 200 kilomètres à l'heure mais dont la robustesse était à toute épreuve. Les élégants Potez 63 correspondaient à notre renfort.

Vers le sud, le ksar des méharistes abritait la 1re compagnie légère du désert, soit un peloton d'automitrailleuses (peintes en jaune et non comme ma voiture en vert pomme) et quelque quatre-vingts méharistes, bardés de buffleteries rouges, superbes dans leurs gandouras rouges. Presque tous ces hommes venaient du Nejded et même de l'Arabie heureuse. Ils portaient de longs cheveux, descendant parfois jusqu'aux genoux. Ils les tressaient en nattes et les enroulaient sous le kheffié. Ils s'engageaient pour cinq ans dans l'armée française. Après leur temps, ils repartaient chez eux avec leur équipement dont la pièce principale était le mousqueton modèle 1898 et les cartouches réglementaires. Leurs officiers, avec leurs dolmans rouges, ressemblaient à des personnages de romans. Un petit hôpital et un bordel militaire de campagne, doté d'un personnel de cinq à six putes, complétaient l'équipement militaire de Palmyre.

La ville avait compté au moins vingt mille âmes au temps de la reine Zénobie. Les ruines étaient à deux kilomètres des postes militaires. Du côté de Damas, elles s'étendent jusqu'au pied de collines médiocres ; plus au nord, vers la piste de Homs, des collines plus hautes et plus escarpées encadrent un véritable col. C'est dans la vallée qui précède le col qu'ont été construits les tombeaux. Ils forment une sorte de ville des morts, faite d'hypogées et de tours. Certaines tours sont remplies de niches où on plaçait les cadavres. D'autres étaient sans doute des pourrissoirs. L'arrivée à Palmyre par la vallée des tombeaux produit une très forte impression de grandeur et de désolation.

Le monument le plus considérable de Palmyre est le temple de Bel, situé vers l'est, au bord de la ville. Il est comparable en importance aux plus grands édifices de Balbeck. Quand les invasions arabes eurent définitivement ruiné Palmyre, ce qui restait de la population se réfugia dans le temple de Bel, facile à défendre, qui devint une citadelle. Les Français firent évacuer le temple pour le relever et construisirent un affreux village de banlieue, aux larges avenues poussiéreuses, en bordure de la palmeraie.

L'horizon à l'ouest est fait d'une chaîne de montagnes dont l'altitude atteint huit cents mètres. Dans les pierrailles et les roches on peut voir, le jour, des troupeaux de gazelles et entendre, la nuit, des hyènes aux cris de femmes. Les couchers de soleil y sont très longs et d'une grande magnificence. Une sorte de pic domine Palmyre de deux ou trois cents mètres, vers le nord. Il porte en son sommet un château arabe du XVe siècle presque intact, Qalaat Ibn Maan, qui a servi de garnison aux soldats turcs pendant la Première Guerre mondiale. Cette ascension était une de mes promenades favorites. Entre le château arabe et la vieille ville, a été bâti vers 1930 l'hôtel de la reine Zénobie. Son propriétaire a été assassiné dans les jardins un peu avant 1940 par sa femme, une aventurière française, amie de Mussolini, qui a prétendu avoir vécu plusieurs années de sa vie dans un harem.

Palmyre était une position stratégique d'où l'on pouvait couvrir la Syrie du côté de l'Irak et protéger la branche française du pipe-line qui apporte à Tripoli l'huile brute de Moussoul. Tous les cent kilomètres, une station de pompage assure la circulation du précieux liquide. La dernière station de l'Irak (K3 comme Kirkouk), un peu avant l'Euphrate, donne naissance à la branche de Tripoli et à celle de Haïfa laquelle empruntait alors un territoire sous mandat britannique. Le pipe-line passe un peu au sud de Palmyre. Les méharistes étaient la gendarmerie du Désert. Ils surveillaient les transhumances : les nomades et leurs troupeaux remontaient chaque année des confins de l'Arabie heureuse aux frontières de la Turquie, au fur et à mesure de la cuisson par le soleil de ce qu'ils appelaient des pâturages. Ils atteignaient en septembre le point le plus septentrional de leur randonnée et redescendaient, en suivant de peu la première pluie. Il fallait une police pour contrer les rezzous, réprimer la contrebande, faire respecter le droit et les coutumes et obtenir des renseignements sur des collectivités toujours prêtes aux complots et aux aventures. Cette tâche était confiée à de petits groupes de méharistes. Parfois, le soir, rentraient à Palmyre au pas dégingandé de leurs montures deux de ces superbes militaires qui encadraient un malheureux bédouin tirant son âne par le licol. Ils faisaient penser à deux pandores de nos campagnes, ramenant à la ville un voleur de poules à cette différence près qu'ils étaient éblouissants comme on doit l'être dans un désert où presque toutes les divinités du monde ont manifesté leur colère ou dicté leurs lois. Le grand inquisiteur était souvent l'adjudant interprète de la 1re C.L.D., un Syrien un peu poète, Khaled Moutradji, qui avait épousé une fille de Lunéville.

J'arrivai à Palmyre le 1er juin 1940. La tragédie qui se déroulait si vite en France dépassait notre entendement. Mes sources d'information étaient la radio du poste Weygand et mon propre appareil, que je montais tous les matins de l'autre côté des barbelés. Après quatre ou cinq jours d'espoir, le désastre se précisa. L'évolution de la politique en France n'était pas moins inquiétante que celle de la fortune militaire. La nomination de Weygand comme généralissime m'avait fait l'effet du remplacement d'un cheval borgne par un aveugle. J'étais prévenu contre Weygand à cause de ses sympathies fascistes, Ferrat et moi nous avions étudié son action pendant la guerre de 1914-1918 et en Pologne. Rien n'autorisait à le considérer comme un général de valeur. Ce que j'avais appris du personnage, à Beyrouth, me le représentait comme un être vain, orgueilleux, sans curiosité intellectuelle, attaché à toutes les formes de conservatisme. Sa première intervention dans la conduite des combats avait été malheureuse. Il avait suspendu l'exécution de l'ordre tardif d'attaque générale sur les flancs de la poussée allemande lancé par son prédécesseur, ce qui apparaissait comme la seule manœuvre dont on pût attendre un renversement de la bataille. Dans un autre domaine, la comédie des prières publiques à Notre-Dame, la procession des reliques de Sainte-Geneviève ramenaient ce grand pays aux époques de la sorcellerie. Nous étions loin de Poincaré et de Joffre. Quant à l'entrée au gouvernement du maréchal Pétain, défaitiste avéré, elle ne présageait rien de bon.

La prise de Paris fut connue le jour même. La plupart des légionnaires allemands eurent des mines réjouies ; dans ma chambrée, la couchette située en face de la mienne était occupée par le caporal Schumacker, de la 9e, l'artilleur du poste ; il avait été nazi et sergent dans la Reischwehr, il était très fier des succès de son pays. Dans la chambrée voisine, on chanta le *Horts*

Wessel Lied. Le commandement dut mettre en prison les plus excités ; ils essayèrent de s'enfuir ; l'un d'eux fut retrouvé presque mort de soif ; l'autre fut la proie des chacals. Je pleurai de rage. Des légionnaires espagnols vinrent me serrer la main, comme si j'avais enterré un de mes proches. J'étais très copain avec quelques sous-officiers allemands ; ils furent d'une correction exemplaire. Mais Pasché et Sanders recommencèrent à se saluer chaque matin au cri de *Got Straff England*, coutume qu'ils avaient abandonnée le 10 mai. Pasché tint à me dire qu'une défaite militaire n'avait jamais amoindri un grand peuple. Je crois avoir entendu l'appel du 18 juin le jour même car j'étais constamment à l'écoute des radios britanniques. En revanche, j'ai un souvenir très vif de l'appel du 19 juin plus dur et plus précis, destiné surtout à l'Afrique du Nord. Il comporte la phrase suivante : « Tout Français qui porte encore des armes a le devoir de continuer la résistance. » La demande de l'armistice me parut d'autant plus scandaleuse que je faisais partie d'une armée intacte, hors de l'atteinte des Allemands.

Aussitôt après l'armistice, pendant une semaine environ, je pus croire que l'Empire — comme on disait à l'époque — refuserait de s'y associer et continuerait la lutte. Au Maroc, Noguès paraissait décidé à ne pas se soumettre. Il en était de même des chefs du Levant. Mais Noguès rallia Pétain et les autres proconsuls l'imitèrent. Les Annamites vinrent me demander ce qui allait se passer pour l'Indochine ; ils craignaient le Japon.

Les conditions de l'armistice étaient déshonorantes. On parlait de dissoudre la Légion ce qui créait un grand malaise à Palmyre, mais ce n'était là qu'un détail. Ainsi que mes amis et moi nous l'avions prévu, la victoire de Hitler conduisit à l'étranglement de la république et à l'installation d'un régime qui voulut aussitôt s'aligner sur l'idéologie des vainqueurs. Mon parti était pris dès les premières défaites. Le monde était entré dans une guerre qui l'embraserait en entier ; elle serait longue et dure et ne se terminerait qu'avec l'écrasement des fascistes. L'instauration à Vichy d'un gouvernement d'esclaves dociles rendait plus clair encore le devoir d'un révolutionnaire : se battre contre Hitler et ses alliés français. Comme les gouverneurs des colonies avaient finalement choisi le camp de la honte, quelle voie devais-je emprunter ? J'écoutai à la radio les appels du général de Gaulle. Qui était de Gaulle ? Quel était son entourage ? Certes, il fallait qu'il y eût quelqu'un, au-dehors, qui représentât la France et l'honneur. Mais pour un Français le combat principal n'était-il pas celui de l'intérieur ? Où trouverais-je à employer au mieux mes moyens ? A première vue, ma formation, tout ce que je savais du combat révolutionnaire m'appelaient vers la lutte antifasciste en France. J'étais certain que la guerre reprendrait un jour à la faveur d'un débarquement allié, qu'il faudrait constituer des groupes de partisans, préparer une insurrection nationale. Comment toutefois rentrer ?

Il était trop tôt pour prendre une décision. D'autres opportunités pourraient surgir au Levant. De toute manière je devais considérer que j'appartenais désormais à un monde soumis aux règles de la clandestinité.

Mers el-Kébir fut un coup de tonnerre. L'agression britannique contre la

PASSE... ET MANQUE...

flotte laissa d'abord supposer que le gouvernement de Pétain s'était déjà lié en secret avec l'Allemagne. Comme rien de ce genre n'apparut dans les jours suivants, beaucoup de militaires, encore indécis, virèrent de bord. On entendit à nouveau des ragots sur Dunkerque. Le refus opposé par les marins à toutes les propositions anglaises, le comportement de Darlan (dont le prestige était intact), l'importance des pertes françaises firent plus pour le ralliement à Pétain que toutes les propagandes officielles. A partir du 9 juillet, l'idée d'un conflit franco-anglais qui paraissait monstrueux à la fin de juin était accueillie çà et là sans révolte. On mit les scellés sur les postes téléphoniques qui reliaient les stations T, françaises, aux stations H occupées par des soldats britanniques. La fièvre tomba vite. Si les légionnaires étaient prêts à défendre Palmyre contre une incursion des Écossais d'en face, plusieurs chefs de poste, en dépit des scellés, assurèrent par téléphone à leurs collègues de Transjordanie que la « puissante » force mobile de la 11e compagnie n'avait pas du tout l'intention de leur chercher noise. Beaucoup de cadres français n'étaient pas dupes et raisonnaient juste. Et puis rien n'était clair, dans cette défaite. L'annonce de l'armistice avait causé beaucoup d'émoi à la 1re C.L.D., aussi bien chez les méharistes arabes que parmi leurs sous-officiers. Le 2 juillet, il n'était bruit que du mouvement de la 1re C.L.D. vers la Palestine. Il y eut trois jours de palabres. Grâce à Mers el-Kébir le capitaine put reprendre en main, le 5, son unité en représentant aux gradés que ce départ serait interprété par les nomades comme une démission de la France et en expliquant aux méharistes que s'ils s'en allaient, ils laisseraient le champ libre à tous les organisateurs de rezzous. Mais quel bouleversement depuis trois semaines ! Les discussions et la rébellion gagnaient l'armée !

Le 14 juillet les drapeaux étaient en berne sur le fort Weygand et le ksar des méharistes. On nous rassembla pour une prise d'armes devant le poste. Le commandant du 3e bataillon, un gros ivrogne très populaire, nous passa en revue ; il rappela la devise de la Légion et le serment du légionnaire. Avant de repartir pour Damas il fut assailli de questions sur l'avenir de ce corps d'élite. Il rassura comme il put mais il était lui-même inquiet. Le soir, les sous-officiers de ma compagnie m'invitèrent à une grande beuverie à l'hôtel Zénobie désert depuis des mois, mais dont la cave était encore bien fournie en whisky. Nous avions pris d'abord un bain nocturne dans l'eau laiteuse de la piscine. La jeune épouse du chef de la Sûreté de Homs vint nous rejoindre. Elle avait un flirt avec un des aviateurs de la garnison. Les Allemands étaient pleins d'attentions pour moi. Pasché et Pommerening avaient l'air de vouloir s'excuser d'appartenir à la race des vainqueurs. Le plus sympathique de tous, Gérard Pasché, titulaire du brevet de chef de section, que l'on donnait pour un futur officier, était un ancien midship de Kiel venu à la Légion après une histoire de poupée. Malgré l'intervention personnelle du consul d'Allemagne, il avait repris en 1939 un nouveau bail de cinq ans au 6e étranger. Bien que j'eusse caché mes opinions et mes projets, il avait sur ce que je comptais faire une sorte d'intuition que partageait, paraît-il, le lieutenant de ma compagnie. Comme j'essayais de mettre un peu d'ordre dans la bibliothèque du poste, il sortit d'un tas de livres le beau récit d'Ernst Von Salomon. *Les Réprouvés.* « C'est un livre pour toi, me dit Gérard, l'histoire de nos corps francs et surtout du bataillon des Hambourgeois. Sanders, que tu connais, était dans ce bataillon. » La lecture des *Réprouvés* m'apporta un grand réconfort. Seuls perdent ceux qui s'avouent vaincus. Je retrouvai dans ce livre, vue de l'autre côté, l'agitation de l'Allemagne des années 1919-1922 que Barmotte m'avait décrite. Une fois de plus, la force du sentiment national, pis encore du nationalisme, l'emportait sur toutes les autres ; mais dans la situation où se trouvaient en 1940 la France et les Français, aucune lecture ne pouvait donner plus d'espoir que celle du livre de Ernst von Salomon.

Une chaleur de four monta tout à coup des pierres de Palmyre. Nous eûmes 48° à l'ombre à la piscine, 52° dans le bureau du capitaine de la 9ᵉ compagnie. Le 16 juillet, à minuit, trois méharistes français et deux légionnaires partirent vers la Palestine avec des automitrailleuses Chenard et plusieurs fusils-mitrailleurs. Pour plus de sûreté ils avaient saboté les autres véhicules. C'est Damas qui donna l'alerte (le capitaine des méharistes n'avait pas jugé utile de prévenir la Légion). On mobilisa ma voiture radio pour suivre les avions de Damas qui recherchaient les fugitifs. J'étais à l'écoute avec l'adjudant qui commandait les transmissions de Palmyre. Je lui fis part avec prudence de mes scrupules pour le cas où la transmission d'un message pouvait avoir pour résultat l'organisation d'une poursuite. Je déguisai ces propos sous des considérations d'humanité. L'adjudant m'avoua qu'il ne tenait pas à favoriser un combat entre Français ; il connaissait d'ailleurs un des méharistes.

« Toutefois, me dit-il, nous devons voir le problème tel qu'il se pose. A cette heure, s'ils ne se sont pas égarés, nos bonshommes sont de l'autre côté ; nous ne serons alertés que s'ils se sont perdus chez nous ou s'ils sont en panne. Dans ce cas il vaudra mieux aller les chercher. » Je savais que nous avions été alertés, à dessein, trop tard.

Un des sergents du 18ᵉ Génie que j'avais connu à Houdemont, Delaunay, et que j'avais persuadé d'être comme moi volontaire pour la Syrie, obtint d'être nommé à Palmyre. C'était un garçon intelligent et d'une grande honnêteté ; s'il avait eu la chance d'être né dans un milieu plus fortuné et d'avoir pu faire des études supérieures, il eût pu prétendre à de hautes situations. Delaunay était pour moi le type même des individus dont la révolution devait modifier l'avenir. En détruisant l'État de la bureaucratie et des diplômes, on ouvrirait des carrières pour le mérite. Delaunay avait des opinions de gauche ; sans avoir d'intérêt pour la politique, il ne pouvait manquer de juger à sa valeur le régime que voulait établir Pétain et la nazification qu'on pouvait en attendre. Il avait réagi comme moi devant la sottise bureaucratique de l'armée française. Je me réjouissais de son arrivée car j'avais besoin de son bon sens pour mettre au point toutes les idées qui me venaient. Il me fit une description drôle et attristante de ce que pouvait être la

PASSE... ET MANQUE...

rébellion filtrée par les bureaux. Le résident Puaux, et surtout le commandant en chef Mittelhauser avaient d'abord refusé l'armistice. Des télégrammes de Noguès leur avaient fait penser qu'il serait possible de créer une sorte de conseil des proconsuls pour continuer la guerre. C'était s'engager d'abord dans la guerre civile! Des ordres furent donnés pour repérer dans chaque unité les partisans de la capitulation. Des listes de proscription furent dressées dans les bureaux de compagnie, on imagine comment. On ouvrit à Catana un camp de redressement pour indésirables. Moins de huit jours après cet exercice, Mittelhauser et Puaux se rallièrent définitivement à Pétain. On reprit les listes de proscription. Il y avait eu des complots gaullistes. Il convenait d'épurer l'armée. A nouveau les bureaux de compagnie donnèrent des noms. Les mêmes hommes figuraient souvent sur les deux listes. Ce qui avait compté, ce n'était pas les sympathies fascistes, ou le pacifisme, ni l'anglophilie ou la volonté de résistance, mais l'opinion des adjudants.

D'autres évasions eurent lieu : six sous-officiers de la base aérienne. L'un d'eux nous avait mis, Delaunay et moi, au courant de ce projet. L'arrivée des commissions d'armistice italiennes au Levant brouilla les cartes. Les exigences de ces contrôleurs choquaient les militaires. Les Italiens prétendaient dépouiller les troupes d'une partie de leurs armes et de toutes les réserves de munitions pour les rassembler dans des dépôts faciles à surveiller. Un des sous-officiers de la 9ᵉ compagnie, connu sous le nom de Tcheibé, et qui était en réalité l'enseigne Wommersdorff, des torpilleurs de la *Hoch see flot*, me fit appeler au bureau de la compagnie. « Je suis un soldat, me dit-il, et rien qu'un soldat : j'ai servi dans la légion hollandaise, puis dans la légion française. J'ai été deux fois cassé. J'ai chaque fois repris mon grade. J'ai quarante-trois ans. Va-t-on me jeter dehors comme un malpropre parce que je suis légionnaire, allemand, et que je ne veux pas servir M. Hitler? Où faudra-t-il que j'aille? Chez Tchang Kaï-chek? »

Mégret vint à Palmyre avec le capitaine Fleury. Je l'interrogeai sur les combats de juin : « Il n'y a pas cent mille morts, semble-t-il, mais près de deux millions de prisonniers. Les officiers d'abord, les hommes ensuite, ont flanché! » Il ne me dit rien sur le commandement, ni sur les dispositions stratégiques ni sur la manière dont la bataille avait été conduite. Il insista sur les honneurs considérables que l'on réservait à la Marine, et sur le fait que le vice-amiral Muselier, qui avait rejoint le général de Gaulle, n'avait aucun prestige. Mégret, fort capable d'objectivité, a toujours eu tendance à se ranger du côté de celui qui est sur le moment le plus fort. Il me parla avec humour et mépris des complots gaullistes qui avaient agité Beyrouth depuis l'armistice. Fleury s'échappa de l'hospitalité des officiers de Palmyre pour bavarder service avec Delaunay et avec moi. Nous en vînmes aussi à la guerre et à la politique. Fleury ne voyait pas les choses comme Mégret. Chacun des interlocuteurs restait dans sa prudence, mais il était aisé de discerner où étaient ses pensées. Qui est de Gaulle? Qui est avec lui, à Londres? De Gaulle, c'était d'abord le seul général français qui eût remporté quelques succès pendant les six semaines de la guerre. Nous étions portés à en exagérer l'importance. C'était aussi le seul militaire qui eût pensé la guerre moderne. Mégret envisageait la défaite de l'Angleterre. Fleury et moi rappelâmes qu'une puissance maritime n'a jamais été battue par une puissance continentale. J'indiquai que je connaissais un des hommes du Comité de Londres, le professeur René Cassin, qui avait été président de l'Union Fédérale des Anciens Combattants. « C'est un homme de gauche, ajoutai-je, qui apporte à coup sûr une importante caution morale de ce côté-là. — Telle qu'elle est aujourd'hui, dit Fleury, malgré ses défauts, l'armée du Levant représente une force ; mais les Italiens en exigeront la dispersion. Nous serons tous démobilisés. Personne ici ne voudra courir la moindre aventure. »

Je n'avais pas grand-chose à faire ; je m'intéressai à l'archéologie. J'appris aussi des recettes merveilleuses. Je passais mes soirées sur la place publique, en compagnie de Khaled Moutradji et des nomades qui venaient rendre visite au puissant adjudant de la 1re C.L.D. Vers 10 heures, un vent froid se levait, il fallait se couvrir pour ne pas frissonner et on bénissait l'arrivée du thé amer. J'écoutais avec dévotion les histoires des *Mille et Une nuits*. Une Palmyrénienne avait été volée. La police avait arrêté un suspect. En dépit de la bastonnade sur la plante des pieds, il n'avait rien avoué. Il fallait chercher autre chose. On avait eu recours à un derviche, possesseur d'une merveilleuse boule de cristal. Conduite devant la boule, après lecture d'un certain nombre de versets du Coran, la Palmyrénienne avait vu l'objet volé, puis la main qui volait, enfin la cachette où le produit du larcin avait été déposé. Un pèlerin de La Mecque demande au coiffeur de lui raser la tête. Le rasoir ne coupe rien. Avec colère le barbier porte au pèlerin un violent coup de rasoir sur le bras : la peau n'est pas entamée. Le praticien, après avoir regardé attentivement son client, le prie de poser sa bague sur la table. Il peut alors raser la tête. Il avait reconnu la pierre qui rend invulnérable aux armes blanches.

Mais tout se dégradait à Palmyre, même la belle discipline de la Légion. Les Allemands cessèrent de se saluer au cri de *Got Straff England* et nous échafaudâmes des complots pour partir en Palestine ; nous voulions y aller avec armes et bagages. C'était plus difficile en octobre parce que les delcos des moteurs étaient démontés chaque soir et mis sous bonne garde. Nous apprîmes que nous serions relevés par la 1re compagnie du 1er bataillon. Les légionnaires rentreraient à Damas ; ils iraient ensuite à Souieda et moi je serais rapatrié pour être démobilisé. L'arrivée de la 1re compagnie fut impressionnante. Je trouvai à tous ces hommes des têtes de forbans. Il paraît qu'ils firent la même réflexion en nous voyant. Le soir de la relève, Pasché, Delaunay et moi nous traitâmes au whisky, à l'hôtel Zénobie, l'adjudant-chef de la 1re compagnie, Ledinneg. Ce petit homme maigre, vif, très prussien, appartenait au genre des êtres sensibles qui ont pitié de ceux qu'ils punissent, mais qui les punissent quand même, et un peu plus fort, pour se défendre de cette inquiétante pitié. Il nous raconta la rébellion récente du 1er bataillon. Cette unité comprenait beaucoup d'Espagnols de l'armée républicaine et un certain nombre de volontaires des brigades internationales. C'était le bataillon de marche du régiment. Il avait été de toutes les alertes : pour Chypre, pour la Turquie, etc. Au moment de l'armistice il était aux Cèdres, ouvrant une route pour le tourisme. L'armistice mit en colère les légionnaires et leurs officiers. On tint conseil. On décida de rejoindre les Anglais pour continuer le combat. Rassemblement. On redescend au cantonnement de la vallée. On complète le parc automobile par des réquisitions. C'est la grande aventure : la rébellion. Pourquoi ne part-on pas ? Soyons réalistes ; attendons le prêt. Le prêt est distribué. Pas de départ, on réquisitionne des camions supplémentaires. Ledinneg demande le rapport du capitaine. « Nous ne voulons pas laisser les familles des officiers et des gradés derrière nous. Ledinneg, avez-vous de la famille au Liban ? — Non, mon capitaine. Mais nous avons déjà attendu le prêt. Si nous attendons encore pour les familles, il faut aussi penser aux légionnaires ; quelques-uns ont des liaisons solides. — Qu'ils donnent les adresses. Ledinneg, que dit-on dans la compagnie ? — Mon capitaine, je suis allemand. Il y a des légionnaires allemands. L'armistice est signé. Le bataillon veut aller se battre contre les Allemands. Nous avons prêté le serment de la Légion. Où que vous alliez nous irons, même si nous devenons des rebelles, mais ne demandez pas aux Allemands de chanter. En tout cas il faut faire vite. » On finit par charger les familles. On allait partir. Alerte. Arrive le général Mittelhauser. Il passe en revue le bataillon. Il exalte l'obéissance au Maréchal. Il ordonne d'annuler les préparatifs du départ. On décharge les camions et le bataillon remonte vers les cèdres pour terminer la route touristique.

A Beyrouth je retrouvai Jacques Baron et Mégret. Baron était lui aussi rapatriable. Il me fit affecter au Théâtre aux Armées, ce qui permit de faire un voyage de retour agréable sur l'Athos II. Marseille hébergeait des milliers de réfugiés. Il était impossible de s'y loger. Les prostituées proposaient des canapés ou des cabines d'ascenseur pour l'exercice de leur profession. Je rencontrai Jeanine Picabia. Elle tenait d'incroyables propos sur la démoralisation de l'armée allemande par le seul contact de Paris ! Les histoires les plus folles couraient la Canebière : Pétain renvoyait Laval, on creusait des tranchées le long de la ligne de démarcation, la mer du Nord charriait les milliers de cadavres allemands d'un débarquement manqué en Angleterre, etc. Fleury, Baron et moi fîmes un dîner encore convenable chez *Bassot*. Nous allions nous séparer. Il y eut une minute de vérité. Jacques Baron était prêt à s'accommoder du Maréchal. Fleury et moi avions choisi une autre voie. « Nous ne savons pas très bien qui est de Gaulle, disions-nous en substance, mais nous considérons qu'il est le gouvernement de la France. Je rentre à Paris, ajoutai-je. Je vais vers la lutte clandestine ; la décision finale sera le fait de notre insurrection. »

Je n'ai pas été un héros de la Résistance. J'ai fait, à un échelon assez bas, un travail d'organisation patient et le plus souvent inutile. Mais je n'ai pas plié.

Chapitre XXV
Les Ordalies

J'arrivai à Paris, démobilisé, le 28 octobre 1940. Katia et Françoise étaient encore à Paramé. Après un bain froid — ce devait être une règle quotidienne pendant plus de cinq ans — je me mis en devoir de renouer avec mes amis politiques les relations interrompues depuis le printemps. Je commençai par Ferrat qui habitait à cinquante mètres de chez moi. « Ils ne sont pas rentrés, me dit la concierge, et cela vaut mieux. Dites-leur de rester où ils sont. Les Allemands sont venus peu après l'armistice : des militaires et des civils. Ils ont fouillé partout. Ils ont emporté des caisses de papiers. Vous pouvez monter. Vous verrez le désordre. Même que le bonhomme des vins et des liqueurs, à côté, leur a dit : "Il faut aussi aller chez le grand aux cheveux gris qui habite le 50." »

J'étais chez Fourrier le même jour. Il ignorait la perquisition qui avait été faite chez Ferrat. Il n'avait pas été inquiété. Il m'apprit que Ferrat s'était battu avec courage contre les nazis ; il avait été gravement blessé en servant sa mitrailleuse. Il était encore en traitement à Lyon. Que pouvait-on penser de cette perquisition ? Une manœuvre communiste ? Les représentants du parti essayaient d'obtenir la légalité pour le parti et le droit de faire reparaître *L'Humanité* ; auraient-ils voulu se débarrasser des adversaires du pacte germano-russe ? On commençait à dire que Gitton, le numéro 2 du bureau politique en 1939, était passé du côté des hitlériens. Une hypothèse assez vraisemblable était celle d'une dénonciation doriotiste. Mais en juillet 1940, les doriotistes n'étaient pas encore assez installés dans la collaboration pour jouer ce jeu. Nous penchâmes pour une opération purement allemande, peut-être préparée avec l'aide d'indicateurs du parti populaire français (Doriot) au service de la Gestapo avant 1939. L'incident Fougerolles, que je raconterai plus loin, me donne à penser que cette dernière explication était la meilleure, sans exclure tout à fait une pression communiste !

Le tableau que me fit Marcel Fourrier de la situation des milieux socialistes et communistes était assez sombre. Le parti socialiste n'avait pas survécu au vote honteux de la grande majorité de ses parlementaires en faveur de Pétain. Paul Faure s'était discrédité en s'enfonçant dans la trahison. Des syndicalistes comme René Belin cautionnaient la mascarade odieuse de la « révolution nationale ». Le pacte germano-russe avait mis en miettes la « Bataille socialiste ». Jean Zyromski, déchiré, découragé, se refusait à condamner la politique de Staline et attendait un miracle. Les militants qui n'étaient pas prisonniers se démobilisaient. Le parti communiste était à peine en meilleur état. Grâce à Daladier et à Sarraut, il avait pu passer, dès les premiers mois de la guerre, à une structure clandestine. Mais le pacte y avait fait des ravages et il n'y avait pas grand monde dans la clandestinité ! « Il n'est pas possible, dis-je à Fourrier, que tous les militants de ce parti aient approuvé le pacte dont les conséquences sont un drame pour le prolétariat français[1]. Les événements dissoudront la cohésion entre vrais communistes et soviétophiles que la maladresse de Daladier a cimentée. La défaite donne à réfléchir à tous les révolutionnaires. La discipline du parti ne résistera pas à la prolongation du flirt Hitler-Staline. » Fourrier adoptait cette manière de voir : Péri avait été, dit-on, hostile à l'approbation du pacte par le parti. Lecœur estimait que les combinaisons des Russes ne pouvaient pas engager les communistes français au-delà d'une certaine limite depuis longtemps dépassée. Enfin on signalait en zone Sud des tracts communistes représentant Pétain et la défaite sous leur véritable jour. Toutes ces tendances étaient en contradiction avec la ligne officielle du parti, favorable à un compromis avec les Allemands. Dans la région parisienne cette ligne paraissait inspirer les ruines des puissantes fédérations staliniennes.

Le rôle qu'avaient joué les partis bourgeois était à peu près celui que nous attendions. L'élément nouveau était l'effondrement des partis ouvriers. Aucun de nous ne l'avait prévu en 1939 malgré le précédent allemand de 1933. Nous étions attachés plus que jamais à l'unité ouvrière. La voie nous paraissait libre puisque, croyions-nous, la social-démocratie et le stalinisme s'étaient mortellement compromis. Nous devions apparaître comme les champions de l'indépendance nationale, de la libération du territoire, et comme le point de rassemblement d'un parti révolutionnaire qui exprimerait les intérêts historiques des salariés. La République de 1875 ayant été supprimée par l'État français, c'est le socialisme qui succéderait au régime de Vichy ; il serait forgé dans la victoire. Nous n'avions rien pour donner le plus petit commencement d'exécution à ce programme ambitieux. Mais c'est dans cette voie que nous nous engagions.

En novembre 1940, la population française, que ses opinions fussent à droite ou à gauche, était passive ; on ne sentait un désir d'action que dans des groupes épars. Les Français ont souvent montré beaucoup de réalisme devant le danger. Les bombes jetées sur l'Angleterre avaient fait oublier Dunkerque et Mers el-Kébir. Les Allemands n'avaient pas débarqué en Angleterre. C'était un échec ; l'espoir revenait mais comme la libération ne serait pas pour demain on ne se mouillait pas et on créditait Vichy d'un certain pouvoir de négociation. La seule activité « résistante » qui eût à ce moment-là un caractère « populaire » fut l'aide aux prisonniers évadés. Les évasions, relativement aisées et nombreuses en juin et juillet, même en août, étaient devenues à l'automne des opérations plus périlleuses et plus difficiles

---

1. Comme dans les chapitres précédents ce terme générique et commode désigne les salariés, avec les réserves d'emploi faites au chapitre XXII.

car l'organisation des camps et la mise au point des techniques d'occupation étaient achevées. Cette aide aux prisonniers évadés était artisanale ; il exista néanmoins des filières. Les organisations des anciens partis y jouèrent un rôle. Mais surtout des dévouements nouveaux furent mis en évidence. Peu à peu, à cette occasion comme dans toutes celles qui mirent des Français en opposition directe d'intérêts avec les Allemands, la droite et la gauche se solidarisèrent. Une des ressources de l'homme seul, en situation irrégulière, était de s'en remettre au curé du village où il était en difficulté. Dépouillé de son contexte de catéchisme, d'encycliques, d'obligations diverses, l'homme d'Église n'était plus que le zélateur de la charité. Le saint-cyrien en péril estimant que l'instituteur public ne pouvait pas être, par principe, favorable à Hitler, allait frapper à la porte de l'école communale. Mois après mois, la généralisation de la misère enfanta une sorte de communauté de pauvres, dans les villes où les biens matériels ne signifiaient plus grand-chose, sauf pour une petite frange de trafiquants. Tous ceux qui avaient voté pour le Front populaire et tous ceux qui avaient voté à droite eurent faim et froid, portèrent des souliers à semelles de bois, fumèrent des feuilles d'ortie, burent des décoctions de glands, ne survécurent que grâce au troc et au marché noir, regrettèrent les libertés perdues, souffrirent de la bureaucratie démentielle des hitlériens et des vichyssois, en vinrent à abhorrer l'occupant et constatèrent que le dirigisme étatique de l'économie était une histoire de fous.

Il y avait le général de Gaulle. A la fin de 1940 les vichystes, les collaborateurs et ceux qui n'acceptaient rien voulurent savoir qui était cet homme obscur six mois auparavant et dont le prestige grandissait plus vite que la force matérielle. J'essaierai d'expliquer comment les Français ont vu de Gaulle au fil des événements et ce que j'ai compris de cet extraordinaire personnage. Barral avait rencontré le jeune sous-secrétaire d'État en 1940 chez Huntziger : milieu familial bien-pensant, réactionnaire, la haute moralité du temps de Zénaïde Fleuriot ; père directeur d'une école privée, exerçant sur les siens, avec distinction, un ascendant redoutable fondé sur le travail, la culture classique, la fidélité à la tradition chrétienne, l'honneur, l'amour de l'histoire et des grands exemples. On n'a pas lu Baudelaire chez le père de Gaulle, mais François Coppée et Vauvenargues. Le fils était un bergsonien orgueilleux, un militaire non conformiste qui, en 1933, avait qualifié *d'absurde* l'idée que la France pourrait être protégée de l'invasion par des ouvrages fortifiés *tenus par des novices*[1]. L'homme en imposait par une autorité naturelle et une lucidité quelque peu cynique.

A la fin de l'année 1940, une partie des Français considérait le général de Gaulle comme un voyant et un héros ; d'autres le tenaient pour un ambitieux en service commandé, les commandes pouvant être dans les mains de Pétain ou de Churchill. Mais presque tous s'en défiaient. Si les élections présidentielles avaient mis en concurrence Pétain et de Gaulle, le Maréchal l'eût emporté de très loin : beaucoup d'anciens combattants auraient voté pour le

---

1. *Vers l'Armée de métier* (1934).

seul grand chef de la guerre 1914-1918 qui s'est intéressé aux soldats. Cet égoïste, avide de servilité et d'honneurs, avait l'air bon! Le Maréchal demandait aux Français de ne pas bouger et de se laisser tondre; ce programme électoral eût séduit davantage que l'appel à vaincre plus fort que soi. La droite aurait, dans l'ensemble, voté pour Pétain à cause de la nature réactionnaire du vieillard. La gauche, dans sa majorité, l'eût préféré à de Gaulle à cause de son pacifisme, parce qu'il avait des origines modestes, parce qu'il prononçait le mot *patrie* avec une sonorité radical-socialiste. De Gaulle n'aurait recueilli que les voix des nationalistes conséquents et celles des révolutionnaires lucides, ce qui ne faisait pas grand monde à l'époque, les uns et les autres votant plus pour la position prise que pour l'homme qui l'avait prise.

Ce qui rebutait la gauche chez de Gaulle c'était l'empreinte maurrassienne. Dans les textes publiés avant 1939 on sentait un grand mépris pour les assemblées représentatives, une préférence marquée pour la forme monarchique de gouvernement. De Gaulle avait une attitude critique envers les grands ancêtres. La Convention ne lui en imposait pas. On ne pardonnait pas au Général d'avoir voulu une armée de métier. Pour la gauche, cette idée cachait de noirs desseins contre le peuple, bien que l'histoire enseigne qu'aucune armée de métier n'est à l'abri de la contagion révolutionnaire. On oubliait que Léon Blum s'y était rallié sur le tard. Les slogans étaient plus forts que la raison. J'entendais ces arguments à longueur de soirée au cours des visites que je rendais aux militants que j'avais connus. Les résultats immédiats étaient plutôt décevants. La seule note d'optimisme me fut jetée par Weil-Curiel, rencontré en courant dans le métro. « Téléphone-moi, me dit-il, on fait des choses amusantes. » Quelques jours plus tard eut lieu l'incident Fougerolles. Compromis dans l'affaire du musée de l'Homme, Weil-Curiel fut contraint de quitter Paris.

Je n'étais pas depuis trois semaines à Paris lorsqu'en arrivant à *La France mutualiste*, un matin, j'aperçus devant la grille d'entrée, Fougerolles, l'ancien permanent M.O.E.[1] de la région de l'Est dont je savais qu'il était depuis 1928 un provocateur.

Je passai mon chemin. J'allai vers Bonnet, mon supérieur immédiat qui m'attendait à la porte. « Bonjour Martin », cria Fougerolles, avec l'aplomb des policiers. J'étais très mal à l'aise. Martin était le pseudonyme sous lequel j'avais dirigé le rayon de Nancy. Je ne répondis pas. Fougerolles se planta devant moi. « Alors, Martin, tu ne me reconnaîs pas? » Je fis un geste de dénégation. « Vous vous trompez certainement. Je ne m'appelle pas Martin. » Je le fis monter dans le bureau que je partageais avec Bonnet. Je le laissai debout. « Allons, Martin, souviens-toi, Nancy, la rue Saint-Nicolas. — Vous êtes abusé par une ressemblance, dis-je. Certes, je connais Nancy; mais j'ai quitté cette ville depuis très longtemps. Ce nom de rue n'évoque rien pour moi sinon le patron de la Lorraine et les jouets de mon enfance. Nous

---

1. Main-d'œuvre étrangère.

avons du travail, retirez-vous. Je ne puis vous être d'aucun secours. » Bonnet eut l'élégance de ne me poser aucune question. Fougerolles rôda encore une ou deux fois autour de l'avenue de Villiers. Puis il disparut. La vigilance s'imposait ! Où voulait-on en venir ? C'était sans doute la suite de l'opération Ferrat. L'approche était singulière. Je racontai l'incident à Fourrier et le prévins que je cesserais de l'aller voir ou de l'appeler au téléphone jusqu'à nouvel ordre. Pour la même raison je ne donnai aucune suite à la sympathique proposition de Weil-Curiel.

Barral avait passé quelques semaines à Vichy, après l'armistice. Il en était revenu horrifié. Il avait été anti-munichois. Nous avions confiance l'un dans l'autre. En deux phrases chacun sut ce que son interlocuteur pensait de la défaite. Barral n'avait pas l'intention de faire la révolution mais il voulait l'écrasement de Hitler, la restauration de la république et des libertés. Il pensait lui aussi qu'il fallait se rallier à de Gaulle. La présence de René Cassin à Londres était à ses yeux une caution très forte de la prise en considération, par la France libre, des principes républicains. Barral était plutôt satisfait de l'état d'esprit des anciens combattants de l'Union fédérale. Les associations de la zone Sud avaient rejoint par force, la Légion, mais y gardaient leur physionomie propre. Quelques dirigeants d'appartenance maçonnique notoire avaient été contraints d'abandonner leurs postes. Vichy paierait un jour ces brimades. Le conseil d'administration de la Caisse autonome avait, dans l'ensemble, bon esprit. Seul un pacifiste inconditionnel penchait du mauvais côté. L'esprit de capitulation n'avait pas pénétré à *La France mutualiste*. On n'y respirait pas les miasmes de la révolution nationale ! Le portrait du maréchal Pétain n'y tint qu'une place modeste.

Une collaboration avec Barral n'était pas susceptible, pour le moment, d'aller au-delà de la condamnation du vichysme. Nous étions en décembre 1940 dans l'approche du procès de Riom intenté contre Daladier, Blum et autres dirigeants du Front populaire. Sans nous solidariser avec ces hommes qui avaient une responsabilité dans nos malheurs, nous pensions, Barral et moi, que les républicains n'avaient pas intérêt à autoriser les plus coupables à faire en la personne des accusés le procès de la démocratie, du parlement, des libertés et de la résistance armée à l'hitlérisme. Il restait à voir si nous étions en mesure d'accomplir quelque chose d'utile. Nos moyens ne dépassaient pas l'édition d'un tract dont nous pourrions tirer deux ou trois cents copies. La portée de cette opération serait des plus limitées. Qu'était-ce au regard des commentaires, même brouillés, de la radio de Londres ? Nous étions sur le point de renoncer à tout lorsque Barral me signala qu'il avait vu à la station de métro Villiers une simple inscription à la craie : *Vive la République*. Le haut fonctionnaire détaché par le ministère des Finances à la Caisse autonome avait lui aussi remarqué cette inscription. Celle-ci avait été effacée dans les vingt-quatre heures mais elle avait eu un pouvoir de réconfort et de défi qui dépassait beaucoup son contenu assez anodin et qui était sans rapport avec la pauvreté des moyens employés. Nous considérâmes alors notre projet sous un autre angle. Nos tracts ne seraient pas des instruments de propagande, mais des témoignages de non-alignement, capables d'inciter, par l'exemple, à d'autres manifestations de refus.

Nous rédigeâmes trois textes, assez courts. Le premier expliquait que la France possédait en 1940 assez de chars d'assaut pour s'opposer aux Allemands avec des chances de succès. Presque tous ces chars avaient été construits au temps du Front populaire. L'état-major n'avait pas su les utiliser d'une manière moderne en dépit des avertissements du général de Gaulle. Le deuxième tract demandait pourquoi les quelque deux cents avions qui avaient bombardé Gibraltar le 26 septembre 1940, en représailles de l'affaire de Dakar, n'avaient pas été employés en mai sur la Meuse. Un troisième tract demandait qui était responsable de nos insuffisances militaires : les généraux qui avaient affirmé en 1939 que la France n'avait jamais été plus forte, les parlementaires qui avaient voté les crédits militaires demandés par les généraux ou les ouvriers qui avaient accepté de faire des heures supplémentaires pour exécuter des commandes d'armement ? Ce dernier texte avait fait l'objet de discussions assez vives entre les deux rédacteurs. Son existence ne dépassa pas le stade du stencil.

Il ne me paraissait pas impossible de publier et de diffuser un livre où seraient attaqués les principes de Vichy et de Hitler en utilisant au mieux les approximations et les licences du langage poétique. La devise *Travail, Famille, Patrie* était une bonne source d'inspiration. Je repris les fragments et les ébauches écrits en 1929-1930. Ce fut *Le Grand Ordinaire* dont je lus à Hugnet les principaux chapitres en 1942.

J'acquis assez vite la conviction que la plupart des membres des anciens partis n'avaient aucune envie de reprendre, du moins pour le moment, une activité politique. Il fallait recruter de nouveaux dévouements. Je m'attachais néanmoins à suivre l'évolution des anciens socialistes, syndicalistes ou communistes auxquels je rendais visite. Je m'adonnai au travail facile qui consiste à faire des inscriptions sur les murs. Les moyens d'exécution étaient malheureusement très pauvres : je me contentais le plus souvent de la craie. La peinture au pulvérisateur était alors réservée aux carrossiers d'automobiles. Je fis quelques adeptes. Au printemps de 1941 je m'attardai à ce jeu dans le Xe arrondissement. Passé minuit, les rues étaient absolument désertes. Je risquai de peu le flagrant délit. Deux agents m'embarquèrent. Comme l'heure du couvre-feu avait sonné et que j'étais dans la rue sans permis, j'étais en faute. L'un des flics soupçonna que je pouvais être l'auteur de je ne sais quelle phrase injurieuse et partisane qui barbouillait les murs d'une fabrique. Je le pris de haut ; j'essayai de lui faire honte, de lui faire peur : pourquoi montrer du zèle puisque l'occupation allemande ne durera pas toujours ? Je finis la nuit au poste de police. Un procès-verbal fut dressé. Des poursuites furent entamées. Je demandai à Marcel Fourrier de me défendre. L'affaire traîna ; malgré l'annotation spéciale faite sur la procédure elle-même par je ne sais quel salaud, celle-ci ne fut pas transmise aux Allemands. Je comparus le 25 janvier 1943 devant la 17e Chambre du Tribunal civil. Fourrier sut minimiser cet incident et je ne fus condamné qu'à une amende que je ne payai jamais.

L'esprit de résistance sortait du tunnel. L'affaire du musée de l'Homme fut une importante manifestation de l'honneur retrouvé. On placarda dans le métro et sur les murs de Paris une affiche jaune à bandes noires annonçant la condamnation à mort et l'exécution du commandant d'Estienne d'Orves. Les Allemands offraient ainsi délibérément une publicité fantastique aux actes de résistance ; cela correspondait chez eux à la volonté germanique de terroriser, consécutive à la mauvaise conscience que leur donnaient les actions de partisans. Rien n'était plus contraire à leur intérêt. Les affiches poussaient à la haine envers l'occupant, suscitaient la pitié et l'admiration pour les victimes ; elles incitaient à la résistance. Elles multipliaient par un coefficient prodigieux l'effet produit par n'importe quelle action séditieuse.

Un jour du printemps 1943, j'appris en arrivant à mon bureau que Barral avait été arrêté le matin même par la Gestapo. Il était encore secrétaire général adjoint de la Confédération nationale des Anciens Combattants dont le secrétaire général, Rivollet, était ministre et passait pour être en bons termes avec les occupants. Tous les dirigeants d'anciens combattants se précipitèrent chez Rivollet pour demander l'élargissement de Barral. Une délégation partit pour Vichy afin de saisir Pétain de l'incident. Rives, le directeur adjoint, me fit appeler dans son bureau le lendemain de l'arrestation : « Voici les informations que nous a données Rivollet. Il y aurait à *La France mutualiste* un noyau de résistance dont Thirion serait le chef et dont Barral serait un membre actif. La Gestapo voudrait faire un exemple. Rivollet ne sait pas ce que vaut cette accusation. Il se porte, lui, garant de Maurice de Barral, qui sera transféré aujourd'hui à Compiègne. Il faut d'abord que Barral ne soit pas déporté en Allemagne, et ensuite qu'on le relâche. Nous nous y employons. Rivollet demande que vous ne changiez rien à vos habitudes et à votre comportement. Il ne semble pas que la Gestapo ait d'autres charges que des généralités. » Je suivis ce conseil avec application. Maurice de Barral fut remis en liberté, avec six kilos de moins, après quelques semaines de détention. En 1944, il représenta *Ceux de la Résistance* au Conseil municipal provisoire de la Ville de Paris.

Le régime de Vichy a probablement cumulé toutes les tares susceptibles d'atteindre un État. Monarchie absolue dans son essence il subissait les lois du hasard. Le monarque n'était pas un fou, ni un drogué ni un simple d'esprit, mais un vieillard instable qui n'avait plus la possession de tous ses moyens ; le règne commençait par la décrépitude du roi. Le monarque était un vassal : il fit tirer sur les Anglais, sur les Français libres et sur les Américains pour protéger, disait-il, l'intégrité des possessions d'outre-Mer ; on n'esquissa même pas un geste de défense lorsque les Allemands envahirent le royaume de Vichy. Comme dans toutes les cours, l'intrigue était reine et l'administration maîtresse des biens et des personnes.

Les choses les plus nécessaires à la vie ne pouvaient être obtenues que par la grâce du Prince ou par la fraude. La grâce du Prince se confondait avec celle de centaines de petits potentats. Le régime était aussi celui de l'hypocrisie et de la dérision. Le travail devint, à partir de 1942, le service obligatoire pour l'Allemagne, une sorte de réquisition pharaonique de la main-d'œuvre civile dont *Mein Kampf* avait autrefois laissé prévoir qu'elle serait un des fondements du Grand Reich. La législation sur la famille destinée à faire naître des enfants qu'on ne pourrait pas nourrir était le produit monstrueux d'un nationalisme borné et des pires superstitions chrétiennes. Son accomplissement fut la loi qui punit de mort l'avortement. Pour la première fois, pouvait-on lire dans *L'Œuvre* du 9 juin 1943, une avorteuse a été condamnée *à mort* par le tribunal d'État ; cette malheureuse s'appelait Marie-Louise Giraud, née à Lempérière, une blanchisseuse de trente-cinq ans, domiciliée à Cherbourg. La canaille qui eut le front de prononcer cette condamnation se nommait Devise ; il présidait le tribunal d'État. « La Justice » de Vichy renoua avec l'Inquisition et les Chambres Ardentes, ce qui était une autre fidélité aux traditions de la monarchie. *Le Journal Officiel* du 24 juin 1943 promulgua la loi instituant dans chaque cour d'Appel une section spéciale pour juger des infractions pénales, quelles qu'elles soient, commises pour favoriser le terrorisme, le communisme, l'anarchie ou la subversion sociale ou nationale ou pour provoquer ou soulever un état de rébellion contre l'ordre social légalement établi, que les délits soient perpétrés contre les personnes ou contre les propriétés.

Les individus arrêtés, disait cette loi (promulguée par Pétain), seront traduits directement et *sans instruction préalable* devant la nouvelle juridiction dont les jugements, qui ne seront susceptibles *d'aucun recours* ou pourvoi en cassation, seront *exécutoires immédiatement*. Les peines prononcées seront l'emprisonnement, les travaux forcés ou la mort ; elles seront celles prévues pour la qualification du fait poursuivi, les fonctionnaires de l'État encourant le maximum de la peine prévue !

La réglementation économique était la partie la plus intéressante de la législation vichyste. Chaque matin je commençais mon travail par la lecture du *Journal Officiel* où je voyais s'édifier la théorie d'un système économique dont je constatais ensuite les effets. C'était d'autant plus passionnant pour un socialiste que je savais que les services qui fabriquaient tous ces textes comprenaient pas mal de gens venus de l'extrême gauche. Pour commencer, une vérité très simple s'imposait aux Français ; les propagandistes révolutionnaires n'y avaient jusque-là jamais pris garde : on ne peut distribuer que ce qui a été produit. Une seconde vérité était d'évidence : l'économie de marché se révélait plus efficace que tous les systèmes bureaucratiques pour la répartition des produits. Les doctrinaires vitupéraient le « rationnement par le porte-monnaie » pour justifier leur dirigisme, en refusant de voir que le rationnement par les contrôleurs, les bureaux et les cartes, aboutissait à moudre du vide. Il convenait d'en chercher la raison dans le principe même du rationnement qui décuple la force d'initiative individuelle et dans le fait que l'on entrait dans le processus infernal où la révolution russe s'était épuisée. Afin que rien n'échappât à la distribution présumée égalitaire, il fallait transformer les paysans en fonctionnaires et les surveiller étroitement. Alors, la production agricole baissait, la négligence, la gabegie et le gâchis s'installaient. Dans les villes, l'interminable queue des ménagères à la porte des magasins devenait une institution.

Les comités d'organisation qui avaient séduit le général de Gaulle, à Londres, parce qu'il y voyait l'amorce d'une organisation corporative de la nation, n'étaient qu'une réplique des bureaux russes de planification. Que les professionnels membres de ces comités fussent des capitalistes ou des administrateurs d'usines appartenant à l'État, cela revenait au même pour la répartition des matières premières, la fixation arbitraire des quantités à produire et de leur prix, le partage des produits entre les consommateurs. Le système de Vichy avait néanmoins sur l'organisation soviétique l'avantage de laisser aux producteurs une marge d'initiative. Vichy donnait une bonne image de la « construction du socialisme » : les ouvriers étaient privés du droit de grève, le rationnement était général, la pénurie ne l'était pas moins et une police vigilante réprimait brutalement les infractions à la loi communautaire. Une bureaucratie sans cesse plus nombreuse et plus lourde distribuait mal. Le favoritisme et le marché noir prospéraient. L'individu n'était pas encore contraint, comme à Berlin ou à Moscou, à se rendre à des exercices culturels périodiques, encore que toute l'action des préfets et autres tyranneaux vichyssois tendait à un tel dressage, mais comme en Russie, il devait se plier à des règles strictes pour se nourrir et se vêtir. Ces activités élémentaires ajoutaient à la durée du travail le temps employé à convertir le salaire en marchandises de mauvaise qualité. Manger un pain de plus que la ration était considéré comme un crime social.

La manière dont la radio gaulliste avait rendu compte du procès de Riom avait fait contraste avec la rage partisane de la presse de Vichy ou de Paris. Daniel Mayer, qui avait décidé de consacrer toute son activité à la défense de Léon Blum, penchait pour le ralliement à la France libre. Dans l'affaire de Syrie, de Gaulle avait agi de telle sorte qu'il n'était plus possible de le traiter comme un agent de la Grande-Bretagne. Au début de son exil, le Général avait d'abord cherché à rassembler des moyens militaires. Il avait proposé aux proconsuls du Maroc, de Syrie et d'ailleurs un accord de belligérance. Il avait poussé l'humilité jusqu'à faire dire à Weygand qu'il se mettrait à ses ordres si celui-ci entraînait l'Algérie dans la guerre. Toutes ses tentatives avaient échoué. Weygand et les proconsuls n'avaient aucune raison de faire la guerre. Se battre contre Hitler c'était aussi se battre contre Pétain ; or, le régime qui s'installait à Vichy répondait à leurs aspirations profondes. Chacun sentait que l'évolution du conflit vers la reconquête des libertés et de la démocratie était dans la force des choses. Ainsi le général de Gaulle était-il poussé vers la politique, les républicains et l'idée d'une révolution sociale.

L'entrée en guerre de la Russie libéra de toute hésitation les forces révolutionnaires et les ouvriers pour qui Staline symbolisait encore l'émancipation. Ce n'était pas le moindre paradoxe de cette guerre que l'un des régimes les plus oppressifs du globe fût en position de stimuler le combat des masses pour la liberté. L'indépendance nationale était la première des libertés à recouvrer et ceci explique mieux que toute autre considération idéologique l'attraction russe. Les marxistes occidentaux, habitués à jouir de ses bienfaits, avaient oublié que le sentiment national avait levé des forces autrement décidées et redoutables que celles qu'ils attribuaient à la lutte des classes. De Gaulle en était plus conscient que quiconque ; mais il voyait que le sentiment de classe, en France, renforçait ou affaiblissait le patriotisme, selon que l'on considérait le peuple ou les classes dirigeantes. Il hésitait encore à se prononcer sur la république ; il prenait acte du fait que presque tous les résistants de 1941 étaient prêts à se faire tuer pour abattre la monarchie réactionnaire de Pétain et qu'aucun d'entre eux n'aurait levé le petit doigt pour introniser le quarante et unième roi de France, sauf deux ou trois égarés. Mais l'effort intellectuel et moral que le Général devait accomplir pour triompher de ses hésitations était comparable à une abjuration. Ces tourments étaient ressentis en France et gênaient l'extension du gaullisme ; l'ambiguïté cultivée à Londres donnait lieu à des commentaires aux États-Unis, en Suisse et à Paris. De Gaulle portait képi, ce qui n'allait pas de pair, dans le jugement du peuple, avec l'intelligence politique et l'esprit de démocratie.

J'imagine que cet homme solitaire devait arbitrer bien des conflits entre la tradition qui l'avait formé, le personnage qu'il était et la conscience qu'il prenait d'avoir à fonder une tradition nouvelle en se servant d'éléments qu'on lui avait appris à mépriser. Il faut penser à Luther et à la légende de l'encrier jeté à la face du diable. Le destin du Général était de devenir le président d'une sorte de Comité de salut public, de rétablir dans sa majesté la Déclaration des Droits de l'Homme et de rebâtir sur ces prémices un État dont il serait le roi. Trois fantômes le hantèrent durant trente ans: Robespierre, Bonaparte et Louis-Philippe. Il dut les exorciser tous les trois. Son père n'ayant jamais fait grand cas de ces personnages historiques, il avait la ressource de faire appel à ses préventions de saint-cyrien pour argumenter contre les spectres. Mais il appartenait davantage à leur temps qu'à celui de Richelieu et de Sully, qu'il se plaisait à invoquer et qui n'avaient rien à lui dire. Comme Robespierre et Bonaparte, il aimait le pouvoir et l'État, mais pas le désordre ni l'ordre établi par d'autres que lui. A l'instar des deux jacobins il préférait à tout la tempête. Cet homme de mœurs austères, que certains Français tiendraient un jour pour une sorte de régicide, éprouvait le besoin, comme Robespierre, de retrouver un simple ermitage que rien ne troublait, où il pouvait s'isoler dans une retraite ou dans une bouderie, après un éclat. Tout comme un conventionnel, il avait le goût des constitutions et des lois, mais pas celui de la bâtisse. De même que Bonaparte, il ne caressait que de grands desseins et s'échauffait aux querelles. Il eut des maréchaux mais il ne les établit point. Il se garda de toute tentation de dictature. Il eut le souci de ne pas finir comme Louis-Philippe, encore qu'il prît toujours soin de s'appuyer sur les notables: il livra sa dernière bataille, qu'il perdit, pour corriger l'image que les mutins de mai 1968 avaient voulu faire de sa vieillesse. Il proposa de détruire le centralisme des jacobins et d'introduire un ferment d'anarchie dans la société des castes. Rien n'évoque mieux les contradictions de ce grand homme que ce morceau de phrase arraché à la prosopopée que lui suggère la célèbre descente des Champs-Élysées le 25 août 1944. Il passe en revue le paysage parisien : « ... Voici... le Louvre, où la continuité des rois réussit à bâtir la France... » Passons sur cet hommage discret à des amours de jeunesse. Mais quel acte manqué ! Le Louvre est un exemple de la discontinuité dans l'esprit et de la continuité dans la dépense : le château de Charles V rasé, la Renaissance continuée par une colonnade classique, l'abandon du chantier au profit de Versailles et l'achèvement par un pastiche !

Bir-Hakeim fut pour les Français le test majeur du sérieux et de l'efficacité des gaullistes. En 1942, la Résistance intérieure était assez nombreuse et organisée pour disposer d'une presse clandestine bien diffusée dans le royaume de Vichy, plus rare et moins lue en zone occupée. Une déclaration du général de Gaulle publiée en juin 1942 précisa les buts de guerre de la France combattante. J'avais commenté autour de moi la présence dans cette déclaration de la devise *Liberté, Égalité, Fraternité* et l'idée nouvelle introduite par la formule : « Tandis qu'il (le peuple) s'inscrit pour la victoire, il s'assemble pour la révolution. » On m'objecta que le mot « république » ne figurait pas dans cette déclaration ! Ce sont les querelles d'Alger, auxquelles les Français ne comprirent pas grand-chose, qui levèrent le doute autant que le ralliement de Léon Blum et du président du Sénat, Jeanneney, à de Gaulle. Les émissaires républicains du Général unifièrent la Résistance intérieure. En retour, de Gaulle acheva son propre schisme. C'est parce qu'il représentait la démocratie et le socialisme qu'il fut soutenu par toute la gauche mondiale, et qu'il put triompher de Giraud. Il obtint en France l'appui du peuple. Les progressistes vinrent à lui parce qu'ils sentaient qu'il irait assez loin dans la voie des réformes ; les modérés s'y rallièrent parce qu'ils comprenaient qu'il ne détériorerait pas la société. Il prit en 1943 la position qui aurait pu être celle de Léon Blum en 1937. Le saint-cyrien qui devenait chef d'État regrettait qu'il dût s'apprêter à mettre en terre une partie de la législation de Vichy, celle qui avait été inspirée par les économistes d'*Action française*, par les admirateurs du fascisme italien et par les prêtres ; le rebelle se préparait à fomenter une insurrection nationale, à détruire un État en employant les moyens de Lénine et de Trotski et à compléter l'œuvre du Front populaire.

Dans le tumulte meurtrier où l'intelligence, lorsqu'elle n'était pas exilée ou massacrée, se vautrait dans l'ordure ou se dissimulait sous une lâche prudence, quoi d'autre que le surréalisme pouvait avoir assez d'éclat pour soutenir celui du feu ? Je formai le projet de réunir et de publier des textes écrits par tous les hommes qui l'avaient illustré, en oubliant les brouilles et les condamnations. Quelle utopie ! Fin 1944, Char y vit une sorte de numéro 7 du *Surréalisme au service de la Révolution*. L'auteur des *Poèmes militants* ne présenta pas d'objections de principe, mais il énuméra quelques difficultés : la plupart des collaborateurs étaient *absents, silencieux volontaires ou empêchés* : « Aragon, m'écrit-il, va t'inonder de son pipi crève-cœur

1940-1942. » Char optait pour une anthologie des meilleurs textes parus ou à paraître depuis le début du surréalisme, en ajoutant aux anciens *quelques nouveaux venus de talent, Blanchot, Lely, Roux Georges*. Trotskistes et staliniens s'y opposèrent.

Le Grand Ordinaire sortit au milieu du printemps 1943. Je me sentis tout à coup mortellement fatigué. La Faculté prescrivit du repos. Je choisis le département de l'Orne où j'avais déjà envoyé plusieurs jeunes hommes qui ne voulaient pas aller en Allemagne. Je m'installai à Mortagne. Cette région était à l'écart de la guerre. Pas d'Allemands, du pain blanc dans les boulangeries, un mépris absolu pour les services de ravitaillement, leurs contrôles et leurs tickets. Comme les fermes avaient besoin de main-d'œuvre, elles absorbaient volontiers les jeunes des grandes villes heureux d'être à l'abri et de manger à leur faim. L'hôtel accueillait quelques Parisiens venus pour se refaire. Le pensionnaire le plus curieux était un homme maigre, d'assez grande taille, pas jeune, petit-fils d'Alexandre Dumas, qui se nommait Alexandre Lippmann. Ancien champion olympique de sabre ou d'épée, aquarelliste sans talent, de première force au bridge, il était inépuisable dans les anecdotes sur les bordels des années 20.

La campagne est très belle, vallonnée, avec des champs bordés de haies, coupés de petits bois, et des horizons de grandes forêts. J'étais obsédé par l'idée des maquis. Il s'en constituait un peu partout, en France, j'avais des hommes dans le département. Il m'en arrivait de nouveaux chaque mois. Je ne leur demandais rien en échange, mais je ne leur cachais pas que j'aurais peut-être besoin d'eux un jour prochain.

Après deux mois de repos j'étais en meilleur état. Mon médecin m'autorisa un peu de bicyclette. Je cherchai à entrer en relation avec des résistants. En principe, cette région était dévolue à l'Organisation Civile et Militaire (O.C.M.), elle avait recruté des hommes actifs, courageux mais prudents. Plusieurs parachutages d'armes avaient été effectués avec succès. La région se prêtait bien à ces exercices. Je fis la connaissance de Mulot, un cheminot de la gare de Mortagne, préposé aux colis postaux. Il appartenait à Résistance-Fer. Habile, décidé, il brûlait de prendre part à des actions plus violentes que le petit travail de renseignements et de projets où il était confiné. Je lui parlai des bonshommes que j'avais envoyés dans la région. Je m'étais amusé à faire la liste des derniers arrivages, avec l'indication des endroits où je pouvais les joindre. Nous commençâmes à parler maquis. Mulot me montra les schémas du plan vert et du plan tortue qu'il avait étudiés pour une bonne partie du département. Le plan vert concernait les destructions sur les voies ferrées, le plan tortue des démolitions sur les routes et les embuscades pour ralentir le mouvement des blindés. En l'occurrence, le théâtre d'opérations comprendrait une portion de la voie ferrée Paris-Brest et la rocade d'Alençon. L'étude de Mulot était très complète. Il avait prévu l'emplacement des charges d'explosifs et calculé les quantités. Mais il n'avait pas de main-d'œuvre. Nous vérifiâmes ensemble certaines parties de son projet. En raison du nombre des objectifs à détruire nous étudiâmes des variantes. Le département, vide d'occupants, se remplit tout à coup d'unités de la Wehrmacht qu'on ramenait de Russie, complétées par de jeunes recrues auxquelles les vétérans apprenaient leur métier. Je décidai de constituer avec mes Parisiens quelques petits groupes, auxquels Mulot ajouterait des Normands, et de leur donner de petites tâches de propagande. J'allai à Paris et j'envoyai à Mortagne, sous un nom supposé, une caisse de journaux clandestins.

Nos gars se révélèrent habiles. Nous les fîmes voyager. J'imaginai quelques exercices d'orientation et de découverte dans un rayon de cinquante kilomètres. Quand l'automne fut assez avancé pour interrompre ces manœuvres, nous avions formé une bonne dizaine d'éclaireurs. Je regagnai Paris en octobre 1943 ; sous prétexte de ravitaillement je retournais trois fois par mois dans l'Orne. A Paris, je rejoignis le petit groupe qui rédigeait et éditait le journal *Libertés*. Il était surtout composé d'anciens rédacteurs de *Que faire ?* La cheville ouvrière était un typographe, ancien membre du parti communiste, Rimbert, aussi simple et courageux qu'intelligent. Nous avions des liaisons avec *Franc-Tireur* où travaillait Ferrat. Nous assurions à Paris la diffusion de ce journal. Rimbert était un des typos de l'imprimerie qui sortait le quotidien allemand de Paris. C'est là qu'il composait et tirait *Libertés* au nez et à la barbe des nazis. Il faillit être pris sur le fait, au début de 1944, par la Gestapo qui avait reconnu le papier du journal hitlérien. Il put s'enfuir par une fenêtre au moment même où la Gestapo entrait dans l'atelier.

Nous reprîmes les discussions de 1939. Nous décidâmes de donner corps à notre projet d'unité politique des partis ouvriers. En premier lieu nous publierions un manifeste expliquant nos intentions, suivi d'un programme. Rimbert y attachait plus d'importance qu'aucun autre d'entre nous. « Le parti communiste, disait-il, a abandonné toute propagande pour les objectifs traditionnels de la révolution prolétarienne. Il se borne à pratiquer une sorte d'union sacrée pour la libération du pays. Dans les discussions de programme au Conseil national de la Résistance il a toujours été en retrait des socialistes ou des représentants des mouvements. Nous sommes en présence d'une nouvelle version, un peu plus radicale, de ce que voulait le Front populaire ou de ce qu'il aurait pu réaliser sans peine. Nous cantonner dans ce plat réformisme, ce serait trahir la classe ouvrière à la veille d'une insurrection susceptible de nous mener très loin. » Rimbert avait toujours été le « gauchiste » de notre groupe. Marxiste et léniniste intransigeant, il n'avait suivi qu'à regret, avant la guerre, notre marche vers la « Bataille socialiste ». Il voulait tirer toutes les conséquences de la ligne générale que nous avions définie en 1940. Je ne croyais pas que nous puissions aboutir à une révolution du type russe. « Nous allons, disais-je, vers des gouvernements de coalition dont le *Comité français de la Libération nationale* est un prototype. Est-il besoin d'insister sur des réformes irréalisables tant en raison du contexte politique que de la situation matérielle du pays ? » La discussion fut assez vive sur le problème des colonies. Rimbert, fidèle au Komintern de la grande époque, demandait la reconnaissance immédiate de leur indépendance.

« Que signifie cette indépendance en 1944 ? objectai-je. C'est à cause de ces colonies que la république a pu rentrer dans la guerre. N'est-il pas possible d'affranchir les Sénégalais, les Marocains, les Algériens du colonialisme sans briser avec la république les liens qui nous sont aujourd'hui si nécessaires ! » Je rédigeai un projet de manifeste: la première partie était un réquisitoire contre Vichy; la deuxième partie était le programme minimum d'un gouvernement ouvrier; la troisième partie était l'esquisse d'une émancipation politique des peuples coloniaux, dans le cadre d'un ensemble français. Rimbert conserva les deux premiers tiers de mon texte et substitua à mes vues sur les colonies la proclamation de leur indépendance. Ce document ne parvint pas jusqu'à la 1re Armée où il n'aurait pas manqué de produire un effet assez désastreux. J'imagine aujourd'hui la surprise des paysans de l'Orne, de la Sarthe et de la Manche qui reçurent par mes soins, via Mortagne, au moins deux mille exemplaires de cet opuscule leur promettant, après l'esclavage hitlérien, le bagne bolchevique !

Léo Hamon, frais débarqué de la zone Sud, rejoignit le groupe « Libertés ». Il avait beaucoup travaillé dans les mouvements de résistance de la zone dite libre, depuis le fondation de ceux-ci. Petit, vêtu comme un ouvrier, les ongles rongés, les poches encombrées de papiers et de journaux, d'une activité telle qu'on se demandait s'il n'avait pas le don d'ubiquité, l'air grave, bon organisateur, il avait d'excellents contacts avec tous les hommes qui allaient jouer les premiers rôles dans les mois qui suivirent la Libération de Paris. *Libertés* fut absorbé par *Ceux de la Résistance*, un des principaux mouvements de la zone Nord, qui cherchait à recompléter ses cadres décimés pour occuper une place dans la région parisienne. Le président de C.D.L.R. était un homme doux, à la fois héroïque et timoré, Lecomte-Boinet (Mathieu). Je sais que Lecomte-Boinet a rédigé ses souvenirs de guerre. Observateur très fin, plein d'humour, ce conservateur égaré dans la révolution a sans doute écrit un livre excellent. Les principaux dirigeants étaient Jean de Vogüé (Vaillant), Léo Hamon, Michel Debré, Bourdeau de Fontenay, Cocteau (Gallois), Grandval, Jean-Jacques Mayoux. Cette direction succédait aux fondateurs qui avaient durement payé de leur personne. Ainsi le bâtonnier Arrighi était en octobre 1943 dans un camp de déportation; son fils, un héros, avait été tué. *Ceux de la Résistance* avaient en 1942 et 1943 effectué un travail considérable et utile en Normandie, sur les côtes. En 1943, le mouvement n'avait conservé par là que des antennes éparses. En revanche, il était solidement implanté en Seine-et-Marne, dans la Marne, en Lorraine, en Côte-d'Or et même au Luxembourg. Des maquis actifs, nombreux et assez bien armés commençaient à intervenir en 1943 sur les voies de communication des Allemands. Les pertes furent lourdes mais les résultats furent spectaculaires au moment du débarquement et pendant toute la bataille de Normandie. Les voies ferrées du réseau de l'Est furent sans cesse coupées, les trains furent attaqués; les retards causés à l'acheminement des approvisionnements et des renforts représentèrent pour les Alliés une aide équivalente à la présence de deux divisions supplémentaires sur le champ de bataille[1].

Une première organisation parisienne de *Ceux de la Résistance* fut rassemblée autour de Bourdeau de Fontenay. Nous y apportâmes tous les groupes épars organisés et maintenus plus ou moins en vie depuis trois ans. Nommé le 10 janvier 1944 Commissaire régional de la République à Rouen, Bourdeau de Fontenay fut remplacé par Léo Hamon qui sut donner, en quelques mois, à l'organisation une ampleur suffisante pour que C.D.L.R. fût à la Libération l'une des principales forces de la Résistance dans la région parisienne. Beaucoup de socialistes rejoignirent C.D.L.R. ; nous récupérions ainsi une grande partie des militants de la « Bataille socialiste » de 1939 ou de l'ancienne « Gauche révolutionnaire ». Pierre Commin, qui deviendra plus tard le principal collaborateur de Guy Mollet à la tête du parti S.F.I.O., prit la direction de la Seine-et-Oise. Le plus pittoresque des socialistes de gauche annexés par C.D.L.R. était Pierre Stibbe. D'une laideur d'épouvantail, grand, maigre, le regard en feu du prophète maudissant, le verbe sonore, Pierre Stibbe, avocat à la Cour, était vêtu d'une veste de tweed, aux énormes pieds de poule, la plus voyante, la plus reconnaissable qui fût. Il ne prenait aucune précaution. Dans le métro il parlait fort de tout, comme si personne n'écoutait. Lorsqu'on l'avait quitté, avant que la rame ne s'ébranlât, il se penchait à la portière et hurlait, à vingt mètres, un dernier au revoir en précisant l'heure et l'endroit du prochain rendez-vous. Il était redoutable et pourtant il défia les difficultés et ne fut la cause d'aucune arrestation. Toute sa vie il fut un gauchiste inquiet, torturé par la peur de tacher son âme candide, attiré par les groupuscules héritiers des *étroits* musulmans ou protestants. Lors d'un rendez-vous du printemps 1944, rendez-vous en principe amical et anodin, au moment où nous allions nous quitter, selon son habitude il parla clairement et en détail du travail que j'accomplissais. J'étais avec mon amie Monique à laquelle je n'avais jamais soufflé un mot de mes activités. Je ne pouvais plus rien cacher. « Tu sais tout, lui dis-je. Il vaut mieux que tu entres toi aussi dans cette entreprise. J'ai besoin d'un agent de liaison dans ton genre. » Monique accepta tout de go ; elle fut adroite. Comme son aspect était aussi peu militant que possible, elle fut très utile. Pas bavarde, discrète, elle savait décourager les questions en ouvrant de grands yeux étonnés qui faisaient aussitôt penser à autre chose. Les principaux agents de C.D.L.R. avaient chacun pour agent de liaison une jeune fille ou une très jeune femme ; cette brigade avait pour responsable une intellectuelle de gauche, dévouée, ponctuelle, un peu bohème, Jeanne Mathieu. Les filles se rencontraient presque tous les jours dans des endroits différents, squares, jardins, publics, etc., elles ne se connaissaient que par leurs prénoms ; au milieu de papotages futiles, elles échangeaient les instructions ou les informations dont avaient besoin leurs patrons. Elles écrivaient le moins possible,

---

1. Servagnat, de la Marne, fut un des artisans majeurs de ces succès.

apprenaient tout par cœur. Ensuite elles retrouvaient leurs patrons comme on va à un rendez-vous d'amour, ce qui était souvent le cas.

Ainsi fut mise sur pied une organisation régionale qui couvrait en août 1944 Paris, la Seine et les départements limitrophes. Le chef militaire de *Ceux de la Résistance* était Vaillant (Jean de Vogüé). C'était lui aussi un résistant de la première heure ; il venait de Combat ; toute sa famille s'était lancée à corps perdu dans la bataille. Un Vogüé fut arrêté et condamné à mort en 1943. Vaillant était un homme mince, de quarante-cinq ans environ, aux traits durs, d'une grande distinction et d'un abord glacial. Il avait été officier de marine. La mer n'a jamais cessé d'être sa maîtresse. Navigateur hors de pair, il bourlingue maintenant de Saint-Tropez à Tahiti, seul la plupart du temps avec un équipage admirablement dressé, sur la *Éryx*, une des plus belles goélettes du monde. Il démissionna de la marine lorsqu'il était lieutenant de vaisseau et se consacra à l'industrie du sucre. D'une grande curiosité d'esprit, terriblement introverti, il pouvait être égoïste et méchant, mais aussi le meilleur camarade. Il était à la fois marin, aristocrate et industriel. Du marin il avait le goût de l'aventure et du dialogue muet entre l'homme et l'espace ; aristocrate il avait horreur d'une certaine vulgarité, le besoin de la hiérarchie, des bonnes manières, de la coterie et de l'orgueil ; industriel il avait le sens de l'efficacité et du prix de revient. Il avait été séduit par le désintéressement et le courage des communistes entrés dans la Résistance. Il pouvait s'enticher des êtres qui le flattaient un peu et leur pardonner n'importe quoi s'ils savaient utiliser la panique qui s'empare parfois de l'homme seul. Le général de Gaulle le détestait et se refusa à l'employer.

Le Conseil national de la Résistance avait créé en janvier 1944 un Comité d'action militaire qui devint peu après le C.O.M.A.C. Il était composé de trois membres : Villon (Front national), Valrimont (M.L.N.[1]), Vaillant (C.D.L.R.). Villon était membre du parti communiste depuis longtemps. Valrimont (Kriegel) l'était depuis peu. Le C.O.M.A.C. avait en principe le commandement suprême des F.F.I. sur l'ensemble du territoire français. Il était assisté par un état-major dont le chef était le général Joinville (Malleret), communiste également[2] ; la France était divisée en régions désignées par des lettres de l'alphabet. Chaque région avait à sa tête un colonel. La désignation de ces commandants de région était un peu le fait du hasard : elle dépendait surtout de l'action de la Gestapo. En général, un chef militaire « durait » au plus trois mois. A l'expiration de ce délai, il était arrêté par l'ennemi, fusillé ou déporté. Les remplacements ne correspondaient pas à des choix aussi minutieux que ceux qui avaient présidé aux premières nominations. Certaines disparitions ont été mal expliquées et la fréquence des « remplaçants » communistes, à partir de 1944, hors de proportion avec l'activité et les effectifs du parti, est de nature à mettre en cause les méthodes staliniennes

---

1. Mouvement de libération nationale.
2. Le conseiller militaire était le général Revers.

connues en Europe depuis la guerre d'Espagne. La composition du C.O.M.A.C. avait inquiété Londres. Les parachutages avaient été organisés par le B.C.R.A., organisme formé à Londres qui s'occupait également de sabotage et d'action. Les Forces Françaises de l'Intérieur avaient reçu statut légal par décret du 3 juin 1944 seulement. Les maquis et les groupes de combat étaient généralement issus des mouvements de résistance dont ils constituaient des armées particulières ; il y avait aussi l'Armée secrète et les Francs-tireurs et partisans, ceux-ci d'obédience communiste, organisés par Charles Tillon. L'unification de toutes ces forces, aussi bien pour des motifs opérationnels que logistiques, devint nécessaire à partir du moment où elles acquirent assez d'importance pour pouvoir libérer à elles seules, même temporairement, certaines parties du territoire national ; ce fut urgent quand les Alliés se battirent en France. Cette unification ne fut pas facile. Les F.T.P., par exemple, conservèrent jusqu'au bout leur autonomie ; des groupes de combat C.D.L.R. figurèrent comme tels dans tous les engagements de juillet, d'août et de septembre 1944. Même après la Libération il exista dans la région parisienne plusieurs bataillons, encasernés, à effectifs complets qui se réclamaient de C.D.L.R.

Koenig fut nommé le 25 juin 1944 au commandement général des F.F.I. ; il était alors à Londres et exerçait cette fonction depuis plusieurs semaines déjà. Il était représenté en France par le Délégué militaire national (D.M.N.) et des délégués militaires régionaux.

Le D.M.N. était le général Chaban-Delmas. Il y avait en quelque sorte dualité de pouvoir entre le C.O.M.A.C. et le D.M.N. Le C.O.M.A.C. avait l'appui politique du Conseil national de la Résistance. Il avait réussi en partie l'unification des F.F.I.[1]. Le D.M.N. et les D.M.R. disposaient de moyens de transport et d'organismes de transmission qui faisaient défaut au C.O.M.A.C., du soutien total de bureaux installés à Londres et d'une petite réserve d'officiers qualifiés. Les différentes instances collaborèrent assez étroitement mais leurs conceptions militaires n'étaient pas toujours les mêmes parce qu'elles exprimaient des vues politiques différentes qui prenaient parfois les aspects de la lutte des classes.

Dans les premiers jours de mars 1944, je rendis compte à Vaillant de l'état des organisations que j'avais créées dans l'Orne avec l'aide de Mulot. Je continuais à envoyer là-bas des jeunes gens qui ne voulaient pas partir en Allemagne. Ils appartenaient presque tous à des familles modestes qui habitaient les quartiers périphériques. Alors que mes recrues de l'été 1943 s'étaient déclarées éventuellement prêtes à participer à des actes de résistance, sans apporter à cette déclaration un enthousiasme particulier (elles y participèrent néanmoins), celles de 1944 étaient décidées à se battre. J'avais obtenu des précisions sur les parachutages d'armes réceptionnées et stockées dans l'Orne. On parlait de dix-sept tonnes.

« Il faut faire sortir ces armes des dépôts, me dit Vaillant, armer des

---

1. En raison de sa majorité communiste.

groupes de combat et constituer des maquis. Certains de nos camarades ont peur d'armer la Résistance. Ils attendent des ordres qui risquent de venir trop tard. Je vous aiderai. Prévoyez le débarquement allié entre le 1er mai et le 15 juin ; il y aura une tête de pont en Normandie. La situation de l'Orne est stratégiquement excellente. » Au point où en était mon organisation, je pouvais avoir des hommes au maquis dans les huit jours. Nous réglâmes avec Vaillant le problème du budget car à partir du moment où ces jeunes gens seraient en quelque sorte enrégimentés, il fallait les nourrir. L'argent fut déposé à Paris chez d'anciens camarades du parti socialiste dont j'étais très sûr. Je choisis comme trésorier l'huissier de Mortagne, appelé par sa profession à se déplacer beaucoup, à recevoir des visiteurs et des fonds. Je décidai de constituer un premier groupe de combat à gros effectif (pouvant aller jusqu'à vingt hommes) pour le diviser ensuite et l'inclure dans un ensemble régional dont le commandement serait confié à un jeune officier d'active que me fournirait le C.O.M.A.C. soit directement, soit par la région M.

Je me procurai des pansements individuels, des sulfamides et de quoi constituer une bonne pharmacie de campagne. Il me fallait un instructeur. On m'envoya un certain Denis, jeune Parisien de vingt ans qui arrivait de la Haute-Vienne, après la destruction d'un maquis. Je fis prendre les renseignements d'usage. Il n'y avait pas de contre-indication. Ce garçon savait se servir d'une mitraillette Sten et des grenades allemandes. Je l'envoyai à Mulot. Il reçut une solde de sous-officier.

J'étais quelques jours plus tard à la gare de Mortagne pour voir comment fonctionnait mon début d'organisation. Une de mes caisses venait d'arriver. Mulot était en compagnie d'un individu assez sale, peu sympathique, aux dents gâtées ou noircies par le tabac qu'il me présenta comme un agent de liaison de Résistance-Fer. Nous parlâmes de Denis et de la caisse, sans mentionner nos projets.

Les jeunes étaient enthousiastes. Ils furent armés sans délai. Les armes étaient cachées dans un des trous à peine discernables au sol comme on en trouve dans le lias. Cette opération coûta la vie à deux Allemands trop curieux. L'armement se composait d'une quinzaine de mitraillettes Sten, de deux fusils-mitrailleurs Bren, de quelques armes individuelles et d'une quantité considérable de plastic, mais sans détonateurs, ou presque. On acheta dans les pharmacies du chlorate de potasse afin de fabriquer avec du sucre de grossières amorces susceptibles de détoner au choc. Mulot me signala qu'un aviateur australien, seul survivant de l'équipage d'un bombardier, avait été provisoirement affecté au maquis comme instructeur. Le jeune Denis ne faisait pas l'affaire ; on le gardait en réserve à Mortagne où sa petite amie était venue le rejoindre, ce que je n'aimais pas du tout.

J'allai voir mes bonshommes. Mes tâches parisiennes m'absorbaient de plus en plus, et je commençais à m'inquiéter au sujet du commandement du dispositif. La solution la plus simple eût été de trouver quelqu'un sur place. Mulot, aidé des hommes de Mortagne qui avaient réceptionné les parachutages et armé le groupe, ne put décider aucun des anciens officiers relativement nombreux dans la région et présumés anti-allemands de reprendre un service actif. La seule oreille complaisante fut celle d'un général du cadre de réserve, qui habitait Bellême. Il voulut bien revoir mes plans d'organisation.

Ce mois de mai, à Mortagne, était plein de soleil. Une division blindée de S.S. (*Hitlerjugend*, je crois) était cantonnée dans la région. Il y avait des uniformes noirs partout ; les routes étaient sillonnées de voitures blindées qui roulaient à toute vitesse ; ici et là, des détachements à l'instruction exécutaient des tirs réels, fort heureusement comme on le verra. Mulot m'emmena au maquis. Après quelques kilomètres sur des chemins où circulaient les estafettes de *Hitlerjugend* nous traversâmes un champ ; nous posâmes les bicyclettes dans un petit bois. De l'autre côté du petit bois, un peu en contrebas, il y avait une assez grosse maison isolée. Sur le pourtour, à une dizaine de mètres on voyait des défenses de campagne, avec des créneaux de tir. Une sentinelle en armes était contre la porte. Dans la prairie, une demi-douzaine de jeunes garçons, armés, faisaient l'école du lapin sous la direction d'un rouquin qui les commandait en anglais. Les voitures des S.S. filaient sur la route qui passait à moins de cinq cents mètres de la maison.

Il y eut une belle engueulade pour laquelle je mobilisai mes connaissances d'anglais. Je fis rentrer tout le monde, camoufler les créneaux, je postai des sentinelles dans les buissons, à portée d'alerte et je fis faire les paquetages. « Vous, dis-je à l'Australien, vous ne risquez guère que l'Oflag. En revanche les autres, si on les prend, seront fusillés. Vous quitterez le cantonnement à la nuit en trois groupes distincts, vous atteindrez à dix kilomètres la base que certains d'entre vous connaissent. » Je leur fis répéter le signal de reconnaissance, le cri de la chouette, souvenir des guerres de la Révolution.

Mulot avait laissé faire cette extravagante mise en scène, mais cette fois il avait compris. Le même soir, l'huissier de Mortagne me rapporta qu'il avait reçu la visite du maire de Courgeon (?), un petit village situé à moins d'un kilomètre de la ferme que nous avions visitée : « Il y a un groupe de résistants qui s'entraînent tous les matins au tir sur le territoire de ma commune, lui dit le maire. Je ne veux pas que mes maisons soient brûlées et mes habitants fusillés. S'ils sont encore là dans vingt-quatre heures, je les dénonce à la Kommandantur ! » Le moins que je pouvais penser est que l'organisation que j'avais montée n'était pas très secrète !

Le besoin d'un commandement ferme était urgent. L'épisode australien avait eu un avantage : tous les maquisards savaient se servir d'un fusil-mitrailleur. Deux nouveaux groupes de combat étaient en cours de constitution, l'un à Mortagne, l'autre à Tourouvre. On ne pouvait pas laisser ces jeunes sans emploi. Je prescrivis à Mulot de faire procéder au plastiquage des pylônes de distribution de courant électrique, en choisissant des objectifs situés à une ou deux heures de marche du cantonnement, en opérant de nuit par groupes de trois hommes et de ne pas rester plus de cinq jours dans la même cache. Enfin, sans même attendre l'officier demandé, il y avait lieu d'éparpiller les effectifs dans la nature et de constituer des groupes de six hommes en s'étendant vers Bellême et Mamers. Par la suite on rassemblerait tout ce monde en fonction des besoins.

J'avais désigné pour le commandement du groupe constitué un grand garçon blond, sérieux et décidé, Noël[1]. Vers le 20 mai, je fus étonné de trouver Noël dans mon bureau, à *La France mutualiste*. Il était inquiet de l'inaction qui pesait sur le groupe, malgré des destructions de pylônes, et se plaignait beaucoup de Denis. « Vous pouvez tuer de l'Allemand, lui dis-je. Mais à la première affaire, vous vous démasquerez et des représailles aveugles s'abattront sur les paysans. Jusqu'ici, la Normandie était un paradis, loin de la guerre. La population ne risque-t-elle pas de se retourner contre vous, après les premiers massacres ! Mais cette inaction joue contre la cohésion et la valeur du groupe. Montez, si vous le voulez, une petite embuscade, mais loin de votre zone de cantonnement. Je vous laisse juge. Pour ce qui concerne Denis, je confesse que sa présence à Mortagne est maintenant nuisible. Entraînez-le dans une opération et tuez-le, mais ne laissez aucune pièce d'identité sur le cadavre. Son amie fera une crise. Si cela va trop loin, couchez avec elle. Dans tous les cas, ajoutai-je, le débarquement ne saurait tarder. L'officier que j'ai demandé est annoncé (il ne vint jamais) ; à partir du moment où vous serez engagé en opération, ne vous laissez arrêter par rien. Personnellement, je suis partisan de votre émiettement en petits groupes. Si la région devient intenable, remontez sur Paris. »

Le 3 juin, Denis était à Paris. Il se plaignait de tout. Il prétendait que les messages d'alerte avaient déjà été interceptés, laissant supposer, d'après les conventions, que l'opération tant attendue aurait lieu dans les cinq jours. Je n'avais toujours pas d'officier pour diriger les groupes. Mon organisation à Paris était achevée. Si le débarquement avait lieu aux environs du 15 juin, je pouvais perdre un mois en Normandie sans qu'à Paris on eût vraiment besoin de moi. J'étais devenu permanent de C.D.L.R. Je touchais un salaire mensuel. Je donnai rendez-vous à Denis, dans un café du XIIIe le 6 juin à 7 heures du matin. Nous irions ensemble à Mortagne en bicyclette. Bien que mes connaissances militaires fussent très faibles, je décidai, faute de mieux, de prendre le commandement de ces maquis. Je comptais d'ailleurs fausser compagnie à Denis en route pour plus de sûreté. Je priai Monique de faire connaître mon départ à Hamon et de me faire remplacer au Comité de Libération du XIXe par Neveu, un de mes adjoints de l'arrondissement. « Je ne vais là-bas que pour le démarrage, lui dis-je. Je compte revenir avant quinze jours ; mais je veux ramener des armes. Je reviendrai avec quatre ou cinq garçons bien entraînés, des mitraillettes et du plastic pour Paris. Je voudrais trouver dans la vallée de Chevreuse une maison abandonnée qui puisse me servir de relais. J'en repérerai deux ou trois autres sur ma route, lundi. »

Le 5 juin nous trouvâmes, Monique et moi, à Chevreuse je crois, la maison que je cherchais. Au retour, à Massy-Palaiseau, à côté de la gare encore

---

1. Pseudonyme de Deschamps.

intacte, nous fûmes pris sous un raid de forteresses volantes. Une dizaine d'escadrilles se succédèrent. Le premier chapelet de bombes descendit sur nous avec le bruit d'une gigantesque chasse d'eau. « Nous n'y échapperons pas », pensai-je. Je me mis à courir. Je courus quelques mètres de trop. Monique, comme je le lui avait recommandé si souvent, se jeta à terre sans attendre. Elle eut l'impression que le souffle des explosions lui faisait rentrer les genoux dans le sol. Je fis un vol plané de dix mètres. Je me retrouvai, couché sur le ventre, avec une douleur effroyable aux reins, le sentiment que j'étais coupé en deux. J'allais mourir, c'était sûr! Je regardai le ciel en me disant : « C'est dommage. » La mort ne venant pas, je tâtai mes reins de la main droite. Il n'y avait pas de sang. Je pouvais remuer les jambes. J'aperçus ma main gauche dans une position bizarre, devant mon nez. Mon bras gauche était cassé en deux. Je ramassai la main. Cela faisait très mal mais tout tenait ensemble. Je me levai, une deuxième escadrille bombardait. Je me jetai à terre ; la main gauche bringuebalait. La douleur était très vive. Je me relevai. Les escadrilles se succédèrent. « Tant pis, me dis-je, c'est trop pénible. Je ne me couche plus. » Dans les premiers temps du sifflement on avait l'impression d'être directement concerné. Pendant les dernières secondes, on sentait une sorte de rideau d'acier se dérouler au-dessus de soi en glissant vers le point de l'explosion. Les bombes tombaient un peu plus loin que celles de la première escadrille. Je gagnai une petite maison dont les murs tremblaient. Deux soldats allemands plus verts que leurs uniformes y étaient réfugiés. Eux au moins étaient visés ! J'allai à l'hôpital le plus proche. On me fit un bandage et une piqûre. Avec Monique, je regagnai Paris sur un camion de légumes. Je me rendis chez Dausse dont je savais qu'il était un médecin de la résistance. « Importante fracture du bras gauche. Demain matin vous entrez à Cochin. » « Mais on m'attend à Mortagne ! » Dausse sourit, le lendemain matin j'étais dans la salle de chirurgie. Après vingt-quatre heures d'observation on m'ouvrit le bras gauche sur trente centimètres et on me corseta le buste dans un énorme plâtre que je devais conserver au moins trois semaines. Le débarquement avait eu lieu. J'accordai une pensée émue à mes maquisards dans la bataille. Je les voyais couverts de gloire.

On amena dans une chambre voisine un garçon que la milice avait voulu arrêter ; il avait reçu une rafale de mitraillette dans le ventre. La chambre fut gardée nuit et jour par un milicien. Le jeune héros mourut en quarante-huit heures. Cet incident, plus encore que le débarquement, m'apprit que mes infirmières étaient pour de Gaulle et que le chirurgien avait très bon esprit. Vers le 20 juin, je vis arriver dans ma salle l'agent de liaison aux dents noircies que j'avais rencontré dans le bureau de Mulot. Je savais que cet individu était suspect et que Résistance-Fer l'avait changé de service. J'eus aussitôt la confirmation de mes soupçons. « Je suis isolé et je veux reprendre du service dans la Résistance. Je ne peux plus retourner dans l'Ouest à cause des événements. — Vous tombez mal, lui dis-je. Vous voyez dans quel état je suis. Mais comment avez-vous pu me retrouver ? — Par *La France mutualiste* ; j'ai été à votre bureau. » Je jouai l'indignation. « Comment ? Vous n'avez pas encore compris ce que représente *leur* libération ? Personne ne *leur* demandait de raser la ville de Caen, ni celle de Lisieux, ni de me casser le bras faute d'avoir pu m'occire ! » etc. Je fus aussi véhément et violent que je pus. Le traître qui m'écoutait, un peu interloqué, n'en voulait qu'à la prime qu'on lui avait promise. « Mais vous avez envoyé à Mortagne des caisses, un instructeur. — Des caisses ? Oui, des médicaments. Cela peut être utile à tout le monde. Un instructeur de quoi ? Pour la dégustation des fromages sans doute ! Je ne vous cacherai pas que j'ai cru un moment à leurs belles histoires. Maintenant j'en vois le résultat ! Alors ne comptez plus sur moi. — Mais je ne peux pas rester seul. Je voudrais de l'argent, ou des tracts, ou des journaux. — De l'argent, lui dis-je ! Mais je n'ai jamais eu que mon salaire et grâce à ces messieurs je devrai payer l'hôpital. Des tracts ? Si j'en trouvais un seul je le brûlerais. » Je ne savais pas comment me dépêtrer de cet individu qui insistait. Je lui donnai l'adresse d'une fille de mon bureau, une demi-religieuse, maréchaliste, incapable de penser à autre chose qu'à Dieu. Il sortit. Comme il m'avait incidemment parlé du XXe arrondissement j'envoyai immédiatement Monique prévenir Dillot qu'il ait à quitter sur l'heure son domicile. Je pris à part mon infirmière : « Je partirai demain matin. Le type que vous avez vu tout à l'heure appartient probablement à la Gestapo. Je voudrais voir le chirurgien le plus vite possible. » Le jeune interne comprit que j'avais les meilleures raisons du monde de ne pas m'attarder à Cochin.

J'eus d'abord les explications que je cherchais. L'homme aux dents noircies s'était présenté à *La France mutualiste*, chez Barral. Celui-ci, en présence d'un messager qui venait, disait-il, de Mortagne, le dirigea sur Cochin. Dans le XXe, Dillot prévenu à temps suivit mes conseils. La Gestapo vint à son domicile et fit chou blanc. Il était arrivé quelque chose du côté de Mortagne mais pour le moment il valait mieux ne pas chercher à savoir. Avec mon corset de plâtre, je ne pouvais pas passer inaperçu. Je décidai de m'abstenir de toute activité. Je cherchai à changer de domicile : personne ne consentit à me recevoir ; une de mes cousines qui parlait beaucoup contre les Allemands n'accepta même pas de m'offrir l'hospitalité pour une nuit. Qu'aurais-je fait à la place de la Gestapo ? J'aurais attendu, en exerçant une bonne surveillance. J'en conclus donc que je ne risquais rien pour le moment. Je rentrai avenue Simon-Bolivar. Passant la nuit de préférence ailleurs que chez moi, j'allais de temps à autre à mon bureau. Je faisais le convalescent. Dès que je pus mouvoir mon bras, je repris mes activités. On me suivait comme une ombre. Un personnage courtaud, d'apparence honnête et tranquille, avec une petite moustache noire s'asseyait pendant des heures en face de chez moi, venait au petit bar où j'embrassais tendrement Monique (d'autant plus tendrement que l'individu était à une table voisine). J'usai de tous les stratagèmes connus pour le semer quand je pensais que c'était nécessaire. Un matin de juillet j'avais pris le métro à Malesherbes. Je voulais rentrer chez moi. Dans le compartiment je rencontrai un des brigadiers de police du XIXe dont je connaissais les sympathies socialistes. « Nous avons un gestapiste avec nous, me dit le brigadier. » C'était mon suiveur à moustache... « Il nous rend souvent visite à l'arrondissement. » J'en savais assez. La plaisanterie avait assez duré. Je sautai du métro en marche et je ne revins chez moi qu'après le 19 août.

Il n'était pas si facile que cela de se faire héberger. Muni d'une bonne identité de fantaisie, j'eus recours aux hôtels. Je fus contrôlé deux fois. J'étais en règle. Grâce à mon infirmière de Cochin, je finis par trouver un gîte sûr chez un commissaire de la Sûreté, rue Saint-Gilles.

Après la Libération, Denis vint à Paris. L'organisation de Mortagne avait été détruite, tous les gars du maquis avaient été pris, ils avaient été fusillés avec Mulot le 30 juin, près d'Alençon[1].

Dès que je pus, j'emmenai Denis à Mortagne où je priai les gendarmes de l'interroger à fond. Je commençai une enquête. On me livra un mouchard qui avait essayé de faire chanter la famille d'un des fusillés. Je n'en obtins pas grand-chose. Tout semblait partir des groupes en cours de constitution. Un jeune Mortagnais avait été arrêté. Il avait une mitraillette Sten chez lui. La Gestapo le laissa fuir. Il prévint Mulot. Celui-ci partit aussitôt sur sa bicyclette à moteur jusqu'au maquis installé dans une maison abandonnée près de Maison-Maugis. L'effectif des maquisards s'était augmenté d'un ancien Polonais déserteur de l'armée allemande. Laissant dans la maison une assez grande quantité de plastic pour ne pas s'alourdir, ils gagnèrent la forêt proche, comme convenu, et prirent leurs positions de combat. Mulot rentra à Mortagne pour se faire cueillir. A l'aube suivante, les maquisards n'avaient rien vu ni entendu. Ils envoyèrent une patrouille du côté de leur maison. Tout était calme. Ils regrettaient ce cantonnement confortable. Contrairement aux ordres reçus et malgré l'avis du Polonais ils y retournèrent. Fatigués par la tension nerveuse et une nuit sans sommeil ils s'endormirent. La sentinelle rentra pour se faire du café. C'est à ce moment-là que les Allemands attaquèrent la maison. Ils avaient appris qu'il fallait aller du côté de Maison-Maugis ; mais là, personne ne les renseigna. Travaillait à la ferme où le maquis se fournissait en vivres le jeune idiot du village auquel personne ne prêtait attention. Il s'offrit à être le guide des Allemands au moment où ceux-ci se préparaient à repartir. L'officier polonais aperçut un uniforme vert dans l'encadrement d'une fenêtre ; il sauta sur sa mitraillette ; il fut abattu par une rafale. Tous les autres se rendirent. Les Allemands n'étaient guère plus nombreux et n'étaient pas mieux armés. Les maquisards furent conduits à la prison d'Alençon, passèrent en jugement et furent condamnés à mort comme francs-tireurs pris les armes à la main. Il ne semble pas qu'ils aient été torturés. Qui a donné mon nom et l'adresse de *La France mutualiste* ? Seuls Noël, Mulot et l'huissier les connaissaient. Les Allemands ont pu trouver ce renseignement dans une liste d'adresses. L'huissier ne fut pas inquiété.

L'explication du drame fut connue quelques mois plus tard. Un Algérien

---

1. Voici les noms des jeunes héros fusillés le 30 juin avec Pierre Mulot: George Noë — Louis Ducluzeau — Jean Deschamps — Robert Leygnat — Rémy Sevestre — Pierre Keraen — Roger Lepoutre — Bernard Clauset — Paul Moreau — Jean Richard — Jean Tirard — Raymond Balonnier — Bernard Monnier — Gini Rossi.

se présenta un soir de décembre 1944 à la permanence de *Ceux de la Résistance*, avenue des Champs-Élysées. Sous-officier de tirailleurs, il avait été pris à Sedan. Il s'était évadé, avait vécu dans la région parisienne. Puis il avait été se réfugier à Mortagne. Vers le 25 mai, il avait rejoint notre maquis. Pris et condamné à mort comme les autres il avait été conduit jusqu'au lieu de l'exécution. Il avait assisté à la mort de ses camarades. Lorsque son tour vint, on lui dit que sa peine était commuée parce qu'il était Nord-Africain et militaire de carrière; il serait déporté en Allemagne. Il eut la chance d'appartenir à un convoi attaqué par l'aviation. Il s'évada de nouveau[1]. Il voulait me retrouver pour tout me raconter. Il y mit plus de temps que la Gestapo. Le dénonciateur était un Français, devenu agent des Allemands. Mobilisé au titre du travail obligatoire, il s'était évadé. Pris comme trafiquant de marché noir il fut condamné et renvoyé en Allemagne. Il faussa compagnie aux Allemands et vint dans la région de Tourouvre. Arrêté à nouveau, on lui mit le marché en main : la déportation ou le travail pour les Allemands. Il choisit de devenir un traître; on le pressa d'apporter des renseignements. Quand mes amis commencèrent à constituer le groupe de Tourouvre, il en eut vent. Il tenait enfin le moyen de ne pas retourner en Allemagne! Il se présenta comme volontaire. Il ne savait pas grand-chose, sinon qu'il y avait des séances de démontage de mitraillette à Mortagne, et qu'un groupe stationnait dans la région de Maugis. Cela devait malheureusement suffire à faire quinze morts! La présence le 3 juin à Paris du jeune Denis, l'instructeur que j'avais envoyé à Mortagne et dont nous ne savions pas comment nous débarrasser (j'avais même demandé qu'on le supprimât), est évidemment suspecte. Arrivant à bicyclette avec lui dans l'Orne, le 6 juin, je tombais dans un piège. Heureusement pour moi, j'étais, le 6 juin, sérieusement blessé, à l'hôpital Cochin. Denis, assez mal caché, ne fut pas inquiété par les Allemands, à Mortagne. Il prit part aux combats de la Libération. Peut-être n'avait-il été que manipulé par les réfractaires de Tourouvre passés à la Gestapo. Je ne repris un service actif qu'à la fin de juillet, lorsque je fus débarrassé de mon corset de plâtre. J'étais assez étroitement surveillé, mais je faisais en sorte que mes filatures fussent des pertes de temps. J'échappai par deux fois à l'arrestation, notamment quelques jours avant le 19 août, après un rendez-vous C.D.L.R. à la gare de l'Est. J'étais devenu très méfiant, j'étais armé donc sûr de moi, je connaissais mieux Paris que mes deux suiveurs et je sus tirer parti de la beauté de mon amie Monique mais il s'en fallut de peu!

J'ai souvent réfléchi sur cette malheureuse affaire qui représente à elle seule tant d'erreurs de conception et d'exécution. L'exemple des maquis bretons montra ce qu'on pouvait tirer des actions de partisans sous la condition d'avoir des armes en quantité suffisante et surtout un encadrement et un commandement qualifiés. Dans le cas de l'Orne, les maquisards

---

[1]. Ahmed ben Mohammed, évadé du Ménil-Brou, le convoi qui le transportait ayant été détruit par des avions U.S.

eussent agi dans une zone de très forte concentration militaire. Bien que le terrain se prête à la guérilla, la destruction des maquis était quasi certaine en peu de temps sauf à adopter le parti d'une extrême mobilité, ce qui supposait un entraînement, un commandement et une logistique qui nous faisaient défaut. Deux conceptions se heurtaient : celle de l'action immédiate, génératrice de représailles mais grâce à laquelle les combattants s'aguerrissaient, celle de l'action contre un ennemi déjà démoralisé par la défaite, qui eût été très payante au mois d'août, mais dont l'attente reconstituait l'atmosphère de la drôle de guerre pour les combattants. Au moment du repli des Allemands, les résistants armés de l'Orne ajoutèrent à la confusion de la déroute en multipliant les actions de guérilla mieux adaptées à leurs moyens et à la situation générale que ce que j'avais prévu au mois de mai. Il en fut de même dans presque tous les départements de l'Ouest (sauf en Bretagne). Le C.O.M.A.C. dirigeait moins qu'il ne le croyait ; la région M, en juin 1944, avait été dévolue à un communiste. Celui-ci avait-il les moyens de fournir les cadres qui lui étaient demandés ? Le voulait-il quand il s'agissait d'éléments sur lesquels son parti n'exerçait aucun contrôle ? Les Allemands furent, dit-on, étonnés par l'importance de l'armement dont disposaient nos malheureux camarades. Je n'ai pas su m'en servir.

La préparation de l'insurrection parisienne avait un double caractère, politique et militaire. Pour l'action politique des sortes de soviets avaient été constitués qui devaient s'emparer du pouvoir le jour J. Ces soviets, les Comités de libération, n'avaient pas été élus ; ils présentaient une image de la Résistance qui faisait la part belle aux communistes. Le Comité parisien clandestin de Libération se composait de six membres représentant les six organisations ci-après : Libération Nord, Front National, Ceux de la Résistance, Organisation Civile et Militaire, Parti Communiste, C.G.T. Pour chaque arrondissement ou localité de banlieue un comité de même composition avait été désigné. Par le truchement du Front National et de la C.G.T., les communistes avaient la moitié des sièges. Libération était surtout socialiste ; C.D.L.R. comprenait des socialistes et des bourgeois ; ces derniers étaient en majorité à l'O.C.M. Le Comité parisien de Libération était en principe l'autorité suprême. Il la partageait théoriquement avec le préfet en matière administrative. Mais dans la période d'agitation et de préparation à l'insurrection, il était seul maître, exerçant le pouvoir au nom du Gouvernement provisoire de la République. La plupart des membres du Conseil national de la Résistance étaient à Paris, ce qui produisait des interférences avec l'action du Comité parisien, d'autant plus que des ambitions personnelles commençaient à se montrer. Une organisation, le N.A.P. (Noyautage des administrations publiques), avait des hommes dans tous les ministères. Le gouvernement du général de Gaulle était directement représenté par Alexandre Parodi qui avait rang de ministre, par le futur préfet de la Seine, Flouret, et par le futur préfet de police, Luizet. Jusqu'à leur mise en place effective, après la Libération, les deux préfets joueront un rôle effacé. Il n'en fut pas de même pour Parodi qui entra parfois en conflit avec les organisations de la Résistance intérieure. Toutes les forces F.F.I. dépendaient de l'état-major Ile-de-France, sous l'autorité du colonel Rol-Tanguy (communiste) ancien officier des brigades internationales. Le chef d'état-major était le commandant Gallois (Cocteau) de C.D.L.R. A l'échelon Seine, le commandement était dévolu au colonel Lizé (de Marguerittes) de Libération Nord ; le chef d'état-major était le capitaine Dufresne (Massiet) de C.D.L.R. Les membres du C.O.M.A.C. étaient tous les trois à Paris. Le chef suprême des F.F.I., le général Koenig, était représenté par le Délégué Militaire National, le général Chaban-Delmas. La Seine était divisée en quatre secteurs, sous des commandements distincts. L'effectif recensé des Forces françaises de l'intérieur au 19 août était de dix mille hommes environ disposant de quatre mitrailleuses, vingt fusils-mitrailleurs, quatre-vingts mitraillettes, une centaine de fusils et six cents revolvers, ce qui veut dire qu'un militaire sur six seulement était armé.

Les Milices patriotiques constituaient une réserve des F.F.I. Elles étaient constituées par les Comités de libération et aux ordres de ce pouvoir politique. Au 19 août, l'effectif des milices n'atteignait pas mille cinq cents hommes, généralement répartis dans des usines. A la fin de l'insurrection il pouvait atteindre trente mille hommes ou femmes. Leur armement, à peu près nul le 19 août, se composait le 27 août de centaines d'armes de toutes sortes prises aux Allemands.

La police parisienne fut l'épine dorsale militaire de l'insurrection. Elle était forte de douze mille hommes, tous armés d'un pistolet automatique de calibre 7,65, avec des munitions en quantité suffisante. La préfecture de police possédait un petit stock de fusils et quelques armes automatiques. Environ deux cents gardes républicains servirent d'appoint aux garnissons, notamment à l'Hôtel de Ville, ou assurèrent l'occupation de ministères ou de services publics. Ils étaient sous le commandement du général Hary. La coordination de tous ces éléments sera très lâche. La plupart du temps, chacun se battra pour son propre compte et dans son propre secteur. Les états-majors F.F.I. serviront surtout à préparer l'insurrection et, après le 28 août, à mettre un peu d'ordre dans les troupes de l'insurrection. A partir du 25 août les combats seront dirigés par Leclerc.

Von Choltitz a commandé à Stalingrad et à Cassino. Devant Saint-Lô, en 1944, il a été bousculé par les Américains. Il replia ses troupes malgré l'ordre formel de Hitler. Relevé de son commandement il fut rappelé le 6 août à la tête du « Gross Paris » en remplacement de Stülpnagel compromis dans l'attentat du 20 juillet. Il avait pour mission de se battre dans Paris. Il disposait d'environ vingt-cinq mille hommes, soit vingt mille hommes de qualité moyenne en position au sud, devant la capitale et cinq mille hommes dans Paris, avec cinquante canons, un détachement de la division de blindés Panzer-Lehr, écrasée à Saint-Lô, et une soixantaine d'avions au Bourget. Ces forces étaient suffisantes pour venir à bout d'une insurrection aussi mal armée que celle que préparait la Résistance, mais elles étaient trop peu nombreuses pour mater une population. Trois points d'appui principaux absorbaient en permanence un bon tiers des effectifs parisiens : le Luxembourg, la République et l'Hôtel Meurice, siège de l'état-major ; ces points d'appui étaient défendus par de petits blockhaus creusés dans les trottoirs, généralement destinés à abriter des mitrailleuses tirant à cinquante centimètres ou à un mètre du sol. Les Allemands avaient construit des ouvrages semblables en divers points de la capitale. Plusieurs milliers d'hommes retraiteront par Paris dans les premiers jours de l'insurrection ; des casernements abritèrent çà et là de petites unités allemandes ne dépendant pas de Choltitz.

Le 20 août, Choltitz sait que la défense de la Basse-Seine ne tiendra pas, que rien ne peut arrêter la ruée des Anglo-Canadiens sur le nord de la France et la Belgique, et il apprend que les blindés américains sont à Troyes. Paris est devenu pour lui un piège qu'il n'a pas le droit d'évacuer. Faut-il livrer à fond, avec peu de moyens, une bataille qui n'a aucun intérêt stratégique ? Faut-il détruire pour détruire ? Hitler n'était pas à une abomination près, mais il semble bien que le célèbre « Paris brûle-t-il ? » soit une invention de romancier. Notons de plus qu'aucun des généraux allemands ayant commandé sur le front de l'Ouest n'a cédé à cette tentation infernale pour ce qui concerne les grandes villes historiques, même le S.S. Sepp Dietrich. Choltitz fait informer discrètement les Alliés qu'il n'est pas hostile à une reddition si on ne le fait pas trop attendre.

On divisa Paris en secteurs, pour la coordination des Comités de libération et l'action des futures Milices patriotiques. La moitié Nord C.D.L.R. de Paris m'échut. Cela ne représentait guère plus qu'un nom sur un organigramme. J'essayai de dresser un plan général d'insurrection, assurant le contrôle des canaux et des voies ferrées, et une sorte de compartimentage destiné à empêcher les Allemands de manœuvrer. A l'imitation des blockhaus allemands, je voulais me servir des points de visite aux égouts comme position de tir, en entourant leurs orifices par des sacs de terre. Je comptai combien il me fallait de mitraillettes et de fusils-mitrailleurs. C'était un chiffre impressionnant. Mes demandes d'armes, comme toutes celles des autres résistants parisiens, n'eurent aucune suite. Peut-être ne parvinrent-elles jamais à destination ! On calma ma pétulance en m'affirmant que tous ces problèmes avaient été étudiés par des états-majors F.F.I.

A partir du 15 août, tout évolua très vite. Le gros de l'armée allemande de Normandie, ou ce qu'il en restait, glissa vers Rouen : la fermeture de la poche de Falaise, à Chambois, poussa les débris des grandes unités hitlériennes vers le nord. La peur d'une insurrection à Paris gagna une bonne partie des « bourgeois » nourris d'Histoire de France, désireux comme en 1871 et en 1940 de sauver avant tout un ordre social réactionnaire qui leur était beaucoup moins profitable qu'ils ne se l'imaginaient. Les résistants attachés aux structures et aux castes, qu'ils fussent socialistes ou *de droite* en subissaient la contagion. On se refusait à faire une analyse intelligente des rapports de forces et des objectifs politiques. On évoquait le vieil épouvantail communiste. « Vous qui connaissez bien ce parti, me demanda Léo Hamon à l'une des dernières séances de comité clandestin de C.D.L.R., et qui êtes en contact avec ses militants, que pensez-vous de l'hypothèse suivante ; les Allemands sont chassés, les dirigeants de la Résistance sont à l'Hôtel de Ville ; la place est noire de monde. Marrane paraît à la fenêtre et proclame la Commune ? » J'éclatai de rire. « Cette hypothèse me rappelle les références des Conventionnels aux anciens Romains, à Brutus et à Mucius Scaevola. Elle est de la même veine. Vous n'avez aucune idée de la faiblesse numérique des organisations communistes et des limites de leur influence. Mais vous faites tout pour l'augmenter en leur donnant des postes. Vous êtes dupes du forcing des communistes et les victimes de leur astuce et de leur sens de l'organisation. Ainsi vous leur avez accordé la majorité dans les comités clandestins. Cette répartition ne correspond pas à celle des tendances politiques dans la population. Je suis même effrayé par le caractère squelettique des organisations communistes dans les arrondissements que je connais le mieux. J'estime à cinq mille, au maximum, le nombre des membres du parti dans toute la région parisienne. Cela dépend de vous, de nous, du gouvernement provisoire, qu'ils en restent là ou qu'ils foisonnent. Si la foule s'amasse dans quelques jours, place de l'Hôtel-de-Ville, elle sera faite, à 90 %, de non-communistes. Vaillant m'a dit que, lors de la répartition des armes, Rol avait demandé le quart pour les F.T.P., ce qui signifie que ceux-ci ne représentent pas plus de 10 % de l'effectif des combattants. Ne fabriquons pas un danger qui n'existe pas aujourd'hui, mais qui deviendra réel demain si nous sommes pris de vitesse. La Résistance, pour les Parisiens, c'est le général de Gaulle. Personne ne prêtera attention à Marrane ni même à Marty ou à Jacques Duclos qui prendront un air de revenants. En revanche le Général sera acclamé ; même Koenig ou Leclerc feraient une meilleure recette que Marrane. Les communistes ne prennent de l'importance que par la démission des autres et parce que vous acceptez de mettre en place les cadres politiques d'une éventuelle insurrection stalinienne. »

Nos contacts avec les résistants de la police parisienne étaient de plus en plus fréquents. C'est un gradé de la police qui m'a appris à voler des bicyclettes. Nous buvions à la terrasse d'un café, devant la Bourse. J'avais besoin de vélos. « Rien n'est plus facile, me dit mon commensal. Il y en a un devant nous, prenez-le. Il n'a pas d'anti-vol et son propriétaire est entré dans la maison voisine. Faites vite ! » Je n'osai pas. Nous nous dirigeâmes vers l'Opéra-Comique. Un cycliste entra dans une banque après avoir posé sa machine contre la grille d'entrée. « Vous pouvez y aller, me dit le policier. Le gardien a le dos tourné. » C'était très facile. Un peu plus tard, comme j'avais besoin d'une plus grande quantité de vélos, je montai quelques opérations à proximité de restaurants de marché noir. Les anti-vols ne résistaient pas à de bonnes cisailles. Juste retour des choses d'ici-bas, une superbe bicyclette, la première que j'eusse volée, à laquelle je tenais comme à un fétiche, me fut dérobée en janvier 1945 pendant que je dînais aux *Catalans*.

Le président du Comité de libération du XIXe était un professeur d'histoire, Pioro (Front national), un peu solennel, bon vivant, curieux d'art moderne, porté sur le sexe et indéfectiblement attaché au parti communiste. Mayoux, un ouvrier astucieux, plein de sens pratique, représentait le parti communiste et Radasse, un autre membre du parti, vieux, gentil, sans envergure, la C.G.T. Marcel Bour, le délégué de l'O.C.M., était, avec Pioro, la personnalité la plus attachante du Comité. Ancien élève de l'École centrale, il possédait une petite câblerie, rue des Annelets, tout en haut de Belleville. Il avait une quarantaine d'ouvrières. Il dirigeait avec sa femme cette entreprise, toute semblable à une douzaine de petites industries qui couvraient le quartier d'ateliers biscornus et de maisonnettes dans le style de la banlieue. Je représentais Ceux de la Résistance. Le poste destiné à Libération Nord ne fut jamais attribué. Il fut occupé *in extremis* par un jeune copain de Pioro. La rue des Annelets fut notre P.C. clandestin. On pouvait en sortir facilement et l'arrivée inopinée de la Gestapo ne nous aurait pas surpris. Le frère de Marcel Bour, Charles, un financier, était le commandant des F.F.I. du XIXe, il relevait de Suchet qui contrôlait en principe la zone Nord, le quart de Paris. Comme Bour, Pioro et moi ne détestions pas la bonne chère, nous nous réunissions souvent pour le déjeuner au *Pavillon du Lac*, un des trois restaurants construits à l'intérieur des Buttes-Chaumont, à l'ombre d'arbres séculaires, en face du pont suspendu par où l'on peut gagner le rocher abrupt au sommet duquel a été édifiée une reproduction du temple de la Sibylle de Tivoli. Les collines de Belleville, des Buttes-Chaumont à la rue des Annelets, ont été le théâtre de la bataille de Paris, en mars 1814. L'aubergiste, le père Latour, n'aimait pas les Allemands ni le rationnement. Il fut en mesure de nous servir, pendant toute l'année 1944, d'honnêtes repas arrosés d'excellents vins achetés avant 1939.

En août 1944, je disposais dans le XIXe d'une cinquantaine de bonshommes, ce qui représentait des effectifs sans doute supérieurs à celui de toutes les cellules communistes. Il y avait d'anciens communistes parmi eux, qui rejoignirent leur parti à la fin de 1944, quand il apparut que les mouvements de Résistance n'avaient aucun avenir politique. Ma plus grande force était le centre de défense passive de la rue de Meaux dont le responsable, un petit quinquagénaire bedonnant et actif, avait converti tout le personnel à la Résistance. De vastes ateliers et entrepôts recelaient des masques à gaz, des centaines de casques d'acier, des treillis de travail et beaucoup d'outils (pelles, pioches, pics, etc.). Les ouvriers me fabriquèrent un grand nombre de croix gammées à trois dimensions, en gros fil de fer, aux pointes acérées, construites de telle sorte qu'elles présentent toujours une pointe dirigée vers le haut, quelle que soit la manière dont elles tombent. Elles étaient très efficaces contre les pneumatiques.

J'héritai d'une estafette, possesseur d'une énorme motocyclette noire. C'était un danseur de claquettes jouissant d'une certaine réputation, détenteur de tous les *ausweiss* nécessaires à la circulation de son engin. Je me suis demandé si cette merveilleuse machine ne venait pas tout droit de la Milice. Le frère du danseur, qui nous rejoignit le 19 août, s'était engagé *in extremis* dans la L.V.F. ; ayant compris qu'il faisait là une erreur grossière, il vint à l'insurrection au lieu de suivre son corps. Il fut courageux. Ce genre de vocation tardive fournit pas mal de monde aux F.F.I. et aux Milices patriotiques entre le 19 août et le 15 septembre 1944!

Le 12 août, les cheminots sont en grève. Le 14 août, le Comité parisien de libération décide la grève générale. L'ordre est lancé le 16 août. Pour la rendre effective, tous les services, sauf ceux qui concernent l'eau et les hôpitaux, cessent le travail. Le 15, la police, menacée de désarmement par les Allemands, se met en grève à son tour. La garde républicaine se déclare neutre à l'exception de deux cents militaires ralliés à la France combattante. Sous les ordres du général Hary, ils occuperont quelques édifices gouvernementaux et constitueront une réserve générale à la disposition de Roland Pré (Oronte) et de Parodi, représentants à Paris du gouvernement provisoire; au fur et à mesure du développement de l'insurrection, les pelotons de la garde rallieront Hary. J'obtins le 16, à la caserne Poissonnière, le concours temporaire de quelques gardes pour l'occupation d'un dépôt de vivres, rue de Flandre.

Rol-Tanguy installa son état-major rue Schoelcher, au service des Eaux qui avait minutieusement organisé cette éventualité. Avec son réseau de souterrains, son téléphone indépendant, ses dizaines d'égoutiers mobilisés pour servir de guides et au besoin de messagers, l'autorité suprême des F.F.I. de l'Ile-de-France pouvait y travailler en toute sécurité. L'état-major Seine était pratiquement au milieu des combattants, dans le VIIe, puis dans le VIe arrondissement. Un troisième état-major s'installa à la préfecture de police. Les actions de ces autorités diverses, soumises en principe à une hiérarchie dont Rol était le sommet, s'exercèrent le plus souvent d'une manière indépendante. Les F.T.P.[1] essayèrent de faire cavalier seul et obéirent à leur propre commandement et à Rol. Le colonel de Marguerittes (Lizé) exerça une véritable autorité sur l'ensemble des F.F.I. et fut quelquefois en mesure d'orienter les combats et de fournir des renforts; mais le commandement de la police et celui de la garde républicaine lui échappèrent. Il fallait toujours négocier et discuter. La bataille fut dirigée par une multitude de commandements locaux, parfois improvisés. Elle ne prit un caractère organisé qu'avec l'arrivée de Leclerc, ce qui ne l'empêcha pas d'être souvent violente. Rien n'illustre mieux le désordre apparent que ce qui s'est passé à l'Hôtel de Ville de Paris. L'édifice a été occupé le 20 août par Léo Hamon, Roland Pré et une escouade de policiers, grâce à la petite formation armée constituée sur place autour d'un employé de la préfecture, Louis, qui prit le grade de capitaine. Le C.P.L. en entier rejoignit l'Hôtel de Ville. Suivirent des résistants de toute obédience. Roger Stéphane, blessé, fut nommé au commandement de la place le 20 août; il y exerça une autorité parfois réelle, le plus souvent nominale entre le 20 et le 23 août car les détachements des gardes républicains ou des équipes nationales, envoyés en renfort, obéissaient d'abord à

---

1 Francs-Tireurs et Partisans (communistes).

leurs chefs respectifs. A partir du 23 août, Aimé Lepercq, qui devint ministre des Finances, assura un commandement supérieur plus effectif.

J'étais sans arme. Je désirais que les quelques points statégiques du XIXe déjà entre nos mains ne fussent pas à la merci du premier venu. Gallois me fit remettre un petit revolver à barillet, à cinq coups, d'un calibre de 6,35, ou peut-être même inférieur. Le 17 août, vers 18 heures, je traversais Paris sur le siège arrière de la superbe motocyclette — sur laquelle je me croyais invulnérable — pour gagner la terrasse des *Deux-Magots* où m'attendait Monique avec les rapports de quelques collègues. Mes sacoches étaient pleines de brassards F.F.I. timbrés au cachet des Forces Françaises de l'Intérieur et d'une vingtaine de croix gammées à l'usage des pneus de voiture. Le long du boulevard Saint-Germain, sous les arbres du trottoir de gauche, stationnait une longue file de camions de la Wehrmacht. Je jetai quelques poignées de croix gammées sous les voitures et je demandai à mon conducteur d'accélérer. Ce fut ma seule action d'éclat ! Je remis le précieux revolver à Monique, à destination de la rue de Flandre, et j'allai prendre livraison des affiches du C.P.L. annonçant l'insurrection. Dans la répartition des tâches, c'est à C.D.L.R. qu'il revenait d'avoir à les coller sur les murs de Paris. Ce travail fut effectué dans la nuit même par trois de mes groupes.

Le 18 août, tôt dans la matinée, la dernière réunion du comité régional clandestin de C.D.L.R. eut lieu dans le XVIIe. Hamon nous communiqua l'ordre d'insurrection pour le lendemain. Tous les agents de liaison devaient se rassembler dans le VIe à la disposition de Léo Hamon. Hôtel de Ville et mairies devaient être occupés avant midi, le lendemain 19 août. Nous devions, chacun dans notre secteur respectif, veiller à la mainmise de la Résistance sur les usines essentielles, sur les centrales électriques, et à l'organisation de la défense autonome de ces établissements. Il n'y avait pas d'armes, ou presque ; dans la nuit du 18 au 19, de petites actions de commandos, menées contre les Allemands isolés, par les ouvriers et les résistants qui occupaient les usines, permirent la récupération de quelques fusils.

Le silence de la ville était plus profond que celui de n'importe quelle campagne. C'était un silence de pierre, coupé seulement par le bruit des coups de feu. On ne tirait pas beaucoup, mais on tirait partout. Le 19, je fis très tôt à motocyclette une tournée des « points d'appui » du Xe, du XIXe et du XXe. Les rues étaient désertes, la circulation facile, à la condition d'éviter la place de la République. Vers 11 heures, brassard au bras, ceints me semble-t-il d'écharpes que Mme Bour avait confectionnées, nous entrâmes Pioro, moi et nos trois compères dans le cabinet du maire du XIXe. J'avais à la main mon revolver à barillet ; deux gardiens de la paix nous protégeaient à distance. « Au nom du gouvernement de la République française, nous prenons possession de cette mairie. Monsieur, vous êtes révoqué. Veuillez regagner votre domicile. » Je ne sais plus si cette phrase solennelle dite au maire nommé par Vichy fut prononcée par Pioro, parfois un peu timide dans les grandes occasions ou par moi. Pioro se fit présenter le personnel de la mairie. A peine étions-nous installés que l'appariteur, un peu interloqué, nous prévint qu'un jeune couple attendait. Le mariage avait été fixé au 19 août. L'insurrection nationale ne concernait pas les épousailles. Nous nous rendîmes en corps dans la Salle des Mariages. Pioro lut la formule sacramentelle. Il était très ému. Cet épisode romanesque convenait on ne peut mieux à cet homme nourri d'anecdotes historiques.

Nous avions réparti les tâches entre nous. J'avais en charge la police et les Milices patriotiques. Au dernier moment, Pioro avait inventé un représentant de *Libération*. C'était un jeune homme sur qui les communistes espéraient pouvoir compter. Je dus lui abandonner les Milices. Il se nomma aussitôt colonel. Je rendis compte à la préfecture de police. J'appelai les mairies de mon secteur ; tout s'était bien passé. Les Allemands commençaient néanmoins à taquiner la préfecture de police. Une partie des gardiens du XIXe partit vers la Cité, en renfort ou pour des contre-attaques de dégagement. Nous tînmes une courte conférence avec Charles Bour, le commandant des F.F.I. et ses principaux collaborateurs. Ils s'étaient installés rue Tandou. Le moral de cette unité était incertain. Militaires, ils étaient là pour se battre ; leur armement se composait de deux ou trois fusils et d'une demi-douzaine de revolvers !

Deux tractions avant noires nous amenèrent un groupe de F.T.P. Ils étaient affectés au XIXe, on ne savait pas très bien par quel état-major. En tout cas, ils se refusaient à obéir à quiconque, sauf, à la rigueur, au parti communiste. Ils étaient sept ou huit, tous étudiants, avec une assez jolie fille ; ils avaient deux mitraillettes Sten, des fusils et des revolvers. Très imbus de la supériorité que leur donnait leur armement, fiers d'être communistes (l'avenir du monde), et plus encore d'être très jeunes, ils regardaient de haut la résistance sédentaire. Ils partirent sur-le-champ en opération. A l'exception des F.T.P. papillonnants, la seule force sérieuse dont nous disposions était représentée par les policiers de l'arrondissement. Tous étaient armés d'un 7,65. Ils n'avaient ni fusils, ni grenades, ni mitraillettes. Le 19 août, les trois brigades étaient au complet, mais il fallut diriger le plus d'hommes possible sur la Cité que les Allemands attaquaient. Il ne restait à la disposition du XIXe que quelques agents. Tous étaient en civil. Mais nous avions des moyens de transport, les cars de police et la voiturette du commissaire, une torpédo. La mairie possédait un poste de secours bien installé. Il était aux mains de braves gens, vichystes, hostiles à la Résistance et surtout à l'extrême gauche, mais qui ne ménagèrent ni leur peine ni leur dévouement.

Nos adversaires immédiats étaient les convois d'Allemands en retraite qui transitaient par la rue de Flandre et l'avenue Jean-Jaurès, en direction du nord-est. Les policiers avaient commencé à les attaquer, mais sporadiquement. Au sud, en bordure de l'arrondissement, la gare du Nord et les entrepôts du quai de Valmy abritaient de petites garnisons allemandes, environ la valeur de deux compagnies, disposant de quelques chars français de 1940, des Hotchkiss ou des Somua. La gare de la Villette, à cinq cents mètres de la mairie, était occupée par une centaine d'Allemands. Un petit train de D.C.A., hérissé de canons de 22 et 37 mm, faisait la navette entre Pantin et le XIXe.

Toutes les liaisons étaient faciles. Le téléphone fonctionnait mieux qu'en 1971. Les choses se gâtèrent dans l'après-midi. En plus d'attaques assez sérieuses contre la préfecture de police et les barricades du Quartier latin, les Allemands mirent le siège devant les mairies du XXe et de Neuilly. La Résistance dut évacuer les locaux sous le feu de l'ennemi, lequel, néanmoins, agissait assez mollement[1] ; mais la disproportion des moyens était telle qu'il valait mieux que nos camarades n'insistassent pas. En revanche, devant la préfecture de police et au Quartier latin, les Allemands furent repoussés avec des pertes sensibles.

A l'aube du 20 août, les F.T.P. tuèrent une des sentinelles de la gare de la Villette. Tir de représailles à la mitrailleuse dans la direction de la place Armand-Carrel où les balles sifflent mais trop haut. Je m'étais installé à *L'Hôtel du Parc*, ancien repaire des Feld-Gendarmes, d'où l'on pouvait croiser des feux avec ceux de la mairie si l'on avait des armes. Les Feld-Gendarmes reviennent, tirent des coups de fusil dans la cage de l'escalier. Fuite éperdue. Nous avons très peur. Nous passons par les toits dans une maison voisine. Notre panique est assez pitoyable. Les Feld-Gendarmes repartent. Je ne suis pas très fier de moi.

A la mairie, l'atmosphère est lourde, les membres du Comité de libération confèrent avec les officiers F.F.I. Nous amenons le drapeau tricolore. « L'essentiel pour nous, dis-je, est de maintenir l'occupation des lieux et surtout d'attaquer les Allemands, là où nous le pouvons. » En raison des moyens dont nous disposons, cette phrase est relevée avec des exclamations ironiques par quelques-uns des F.F.I. présents. Dans le bruit des chenilles et des moteurs passent à la queue leu leu, devant le perron de la mairie, deux chars Tigre et quelques véhicules blindés, toutes visières baissées. Je tâte dans ma poche, avec pitié, le revolver à barillet, sans doute la seule arme dont disposent les quelque dix personnes réunies dans le cabinet du maire. Entrent deux gardiens de la paix. Nous convenons des dispositions à prendre en cas d'attaque. Ceux qui possèdent des armes essaieront de contenir l'assaut en défendant le grand escalier. On fera une petite barricade de meubles et de dossiers dans le hall, en bas de l'escalier, on imbibera le tout d'essence, on y mettra le feu et on essaiera de s'enfuir par les égouts. Les chars font lentement le tour de la place Armand-Carrel et s'en vont. On me téléphone de l'Hôtel de Ville qu'une trêve a été conclue. Cette insurrection se présente très mal ! Pour le moment des Allemands tirent ; ils ont tué des F.F.I. à la gare de l'Est. Ils tirent avenue Jean-Jaurès. Notre garnison de policiers est à nouveau dégarnie par les appels de la Cité. Nous nous transportons, Bour, Pioro, Mayoux et moi rue des Annelets au moment où le

---

1. Dans les deux cas les responsables C.D.L.R. me rendirent compte par téléphone de la nécessité d'évacuer les mairies, après m'avoir demandé des renforts que je n'avais pas.

train de D.C.A. stationné dans la gare de la Villette envoie au-dessus de Belleville et des Buttes de très jolis chapelets d'obus traçants de petit calibre. J'appelle Monique à l'Hôtel de Ville. Elle me donne des précisions sur la trêve. Rien n'est encore très clair. Parodi et Roland Pré la défendent ; Hamon s'est rallié à leur point de vue ; il est apparemment le seul de son avis au Comité parisien de Libération. On continue à se battre sur la rive gauche ; tous les officiers C.D.L.R. des états-majors sont hostiles à la trêve, mais à l'Hôtel de Ville on fait sonner le *Cessez-le-Feu*. Monique ajoute qu'à l'Hôtel de Ville et à la préfecture de police on commence à craindre le manque de munitions. « Je vous envie, lui dis-je. Ici nous n'avons pas d'armes. » Un peu plus tard, Monique m'apprend que Gallois est parti chez Leclerc pour lui demander de faire vite. Chez nous, seuls les deux voitures F.T.P. et quelques gardiens de la paix escarmouchent. Les résultats sont médiocres. Les F.T.P. ont un blessé, ils ont perdu une mitraillette, la moitié de leur armement.

On a beaucoup écrit sur cette trêve qui fut annoncée par les voitures de la police municipale munies de haut-parleurs. Elle fut conclue par Parodi, encouragé par Nordling, toujours dans la crainte de représailles allemandes. Parodi était alors prisonnier de Choltitz. Tout en demandant d'urgence à Koenig le parachutage d'armes antichars et de spécialistes à l'intérieur de Paris, Chaban-Delmas approuva la trêve et l'imposa, semble-t-il, au colonel de Margueritte (Lizé) après que celui-ci eut beaucoup hésité. Le préfet de police et son entourage s'y rallièrent, en dépit de l'hostilité d'une partie des policiers. Les Allemands s'engageaient à ne plus attaquer les édifices publics occupés par la Résistance ; en revanche celle-ci cesserait d'escarmoucher contre les Allemands ; les forces militaires de la Résistance en place autour de la Cité et dans le Quartier Saint-Michel resteraient sur leurs positions : mais on ne construirait plus de nouvelles barricades. Deux itinéraires de repli étaient octroyés à l'armée allemande : rond-point de la Défense, Ternes, Grands Boulevards, République, Nation, Vincennes, et porte d'Italie, Pont national, avenue Daumesnil. La trêve était valable jusqu'au 23 août.

Le C.P.L., à l'exception de Léo Hamon, refusa de souscrire à la trêve. Les états-majors F.F.I. y étaient ouvertement ou secrètement hostiles. Le C.N.R. et le C.O.M.A.C. en discutèrent le 21 août au cours d'une réunion dramatique à laquelle assistaient Chaban-Delmas et les délégués du gouvernement. Chaban insista surtout sur le danger des représailles. Parodi était effondré. Vaillant se prononça avec violence contre la trêve. « On ne négocie pas sous le feu », dit-il ; il refusa d'obéir[1]. En fin de compte, le C.N.R. confirma l'hostilité du Comité parisien de Libération aux accords qui étaient intervenus.

Dans une certaine mesure, l'idée d'une trêve, qui n'avait pas cessé de hanter la pensée de Nordling, s'inscrivait dans le contexte des manœuvres qui avaient été tentées autour du président Herriot et que Taittinger avait reprises dans une direction différente. Certains des hommes qui en prônaient

---

1. Vaillant rejoignit les barricades les plus exposées du Quartier latin.

le principe craignaient davantage une victoire du peuple que les représailles. Cette opinion avait fini par faire des adeptes parmi les Résistants qui donnaient les yeux fermés dans cette politique de Gribouille. Tous ceux qui avaient peur d'un succès des communistes ne se rendaient pas compte qu'en se refusant à diriger l'insurrection ils accordaient précisément au parti communiste, aux moindres frais, le bénéfice dont ils tenaient tant à le priver. Mais il y avait aussi d'autres motifs plus nobles, à la fois militaires et humains. En mettant l'accent sur les représailles de Choltitz, les partisans de la trêve cédaient à la logique apparente des sentiments qui empêchent si souvent de comprendre le vrai mécanisme des événements. Choltitz, pour le moment, ne pouvait pas faire grand-chose ; il avait besoin des ponts de Paris et des rues intactes pour y faire passer les troupes de l'Ouest en retraite, lesquelles se présentaient aux portes d'une manière assez anarchique et n'avaient pas l'intention de s'attarder dans la capitale. Tant qu'il y aurait des hommes à faire passer, Choltitz ne ferait pas sauter les ponts. Or, il estimait que la retraite continuerait jusqu'au 23. A quoi lui aurait servi la prise, voire la destruction, de l'Hôtel de Ville et de la préfecture de police ? Ces opérations, qui eussent coûté assez cher, ne lui auraient accordé que la satisfaction morale d'avoir anéanti des garnisons statiques dont l'entretien occupait les meilleures forces de l'insurrection et qui ne gênaient pas le repli de l'armée allemande, sous la condition de les confiner dans leurs repaires, ce à quoi Choltitz s'employait efficacement. Restaient les unités périphériques de la Résistance. Il les avait tâtées le 19 août ; elles avaient peu de moyens et ne se montraient pas très agressives. Pourquoi aurait-il employé contre les Parisiens une aviation qui depuis des semaines ne se hasardait à aucune opération de jour sur le front de l'Ouest ? L'intervention des avions du Bourget, appartenant pour la plupart à des types surclassés, eût attiré la riposte immédiate et foudroyante des aviations alliées, qui eussent écrasé le terrain du Bourget et détruit cette petite armada survivante sans avoir les scrupules d'Eisenhower pour une bataille de rues. Même quand Leclerc fut à Paris, ces soixante avions, repliés sur des bases plus éloignées, se gardèrent bien d'intervenir dans les combats. Ils étaient certains d'être détruits s'ils se montraient. Ils se contentèrent d'un petit bombardement de *nuit*. Paris intact, n'était-ce pas la boîte de Pandore ?

La trêve ne dura pas vingt-quatre heures. Personne ne la respecta : les colonnes allemandes qui ne s'engagèrent pas sur des axes autorisés parce qu'elles n'en connaissaient pas l'existence et qu'elles se trouvaient bien là où elles étaient, les F.F.I. parce qu'ils rencontrèrent des Allemands là où ils ne devaient pas être, les combattants de Choltitz et de Lizé parce que rien n'est aussi suspect qu'une décision de ce genre, imposée dans de telles circonstances.

En tout état de cause, les colonnes allemandes qui ont traversé Paris les 20 et 21 août eussent atteint sans grand dommage leurs zones de repli parce que la Résistance n'avait alors pas grand-chose à leur opposer. La trêve n'empêcha pas les chars de Choltitz d'attaquer l'Hôtel de Ville le 21 août ; elle permit peut-être aux arrondissements périphériques de souffler et aux unités du centre de Paris de recevoir des munitions. Elle fut l'occasion d'un sursaut de révolte générateur de l'ordre lancé par Rol : *empêcher les boches de rouler*, immédiatement compris par toute la population parisienne. A partir du 22 août, Choltitz eut contre lui non pas quelques centaines de combattants plus ou moins novices, mais une ville entière qui le fit prisonnier, l'isola de tous les éléments de sa garnison, et le réduisit, en quarante-huit heures, à la situation d'un chef de bataillon enfermé avec quelques centaines d'hommes dans un périmètre relativement étroit, contraint d'attendre dans des conditions incroyables que ses adversaires eussent réuni des forces supérieures aux siennes pour engager un combat inutile dont l'issue ne pouvait faire aucun doute.

Le 21 août, Pioro, Bour et moi allâmes déjeuner au *Pavillon du Lac*, encore incertains de ce que nous allions faire, avec le sentiment d'être les morceaux d'un tout petit rouage dans un mécanisme non essentiel. Nous allions nous mettre à table dans le restaurant où nous étions seuls, toutes les portes du parc étant fermées, lorsqu'un détachement allemand vint embosser ses voitures contre la grille de l'entrée principale, pièces braquées contre la mairie. Il y avait là deux chars Tigre et trois ou quatre véhicules blindés, remplis de soldats. Ils étaient à moins de deux cents mètres de notre table. Nous convînmes que nous ne risquions rien : le pauvre imbécile qui commandait le détachement avait pour mission de surveiller la mairie, au besoin de mettre fin, par le canon, à nos exploits personnels, mais non pas d'aller déjeuner au restaurant du *Lac*. Or, il n'y avait personne dans cette mairie à l'exception du gardien et des appariteurs. Les agents de police occupaient l'autre face du bâtiment et aucun d'eux n'aurait l'idée d'engager un duel au pistolet Ruby avec des canons de 88 mm. L'un de nous demanda si nous étions prêts à inviter le chef du détachement sous la condition d'une reddition générale. L'idée était plaisante, le succès étant des plus incertains, nous finîmes notre déjeuner dans un esprit très égoïste. Au bout d'une heure d'attente, chars et véhicules allèrent ailleurs, à jeun, espérions-nous.

Il y eut un drame dans l'après-midi. Les F.T.P., qui avaient marqué quelques succès et capturé des Allemands, avaient pris on ne sait où un milicien de Vichy. Il l'emmenèrent jusqu'au terre-plein qui sépare le commissariat de *L'Hôtel des Postes* et l'abattirent. C'en était trop pour le commissaire divisionnaire, vichyste non repenti qui voulut procéder à des arrestations ! Les policiers murmuraient. Cette guerre civile en miniature était un luxe. « Tu es responsable de la police, me dit Pioro. Prends en charge le commissariat. » C'était une idée des policiers. Je renvoyai le commissaire chez lui en l'informant que je demanderais sa révocation et je m'installai à son bureau. Le personnel m'accueillit avec faveur et exécuta mes ordres avec discipline. Je fus aidé par un officier de paix capable. Je commençai par sermonner le jeune lieutenant F.T.P. : « De tels incidents ne doivent plus se reproduire. Tous les prisonniers doivent être ramenés ici où ils seront correctement traités ; nous ferons bonne garde. Les individus qui auront des comptes à rendre seront traduits devant des tribunaux réguliers. Dans les cas exceptionnels seul le Comité de libération est autorisé à se constituer en cour martiale. » Dans les heures qui suivirent, je fus obligé de casser le « colonel » des Milices et de nous en débarrasser. J'avais donc sous mes ordres directs les moyens militaires les plus importants de l'arrondissement. Je profitai de ma situation de « commissaire divisionnaire » par intérim pour vérifier l'état des rapports entre la Police, les F.F.I. et les Comités de Libération dans les arrondissements voisins. Grâce aux relations de bonne camaraderie que j'entretenais avec Charles Bour et au réalisme de ce courageux combattant, je fus en mesure d'effectuer correctement le travail de coordination que les événements exigeaient.

L'ordre de Rol pour la construction des barricades me fut apporté dans la soirée du 21 août chez moi où j'étais rentré pour changer de linge. Je retournai au commissariat et j'établis avec mes collaborateurs un plan des barricades à construire en tout état de cause. Je voulais tenir solidement le parc des Buttes-Chaumont et les hauts de Belleville, ce qui permettrait de croiser des feux sur tout ce qui pourrait pénétrer place Armand-Carrel, devant la mairie et de décourager les blindés qui tenteraient de renouveler leurs manœuvres des 20 et 21 août. Je fis protéger à distance tous les accès de la mairie par une double enceinte de barricades obtenue par des abattages d'arbres et le défoncement de la chaussée. Je fis faire une chicane avenue Laumière. L'avenue Jean-Jaurès serait obstruée ultérieurement à la hauteur du chemin de fer de ceinture. Nous avions dans un certaine mesure intérêt à laisser une voie libre le long de laquelle nous pourrions multiplier les embuscades. Seule la sortie nord de la rue Manin était dégagée. L'intention du commandement F.F.I. était de reprendre ses attaques de harcèlement sur la gare de la Villette. J'empruntai au centre de la rue de Meaux les outils nécessaires. Ces barricades devaient être en place au jour.

La trêve était oubliée. Notre armement s'était enrichi. Nous avions dans les caves de la mairie quelques prisonniers allemands. Les Milices patriotiques étaient en mesure de fournir une ou deux patrouilles armées de fusils et de revolvers. L'une d'elles, commandée par un communiste résolu, avait été dans la matinée du 22 en surveillance de la barricade construite avenue Secrétan, dans la partie basse de la rue. Les Allemands du quai de Valmy s'émurent de cette construction édifiée au cours de la nuit précédente. Une section de fantassins, appuyée par un char, attaqua. Il y avait du monde dans la rue. Le tir des Allemands fit un mort et plusieurs blessés. La patrouille des Milices sut prendre de bonnes dispositions de combat en utilisant la barricade et les fenêtres d'un hôtel. Des Allemands furent touchés, ils se replièrent sous la protection de leur char. Ce petit incident et quelques succès obtenus au cours de la journée portèrent très haut le moral des combattants. Mon motocycliste et son frère nous ramenèrent deux prisonniers, un jeune officier et un soldat qui avaient eu l'imprudence de leur demander le chemin du Bourget. Nous décidâmes de distribuer des bouteilles d'essence. Nous n'avions pas de quoi fabriquer des cocktails Molotov ; il fallait nous contenter de bouteilles d'essence pure à laquelle nous mettrions le feu en allumant une mèche. Jacques Sées, mon motocycliste, fit une excellente démonstration dans le parc des Buttes-Chaumont. Nous eûmes bientôt un stock de ces engins que nous répartîmes entre les postes de surveillance des barricades.

Les deux affaires les plus notables des 22, 23 et 24 août furent celle des otages et celle du train de la Villette. Nous essayions d'interrompre ou de gêner le passage des camions qui transportaient vers Pantin ou le Bourget des détachements allemands en retraite. Depuis l'avenue Laumière jusqu'aux abattoirs de la Villette, des gardiens en embuscade, abrités dans les emplacements qu'ils avaient aménagés, tiraient sur les camions, dont les occupants ripostaient comme ils pouvaient, en causant plus de pertes aux civils aventurés dans la rue qu'aux combattants. Nous en faisions autant rue de Flandre ; à deux reprises, les chauffeurs des véhicules furent atteints : nous augmentâmes ainsi le nombre des prisonniers que nous avions faits, celui de nos armes et de nos munitions. Nous nous emparâmes d'un Panzerfaust mais personne ne savait s'en servir et les explications données par nos prisonniers n'étaient pas claires. Pour corser le plaisir, nous avions disposé rue de Flandre et quai de Seine quelques mines antichars, toutes neuves, prélevées sur le stock d'une petite usine qui en avait beaucoup fabriqué. Les mines étaient vides mais la vue de ces galettes avait pour effet le ralentissement brusque du camion, son changement de direction, temps d'incertitude que nos tireurs mettaient à profit.

Les Allemands du quai de Valmy et de la gare du Nord ramassèrent autour d'eux près de deux cents civils, hommes et femmes, et en disposèrent quelques-uns dans chaque camion de soldats, en guise de bouclier. Ces méthodes nous indignèrent. L'attaque de ces garnisons allemandes, qui disposaient de mitrailleuses et de chars d'assaut, était pour le moment hors de nos moyens. Je rassemblai sur le fameux terre-plein tous nos prisonniers, nous en avions près de quinze. Je fis sortir des rangs l'officier et trois jeunes soldats. Je fis attacher un de ces militaires sur chacune des ailes avant d'une voiture des F.T.P. et d'une autre Citroën. Je fis venir dans mon bureau un sous-officier prisonnier ; c'était un homme de plus de quarante ans qui portait un brassard de la Croix-Rouge. Il y avait dans chaque commissariat un interprète d'allemand. Je le priai de traduire au sous-officier tout ce que j'allais dire. Pour impressionner davantage mon bonhomme, je me mis à hurler, comme je l'avais vu faire trente ans auparavant au major bavarois qui avait rassemblé les troupes cantonnées dans la limonaderie de mon oncle. J'ignorais à cette époque que cette incontinence vociferatrice est particulière aux Allemands du Sud. Les Prussiens sont plus calmes. Après avoir dit au sergent infirmier ce que je pensais des procédés de son commandement, je lui montrai ses compatriotes ligotés sur les ailes des tractions avant. « Je te charge d'aller porter au lâche qui a donné l'ordre de prendre des otages et de les utiliser comme boucliers une lettre le sommant d'arrêter immédiatement ces exercices dégradants. Il est encerclé par les Américains ; il ne peut pas nous échapper et il répondra sur sa vie de ce comportement contraire au droit des gens. Mais sans attendre les Américains, je veux lui donner une leçon. Nous allons attaquer son casernement. En tête rouleront ces deux voitures sur lesquelles nous monterons des mitrailleuses. Je suppose que le lâche fera tirer sur nos véhicules et ces quatre hommes que tu vois là seront réduits à l'état de passoires. Moi aussi, j'ai des otages. A deux pas d'ici, l'hôpital Rothschild abrite cinquante blessés allemands. Ils sont dans des salles que la direction de l'hôpital voudrait reconstruire. Je vais faciliter l'exécution de ce projet. Je mettrai le feu aux salles et je grillerai vifs vos blessés. Les flammes et la fumée de l'incendie seront très visibles de votre repaire. » Mon Allemand était blanc comme un linceul. Je signai la lettre devant lui. Il avait fait à peine dix pas en dehors du commissariat que je l'interpellai : il tourna la tête et se mit au garde-à-vous. « Quant à toi, dis-je en hurlant, tu sais que j'ai conservé ton livret militaire. N'oublie pas que tu es prisonnier de guerre. Si dans vingt-quatre heures tu n'es pas de retour ici, ta mission accomplie, j'irai te chercher dans les camps de prisonniers et je te ferai pendre à l'arbre que tu vois à l'angle de *L'Hôtel des Postes*[1]. » L'interprète traduisit fidèlement. Dans la demi-heure qui suivit, le téléphone sonna et une voix allemande demanda le commandant du XIXe. C'était à peine croyable ! Le destinataire de la lettre voulait parlementer. Nous tombâmes assez vite d'accord sur l'objet de ma démarche. Il libérerait les otages, mes groupes de surveillance pouvaient le contrôler. Il me demandait de détacher mes prisonniers de leurs ailes de voiture. La conversation continua. « Si vous voulez que vos hommes échappent au tir des miens, le plus simple serait de vous rendre. — Je ne peux pas prendre cette décision sur moi », répondit-il. Le téléphone sonna un peu après. Notre interprète engagea un grand palabre avec un des collaborateurs de l'officier allemand, puis avec le sous-officier parlementaire. Celui-ci prétendait que la garnison était disposée à mettre bas les armes, mais qu'elle n'avait qu'une confiance limitée dans la sollicitude des « terroristes » pour leurs prisonniers. Il y eut plusieurs conversations téléphoniques sur le même sujet.

Je fis le recensement des combattants dont je disposais. J'avais envoyé les deux tiers de la garnison aux quatre coins de l'arrondissement, sur des barricades ou en embuscade. Charles Bour avait emmené ses hommes vers une destination que j'ignorais. Je pouvais compter sur cinq ou six fusils, une vingtaine de pistolets automatiques et la dernière mitraillette des F.T.P., dont la dotation en munitions s'épuisait. On me rappela à nouveau au téléphone. C'était l'officier allemand. « Combien de temps me donnez-vous pour me rendre? Je ne me rendrai d'ailleurs qu'à un officier des troupes régulières. » Je me tournai vers Marcel Bour. « Que lui répondre? Un quart d'heure[2] ». Ainsi finit cet incroyable dialogue, car le quart d'heure passé nous étions incapables de faire même le simulacre d'un assaut sans dévoiler notre faiblesse. J'allai reconnaître les lieux et étudier une action pour le

---

1. Le sergent revint se constituer prisonnier dans la matinée du lendemain.
2. Autre maladresse. Il aurait fallu patienter !

moment où je pourrais rassembler des forces moins misérables. Je fis rappeler des groupes d'agents, j'obtins le concours des F.T.P., je rameutai ce que je pus des Milices patriotiques armées et j'essayai d'obtenir au moins le costume d'un officier de 1940 à peu près de ma taille. J'avais prévu le scénario suivant : mes troupes bien pourvues de bouteilles d'essence auraient pris position sur la ligne du métro aérien. Elles auraient protégé par leur tir un mouvement commencé sur l'autre rive du canal, afin de prendre nos adversaires à revers. Après une fusillade de principe, j'eusse dépêché vers les Allemands un de nos prisonniers, porteur d'une nouvelle demande de reddition. Une dizaine de gardiens de la paix en uniforme et le figurant officier, qui pouvait être moi-même, se seraient tenus prêts à donner les apparences vestimentaires exigées pour la cérémonie de la capitulation. Exécution : à l'aube.

Cette opération n'eut jamais lieu. Mon adversaire essaya de faire passer ses hommes par le métro. Il y renonça devant notre réaction. En usant habilement du téléphone, il fit converger toutes nos forces sur la République, en vue d'une attaque qui était prématurée. Je fus incapable de m'opposer à ces départs, bien que je soupçonnasse une manœuvre. Au milieu de la nuit il évacua ses fantassins par une ligne de métro mal gardée. Le lendemain avant l'aube, ses deux chars Somua s'engagèrent dans une avenue Jean-Jaurès où ne veillaient que quelques gardiens de la paix mal armés. Un des chars put franchir la barricade que nous avions hâtivement montée sous un pont de chemin de fer. Le second s'y empêtra quelque peu. Des gardiens rameutés en hâte cassèrent sur sa cuirasse deux bouteilles d'essence qui ne prirent pas feu. Le char finit par avoir raison de la barricade et quitta ce secteur désagréable aussi vite qu'il le put.

L'affaire du train de la Villette a été souvent racontée. Aucune des versions publiées jusqu'ici n'est conforme à la vérité. La gare de la Villette, située au pied des Buttes-Chaumont, à quelque trois cents mètres de la mairie du XIXe au nord, avait été attaquée plusieurs fois, ou mieux harcelée, sans résultat apparent. Les Allemands qui l'occupaient étaient peu nombreux ; ils trouvaient leur situation inconfortable, malgré la présence du train de D.C.A. qui faisait la navette entre la Villette et Pantin. A l'époque, il ne faisait pas bon être allemand et contraint de demeurer dans une gare. Le 23 août, à la fin de la matinée, le train de D.C.A. remonta vers Pantin, emmenant avec lui la plus grande partie de la petite garnison. Il restait à la Villette un train de matériel divers. Ce convoi embarqua les quelque vingt-cinq Allemands qui restaient, pour la plupart cheminots. Il emprunta la petite ceinture, s'engagea dans le tunnel des Buttes-Chaumont qui s'ouvre à l'intersection des rues Manin et de Crimée. Après un parcours souterrain de mille deux cents mètres, les voies sont à l'air libre, sur le bord de la rue Émile-Chevreau, dans le XIXe, pendant deux cents mètres environ, en tranchée. En 1944, ce quartier était un des plus pittoresques de Paris et l'un des plus lépreux. Il n'avait guère changé depuis Eugène Sue. Les voies empruntent, après ce parcours, un deuxième tunnel qui débouche aux environs de la mairie du

XXe arrondissement, après avoir longé le Père-Lachaise. Elles rejoignent par des viaducs le chemin de fer de Vincennes et la gare de Bercy. Nous avions un poste en haut des Buttes-Chaumont, destiné à assurer la possession du parc qui pouvait revêtir pour nous de l'importance et sur lequel j'avais demandé des parachutages d'armes. De temps à autre, les miliciens qui gardaient la barricade tiraient un coup de fusil dans la direction de la gare de la Villette, mais ils omettaient généralement d'en signaler les mouvements. Dillot, qui était le C.D.L.R. de la mairie du XXe, m'appela dans la matinée du 23. Un train allemand débouchant du tunnel avait été attaqué par les F.F.I. du XXe; il y avait eu un mort de part et d'autre. Les Allemands, impressionnés par l'attaque, étaient rentrés dans le tunnel. Ils faisaient une marche arrière en direction de la Villette. « Nous maintenons ici notre pression, ajouta Dillot. Si le train sort du tunnel il ne pourra pas nous échapper. Reprends-le à la sortie ou bloque-le. » J'envoyai sur-le-champ une dizaine de gardiens vers la rue Manin en leur demandant de tirer quelques coups de revolver dans le tunnel pour faire du bruit. Je dépêchai une patrouille des Milices vers la gare de la Villette et je me précipitai au P.C. de Charles Bour. Grâce à l'action patiente et tenace de mon ami, les F.F.I. commençaient à se défaire de leur apathie.

« Bloquez la sortie Buttes-Chaumont du tunnel, dis-je à Charles Bour et assurez une défense des Buttes face à Pantin. Je sais que vous avez du mal avec vos troupes qui ne se sont pas encore mises à l'heure d'une insurrection improvisée et pauvre. Expliquez-leur que c'est le moment d'agir. Cette opération est dans nos moyens. Je vous laisse les gardiens de la paix et les miliciens qui sont déjà en place. Je ferai construire une barricade rue Manin, en avant du pont, pour vous couvrir; j'enverrai d'autres miliciens vers la gare, avec mission de déboulonner des voies pour stopper hors de vue le train de D.C.A., s'il veut revenir, et empêcher toute évolution de celui qui est sous le tunnel. C'est à vous que revient le commandement sur le terrain. Je coordonnerai avec le XXe. J'essaierai de trouver quelques moyens d'intimidation et s'il y a lieu je vous enverrai des renforts. »

Une partie de la journée se passa à échanger avec le XXe des informations, à préparer une attaque décisive, et à vérifier sur place la valeur des dispositions qui avaient été prises. Je décidai de jeter des récipients d'essence enflammée par les bouches d'aération du tunnel. Marcel Bour opina pour le benzol et se mit en devoir de s'en procurer. Dans la soirée, les Allemands se rendirent aux F.F.I. du XXe auxquels j'avais envoyé une équipe de miliciens et quelques agents en soutien.

Nous eûmes ainsi notre part de butin, notammment quelques armes supplémentaires. Je n'ai jamais su exactement ce que ce train transportait. Un de mes hommes me rapporta un drapeau à croix gammée. Dans le même temps nous nous emparâmes de la gare de la Villette où nous trouvâmes d'importants stocks d'essence.

Le 24 août, Choltitz était battu. Ses positions avancées pliaient sous la poussée de Leclerc dont les soldats attaquaient aussi durement qu'ils le pouvaient, sans se soucier des pertes qu'ils éprouvaient. Celles-ci furent relativement importantes pour une division blindée. Toutes les formations allemandes de Paris étaient bloquées par des centaines de barricades ; les attaques lancées à partir du 22 août sur l'Hôtel de Ville et quelques mairies avaient été repoussées avec des pertes sérieuses ; plusieurs chars avaient été détruits, notamment dans le XVIIe ; les corps francs C.D.L.R. de Saint-Ouen et d'Aubervilliers avaient réussi de fructueux coups de main. Monique m'apprit que Leclerc annonçait son arrivée. Ses avant-gardes étaient à Fresnes, les Américains à Villeneuve-le-Roi. A 10 heures du soir, les cloches de Paris sonnèrent à toute volée. C'était extraordinaire. Monique téléphona de l'Hôtel de Ville : un officier de Leclerc en franchissait la porte, le capitaine Dronne. Je fis rassembler les gardiens et les Milices patriotiques ; celles-ci étaient à l'effectif de deux compagnies environ. Habillée de treillis capturés dans le train de la Villette ou pris au dépôt de la rue de Meaux, coiffée des casques de la rue de Meaux, cette formation ressemblait à une unité militaire. Je fis une prise d'armes sur la place Armand-Carrel et une énorme *Marseillaise* jaillit de quelques centaines de poitrines. Le 25 août nous eûmes la surprise d'une arrivée américaine que nous n'attendions pas. Une jeep avec trois militaires U.S. Ils nous expliquèrent qu'ils appartenaient à un *civil service* constitué pour aider à l'administration de la France, après le départ des Allemands. Pioro, Bour et moi n'en croyions pas nos oreilles. Que nos Alliés eussent pu manquer de psychologie à ce point nous paraissait difficile à imaginer. Au demeurant, ces trois hommes étaient sympathiques ; l'un d'eux, Ramon Gunthrie, était professeur de français au Darmouth College. Il est l'auteur d'un recueil de morceaux choisis de littérature française « Since the Revolution ». Il y a quinze pages pour Leconte de Lisle, dix pour Heredia, *Le Vase brisé* de Sully Prud'homme ; huit pages sont consacrées à Anatole France. Néanmoins, le recueil se termine par Lautréamont, Apollinaire et Breton, en compagnie de Cocteau et de Gide. Nous reçûmes ces trois étranges visiteurs le plus courtoisement possible. Nous les installâmes à *L'Hôtel du Parc* en attendant de leur trouver un bel appartement en face des Buttes-Chaumont. Ils voulaient voir le « gnouff ». Je leur montrai les cellules du commissariat où étaient enfermés les premiers collaborateurs arrêtés. Nous les priâmes à dîner mais nous leur expliquâmes que nous représentions le gouvernement de la République, dans notre modeste secteur, que pour ce qui concernait l'administration civile, nous étions qualifiés et mandatés, et que le sort que nous venions de faire à Vichy et aux Allemands montrait ce que les Français pensaient de toute ingérence de l'étranger dans leurs affaires intérieures. Cela dit, nous nous mettrions en quatre pour rendre plus facile l'action des unités américaines contre l'ennemi commun. Je louchais du côté des armes de nos visiteurs. Devant partir en patrouille dans la direction du Bourget, j'obtins de Gunthrie, je crois, qu'il me prêtât son fusil, des cartouches et quelques-unes de ces excellentes grenades quadrillées que l'armée américaine a héritées de l'armée française de 1918.

Les journées des 25 et 26 août furent occupées à réaliser des liaisons dans tous les sens avec les F.F.I. voisins et à pousser des reconnaissances vers le nord-est, tandis que Leclerc anéantissait les garnisons allemandes de Paris. Nos pertes furent tout de suite beaucoup plus élevées. Les patrouilles des Milices envoyées le 25 vers Pantin et Drancy se heurtèrent à des Allemands abrités qui jouèrent à leur tour au jeu de l'embuscade. Nous eûmes cinq morts dans la seule journée du 25. Le 26, Leclerc poussa une pointe vers le Bourget, il fut ramené assez durement en arrière par une contre-attaque de blindés. Il s'établit aux limites sud du XIXe et du XVIIIe et demanda aux forces de la Résistance de surveiller le nord et le nord-est. Je montai une opération avec des gardiens de la paix, des Milices et des F.F.I. La petite colonne était impressionnante. En tête, mon motocycliste et son frère ; ensuite la torpédo du commissaire avec le signataire de ces lignes et le fusil américain dont il ne voulait plus se séparer. Venaient ensuite deux ou trois voitures de F.F.I. et un car de police. Notre objectif était au mieux Blanc-Mesnil. La banlieue était déserte et silencieuse. Après Bobigny, un obus de 88 atteignit avant notre colonne le carrefour des Six-Routes. J'arrêtai la colonne et je donnai quelques ultimes conseils. Dans le cas d'une rencontre avec les Allemands, se précipiter dans les maisons pour tirer et utiliser les fameuses bouteilles d'essence. « C'est une arme terrifiante, dis-je. Vous allez voir ! » Mon chauffeur me passa une bouteille, j'allumai la mèche et je la lançai à quelques mètres sur le trottoir. La bouteille se brisa. Rien ne s'enflamma. Ce n'était pas l'effet que je cherchais. Avec deux autres bouteilles, je n'obtins pas de meilleur résultat. C'était raté. Un cycliste nous signala qu'il avait vu des chars vers Drancy. Je jugeai prudent de nous replier par Aubervilliers et de regagner le XIXe, à la satisfaction générale. Toutes ces patrouilles furent reprises le lendemain par les F.F.I. de Charles Bour, et d'autres unités du secteur de Suchet, relativement bien armées et encadrées, qui servirent d'infanterie à Leclerc. Je crois me souvenir que Fabien y mena également ses compagnies et s'y fit remarquer par son courage et son talent d'officier de troupe.

Le dernier épisode de la bataille fut pour nous le bombardement allemand de la nuit du 26. J'eus l'impression que les avions hitlériens, qui volaient assez bas, cherchaient à atteindre des points d'appui identifiés au cours des combats des jours précédents. Des chars avancèrent jusqu'à trois cents mètres de nos barricades du pont de Flandre, qui avaient été en partie démolies pour livrer passage aux chars de Leclerc ; ils tirèrent un obus de 88 sur une de ces barricades.

Je pense aussitôt à une contre-attaque dont le bombardement aérien est la préparation. Nous avons plusieurs incendies dans l'arrondissement. J'envoie des gardiens réoccuper les barricades du nord. J'essaie de mettre la mairie et la place Armand-Carrel en état de défense. Puis Marcel Bour et moi allons à la recherche des éléments avancés de Leclerc, groupés autour de la gare du Nord. On nous conduit vers le colonel Roumiantzoff, un rouquin qui commande le groupement tactique. Il se repose sur un matelas posé à terre. Il a entendu le coup de 88 qu'il a bien sûr identifié. Je lui indique mes craintes pour tout ce qui peut venir de l'est de Paris. « Je suis un peu en l'air de ce côté-là, répondit Roumiantzoff, bien qu'il y ait, je crois, des Américains vers Vincennes. Rétablissez vos barricades et tâchez de savoir ce qui se passe. Au besoin, je vous enverrai des mines ; mais je n'en ai qu'un camion et je veux en être économe. » Le reste de la nuit fut calme. Le lendemain, Leclerc, sur l'axe du Bourget, avec une infanterie F.F.I. et la 4ᵉ D.I. américaine vers la route de Meaux achevèrent le dégagement de Paris.

La garnison de Choltitz était anéantie. Entre le 17 et le 27 août les Allemands avaient eu dans la région parisienne quelque mille morts[1] et trois mille blessés. Ils avaient laissé dix mille prisonniers valides à leurs adversaires. Les pertes F.F.I. était de cinq cents tués, mille blessés et deux cents prisonniers ; la population civile comptait trois cents morts et mille blessés, la 2ᵉ D.B. de Leclerc cent trente tués et trois cent dix-neuf blessés. La 4ᵉ D.I. américaine perdit une centaine d'hommes, tués et blessés.

Quatre-vingt-seize véhicules blindés allemands avaient été capturés ou détruits dont vingt et un chars Tigre. Depuis la prise de contact avec le général Aulock, qui commandait sous Choltitz la défense avancée de Paris, jusqu'à la libération du Bourget, une cinquantaine de chars français furent mis hors de combat ; plus du quart était irrécupérable.

Les combats du XIXᵉ et du XXᵉ n'ont pas été les plus acharnés, ni les plus sanglants. Dans le XIXᵉ les forces de la Résistance ont eu onze tués en sept jours. Les cadres C.D.L.R. parisiens ont perdu leur représentant du XVIIᵉ arrondissement, Ostreicher, disparu dans les premiers jours de l'insurrection, et le responsable militaire de la Seine-et-Marne, Loiseau (Papillon) que nous avions vu pour la dernière fois le 15 ou le 16 août à la gare de l'Est. Son corps fut retrouvé dans le charnier d'Arbonne. Les unités C.D.L.R. les plus éprouvées furent celles qui combattirent dans le VIᵉ, autour de la préfecture de police et dans la banlieue nord (Aubervilliers, Saint-Ouen). Elles étaient mieux armées que les autres. Leurs embuscades furent généralement réussies. Les forces de la police ont joué partout le rôle principal. Pour le reste des combattants effectifs, les communistes, conformément aux prévisions du colonel Rol, représentaient moins du quart des hommes en ligne. Ils eurent quelques officiers remarquables, Rol-Tanguy et Fabien (tué à la 1ʳᵉ armée en désamorçant une mine) sont les plus connus.

D'importantes archives de la Gestapo ont été retrouvées, à Strasbourg, notamment. Les comptes rendus de filature sont très édifiants. Dans les derniers mois de l'occupation, les Allemands laissèrent volontairement œuvrer beaucoup de réseaux et d'organisations dont ils avaient identifié les membres, se réservant d'opérer les arrestations qu'il faudrait si les activités devenaient trop gênantes, en application du principe que ce que l'on connaît bien est plus rassurant que ce que l'on ignore.

Au 1ᵉʳ septembre 1944, de nouvelles autorités étaient en place à Paris. Les préfets essayaient de refaire l'État en intronisant un grand nombre de

---

1. Le tiers environ dans les combats livrés aux Forces de l'Intérieur.

nouveaux commis, pris dans la Résistance. Beaucoup de carrières politiques ont été amorcées avec adresse par l'occupation de postes administratifs. A côté des préfets, foisonnèrent des Comités de libération au sein desquels des communistes acquirent une position prépondérante par le truchement du Front National et de multiples associations créées pour les besoins de la cause: Jeunes, Femmes françaises, Prisonniers, etc. Un conseil municipal provisoire de Paris fut constitué, par cooptation au Comité parisien de libération des personnalités déléguées par les mouvements. Le parti communiste en saisit tous les postes importants. Des dizaines de milliers de F.F.I. surgirent des pavés de Paris. Cinq mille officiers, lisant soudain les ordres de mobilisation générale, sortirent leurs uniformes de la naphtaline. Cent bureaux, plus ou moins officiels, se partagèrent les voitures, l'essence et les locaux. Une pagaille militaire, très gaie et très pittoresque, gouverna Paris pendant plusieurs mois. Toutes les imprimeries et les services de la presse étaient aux mains de la Résistance. Les partis et mouvements représentés au C.N.R. avaient droit à des attributions de papier et à des subventions. Les titres étaient ceux de la presse de la Résistance. Les communistes n'innovèrent pas: ils firent reparaître *Ce soir* et *L'Humanité* en y ajoutant *Libération* dont une équipe à eux avait pris le contrôle. La création la plus originale fut le journal *Combat*, dont Camus fut un des principaux rédacteurs. Ceux de la Résistance fondèrent un hebdomadaire politique, *Volontés*, dont Michel Collinet devint le rédacteur en chef. Pierre Stibbe en fut le directeur. J'en écrivis presque tous les éditoriaux et j'en fus pratiquement le responsable politique à la fin de sa brève carrière[1].

---

1. La mort tragique de Desnos permet de passer par profits et pertes l'épisode de sa collaboration au torchon « pacifiste » *Aujourd'hui*, publié à Paris avec l'autorisation allemande par Henri Jeanson en 1940 et 1941. Ce genre d'exploit confirme le jugement sévère porté par Breton sur les pièges du journalisme. Maurice Henry accepta de publier pendant toute la guerre des dessins humoristiques dans le quotidien nazi *L'Œuvre* que dirigeait Marcel Déat. Encore que ces dessins fussent souvent drôles et politiquement neutres, cette complaisance envers soi-même et les thuriféraires de l'hitlérisme était des plus regrettables.

Chapitre XXVI
Le prix de la Liberté

Le général de Gaulle avait déchaîné la tempête ; il l'avait nourrie et en avait organisé les ravages en donnant à la Résistance intérieure des moyens d'action, en identifiant l'autorité des résistants à celle de la République et de la Patrie, puis en suscitant des Comités de libération. A l'issue de ces exercices, il était aux prises avec une double anarchie, celle qui résultait du système économique mis en place par Vichy et celle des comités. Il était prêt, comme toute la gauche de la Résistance, à s'accommoder de la première. Il était allergique à la seconde.

Parmi les nombreuses approximations du marxisme, celle qui concerne l'apparition des grands hommes n'est pas l'une des moins singulières, ni l'une des moins gratuites. En vertu du déterminisme historique, les places à prendre sont toujours prises ; si de Gaulle avait été tué en juin 1940, la Résistance à l'envahisseur n'en eût pas moins trouvé son chef. Tel est l'à-peu-près du marxisme. S'il est vrai que les situations tentent les hommes, l'histoire abonde en rôles non tenus ou mal tenus. Dans des circonstances à peu près identiques, personne n'est apparu en Norvège, en Hollande, en Belgique, en Tchécoslovaquie, en Roumanie, en Grèce, sauf pour remplir une petite fonction. Il y eut Tito en Yougoslavie et de Gaulle en France. L'analyse, même très fine, des structures sociales et des rapports de forces en Yougoslavie et en France ne conduit pas à prévoir le triomphe de Tito, encore moins son hérésie, pas plus que le phénomène de Gaulle. Les spécialistes britanniques de la Yougoslavie, en 1941, eussent parié pour un général. Les professeurs américains en politique française avaient imaginé le général Giraud, suivi par Camille Chautemps. En France, des révolutionnaires auraient été moins surpris par Mendès France, par Jean Monnet ou par Gabriel Péri que par le chef de la France Libre, ce qui expliquera bien des déceptions ou des réticences.

Ce qu'on savait à l'étranger de la Résistance et des maquis, ce qu'on pouvait lire dans la presse donnait pour la France l'image d'un 1793 marxiste. Les révolutionnaires l'emportaient partout. On commençait à dire que le Gouvernement Provisoire d'Alger ressemblait comme un frère à celui de Kerenski. Toutefois il n'y avait en France que l'apparence d'un pouvoir révolutionnaire. Les exactions dont se plaignaient les modérés, dans les départements du Centre et du Sud, concernaient surtout une épuration quelque peu sommaire et aveugle et de petites opérations de banditisme à l'égard des banques et des propriétés. Pour le reste, les Comités de libération essayèrent de maintenir en place une administration qui se fût effondrée sans cette impulsion, puisque dans ce pays centralisé aucun ordre ne parvenait plus d'en haut. En raison de la pluralité des mouvements et des forces armées, aucun parti ne put asseoir sa dictature, encore que le parti communiste fût souvent encombrant de jactance et de prétention. Nulle part, la politique des Comités de libération ne s'éleva au-dessus du règlement des problèmes du quotidien ou de l'avenir immédiat. Dans les derniers jours de septembre 1944 se réunirent à Valence des États Généraux rassemblant les délégués de onze Comités départementaux de libération. La résolution votée affirma surtout que les participants entendaient conserver leur pouvoir de décision dans les domaines de leur ressort territorial. Les États Généraux décidèrent d'augmenter les salaires et les allocations familiales ; ils prirent des mesures judicieuses en matière de ravitaillement. La seule incursion dans la politique nationale concernait une référence au programme du C.N.R. Cette activité des comités départementaux inquiéta davantage les représentants en mission que le général de Gaulle, lequel ne fit qu'en condamner le principe. Elle anticipait curieusement sur certaines des dispositions « décentralisatrices » que proposa le président de la République en 1969.

Les commissaires régionaux et les préfets ne représentaient pas une légalité supérieure à celle des comités ; ils étaient issus des mêmes ordonnances. Le pouvoir des Comités de libération s'affaiblit dès que la hiérarchie traditionnelle de l'État recouvra les moyens de réglementation et d'exécution dont la désorganisation générale des disciplines et des communications l'avait privée. La réanimation de l'appareil d'État centralisé et obéi s'effectua d'elle-même grâce à la force de conservation que sécrétait cet organisme, au ralliement des grands Corps, au dynamisme interne des syndicats du personnel plus attachés que quiconque à la restauration de l'édifice. Les élections municipales d'avril 1945 reléguèrent définitivement les Comités de libération dans l'Histoire. Le seul pouvoir révolutionnaire local qui se fût manifesté en France depuis la Commune de Paris s'effaça devant les représentants directs du pouvoir central et les vieux conseils élus.

L'Armée d'Afrique, dans ses cadres, était fidèle au souvenir de Pétain. Elle n'était pas inconditionnellement gaulliste, loin de là ; elle avait des rapports distants et méfiants avec les grandes unités de la France Libre. Dans la dispute des grades, qui allait occuper une si grande place de septembre 1944 à mars 1945, on commentait à la 1re Armée française avec amertume les promotions gaullistes : Leclerc et Koenig étaient capitaines en 1940 ; généraux, ils commandaient une division en 1944 ; c'était contraire aux traditions de la IIIe République et au tableau d'avancement. Que dire des F.F.I. ? Chaban-Delmas et Joinville étaient sous-lieutenants en 1940, généraux en 1944. Le foisonnement des colonels était extraordinaire. L'inflation des grades était commune à tous, mais les F.T.P. étaient en tête, comme s'ils avaient voulu s'imposer par les galons, ce qui n'était pas si mal calculé en temps de guerre où la hiérarchie militaire a le pas sur tout. Le de Gaulle traditionnel avait en horreur cette pousse tumultueuse des bananes, si évocatrice de la Commune de Paris, si contraire aux principes dans lesquels il avait été formé; le soldat de métier pouvait admettre que dans un certain nombre de cas la nomination de bas officiers d'infanterie correspondît à une nécessité militaire (après tout, c'est ce qui avait été fait entre 1914 et 1918); mais la vue d'officiers à quatre ou cinq galons qui n'avaient reçu aucune formation spéciale, qui n'étaient pas passés par la sacro-sainte École de Guerre, l'agaçait. Le de Gaulle révolutionnaire, c'est-à-dire, chez cet homme, l'intellectuel et l'ambitieux, comprenait qu'il convenait, parfois, de bousculer la tradition, mais il n'aimait pas que d'autres que lui s'en fussent chargés. Le premier contact du général de Gaulle avec Paris insurgé fut celui de l'officier traditionnel. Le Général se rendit d'abord et à dessein au ministère de la Guerre (vide), puis à la préfecture de police, et pour finir à l'Hôtel de Ville. Ces précautions étaient inutiles. Le peuple de Paris les a ignorées; lui eût-on expliqué les subtilités juridiques qu'elles sous-entendaient qu'il n'y eût rien compris. Comme je l'avais dit à Léo Hamon, le peuple était décidé à acclamer le général de Gaulle, ce qu'il fit le 25 août place de l'Hôtel de Ville et le 26 août sur les Champs-Élysées. Mais le contact direct, humain, avec les dirigeants de l'insurrection et de la Résistance fut manqué; le général de Gaulle fut glacial à l'Hôtel de Ville. Il ne fut pas plus heureux au cours de l'audience pénible et guindée qu'il donna le 27 août aux états-majors parisiens de l'insurrection. Cet homme qui, par la suite, sut tant de fois charmer et tromper et dont l'humour devint célèbre, adopta, en l'occurrence, au dire des témoins, un comportement qui tenait à la fois du colonel d'un régiment et du proviseur d'un lycée. La déception fut d'autant plus forte que tous ces soldats, Rol en tête, en attendaient je ne sais quel encouragement irrationnel, une sorte de fluide qui leur aurait permis de s'écarter des jeux sordides qui s'annonçaient.

Les milieux de la Résistance, sensiblement plus nombreux en septembre qu'en avril, étaient en proie à une grande agitation intellectuelle. On écrivait, on parlait beaucoup « *Révolution* », *c'était le slogan qui dominait les discours. Mais nul ne précisait ce que cela signifiait au juste, quels changements effectifs devaient être apportés de gré ou de force à ce qui existait naguère, surtout quelle autorité dotée de quels pouvoirs aurait à les accomplir.* Cette phrase extraite des *Mémoires de Guerre* du général de Gaulle[1] résume bien des débats qu'affectionnaient les politiques, à Paris, pendant l'hiver 1944-1945, à l'issue des déjeuners ou des dîners « sans tickets ».

Le Général, qui voulait hisser la France *de gré ou de force* au niveau juridique des grands vainqueurs, avait besoin d'un État « impartial et fort ». Il inclinait personnellement vers une sorte de socialisme qui eût conservé l'essentiel des structures de la vieille société et notamment tout le système bourgeois des castes et des mandarinats. Le chef de l'État eût arbitré les catégories sociales, veillant à répartir les charges, à assurer les promotions,

---

1. « Le Salut », p. 202.

puis il eût dirigé en s'appuyant sur une sorte d'équilibre des pouvoirs et des conditions. Il se défiait avant tout des politiques ; il était prêt à apporter les changements considérables dans le personnel dirigeant de la République, mais il voyait ces mutations sous un angle purement administratif: on conserverait les hiérarchies et les corps, au besoin on en ajouterait d'autres destinés à uniformiser les méthodes, mais on pourvoirait les postes d'hommes neufs, trempés par la guerre ou la résistance, adversaires à la fois du système de la IIIe République et du totalitarisme.

De Gaulle laissa les partis se réorganiser. C'était conforme à son programme de restauration des libertés, mais il regrettait que quelques-uns de ses meilleurs compagnons succombassent aux séductions du parlementarisme ; il eût voulu les pousser vers des fonctions et des postes administratifs, pour les maintenir, croyait-il, au seul service de l'intérêt public. Ce militaire s'orientait mal dans les partis, dont il voyait pourtant l'évolution avec une lucidité redoutable. *Au caractère fractionnel des partis, qui les frappe d'infirmité, s'ajoute leur propre décadence ; celle-ci se cache encore sous la phraséologie. Mais la passion doctrinale qui fut jadis la source, l'attrait, la grandeur des partis ne saurait se maintenir en cette époque de matérialisme indifférente aux idéals*[1]. Cette phrase semble viser plus particulièrement le parti socialiste. Elle a été écrite après 1953. Il n'est pas certain qu'elle représente ce que de Gaulle pensait en 1944. Le Général avait été sensible à l'hommage que lui avait rendu Léon Blum ; il avait été séduit à plusieurs reprises par la grande élévation de pensée qu'il avait remarquée dans les discours politiques et les propos du leader socialiste. Celui-ci revint de captivité apparemment converti au système du pouvoir présidentiel, à l'idée d'un exécutif fort et relativement libre. De Gaulle, que les boniments et les manœuvres du parti communiste agaçaient, poussa les Résistants à rejoindre le parti socialiste. « Celui-ci, pensait-il, a des cadres ; une partie de l'administration lui est acquise ; il absorbera tous les bourgeois qui se mettent à la révolution ; il n'écartera pas les grands commis qui seront soucieux de faire du socialisme pour renforcer l'État sans détruire la société française. » De Gaulle, qui était alors à cent lieues de vouloir rassembler ses propres partisans, qui ne savait pas qu'il aurait été capable d'agglomérer autour de lui presque toute la Résistance, sous la condition de lui proposer une idéologie un peu moins mystérieuse que celle qui faisait alors la trame de ses discours, fut sur le point, en 1945, de passer la main à Léon Blum, plus apte que lui-même, croyait-il, à contenir la renaissance des partis à laquelle il assistait, impuissant, bien qu'il représentât, à lui tout seul, un capital politique gigantesque en comparaison des mises partielles qui s'accumulaient.

Déjà, en 1944, le parti communiste faussait tout le jeu politique. Il ne cherchait pas à faire des alliances honnêtes mais à capturer des otages, et à imposer une voie conduisant moins à la révolution, ce qui paraissait à tout prendre chimérique pour le moment en raison de la présence des Alliés en

---

1. « Désunion », p. 239.

Europe continentale et des accords conclus avec Staline, qu'à la prise des positions stratégiques pour l'après-guerre. En se référant à ce qu'avaient été les années 1919-1921 en Occident, on pouvait penser qu'après l'écrasement de Hitler l'Europe exsangue et ravagée pourrait être le théâtre de secousses prolétariennes, ou mieux de coups d'État accomplis par des minorités communistes résolues et armées. Le parti n'avait rien appris et n'avait rien oublié. Le principe stalinien de l'infaillibilité soviétique était plus fort que jamais. Le pacte germano-russe avait été la manœuvre géniale des Russes bernés par l'Angleterre et la France. On passait sous silence le partage de la Pologne, l'internement des soldats polonais, le massacre de leurs officiers et l'invasion des Pays baltes. Marcel Fourrier avait reçu la visite d'un camarade de jeunesse, professeur à Riga, membre du parti communiste français, qui lui avait raconté comment l'Armée rouge apportait le socialisme. Dans la semaine qui avait suivi l'occupation de la Lituanie, tous les cadres, tous les intellectuels, professeurs, médecins, ingénieurs, fonctionnaires, etc., avaient été arrêtés. On en avait fusillé sans délai une bonne partie. Le reste avait été déporté en Sibérie. En dépit de sa carte du parti communiste français, à laquelle les commissaires politiques ne prêtaient qu'une attention amusée (comment peut-on être français et communiste!) le professeur avait pris le chemin de la déportation. Il avait été libéré comme ressortissant français!

1940 n'était pas si loin! En juin de cette année-là, la direction du parti communiste était pour l'armistice et prête à faire bon ménage avec les hitlériens. Mais on avait raconté le contraire à la jeunesse des maquis, avec d'autant plus de vraisemblance apparente que le fondateur des F.T.P., Charles Tillon, ne s'était jamais laissé abuser par les manigances staliniennes. Les hasards de la guerre qui avaient sauvé Staline (les hésitations de Hitler entre Moscou et le Caucase, Pearl Harbor, l'entêtement du Führer à maintenir ses troupes à Stalingrad) étaient pudiquement ignorés. En revanche on projetait une grande lumière sur tout ce qui était de nature à présenter Staline comme une sublimation de Machiavel ou comme un père prudent, économe mais intraitable, par exemple les armées sibériennes, les usines du Ienisseï. Même le courage du peuple russe était porté au crédit du système alors qu'il témoignait surtout de la force du nationalisme devant laquelle les dirigeants soviétiques avaient capitulé afin que les Russes qui hésitaient à se battre pour les bolcheviques, se fissent tuer pour défendre la patrie. Les défaites colossales de l'Armée rouge de 1941 et 1942, les dispositions stratégiques aberrantes, si caractéristiques des régimes décadents, l'accueil chaleureux réservé aux Allemands un quart de siècle après la Révolution d'Octobre par des millions de citoyens soviétiques, la présence de très nombreux anciens soldats de l'Armée rouge dans la Wehrmacht, tout cela était nié. Le marxisme est fondé sur la connaissance et l'interprétation de l'Histoire. Pour que l'interprétation de l'Histoire fût favorable au dogme et surtout à la mégalomanie de Staline, le communisme mondial s'était engagé dans l'entreprise de falsification de textes la plus systématique et la plus éhontée que le monde ait connue depuis le triomphe du christianisme.

Pendant quinze ans, le parti communiste français allait s'adonner sans vergogne au faux témoignage. Depuis la mort de Staline, les Français ont pris l'habitude d'en rire. Tous ceux qui avaient su à quoi s'en tenir sur les procès de Moscou et sur les mensonges du Komintern s'étaient imaginé que le pacte germano-russe et le bain de sang qui s'en était suivi étaient de nature à rendre aux communistes français l'honnêteté sans laquelle aucune révolution n'est possible, mais dont l'absence remarquable est le ressort le plus constant de l'histoire des Mérovingiens ou de celle du peuple russe jusqu'à l'avènement de la Grande Catherine. La preuve du contraire avait été administrée dès 1942. Elle fut éclatante dès que la France eut recouvré la liberté. L'erreur capitale du général de Gaulle fut d'avoir paré au plus pressé, soit par des mesures administratives dont l'exemple hitlérien récent eût dû lui montrer les limites, soit par des négociations politiques au cours desquelles il ne se rendit pas compte que ses partenaires ne lui concédaient que ce qui était déjà dans son jeu. Ainsi il rappela et amnistia Maurice Thorez, ce qui voulait dire que le parti communiste se reconstituerait tel qu'il était en 1939, que cette renaissance entraînerait celles des autres partis, que toutes les espérances d'unité nationale, voire d'unité ouvrière, s'effondraient.

Le général de Gaulle crut réintégrer toute la classe ouvrière française dans la nation en appelant des communistes au gouvernement. L'idée était excellente sous la condition de rompre les liens d'allégeance du parti avec Moscou. L'opération était à tenter et seul le chef de la France libre aurait pu la réussir car il disposa, tout au long de l'année 1944, des moyens de pression et de corruption nécessaires. Il eût fallu obtenir, par le processus d'autocritique si cher aux communistes, un texte condamnant l'attitude du parti après le pacte germano-russe ; cela eût été conforme à la moralité politique ; les autres partis avaient condamné le vichysme et s'étaient épurés ; les communistes eux-mêmes, dans le secret, se séparèrent des robots de deuxième rang qui s'étaient compromis en 1940 du mauvais côté, cette épuration avait été commencée pendant l'Occupation : quelques-uns des militants qui avaient pris M. Molotov au sérieux, emprisonnés par Daladier, avaient été fusillés par les Allemands comme otages, soit que les malheureux aient été victimes d'un atroce humour noir, soit que des services prudents et habiles aient réussi à confier aux hitlériens le soin de faire disparaître des témoins gênants.

La Résistance avait apporté au parti communiste plus d'intellectuels et de bourgeois que d'ouvriers. Pendant trente ans la jeunesse découvrira Marx et Lénine et se jettera toute frémissante dans une cure de paranoïa. La guérison des jeunes n'est pas due à la force du raisonnement ni au démenti apporté au dogme par l'information : ces mécanismes purement intellectuels sont rarement en mesure d'entamer la foi. C'est le parti communiste lui-même par son immobilisme sectaire, c'est la politique extérieure de l'U.R.S.S. qui ont pris en charge l'illumination des intelligences. Mais je suis optimiste ! des fanatiques et des purs ont conservé la croyance aveugle dans le dogme, malgré tout, à la manière de ces pasteurs néerlandais qui interdisent dans leurs écoles l'enseignement des Sciences de la Nature parce qu'elles infirment la création du monde en six jours.

Le général de Gaulle, tout occupé de placer la France dans le peloton de tête, se souciait assez peu du messianisme communiste, du moins en 1944. Peut-être même pensa-t-il souvent qu'un système social collectiviste, fondé sur la primauté absolue de l'État, la négation de tout intérêt particulier, l'abaissement de la représentation populaire à l'enregistrement des sages décisions prises par des spécialistes confirmés pour assurer le bonheur de la nation et la grandeur de la patrie, le pouvoir exercé sans partage par des hommes vertueux et purs, conviendrait mieux que tout autre s'il était en mesure d'être établi sans passer par le désordre et les excès d'une révolution. En revanche, de Gaulle ne pouvait pas tolérer qu'il existât des armées privées ou une police qui ne fût pas celle de l'État. Il prit un décret intégrant les Forces Françaises de l'Intérieur dans l'armée française. Il enjoignit aux Milices patriotiques d'avoir à se dissoudre et à déposer leurs armes dans les gendarmeries. Il dut en négocier l'application avec Maurice Thorez.

Dans le XIXe arrondissement, les plus âgés des F.F.I. de Charles Bour se démobilisèrent. Les autres suivirent leur capitaine vers la Lorraine, avec d'autres forces parisiennes, celles de Fabien, notamment. Agrégées aux F.F.I. de la Champagne et de la Lorraine elles constituèrent jusqu'en novembre 1944 la seule infanterie française qui se battit en dehors de la 1re Armée. Grandval me montra ses bataillons, à Nancy, en décembre; ils étaient aussi bien (ou aussi mal) armés que les soldats de 1940. Plutôt mal équipés, ils avaient toutefois assez de cohésion pour que Bradley eût demandé à Grandval s'il pouvait, le cas échéant, s'en servir au nord de Longwy au cas où l'offensive allemande des Ardennes s'étendrait.

A la fin de septembre nos Milices patriotiques étaient à l'effectif d'un bataillon. Elles étaient plus ou moins encasernées dans des bâtiments municipaux. Leur commandant, un professeur socialiste, était un homme de rigueur et de devoir. Grâce à sa vigilance, j'avais pu mettre fin aux exploits de plus de la moitié des « inspecteurs » et des « officiers » des Milices en les faisant arrêter pour les envoyer à Drancy rejoindre les « collaborateurs ». Les Milices étaient nourries par les soins de la Mairie du XIXe. Vers le 15 septembre, j'avais indiqué au maire, le communiste Pioro, que le moment me paraissait venu de verser ce bataillon dans les F.F.I., antichambre de l'armée. Pioro s'y refusa, arguant qu'il fallait disposer d'une force propre à garantir le peuple contre les entreprises de la 5e colonne. Il est vrai que tout n'était pas encore dit, comme le montrèrent quelques semaines plus tard les opérations tentées par les hommes de Skorzeny sur les arrières américains.

Les membres du parti communiste et ceux qui s'y ralliaient alors accroissaient les effectifs des Milices. Ils en formaient les cadres que le parti choisissait avec le sérieux qu'il apporte en pareil cas. Le commandant socialiste démissionna. Il fut remplacé par un ancien officier de la marine marchande que je connaissais depuis l'avant-guerre comme membre du parti. Sa nomination, préparée par le parti, fut décidée par le Comité de libération qui n'avait pas d'autre candidat. Le gros de l'effectif des Milices échappait néanmoins à l'influence communiste. Il se composait de sans-travail attirés par les petits profits de la Résistance de septembre. C'était davantage le public des champs de courses que le prolétariat industriel.

L'épuration était un test. Beaucoup d'entreprises étaient vulnérables. L'arrestation des patrons, la mise sous séquestre étaient de bons moyens d'approche vers l'expropriation. Je les avais employés. J'avais envoyé à Drancy les directeurs d'une grande imprimerie et le patron d'une usine qui avait travaillé exclusivement pour la Wehrmacht. J'avais confié la gestion de ces deux établissements à des comités d'entreprise élus par les ouvriers, assistés dans le premier cas, par les techniciens en place, dans l'autre cas par la fille du patron. Le ministère compétent entérina mes décisions en nommant des administrateurs provisoires. Ces initiatives n'eurent aucun soutien de la part des communistes, plus soucieux, généralement, de dédouaner les patrons que de les poursuivre, exception faite de quelques cas spectaculaires. Dans les rapports « de classe », l'épuration posait des problèmes complexes de moralité et de justice. Le cas de l'imprimerie était assez simple. Le propriétaire, qui aurait eu toutes les raisons du monde d'être anti-hitlérien, était plutôt un admirateur de Hitler. Il avait été, en 1939, membre du comité France-Allemagne. Il avait subventionné le P.P.F. de Doriot. Il avait publiquement fait valoir ces états de service peu glorieux lors de l'arrivée des Allemands à Paris. Prudent, il avait néanmoins pris le large, mais il avait exigé de ses principaux collaborateurs qu'ils se pliassent à toutes les exigences des vainqueurs. En 1944, l'entreprise comportait un atelier secret pour les impressions de la Gestapo. C'est là, entre autres, qu'avaient été composées et tirées les affiches jaunes donnant les listes de fusillés. Quand je pénétrai dans cet atelier aux environs du 21 août 1944, il y avait sur le marbre la composition d'une énorme affiche annonçant à la population parisienne les châtiments épouvantables qui s'abattraient sur elle si elle osait s'attaquer à l'armée allemande. Je me fis faire une épreuve de ce beau morceau de littérature.

Le patriotisme le plus élémentaire commandait aux dirigeants de cette entreprise, qui n'étaient pas dans le besoin, de refuser tout rapport avec les Allemands. Que dire du personnel ? Il était dans sa nature de travailler pour subsister. Tout de même, était-on obligé d'apporter ses connaissances techniques à la Gestapo sans avoir le souci de trahir cette confiance au profit de la Résistance ? Seul le chef d'atelier eut cette pensée. Le petit industriel spécialiste du découpage n'était pas obligé de fabriquer des mines pour les Allemands. Ses ouvriers non plus sauf à compenser cette tâche par des réflexes patriotiques qu'ils n'ont pas eus. Le concept de l'intérêt national était plus riche et plus exigeant que celui de l'intérêt de classe. Dans le cas de l'imprimerie, en dépit des astuces et des combinaisons sordides du propriétaire, la victoire hitlérienne l'eût dépossédé de tout. Ses ouvriers, comme le fit de son plein gré, dit-on, M. Georges Marchais, aujourd'hui secrétaire général du parti communiste, eussent dû aller chercher un salaire en

Allemagne. La mise en avant d'un prétendu intérêt de classe (je négocie avec les hitlériens pour conserver la propriété, sinon de l'usine, au moins de ma raison sociale ; pourquoi ne pas aller travailler en Allemagne, quelle différence faites-vous entre un capitaliste allemand et un capitaliste français ?) ou d'un égoïsme de classe ne se différenciait en rien du raisonnement des vichystes. C'est ainsi que de petits groupes trotskistes, se refusant de choisir entre la peste et le choléra, entrèrent dans des organismes de collaboration pour mitonner sans danger leur petite soupe marxiste-léniniste du soir. L'intérêt national, ce n'était pas l'abstraction intemporelle que les militaires vichyssois évoquaient au garde-à-vous en écoutant jouer *Sambre et Meuse,* ni cette autre abstraction intemporelle que les trotskistes en pantoufles appelaient l'impérialisme, mais un complexe de civilisation à l'intérieur duquel les patrons développaient sans doute des ambitions assez courtes se rapportant à leur enrichissement, mais où l'argent gagné n'était pas le prix d'affiches donnant les noms des cinquante otages fusillés la veille, tandis que leurs ouvriers y pouvaient préparer des grèves qui ne les conduiraient pas au peloton d'exécution.

Les ouvriers dociles du patron collaborateur ne prêtèrent que peu d'attention aux droits de gestion qui leur furent offerts à la Libération. Ils y gagnèrent de savoir la vérité sur l'importance de la fameuse plus-value et le rôle du patron et du directeur dans la marche de l'entreprise. Mais cette responsabilité morale ne leur apporta aucune satisfaction. Ils pensèrent que leur affaire à eux était de défendre leurs salaires et leurs conditions de travail, et non pas de faire marcher la boutique !

Les résistants armés et vainqueurs avaient le pouvoir. Plus exactement le pouvoir était émietté dans une centaine de comités disposant encore, en septembre 1944, de quelques-uns des moyens violents grâce auxquels ils s'étaient imposés. On pouvait penser qu'en rassemblant au plus vite toutes les miettes du pouvoir on en ferait une sorte de cake susceptible de faire contrepoids à l'appareil de l'État et surtout au prestige du Général. Le cake pourrait aussi fournir des cadres révolutionnaires à cet appareil et devenir la substance de la nation, pour peu que le général de Gaulle l'acceptât. Aujourd'hui, on sait que le cake a été mangé par l'État auquel il a donné une saveur nouvelle.

Personne ne savait par quel bout commencer, sinon qu'il fallait surmonter les problèmes locaux et atteindre les dimensions nationales. Ainsi naquirent l'idée des États généraux et celle du regroupement des mouvements de Résistance. Il est possible que dans les deux cas l'impulsion ait été donnée par le parti communiste, mieux organisé que les autres, fort de nombreuses associations où l'on retrouvait, sous des noms divers, les mêmes communistes, ce qui permettait au parti d'affronter avec les meilleures chances tous les rassemblements de groupements et de comités, sous la condition expresse que l'on ne procédât pas à des élections qui l'eussent remis à sa place numérique. Il y avait un besoin confus, parfois avoué, de mettre à côté du gouvernement une émanation populaire de la Résistance intérieure pour contrôler, ou tout au moins donner un avis. De Gaulle avait décidé de créer par décret une assemblée consultative, au sein de laquelle les tendances seraient honnêtement représentées. Peut-être eût-il été plus expédient de la constituer par des délégués des Comités de libération au lieu de la meubler, pour une part, des représentants des anciens partis, désignés comme tels. Toujours est-il que rien ne prévalut contre le système imaginé par de Gaulle. Les tentatives faites sous l'égide du Conseil national de la Résistance pour constituer une sorte d'Assemblée nationale des Comités de libération tournèrent en eau de boudin, en partie parce qu'elles ressemblaient à des manœuvres communistes de cadres. Le gouvernement n'était pas un gouvernement de papier. De Gaulle lui-même, sur place, reprit en main les services et les hommes. La masse du peuple lui faisait confiance. Elle ne poussait pas à la révolution. L'homme qui avait tout risqué le 18 juin 1940 l'emportait sur l'ancien parlementaire déconsidéré ou sur le petit militant provincial. La masse voulait être gouvernée mais elle avait hâte qu'on débarrassât la nation du corset d'entraves et de réglementations que lui avait passé de force l'administration conjointe de Vichy et des Allemands. De Gaulle l'aida à mettre fin sans douleur aux mascarades et au pittoresque en quoi se travestissait la Résistance. Au sein des « Patriotes » les avis étaient partagés. Une petite fraction de résistants, situés aussi bien à gauche qu'à droite, tenait le général de Gaulle pour un militaire orgueilleux et maladroit, incapable de comprendre les jeux politiques à cause de la déférence atavique qu'il avait pour les hiérarchies, peu soucieux des problèmes intérieurs, obnubilé par des réactions d'amour-propre ou des problèmes de préséance dans lesquels il avait tendance à confondre la nation et sa propre personne.

Les communistes essayèrent de renforcer le Front national qu'ils contrôlaient sous le couvert d'otages dont le plus marquant était François Mauriac. Ils proposèrent des fusions. Ils s'adressèrent à *Combat*, à *Franc-Tireur* à *Libération-Sud* et à *Ceux de la Résistance*.

Une gauche communisante avec Pascal Copeau, d'Astier de la Vigerie, Pierre Hervé, Valrimont s'opposa à une droite majoritaire représentée par Avinin, Jacques Baumel, Eugène Petit. Je suggérai à Vaillant de maintenir Ceux de la Résistance en dehors du conflit et de proposer une fédération de tous les mouvements. Pierre Commin, futur bras droit de Guy Mollet à la direction du parti socialiste, se rallia à cette manière de voir. Le congrès du Mouvement presque unanime, nous approuva. « Rejoindre le M.L.N[1], disais-je, c'est accepter l'idée d'une rupture avec les communistes ; aller au Front national, c'est s'engager dans la voie de la domestication par le parti communiste et de l'opposition au général de Gaulle. » Ce refus de choisir fut bien accueilli par la province. Léo Hamon, très sensible aux polarisations politiques qui s'annonçaient, avait préconisé l'adhésion au M.L.N. La position que j'avais conseillée était précaire, car la reprise, par le parti communiste, malgré un déguisement tricolore, des méthodes et principes

---

1. Réunion de *Combat, Franc-Tireur, Libération-Sud.*

staliniens, contraignait même les plus ardents partisans de l'unité de la résistance, voire de l'unité ouvrière, à prendre position sur le fond. Que fallait-il penser des communistes, de leur doctrine, de leurs buts et de leurs méthodes ?

Les Allemands avaient donné beaucoup d'informations sur ce qu'ils avaient trouvé en Russie. Les révolutionnaires attentifs au « socialisme » qui s'y construisait n'avaient rien à apprendre sur les méthodes de terreur, le « culte de la personnalité », la dictature de l'appareil sur le parti et celle du parti sur le peuple. Le mécanisme de cette monstrueuse déformation des principes s'expliquait par la formation d'une classe de technocrates et de bureaucrates. Mais personne ne soupçonnait l'ampleur de l'incurie soviétique ni le caractère arriéré, voire élémentaire, de l'existence quotidienne des citoyens russes ; la misère était fréquente, et par rapport à l'Allemagne le sous-équipement des foyers avait surpris même les esprits les plus mal disposés envers le régime. Tous les journalistes qui avaient vécu à Londres ou aux États-Unis pendant la guerre, en même temps qu'ils confirmèrent les chiffres des pertes russes triomphalement annoncés par les communiqués hitlériens apportèrent d'autres informations qui recoupaient les récits des soldats allemands et ceux des journalistes nazis. La réaction de la troupe allemande à l'égard des Russes était édifiante. Ici et là, d'anciens communistes, devenus soldats de la Wehrmacht, avaient fait preuve d'humanité envers les citoyens soviétiques et arrêté l'exécution d'un ordre barbare ; mais la vue des « réalisations » socialistes, pas plus que l'interrogatoire des prisonniers, n'avait jamais ranimé les convictions bolcheviques évanouies des anciens électeurs de Thaelmann. Comment ne tirer aucune conclusion de cette gigantesque tromperie ?

Si graves que fussent ces réserves, elles devenaient contingentes, épisodiques, dès que je les comparais à celles que je faisais sur le fondement même du marxisme. Les références peu satisfaisantes à la notion de classe et plus particulièrement à la définition du prolétariat chez Marx m'avaient conduit à reprendre avec soin la lecture du « Procès de production » du *Capital*.

A vingt ans, ce texte brillant, coupé de récits hallucinants sur le sort des travailleurs britanniques du textile pendant le deuxième quart du XIXᵉ siècle, emporte la conviction par la simplicité dogmatique recherchée par la jeunesse. Tout partit pour moi d'une nouvelle lecture de *La Critique du programme de Gotha*, le seul texte marxiste donnant quelques lueurs sur la future société socialiste : *Il (le producteur), écrit Marx, reçoit de la société un bon constatant qu'il a fourni tant de travail (défalcation faite du travail effectué pour le fonds collectif) et, avec ce bon, il retire des stocks sociaux une quantité d'objets de consommation correspondante à la valeur de son travail.*

Passons sur cet effarant mécanisme bureaucratique, proposé par Marx avec la candeur de la fameuse transformation dialectique du grain d'orge, trente lignes après avoir écrit que *les frais généraux d'administration, comparativement à ce qu'ils sont dans la société actuelle (capitaliste) décroîtront à mesure que se développera la société nouvelle* !

Le prix de la marchandise, selon Marx, est toujours voisin de la valeur théorique de l'objet : capital constant + salaire + plus-value. Il faudrait y ajouter les frais de production, mais ce dernier terme est toujours sous-évalué chez Marx ; comme ces frais sont supportés par du travail ouvrier non payé, nous conserverons le schéma traditionnel. A quoi sert le travail non payé ? A rémunérer les frais de la vente qui transforme en argent le profit contenu dans la marchandise ; à entretenir les innombrables services que l'on dénombre dans une société moderne ; enfin à enrichir le capitaliste ou l'État[1]. Cette énumération montre que les sociétés de 1971 sont autrement composées que l'Angleterre de 1860 où l'approche du marché était élémentaire et les services fort réduits. Mais dans le marxisme, le salaire et la plus-value cessent d'être des catégories économiques pour devenir des symboles. Le salaire représente la valeur de reconstitution de la force de travail ; la plus-value contient essentiellement le profit du patron. Cette représentation, déjà approximative en 1860, n'est plus, cent ans plus tard, qu'un thème de réunion publique. Le salaire d'un ouvrier français, allemand ou américain comprend, en plus de ce qui est nécessaire à la reconstitution de la force de travail, les traites de la voiture, de la télévision, des appareils ménagers, voire de l'appartement, les dépenses de week-end et de vacances, etc. La plus-value paie une quantité de plus en plus considérable de services, la part du profit patronal en constituant une fraction de plus en plus petite. Ceci ruine déjà la belle construction dialectique prolétariat-capitalisme. Mais il y a pis ! Le jeune Moscovite qui achetait en 1960 deux pointes bic pour le prix d'un repas dans un restaurant pour touristes étrangers apportait sans le savoir la matière de quelques pages pour un supplément au *Capital*. Les États ont été capables de définir tellement de *sphères de production* distinctes qu'il existe cent chiffres pour mesurer, au même moment, le travail socialement nécessaire à la production d'un objet. La spécialisation et la qualification aidant, on note aujourd'hui des centaines de valeurs pour la force de travail, non réductibles les unes aux autres. Marx l'a entrevu puisqu'il en dispute quelque peu dans *La Critique du programme de Gotha* mais au milieu du XXe siècle, cette inégalité a atteint de telles proportions qu'elle a définitivement détruit la fameuse solidarité de classe sur laquelle sont fondés les concepts de la révolution prolétarienne et de la dictature du prolétariat. Le prolétariat au sens marxiste du mot est devenu au XXe siècle, dans les pays avancés, une minorité sans cesse réduite, tandis que la masse salariale, de plus en plus considérable, se répartit entre ce prolétariat qui jouit néanmoins d'avantages matériels excédant la simple reconstitution de sa force de travail, une quantité croissante par rapport à ce prolétariat d'ouvriers, de techniciens, d'ingénieurs, de savants directement intéressés à l'expansion capitaliste, et une multitude de prestataires de service, produisant eux-mêmes peu de plus-value, qui transportent, répartissent, vendent — et consomment — les objets produits par les deux premières catégories.

---

1. Voir, du même auteur, *Révisions déchirantes*.

LE PRIX DE LA LIBERTÉ

Il n'en reste pas moins vrai que la société tout entière — et peut-être ce à quoi nous tenons le plus dans la société — est en partie financée par le travail non payé. L'hypocrisie des sociétés dites socialistes nées dans la première moitié du XXe siècle (russe, yougoslave, cubaine, chinoise, etc.) est de travestir cette vérité sous de vaniteuses et mensongères professions de foi. De plus, les efforts faits par lesdites sociétés pour se soustraire aux lois de l'économie de marché n'ont eu d'autre résultat que de créer des bureaucraties gigantesques et peu efficaces, aux frais du prolétariat dont elles prétendent incarner le destin. Ainsi il me paraissait évident, à la fin de l'année 1945, qu'il était de l'intérêt des ouvriers que la force de travail fût une marchandise et le demeurât. Défendus par les moyens traditionnels de l'économie de marché : les coalitions (syndicats), la réglementation (législation sociale), la violence (les grèves), les salaires ont pu échapper à l'espèce de loi d'airain à laquelle le marxisme les soumettait, en dépit des protestations de Marx. Dans les pays totalitaires, fascistes ou socialistes, où le premier acte des gouvernements fut de supprimer le droit de grève, le syndicat ouvrier est réduit au rôle de percepteur de cotisations et de bureau de placement. Ces vérités d'évidence, connues depuis longtemps par les ouvriers américains, suédois et britanniques ne se sont pas encore imposées, en 1971, à tous les intellectuels français qui se croient révolutionnaires.

J'abandonnais l'idée de la *dictature du prolétariat*, non pas seulement en raison de l'horreur que j'avais prise de la *dictature* mais aussi parce qu'il ne se trouvait aucun prolétariat susceptible de l'exercer ou qui eût même envie de l'exercer. Je remplaçais prolétariat, terme commode, mais relativement ambigu, par le pluriel *les classes ouvrières* ou mieux encore *les salariés* et je constatais que, dans ces catégories, une sorte de classe montait lentement vers le pouvoir pour relever la bourgeoisie traditionnelle, la classe des administrateurs, des techniciens, des cadres, du chef d'atelier au chef de bureau, du chef des ventes au placier de réfrigérateurs, de l'organisateur au chef de service, du secrétaire de syndicat au receveur des P. et T., tous personnages qui détenaient déjà une parcelle de pouvoir, plus durable que celui du Comité de libération dont je faisais partie, beaucoup plus aptes à nourrir un cake étouffant l'État que tous mes collègues de la Résistance. J'avais peur de cette future classe dirigeante qui aurait pour elle l'argent des autres, les statistiques, la répartition des biens matériels, le savoir et les règles administratives.

Pour conjurer ce péril, je m'accrochai à quelques-unes des idées défendues en 1939 et pendant l'Occupation : celle d'un parti ouvrier et démocratique que je balançais par la création d'un parti bourgeois et capitaliste libéré de l'influence des trusts. L'autorité de l'État serait renforcée par la mise à sa disposition de la puissance économique de ces trusts : avant tout le crédit et l'énergie. L'État lui-même serait organisé de telle sorte que les corps élus pussent en assurer le contrôle. Le gouvernement serait un arbitre entre les classes sociales. Le général de Gaulle me paraissait plus apte que quiconque à incarner cette conjonction de forces contraires, déjà exprimée dans la résistance au fascisme. C'est dans ce sens que je dirigeai l'action politique que je menai pendant toute l'année 1945. Les éditoriaux que je publiai dans l'hebdomadaire *Volontés* de *Ceux de la Résistance* sont le témoignage de cette évolution. Je les ai relus avant d'écrire ces lignes. Ceux que je rédigeai à l'automne 1945, où je constate que le gouvernement du général de Gaulle, mettait en œuvre un programme de réformes très proche de celui que Lénine assignait en juillet 1917 à la révolution qu'il voulait faire, me paraissent établir le fondement d'un socialisme propre à clore la querelle ouverte par Marx, en 1848, au capitalisme naissant. L'extrême modestie des suggestions proposées ne manquera pas de faire penser à la grenouille de la fable. Ce n'est pas l'aboutissement dérisoire d'une des pensées les plus riches des temps modernes car la pensée n'aboutit à rien; elle est trop insaisissable pour s'achever, elle est, elle suggère, elle est peut-être même étrangère à l'édifice construit par la formulation et les servitudes logiques qui en sont les véhicules. Il faut prendre ces propositions comme le résidu de certains des aspects les plus fulgurants d'une des grandes utopies du XIXe siècle: la révolution prolétarienne, la société sans classe. Le procès engagé au nom du socialisme « scientifique » à l'économie dite capitaliste était sans doute une bonne cause. Il a été soutenu par des talents prodigieux mais le dossier était mince et l'argumentation trop subjective. Il est temps de passer à d'autres exercices.

Les Milices patriotiques ne s'étaient pas dissoutes. L'offensive de Rundstedt dans les Ardennes, en décembre 1944, leur avait procuré momentanément une apparence de justification. J'avais imaginé un statut de ces Milices qui les eût dépolitisées en leur conférant une utilité civique: elles auraient été encadrées par les gendarmes, leur recrutement aurait été assorti de règles strictes, elles auraient eu pour mission la garde des voies et communications, des centrales électriques et des dépôts importants. De Gaulle obtint de Maurice Thorez que celui-ci consacrât un article de *L'Humanité* à prescrire leur dissolution. Ordre fut donné aux instances du parti de veiller à l'application de la loi. J'avais été nommé inspecteur général des Milices patriotiques, titre ronflant que je partageais avec Jean-François Chabrun et qui ne correspondait à aucun pouvoir réel. Thorez obtint la dissolution effective et immédiate des Milices. Toutes les armes furent-elles restituées? C'est une autre histoire. J'accusais depuis quelques mois le gouvernement de mollesse. Cette intervention d'un grand féodal m'agaça. Je l'écrivis dans un très long éditorial publié dans le *Volontés* du 2 février 1945, sous le titre: *Qui gouverne?* Pleven fut intéressé par ce papier. Il me pria à dîner rue de Rivoli. La chère était maigre et l'appartement n'était pas chauffé. Je dus décevoir le ministre des Finances. « Le général de Gaulle, dis-je, se devait d'unifier la Résistance et d'en prendre la tête, en contraignant les partis politiques à un délai de purgatoire. Je crois pouvoir affirmer que tous les mouvements, et sans doute beaucoup de communistes membres de ces mouvements, eussent accepté à la fois l'unification et la direction du Général. Il est sans doute trop tard. L'unité ouvrière aurait fait pièce à la restalinisation du parti communiste ; elle eût permis de décrocher toute la classe ouvrière de Moscou. Mais je crains qu'il faille la prendre pour une utopie à laquelle la reconstitution des partis n'accorde aucune chance. L'effort de guerre puis la reconstruction eussent été animés par un enthousiasme populaire et non par des bureaux. » En février 1945, le sort de la IVe République était déjà joué.

L'affaire des grades F.F.I. était plus amusante et très instructive. Certains grades F.F.I. correspondaient aux nécessités d'un commandement pendant le combat libérateur, mais depuis le dernier coup de fusil une escalade s'était produite dans les galons. L'effectif des Forces Françaises de l'Intérieur avait été multiplié par deux ou par trois pendant les mois de septembre et d'octobre. Des lieutenants, des capitaines et des commandants improvisés avaient apparu. Dans bien des cas, les mouvements avaient dû procéder à des nominations à seule fin d'encadrer les troupes. Pour ma part j'avais essayé de mettre un peu d'ordre dans trois ou quatre bataillons à gros effectif qui stationnaient dans les forts, ou dans les casernes. Je nommai une trentaine d'officiers en leur remettant, en guise de brevet, des certificats que je signai ; ceux-ci avaient au moins le mérite d'empêcher le sous-lieutenant de septembre d'arborer en novembre des galons de capitaine. J'opérais en tant que secrétaire de la Commission militaire de C.D.L.R. et comme Inspecteur du C.O.M.A.C. pour les régions militaires allant de Cherbourg à Nancy. J'eus quelques difficultés avec deux bataillons incorporés à la 10e division de Billotte. Je dus aller à Belfort pour apaiser quelques inquiétudes au sein d'un bataillon d'Aubervilliers envoyé en renfort au 9e Zouaves. Le problème paraissait assez simple à résoudre : il fallait instruire les hommes et leurs officiers, sans idées préconçues. Des écoles de cadres — il en existait — eussent été en mesure de fournir très vite une approximation suffisante sur la valeur exacte des grades F.F.I. et le niveau de réduction qu'il fallait atteindre, sous la condition d'employer des règles qui ne fussent pas celles de l'ancienne armée. Un complément d'encadrement par des officiers confirmés eût rendu en deux mois ces unités opérationnelles. La mauvaise volonté venait des bureaux de la Guerre et des centaines d'officiers d'active ou de réserve, réapparus après la Libération, et qui ne voulaient rien perdre de leurs droits. Diethelm, le ministre, penchait vers la tradition, le Général également dont le premier mouvement fut toujours en faveur des vieilles hiérarchies. On se perdit dans des lenteurs bureaucratiques et des arguties qui ne profitèrent qu'aux communistes, heureux de recueillir les mécontentements et de s'élever contre des décisions administratives fondées exclusivement sur la répugnance du corps des officiers à admettre dans son sein autant d'intrus. L'anarchie militaire était alors grandiose. Un cinquième bureau, consacré aux Forces françaises de l'intérieur, avait été créé rue Saint-Dominique ; il fut confié au général Joinville. On institua une direction de la 1re armée à laquelle Vaillant fit affecter Rosenfeld. Je dois consacrer quelques lignes à ce personnage pittoresque que je ramenai de l'Orne à la fin de septembre 1944.

J'étais allé à la recherche de groupes épars, plus ou moins rattachés à

C.D.L.R., qui avaient été très actifs au cours des dernières semaines de la bataille de Normandie. A Courtomer, je devais rencontrer le colonel de Pelet. Celui-ci était un vrai lieutenant-colonel des chasseurs de Lunéville. Démissionnaire, rappelé au service en 1939 à Alençon, replié à Vichy en juillet 1940, il appartenait à la catégorie sociale à laquelle l'entourage du maréchal Pétain était prêt à confier tous les postes. Malheureusement les propos du colonel étaient très peu conformistes, aussi bien touchant l'armistice que la législation qui s'annonçait. On s'en débarrassa en le nommant Commissaire de l'État auprès des Gitans. Ce choix était des plus heureux. Pelet se prit d'un véritable amour pour cette population fière et menacée. Les Gitans lui parurent à juste titre d'une valeur humaine très supérieure à celle de la plupart de ses concitoyens. Il devint le protecteur d'un petit royaume, aux Saintes-Marie-de-la-Mer, dont le roi était l'aimable et pittoresque Titi Ier. La générosité du colonel de Pelet et son patriotisme déplurent. On le renvoya dans l'Orne. Il y prit le maquis, dans ses fermes, protégé par les gendarmes. La première fois que je l'aperçus, il était au plus haut d'un perron, en compagnie d'un personnage au teint cramoisi, sanglé dans un uniforme qui, à première vue, était celui d'un colonel de cuirassiers et à y regarder de plus près appartenait plus prosaïquement au Train des Équipages : c'était le colonel Rosenfeld. Infatigable, gros mangeur et grand buveur, ne contrariant jamais personne, Rosenfeld maniait avec une dextérité extraordinaire les rites et les traditions de l'armée. Il n'oubliait aucune nuance des marques de respect. Il était imbattable sur le règlement. Il ne se démontait jamais ; il n'avait pas d'autre opinion que celle de son interlocuteur. Levé tôt, se couchant tard, d'une exactitude de chef de gare, c'était *le militaire*. Nul ne savait très bien d'où il venait ni qui il était. Il traînait avec lui une femme assez belle qu'il présentait comme son épouse et dont les mauvaises langues dirent très vite qu'elle sortait d'un bordel. Il régla, on ne sait comment, pendant quelques mois, tous les problèmes qui se rapportaient aux F.F.I. intégrés à la Ire armée française. Il mourut à la veille d'une fête, après un pantagruélique dîner. On me raconta plus tard qu'il n'était qu'adjudant et sur le point de prendre sa retraite lorsque la fortune lui sourit sous les traits de *Ceux de la Résistance*.

En 1944, les Français s'intéressaient plus aux galons qu'au renforcement des armées françaises. Le corps des officiers se défendait avec âpreté, les titulaires des nouveaux grades furent intransigeants. Pour apprécier la valeur du débat, il fallait aussi tenir compte de la solde, ce que personne ne perdait de vue. Mais la résistance des uns à la pénétration d'éléments nouveaux, et l'entêtement des autres à vouloir entrer étaient une preuve supplémentaire de l'importance que revêtent, pour les Français, les parchemins et les corps constitués. Il eût été assez simple de créer tout de suite un cadre d'assimilation, ou de décider, comme autrefois, que les commandements n'étaient que des commissions valables dans des circonstances données pour un objet bien précis. C'était trop demander à l'imagination des fonctionnaires. On s'y résolut pourtant, quand il fallut avoir des cadres pour occuper l'Allemagne.

LE PRIX DE LA LIBERTÉ

La guerre finie, la Résistance mieux organisée dans des commissions officielles, on légitima des centaines d'officiers, au contentement de tous : les intéressés prenaient du galon, mais l'armée ne s'en souciait plus guère : il y avait peu de chances que l'on revît jamais ces réservistes, même à l'occasion d'une période. On restait entre soi !

La défaite hitlérienne, qui allait se consommant dans une sorte d'apocalypse, les coups reçus par la Russie, la victoire d'une démocratie embarrassée de mille liens, mais prometteuse, semblaient lever les hypothèques qui avaient tellement pesé sur les déterminations des intellectuels de gauche, avant 1940. Voulant profiter de la position de premier rang que j'avais alors dans un hebdomadaire qui vendait en France plus de vingt mille exemplaires, je fis l'inventaire des intellectuels susceptibles d'approuver une sorte de manifeste dont je touchai quelques mots à René Char, lors d'un des premiers voyages que le poète fit à Paris.

La conduite de Char avait été exemplaire. Officier de maquis, il s'était bien battu. Il me raconta un parachutage sur les arrières de la Wehrmacht. « Tu te rends compte (c'était une expression d'Éluard que beaucoup d'entre nous avaient adoptée), les parachutes sont calculés pour des types de quatre-vingts kilos avec un équipement normal. Moi j'en pesais cent. En plus de ma mitraillette et des munitions, j'avais des grenades Gammon. Trente kilos de trop. Je descendais vite. Je me voyais déjà arrivant en chute libre sur des cailloux avec mes explosifs. Eh bien, tout s'est à peu près bien passé, j'ai trouvé un sol mou, mais crois-moi, pendant la descente, je ne bandais pas ! » J'avais rencontré Péret à Paris le 29 octobre 1940. Il était égal à lui-même ; il n'y comprenait rien. L'arrivée des Allemands l'avait sorti d'une prison où les imbéciles des gouvernements de la *drôle de guerre* l'avaient incarcéré. Il eut tout de même le bon esprit de passer en zone « libre » puis de gagner le Mexique. Il était à l'abri. Il pouvait à nouveau être contre tout, heureusement pour lui sans risques. Cette prudente retraite et ce qu'il a écrit sur les poètes de la Résistance, quel que soit le bien-fondé esthétique de ses arguments, ne le grandissent pas. On imagine l'effet qu'aurait pu produire, dans un lycée, en 1943, la lecture d'un poème de Péret sur Hitler ou sur Pétain, de la même veine lyrique que *La Vie de l'assassin Foch*. Éluard vivait généralement à Paris où il ne fut jamais inquiété. Exception faite de *Liberté*, que je considère peut-être avec un sentiment excessif d'indulgence, les poèmes qu'il écrivit de 1942 à 1945 ne sont pas les meilleurs de son œuvre. Mais sa présence à Paris avait quelque chose de rassurant et d'exaltant. Sa vie, son personnage étaient intrinsèquement un défi à l'hitlérisme, à ce que Vichy avait voulu obtenir de la défaite militaire. J'avais demandé, en 1943, à Prévert d'écrire un poème sur Hitler dont je me faisais fort d'assurer la publication et la diffusion. « Décris le personnage sans le nommer, dis-je à Prévert ; personne ne s'y trompera, l'effet sera considérable. » C'était un gros risque à prendre, Prévert l'a peut-être couru. Desnos était contre Hitler ; il l'a montré ; il en est mort. Picasso était en principe le ressortissant d'un pays neutre. Mais ses opinions anti-hitlériennes étaient bien connues. Dans son atelier de la rue des Grands-Augustins il reçut quelques visites d'Allemands. Il me raconta l'arrivée de deux jeunes officiers, craintifs, timides. Peut-être avaient-ils l'impression d'être en faute et de se conduire mal. Aussi extravagant que cela puisse paraître, jusqu'à la fin de 1943, la zone occupée et singulièrement Paris connurent un climat de libéralisme intellectuel relatif par rapport à la zone dite libre. Pour tout ce qui n'était pas directement une propagande anti-allemande ou anti-nazie, de multiples complicités, le laisser-faire adopté par certains services allemands ou de collaboration permettaient à une pensée non conformiste de s'exprimer. Carné et Prévert purent tourner *Les Visiteurs du soir*. Dominguez exposa, Sartre fit représenter *Les Mouches*, etc. Devait-on ces morceaux de libéralisme à l'influence d'hommes tels que Luchaire ou Drieu La Rochelle, à la présence d'officiers comme Ernst Jünger dans la Kommandantur? Toujours est-il que des livres parurent dont Vichy eût refusé l'impression. Ainsi Pierre Naville publia son *d'Holbach*, Queneau des romans, Georges Hugnet *Non-Vouloir*, Noël Arnaud les plaquettes de *La Main à plume* dont *Poésie et vérité 1942*, de Paul Éluard (où figure le poème *Liberté*). Cette énumération n'est pas complète. Malgré les brouillages, la voix d'André Breton, si reconnaissable dans les émissions de l'Amérique, résonnait comme un appel et un encouragement. J'ai dit que beaucoup de choses s'étaient organisées autour de Georges Hugnet, le principal dépositaire des publications clandestines des poètes résistants. Le premier *Catalan* était un bistrot de la rue des Grands-Augustins, du côté des numéros impairs, fondé par un mandataire aux halles qui ressemblait à François Ier, homme loyal, curieux, aimé des artistes, que secondait une jeune femme ardente et rusée. C'était une découverte de Picasso. Autour de Georges Hugnet s'y retrouvèrent, chaque mercredi, Éluard, Dominguez, Picasso, Desnos, Leiris, Baudin, Auric, Charles Ratton, Jean Bouret, un vieil ami d'Apollinaire qu'on appelait le baron Mollet, et quelques autres. Patrick Waldberg y fit une entrée théâtrale en uniforme américain peu de temps après la libération de Paris.

Pourquoi ne pas demander à ce beau monde de collaborer à une sorte de manifeste qui aurait exprimé une solidarité intellectuelle et artistique? Char me fit observer que je ne pourrais pas me passer de la présence d'Aragon, qui noierait l'affaire sous le déluge des attributs d'Elsa ou qui s'arrangerait pour qu'elle échouât. Je n'eus même pas à aller jusque-là. Tous les communistes, récents ou anciens, ne voulaient pas se commettre avec des surréalistes de stricte obédience.

Le deuxième *Catalan* traversa la rue pour occuper un rez-de-chaussée et un premier étage, en 1945 ou 1946. Le propriétaire n'avait pas changé: Hugnet en fut le principal animateur. Il eut à sa table tous les poètes dont on parlait alors: Pierre Emmanuel, Lescure, Guillevic, Jean Follain, et Camus, Nicolas de Staël, Leibovitz, Yves Allégret, Balthus, Félix Labisse, Coutaud, Francis Grüber, Max-Pol Fouchet, Germaine Tailleferre en plus des fidèles du premier *Catalan*. A l'écart, réservé et silencieux, Claude Mauriac dînait au *Catalan* plusieurs soirs par semaine avec une ravissante petite amie. Lise

Deharme, Nora Auric, Marie-Laure de Noailles, Dora Maar, Jean Marais, Cingria, Virgil Thompson, Pierre Boulez furent aussi des mercredis de Georges Hugnet, François Mauriac, Cocteau y firent des apparitions. On dessina beaucoup sur les nappes de papier du *Catalan*. Il y avait un piano au rez-de-chaussée. Il était tenu par Pierre Barbizet mais cette innovation ne fit pas recette. On me voyait aux *Catalans* presque tous les soirs. Saisis d'une frénésie de liberté et de mangeaille, heureux comme des enfants d'échapper aux contraintes, nous faisions, Hugnet et moi, en fin de semaine, dans la vieille 402 Peugeot qui avait participé à la Libération, que j'avais rachetée à la veuve d'un collaborateur fusillé à Marseille et que j'avais reconstruite et perfectionnée avec application, des équipées enchanteresses dans les environs de Paris. Les plus gaies étaient dues à la présence de Georges Bernier, intarissable de drôlerie, aussi porté que Hugnet et moi-même sur les vins, les alcools et la cuisine. Les conversations du *Catalan* et de nos équipées de week-end étaient souvent brillantes. Alors que la plupart des intellectuels s'étaient convertis au stalinisme dont les séides occupaient toutes les places, ou presque, à la radio, dans le théâtre, le cinéma, les rubriques littéraires et artistiques, ce qui ne laissait pas d'être odieux, misérable et d'un écœurant conformisme, le parti ne faisait pas la loi aux *Catalans*, encore qu'Éluard montrât quelquefois un zèle et une intolérance gênants. Voici un épisode politique assez drôle. Je le date de l'année 1947. J'étais seul à déjeuner. Éluard vint avec sa mine des grandes solennités. Il s'assit à côté de moi. « Je viens de me brouiller avec Picasso, me dit-il du ton le plus grave. — Brouiller ? répliquai-je. Tu veux dire que vous vous êtes disputés ? — Non, brouillés, c'est définitif; je ne le verrai plus. C'est une amitié morte. Je ne puis admettre ni ce qu'il m'a dit ni le ton qu'il a employé pour me le dire. Je voulais qu'il adhérât au parti communiste et il a refusé. » Comme de bien entendu j'éclatai de rire. Quelques semaines plus tard, Éluard (ou Casanova), revenant à la charge, obtint gain de cause.

Je fus élu au conseil municipal de Paris en avril 1945, sur des listes présentées par l'Union des Mouvements de Résistance non communistes. J'avais été l'un des initiateurs de cette combinaison réalisée toutefois en dehors de moi par Léo Hamon et quelques autres. C'était la première élection politique de la Libération. Elle renouvela pour les quatre cinquièmes le personnel du Conseil; elle enleva aux communistes tous les postes que ceux-ci détenaient dans l'Assemblée provisoire, née du Comité parisien de libération. Les listes de la Résistance étaient curieusement composées. A côté de Robert Salmon, qui ne mit pas trois fois les pieds à l'Hôtel de Ville, car ce petit parlement croupion l'intéressait moins que les affaires de presse qu'il créait, et de Jean Marin, ancien speaker à la radio de Londres, siégeait Marthe Richard, dont la personnalité et les états de service ne justifiaient pas un tel honneur. Je pense aujourd'hui que cette affaire était combinée pour obtenir le vote de la fameuse loi. Marthe Richard attaqua la prostitution et les maisons de tolérance au cours des premières sessions du Conseil. Elle fut aidée et poussée par Corval, un redoutable petit M.R.P. sorti tout droit d'une sacristie. Léo Hamon, qui voyait son avenir politique du côté du M.R.P., prêta la main à cette opération. L'hypocrisie bourgeoise et la pudibonderie cléricale se déchaînèrent. Dans le but de protéger la famille chrétienne héritée de l'époque de la Congrégation et que l'on entendait déjà craquer très fort, on en voulait à la prostitution, sorte de bienfait des dieux qui s'est maintenu contre tous les régimes et toutes les religions. Ce n'était que la première étape d'une entreprise sournoise de moralisation de Paris, menée avec la constance des mauvais sentiments par des personnages dont la vie privée n'était pas toujours conforme aux principes hautement proclamés. Seule la jeunesse fut en mesure de ruiner partiellement ces efforts imbéciles.

Les pourfendeurs des maisons closes brandirent très haut des histoires de collaboration, alors que les tenanciers de bordel, comme tant de catégories commerçantes, s'étaient partagés entre patriotes et agents de l'ennemi! J'avais essayé de porter le débat sur la situation faite par la société aux femmes de condition modeste, aux filles-mères pour lesquelles la prostitution est la seule ressource, dans l'espoir de dégeler le groupe communiste et d'éviter un vote qui ne profiterait qu'à la bonne conscience de quelques marguilliers et dames d'œuvre. Mais le siège de ces robots était déjà fait. Leur consentement aux préoccupations moralisatrices du M.R.P. était un des termes du nouveau partage de la France dont ils étaient convenus avec ce parti et les socialistes. Je m'abstins dans le vote. Quelques jours avant la fermeture des bordels, Jean de Vogüé, qui se moquait un peu de l'inexpérience presque totale que j'avais de ces institutions célèbres et qui avait apprécié l'hostilité que j'avais manifestée envers la proposition de Marthe Richard, décida qu'il fallait compléter mon information. Il ne s'agissait pas d'une entreprise de débauche ni d'une partie fine, mais d'une simple visite de tourisme. Nous allâmes au fameux *One Two Two*, rue de Provence, aussi célèbre que le *Chabanais*. La direction avait été prévenue. Nous fûmes accueillis par une ravissante personne peu vêtue, mais dont les bonnes manières et la décence étaient celles d'une Mère supérieure. On me fit tout voir, la chambre du corsaire, celle des tortures, le choix, tous les salons. Ce n'était pas le pittoresque, ni les femmes offertes qui retenaient l'attention, mais l'isolement du monde extérieur, le calme, le confort, le silence, l'extraordinaire gentillesse de cette « ambiance » conçue pour arracher l'homme à tous ses soucis, à tous ses problèmes, de quelque ordre qu'ils fussent. Je m'en ouvris à Vogüé. Je comprenais qu'un homme comme Lautrec, et tant d'autres y eussent passé le plus clair de leur temps. « Vous êtes dans le vrai, me dit Vogüé. Ce que les maisons de tolérance apportent à leur client ne se limite pas à la satisfaction d'un érotisme sur mesure, encore que cet aspect de la question soit de la plus haute importance. Ce sont d'extraordinaires maisons de repos. Je ne m'étonne pas de l'acharnement du M.R.P. à vouloir détruire ces institutions vénérables. Le M.R.P. est composé de petits-bourgeois qui ont peur de leur Temps. Certes, nous sommes ici, vous et moi, dans une maison très luxueuse et très chère, ouverte aux privilégiés de la fortune. On peut penser qu'un ouvrier peut lui aussi avoir besoin de cette détente intellectuelle, morale, physique que son patron parfois cherche au *One Two Two*. Au lieu de supprimer les bordels, peut-être l'État serait-il plus avisé de multiplier les maisons de plaisir. » La douce jeune femme qui nous versait du champagne s'étendit longuement sur son propre bonheur. « Je ne suis pas faite pour la fidélité et je ne me suis jamais prise à la vanité ou à l'orgueil de commander à des hommes ou de bousculer leur existence. Je l'avoue, je suis une fille soumise et je tire ma joie de ma soumission. Tout cela est d'ailleurs très relatif. L'homme qui vient ici pour me prendre est aussi un enfant dès qu'il est dans mes bras. Il a besoin de cette amie qui ne lui est rien, à laquelle il demande surtout de lui rendre la confiance en soi. Ce n'est pas là la part la moins agréable de notre métier. » Je pensai alors à Drieu La Rochelle ; l'histoire m'avait été racontée par Aragon en 1929. Ils étaient au bordel tous les deux. Cela leur arrivait souvent. Drieu était un homme de contradictions et de complexes. De temps à autre il s'inquiétait de sa virilité, ce qui le troublait beaucoup. Aragon entendit qu'on l'appelait d'un salon voisin. C'était Drieu, portant une femme nue dont les cuisses s'accrochaient à ses reins ; la femme était solidement chevillée par une virilité sur laquelle elle jouait de la croupe en gémissant. « Louis, Louis, criait Drieu avec une angoisse réelle, Louis, Louis, je suis impuissant ! »

Lors de la campagne pour les élections municipales de 1945, c'est à moi que C.D.L.R. confia l'utilisation du quart d'heure de propagande alloué par la radio aux formations nationales qui présentaient des candidats. Dans la programmation, mon tour venait juste avant celui de Maurice Thorez. Je n'avais pas rencontré depuis quinze ans le secrétaire général du parti communiste. Il écouta mon allocution. Il m'en félicita avec une grande chaleur lorsque je lui abandonnai la cabine. « J'ai scrupule, me dit-il, de parler après vous car je dirai la même chose. » J'avais surtout prêché l'union. Cette conversation fut l'avant-dernier épisode de mes rapports avec le parti. Le dernier fut un déjeuner auquel me convia, à la Villette, Mayoux, le représentant du P.C. au Comité de libération du XIXe, peu de temps après mon élection au conseil municipal. Je crois me souvenir que Pioro y assistait. Après les banalités des hors-d'œuvre, Mayoux entra dans le vif du sujet. « Ce que nous avons à te dire est très important. Somme toute, nous n'avons rien à te reprocher. Tu es indiscipliné mais c'est dans ta nature. On ne te refera pas, ni nous ni toi. Mais il n'y a pas de désaccord politique entre nous. Reviens au parti. Tu conserveras, bien sûr, ton siège au conseil municipal et nous te garantissons ton mandat de député à l'élection de la Constituante. » Je ne m'attendais pas du tout à cette démarche. Je répondis évasivement. « Tu ne sais pas tout. Peut-être suis-je en désaccord sur le fond avec le parti communiste. Es-tu certain que j'aie envie d'être constituant ? » Comme de bien entendu, l'affaire en resta là. Le comportement du groupe communiste à l'Hôtel de Ville n'était pas de nature à m'encourager. Imperméable à tout argument, soucieux au premier chef de la démagogie dans laquelle il plaçait l'intérêt du parti, ce groupe monolithique se préoccupait exclusivement de ruiner toutes les initiatives qui n'étaient pas les siennes et de voter des motions propres à nourrir l'agitation et la propagande. La seule initiative d'autrui qu'il prit en considération fut la suppression des bordels parce que ce problème était électoralement dangereux et qu'il avait fait l'objet de tractations politiques.

Au milieu de la place Armand-Carrel s'élevait en 1939 un petit bronze minable dédié à la mémoire de Jean Macé, le fondateur de la Ligue de l'Enseignement. Vichy, trop content de prendre à bon compte une revanche sur les lois laïques, livra le bronze à l'industrie de guerre allemande. Je proposai de le remplacer par une création de Giacometti. Pioro était favorable à l'idée. Alberto vint un jour à la mairie avec un merveilleux personnage filiforme. Le parti communiste n'en voulut point. Je demandai au Conseil un crédit de sept millions pour l'achat d'œuvres de Bonnard, Matisse, Rouault et Picasso, afin que l'Hôtel de Ville de Paris pût conserver la trace des grands peintres français de notre temps. Je suggérai que l'on confiât à l'un de ces artistes la décoration d'une des rares salles dont les murs et les plafonds n'avaient pas été entièrement recouverts par les productions des peintres officiels des années 1890. Ma proposition fut repoussée sur le rapport de Gourdeaux, le syndicaliste qui m'avait exclu du parti en 1931. Aucun de mes collègues ne s'y était intéressé. Un vieux réactionnaire, Contenot, qui s'occupait des Beaux-Arts, confondait Henri Matisse avec un peintre de vitrail du XIXe siècle, Auguste Matisse, autrefois appelé à la décoration des bâtiments municipaux. L'administration préfectorale avait contré mon projet de toutes ses forces. Les hommes en place savaient qui étaient Matisse et Picasso ; ils s'étaient juré de ne jamais introduire les productions scandaleuses de ces peintres dans les collections de la Ville.

Le 31 décembre 1945, j'étais totalement démuni d'argent. J'avais employé ce qui me restait à l'achat des jouets de Noël. Il y avait du retard dans le paiement de la médiocre mensualité alors allouée aux conseillers municipaux de Paris. J'habitais chez une amie, Ghislaine, quai de Conti. Étions-nous fâchés ? Avait-elle des engagements ailleurs ? Toujours est-il que j'étais seul, qu'il en serait ainsi pour toute la journée du lendemain et que la nourriture serait des plus frugales. C'était un bon jour pour la réflexion et la mise au point. *Volontés* avait cessé de paraître. Cet hebdomadaire se vendait mal. Le parti communiste voulait s'en débarrasser ; il en sabotait la diffusion. Le M.R.P. n'aimait pas ce journal extrémiste et antireligieux. Le parti socialiste ne retrouvait pas dans ses colonnes le ton de la vieille maison qu'il voulait reconstruire. Le déficit augmentait à chaque numéro. Le comité directeur de C.D.L.R. avait décidé de vendre le journal, ou pour le moins son attribution de papier, mais aucun accord n'avait pu se faire sur les conditions de cette vente. Villon pressait Vaillant d'en finir avec cette publication bien vue en province par les instituteurs publics.

Le premier thème de réflexion était l'échec de *Volontés*. A quoi était-il imputable ? Le journal était intéressant ; son rédacteur en chef, Michel Collinet, en avait confié les rubriques à des hommes et à des femmes de talent ; c'était un hebdomadaire d'extrême gauche, mais assez éclectique pour ne pas être ennuyeux. Tous les problèmes étaient traités. L'administrateur, Bénéditte, était un garçon honnête et compétent. L'aventure de *Volontés*, comme celle de la Résistance après la Libération, témoignait contre la révolution prolétarienne et contre l'idée de déborder les communistes par la gauche. Je savais déjà que la révolution prolétarienne était une chimère. Je prenais acte du fait que l'unité ouvrière était un leurre, que toutes les tentatives pour rectifier le dogme, revenir à son intégrité ou en réviser les parties les plus contestables n'auraient pas plus d'effet que l'éclosion des sectes dans l'Église. Il s'agit d'une sorte de phénomène physique : le corps de doctrine, s'il est défendu par une organisation solide, impitoyable envers les talents et les nouveautés, ne craint pas les petites hérésies et s'impose par le seul poids de son intolérance, de son appareil et de ses biens matériels. Les hérétiques amusent la jeunesse. Ils font des bulles autour d'un énorme marécage. On peut s'emparer de l'Église par un complot intérieur, sous la condition de le mener dans les formes canoniques et d'être, soi-même, quelqu'un en qui l'appareil se reconnaîtra. Le schisme est rare ; c'est aussi un phénomène national : il ne détruit jamais l'Église.

Destiné par son principe à n'élever à sa direction que des médiocres, sous la condition qu'ils soient appliqués, répugnant à s'engager dans les voies nouvelles, sourcilleux devant toute aventure, le parti communiste rassure les couches sociales qui font confiance à son programme mesquin de dictature petite-bourgeoise et à sa tactique de surenchère. Il attire périodiquement quelques intellectuels fascinés par l'utopie et l'organisation. Il est ainsi devenu un grand parti à la mesure des petits horizons de sa clientèle. Mais celle-ci, qui atteint peu à peu les objectifs assez simples des programmes socialistes par le seul dynamisme de la société bourgeoise, l'a contraint à renoncer à toute idée de révolution ou plus exactement à repousser l'éventualité d'une révolution totalement chimérique dans le folklore et les discours des cérémonies commémoratives. En revanche, elle s'en sert avec efficacité pour défendre et améliorer ses conditions d'existence dans le cadre de l'économie de marché et de la démocratie.

L'État enseigne officiellement la doctrine du parti dans son Université, il y prépare les intellectuels dont celui-ci a besoin. En échange, le parti apporte à la société des cadres politiques venus de la classe ouvrière. L'État français, l'un des plus figés du monde, se ferme à tout ce qui n'est pas polytechnicien, normalien, énarque, docteur en droit, général, architecte diplômé, professeur certifié ou non, administrateur civil, etc., qu'il parque le plus souvent dans des hiérarchies distinctes. Il est incapable de former des industriels et des syndicalistes dont il tire pourtant l'essentiel de ses ressources. Le parti communiste donne sa chance à l'ouvrier qui deviendra grâce à lui secrétaire de syndicat, politicien professionnel, conseiller municipal, sénateur, et député au Parlement. De même que les chefs d'industrie forcent par l'argent les portes si bien cadenassées de la société française des mandarins, les ouvriers s'y introduisent par le mandat électif qu'ils reçoivent de leurs pairs et la notoriété qu'ils acquièrent dans les luttes sociales et politiques.

Telle était l'analyse à laquelle me conduisaient, le 31 décembre 1945, les réflexions auxquelles m'obligeait une situation peu enviable de pauvre, entre deux visites au piano à queue de Ghislaine sur lequel je travaillais l'accompagnement de *Nell*, la romance de Gabriel Fauré que ma mère me chantait en 1913.

Cette description du parti communiste aurait pu être celle du labour party ou du parti social-démocrate allemand ; l'originalité — si l'on peut dire — du parti communiste français, je la voyais dans sa subordination aux intérêts de l'Union soviétique[1]. Les derniers mois de l'année 1945 avaient été le théâtre d'une offensive violente du parti contre le général de Gaulle. Ces attaques, et les manœuvres qu'elles provoquèrent au M.R.P. notamment, furent une des causes du départ du Général. Le candidat du parti communiste pour remplacer de Gaulle à la tête du gouvernement, c'était Édouard Herriot ! La campagne électorale du parti avait été surtout dirigée contre le M.R.P. Elle n'avait abouti qu'à assurer un grand succès électoral à cette formation. Les Russes voulaient obliger le Général à avaliser la domestication de la Pologne, la vassalisation progressive des démocraties populaires, leurs visées sur Berlin, leur politique d'obstruction systématique ; ils cherchaient aussi à empêcher la formation du bloc occidental dont le Général avait tenté une esquisse dans un discours. Peut-être même pensaient-ils à l'éventualité d'un coup d'État en France où ils poussèrent le parti communiste à revendiquer le ministère de la Guerre, comme en Roumanie ou en Bulgarie. Staline essayait de masquer sa propre faiblesse par une agressivité sans cesse plus grande en prenant les risques calculés d'une troisième guerre mondiale devant laquelle il eût sans doute reculé au dernier moment, quelques heures avant l'envol des avions américains chargés de bombes atomiques. Cette faiblesse relative des Russes leur valait d'ailleurs la sollicitude d'un certain nombre d'intellectuels prêts à céder la moitié du monde à l'épouvantable dictature stalinienne sous le prétexte de rétablir un équilibre politique avec les U.S.A.

J'avais le sentiment d'assister au dernier acte d'une pièce de théâtre. Vingt années d'efforts du peuple et des intellectuels révolutionnaires et surtout l'utilisation, par les différents acteurs, de la colossale puissance du sentiment national, des nationalismes maîtres des États, avaient obtenu l'écrasement des grandes forces réactionnaires nées au XIXᵉ siècle, sans doute comme sous-produits de l'expansion mondiale du capitalisme et de l'inquiétante force vive d'émancipation contenue dans la marchandise. Celle-ci, offerte partout et à tous, représentait l'étape la plus complète, la plus fine, la plus sophistiquée de la réalisation des désirs, soit qu'elle se fût substituée à la conquête brutale, soit qu'elle eût remplacé les échanges idylliques des économies de misère. Le système mercantile était, en tout état de cause, un progrès absolu par rapport à la répartition bureaucratique proposée par Karl Marx.

Certains aspects du marxisme étaient-ils très différents de ces forces

---

1. Peut-être en est-il de même de sa force.

réactionnaires vaincues ? *L'Age sombre* de René Guénon, n'était-ce pas à la fois l'Union soviétique de Staline, l'Allemagne de Hitler et la France de Vichy ? Les marxistes s'indignent de l'aliénation de la force de travail, devenue marchandise. Mais que peut-on faire de sa force de travail, sinon la vendre, à moins de ne pas s'en servir ? Et si l'on doit la vendre, le seul problème à résoudre n'est-il pas d'en obtenir le meilleur prix ? Où l'individu est-il vraiment un autre ? Au sein du parti communiste, des ligues trotskistes, dans les jeunesses hitlériennes, chez les enfants de Marie ou à l'usine Renault ? Renault « n'aliène » le manœuvre spécialisé que quarante heures par semaine. C'est beaucoup. Le parti communiste, les jeunesses hitlériennes, les enfants de Marie réalisent l'aliénation totale de l'individu et il en sera de même dans toute société *organisée* qui imposera sa finalité d'organisation à l'homme, et en fera, selon le vœu des communistes staliniens et des trotskistes, un rouage mis en place dans la mécanique sociale au nom de l'intérêt général, cet adversaire implacable de l'homme. Allons plus loin : l'homme peut-il devenir un autre ? N'est-il pas à la fois bon et méchant, prude et obscène, pacifique et meurtrier ?

Dans l'atelier de Ghislaine, ce 31 décembre, je jouissais de tous les avantages de la liberté formelle dont les orateurs socialistes de gauche faisaient des gorges chaudes lorsqu'ils se croyaient tenus d'attaquer la démocratie. J'étais libre, je pouvais aller et venir dans une ville en fête. Comme je n'avais pas d'argent je ne pouvais rien acheter, la fête se déroulait sans moi. J'imaginai un instant que je vivais dans une société communiste. Qu'y aurait-il eu de changé pour moi ? L'État aurait-il eu moins de retard dans le paiement de mon indemnité ? Tout ce que je savais de la bureaucratie m'inclinait à penser le contraire. Et que serait-ce si le système des bons préconisé par Marx était en vigueur ? Les bons ne seraient jamais distribués à temps. Comme en Russie, les magasins seraient vides. Des planificateurs imbéciles n'auraient pas été en mesure d'approvisionner la capitale en dindes ; d'autres planificateurs auraient pris en charge les menus des restaurants, afin d'éviter le gaspillage. Et si je m'étais plaint de recevoir un bon ne me permettant pas l'acquisition des objets dont j'avais envie, on m'aurait répondu que j'avais reçu la valeur de ma force de travail, que je n'avais rien à redire ; et si j'avais fait du tapage, on m'aurait mis en prison comme mauvais citoyen. Je n'aurais pas pu invoquer la lutte des classes, l'exploitation capitaliste, mon droit imprescriptible à être mécontent. Je n'aurais pas eu le droit d'être mécontent. Ma réaction eût été jugée anti-sociale, j'eusse mérité d'être puni comme un voleur.

Ainsi je constatai, ce 31 décembre, que je plaçais au-dessus de tout la liberté, même formelle, et qu'il importait pour la maintenir au niveau somme toute appréciable que je connaissais, en 1945, en ces heures de pénurie d'argent, que le système capitaliste ne fût pas détruit, que l'on mît un terme aux nationalisations et à l'organisation du collectivisme. La câblerie de Marcel Bour, les grands magasins de la Samaritaine que j'apercevais depuis la fenêtre de l'atelier de Ghislaine, le restaurant de la place Dauphine où je ne pouvais pas aller, devaient demeurer des biens privés, en possession de personnages ne pouvant à aucun titre invoquer contre moi l'intérêt général, ce qui était hélas ! à la portée du premier fonctionnaire rencontré dans les couloirs de la préfecture de la Seine.

Tout ce que j'avais appris des pays « socialistes » me prouvait que ce type de société était aux antipodes de ce que je demandais à la vie, que ces sociétés fussent administrées par les ouvriers eux-mêmes ou par des technocrates prétendant agir en leur nom. Un raisonnement attentif et rigoureux eût-il pu m'éviter vingt années d'illusions ? Je ne le crois pas. Les idéologies possèdent une grande force d'inertie.

En écrivant ces lignes je n'ai pas seulement en vue la production des biens matériels, le confort pour lesquels « la dictature du prolétariat » est récusée ou la liberté personnelle que le léninisme a supprimée là où il est devenu le maître. Je considère aussi la production des « valeurs immatérielles de la richesse ». Marx et Engels ont traité cette question avec un manque absolu de réalisme, en se bornant à accuser de tous les maux l'économie mercantile. *L'Histoire des doctrines économiques* contient les notes de lecture concernant un ouvrage de Henri Storch publié en 1823 ; le sous-titre donné à cette analyse est *La Production intellectuelle*. Peut-être est-ce là une adjonction de Kautsky. Marx y écrit : *c'est ainsi que la production capitaliste est hostile à certaines productions immatérielles, telles que l'art et la poésie*. On peut dater cette affirmation péremptoire des années 1861-1863. Des poètes du plus grand talent vivaient alors en Angleterre, en France et en Allemagne, et s'accommodaient assez bien de la production capitaliste dont les mécanismes leur apportaient à la fois des revenus et une liberté que leurs devanciers n'avaient pas connus, sauf quand les premières manifestations de cette production leur avait permis d'échapper à la sollicitude des Princes. En 1861, Ingres, Daumier et Delacroix étaient célèbres, Turner était mort depuis peu ; les cent années qui allaient suivre pourraient se comparer aux plus grandes périodes de l'humanité pour ce qui concerne l'art et la poésie.

En revanche, le désert intellectuel des sociétés d'inspiration marxiste paraît bien témoigner d'une incompatibilité remarquable entre les systèmes mis en place et la production de la plupart des richesses immatérielles. Peut-être eussions-nous pu prévoir, en 1930, que les planificateurs communistes, en bons lecteurs du *Capital*, emploieraient leur zèle à pourchasser le travail non productif, à ranger toutes les activités improductives dans la catégorie des services, à les proscrire par économie ou par souci d'émancipation factice (les domestiques, la prostitution) avec d'autant plus de force que la nouvelle classe productive des bureaucrates consommerait davantage de travail non payé. L'économie capitaliste gérée par les ouvriers ou les planificateurs qui s'arrogent le droit de les représenter, encore qu'elle soit parée du nom de socialisme par dérision, n'est que le monstrueux et caricatural achèvement d'un système que Marx a décrit pour inciter les peuples à le détruire. La révolution qui nous était proposée au nom du *Manifeste communiste* ne pouvait avoir d'autre effet que l'anéantissement des révolutionnaires et la soumission de tous au rationnement.

LE PRIX DE LA LIBERTÉ

Dans *La Note sur l'argent* que j'avais écrite en 1929, j'avais indiqué l'importance morale et civilisatrice que pouvait revêtir la dépense faite par un riche en pure perte. Georges Bataille publia en janvier 1933, dans *La Critique sociale*, l'article *La Notion de dépense* qu'il faut considérer comme un des textes majeurs du siècle. Je l'avais lu peu de temps après que Hitler eut assuré son triomphe sur les partis marxistes. Alors que jusque-là je n'avais pas fait grand cas des écrits théoriques de Bataille, celui-ci m'obligeait à réviser mon jugement. Je le mis de côté avec un certain agacement et j'en oubliai même l'existence. Et voici qu'à l'aube de l'année 1946, je retrouvais le souvenir de cet article que je brûlais de relire, parce que son argumentation — ou l'idée que je m'en faisais — me paraissait être la conclusion de cette journée d'hérésie. Ghislaine était libraire. Dès qu'elle fut de retour je la priai de me retrouver le numéro 7 de *La Critique sociale.* Une nouvelle lecture renforça à la fois mon embarras et mon admiration : admiration pour la richesse de l'invention, l'intelligence de l'analyse, embarras devant la réduction constante du raisonnement aux phantasmes personnels de l'auteur, et les références à une notion téléologique de la lutte des classes à laquelle je ne croyais plus. *Le luxe*, écrit Bataille, *les deuils, les guerres, les cultes, les constructions de monuments somptuaires, les jeux, les spectacles, les arts, l'activité sexuelle perverse (c'est-à-dire détournée de la finalité génitale) représentent autant d'activités qui, tout au moins dans les conditions primitives, ont leur fin en elles-mêmes.* « Dans chaque cas — écrit Bataille — l'accent est placé sur *la perte*, qui doit être la plus grande possible pour que l'activité prenne son véritable sens. » Il est évident qu'il ne faut pas mettre d'espoir dans les fonctionnaires de la cour des comptes pour aider qui que ce soit à introduire dans les habitudes de l'État la notion de dépense improductive. La même observation peut être faite sur les hommes qui ont été choqués par le verre de lait ajouté par Dali à un objet symbolique.

A partir du IIIe siècle, plus personne ne briguait la place de maire dans les cités gallo-romaines. Aussitôt élus, les édiles devaient se ruiner pour embellir la ville et amuser les citoyens. Le camarade Gourdeaux qui refusa de consacrer sept millions de francs[1] à l'achat de tableaux de Bonnard et de Matisse, le camarade Fleury, conseiller municipal du XXe arrondissement qui s'opposa à la restauration de la Maison des Saint-Simoniens, n'auraient pas été acceptés comme maires par Lutèce. Leurs concepts et leurs méthodes étaient réactionnaires. Il ne fallait pas compter sur eux pour que soit admise la valeur sociale de la notion de dépense.

André Breton m'écrivit dès qu'il fut de retour à Paris. Il n'avait pas de téléphone. Les P. et T. ne l'assuraient de rien avant un an. Je fus assez heureux pour trouver l'autorité susceptible de donner les ordres qu'il fallait. Nous fêtâmes cet heureux événement par un déjeuner au cours duquel n'apparut aucune raison de collaboration nouvelle, en dépit de la joie que nous donnait cette rencontre. Breton avait à peu près terminé sa carrière

---

1. Francs de 1946.

littéraire ; j'étais à l'avant-dernier acte de ma très médiocre carrière politique. Toute la ville, la radio, les enfants des écoles récitaient des poèmes d'Aragon. Nous constatâmes l'un et l'autre que ce succès ne les améliorait pas et qu'il était sans doute l'antichambre du débarras où ces productions rejoindraient *Le Vase brisé* et les tragédies de Voltaire. Maurice Thorez était le cerveau et l'espoir de la politique. Cet espoir, à la vérité, n'était pas celui de la nation et le cerveau était fragile. Thorez disparaîtrait bientôt de la scène politique. Breton et moi étions curieux de ce que chacun pourrait apprendre à l'autre, et nous fûmes déçus.

Peut-être Breton attendait-il de moi une évocation de Fourier, de nouvelles recettes d'action. Je n'avais pas d'autres moyens qu'une relative capacité d'intermission pour soulager quelques détresses, et l'usage de la tribune des conseils pour débattre des problèmes d'administration. Néanmoins, cette conversation avait lieu entre deux personnages qui n'appartenaient pas au tout-venant. Comme il se doit, Breton y apportait une richesse et une variété auxquelles je n'étais pas en mesure de fournir un équivalent. Il me parla de la Gaspésie, des Indiens, de Haïti. Le spiritualisme l'avait définitivement emporté, moins peut-être comme attitude philosophique que comme moyen de connaissance. « Serais-tu devenu mystique ? » dis-je à Breton en plaisantant. Il rit sans répondre franchement. « Je suis plutôt favorable au mysticisme, comme je le suis à la magie, comme je suis curieux des religions et de l'esprit religieux. Mais je ne suis pas réconcilié avec le crucifié. Peu importe à la rigueur la médiocrité intellectuelle de ses prêtres et la pauvreté de la métaphysique qu'ils ont conservée depuis la répudiation du Satanisme et de la Légende Dorée. J'éprouve toujours la même répulsion pour l'idée de la faute à racheter par la privation, la douleur et le sacrifice, et pour l'apologie de la résignation, sans parler des scandaleuses fantaisies ajoutées par l'Église à ce masochisme fondamental.

« Comme tu le sais, répliquai-je, j'ai sur le dogme chrétien la même opinion que toi. Mais je suis devenu tolérant. L'hitlérisme m'a appris que la liberté ne se détaille pas. Je n'ai plus l'intention de détruire ou de fermer les Églises, ni de faire aux prêtres un mauvais parti. Tant que le monde sera menacé par des régimes totalitaires, il importera même d'aider à la conservation de tous les groupes religieux ou philosophiques susceptibles de maintenir parmi les hommes la plus grande hétérogénéité de pensée. De plus, l'Évangile renferme l'idée du pardon des injures, qui sera peut-être d'un grand secours pour déconsidérer la justice du prince et celle du peuple, pour ruiner le concept de tribunal, celui de procès et celui de la punition afin que la société, honteuse, les maintienne au niveau le plus bas. Mais je ne crois plus à la révolution que nous avons souhaitée. Ne doit-on pas mettre en cause le principe même de la méthode dialectique ? Il y a longtemps que Benedetto Croce et d'autres ont montré que chez Hegel le contradictoire est souvent confondu avec le différent. Cette observation bat en brèche une grande partie des raisonnements du maître de Iéna. La condamnation que je suis tenté de formuler aujourd'hui est plus grave : aussi difficile qu'il soit de définir une vraie contradiction, sa présence dans un système n'aboutit jamais à une résolution par synthèse. C'est du moins ce que je crois. Les contradictions ne se résolvent pas ; ce qui est détruit ne l'est jamais par le seul effort de son contraire. Si, par force, pour donner raison au dogme, on poursuit l'anéantissement de la thèse, ce qui ne peut être obtenu que par une énergie extérieure à celle de l'antithèse, le résultat obtenu est la naissance d'un nouvel élément qui n'a aucun des caractères d'une synthèse, mais celui d'une force de remplacement, essentiellement destinée à préserver le système de l'effondrement. Toute l'expérience bolchevique en est la preuve. Toute la vie nous en offre des exemples. Dans la chimie, chère à Engels, aucun processus n'est dialectique. La fameuse identité des contraires ne résulte que du déplacement de l'observateur ; pour ce tiers, dans certaines circonstances, les contraires ont souvent le même effet. Nous appelons cet effet, avec satisfaction, un retournement dialectique ou un jeu dialectique. Cela n'a rien à voir avec le mécanisme hégélien fondamental, la triade, où la synthèse n'est qu'une vue de l'esprit, ou l'un des deux composants contradictoires, vu sous un nouvel angle.

« La révolution prolétarienne n'aura pas lieu. De plus, la sauvegarde de la liberté exige que le capitalisme privé ne soit pas détruit ; la dialectique hégélienne est une méthode de connaissance approchée parmi beaucoup d'autres. Tu vois qu'il ne reste pas grand-chose de la foi de ma jeunesse. »

Breton n'avait jamais cherché à devenir un spécialiste de Hegel. Il avait su extraire quelques-uns des diamants que cette œuvre recèle sans pour autant se perdre dans le fatras des nuances ou des phantasmes qui ont nourri cent ans de thèses de doctorat. L'œuvre de Hegel, comme tant d'autres, est sans doute très riche pour celui qui l'attaque d'une manière surréaliste, c'est-à-dire sans respect, avec un souci avoué de déformation, et en lui apportant des éclairages absurdes s'il le faut. La dialectique s'accommode mal de l'épreuve que lui ont fait subir Marx et Engels en la mettant sur des pieds qu'elle n'a pas. Faite pour marcher sur la tête, elle supportera mieux un traitement poétique qu'une cure de science. André Breton en a arraché quelques morceaux auxquels il a donné une vie nouvelle ; toutefois, il pensait en 1946 qu'il n'en tirerait plus rien. « Connais-tu les ouvrages de Stéphane Lupasco ? me dit-il. Tu dois les lire. Tu y trouveras une logique de la contradiction qui échappe au mécanisme rigide inventé par Hegel. »

Nous fûmes d'accord pour condamner l'importance excessive qu'avait prise la politique depuis la Révolution française. Nourrie jusque-là d'ambitions, elle s'était gonflée d'idéologies pendant tout le XIXe siècle. Les partis avaient pris le caractère de congrégations, et ensuite d'associations de malfaiteurs. Leur devise aurait pu être *illusion et oppression*. Au point où nous en étions, en Occident, du développement des forces productives animées par leur propre dynamisme, on ne pouvait parler que de gestion. Encore fallait-il qu'elle ne fût pas trop désordonnée. Comme nous pensions l'un et l'autre que les gouvernements, quels qu'ils fussent, couraient le risque d'être emportés par une sorte d'automatisme du Pouvoir, nous cherchâmes des moyens efficaces de défense pour les gouvernés. J'optais pour la limitation absolue de la politique à l'administration des choses ; on confierait l'étude des moyens et des répartitions à l'électronique, des assemblées élues prendraient les décisions et en contrôleraient l'application. Un exécutif élu coordonnerait. La diversité serait la règle. L'uniformité et la rationalisation ne devraient jamais dépasser le domaine des poids et mesures. Breton était favorable à des États généraux : les techniciens et les savants, les éducateurs et les artistes, les travailleurs de la ville et des champs, rassemblés pour tenir à jour des cahiers de doléances, et conseiller les gouvernements. Breton manifesta un peu d'étonnement quand je lui dis que je pourrais souscrire à cette esquisse d'un État conseillé par les sages, sous la condition que l'État ne fût pas maître de tous les biens.

Le spiritualisme d'André Breton, de 1945 à sa mort, donnera lieu à de savantes études. Leurs auteurs évoqueront les témoignages, probablement contradictoires, des hommes et des femmes qui auront été ses familiers. Nous aurons à compter avec les dogmatiques scandalisés parce que la logique de l'électron est peu satisfaisante pour expliquer ou décrire un rêve. Pris d'une peur panique à l'idée que l'on tente d'appliquer la science des rêves à celle des particules, ils ne se départiront pas à l'égard de la pensée et du rêve des grossièretés imaginées par les scientistes du XIXe siècle (dont Engels ne se distingue que par un grain de folie) en oubliant que ce qu'ils redoutent fait l'objet d'une science très particulière, la *pataphysique* dont l'existence devait les rassurer. D'autre part, nous aurons affaire aux sectateurs de la *tradition*, de l'immortalité de l'âme, etc. Tout témoignage peut être infirmé par un témoignage plus probant. L'opposition de la vie et de la mort est de nature à susciter, chez les individus d'un très grand orgueil, comme le général de Gaulle, le ralliement à une métaphysique surajoutée. Si Breton, dans ses dernières années, a pu considérer, plus ou moins furtivement, que l'esprit pourrait se situer hors du temps, ou ce qui ne reviendrait pas exactement au même, que le temps, pas plus que l'espace n'est une des coordonnées de l'esprit — ce qui est évident jusqu'à la disparition de la source de cet esprit —, il convient de faire deux parts dans l'appréciation que l'on peut être tenté de donner d'une inquiétude métaphysique chez Breton : celle de l'orgueil et celle de la transcendance des symboles et des rites susceptibles de véhiculer et d'exprimer un contenu spirituel, sans qu'il soit pour cela nécessaire de prendre cette expression pour la manifestation d'une pensée surnaturelle. *L'Histoire de la magie*[1] n'a jamais été achevée, moins encore que *La Dialectique de la nature*.

J'assistai, vers 1955, à une conférence de René Alleau. Je m'assis à côté de Breton dans la salle minuscule de la Société de Géographie. Ma présence était motivée par celle d'Yvonne, fanatique de cet « enseignement ». Je savais que Yvonne était condamnée. Le conférencier était aussi brillant qu'il peut l'être, ce qui n'est pas peu dire. Vers la fin de la conférence, Breton se tourna vers

---

1. Le texte publié est presque entièrement de la main de Gérard Legrand, hélas !

moi et me dit : « Ces "initiés" ont un talent extraordinaire pour laisser leurs auditeurs sur leur faim. A chaque détour de l'exposé, on s'imagine que l'on va enfin tout vous dire ; la conclusion venue, on ne sera pas plus avancé. Il n'y a peut-être rien à apprendre, mais quelle approche intelligente du mystère ! Hélas nous ne saurons rien aujourd'hui ! »

Si peu porté que je fusse à croire à la réalité objective de la magie, si sceptique que je pusse être à l'égard des merveilles rapportées par les alchimistes, je ne pouvais pas tenir pour nulles les démarches qui avaient conduit Breton de l'A.E.A.R. (ou des *Vases communicants*) à la conférence de René Alleau (ou à *Arcane 17*). Une évidence s'imposait : celle de la supériorité intellectuelle de René Alleau sur les Fréville, Nizan et autres. L'homme qui écrit *toutes les sciences humaines sont subjectives et c'est au contraire de la reconnaissance lucide et sincère de cette subjectivité fondamentale que dépend le degré d'objectivité relative auquel elles peuvent atteindre* me paraît aujourd'hui plus digne d'une chaire à Nanterre ou à Vincennes que les exégètes du marxisme. Plus je m'écartais de certaines des préoccupations spiritualistes d'André Breton plus celle-ci revêtait à mes yeux de l'importance. Dans la mesure où j'avais accepté un rôle politique qui ne se justifiait — et ne s'était justifié, depuis dix ans — que par la prise de positions de combat où j'étais utile à la défense de la liberté, le bien suprême, je me sentais concerné par toutes les nuances, celles de la pensée, des modes de vie, ou des hasards de la naissance. L'intellectuel ne se sent responsable que du commerce qu'il a avec la feuille de papier, ou avec les dix lecteurs pour lesquels il écrit. L'homme politique est responsable des actes de ses partisans, de ceux de ses adversaires et de la vie quotidienne des citoyens. Ce qui se mettait en place dans l'État, en 1946 et 1947 n'avait pas seulement tous les caractères de la fragilité, il était, aussi, gros de guerre civile. Un avantage monstrueux était accordé à l'entreprise stalinienne de crétinisation et d'asservissement qui étalait partout son audace et sa sottise. Trois partis, qui faisaient assez bon ménage sur le dos de la nation colonisaient l'État. Les communistes s'exerçaient à la terreur, dans leurs domaines réservés. Les démocrates chrétiens du M.R.P. rivalisaient de démagogie avec leurs partenaires, non pas pour maintenir la liberté, mais pour défendre les vieux privilèges catholiques ; ils s'entendaient avec les communistes sur une nauséabonde moralité et, ce qui était plus grave, sur l'exaltation d'une sorte de médiocrité ouvrière. Il ne fallait pas compter sur ceux-là pour prendre en considération *la notion de dépense* chère à Bataille ! Les socialistes avaient réussi à reconstituer le parti de 1939 (pas celui de 1936 !). Dix ans auparavant, Léon Blum et ses amis avaient ouvert assez largement les portes du parti socialiste, mais l'appareil avait défendu les siennes avec beaucoup de constance. En 1946, l'appareil reconstitué par Daniel Mayer et dirigé par Guy Mollet se protégeait avec sectarisme et âpreté contre tous les intrus. Je m'étais rangé aux arguments de Jacques Baumel et de Georges Izard en faveur d'un regroupement dans une seule formation de tous les mouvements de Résistance non communistes. Ainsi naquit l'Union démocratique et socialiste de la Résistance (U.D.S.R.) dont je suis l'un des fondateurs. L'idée était d'aboutir, dans un deuxième temps, à une fusion avec le parti socialiste, ainsi transformé et rajeuni. Il n'en était pas question ! Gaston Defferre et Mitterrand ont mis sept ans à forcer les portes que défendait Guy Mollet. On peut ainsi mesurer la force d'inertie qu'opposèrent Guy Mollet et Le Troquer, en 1946-1947, aux jeunes gens de l'U.D.S.R. ! Tout paraissait bon pour sortir de ce tripartisme menaçant ! On inventa le Rassemblement des Gauches. D'ennuyeux palabres préparatoires s'engagèrent avec les radicaux. Rien de tout cela ne pouvait aboutir car les participants, à de rares exceptions près, n'avaient en vue que le règlement à leur profit de petits problèmes électoraux bien situés dans le temps et dans l'espace. Ceux qui n'étaient pas immédiatement intéressés par la reconquête du siège des Andelys ou de Lunéville étaient des rêveurs impénitents.

Le nationalisme était toujours le principal moteur de l'Histoire du Monde ; son effet était renforcé ici et là par un racisme que les suicides du bunker de Berlin n'avaient pas supprimé, et qui gagnait les peuples de couleur. Hô Chi Minh vint à Fontainebleau. A l'Hôtel de Ville il fut reçu comme un chef d'État. Un des principaux négociateurs français, Max André, était alors conseiller municipal. Le spectacle le plus cocasse était celui de la présence de Hô Chi Minh et du leader M.R.P. Francisque Gay dans un même salon. Les ressemblances physiques étaient telles que l'on se demandait si la solution de deux problèmes, indochinois et français, n'était pas dans une substitution des deux personnages. Personne ne s'en serait aperçu ! Je bavardai assez longuement avec un jeune Annamite qui portait un uniforme d'officier français aux galons de commandant, encore qu'il appartînt à l'armée vietminh. La conférence semblait devoir réussir, l'amiral d'Argenlieu n'ayant pas encore fait des siennes du côté de Hanoi. « Et maintenant, me dit le commandant, la France doit nous donner une marine. » J'étais interloqué. « Et pour quoi faire, grands Dieux ! Savez-vous ce que cela coûte, une marine, aussi bien pour construire les bateaux que pour les entretenir et former les spécialistes ? Nous avons une marine, qui risque fort heureusement d'être inutile pendant longtemps. Pourquoi ne pas mettre quelques avisos, un croiseur même à votre disposition, une sorte de location des navires et des équipages. Ils exécuteront les missions de police et de surveillance que vous leur assignerez ; ils embarqueront vos gendarmes et vos douaniers. — Nous sommes souverains, nous voulons notre marine ! » Ainsi naissaient de par le monde de nouveaux militaires par dizaines de milliers et des généraux de coups d'État ! Ainsi se renforçaient des ensembles qui assureront peut-être par leur diversité et leur énergie l'échec de la mise au pas.

La reconstruction soviétique s'effectuait dans la terreur et l'esclavage. Les ouvriers étaient attachés à l'usine comme autrefois les serfs à la glèbe. « Un retard de quelques minutes suffisait pour envoyer le délinquant aux travaux forcés[1]. » Les démocraties « populaires » devenaient les unes après les autres des satellites de l'empire stalinien, après que l'on eut massacré leurs anciens

---

1. Michel Collinet, *La Tragédie du marxisme*.

cadres. La lèpre tendait à s'étendre, en Grèce, en Italie, en France. Il fallait savoir choisir pour conserver la société hétérogène et contradictoire au sein de laquelle l'homme peut exprimer toutes ses tendances, où les rationalistes, les alchimistes, les travailleurs, les paresseux, les incroyants, les révolutionnaires, les commerçants, les peintres, les curés, les vagabonds, les prostituées et les chefs d'entreprise font somme toute bon ménage. Plus tard, quand les dangers immédiats seraient conjurés, j'aviserais. En 1947, je rejoignis la formation politique que se décidait enfin à créer le général de Gaulle. Comme en 1940, il y avait une étape à franchir. Nul ne me paraissait plus capable de maintenir les tensions opposées dans une relative harmonie, que l'homme qui avait refusé, par deux fois, la tentation de la dictature.

Il fallait reconnaître que la production des richesses, leur répartition, leur propriété posaient surtout des problèmes techniques ; les mécanismes en place se chargeraient de les résoudre. L'antagonisme entre le capitalisme et le socialisme n'est qu'un effet de la pénurie. L'affaire est de sauver un État qui tombait en quenouille et que menaçait la servitude. La génération qui suivrait aurait sans doute à faire un sort à cet État, à regarder en face le devenir social de l'homme débarrassé de la menace d'une balle dans la nuque, de l'hypnose de la dialectique et des tabous sexuels chrétiens. Alors pourrait-on essayer de prendre ses distances avec le troupeau, et se retourner vers Bakounine, vers Guénon, vers Charles Fourier, surtout, dont les utopies sont appelées à remplacer celles de Marx pour faire naître, éventuellement, de nobles motifs de révoltes, dans un monde où la révolution est un accident.

TABLE

Baccarat	13
Histoires de famille	22
Le baptême du feu	40
Le froid, le sexe et le printemps	53
Nancy en 1920	65
Georges Sadoul et Nancy-Paris	72
Le mirage de la Révolution	87
La rue du Château en 1927	96
Devenir un révolutionnaire professionnel	106
Trotski revient à Montparnasse	124
Entrée d'Aragon	139
Elsa	151
Triomphe de la paranoïa	167
André Breton	185
L'enquête sur l'amour	211
Histoire d'un enlèvement	228
Le surréalisme au service de la Révolution	254
Le congrès de Kharkov ou la main de Moscou	276
Dulita	307
La seconde mort de Lénine	328
Les rêves et la force	341
Mythes et fantômes familiers	372
Le Front populaire	388
Passe ... et manque ...	416
Les Ordalies	436
Le prix de la liberté	481

Cet ouvrage a été composé par Eurocomposition (Sèvres)
et imprimé par la S.E.P.C. à Saint-Amand-Montrond (Cher)
pour le compte des Éditions Pré aux Clercs

Achevé d'imprimer en avril 1988

Imprimé en France
N° d'édition : 2129. N° d'impression 874
Dépôt légal : mai 1988.